손해보험론

손해보험 & 제3보험론

최상언

박영사

머리말

손해보험론 & 제3보험론의 교재로서 본서(本書)의 특징

1. 본서(本書)는 금융·보험학의 손해보험 및 제3보험 분야의 기본적인 보험지식과 학습할 내용
   들을 체계적으로 구성한 **손해보험론**과 **제3보험론**을 다룬 이론서이다.

2. 특히, 금융·보험학에서 손해보험론 & 제3보험론의 기본적인 교재로서, 대학교에서 금융·보
   험학을 전공하는 학도(學徒)들이 손해보험과 제3보험에 대한 기본적인 보험지식과 관련 내용
   들을 심층적으로 학습하도록 구성한다.

3. 교재 내용에 금융·보험학을 전공하는 학도(學徒)들의 보험전문인의 자격증 시험 준비에 일부
   분이지만 도움이 될 수 있도록 제3편, 제4편, 제8편(부록), 기타의 교재 내용에 적극적으로
   반영하여 구성한다. 만약, 손해사정사, 보험계리사 등의 보험전문인 자격증 시험과 언더라이
   터(underwriter) 및 기타의 자격시험을 준비한다면 제8편(부록편)의 기출문제와 관계 법령을
   반드시 학습하고 참고하기를 요청한다.

4. 본 교재에 일부분이지만 보험회사에서 실제로 이루어지는 업무와 과정으로서, 기본적인 보험
   실무인 보험 계약보전 업무(보험실무) 내용 및 기타 등의 보험 지식과 실무내용 등을 적극적으
   로 반영하여 보험산업의 현장과 접목된 손해보험론 & 제3보험론의 보험이론 교재로 구성한다.

5. 본 교재에 위험 & 보험이론, 보험모집 & 보험설계사(영업조직), 보험윤리, 보험모집 관련법
   규, 손해보험 이론, 손해보험계약 및 관련법규, 손해보험계약 및 약관의 주요내용, 보험계약
   체결 및 효과, 손해보험(상품) 각론, 제3보험론 및 각론, 손해보험의 경영, 기타 등에 관한
   것을 요약 및 정리식의 방법으로 기술한다.

   또한, 보험회사의 현장에서 기본적으로 업무를 수행하는 실제(實際)의 보험 계약보전 업무(보
   험실무)와 밀접하게 연관된 ① 보험계약과 체결(성립) 과정, ② 보험계약의 효과, ③ 보험계
   약의 유지 및 사후관리(보험계약의 부활, 보험계약의 무효·변경·소멸·계약해지, 기타 등)
   와 관련된 보험지식의 이론 분야는 **실제로 이루어지는 업무 FLOW의 순서와 흐름에 따라 교재를
   편성하고자 노력하였으며, 분야별로 요점·정리 식으로 교재를 집필하고, 내용을 일목요연(一目瞭
   然)하게 하여 좀 더 구체적이고 쉽게 보험실무의 기본지식 습득 및 손해보험 & 제3보험의
   지식을 획득하여 보험실무에서 보험에 대한 이해력의 제고(提高)와 업무능력 및 적응력을 높
   이는 데 노력하였다.

본서(本書)의 소개

본서(本書)는 **금융·보험학의 손해보험 및 제3보험 분야를 다룬 기본적인 이론서**이며, **손해보험론과 제3보험론에 대해 기초적이고 전반적인 내용을 학습할 수 있다.**

또한, 보험회사의 보험 계약보전 업무(보험실무)와 밀접하게 연관된 분야의 보험학 이론은 심층적인 내용으로 구성한다. 즉, 보험회사의 실제 보험실무와 관련된 분야에는 기본적인 보험학 이론을 체계적으로 접목하여 교재를 편성하므로, 기본적인 보험실무의 보험이론 및 보험지식을 습득할 수 있다.

금융·보험학을 전공하는 학도(學徒)들이 기본적으로 학습해야 하는 한 분야이며, 특히 손해보험은 보험제도의 시발점(始發點)이며, 오늘날의 다양한 보험제도로 발전하게 된 시초(始初)는 손해보험에서 출발했다는 점에서 높은 의미가 있으며, 기초적으로 학습하는 분야이다.

본서(本書) 집필의 목적과 계기(契機)

손해보험론·제3보험론의 교재를 집필하게 된 계기는 대학교에서 회계원리 및 회계학 분야와 기타 과목을 강의 하다가 보험학 및 보험계약론실무, 보험관련 과목에 대한 강의를 맡게 되면서 그 필요성을 매우 강하게 느꼈다. 금융·보험학의 강의안과 교육 자료를 만들기 위해 관련된 도서(교재)와 자료들을 많이 찾았으나, 금융·보험학에 대해 현존하는 교재의 수량이 절대적으로 부족함을 알았다. 또한, 효과적인 강의와 교육을 위해 교재 선정과 참고 도서를 지정하고자 각 출판사별로 보험학 분야와 관련한 모든 도서(교재)를 조회하고 교재 내용을 분석하여 선별하고자 하였다. 그러나, 보험관련 학문(생명보험, 손해보험, 제3보험, 보험계약법, 기타) 분야에서 선택할 수 있는 교재가 거의 없다는 것을 알았다.

저자는 다소 부족함도 있으나, 금융·보험학의 각 분야별(생명보험·손해보험·제3보험·보험계약법·기타)로 다양하게 선택할 수 있는 교재를 제공해야겠다는 강한 신념과 금융·보험학을 전공하는 학도(學徒)들에게 저자의 조그마한 노하우(Know-how)이지만 이를 전(傳)하기 위해 본(本) 교재의 집필을 계획하고 시도하게 되었다. 또한, 본 교과목(손해보험론)은 우리나라 전체의 유명한 도서 서점(인터넷 서점 포함)이나 출판사별로 현존(現存)하는 교재가 몇 개 없으며, 교재 선택의 여지(餘地)가 거의 없는 관계로 다양한 교재의 필요성과 선택의 여지(餘地)를 높이기 위해 빠른 시일 내에 출간해야겠다는 의식 때문에 더욱 매진하게 되었다.

저자는 삼성그룹 삼성생명보험(주)에서 재직한 금융·보험업계의 금융·보험인으로서, 금융·보험학의 전공자로서, 오랜 세월 동안에 금융·보험업계에서 다양하게 경험한 노하우(Know-how)와 실제로 경험한 보험실무[보험 계약보전 업무, 영업조직 관리총괄, 보험설계사 교육 및 등록 총괄, 대출(융자) 업무관리 및 채권관리 총괄, 보험관련 법규, 기타]를 접목하여 금융·보험학을 전공하는 학도(學徒)들에게 손해보험 이론 및 제3보험 이론과 금융·보험학의 지식을 전달함에 목적을 두고 최선을 다하고자 했다.

본서(本書)가 금융·보험학을 전공하는 학도(學徒)들에게 보험의 지식 및 손해보험 & 제3보험의 지식, 보험회사의 보험실무에 대한 기초적인 보험이론 지식을 습득하는 데 기여하기 바란다. 또한, 보험업계와 보험관련 보험전문인의 자격증 시험을 준비하는 예비 보험전문인이 되고자 하는 모든 분들께 도움이 되기를 기대한다.

본서(本書) 구성(편성)의 주요내용

본서(本書)는 제1편 위험과 보험, 제2편 보험이론, 보험모집 이해, 보험윤리, 보험모집 관련법규, 제3편 손해보험 총론(손해보험 이론, 손해보험의 법률관계 및 분류, 손해보험계약의 개요), 제4편 손해보험계약 및 약관의 주요내용(보험계약의 요소, 보험계약의 체결 & 효과, 보험계약의 부활·무효·변경·소멸, 타인을 위한 보험계약, 기타), 제5편 손해보험(상품) 각론, 제6편 제3보험론 및 각론, 제7편 손해보험 경영, 보험범죄 및 교통사고 예방 관련법규, 보험관련 법규, 제8편 부록(손해사정사 가이드, 기출문제, 관계 법령 등)으로 구분한 후 구체적인 설명을 하였다. 또한, 손해보험·제3보험 각 분야의 중요 핵심 내용을 요점·정리의 방식으로 요약 및 정리하였으며, 특히 심화학습이 요구되는 부분은 대법원의 판례 및 기타 등을 반영하여 교재를 집필하기 위해 노력하였다.

맺음말

저자는 삼성그룹 삼성생명보험(주)에 재직하면서 보험설계사의 교육과정을 위한 수많은 강의안 자료와 보험실무(보험 계약보전 업무 및 기타)의 실제 경험을 바탕으로 교재를 집필하기 위해 노력하였다. 그러나 저자의 개인적인 한계로, 기존에 가지고 있던 수많은 보험관련 자료, 설계사교육 자료, 강의안 자료, 참고 문헌(文獻) 및 다른 자료들을 참고로 하여 손해보험론 & 제3보험론의 교재를 만들다 보니, 기억의 한계로 문헌 및 자료의 인용 사실(출처)을 모르거나 본 교재에 본의 아니게 누락한 것이 있다면 사과의 말씀을 올리며, 만약 지적을 하신다면 교정할 것을 약속드린다.

또한, 집필에 대한 경험이 미천하여 부족한 점에 대해 너그러이 용서와 양해의 부탁 말씀을 드린다.

끝으로, 국가 전체가 아주 고약한 전염병인 코로나바이러스로 인해 삶의 질(質)이 저하되어 어려움이 많고, 그와 더불어 역대급(歷代級) 이상의 경제적인 어려움과 여러 가지 복합적인 상황들 때문에 점점 어려워지는 출판업계의 환경 속에서도 본서의 출간을 위해서 많은 도움을 주신 ㈜박영사의 대표님께 감사드리며, 장규식 팀장, 박송이 대리 및 박영사의 출판담당자, 편집 총괄 배규호 님께도 고마운 마음을 전하여 드립니다. 감사합니다.

2021년 7월. 저자

차 례

제1편 위험과 보험

제2편 보험이론·보험모집 이해·보험윤리·보험모집 법규

제4편 손해보험 계약 및 약관의 주요내용

제5편 손해보험 각론

제7편 손해보험 경영 및 보험관련 법규

부록 1. 손해사정사 가이드
부록 2. 보험전문인 자격시험 기출문제
부록 3. 관계법령 [상법 제4편 보험[보험계약법]]

이 책의 부록 내용은 QR코드를 스캔하시면 확인하실 수 있습니다.
■ PC 이용 시에는 박영사 홈페이지 [https://www.pybook.co.kr]에 접속하여 회원가입 후 [도서자료실] 게시판에서 확인하실 수 있습니다.

제1편 위험과 보험

제1장
위험(危險, risk)

제1절. 위험의 개념

1. 위험의 정의:

위험이란 **"손실 발생에 대한 불확실성"**이다.

위험은 **"어떤 사건의 발생에 관해서 예측 능력의 부족에 기인한 객관적 불확실성"**이라고 정의한다.[1]

즉, 위험(risk)은 근본적으로 **경제적 이익과 손실에 불확실성(uncertainty)의 성격**을 가지고 있다. 이는 미래에 확실하지 않은 상황을 뜻한다.

이 불확실성은 인간의 미래에 대한 예측 능력이 부족하기 때문에 실제의 결과가 예측과는 다른 현상으로 나타남을 뜻한다. 이러한 불확실성이라는 위험(risk)의 본질은 본래 존재하는 것이 아니고, 인간의 지식과 경험이 유한하기 때문에 미래를 완벽하게 예측할 수 없어서 야기된다.

즉, 인간이 신(神)과 같이 전지전능하지 않은 이상, 인간 사회에는 항상 위험(risk)이 존재한다는 것이다. 또한, 예측 불능에 의한 손실 발생의 가능성이 있다는 것이다.

♣ **보험은 다양한 위험을 전제로 한다.**

보험은 인간의 경제생활을 위협하는 산물에 의해 생겨난 것으로 "위험이 없으면 보험도 없다"라는 말은 위험과 보험의 연관성을 잘 말해 준다. 위험은 학자들의 관점에 따라 '손해의 가능성', '손해에 관한 불확실성' 등으로 정의된다. 이를 종합하면 위험은 '우연한 사고발생의 불확실성 또는 가능성'으로 정의된다고 할 수 있다.

1) 위험의 의미: 손실 발생에 대한 불확실성이 존재한다는 의미가 있다.

① 원하지 않는(undesired) 또는 뜻하지 않는(unintentional) 손해가 발생할 가능성이 있는 것이다.

② 사전적 의미는 좋지 않는 일이 생길 걱정이 있어 위태하고 험악하므로 불안하다는 의미로서 "위험한 것, 안전하지 않은 것, 위해(危害) 또는 손실이 발생할 수 있는 것" 등으로 쓰인다.

---

1) 이경룡, 보험학원론, 영지문화사, 2011, p.6

③ 위험 = risk "뒤로 넘어져도 코가 깨진다."

2) 위험의 함축적 의미

① 어떤 사건의 발생에 관해서 예측 능력의 부족에 기인한 객관적 불확실성.

② 불확실성(uncertainty=variability)

③ 예기치 않은 사건(unexpected events, different from expectation)

④ 경제적 이익/손실

3) 위험의 정도(degree of risk)

① 객관적 불확실성의 크기를 나타낸다.

② 측정방법: 분산(variance), 표준편차(standard deviation), 분산계수(coefficient of varia-tion), 위험가치(VaR, Value at Risk), 기타 등

4) 위험의 관련 개념

위험과 관련된 개념으로 **위태(hazard), 사고(peril), 손해(loss)** 등이 있다.

이들 개념은 위험이 현실화되는 일련의 과정들과 밀접한 관련을 가진다.

♣ **위태로 인한 사고발생의 가능성: 위험(risk)이며, 그 결과는 손해이다.**

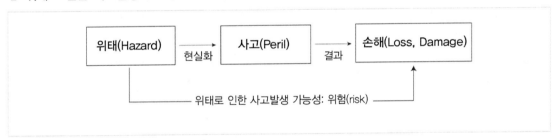

2. 위험(risk) 인식의 이유와 중요성:

① **경제 국제화(경제 世界化, globalization):** 세계 경제의 영향을 받는 위험(risk)이 증가하고 있다.

② **기업측면:** 위험(risk)관리가 곧 기업의 생존과 연결되어 있다.

③ **개인측면:** 위험(risk)은 가정 경제와 밀접한 연관성이 있어서 가정의 존립과 생존에 연결되어 있다.

④ **보험을 통해 위험을 효율적으로 관리**하고, 위험을 보험에 전가시켜 경제적인 안정화를 도모한다.

3. 위험(risk)과 위태(hazard), 사고(peril), 손해(loss)

1) 위태(hazard)

손실의 원인, 즉 **사고(peril)**를 발생시켜 손실 발생의 가능성 또는 손실의 규모를 증대시키는 행위 또는

여건을 말한다.

손실이 발생하게 만드는 확률과 밀접하게 관련되어 있으며, 위험(risk)과 직접적인 관계가 없다.

위태(hazard)의 개념은 손실을 발생시키는 확률, 즉 빈도 수 뿐만 아니라 손실의 정도에 영향을 미치는 여건도 포함한다.

♣ 보험학에서 위태(hazard)란 손실의 빈도나 심도 그리고 **특정한 사고로부터 손실의 발생 가능성을 새로이 만들어 내거나 증가시키는 상태를 말한다.** 물리적 위태, 도덕적 위태, 정신적 위태 등 세 가지 형태로 구분하여 설명한다.

① **물리적 위태(physical hazard):**

손실의 발생 가능성을 새로이 만들어 내거나 증가시키는 자연적이고 물리적인 조건으로 제동장치 방치, 인화성 물질의 방치 등과 도로상의 빙판, 공장 내에 기름걸레가 흩어져 있는 상태, 주택 내에 휘발유가 저장된 상태와 같이 인간의 행위와는 직접적인 관계없이 손해의 발생 가능성을 새로이 만들어 내거나 증가시키는 자연적이고 물리적인 조건을 의미한다.

② **도덕적 위태(moral hazard):**

손실의 발생 가능성을 새로이 만들어 내거나 고의적으로 증가시키는 개인의 특성이나 정신적 상태를 의미한다. 보험금을 목적으로 방화 행위, 교통사고에 의한 상해를 과장하는 행위 또는 음주운전 등 보험자는 통제가 어려우나, 공제조항, 유예기간, 예외 조항 등의 규정으로 통제한다.

즉, 도덕적 위태는 인간의 부정, 부도덕, 사기, 고의 등 감정이 적극적으로 작용하여 사고의 빈도나 정도를 증가시키는 인간의 성격이라고 할 수 있다. 예를 들면 고의 방화나 강도, 사기 등이 있다.

③ **정신적 위태(morale hazard):**

도덕적 위태와 같은 고의는 없으나, 무관심 또는 부주의, 사기저하, 풍기문란 등으로 손실 발생을 방관하는 정신적인 태도를 의미하며 넓은 의미의 도덕적 위태에 포함된다. 예를 들면 자동차 키를 차에 두고 주차했다가 도난, 졸음 운전의 교통사고 유발, 침대에 담배꽁초를 두고 잠이 들었다가 화재발생 등이 있다.

2) 사고(peril)

우리 주변에서 발생하는 각종의 손실(loss)을 야기시키는 원인(cause)이라 정의된다. 보험계약에서 보험자가 피보험자에 대하여 전보의 책임을 지는 손실은 보험계약에 합의된 사고에 의하여 발생한 것이다.[2]

예) 자동차의 손실을 발생시키는 충돌, 지진, 홍수, 태풍이나 건물의 손실을 야기하는 화재 등이 사고이다.

즉, **사고(peril)라 함은 손해의 직접적인 원인이 되는 것**을 말한다. 예를 들면 화재로 인해 건물이 손상 또는 멸실되었을 경우 화재라는 사고로 건물의 손상 또는 멸실이라는 손해가 발생한 것이다.

---

2) 이경룡, 보험학원론, 영지문화사, 2011, p.13

♣ 보험학에서 사고란 재산이나 인적 손실의 원인 또는 원천을 의미한다. 다음과 같이 구분한다.

- **자연적 사고:** 인간의 통제력을 벗어난 사건으로 자연재해(홍수, 폭풍, 지진,해일, 가뭄)와 질병 등
- **인적 사고:** 사람의 행위, 무책임으로 인한 것으로 절도, 사기, 부주의 등
- **경제적 사고:** 경제 전반에 미치는 손실의 원인으로 노동쟁의, 경기침체, 기술진보 등

3) 손해(loss)

우연한 사고로 인하여 발생하는 예기치 않은 경제적·재산적 가치의 상실이나 감소를 말한다.

일반적으로 손해는 손실, 손상, 훼손, 일실(逸失), 상실, 멸실 등 여러 가지 의미로 사용되고 있다.

※일실(逸失): 잃어버리거나 놓침.

4. 위험(risk)의 경제적 부담

1) 예상하지 못한 손실의 부담

① 가정 및 기업에 심각한 경제적 부담.

② 사회에도 직간접적으로 부정적인 영향.

예기치 않거나 예기치 못한 경제적인 손실이 발생한다면, **가정과 기업에 심각한 경제적 부담**으로 가정생계의 파탄으로 가정 파괴와 기업의 자금 흐름 및 기업 존립에 문제가 있고 위협이 된다.

또한 **사회에도 직간접적으로 부정적인 영향**을 미치기 때문에 이러한 예기치 못한 손실을 효율적이고 효과적으로 관리해야 할 필요성이 있다.

2) 불확실성의 존재 자체에 의한 부담

① 자원의 비효율적 이용과 배분.

② 효용의 감소 경향.

불확실성의 존재로 인해 리스크가 적은 산업에 중점을 둠으로서 자원 배분의 한계로 사회 전반적으로 경제 발전이 어렵고, 경제 활동의 과정에 불확실성이 존재하면 효용(utility)이 감소한다.

3) 근심과 두려움에 의한 스트레스와 정신적 육체적 고통의 부담

불확실성으로 인해 인간은 미래에 대한 두려움과 근심이 많아서 부담이 된다. 또한 일상생활에 직접적으로 영향을 미쳐 사회적·경제적 활동에 많은 손실이 발생한다.

제2절. 위험의 분류

위험은 판단기준에 따라 여러 가지 형태로 분류할 수 있는데, 보험에서 많이 판단하는 위험은 다음과 같이 설명할 수 있다.

1. 주관적 위험과 객관적 위험

1) 주관적 위험(subjective risk)

주관적 위험은 구체화되고 명확한 자료를 근거로 하는 것이 아니라 자신의 직감 등을 통한 위험을 말한다. 이러한 주관적 위험은 개인이 위험을 수용하는 태도에 따라 인식하는 위험의 정도가 상이하여 통계 측정이 불가능하다.

즉, 개인의 정신적 태도와 심리적 상태로부터 발생하는 위험으로서, 보통 정확하게 측정할 수 없는 위험이다. 개인에 따라 종류와 크기를 달리하는 관계로 통계를 이용한 측정이 불가능하다.

① 개인의 정신적, 심리적 상태에 따른 위험이다.
② 정신적, 심리적 상태에 따라 위험이 달라진다.
③ 통계적으로 측정이 매우 어렵다.

2) 객관적 위험(objective risk)

객관적 위험은 대수의 법칙에 근거한 위험으로 통계 측정이 가능하여 보험사업자나 기업의 위험관리자에게 매우 유용한 개념이다. 이는 예상되는 사건과 실제사건 간의 비율로 사건의 편차를 측정하는 것으로 이 편차는 관찰대상의 사건수가 증가될 경우 감소하게 된다.

즉, 우연과 불가항력에 의해 생기는 위험으로서, 대량 관찰의 통계적 분석에 의하여 측정이 가능하고, 대수의 법칙을 적용할 수 있는 위험을 의미한다.

① 통계적으로 측정될 수 있는 위험으로서,
② 기대 손실과 실제 손실의 차이로 정의된다.
③ 통계적 방법으로 표시될 수 있는 관계로 보험 경영이나 위험관리 측면에서 매우 유용하다.

2. 순수위험과 투기위험

♣ 보험회사는 순수위험을 대상으로 발생 빈도와 손해 크기를 합리적으로 측정하여 보험사업을 영위한다. 투기위험은 위험부담 주체의 주관적 의사에 의하여 결정될 뿐만 아니라 사고 발생의 우연성과 급격성 측면에서 보험담보에 적합하지 않다.

1) 순수위험(pure risk)

일단 발생하기만 하면 반드시 손해만 발생시키는 위험(loss only risk)이다.

즉, 이익의 발생 가능성은 없고 손실의 가능성만 있는 위험으로서 위험 자체가 이미 존재해 있는 위험이다. 순수위험에는 상해, 사망, 화재, 교통사고 등이 있다.

순수위험은 개별 주체가 손해를 입은 경우 사회 전체적으로도 동일한 손해를 입는다.

순수위험은 범위의 한정이 불가능하고 전조 없이 우발적으로 발생되어 제어가 어려우며, 대수의 법칙이 적용되기 쉬워 보험화의 가능성이 높다.

보험회사는 순수위험을 대상으로 발생 빈도와 손해의 크기를 합리적으로 측정하여 보험사업을 영위한다.

2) 투기위험(speculative risk)

투기위험은 손해와 이익이 모두 상존하는 위험을 말한다. 즉, 그것이 발생하면 이익 또는 손해를 가져오는 위험(loss or gain risk)이며, 손실의 가능성과 함께 이익의 가능성도 내포한 위험이다.

투기위험의 예에는 시장위험(주식투자 위험), 신규 사업 진출, 도박 등이 있다. 투기위험은 대수의 법칙을 적용하는 것이 어려우며, 따라서 특수한 경우를 제외하고는 보험의 대상이 될 수 없다. 투기위험의 경우 개인이나 기업은 손해를 입어도 사회는 이익을 얻을 수 있다.

3. 순수위험의 분류(보험가능위험과 보험불가능위험)

일반적으로 보험기술상 인수가 가능한 순수위험을 보험가능위험이라 하고, 순수위험 중 보험인수가 불가능한 것과 대부분의 투기위험을 보험불가능위험이라 한다. 보험가능 위험은 손해 발생의 객체에 따라 크게 인적위험, 재산적 위험, 배상책임위험 등으로 분류된다.

1) 인적위험(personal risk)

인간과 관련된 위험으로서, 사망과 관련된 위험, 노령과 관련된 위험, 실직과 건강에 관련된 위험 등이 있다. 즉, 질병, 상해, 노령, 사망 등 개인의 건강과 생명에 관한 모든 위험을 말한다.

2) 재산위험(property risk)

각종 재산의 피해를 수반하는 위험으로서, 직접손실과 간접손실로 구분된다.

직접손실은 손실의 원인과 직접적으로 관련된 손실을 의미하고, 간접손실은 손실의 원인과 직접적으로 관련되지는 않으나 직접손실로 말미암아 간접적으로 입힌 손실을 말한다.

자동차의 충돌 등 교통사고, 건물의 화재, 선박의 침몰 등 재산에 야기되는 손해로 건물, 가재, 상품 등의 재물에 발생하는 직접 손해와 복구를 위한 인건비, 물건비, 예상이익 등 비가시적인 간접손해를 포함한다.

3) 배상책임위험(liability risk)

과실이나 계약위반 등으로 제3자에게 손해를 입힌 경우 이로 인한 경제적 손실의 위험이다.

즉, 타인의 재산이나 신체에 입힌 손해에 대해 배상책임의무가 법적으로 부과될 가능성을 의미한다.

제3절. 위험에 대한 대비방법(위험관리 기법)

1) 위험회피(risk avoidance)
단순히 위험을 피함으로서 위험에 대비하는 방법이다.

위험 자체를 회피하거나 기존에 존재해 온 위험을 제거함으로써 위험에 대비하는 방법이다.

예) 교통사고의 위험이 많은 오토바이 안 타기, 암벽 등반 안 하기, 기타 등

2) 위험인수(risk retention): 전부 인수와 일부인수가 있다.
위험의 보유는 예상되는 손실의 일부나 전부를 보유하여 직접 손실을 부담하는 방법이다.

자기인수(self retention) - 위험에 대한 대비책을 전혀 강구하지 않고 단순하게 인수한다.

자기보험(self insurance) - 자기 인수의 경우와 달리 과학적 방법으로 위험에 대비한다.

3) 위험전가(risk transfer)
위험을 자기 자신이 인수하는 대신 제3자에게 넘기는 경우이다.

보험가입, 특수계약의 체결, 리스 이용 등을 이용하여 전가를 시킨다.

건설 공사의 부분적 위험을 해당 분야에 공사 기술과 경험이 많은 하청업자에게 하청을 주어서 공사 중에 일어나는 경제적 손실 가능성을 제3자에게 부담시키는 경우이다.

4) 손실(위험)통제(loss control, risk control): 손실 방지와 손실의 최소화
손실을 통제하는 목적은 손실을 미연에 방지하고, 발생된 손실을 최소화하는 것이다.

손실의 횟수와 손실의 규모를 최대한 줄이는 방법이다.

① 손실 방지: 손실 발생의 가능성을 줄이거나 손실 발생 자체를 막는 데 목적이 있다.
　　　　　건강을 위해 운동 또는 금연과 절주, 보일러 정기점검 등

② 손실 최소화: 이미 발생한 손실을 최소화하는 데 목적이 있다.
　　　　　건물에 스프링클러를 설치하여 화재 발생 시 손실을 최소화시키는 방법이다.

5) 보험(insurance)
① 위험을 대비하는 가장 과학적인 방법이다.

② 보험의 성격: 위험의 전가
　　　　　위험 분산을 위한 기법
　　　　　대수의 법칙에 의해 위험에 대비하는 과학적인 방법

제4절. 보험가입 대상 위험의 특성

보험에 가입하는 위험의 특성들은 동질성, 우연성, 명확성, 확률 등이 있는데 그 내용들은 다음과 같다.

1) 다수의 동질적 위험

보험회사가 대수의 법칙을 적용하여 손실을 추정할 수 있기 위해서는 손실을 유발하는 유사한 특성을 가진 다수의 위험 단위들이 필요하다.

2) 우연적 사고위험

보험가입 대상이 되는 위험은 손해 발생의 여부, 시기, 정도가 우연성에 기초한 위험이어야 하며, 이것이 의도적으로 조작된다면 보험가입 대상이 될 수 없다.

3) 명확하고 측정 가능한 위험

보험가입 대상이 되는 위험은 손실 발생의 원인, 시간, 장소, 손실금액 등이 어느 정도 명확한 위험이어야 한다. 금전으로 측정이 어렵거나 시간과 장소가 불명확한 경우 해당 보험의 담보 여부를 가리기가 어렵기 때문이다.

4) 자연계의 이상변동 등이 아닌 손실(보험회사가 감당할 수 있는 손실)

사고 발생이 개개인에 어느 정도 경제적 손실을 야기해야 하며 그렇다고 해서 보험회사가 감당하는 것이 불가능할 정도로 너무 거대한 손해를 초래하지 않는 위험이어야 한다.

5) 확률적으로 측정 가능한 위험

보험가입 대상이 되는 위험은 보험사의 적정 보험료 산출을 위해서 과거의 경험 통계에 의하여 사고 발생률을 예측할 수 있는 위험이어야 한다.

6) 경제적 부담이 가능한 보험료

손실발생 가능성이 매우 높아 보험료가 보험금액에 비해 너무 높은 경우 현실적으로 보험의 경제성이 없으므로 보험가입 대상이 되는 위험은 보험료를 보험계약자가 납입할 수 있는 규모가 되어야 한다.

제2장
위험관리

제1절. 위험관리의 의의

1. 위험관리(risk management)

조직의 이익을 위해 조직에서 발생될 수 있는 손실 가능성을 체계적으로 파악, 분석하여 그에 대응하는 최적의 방안을 강구하는 것이다

위험관리란 조직이 직면하는 위험(risk)을 합리적이고 체계적인 방법을 활용하여 효율적이며 효과적으로 관리하는 것이다. 위험관리는 **기업 경영의 한 축으로서 잠재적 위험을 관리하여 기업의 소득 능력을 유지시키며 자산을 보전함으로써 기업의 목적 달성에 기여한다.**

① 위험(risk)이란 예측 능력의 부족에 기인한 객관적 불확실성이다.
② 위험관리(risk management)는 위험과 손실에 대한 평가, 통제, 재무에 있어서 미래 지향적 행동을 강조하며, 분석과 대응 또한 통합되고 합리적이며 체계적인 접근 방법을 추구한다.
③ 최근 기업의 경영 환경이 급속히 변화하면서 위험관리의 중요성이 증대하고 있다.
④ 위험관리(risk management)는 위험 통제와 위험 재무라는 2가지 기본적인 방법을 활용하여 관리한다.

2. 위험관리의 영역

위험관리의 영역은 점진적으로 확대 변화하는 경향이다.
투기 위험과 완전히 분리된 순수 위험은 거의 없다.

3. 위험관리의 목적: 위험관리는 기업의 목적과 부합되어야 한다.

♣ **손실 전 목적:** 경제적 효율성 추구(경제적 목적), 불확실성 제거를 통한 심리적 안정(걱정, 근심 감소), 손실 방지를 위한 각종 규정의 준수

♣ **손실 후 목적:** 생존 목적(기업의 존속), 작업 계속성 유지 목적, 수익의 안정성 목적, 성장계속 목적, 사회적 책임과 기업 이미지 제고 목적

4. 환경변화와 위험(risk)관리

장기 안정적 성장의 지향 경제정책, 기업의 규모 확대 및 국제화 경향, 새로운 기술의 발전, 기업의 경쟁적 환경에 따른 원가 절감의 압박, 일반 대중의 위험에 대한 관심 및 지식 증가, 소비자 보호를 위한 사회적 압력 증가, 새로운 노사관계 요구, 기업의 사회적 책임에 대한 사회적 요구 증대 등 환경의 변화가 다양하다.

5. 위험관리의 기능

1) 위험의 인식(identifying risk): 존재하고 있는 위험을 인식하여 파악한다.

재산적 손실위험, 법적 배상손실위험, 기업중단에 따른 손실위험, 종업원 부상에 따른 손실위험, 사기 범죄 등

2) 위험의 평가(evaluating risk): 인식되고 파악된 위험의 평가와 성질을 파악해야 한다.
 - 예상되는 손실의 빈도수와 심도 측정 및 추정되어야 한다.
 - 인식된 위험은 그 중요성에 따라 우선 순위을 결정해야 한다.
 - 적절한 대비 방법이 강구될 수 있도록 평가되어야 한다.
 - 한 번의 사고로 입을 수 있는 최대 손실액을 고려하여야 한다.

3) 위험관리 기법의 선택(selecting techniques for handling risk)
① 위험회피: 위험 자체를 회피하거나 기존에 존재해 온 위험을 제거함으로써 위험에 대비하는 방법이다.
② 위험보유: 예상되는 손실의 일부나 전부를 보유하여 직접 손실을 부담하는 방법이다.
③ 위험의 전가: 보험가입, 특수 계약의 체결, 리스를 이용하여 위험을 제3자에게 전가시킨다.
④ 손실의 통제: 손실의 횟수와 손실의 규모를 최대한 줄이는 방법이다.
⑤ 보험: 손실의 확률은 매우 낮으나 손실의 규모가 클 것이라고 예상되는 경우에 사용한다.
 • 보험선택 시 유의 사항으로는 보험 상품의 선택, 보험자의 선택, 자세하고 명확한 약관의 구성.
 • 선택된 보험 상품에 대한 조직 내부에서의 충분한 인식, 보험 상품에 대한 정기적인 검토.

4) 위험관리계획의 수행(administrating the program)
위험관리자는 위험관리 기능의 효율적인 수행을 위해 ① 위험관리 방침의 문서화, ② 타 부서와의 협조, ③ 위험관리 계획의 정기적인 검토를 필요로 한다.

제2절. 위험관리(risk management) 방법

위험(Risk)을 관리하는 방법은 **위험(risk) 통제**와 **위험(risk) 재무**가 있다.

① 위험 통제(risk control)는 **손실을 감소시키고 손실에 대한 불확실성을 감소**시킨다. 그 기법은 **위험(risk)의 회피, 분리, 결합, 손실통제, 전가** 등이 있다.

② 위험 재무(risk finance)는 **손실의 재무적 결과를 최소화하고 손실을 복구**하는 것이다. 그 기법은 **위험(risk) 보유와 위험(risk) 전가**가 있다.

1. 위험통제(risk control)

1) 의의와 목적

위험(risk)관리에 있어 사전적 상황에 대비하는 적극적 관리기법으로서 목적은 **손실 감소 및 손실에 대한 불확실성의 감소**이다.

2) 위험통제(risk control)의 기법

① **위험회피(risk avoidance)**

- 개인의 행동과 활동, 기업의 경영과 활동을 함에 있어서 수반하는 모든 위험을 검토하여 득보다 실이 많다고 판단하면 위험을 회피하는 것이다.
- 손실 발생의 가능성이 있는 재산, 사람, 활동을 피함으로써 손실에 대한 불확실성을 제거하는 것이다.
- 방법은 재산 소유권에 따른 위험회피, 특정인을 기업 활동에 참여시키지 않음으로써 회피, 손실발생 확률이 클 경우에 활동에 참여하지 않는 방법이 있다.

② **위험의 예방과 경감:**

♣**위험의 예방:** 위험의 발생을 미연에 방지하기 위해서 사전 조치를 취하는 방법으로서, 건물의 내화구조화, 기계 안전장치, 안전교육, 정기점검 등의 조치를 하는 것이다.

♣**위험의 경감:** 어떤 특정한 위험으로 인하여 입는 손해를 가능한 최소 한도로 줄이기 위해 각종 대책을 강구한다.

　　　　　　화재 발생 시에 피해를 경감시키기 위한 소화기 설치, 스프링클러 설치, 정기검진 등

③ **위험(risk)의 분산 및 다양화**

- 분산은 손실의 대상이 되는 것을 한 곳에 집중시키지 않고, 여러 장소에 분산시켜 한 곳의 위험 발생으로 인한 경제적 손실의 가능성을 감소시키며, 위험의 정도와 빈도를 줄이는 것이다.
- 분산의 형태는 장소적, 기술적, 시간적 분산 등이 있다.

④ **위험의 결합**(risk combination, pooling of risks)

- 손실의 대상이 되는 것을 하나의 관리조직에 포함시켜 관리하는 손실 대상의 수를 증가시킴

으로써 대수의 법칙에 따라서 손실의 불확실성을 감소시키는 기법이다.

⑤ **손실통제**: 손실방지 기능과 손실경감 기능을 갖는다.

- 손실방지는 손실 발생의 빈도 또는 확률을 감소시키는 것이다.
- 손실경감은 손실의 규모를 감소시키는 것이다.

⑥ **위험(risk)전가**: 제3자에게 손실에 대한 책임을 넘겨주는 것을 말한다.

- 위험(risk)통제로서의 전가는 손실 발생의 불확실성 자체를 이전하는 것이고, 위험(risk) 재무적 전가는 손실의 발생에 따른 재무적 손실의 부담에 관련된 불확실성을 제3자에게 넘기는 것이다.

2. 위험재무(risk finance)

1) 의의와 목적

예기치 않은 손실이 발생할 때 이에 따른 재무적 문제를 해결할 수 있도록 준비해 두어야 하며, 주요 목적은 예기치 않은 손실의 발생이 기업에 미치는 재무적 영향을 최소화시켜서 궁극적으로 기업의 자산과 소득 능력을 보장하는 것이다. (손실의 재무적 결과를 최소화하고 손실 복구)

2) 위험(risk)재무의 기법

① 위험(Risk) 보유: 위험의 자기보유

- **수동적 보유**: 위험(risk)은 발견되었으나, 지식과 경험의 부족으로 위험(risk)을 무계획적으로 보유한다.
- **능동적 보유**: 발견, 규명된 위험(risk)을 다각적으로 평가한 후, 의도적으로 보유하는 것을 말한다. 위험(risk)의 보유가 불가피한 것이거나, 위험(risk)의 특성이 의도적으로 보유하는 데 적합한 것일 때 한다.

② 위험(risk) 전가:

- 제3자에게 위험을 전가시키고 위험이 현실화한 경우에 그 제3자로부터 손실액을 보전받는 방법이다.
- **위험(risk) 전가의 대표적인 방법은 보험이다.**
- 위험의 전가는 계약을 통해 고용계약, 용역계약, 운송계약, 창고보관계약, 임대계약 등 체결한다.
- 그 외의 방법은 헷징(hedging)계약, 무해협약, 수탁계약, 보증제도 등이 있다.

> ※**헷징**: 장래에 현물로 취할 수 있도록 미리 임시로 지정해 놓은 것을 말한다. 즉, 미리 매수해 두거나 보험용으로 두는 것을 표현한다.
> ※**수탁**: 다른 사람의 부탁이나 위탁을 받음.

제3절. 위험관리의 절차 및 방법

1. 위험관리의 절차

```
위험의 확인 및 발견    : 과거의 통계분석, 유사업종 사례, 체크리스트(checklist), 현장 방문 등
        ↓
위험의 분석 및 평가    : 발생 빈도와 심도, 최대추정 손해액 측정 등
        ↓
   위험의 처리        : 위험의 통제(risk control), 위험 재무(risk financing)
```

2. 위험의 처리방법

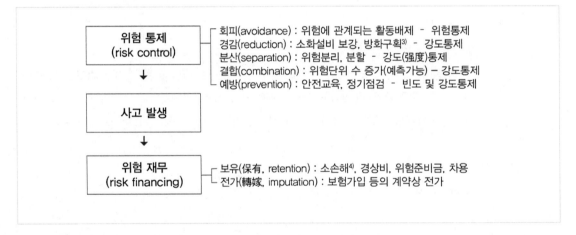

```
  위험 통제          회피(avoidance) : 위험에 관계되는 활동배제 - 위험통제
 (risk control)      경감(reduction) : 소화설비 보강, 방화구획3) - 강도통제
                     분산(separation) : 위험분리, 분할 - 강도(强度)통제
        ↓            결합(combination) : 위험단위 수 증가(예측가능) - 강도통제
                     예방(prevention) : 안전교육, 정기점검 - 빈도 및 강도통제

   사고 발생

        ↓

   위험 재무          보유(保有, retention) : 소손해4), 경상비, 위험준비금, 차용
 (risk financing)     전가(轉嫁, imputation) : 보험가입 등의 계약상 전가
```

3. 위험관리(risk management)의 4단계

1) 위험(risk)의 발견 및 규명

기업 활동에 잠재하는 모든 손실 형태의 위험을 발견 및 규명하는 활동이다.

① 손실 형태: 자산의 손실, 인적 손실, 배상책임손실 등

② 위험 발견 및 규명 기법:

• 잠재손실 점검표, 위험 분석 질문서, 재무제표 방법, 업무흐름 도표 방법, 타 부서와의 교류, 과거 경험 및 계약서 분석, 환경 분석, 시스템 접근방법

---

3) 구획(區劃): 토지나 시가지 따위의 경계를 갈라 정함. 또는 그러한 구역
4) 소손해(petty claim): 사소한 요구, 사소한 손해는 부담함.
　소손해 면책비율: 사소한 손해는 보상하지 않는 것이 원칙(면책).

2) 위험(risk)의 측정 및 평가 방법

① 손실의 빈도 측정: 평가 방법은 통계적 자료를 통해 발생 확률을 측정한다.

② 손실의 규모 측정: 손실의 규모를 경제적 가치로 측정한다.

최악 손실, 최대 가능손실, 연간 기대손실 등

③ 손실의 재무적 평가: 현금흐름의 측면, 대차대조표의 측면, 이익의 측면 등으로 평가할 수 있다.

3) 위험관리(risk management) 방법의 선택

① 위험통제(risk control): 손실의 감소 및 손실에 대한 불확실성을 감소시킨다.

위험(risk)의 회피, 분리, 결합, 손실통제, 전가

② 위험재무(risk finance): 손실의 재무적 결과를 최소화하고 손실을 복구한다.

위험(risk) 보유, 위험(risk) 전가

4) 위험(risk)의 행정(administration)

- 위험(risk)관리 기능이 잘 수행되도록 계획, 지휘, 통제한다.
- 위험(risk)관리의 질적인 수준을 좌우한다.

제4절. 위험관리(risk management)로서의 보험

보험의 존재 이유는 곧 위험(risk) 때문이며,

다양한 분야와 종합적으로 연구되고 있으며 보험제도는 발전 중이며,

보험이 전적으로 위험(risk)을 모두 해결해 줄 수 없으며,

사전에 위험(risk)을 파악하고 관리하는 것이 중요하다.

보험은 위험에 대처하는 수단의 하나이다. 보험에 가입함으로서 위험은 보험자(보험회사)에게 전가되고, 전체적으로 볼 때 다수의 경제 주체가 결합하여 위험은 축소된다.

위험(risk)관리는 기업 경영의 주요한 기능 중 하나이다. 위험(risk)관리를 통해 앞으로의 불확실성으로 인해 발생할 추가적인 비용을 절감할 수 있고, 현재의 사업에 집중함으로써 효율적인 경영 환경을 제공할 수 있다. 그러한 가운데 보험은 위험(risk)관리의 중심에 있고, 핵심적 역할을 해낼 것이다.

보험은 위험(risk)관리를 위한 다양한 방법 가운데 위험(risk)전가의 기능을 수행한다.

원활한 위험관리를 위해 보험 제도를 운영하는 보험자는 개별 피보험자에게 적은 금액의 보험료를 받고, 위기 상황과 보험사고 시에 경제적 손실보상을 위해 보험금을 지급해야 하는 의무가 있다.

이러한 상황에서 보험을 운영하기 위해서는 기본 원리가 필요한데, 이 기본 원리에는 보험등식, 확률과 대수의 법칙, 통계자료와 정보 등이 있다.

제3장
위험(risk)과 보험(保險, insurance)

제1절. 위험 & 보험

1. 대형사고 사례

1) 타이타닉 침몰사고(1912. 4. 14.)

2,200여 명의 승객을 싣고 미국으로 향하던 타이타닉호가 빙산에 부딪혀 침몰(1,513명 사망)
---〉 영국 로이드보험사 140만 파운드 지급(약1,430억 원)

2) 대연각 호텔 화재사고(1971. 12. 25.)

1층에서 프로판가스 폭발로 화재 21층까지 전소, 168명 사망, 68명 부상, 8억 4천만 원 재산피해
(당시 금액, 공무원 봉급 7천 원), 그때의 열기로 인해 뛰어내리던 사람들의 중계가 아직도 선하다.

3) 이리(익산)역(전북 익산시) 폭발사고(1977. 11. 22.)

화약을 가득 실은 열차가 수송원의 실수로 폭발하여 59명이 사망 130여 명이 부상을 입은 대형
사고이다.

4) 대한항공 보잉707 북한공작원 테러사건(1987. 11. 29.)

북한공작원에 인하여 미얀마 근해에서 폭발. 한국인 93명 승무원 20명 외국인 2명 모두 115명이
숨지는 끔찍한 사고였다.

5) 서해 훼리호 침몰사고(1993. 10. 10.)

격포에서 위도로 운행하는 훼리호가 292명의 사망자를 낸 대형 사고였다.

6) 성수대교 붕괴사고(1994. 10. 29.)

1979년에 개통한 대교였으나 부실공사로 인해 붕괴 32명 사망, 17명 부상, 이때 등교 길이라
무학여고생이 많이 사고를 당했다.

7) 삼풍백화점 붕괴사고(1995. 6.29.)

501명 사망, 6명 실종, 937명 부상 ---〉 4억 4천만 원 보험금 지급

8) 대한항공 여객기 괌 추락사고(1997. 8. 6.)

대한항공 여객기 괌에서 추락(229명 사망, 25명 부상) ---〉 1인당 약 2억 5천만 원 보험금 지급

9) 대구 지하철 화재 참사(2003. 2. 18.)

전동차 전소, 192명의 사망자와 6명의 실종자 그리고 151명의 부상자, 총 343명, 보험금 약 137억

10) 서해대교 29중 추돌사고 발생(2006. 10. 2.)

11명 사망, 46명 부상, 40여억 원 보험금 지급

−한국지방재정공제회 9,500여만 원 보험금 지급(일반화재보험 미가입)

2. 보험의 시작은 위험에서

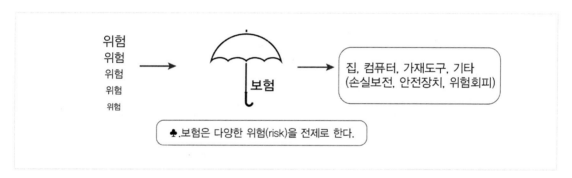

3. 위험이란?

위험 = risk

위험이란 '**손실 발생에 대한 불확실성**'이다.

원하지 않는(undesired) 또는 뜻하지 않는(unintentional) 손해가 발생할 가능성이 있다.

위험은 학자들의 관점에 따라 '손해의 가능성', '손해에 관한 불확실성' 등으로 정의된다.

이를 종합하면, '**우연한 사고 발생의 불확실성 또는 가능성**'으로 정의된다.

> 『위험이 없으면 보험도 없다.』

4. 위험관리의 방법

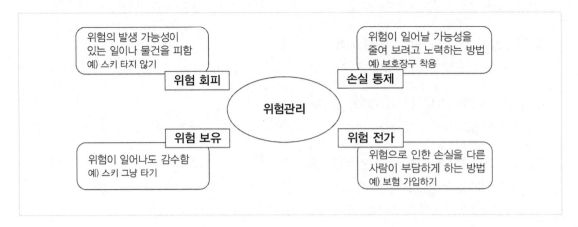

5. 위험(risk)과 보험(insurance)

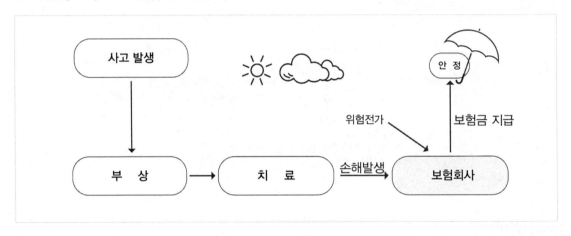

제2절. 보험의 이해 및 개요

1. 보험의 성립

♣ 서로 비슷한 어려운 일에 처할 것 같은 사람들이 모여서 돈을 조금씩 내어서 목돈을
마련하고, 그 사람들 중 누구에게 어려운 일이 일어나면 그 돈으로 도와주는 것.

미래의 안전장치!!!

2. 보험 용어

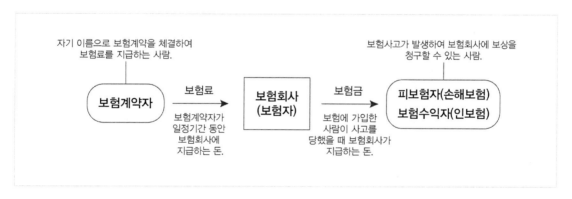

3. 보험의 기본원리

1) 위험의 분담: 만인은 1인을 위하여, 1인은 만인을 위하여! (All for one, One for all)

동일한 위험에 노출된 다수의 경제단위가 하나의 위험 집단을 구성하여 보험료를 갹출하고 이
보험료를 통해 구성원의 일부가 입은 손해를 보상하는 원칙이며 위험을 분담하는 것이다.

2) 확률(確率, probability)

확률은 어떤 사건이 일어날 가능성의 정도를 수치로 나타낸 것이다. 즉, 일정한 조건하에서 하나
의 사건이나 사상(事象)이 일어날 수 있는 가능성의 정도 또는 그것을 나타내는 수치이다.

3) 대수(大數)의 법칙(law of large numbers):

다수 위험의 결합이며, 위험 집단이 늘어날수록 그 위험의 발생 가능성을 예측할 수 있다.

- 개개의 경우 사고 발생을 예측할 수 없으나, 동일한 사고를 대량적으로 관찰할 경우 일정한 우연적 사건(사고)발생에 대해 일정한 비율이 통계적으로 추출되고 예측할 수 있다는 법칙.

4) 수지상등(收支相等)의 원칙(principle of equivalence): 수입 = 지출

보험계약자가 납입하는 순보험료 총액과 보험회사가 보험사고로 지급하는 보험금 및 경비의 총액이 같아야 한다는 원칙이다.

4. 보험가입의 절차

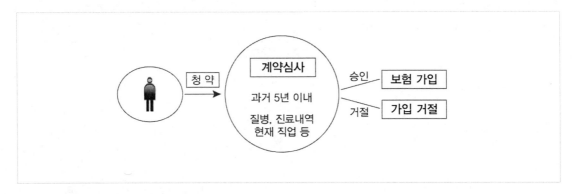

보험은 가입자의 청약과 보험회사의 승인에 의해서 성립되는 쌍방계약이다.

다만, 피보험자의 위험률에 따라 가입이 거절될 수도 있다.

5. 보험가입 시 의무

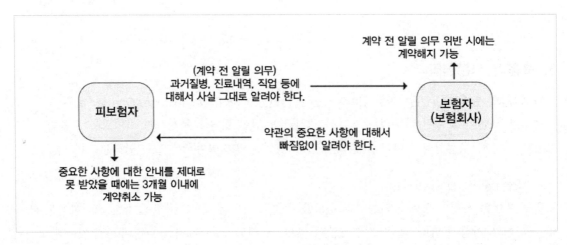

6. 예금과 보험의 차이(중도 해약시)

1) 예금

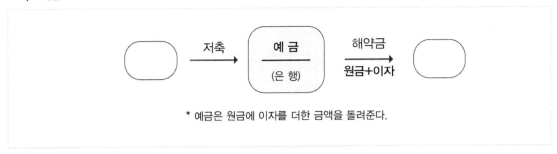

* 예금은 원금에 이자를 더한 금액을 돌려준다.

2) 보험

* 보험의 해약환급금은 원금보다 적은 금액을 환급 받을 수 있다.

7. 보험의 종류

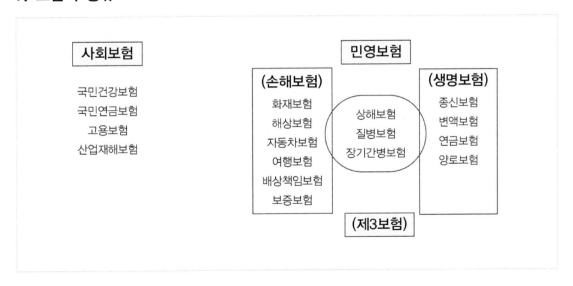

제3절. 보험의 사회적 기능과 손해보험 & 인보험

1. 보험의 사회적 기능

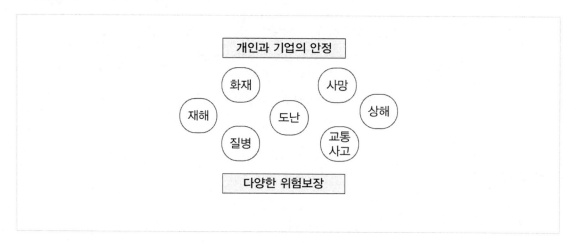

2. 손해보험과 인보험의 개념

1) 손해보험(損害保險)
우연한 사고(보험사고)로 피보험자가 입을 재산상의 손해보상을 약정하는 보험

즉, 보험회사가 보험사고로 생길 피보험자의 재산상의 손해를 보상하는 보험을 말한다.

손해보험의 경우 피보험자가 실제 입은 만큼의 손해에 대한 보상만 받을 수 있다.

상법에선 화재보험, 운송보험, 해상보험, 책임보험, 자동차보험으로 책임보험을 규정한다.

♣ **손해보험계약:** 사고 발생 시 지급할 금액을 사고발생 전에 알 수 없는 불확정보험.

2) 인보험(人保險)
사람의 생명이나 신체에 생기는 손해에 대하여 보험금을 지불할 것을 목적으로 하는 보험

손해와 상관없이 일정액을 지급하는 정액보험(확정보험)

사고발생 대상이 사람의 생명, 신체인 경우의 보험(생명보험, 상해보험, 질병보험)

제4절. 보험사기와 보험의 경제적인 측면

1. 보험사기

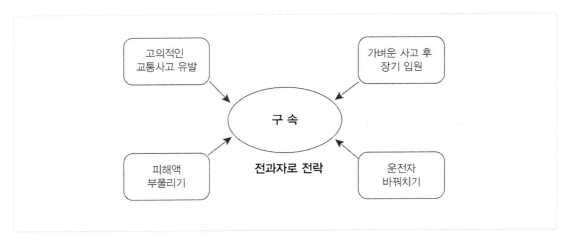

● 보험사기

1) 정의: 보험사고의 발생, 원인 또는 내용에 관하여 보험자를 기망하여 보험금을 청구하는 행위.

2) 보험사기방지특별법: 10년 이하의 징역, 5천만 원 이하 벌금.

3) 이득이 5억 원 이상일 때에는 특정경제범죄 가중처벌법에 의해 가중처벌.

4) 연성사기: 사고는 났으니 과잉청구, 기회사기

5) 경성사기: 의도적, 고의적 사고 조작

2. 보험은 안정적인 경제생활의 도우미

*위험은

원하지 않는 또는 뜻하지 않은 경제적 손해가 발생할 가능성을 말하며,

이러한 위험을 관리하는 방법 중의 하나가 보험에 가입하는 것.

*보험은

서로 비슷한 어려운 일에 처할 것 같은 사람들이 돈을 조금씩 내어 공동준비자금을 마련하고,

그 사람들 중 누구에게 어려운 일이 일어나면 그 돈으로 도와주는 "미래의 안전장치"이다.

*손해보험은

다양한 위험을 보장함으로써 개인과 기업의 안정을 도모하고,

타인에 대한 배상을 통해 피해자를 보호하며 각종 사고를 예방한다.

제2편

보험이론·보험모집 이해·
보험윤리·보험모집 법규

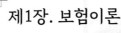

제1장
보험이론

제1절. 보험의 개념

1. 보험(保險, insurance)의 정의

'보험'이란 동질(同質)의 경제상의 위험에 놓여 있는 다수인이 하나의 단체를 구성하여, 미리 통계적 기초에 의해 산출한 일정한 금액(보험료)을 내어 일정한 공동 준비재산(기금)을 만들고 현실적으로 우연한 사고(보험사고)로 손해를 입은 사람에게 이 공동 준비재산에서 일정한 금액(보험금)을 지급하여 경제생활의 불안에 대비하는 경제제도이다.

보험은 동질의 위험에 처한 다수인이 우연한 사고의 발생과 그로 인한 경제적 수요에 대비하고자 위험단체(보험단체)를 구성하고, 그 단체 내에서 통계적 기초와 대수의 법칙(大數의 法則)에 따라 일정한 금액(보험료)을 미리 각출하여 기금을 형성한 후, 약정된 사고(보험사고)가 우연하게 실제 사고를 당한 구성원에게 재산적 급여(보험금)를 지급함으로써 경제적 어려움과 불안을 극복하고 위험을 분산하는 경제제도이다.

이 것은 동질적인 위험의 결합을 통해 실제 손실을 평균 손실로 대체하는 제도이다.

또한, 보험(保險, insurance)은 경제적, 사회적, 법적, 수리적 관점과 특성(속성)을 모두 포함하고 있는 종합적인 경제제도이다.

보험은 미래에 직면할 위험에 대비하기 위한 집단적 위험대비 제도이다. 현존하는 보험형태 가운데 가장 오랜 역사를 지니는 것은 후에 해상보험으로 발전한 것이고 그 후에 나타난 화재보험, 재해보험으로 확대되었다. 재해보험은 19세기에 더욱 확대되어 새로운 산업기술의 산물을 보험대상으로 하게 되었다. 19세기 말엽과 20세기 전반기에는 의료보험 등 다양한 형태의 사회보험이 생겼다. 20세기 말에는 자동차보험 등 다양한 종류의 책임보험이 역할을 증대시켰다. 보험대상은 재산과 사람으로 양분할 수 있고 보험으로 대치하는 사고는 재해와 의무 위반 등이다. 보험료와 보험급여의 징수 및 지불방식은 어떤 분야에서든 보험증권의 내용에 따라 다소 차이가 있다.

- 보험이란 위험의 감소와 손실의 분담과 전보(전가), 그리고 손실의 예측과 분배를 목적으로 한다.
- **보험의 정의를 분석하면,** 발생이 불확실한 우연성이 존재, 가계 및 기업의 경제적 불안정 제거가 목적, 다수 개별경제 주체의 결합으로 공동기금조성, 합리적인 계산에 의한 보험료의 갹출이다.
- 보험은 현대인들에게 삶에서 분리할 수 없는 필수적인 존재이며 경제제도이다.
- 보험은 우리 인생에 보다 효율적으로 이용하여 삶의 질(質)을 윤택하게 만드는 데 힘써야 할 것이다.

▣ **보험과 위험 :**

"위험(危險)이 없으면 보험(保險)도 없다."
- **우발적 위험(사고):** 위험의 불확실성, 위험의 다수성, 위험의 동질성 → **전가(轉嫁):** 보험
- **보험은 다양한 위험(risk)을 전제로 한다.**
- **보험은 안정적인 경제생활의 도우미로서 공동준비자금 마련을 통한 "미래의 안전장치"**이다.

---

2. 보험의 기본정신

♣ 상부상조의 정신과 공평한 위험의 부담이다.

1) 상부상조의 정신

많은 사람들이 모여 언제 일어날지 모르는 각종 사고에 대비해 서로 적은 금액을 예치하여 공동으로 재산을 마련해두고, 그 구성원 가운데 불의의 사고를 당한 사람에게 미리 정해진 금액을 지급함으로써 서로 돕는 제도를 합리적인 방법으로 제도화한 것이다.

2) 공평한 위험의 부담

♣ 만인은 1인을 위하여, 1인은 만인을 위하여!!! (All for one, One for all)

동일한 위험에 노출된 다수의 경제단위가 하나의 위험 집단을 구성하여 보험료를 갹출하고 이 보험료를 통해 구성원의 일부가 입은 손해를 보상하는 원칙이며 위험을 분담하는 것이다.

보험사고 발생에 대비한 공평한 위험 부담을 위해 대수의 법칙을 기초로 작성한 생명표와 사망률에 따라 합리적인 보험료를 산출하게 된다.

3. 보험의 기본 성격

1) 위험의 전가(risk transfer)

일정한 보험료를 내고 순수 위험의 부담을 보험자에게 전가한다. 보험의 필수적인 요소이다.

화재보험의 경우, 피보험자가 일정한 보험료를 내고 화재로 인한 손실 부담을 보험자에게 전가하는 것이다. 생명보험의 경우도 사망에 따른 손실 부담을 피보험자로부터 보험자에게 전가시키는 것이다.

2) 위험의 결합(pooling of risks)

발생된 손실을 보험가입자 모두에게 분산시키는 효과가 있다. 보험원리의 핵심적인 요소를 구성한다.

위험의 결합과 관련된 개념으로서 대수의 법칙이 있는데, 이는 "어떤 위험에 대하여 측정 대상의 수를 늘리면 늘릴수록, 또한 측정을 통한 예상치는 실제 치에 가까워진다."라고 한다.

3) 우연적 손실의 보상(indemnification of fortuitous losses)

고의적이고, 의도적인 사고에 의한 손실은 보상하지 않고, 우발적인 보험사고의 우연적 손실을 보상한다.

4. 보험의 목적(目的)과 목적 달성을 위한 수단

- **보험(保險,insurance)의 목적**

  위험의 감소와 손실을 분담하며, 손실을 전가(轉嫁)하고, 손실을 예측하고 분배하는 것이다.
- **목적 달성을 위한 방법**

  위험을 전가(轉嫁)하거나 결합하고, 공동기금을 형성하거나, 법적인 계약을 체결하고, 보험수리라는 수리적 수단(확률, 경험적 통계)을 이용하는 방법이 존재한다.

5. 보험의 필수 요건

1) 손실의 발생은 우연적이고 고의성이 없어야 한다.

보험은 우연한 사고의 발생에 대처하는 제도이므로 보험사고는 우연적이고 불확실한 것이어야 한다.

이때 우연성이란 사고발생 여부와 발생 시기, 발생 정도(규모) 등의 전부 또는 일부가 불확실함을 의미한다.

– 보험 대상의 손실은 반드시 우연적이고, 손실 발생의 장소 및 시간을 예견할 수 있어서는 안된다.

– 보험계약자가 고의로 손실을 발생시키거나, 발생한 손실을 고의로 확장시키거나, 과장시키는 것을 방지하기 위한 것이다.

– 만약, 손실이 고의적으로 발생되고 확대 · 과장된다면 이는 도덕적 위태(moral hazard)에 해당되는 것으로서 보험의 대상이 될 수 없다.

2) 다수의 동질적인 위험이 존재해야 한다.

보험은 다수의 동질적인 위험의 결합을 필요로 한다. 즉, 위험의 발생 빈도, 동일한 기간 내에 보험금 지급에 필요한 보험료 수준, 사고 시 지급될 비용 등을 통계적인 경험에 의해 산출하기 위해서는 다수의 위험의 동질성이 필요하다.

– 보험에서 대상으로 할 수 있는 위험은 동질성(同質性)과 다수성(多數性)을 갖추어야 한다.

– 위험의 동질성과 다수성을 필요로 하는 이유는, 만약 동질성과 다수성을 갖추게 되면 보험회사는 대수의 법칙을 이용하여 위험으로 인한 손실의 규모와 발생 수를 보다 정확하게 측정할 수 있고, 이에 따른 보험료 산출도 정확해질 수 있다.

3) 손실은 대이변적(大異變的, catastrophic) 이어서는 안 된다.

한번 보험사고의 발생으로 보험회사를 비롯한 보험집단 전부에 심각한 영향을 줄 수 있는 위험은 일반적으로 보험 대상에서 제외된다는 뜻이다.

국가 전체의 불경기로 대량 실업사태 발생, 태풍, 홍수, 지진 등 천재지변의 사고 등은 제외한다는 뜻이다. 대형 위험은 재보험을 효율적으로 이용하거나, 지역적으로 대형 위험을 적절히 분산하여 대처할 수 있다.

4) 손실은 확정적이고 측정이 가능해야 한다.

보험 대상의 손실은 그 발생 원인, 발생한 때 발생한 장소, 손실의 금액이 명확하고 측정 가능한 것이어야 한다. 이러한 것들이 명확하게 정해지지 않는다면 손실에 관한 모든 사항을 파악할 수 없고, 보험료 산출 등 보험에 필요한 모든 자료를 객관적이고 과학적으로 처리하지 못하게 된다.

5) 손실 발생의 가능성은 확률로서 측정이 가능해야 한다.

보험 대상이 되는 손실은 그 발생 규모나 발생 횟수를 예상하여 그 예측이 가능하여야 한다. 이러한, 확률적 예상이 가능해 짐에 따라 충분하고 정확한 보험료 계산이 가능하다.

6) 보험료·보험금의 산정

보험에 있어서 보험료나 보험금은 과거의 위험 발생을 토대로 대수의 법칙에 의하여 향후의 위험 발생 확률(probability)을 예측하여 산정한다.

7) 보험료는 시장성을 고려해 경제적이어야 한다.

위의 열거된 여러 가지 요건을 고려하여 계산된 보험료는 보험가입자들이 부담 없이 지불할 수 있을 정도로 시장성이 있고 경제적이어야 한다. 또한, 보험계약 금액에 비해 보험료가 상대적으로 비싸다면 보험가입자들이 보험가입 자체를 포기하거나 주저할 것이다.

제2절. 보험의 본질(本質)로서 정의(定義)

보험을 부분적으로만 이해한다면, 그에 대한 왜곡된 시각이 생길 수가 있으므로 보다 다각적인 방법으로 살펴볼 필요가 있다. 따라서 아래의 다양한 관점들을 통하여 보험의 특성(속성)을 이해하고자 한다.

보험은 어떤 관점에서 보느냐에 따라 그 정의(定義)도 상이하다. 보편적으로 **보험을 크게 4가지 관점에서 정의할 수 있는데, 경제적 관점, 사회적 관점, 법적 관점, 수리적 관점**이다.

따라서 이 4가지 관점에서 보험을 어떻게 정의할 수 있을지? 보험의 목적이 무엇인지? 어떤 수단들이 사용되는지? 여러 가지 관점들을 적용하여 보험을 정의하고 보험의 특성(기능)을 종합적으로 파악한다.

- 보험이란 위험의 감소와 손실의 분담과 전보, 그리고 손실의 예측과 분배를 목적으로 한다.

1. 경제적 관점의 보험(보험의 개념과 특성)

> 위험이란, 손실이 발생할 수 있다는 불확실성이다.
> 위험 감소를 위한 방법은 전가와 결합, 2가지이다.
> 보험은 계약을 통해 위험을 전가하거나 결합하여 관리한다.
> 보험은 경제적 손실 가능성(위험)을 감소시키는 경제적 제도이다.

경제적 관점에서 **보험의 근본적 목적은 위험(risk)의 감소와 위험(risk)의 전가 및 결합**에 있다.

위험(risk)을 감소시키는 방법은 ① 위험(risk)의 전가이고, ② 위험(risk)의 결합이다.

일반적인 보험의 형태는 첫 번째(①) 형태이고, 피보험자와 보험자의 계약을 통해서 피보험자는 보험자에게 위험(risk)을 전가시킬 수 있다.

둘째(②)의 형태는 보험자가 첫째에서 이루어진 개별적 위험(risk)을 한데 모아 결합시킴으로써, 위험분산의 효과를 낼 수 있다.

경제적 관점에서는 **보험은 위험을 결합하여 위험을 분산(감소)시키는 것**이다.

즉, 피보험자가 보험자에게 위험을 전가하는 행위뿐만 아니라 위험의 결합으로 위험을 분산시킬 수 있다면 경제학에서 보험이라고 볼 수 있다.

- 보험은 위험의 감소와 위험의 전가 및 위험의 결합이다.

  보험은 위험을 결합하여 위험을 분산시키는 것이다.

- 경제적 관점의 보험: 재무적 손실에 대한 불확실성, 즉 위험(risk) 감소

  위험(risk) 전가: 개별적 위험을 감소시키기 위해 피보험자가 자신의 재무적인 위험을 보험자에게 전가한다.

  위험(risk) 결합: 집단적 위험을 감소시키기 위해 대수의 법칙에 따라 개별적 위험을 결합하여 관리한다.

2. 사회적 관점의 보험(보험의 개념과 특성)

> 보험의 기본 정신은 상부상조이다(다수의 사람들이 모여 불행을 함께 해결).
> 사회 구성원들 중 소수의 손실을 다수가 분담하는 것이 목적이다.
> 사회적 관점의 특성: ① 다수인의 참여가 전제한다.
>   ② 다수가 힘을 합쳐 소수를 돕는 것이다(상부상조).
>   ③ 개별 구성원 모두의 책임 의식이 필요하다.

사회적 관점에서 **보험의 근본이념은 상부상조(相扶相助)이다. 사회의 다수가 모여 협력을 형성하고 개인이 불행한 일을 겪게 될 때 다수의 협력으로 해결하는 형태이다.**

즉, 보험은 사회적 관점에서 개인에게 발생한 손실을 다수인이 부담하는 것으로, 기금의 형태이다.

단, 사회적 관점에서 보험의 특징은 개인의 불행을 다수가 분담한다는 것이고, 특정 개인의 원조(aid)를 위한 기금의 형성이나 협력은 아니다.

보험의 사회적 특성의 표현은 **"만인은 일인을 위하여, 일인은 만인을 위하여"**로 함축하여 인용한다.

- 보험은 사회의 다수가 모여 개인이 불행한 일을 겪을 때 다수의 협력으로 해결하는 형태이다.
- 사회적 관점의 보험:

  다수인이 모여 손실에 따른 불행을 공동의 노력으로 해결하고자 하는 사회제도로 다수인의 참여가 필요하다(상부상조 정신).

3. 법적 관점의 보험(보험의 기반)

> 재무적 손실의 전보를 목적으로 한 법적인 계약이다.
> 보험은 계약의 원칙과 법적 특성이 존재한다.
> 법률적 요건을 충족해야 한다.

보험이 구체적으로 실현되기 위해서는 법적인 효력이 존재하여야 한다.

만약 법적인 제제가 없다면 피보험자에게 손실이 발생하였을 때, 피보험자가 자신의 의무를 이행

하지 않는 기회주의적 행동이 발생할 수 있다. 따라서 보험자를 보호하기 위하여 법적인 제도가 필요할 것이다.

법적인 관점에서 **보험은 보험자와 피보험자 또는 보험계약자 사이에 맺어진 재무적 손실의 전가를 목적으로 하는 법적 계약**이다.[5] 피보험자의 불확실성을 보험자에게 전가하는 대가로 프리미엄(premium, 보험료)을 지불하는 거래를 구체화하는 수단은 바로 보험계약이다.

- 보험은 보험자와 피보험자 또는 보험계약자 사이에 맺어진 재무적 손실의 전보를 목적으로 하는 법적 계약이다.
- 법적 관점의 보험:
  보험은 법적인 관점에서 보험자와 피보험자 또는 보험계약자 사이에 맺어진 재무적 손실의 전보를 목적으로 한 법적 계약이다.
  피보험자는 미래의 불확실하고 큰 손실과 보험료 형태의 확실하고 적은 손실을 보험자와 교환한다.
  보험 계약의 성립을 위해서 고유한 법률적 요건을 구비하고 보험과 관련된 법으로 이를 충족시킨다.

4. 수리적 관점의 보험(보험의 기반)

보험은 근본적으로 수리적인 이론과 기술을 바탕으로 한다.
미래의 손실을 다각적인 측면에서 예측한다.
피보험자가 각자 부담해야 할 몫을 예측한다.
예측을 위한 수단이 보험수리이다.

보험은 **수리적 이론과 기술을 바탕으로 미래의 불확실성과 손실에 대한 예측을 통해 배분을 하는 제도**이다. 이러한 기능을 올바르게 실행하기 위해서는 보험수리를 필요로 하며 이는 확률과 통계로 구성된다.
- 수리적 이론(확률, 통계)과 기술을 바탕으로 미래의 손실에 대한 예측을 통해 배분을 하는 제도이다.
- 수리적 관점의 보험:
- 수리적 관점에서 보험제도의 운영을 위한 이론과 기술이 필요하다.
- 확률 이론과 통계적 기법을 바탕으로 미래의 불확실한 손실을 예측하여 배분한다(수리적 제도).

---

5) 이경룡, 보험학원론, 영지문화사, 2011, p.111

제3절. 보험의 기본원칙과 보험운영의 기본원리

1. 보험의 기본원칙(보험계약법상)

1) 대수의 법칙

동일한 사고를 대량적으로 관찰할 경우에 우연적 사고발생에 대해 일정한 발생 확률이 나오고, 이 확률은 대개 비슷하게 진행되는데 이를 대수의 법칙이라 한다.

즉, 동일한 사실을 대량적으로 관찰할 경우 예측 사고율과 실제 사고율의 편차가 적어진다는 원칙이다(확률 동일함). 경험적 확률로 미래의 사고 발생률을 구하는 법칙이며, 대수 법칙에 따라 결정한다. 예) 주사위

2) 수지상등의 원칙

보험계약자로부터 받은 순보험료의 총액과 보험자가 지급하는 보험금의 총액은 서로 균형의 원칙이다. 즉, 총 수입의 금액과 총 지출의 금액이 똑같다는 원칙이다(총 수입액 = 총 지출액).

3) 보험계약자 평등대우의 원칙

보험가입자는 위험 단체의 한 구성원으로서 다른 구성원과 평등하게 대우를 받아야 한다는 원칙이다.

4) 보험계약자 이득금지의 원칙(실손 보상의 원칙)

손해보험에서 보험사고로 인하여 피보험자가 이득이 생겨서는 안 된다는 원칙이다.

즉, 보험사고 발생 시 피보험자는 실제의 손해액 이상으로 보상받을 수 없다는 원칙이다.

2. 보험운영의 기본원리

보험자는 개별 피보험자에게 적은 금액의 보험료(保險料, premium)를 받고, 위기 상황과 경제적 손실이 발생 시에 많은 보험금(保險金, insurance money)을 지급해야 하는 의무가 있다.

이러한 상황에서 보험을 운영하기 위해서는 기본 원리가 필요하며, 기본 원리에는 수지상등의 원칙(보험등식), 확률과 대수의 법칙, 통계 자료와 정보 등이 있다.

1) 수지상등의 원칙('보험등식': 수입 = 지출)

수지상등의 원칙(보험등식)은 **수입과 지출을 같게 만드는 관계**를 말한다.

즉, 보험 제도를 운영하는 것과 관련하여 자금의 수입과 자금의 지출이 같게 하는 관계식을 뜻한다.

수입과 지출이 같은 상태가 성립함으로써 보험 사업을 장기적으로 운영할 수 있으며, 피보험자는 보험 서비스(경제적 손실보상)를 받을 수 있게 된다.

즉, 장기적으로 보험등식을 성립시킬 수 있다면, 보험자는 보험 사업을 영위할 수 있으며, 보험

계약자 및 피보험자는 보험을 이용하여 경제적 손실을 보상받을 수 있다.

- 보험은 장기적으로 안정적인 운영을 위해서는 '**수입=지출'의 등식**을 만족시켜야 한다.
- **정의:** 보험제도 운영과 관련하여 수입과 지출을 같게 하는 관계식이다.

자금의 수입은 보험료 수입, 투자 수입, 기타 수입으로 구성되고, 자금의 지출(비용)은 손실 보상, 사업비, 자본비용 및 기타 지출로 구성된다.

◇ **수 입**

보험료수입: 위험(risk)의 전가를 대가로 피보험자 또는 보험계약자로부터 받는 보험료(premium).

투자수입: 보험 상품을 기초로 한 투자활동을 통한 수입.

기타수입: 자산운용수익, 임대수입 등

◇ **지 출(비용)**

손실 보상: 피보험자의 손실 보전을 위한 비용(보험금).

사업비: 보험 사업을 운영하기 위해 드는 비용.

자본비용 및 기타비용.

채권 및 주식 발행비용 등.

보험등식에서 보험자는 '수입=지출'이라는 균형을 이루기 위해 노력해야 한다. 그 이유는 지출이 수입보다 더 크다면 보험자는 보험 사업을 장기적으로 영위하기 어려우며 계약 불이행의 위험이 발생할 수 있기 때문이다. 그렇게 된다면 보험자와 계약을 맺은 보험계약자 또는 피보험자는 피해를 입을 수 있다.

반면, 수입이 지출보다 큰 상황이 발생할 경우도 있다. 이러한 상황은 보험자에게는 호의적인 상황이지만, 보험계약자 또는 피보험자는 적정 이상의 과대한 보험료를 부담하게 되어 효율적이지 않다.

◇ **보험등식**

수입 〉 지출: 보험자에게는 호의적인 상황이다.

하지만 보험계약자는 적정 이상의 보험료 부담으로 효율적이지 않은 상황이다.

수입 〈 지출: 보험 사업을 장기적으로 영위하기 위한 어려움이 있고, 계약의무 불이행의 위험이 있다.

수입 = 지출: 보험 사업을 장기적으로 운영 가능하다. 안정적으로 보험서비스 제공 가능하다.

♣ **수입이 지출보다 적은 경우:** 적정 보험료 예측 실패.

투자 수입이 예상보다 낮음.

예측을 벗어난 손실.

♣ **수입이 지출보다 큰 경우:** 미래 손실을 지나치게 크게 예측

투자 수입이 예상보다 높음

사업비 규모 산정에서의 잘못

손실을 지나치게 크게 예측

2) 확률과 대수법칙

보험제도가 건전하게 운영되기 위해서는 수리적인 이론으로 뒷받침하는 것이 필요한데, 보험수리 중에 확률과 대수법칙이 가장 중요한 역할을 한다.

보험 제도를 운영할 때 수리적 뒷받침이 필요한 이유는 미래에 발생하는 손실을 보다 정확하게 예측하기 위해서이며, 보험료를 비롯한 보험제도는 예측된 손실을 바탕으로 운영되고 있다.

미래의 손실을 예측하는 것과 대수법칙은 매우 밀접한 관계를 가지고 있다.

예측된 손실과 실제 손실이 항상 일치되기는 어렵지만 대수법칙을 통해 이러한 불확실성을 감소시킬 수 있다.

♣ **확률:**

특정 사건의 발생 기회를 측정한다. 상대적인 빈도와 주관적인 판단으로 구분된다.

☆ 손실이 발생할 확률이 클수록 보험료도 증가한다.

① **상대적인 빈도:** 선험적 확률과 경험적 확률로 구분된다.
- 선험적 확률: 수리적 기초에 의하여 연역적인 방법으로 추론한 확률이다.
- 경험적 확률: 사고가 발생할 확률을 실제 경험이 축적된 데이터를 통하여 귀납적으로 도출한 확률이다. 모든 보험 제도는 경험적 확률을 바탕으로 운영된다.

※ 연역 논리는 추론의 타당성을 목표로 하고, 귀납 논리는 추론의 정확함을 목표로 한다.

② **주관적인 판단:** 선호되지 않으나, 특수한 경우의 보험료 산출 시 이용한다.

즉, 상대적 빈도로 예측이 불가능할 경우, 개인의 경험 및 판단을 기초로 한다.

♣ **대수법칙:**

동일한 사고를 대량적으로 관찰할 경우 우연적 사고발생이 일정한 발생 확률이 나오고, 이 확률은 대개 비슷하게 진행되는데 이를 대수의 법칙이라 한다.

다수 위험의 결합이며, 위험 집단이 늘어날수록 그 위험의 발생 가능성을 예측할 수 있다.

대상의 수가 많을수록 예측과 실제 손실의 차이를 감소시키는 방법이다.

따라서 보험자는 실제 발생한 손실이 예측한 손실보다 적을 때 이익을 얻기 때문에 불확실성을 줄이기 위해 대수법칙을 이용한다.

☆ 확률은 단순한 평균 예측의 수치에 불과하다.

☆ 보험자의 위험은 예측한 손실과 실제 손실 사이의 불확실성이다.

☆ 보험자는 보험료 산정의 불확실성을 감소시키기 위해 대수법칙이 필요하다.

☆ 대수법칙을 통해 보험자는 이익을 얻을 수 있다.

3) 통계 자료와 정보

확률과 대수법칙을 이용하여 실제와 비슷한 손실을 예측하기 위해서는 충분한 양과 정확한 질을 가진 통계 자료와 관련 정보가 있어야 하며, 보험을 운영하는 데 가장 핵심적인 것은 보험요율의 산정이다.

보험요율 산정은 풍부하고 정확한 통계 자료를 과학적으로 사용하는 것을 기본으로 한다.

확률 개념을 이용하여 미래의 손실을 예측하기 위해서는 그와 관련된 통계 자료를 활용한다.

따라서 보험자 입장에서는 통계 자료의 충분성, 정확성, 분석 능력이 보험의 질적 수준을 좌우한다.

☆ 손실 예측을 위해서는 충분한 정보가 필요하다.

☆ 정확한 통계 정보의 부재는 미래 손실에 대한 신뢰성이 저하된다.

☆ 통계자료의 충분성, 정확성, 분석 능력이 보험의 질적 수준을 좌우한다.

☆ 보험 운영의 핵심은 보험료율의 산정이다.

☆ 보험료율 산정은 풍부하고 정확한 통계 자료를 과학적으로 활용해야 한다.

3. 보험운영의 원칙

1) 수많은 동질성의 다수 리스크가 존재한다.

대수법칙의 혜택을 얻을 수 있을 만큼의 다수의 리스크가 존재해야 한다.

대수법칙: 관찰 횟수가 증가할수록 우연성이 점점 제거되어 일정한 규칙적인 관계가 나타나게 되는 것이다. 예전의 발생 손실을 통해 앞으로의 손실을 예측이 가능하다.

2) 절대적인 손실이다.

발생한 시간, 장소, 원인을 객관적으로 파악할 수 있는 손실이다.

3) 규모가 큰 손실이다.

보험료 = 보험계약자의 리스크 관리 비용이다.

만약, 보험료 〉 손실이라면, 보험계약자 관점에서는 비경제적 의사결정이다.

4) 합리적인 보험료이다.

피보험자의 손실 발생의 확률이 너무 크지 않아야 하고, 그에 따른 보험료도 합리적으로 책정되어야 한다.

5) 손실 가능성과 비용의 측면에서 손실 측정이 가능하다.

제4절. 보험료의 구성 및 계산원리

1. 보험료의 구성

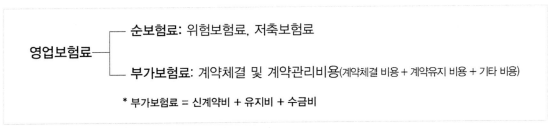

영업보험료 ┬ **순보험료:** 위험보험료, 저축보험료

└ **부가보험료:** 계약체결 및 계약관리비용(계약체결 비용 + 계약유지 비용 + 기타 비용)

* 부가보험료 = 신계약비 + 유지비 + 수금비

1) 영업보험료 = 순보험료 + 부가보험료(계약체결 및 계약관리비용)

2) 순보험료 = 위험보험료 + 저축보험료

대수의 법칙에 따라 예상평균사고발생률과 예상평균보험금에 의하여 산출된다.

사고발생 위험률에 따라 계산된 위험보험료와 보험료 적립을 위한 저축보험료로 구성된다.

① **위험보험료:** 보험사고가 발생 시 계약자 등에게 지급되는 보험금의 재원. **[보험료 산출: 예정 사망 위험률]**

② **저축보험료:** 계약자가 보험계약을 중도에 해지한 경우에 지급하는 해지환급금 및 보험사고 없이 만기가 되었을 때 계약자에게 지급하는 만기환급금의 재원. **[보험료 산출: 예정이율]**

3) 부가보험료 = 계약체결 및 계약관리비용(계약체결 비용+계약유지 비용+기타 비용)

보험계약 및 유지관리에 필요한 사업비(경비)로서, 보험계약의 체결비용, 인건비, 그 밖의 사업비로서 부가되는 보험료이다. **[보험료 산출: 예정사업비율]**

① **계약체결비용(신계약비):**

보험회사가 신계약을 모집하는 데 필요한 제경비로서 초년도에만 사용하며 보험설계사 등의 급여로 사용된다.

② **계약유지비용(유지비):**

보험계약을 유지 관리하는 데 필요한 제경비로 점포유지비, 내근직원의 인건비 등으로 사용된다.

③ **기타 비용(수금비):**

계속보험료를 수금하는 데 필요한 제경비로 수금사원의 수금수수료와 은행이나 우체국을 통한 수금비용(자동이체 수수료)으로 사용된다.

2. 보험료 계산의 원리(보험료 산출의 원칙)

보험료를 계산하고 결정하는 산출의 원칙은 수지상등(收支相等)의 원칙과 대수(大數)의 법칙이 근간(根幹)이며, 보험회사의 보험료 산출의 기본적인 원리는 '수지상등의 원칙'이다(총수입 = 총지출). 보험료는 대수의 법칙에 기초한 보험사고의 확률을 반영하여 총 지급보험금에 비례하여 산출한다. 즉, 보험료(수입) 총액과 보험금(지출) 총액이 같아지도록 보험료를 결정하는 것이 원칙이다.

(1) 수지상등(收支相等)의 원칙(principle of equivalence)

장래에 수입되는 순보험료 현가의 총액이 장래에 지출해야 할 보험금·경비 현가의 총액과 동일하게 되는 것을 말한다.

보험이란 많은 사람들이 모여서 서로 적은 분담금액을 내고 예기치 못한 불행을 당한 사람에게 도움을 주는 상부상조제도이기 때문에 보험가입자의 개개인으로 본다면 납입한 보험료와 지급을 받은 보험금에 차이가 날 수 있다. 그러나 전체적으로 보면 **보험가입자가 납입하는 보험료 총액과 보험회사가 지급하는 보험금 및 경비의 총액은 동일한 금액이 되도록 보험료를 결정하게 되는데 이를 수지상등(收支相等)의 원칙이라 한다.** 즉 보험회사의 수입과 지출이 같아지도록 보험료를 결정하는 원칙이다.

> ♣ 보험료 총액[장래 수입] = 보험금 총액 + 경비(사업비) 총액[장래 지출]
> 장래에 수입되는 순보험료의 현가의 총액이 장래 지출해야 할 보험금 현가의 총액과 동일하게 되는 것이다.

(2) 대수(大數)의 법칙(law of large numbers)

동일한 사고를 대량적으로 관찰할 경우에 일정한 우연적 사건(사고)발생에 대해 일정한 발생 확률이 나오고 이 확률은 대개 비슷하게 진행되는데 이를 대수(大數)의 법칙이라 한다. 이것은 피보험자가 많이 있는 것을 가정하고 있으므로 확률론에서 말하는 대수의 법칙이 성립되는 것을 의미한다.

> 어떠한 사건의 발생비율은 1회나 2회의 관찰로는 측정이 어렵지만, 관찰의 횟수를 늘려 가면 일정한 발생 확률이 나오고 이 확률은 대개 비슷하게 진행되는데 이를 대수(大數)의 법칙이라 한다(예: 주사위, 동전).

(3) 보험료의 계산(산출) 방식

1) 보험료계산의 기초(3이원 방식의 보험료 산출)

보험료 산출은 보험료 계산의 3요소를 사용하여 보험료를 계산하는데, 이를 3이원 방식이라 한다. 보험료 계산의 3요소에는 예정위험률(예정사망률 등), 예정이율, 예정사업비율이 있으며, 이 3가지 예정률을 기초로 보험료를 산출한다.

보험가입 시에 동일한 보장이라도 보험료 계산 시에 적용하는 예정기초율에 따라 납입보험료가 달라지므로 회사별로 예정기초율을 확인한 후 가입하면 보험료 부담을 줄일 수 있다.

① 예정위험률(예정사망률)

한 개인의 특정시점에 질병에 걸리거나 사망할 확률을 대수의 법칙에 의해 미리 예측하여 보험료 계산에 적용하는 위험률을 예정사망률(예정위험률)이라 한다.

예정위험률이 높으면 보험료는 올라가고, 반대로 낮으면 보험료는 내려간다.

② 예정이율

보험회사는 적립된 금액(보험료)을 운용할 수 있는데, 운용에 따라 기대되는 수익을 미리 예상하여 일정한 비율로 보험료를 할인해 주고 있다. 이러한 할인율을 예정이율이라고 한다.

예정이율이 높아지면 보험료가 싸지고 예정이율이 낮아지면 보험료가 비싸진다.

③ 예정사업비율

보험사업의 운영에 필요한 경비를 미리 예상하고 계산하여 보험료에 포함시키고 있는데, 보험료 중 이러한 경비의 구성 비율을 예정사업비율이라고 한다.

예정사업비율이 높으면 보험료는 비싸지게 되고 예정사업비율이 낮으면 보험료는 싸지게 된다.

2) 현금흐름방식의 보험료 산출(CFP: Cash-Flow Pricing)

미래에 예측되는 각각의 가정에 대한 최선의 추정치를 이용하여 보험계약에 대한 예상 운영성과를 시뮬레이션하여 보험료를 산출하는 방법이다. 보험료 수준은 회사 경험통계, 시장을 고려한 목표이익 등에 따라 결정된다.

현금흐름방식의 보험료 산출체계(CFP: Cash-Flow Pricing)의 현금흐름방식은 종래의 산출 방식에서 사용하던 3이원(예정위험률, 예정이율, 예정사업비율) 이외에 해약률, 판매량 등 다양한 기초율*을 반영하여 보험료를 산출하는 방식이다. 3이원을 조합하여 정해진 수식으로 즉시 보험료를 산출하는 방식이 아니라, 다양한 기초율을 가정하여 미래의 현금흐름을 예측하고 그에 따라 목표 수익성을 만족시키는 영업보험료 수준을 거꾸로 계산하는 방식을 따르기 때문에 현금흐름방식이라고 한다.

> ▣ **기초율**
> * 계리적 요인: 투자수익률, 계약해지율, 지급여력 등
> * 마케팅 요인: 보험료, 보험가입금액 수준, 판매규모, 계약자 구성(성별, 연령별 등)

출처: 생명보험협회 자료

3) 독일 경제학자 렉시스의 보험료 산출방식

보험료의 산정은 보험계리사가 행한다. 보험료는 대수의 법칙에 기초한 보험사고의 발생 빈도와 심도를 고려하여 총 지급보험금에 비례하여 산출된다.

> # 독일 경제학자 렉시스의 산식 : $p = Zw = r/n \times Z$ $w = r/n$
> 보험료: p, 위험발생률: w, 보험금: Z, 보험금 받을 자의 수: r, 보험가입자 수: n

예) 보험가입자 1만 명이고, 시가 1억 원짜리 건물을 각각 가지고 있는데, 이들의 화재발생률은 0.01%라고 가정하면, 1인당 순보험료는 1만 원이 된다(p = 1/10,000명 × 100,000,000원 = 10,000원).

제5절. 보험회사의 책임준비금

1. 책임준비금(責任準備金, liability reserve)의 의의

책임준비금은 '보험계약자준비금'이라고도 하는데, 이것은 **보험회사가 보험계약에 대한 장래의 보험금지급의 책임을 완전히 완수할 수 있도록 적립하는 준비금의 금액이다.**

즉, 보험회사가 보험계약에 대한 장래의 보험금 또는 환급금 등의 지급의 책임을 완전히 이행할 수 있도록 보험계약자로부터 받는 보험료의 일정금액(평준보험료−자연보험료)을 적립하여 두는 금액으로 보험업법에서 반드시 적립하도록 규정되어 있는 법정 적립금(法定 積立金)이다.

이 책임준비금은 대단히 중요한 것으로서 보험사업의 건전한 운영을 위하여 보험업법 및 동 시행규칙에서 책임준비금의 적립에 관하여 규정하고 있다.

지금 보험업계는 2021년 도입되는 국제회계기준(IFRS17)이라는 회계기준변경에 따라 자기자본을 확충하기 위해 고군분투하고 있다.

새 회계기준에 의하면 보험 상품의 판매로 예상되는 만기보험금 지급의 재원 및 사망보험금 지급의 재원, 해약환급금, 기타 등 미래 손실을 즉시 인식해야 함에 따라 책임준비금을 충분히 더 쌓아야 한다.

책임준비금이란 보험사가 예상치 못한 손실(해약환급금, 보험금 지급, 기타)이 발생할 경우 이를 보전해 지급할 수 있는 능력이다.

보험회사의 재무건전성을 나타내는 측정지표인 RBC비율(risk based capital, 지급여력비율)이 중요해졌다.

만약 RBC비율이 200%라면 파산위험을 2번 넘길 능력이 있다는 이야기이고, 100% 이하라면 파산 가능성이 높아 보험료를 떼일 염려가 있는 것이다.

2. 책임준비금과 은행의 지급준비금

보험회사가 계약자에 대한 보험금을 지급하기 위해 보험료의 일정액을 적립시키는 금액이다.

책임준비금은 그 성격상 은행의 지급준비금과 비슷하지만, 지급준비금은 은행이 자율적으로 사용할 수 없는 반면, 책임준비금은 보험사가 사내 유보나 자산운용준칙에 따라 마음대로 사용할 수 있다.

그러나 책임준비금은 보험회사의 손익에 직접적인 영향을 주기 때문에 매년 결산기마다 계약종류별로 책임준비금을 산출하도록 법률로 정하고 있다. 적립방법으로는 순보험료식과 해약환급금식(질메르식)이 있는데, 계약자의 안전 확보를 위해 매년 일정액을 적립토록 하는 순보험료식이 원칙이다.

그러나 현실적으로 계약 첫해에는 보험증권 제작비, 수당, 검진수수료 등이 많이 지출되므로 계약초기에 사업비를 앞당겨 쓰고 부족해진 금액은 계약 만기 시까지 점차 채우도록 하는 해약환급금식이 혼용되고 있다. 해약환급금식은 순보험료보다 적립금액이 적지만 중도해약자에게 돌아가는 환급금은 차근차근 쌓아놓는 방식이다.

3. 책임준비금의 형태

보험회사에서의 책임준비금은 두 가지 형태로 나누어 생각할 수 있다.

1) 보유계약에 있어 실효, 부활이나 미지급보험금(지급비금) 등을 감안하지 않은 이상적이고 이론적인 금액을 보험년도 기준으로 적립하는 준비금(보험년도 책임준비금)으로 보험료적립금과 미경과보험료를 말한다.

2) 보험사업년도 말 현재 결산을 위하여 현실적이고 실제적인 금액을 사업년도 기준으로 적립하는 준비금(사업년도 책임준비금)으로 보험료적립금, 미경과보험료, 지급비금 등을 말한다.

4. 지급여력비율 의의 및 활용도

보험회사가 가입자에게 보험금을 제때에 지급할 수 있는지를 나타낸 것으로 보험회사의 경영 상태를 판단할 수 있는 지표로, 보험회사는 100% 이상의 지급여력비율을 유지하여야 한다.

〈 보험업법시행령 제65조 (재무건전성 기준) 〉

보험사는 만기 시 계약자에게 지급해야 할 금액이나 계약자의 보험금 지급 요청에 대비해 회사 내부에 금액을 준비해야 한다. 이러한 금액을 [책임준비금]이라고 하는데, 이에 대해 회사가 실제로 지급할 수 있는 금액이 얼마나 되는가를 나타낸 것이 [지급여력비율]이다.

제6절. 보험의 분류 및 종류

1. 보험의 분류

● 보험의 운영 목적에 따른 보험의 분류

① 국가나 그 밖의 공공단체가 공동 경제적 목적으로 운영하는 보험을 공보험(公保險)이라 한다. 이러한 공보험의 예로는 산업재해보상보험, 선원보험, 국민건강보험, 수출보험 등이 있다.

② 개인이나 사법인이 사경제적 목적으로 운영하는 보험을 사보험(私保險)이라 한다. 이러한 사보험의 예로는 생명보험, 손해보험 등이 있다.

1) 공보험

① 사회보장의 성격이 강하고 국민의 최저 생활을 확보함에 그 목적이 있다.

② 주로 국가나 지방 공공단체에 의해 운영한다.

③ 공보험과 사보험의 차이점.

   * 사보험은 보험료와 혜택이 비례한다.

   * 공보험은 강제적 성격, 사보험은 개인의 의사에 따라 결정한다.

   * 공보험 보험료는 정부가 일부 분담, 사보험은 계약자가 모두 부담한다.

   * 공보험은 사회보장적 성격이므로 비통계적이다.

사보험은 순수 통계자료에 의한다.

2) 사보험

① 생명 및 건강 보험: 사망보험, 연금보험, 양로보험, 치료비 등을 지급하는 보험이다.

② 재산 및 배상책임 보험(손해보험)

   * 화재 및 관련보험

   * 재해보험: 생명 및 건강보험, 화재 및 관련보험, 해상보험, 육상운송보험으로 부보 되지 않는 모든 위험을 그 부보 대상으로 하는 광범위한 보험이다.

③ 자동차보험, 일반배상책임보험, 강도 및 도난보험, 근로자재해 배상, 책임보험, 유리보험, 기관 및 기계보험, 핵보험, 농작물 우박보험

④ 해상보험: 항해 사업과 관련하여 발생된 손실을 보상해 주는 보험이다.

⑤ 육상운송보험: 육상운송 중에 있는 재산은 물론 정지 상태에 있는 교량, 터널, 부두시설, 통신시설 등

⑥ 복합종목보험: 한 계약 안에 여러 가지 보험을 한꺼번에 포함시킨 보험이다.

   예) 화재보험과 재해보험을 같이 가입함.

⑦ 신용 및 보증본드: 신용본드는 주로 종업원의 부정직, 횡령, 사기 등에 따른 손해 보상하는 보험이다. 보증본드는 계약 등의 불이행에 따른 손해 보상하는 보험이다.

3) 보험과 본드

① 본드(bond): 보험과 유사한 것이다.

② 신용본드(Fidelity, 신용보험): 종업원의 부정직, 횡령, 사기 등에 따른 손해 보상.

③ 보증본드(Surety, 보증보험): 계약 불이행에 따른 손해 보상.

4) 보험과 본드의 차이

① 계약 당사자: 보험은 보험자와 피보험자, 본드는 채무자, 채권자, 보증인

② 보험료: 보험에서는 손실 보상에 대한 대가, 본드는 신용 공여에 대한 수수료의 성격이다.

③ 구상권: 본드에서는 피보험자에 대한 구상권을 가지나 보험은 없다.

④ 보험은 피보험자의 통제 불가능 우연적 손실을 보상하고, 본드는 피보험자가 통제 가능한 불성실, 부정직 등에 기인하는 손실을 보상한다.

2. 보험의 종류

보험의 종류를 크게 나누면 손해보험 · 생명보험 · 사회보험(공보험) 등이 있다. 손해보험에는 화재보험 · 운송보험 · 해상보험 · 자동차보험 등이 있고, 생명보험에는 사망보험 · 생존보험 · 양로보험 등이 있다. 사회보험에는 의료보험 · 건강보험 · 실업보험 등이 있다.

(1) 보험의 분류(보험계약법 및 보험업법)

① 보험계약법: 손해보험, 인보험(생명보험, 상해보험, 질병보험)

② 보험업법: 손해보험, 생명보험, 제3보험(상해보험, 질병보험, 간병보험)

상법 제4편 제2장 손해보험에는 손해보험 종목을 화재보험, 운송보험, 해상보험, 책임보험, 자동차보험, 보증보험의 여섯 가지로 분류하고 있다.

상법 제4편 제3장 인보험에는 인보험 종목을 생명보험과 상해보험, 질병보험으로 분류하고 있다. 보험업법에서는 보험을 크게 손해보험, 생명보험, 제3보험으로 분류하고 있고 제3보험 속에 상해보험, 질병보험, 간병보험을 포함시키고 있다.

따라서 상해보험과 질병보험은 보험계약법상으로는 인보험에 포함되고, 보험업법상으로는 제3

보험에 포함되기 때문에 혼선을 초래하지 않도록 유의해야 한다.

(2) 「상법 제4편」 보험계약법에 따른 보험의 종류

1) 보험계약법상 보험의 분류

상법 4편 '보험'편은 다시 제1장 통칙, 제2장 손해보험, 제3장 인보험, 이렇게 3개의 장으로 구성되어 있다.

제1장인 통칙은 보험의 종류에 관계없이 적용되고, 각론에 해당하는 제2장과 제3장에는 다시 통칙과 구체적인 보험종류를 규정하고 있다.

그러므로 우리 **상법(보험계약법)**은 보험을 크게 **손해보험**과 **인보험**으로 나누어 각 종류별로 그 특성을 정하고 있다.

2) 손해보험(損害保險)

'손해보험'이란 보험회사가 보험사고로 인해 생길 피보험자의 재산상의 손해를 보상하는 보험으로 **화재보험, 운송보험, 해상보험, 책임보험, 자동차보험, 보증보험** 등이 이에 해당한다(「상법」 제665조 및 「상법」 제4편 제2장 제2절부터 제6절까지).

3) 인보험(人保險)

인보험은 피보험자의 생명이나 신체에 보험사고가 발생할 경우 보험회사가 보험계약으로 정하는 바에 따라 보험금이나 그 밖의 급여를 지급하는 보험으로 **생명보험, 상해보험, 질병보험** 등이 이에 해당한다(「상법」 제727조 및 「상법」 제4편 제3장 제2절 및 제3절).

▣ 「보험계약법」의 인보험과 손해보험의 비교

구 분	인보험(생명보험, 상해보험, 질병보험)	손해보험
피보험자	보험사고의 객체인 사람	보험사고 발생 시 보상금을 받는 사람
보험금청구권자	보험수익자	피보험자
보험목적	사람 (15세 미만자, 심신상실자, 심신박약자는 사망보험의 피보험자가 될 수 없음)	사람, 법인, 물건 등 (피보험이익 요건을 충족하는 것이면 모두 가능)
피보험이익	없음	보험가액
보험금 지급범위	계약체결 시 약정한 보험금 (정액보험)	보험금액과 보험가액의 범위에서 실손보상
보험자대위	불인정 다만, 상해보험 등 실손 보상 개념이 있는 경우 특약에 의해 보험자대위 인정 가능	인정

출처 : 금융감독원, 금융생활안내서(보험편), 2007

(3) 「보험업법」에 따른 보험의 종류

1) 생명보험

'생명보험'이란 위험보장을 목적으로 사람의 생존 또는 사망에 관하여 약정한 금전 및 그 밖의 급여를 지급할 것을 약속하고 대가를 수수하는 계약으로서 다음과 같은 계약을 말한다(「보험업법」 제2조 제1호 가목 및 「보험업법 시행령」 제1조의 2 제2항).

① 생명보험계약
② 연금보험계약(퇴직보험계약을 포함함)

2) 손해보험

'손해보험'이란 위험보장을 목적으로 우연한 사건(제3보험에 따른 질병·상해 및 간병은 제외함) 으로 발생하는 손해(계약상 채무불이행 또는 법령상 의무불이행으로 발생하는 손해를 포함)에 대하여 금전 및 그 밖의 급여를 지급할 것을 약속하고 대가를 수수하는 계약으로서 다음과 같은 계약을 말한다(「보험업법」 제2조 제1호 나목 및 「보험업법 시행령」 제1조의 2 제3항).

♣ 화재보험계약, 해상보험계약(항공·운송보험계약을 포함함), 자동차보험계약, 보증보험계약, 재보험계약, 책임보험계약, 기술보험계약, 권리보험계약, 도난보험계약, 유리보험계약, 동물보험계약, 원자력보험계약, 비용보험계약, 날씨보험계약, 기타 등이 있다.

3) 제3보험

'제3보험'이란 위험보장을 목적으로 사람의 **질병·상해** 또는 이에 따른 **간병**에 관하여 금전 및 그 밖의 급여를 지급할 것을 약속하고 대가를 수수하는 계약으로서 다음과 같은 계약을 말한다.(「보험 업법」 제2조 제1호 다목 및 「보험업법 시행령」 제1조의 2 제4항).

① 상해보험계약
② 질병보험계약
③ 간병보험계약

▣ 「보험업법」에 따른 보험의 비교

구 분	생명보험	손해보험	제3보험
보험대상	사람의 생명·신체에 생기는 손해(사망·생존)	재산상의 손해	신체의 상해·질병·간병
보상방법	정액보상(확정형)	실손보상(불확정형)	정액보상, 실손보상
보험기간	장기	단기	장기
보험종목	사망보험(종신보험), 연금보험, 변액보험 양로보험, 기타	화재보험, 해상보험, 운송보험, 책임보험, 자동차보험, 재보험, 보증보험, 기술보험, 권리보험, 도난보험	상해보험, 질병보험, 간병보험

3. 보험종류의 상세구분 및 취급 범위

보험의 종류를 정리하자면 국내에는 크게 3개 종류의 보험으로 나눌 수 있다. 이 중에서 생명보험과 손해보험은 어느 정도 인식이 되어 있지만 제3보험이라는 것은 처음 듣는 사람들도 많을 것이다.

사실 그럴 수밖에 없는 것은 2020년 현재 제3보험만을 단독적으로 판매하는 회사 자체가 없기 때문이다.

보험 종류의 구분을 보면 제3보험 전문회사는 없으니 국내에는 크게 생명보험사와 손해보험사로 나누어진다. 이 2개 보험사에서는 각각 주로 취급하는 보험종목이 정해져 있고, 그 주종목에 더해서 제3보험의 종목을 겸업해서 취급한다. 생명보험사에서 제3보험 영역을 함께 취급할 수 있고, 손해보험사에서도 제3보험 영역을 취급할 수 있다. 두 회사에 공통으로 존재하는 종목이 바로 제3보험 영역이다. 생명보험상품이 제3보험 영역에 걸쳐 있고, 또한, 손해보험상품이 같이 제3보험 영역에 걸쳐 있다. 일반적으로 '보험은 비슷하거나 다 똑같은 거 아냐?' 하고 생각할 수 있겠지만, 보험 종류의 구분과 취급 범위에 대해 아래의 표로 통해 상세히 설명한다.

1) 보험종류의 구분

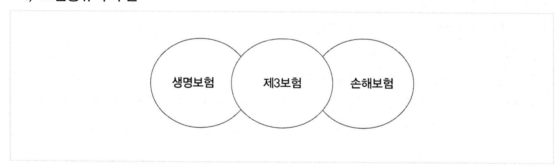

2) 보험종류의 상세구분 및 취급 범위

구 분	취급하는 보험 종목
생명보험	사망보험(종신보험), 연금보험 (+퇴직보험), 변액보험, 양로보험
제3보험	상해보험, 질병보험, 간병보험
손해보험	화재보험, 해상보험, 운송보험(항공 포함), 책임보험, 자동차보험, 보증보험, 재보험

4. 생명·손해보험의 차이점과 상품

1) 생명보험과 손해보험의 차이점

구 분	생명보험	손해보험
보험대상	사람의 생명·신체에 생기는 손해(생존과 사망)	재산상의 손해
보상방식	정액보상(확정형)	실손보상(불확정형)
설계방식	자금설계 중심	보장설계 중심
주계약(기본)	재해사망(일반사망)	상해사망
상속증여	가능	불가(不可)

2) 생명보험·제3보험·손해보험의 상품

구 분	생명보험	제3보험(겸업·공동판매)	손해보험
보장성	일반종신보험 변액종신보험 정기보험	(손해보험의 장기보험 영역) 상해: 보통상해보험, 교통상해보험, 단체상해보험, 여행상해보험 등 건강: 실손의료보험, 암보험 CI(치명적 질병)보험, 자녀보험 등 간병: 치매보험 등 기타: 치아보험 등	일반보험: 화재, 해상, 특종, 책임 운송, 보증, 여행, 권리 자동차보험 장기보험: 운전자보험, 재물보험, 상조보험, 단체보험 등
저축성	연금보험(세제적격/비적격) 변액연금보험	저축성보험 퇴직연금보험	연금보험(세제적격)

제7절. 보험상품의 구조(構造)

1. 보험 상품의 구성(構成)

♣ 보험 상품 = 주계약 + 특약

> ▣ 보험 상품을 구성하는 요소
> 1) 보험 상품을 구성하는 요소는 ① 주계약, ② 특약이 있다.
> 2) 일반적으로 주계약에 3~4개의 특약으로 보험상품을 구성한다.
> 3) 음식으로 따지면, 주계약은 메인메뉴, 특약은 사이드메뉴라고 볼 수 있다.

2. 주계약

> ♣ 보험계약의 기본이 되는 주계약이다.
> 1) 가장 기본적인 보험계약의 항목이다.
> 2) 보험 가입에 반드시 필요하다.
> 3) 임의로 제외하거나 변경하는 등 선택이 불가능하다.

주계약이란? 보험계약에서 중심이 되는 계약을 말한다. 해당 보험으로 보장을 받을 수 있는 가장 기본적인 보장 내용을 의미하기 때문에 주계약이 곧 해당 보험의 성격을 나타낸다. 따라서 기본이 되는 주계약 없이는 보험 가입 자체가 불가능하다.

주계약만으로도 보험계약이 성립할 수 있지만, 다수 보험계약자들의 기대와 고객 니즈(needs)를 모두 충족시킬 수 없기 때문에 보험회사들은 계약자들의 다양한 요구에 맞춰 여러 가지 옵션(option, 선택)특약을 더해 보험상품을 판매하고 있다.

3. 특약

> ♣ 주계약에 보장 내용을 추가(부가)하는 옵션(option) 특약이다.
> 1) 부가적인 보험계약의 항목이다.
> 2) 보험 가입에 반드시 필요하지 않다.
> 3) 원하는 대로 넣거나(가입하거나) 제외하는 등 선택이 가능하다.
> 4) 분류: ① 의무(고정부가) 특약 ② 선택 특약 ③ 제도성 특약

특약은 '특별보험약관'의 줄임말로, 주계약에서 보장하지 않는 보장 내용을 특별히 부가적으로 추가하는 선택적 특약의 계약이다. 선택 특약의 종류는 사망특약, 상해특약, 입원특약, 보험료할인 특약, 연금전환 특약, 보험금 선지급 특약, 기타 특약 등 많이 있다.

보험계약자들의 기대와 고객 니즈(needs)에 맞춰 필요한 보장들을 추가하기 때문에 "나만의 보장"을 위한 보험계약을 할 수 있다. 또한, 같은 보험 상품이지만 특약으로 인해 계약자마다 보장이 다를 수가 있다. 특약은 주계약에 추가되는 옵션이기 때문에 독립적인 상품으로는 판매하지 않는다. 대신에 상대적으로 낮은 보험료로 큰 보장을 받을 수 있는 것이 특징이다.

특약의 분류는 대체로 의무(고정부가) 특약, 선택 특약, 제도성 특약으로 구분하여 나눈다.

1) 의무(고정부가) 특약

보험 상품을 개발 시 주계약에 포함되어 의무적으로 반드시 가입해야 하는 특약이다(보험상품 조립 시에 자동 부가함).

'의무특약'은 주계약처럼 보험 상품을 가입할 때 이미 해당 상품에 포함된 특약이다. 따라서 임의적으로 삭제하거나 변경이 불가능한 특약이다.

2) 선택 특약

보험을 계약 시에 계약자의 필요에 의해 선택이 가능한 특약이며, 보험 가입한 후에 해당 특약이 불만족이거나 불필요할 때는 해당 특약 부분만 해지(삭제) 및 조정이 가능한 자율적인 계약 조항이다. 또한, 보험계약을 한 후에도 원하는 해당 특약을 추가로 가입할 수도 있으며, 추가로 가입이 안 되는 특약도 간혹 있으니 신중한 접근과 판단이 필요하다. 보험 계약자의 필요성(needs)에 의한 선택과 고객의 편의를 위해 선택 특약의 종류가 많아지고 다양해져 있다.

3) 제도성 특약

별도의 특약 보험료를 추가 납부 없이 가입이 가능한 특약으로 오직 가입자의 편의와 대고객서비스를 위해 마련된 특약이다. 이러한 제도성 특약은 놓치지 않고 잘 살펴서 유용하게 보장을 받아야 한다.

4. '주계약'과 '특약'이 따로 구성되어 있는 사유?

주계약만으로도 충분하지만, 추가적인 보험사고를 대비하는 보장의 확대와 추가적인 보장을 원하는 고객의 니즈(needs, 필요성, 요구)를 위함이다. 그러나 특약이 무조건 다다익선(多多益善)인 것은 아니다. 특약을 추가할 때마다 보험료가 증가하기 때문이다. 선택적 특약이 정말로 필요하고 유익한 특약인지 자세히 살펴보고 판단하는 것이 중요하다.

제8절. 보험의 사회적 기능과 보험의 장애 요소

1. 보험의 사회적 순기능 및 역기능

1) **순기능**: 경제적 안정, 자본의 형성과 공급, 신용수단, 위험의 국제적 분산, 손해방지 기능이다.

2) **역기능**: 사행적 성격으로 처음부터 보험금 취득 목적과 피보험자를 고의 살해하는 보험범죄, 도덕적 위험의 문제 및 역선택의 문제가 대표적인 역기능이다.

2. 보험의 사회적 기능(효용)과 비용

1) 보험의 사회적, 경제적 기능(효용)

- 가계나 기업의 안정성을 유지한다(즉, 개인과 조직에 안도감을 가져다준다).
- 경제적인 걱정과 근심을 감소시킨다(즉, 생활이나 경영상의 안정을 가져온다).
- 투자의 재원을 마련해 준다(즉, 투자자금의 원천으로서의 기능을 하며 경제성장에 기여한다).
- 손실 방지의 역할을 한다(즉, 개개인의 안전의식을 고취시키고 손실을 사전적으로 예방하는 기능을 한다).
- 사회 전반적인 신용을 증가시킨다(즉, 개인, 회사의 신용도를 높인다. → 보증보험 가입, 대출, 기타).

① 개인 또는 법인의 미래에 발생할 수 있는 리스크에 대한 불안과 초조함을 전가받아 심리적 안정감을 주어 자신의 역할을 충실히 다하게 한다.

② 개인 또는 법인이 곤경에 처하였을 때 손실을 보전해 줌으로써 재무적 안정성을 유지한다.

③ 자원을 효율적으로 이용하고 배분한다.

④ 보험자에게 리스크를 전가하고 분산함으로써 자본조달 비용을 낮출 수 있게 한다.

2) 보험의 사회적 비용

① 보험의 기능을 발휘함에 따라 사회적 비용을 발생시킨다(보험사업의 유지비용과 관련된 직접 비용).

(예: 모집인의 수수료, 일반경비, 임차료, 보험료에 따르는 세금, 인력, 자본, 토지 등)

② 보험사기라고 하는 일종의 사회적 비용을 발생시킨다.

③ 보험금의 과잉 청구로 인해 사회적 비용을 증가시킨다.

④ 기회 비용을 발생시킨다. 도덕적 해이와 관련된 간접 비용도 사회에 적지 않은 부담이 되고 있다. 보험 사업에 투자하고 있는 인적 자원과 물적 자원은 다른 곳에 사용될 수 있다.

⑤ 보험 수요에 의한 도덕적 해이, 역선택을 발생시킨다(위험에 대한 부주의 증가).

3. 보험의 장애요소

(1) 보험의 장애 요소 – 도덕적 해이

♣ 도덕적 해이:

(사전적) – 보험 때문에 위험 회피를 적게 한다.

(사후적) – 보험 때문에 손실이 발생한 후 손실 최소화 노력을 적게 한다.

♣ 도덕적 해이에 대한 보험업자의 대응:

본인 부담금 부가 혹은 공동 보험, 레트로 요율 산정안(retrospective rating plan), 경험요율 산정안(experience rating plan), 기타 등으로 대응한다.

  1) 도덕적 해이는 보험사가 피보험자의 행동을 일일이 관찰할 수 없기 때문에 발생한다.

  2) 사전적 도덕적 해이: 보험 가입으로 피보험자가 사고에 대한 무한 책임을 지니지 않기 때문에 사고 예방의 노력을 기울이지 않는다.

  3) 사후적 도덕적 해이: 사고 발생 시 보험금 때문에 사고 발생 이후 그 피해를 최소화하기 위한 노력을 줄이는 것이다.

  4) 도덕적 해이에 대한 보험사의 방안

    ① 피보험자의 부주의한 행동에 대한 한계 비용을 증가시키는 것이다.

    ② 피보험자의 사고를 예방하기 위한 행동의 한계 편익을 상승시키는 것이다.

예) 보험료를 이전의 평균적인 사고 경험의 횟수 등에 따라 차등하여 보험 가입자의 조심스러운 행동에 대한 보상을 제공.

(2) 보험의 장애 요소 – 역선택

- 역선택(adverse selection): 정보의 불균형으로 불리한 의사결정을 하는 상황이 된다. 보험회사가 보험계약자에 대한 정확한 정보를 가지고 있지 않기 때문에 공정가격 형성의 어려움이 있다.
- 역선택에 대한 보험업자의 대응: 정보 수집 및 리스크 계층을 분리한다. 서로 다른 조건을 가진 보험 계약을 통해 고객 스스로 선택한다.

  1) 보험사는 피보험자에 대한 정보를 토대로 보험료를 결정한다.

  2) 정보의 부족은 역선택을 가능하게 한다.

  예) 보유 자산이 250,000원인 A,B는 암 발생 시 200,000원의 손실이 발생하고, A와 B는 각각 75%와 25%의 확률로 암 발생, 보험사가 A와 B의 암 발생 확률에 따라 공정 보험료를 요구하면 A와 B 모두 기대효용 상승, A의 공정 보험료는 150,000원이고 B는 50,000원인데, 보험사가 둘에게 100,000원으로 일괄 부여한다면, A는 보험 가입으로 기대 효용은 커지지만, B는 오히려 효용이 떨어짐.

3) 피보험자의 완벽한 정보를 토대로 차별화된 공정 보험료를 요구할 때보다 역선택의 영향으로 수요가 감소한다.

4) B는 보험 가입을 통한 기대 효용 상승을 받지 못하기 때문에 사회적으로 자중 손실이 발생한다.

5) 역선택에 대한 보험사의 방안.

① 정보 비대칭 해소를 위해 정보비용을 감수한다.

② 피보험자 스스로 자신의 위험에 따라 선택하도록 하는 방법이다(다양한 옵션 제공).

4. 보험과 사회적 인식의 비교

■ 보험과 투기, 도박과의 비교

구분	보험	투기	도박
동기	위험의 제거 또는 감소	부의 획득	부의 획득
사회적 인식	생산적	비생산적	비생산적
대상 위험	기존에 존재하는 위험	새로이 창출된 위험	새로이 창출된 위험
기타	위험의 전가 및 감소 가능, 발생된 손실의 일부 또는 전부 회복가능	위험의 전가만 가능	발생된 손실의 회복 불가능

출처: 김동현, 보험론, 학현사, p.57

제9절. 보험의 역할 및 효용성

- 심리적 안정과 평화
- 가계, 기업, 사회의 안정성 보장
- 자원의 효율적 이용 및 배분
- 가격인하 효과
- 신용경제의 활성화
- 손실방지 활동의 증가
- 그 외 보험의 효용

1. 심리적 안정과 평화

- 불확실성을 제외하는 것은 사회, 경제적으로 큰 가치이다.
- 보험은 경제 주체를 미래에 대한 불확실성에서 해방시킨다.
- 위험에 대한 효과적인 대비는 경제 활동에 있어 심리적 안정으로 능률을 향상한다.

- 심리적 안정은 자원의 효율적 이용 및 국가의 정치적 안정성에 크게 기여한다.
- 많은 선진국에서 사회복지제도를 통해 사람들에게 안전망을 만들어 주는 것을 중요하게 여긴다.

2. 가계, 기업, 사회의 안전성 보장

- 보험은 금전적인 보상을 통해 가계, 기업의 경제적 안정에 기여한다.
- 우리나라는 0~3억 원의 순자산을 보유한 가구가 전체의 70%, 자산 구조의 70%가 실물자산이다.
- 보험은 손실 복구가 어려운 70%의 가계 및 실물 자산의 안전성 유지에 도움을 준다.
- 보험은 재정적 안정을 추구하면서 불가피한 재정적 곤경의 파급 효과를 제한한다.

3. 자원의 효율적 이용 및 배분

1) 투자 자금의 효율적 형성과 배분

- 보험을 통해 형성된 적립금은 사회 전체적 의미에서 공동준비재산 및 저축의 개념으로 자본의 적립에 큰 도움이 된다.
- 이 적립금은 다양한 부분으로 투자되어 산업투자자금으로도 이용한다.
- 또한 전문 투자자에 의해 관리되기 때문에 개인들의 의사에 따라 투자했을 때보다 효율적인 투자로 이어진다.

2) 손실 대비 적립금의 감소

- 개인과 기업의 위험준비금은 위험이 현실화되기 전까지 사용할 수 없으나, 보험은 리스크 결합을 통해 집단적 위험을 감소시켜 전체 집단의 위험 적립금을 작게 만든다.
- 위험 준비금의 감소는 가처분 소득의 증가로 이어지고, 이는 가계의 소비와 기업의 투자가 촉진되어 국가의 경제가 활성화된다.
- 따라서 보험을 통한 손실 대비 적립금의 최소화는 사회에 존재하는 통화의 유동성을 높인다.
- 나아가 경제 활성화와 성장에 크게 기여한다.

3) 자원의 효율적 이용

- 자원의 효율적 배분은 경제 각 부분에 한계 생산성에 따라 자원이 투자되어 모든 생산 부분의 한계생산성이 동일해졌을 때 의미가 있다.
- 자원의 배분은 기업의 이윤 추구로 자연스럽게 일어나는데, 기업의 투자는 리스크가 발생한다.
- 기업의 투자가 리스크가 적은 부분에만 몰리면 사회 전체적인 비효율이 발생한다.
- 보험을 통한 리스크 감소는 리스크로 인해 투자 기피 대상이었던 산업에도 자원 배분이 가능하다.
- 보험을 통한 투자의 위험 대비는 자원의 효율적 배분에 도움을 준다.

4. 가격 인하 효과

- 경제학에서의 이자율은 대부가능 자금의 수요량과 공급량이 서로 같아지는 수준에서 결정한다.[6]
- 현실의 이자율은 시장 이자율을 토대로 위험성의 차이에 따라 변동하여 기업의 경우, 채무 불이행의 위험이 높을수록 더 높은 이자율을 요구받는다.
- 보험이 기업의 일반적 사업 리스크를 감소시킨다고 설명한다.
- 리스크가 낮아지면 이자율에 포함된 리스크 프리미엄도 낮아져 투자 활동에 도움이 된다.
- 소비자나 정부도 재화의 소비를 위한 대부자금 필요 시 낮아진 리스크는 이런 소비 활동에 도움이 된다.
- 재화 및 용역의 가격은 자금 비용이 인하되어 가격 수준이 낮아진다고 한다.

5. 신용경제의 활성화

- 신용이란, 채권·채무관계, 기타 등에서 어떤 말이나 행동을 믿을 수 있다고 받아들이는 것으로서, 개인의 명성이며 미래의 지불 약속으로 화폐, 상품, 노동력 등을 획득할 수 있는 힘이라 한다.
- 신용경제를 활성화하려면 신용제도에 대한 사회적 인식이 높아져야 한다.
- 신용거래는 물적, 인적 자산의 손실을 보장하는 제도를 필요로 하는데, 이 제도가 보험이다.
- 보험은 신용의 담보로써 사용되는 물적, 인적 자산의 가치를 보장하는 역할을 한다.
- 보험은 신용의 보완에 의하여 금융을 촉진하고 신용거래를 원활하게 하며 신용 경제의 활성화에도 막대한 영향을 미친다.
- 경제 구조가 고도화되고 유통 구조가 발달하면서 신용 위험 역시 높아졌는데, 보험이 존재하지 않는다면 이런 신용거래는 크게 위축될 수 있다.
- 따라서 보험의 경제적 사회적 효용은 매우 크다.

6. 손실방지 활동의 증가

- 사회 전체적으로 손실 발생의 수준이 낮아져야 보험자가 부담할 비용이 감소하기 때문에 보험이 보험자, 피보험자 모두에게 손실방지 활동을 유도한다고 설명한다.
- 보험사업 자체적으로도 피보험자가 손실 방지를 할 수 있는 방법을 연구하여 전체적인 비용 절감을 도모한다.

---

6) 경제학원론, 이준구와 이창용, 2015

– 보험회사가 제공하는 손실방지 인센티브는 손실의 발생 빈도와 규모를 감소시키는 데 도움된다. 예) 스프링클러의 보급

– 보험 가입을 위해 보험자가 요구하는 손실방지와 관련된 일정한 기준을 충족해야 하고, 이는 손실방지 활동의 증가로 이어진다. 예) 방화시설이 있어야 화재보험 가입 가능

– 손실방지 활동의 정도 또는 손실발생 실적에 따른 차등 보험료는 손실방지에 대한 노력을 촉구한다.

※손실감소: 예) 소화기, 스프링클러 등과 같은 화재에 대한 손실 감소.

※손실예방: 예) 경보기 설치를 통한 무단 주거침입의 가능성 감소.

※손실예방은 보험의 대체재이자 보완재: 손실예방 비용이 증가(감소)하면 보험에 대한 수요가 증가(감소). 예) 경보기 설치비용이 증가하면, 경보기 설치보다는 보험 가입.

7. 그 외 보험의 효용성

(1) 정부 연금 프로그램 대체 혹은 보완

(2) 기업 간의 무역 촉진

(3) 사회의 재정적 효율성 강화

(4) 자본시장과 기타 중개자에 대한 보완

(5) 위험의 가격을 통한 효율성 고수

제10절. 피보험이익(insurable interest)

1. 피보험이익(被保險利益)의 의의와 요건

(1) 피보험이익의 의의

피보험이익이란 보험청약자나 피보험자가 보험의 목적에 대하여 가지고 있는 적법한 경제적 이해관계를 뜻한다. 즉, 피보험이익은 보험의 목적에 대하여 보험사고와 관련하여 피보험자가 가지는 경제적 이해관계라고 할 수 있다.

상법에서는 피보험이익을 '보험계약의 목적'으로 표현하고 금전적으로 산정할 수 있는 이익으로 표현하며, 주택, 자동차, 선박, 화물 등의 재산 또는 사람의 생명이나 신체 또는 손해를 발생시키는 대상 또는 객체를 의미하는 보험의 목적과는 다른 개념이다.

또한, 피보험이익(보험계약의 목적)은 손해보험에서 우연한 사고로 보험의 목적에 재산상의 손해를 전제로 존재하는 것이며, 생명보험에서는 피보험이익의 관념을 인정할 수 없다는 것이 일반적이다.

피보험자가 보험의 목적에 관하여 일정한 사고의 발생으로 경제상의 손해를 입을 우려가 있는 경우 그 목적에 대하여 피보험자가 가지는 이해관계, 즉 사람이 사물에 대하여 가지는 이해관계를 의미한다.

피보험이익은 손해보험을 전제로 한 것이며 보험계약의 목적이라고도 한다. 이에 관하여 상법에서는 "**보험계약은 금전으로 산정할 수 있는 이익에 한하여 보험계약의 목적으로 할 수 있다**"고 규정하여, **금전적으로 평가할 수 있는 이익만을 손해보험계약의 목적**으로 하고 있다.

> ▣ **피보험이익과 보험목적과의 관계**
> 보험의 목적은 보험계약 대상인 재화나 신체, 생명을 말하며, 피보험이익은 그 목적에 대하여 가지고 있는 경제적 이해관계를 뜻하므로, 동일한 목적에 대해서 경제적인 이해관계가 다름에 따라 수 개의 피보험이익이 있을 수 있고, 피보험이익이 다르면 동일한 목적이라도 별개의 보험계약이 된다.

(2) 피보험이익의 요건

1) 피보험이익은 경제적 이익이어야 한다(즉 금전적 가치, 평가 등 금전적으로 산정할 수 있는 이익).

♣ 피보험이익은 금전적으로 산정될 수 있는 것으로 법률상관계, 사실상관계, 적극적, 소극적, 상실이득, 현실적으로 입은 손해이든 상관없다. 그러나 경제적 가치를 가지지 않는 감정이익, 기호이익은 피보험이익이 될 수 없다.

2) 피보험이익은 적법한 이익이어야 한다(불법적인 이익은 인정되지 않는다).

♣ 피보험이익은 법의 보호를 받을 수 있는 이익이어야 한다. 선량한 풍속이나 사회질서에 위반하는 경우는 계약 자체가 무효가 된다고 민법 제103조에 명시하고 있으며, 도박, 탈세, 절도로 인하여 받을 이익과 불법한 것에 대한 이익은 피보험이익이 될 수 없다. 피보험이익의 적법성은 객관적인 표준에 의해 결정되며, 당사자 간의 선의, 악의, 피보험자의 인적상태나 신분관계에 영향을 받지 않는다.

3) 피보험이익은 확정 가능한 이익이어야 한다.

- 현재 또는 미래 이익의 발생이 확실하면 피보험이익으로 인정된다.
- 계약체결 시에 이익의 귀속 주체가 확정되지 않더라도 보험사고의 발생 시까지 확정할 수 있는 이익이면 피보험이익으로 인정된다.

♣ 피보험이익은 보험계약 체결 당시에 그 존재 및 소속이 확정되어 있거나 적어도 사고 발생 시까지는 확정할 수 있는 것이어야 한다. 확정할 수 있는 이익이라면 현재의 이익뿐만 아니라, 장래의 이익, 조건부 이익 등도 피보험이익이 될 수 있다(포괄보험, 희망이익보험).

2. 피보험이익(被保險利益)의 성질과 기능

(1) 피보험이익의 성질

① 피보험이익은 누군가에게 귀속되는 이익이어야만 하는가, 혹은 귀속 주체를 떠나서 존재하는 이익이라도 되는가 하는 것이다.

② 피보험이익의 존재, 범위 등이 그 귀속 주체의 주관에 의해서 판단되어도 되는가, 혹은 그것이 객관적으로도 인정되어야 함을 요구하는가 하는 것이다.

(2) 피보험이익의 기능

1) 피보험자의 손해액 평가와 보험자의 책임범위 결정

♣ 보험자의 책임 범위를 정하는 기능이다.

(피보험이익 범위 안에서 확정할 수 있는 손실을 한도로 책임진다.)

피보험자의 손해는 피보험이익의 멸실 또는 감가를 뜻하며, 보험자는 보험금 산정을 위해 사고 당시의 피보험이익을 경제적으로 평가하여 보상책임 한도를 결정한다. 즉, 피보험이익의 경제적 평가인 보험가액은 피보험자가 받을 수 있는 법률상 최고 한도가 된다.

2) 도박의 방지와 도덕적 위험 상황의 예방과 감소

♣ 손해보험을 개별화하는 기능이다.

도박과 보험은 사행성을 가진다는 점에서 유사하나, 보험의 경우 피보험이익을 가져 원칙적으로 초과보험, 중복보험을 인정하지 않으므로 보험이 도박화되는 것을 방지할 수 있으며, 보험사고 발생 시 피보험자는 피보험이익의 평가액의 한도로 보상받게 되므로 도덕적 위험 상황을 예방, 감소할 수 있다. 즉, 제3자가 타인의 재산에 보험을 가입하고 고의로 손해를 일으켜도, 제3자는 타인의 재산에 대한 피보험이익이 없으므로 보험금을 받을 수 없다.

3) 일부 보험의 보상액 결정 및 초과보험/중복보험의 폐단방지

♣ 초과보험 및 도박보험 등을 판정하는 기능이다.

피보험이익을 경제적으로 평가한 보험가액과 보험금액의 비교를 통해 초과보험, 중복보험 판단을 하며, 보험가액보다 보험금액이 적은 일부보험의 경우, 그 비율에 따라 보상액을 결정한다.

(3) 생명보험에서의 피보험이익

피보험이익은 보험의 목적에 대하여 보험사고와 관련하여 피보험자가 가지는 경제적 이해관계라고 할 수 있는데, 생명보험은 보험의 목적이 사람이며 또 보험사고는 사람의 생명, 신체에 관하여 생겨나는 것이므로, 손해보험과는 달리 피보험이익의 관념을 인정할 수 없다는 것이 일반적이다.

3. 피보험이익의 종류와 예

1) 소유자이익(소유권이익)

보험의 목적의 소유자가 그 재물에 대하여 가지는 이익을 말한다. 즉 적극적 재산이익 중 재물의 처분을 통해 얻어질 수 있는 교환가치를 내용으로 하는 이익을 지칭한다.

2) 담보이익

보험의 목적에 대하여 저당권, 질권, 유치권 등을 소유하는 자의 피보험이익을 말한다.

담보물의 멸실로 소멸되지 않는 채무에 수반되는 것으로 채무불이행이 발생하였을 때 담보물의 처분으로 우선변제받는 이익이 상실되는 것을 의미한다.

3) 사용이익

보험의 목적인 재물을 자기의 계산하에 사용함으로써 생기는 경제적 이익에 대한 피보험이익을 말한다. 소유이익은 재물의 교환가치를 내용으로 하고, 담보이익은 재물의 사용가치에 대한 보험이다.

4) 수익이익

보험의 목적인 물건을 소유하여 얻는 자체의 사용 이익을 허가함(대여함)으로서 얻게 되는 이익을 말하며, 예를 들어 건물, 선박 등을 타인에게 대여함으로써 얻는 임대료나 용선료 등을 말한다.

5) 대상이익

어느 대상을 취득 목적으로 미리 비용이 지출되었을 경우 보험사고로 인해 그 대상 취득이 방해되는 데에 대해 지출된 피보험이익을 말한다. 희망이익을 위해 미리 지출된 운임이나 선비를 뜻한다.

6) 책임이익

어떤 사실의 발생으로 피보험자가 제3자에 대하여 손해를 입혔을 경우 제3자에 대한 재산적 급부를 하게 되는 피보험이익을 말한다.

7) 비용이익

손해보험에서 원칙적으로 보험가액의 한도에서 보상하지만, 신가보험의 경우 재조달 가액과 현재 시가와의 차액 부분을 피보험이익으로 하는 것을 말한다.

8) 희망이익

화물이 무사히 목적지에 도착하면 매각, 중개 등에 의하여 얻을 수 있는 기대되는 피보험이익을 뜻한다. 보통 송장가격의 10%에 상당하는 금액을 송장가격에 가산한 금액을 협정보험가액으로 한다.

제2장
보험모집 이해(理解)

제1절. 보험모집

1. 보험계약의 모집

(1) 보험모집의 정의

보험업법은 보험회사가 아닌 자와는 계약을 체결하거나 이를 중개 또는 대리할 수 없다고 하여 보험회사가 아닌 자와의 보험계약 체결을 제한하고 있다. 이때 보험회사와 보험에 가입하려는 자 사이에서 **보험계약의 체결을 중개(仲介) 또는 대리(代理)하는 것을 '보험의 모집'**이라고 정의하고 있다. 이는 쉽게 말해 일반소비자를 대상으로 보험상품을 판매하는 행위라고 할 수 있다.

♣ 보험계약 체결의 중개란 보험회사와 보험계약자 간에 보험계약이 체결될 수 있도록 하는 모든 행위를 말한다(보험설계사 또는 보험중개사에 의해 이루어진다).
♣ 보험계약 체결의 대리란 보험회사를 대리하여 보험계약을 체결하는 행위를 말한다(보험대리점).

> **※중개와 대리의 차이**
> 중개: 제3자가 두 당사자 사이에서 일을 주선하는 것으로 법률 효과가 본인에게 직접 발생하지 않는다.
> 대리: 타인(대리인)이 본인의 이름으로 법률 행위의 의사표시를 하거나 의사표시를 받음으로써 그 법률 효과가 곧바로 본인에게 발생하는 것이다.

(2) 보험계약의 체결권

보험계약의 체결을 원하는 자(보험계약자)는 보험회사에 소속되어 있거나 중개 또는 대리하는 보험모집인(모집종사자)을 통해 보험계약을 체결할 수 있다(규제「보험업법」제3조 및 제83조 제1항).

2. 보험모집을 할 수 있는 자

보험업법에서는 건전한 모집질서를 확립하고 보험계약자 보호 등을 위하여 보험을 모집 할 수 있는 자를 다음과 같이 제한하고 있다(규제「보험업법」제83조 제1항).

1) 보험설계사

보험회사, 보험대리점 또는 보험중개사에 소속되어 보험계약의 체결을 중개하는 자[법인이 아닌 사단(社團)과 재단 포함]로서 등록된 자(「보험업법」제2조 제9호 및 제84조 제1항). 「보험업법」에서는 생명보험설계사, 손해보험설계사, 제3보험설계사로 구분하고 있다.

2) 보험대리점

보험회사를 위하여 보험계약의 체결을 대리하는 자(법인이 아닌 사단 및 재단 포함)로서 금융위원회에 등록된 자(「보험업법」제2조 제10호 및 제87조 제1항). 보험대리점은 생보 및 손보의 겸업이 가능하다.

3) 보험중개사

독립적으로 보험계약의 체결을 중개하는 자(법인이 아닌 사단 및 재단을 포함)로서 금융위원회에 등록된 자(「보험업법」제2조 제11호 및 제89조 제1항).

4) 보험회사의 임원 또는 직원(규제「보험업법」제83조 제1항 제4호)

대표이사, 사외이사, 감사 및 감사위원은 제외함.

5) 보험의(保險醫)

보험회사의 위촉을 받아 생명보험에 가입할 사람의 건강 상태를 진찰하는 의사.

6) 금융기관보험대리점(방카슈랑스) 등

보험모집은 방카슈랑스(은행과 보험의 결합)라는 금융영업정책에 의해 2003년 8월부터 실시되고 있다.

방카슈랑스는 은행 등의 금융 기관이 보험회사와 제휴하여 대리점이나 중개사 자격으로 보험 상품을 함께 판매하는 영업 형태이다.

3. 보험모집자의 권한 및 지위와 등록기관

구 분	계약 체결권	고지의무 수령권	보험료 수령권	등록기관
보험설계사	×	×	×(♣)	금융위원회 등록(보험협회 위탁)
보험대리점	○	○	○	금융위원회 등록(보험협회 위탁)
보험중개사	×	×	×	금융위원회 등록(금융감독원 위탁)

♣: 초회 보험료 수령권을 인정하는 대법원 판례가 있음.

4. 보험모집인의 모집자격 및 보험가입

(1) 보험모집인의 모집자격

1) 보험모집인의 등록

보험모집인은 「보험업법」에 따라 금융위원회에 등록이 되어 있어야 한다(손해보험협회, 생명보험협회에 위탁 등록함)(규제「보험업법」 제84조 제1항, 제87조 제1항 및 제89조 제1항).

2) 보험모집 위반 시 제재

보험모집을 할 수 없는 사람이 보험모집을 한 경우에는 1년 이하의 징역 또는 1천만 원 이하의 벌금이 부과된다(「보험업법」 제204조 제1항 제2호).

(2) 보험가입

1) 보험모집인을 통한 가입(규제「보험업법」 제83조 제1항)

♣ 보험모집을 할 수 있는 자는 보험설계사, 보험대리점, 보험중개사, 보험회사의 임원(대표이사 · 사외이사 · 감사 및 감사위원은 제외함) 또는 직원으로서 모집에 종사할 자로 신고된 자이다.

2) 금융기관보험대리점을 통한 가입(「보험업법」 제91조 제1항 본문)

금융기관은 보험대리점 또는 보험중개사로 등록을 하고 보험상품을 판매할 수 있다.

3) 통신매체를 통한 가입(규제「보험업법」 제96조 제1항)

전화 · 우편 · 컴퓨터 등 통신수단을 이용하여 모집하는 자는 금융위원회에 등록을 하여 모집을 할 수 있는 자여야 하며, 다른 사람의 평온한 생활을 침해하는 방법으로 모집해서는 안 된다.

보험회사는 통신수단을 이용해 보험계약을 청약한 자가 그 청약을 철회하고자 할 경우 통신수단을 이용할 수 있도록 해야 한다.

5. 보험안내 자료

보험안내 자료란 보험모집을 위하여 보험계약자 등에게 제공하기 위한 목적으로 사용되는 보험안내서, 상품요약서, 가입설계서 등의 제반 홍보물을 말한다. 또한, 방송 및 인터넷 홈페이지 등을 통해 불특정다수에게 알리는 자료를 포함한다.

보험안내 자료를 임의로 작성하여 사용할 경우, 보험계약자가 허위 내용으로 인한 부당한 피해를 입을 수 있기 때문에 감독당국은 보험안내 자료의 기재 내용과 관련하여 부실 모집행위를 방지함으로써 건전한 보험거래질서를 유지하고 보험계약자의 권익을 보호하기 위해 필수적으로 기재하여야 할 사항과 기재하지 말아야 할 사항 등에 대하여 규정하고 있다.

보험회사 또는 모집종사자는 보험계약자에게 보험모집 단계별로 보험약관 및 보험안내 자료 등을 제공하여야 한다.

한편, 보험회사는 보험안내 자료의 관리를 전담하는 부서를 지정하고 자체 제작한 보험안내 자료 및 보험계약의 체결 또는 모집에 종사하는 자가 제작한 보험안내 자료를 심사하여 관리번호를 부여한 후 사용하도록 하여야 한다(「보험업감독규정」 제4-35조).

(1) 보험안내 자료의 필수기재사항

보험모집인이 보험의 모집을 위해 사용하는 보험안내 자료에는 다음의 사항이 명료하고 알기 쉽게 기재되어 있어야 한다(규제「보험업법」 제95조 제1항 및 규제「보험업법 시행령」 제42조 제3항).

① 보험회사의 상호나 명칭 또는 보험설계사나 보험대리점 또는 보험중개사의 이름·상호나 명칭
② 보험가입에 따른 권리·의무에 관한 주요사항
변액보험계약의 경우 변액보험자산의 운용성과에 따라 납입한 보험료의 원금에 손실이 발생할 수 있으며, 그 손실은 보험계약자에게 귀속된다는 사실 및 최저로 보장되는 보험금이 설정되어 있는 경우에는 그 내용을 포함.
③ 보험약관에서 정하는 보장에 관한 사항
④ 「예금자보호법」에 따른 예금자보호와 관련된 사항
⑤ 보험금이 금리에 연동되는 보험상품의 경우 적용금리 및 보험금 변동에 관한 사항
⑥ 보험금 지급제한 조건의 예시
⑦ 보험안내 자료의 제작자, 제작일, 보험안내 자료에 대한 보험회사의 심사 또는 관리번호
⑧ 보험상담 및 분쟁의 해결에 관한 사항
⑨ 보험금 지급제한 조건에 관한 사항
⑩ 해약환급금에 관한 사항

(2) 변액보험의 보험안내 자료

변액보험에 관한 보험안내 자료에는 권리·의무에 관한 기재내용 중 다음의 사항이 포함되어야

한다(규제「보험업법 시행령」 제42조 제1항).

① 변액보험 자산의 운용성과에 따라 납입한 보험료의 원금에 손실이 발생할 수 있으며 그 손실은 보험계약자에게 귀속된다는 사실.

② 최저로 보장되는 보험금이 설정되어 있는 경우 그 내용.

(3) 보험안내 자료의 기재금지사항

보험안내 자료에 다음의 사항이 기재되어서는 안 된다(규제「보험업법」 제95조 제3항 및 규제「보험업법 시행령」 제42조 제2항).

① 보험회사의 장래의 이익 배당 또는 잉여금의 분배에 대한 예상을 기재해 놓은 내용.

※ 다만, 보험계약자에게 배당해 주는 연금보험의 경우 지난 5년 동안의 실적을 근거로 장래 계약자 배당을 예시할 수 있다. 이 경우 장래의 계약자배당금액은 예상금액이므로 실제 금액과 차이가 있을 수 있음을 명시해야 한다(「보험업감독규정」 제4-34조 제3항).

※ 방송·인터넷 홈페이지 등의 방법으로 모집을 위하여 불특정다수인에게 알리는 경우에도 위 사항 적용

② 불공정거래행위(규제「독점규제 및 공정거래에 관한 법률」 제23조)로 볼 수 있는 내용

③ 보험계약의 내용과 다른 사항

④ 보험계약자에게 유리한 내용만을 골라 안내하거나 다른 보험회사 상품과 비교한 사항

⑤ 확정되지 않은 사항이나 사실에 근거하지 않은 사항을 기초로 다른 보험회사 상품에 비하여 유리하게 비교한 사항

⑥ 특정 보험계약자에게만 혜택을 준다는 내용(「보험업감독규정」 제4-34조 제2항 제2호)

⑦ 금융위원회에 제출한 내용과 다른 보험회사의 자산과 부채에 관한 사항

※ 보험상품 모집과정에서 보험설계사들은 다양한 안내 자료를 사용한다. 이때 유의해야 할 것 중 하나는 설계사가 보험모집을 위해 독단적으로 사용하는 자료이다. 따라서 자료의 상단이나 하단에 회사에서 발급되는 승인번호가 없는 자료는 자료의 신빙성이 떨어지므로 유의해야 한다. 그리고 가급적 안내 자료도 청약서 등의 관련 자료와 함께 보관해야 증거로서 향후 분쟁 시 도움이 될 수 있다.

〈출처: 금융감독원, 금융생활안내서(보험편), 2007〉

(4) 위반 시 제재

① 보험안내 자료를 부실하게 기재하거나 기재하지 말아야 할 사항을 기재하는 등 위반 행위를 한 보험회사에게는 5천만 원 이하의 과태료가 부과된다(「보험업법」 제209조 제1항 제2호).

② 보험안내 자료를 부실하게 기재하거나 기재하지 말아야 할 사항을 기재하여 독단적으로 사용하는 등 위반 행위를 하여 보험모집을 한 자에게는 1천만 원 이하의 과태료가 부과된다(「보험업법」 제209조 제5항 제5호).

(5) 단계별로 제공해야 하는 보험안내 자료

1) 보험계약 체결 권유 단계

① 가입설계서

단체보험계약, 단체취급특약이 부가된 보험계약, 보증보험계약, 일반손해보험 중 기업성 손해보험, 보험기간이 3개월 이내인 보험, 보험업감독규정 제4-35조의2 제4항 및 제5항(갱신계약, 계속계약)에 따른 보험계약은 제외.

② 상품설명서

전문보험계약자가 체결하는 보험계약과 보험업감독규정 제4-35조의2 제4항 및 제5항(갱신계약, 계속계약)은 제외.

2) 보험계약 청약 단계

① 보험계약청약서 부본.

전화를 이용하여 청약하는 경우에는 확인서 제공으로 이를 갈음할 수 있다.

② 보험약관.

③ 보험회사가 보험계약을 승낙하는 경우에는 지체 없이 **보험증권을 보험계약자에게 교부**하여야 한다.

④ 보험회사는 사업연도 만료일 기준으로 1년 이상 유지된 계약에 대하여 **보험계약 관리내용을 연 1회 이상 보험계약자에게 제공**하여야 한다.

♣ **보험계약 체결 단계의 안내 · 설명의무**

- 보험의 모집에 종사하는 자의 성명, 연락처 및 소속
- 보험의 모집에 종사하는 자가 보험회사를 위하여 보험계약의 체결을 대리할 수 있는지 여부
- 보험의 모집에 종사하는 자가 보험료나 고지의무사항을 보험회사를 대신하여 수령할 수 있는지 여부
- 보험계약의 승낙절차
- 보험계약의 승낙거절 시 거절사유
- 보험계약의 품질보증해지의 내용, 절차 및 방법 등

3) 보험금 청구단계

♣ **보험금 청구 단계의 안내 · 설명의무**

- 담당부서, 연락처 및 보험금 청구에 필요한 서류
- 보험금 심사절차, 예상 심사기간 및 예상지급일
- 보험사고 조사 및 손해사정과 관련하여 해당 보험사고 및 보험금 청구가 손해사정 대상인지 여부, 손해사정 대상인 경우 손해사정사를 선임할 수 있다는 사실 및 비용부담에 관한 사항, 보험계약자 등이 따로 손해사정사를 선임하지 않은 경우 보험회사에 소속된 손해사정사 또는 보험회사와 위탁계약이 체결된 손

해사정업자가 손해사정을 하게 된다는 사실

- 보험금 지급심사 현황 결과 문의 및 조회방법
- 보험약관에 따른 보험금 지급기한 및 보험금 지급지연시 지연이자 가산 등 보험회사의 조치사항 등

4) 보험금 지급요청

♣ **보험금 심사 · 지급 단계의 안내 · 설명의무**

- 보험금 지급일 등 지급 절차
- 보험금 지급내역
- 보험금 심사 지연 시에 지연사유 및 예상지급일
- 보험금을 감액하여 지급하거나 지급하지 아니하는 경우에는 그 사유

6. 보험회사의 배상책임

보험회사는 그 임원 · 직원 · 보험설계사 또는 보험대리점(보험대리점 소속 보험설계사를 포함함. 이하 같음)이 모집을 함에 있어서 보험계약자에게 손해가 발생한 경우 배상할 책임을 진다.

다만, 보험회사가 보험설계사 또는 보험대리점에 모집을 위탁함에 있어서 상당한 주의를 기울였고 또한 모집 시 보험계약자에게 손해가 발생하지 않도록 노력한 경우에는 책임을 부담하지 않을 수 있다(「보험업법」 제102조 제1항).

7. 보험계약자의 의무와 보험관계 업무 종사자의 의무

1) 보험계약자의 의무

보험계약자, 피보험자, 보험금을 취득할 자, 그 밖에 보험계약에 대해 이해관계가 있는 자는 보험사기 행위를 해서는 안 된다(규제「보험업법」 제102조의 2).

2) 보험관계 업무 종사자의 의무

보험회사의 임직원, 보험설계사, 보험대리점, 보험중개사, 손해사정사, 그 밖에 보험 관계 업무에 종사하는 자는 다음의 어느 하나에 해당하는 행위를 해서는 안 된다(규제「보험업법」 제102조의 3).

① 보험계약자, 피보험자, 보험금을 취득할 자, 그 밖에 보험계약에 관하여 이해가 있는 자로 하여금 고의로 보험사고를 발생시키거나 발생하지 아니한 보험사고를 발생한 것처럼 조작하여 보험금을 수령하도록 하는 행위.

② 보험계약자, 피보험자, 보험금을 취득할 자, 그 밖에 보험계약에 관하여 이해가 있는 자로 하여금 이미 발생한 보험사고의 원인, 시기 또는 내용 등을 조작하거나 피해의 정도를 과장하여 보험금을 수령하도록 하는 행위.

8. 보험모집인의 금지행위

1) 보험모집인은 보험모집 시 법률에 위반된 행위를 해서는 안 된다(규제「보험업법」 제97조 제1항).

2) 보험모집인은 보험계약자에게 특별이익을 제공하거나 제공 약속을 해서는 안 된다(규제「보험업법」 제98조).

3) 보험계약의 부활

보험계약자는 보험계약의 체결 또는 모집에 종사하는 자가 부당하게 기존 보험을 소멸시키거나 소멸하게 한 경우 해당 보험계약의 체결 또는 모집에 종사하는 자가 속하거나 모집을 위탁한 보험회사에 해당 보험계약이 소멸한 날부터 6개월 내에 소멸된 보험계약의 부활을 청구하고 새로운 보험계약을 취소할 수 있다(규제「보험업법」 제97조 제4항).

제2절. 보험모집 종사자

보험모집의 종사자는 보험설계사, 보험대리점, 보험중개사, 보험회사의 임원 또는 직원(대표이사, 사외이사, 감사 및 감사위원은 제외함), 금융기관보험대리점(방카슈랑스) 등이 있다.

1. 보험설계사

보험설계사란 **보험회사 등에 소속되어 보험계약의 체결을 중개하는 자**로서 「보험업법」에서는 생명보험설계사, 손해보험설계사, 제3보험설계사로 구분하고 있다.

(1) 보험설계사 등록제도

『보험설계사』라 함은 보험회사, 보험대리점 및 보험중개사를 위하여 보험계약의 체결을 중개하는 자를 말하는데 보험업법에 따라 금융위원회에 등록하여야 하며, 현재 손해보험 설계사는 보험설계사의 등록에 관한 업무를 위탁받은 손해보험협회에 등록하여야 하고, 생명보험 설계사는 생명보험협회에 등록해야 한다.

(2) 보험설계사 등록제도의 취지

생·손보의 보험상품은 기본적으로 구매에 따른 효과를 곧바로 느끼기 어려운 무형의 상품이고 가입에 대한 수요도 잠재적인 경우가 대부분이기 때문에 보험산업에서 보험설계사의 역할은 매우 중요하다.

그러나 보험설계사가 보험모집 과정에서 부당하거나 적정치 못한 행위를 할 경우에는 보험가입자가 피해를 입게 되는 것은 물론, 생·손보 보험산업의 건전한 발전에도 지장을 초래하게 된다. 이러한 이유로 「보험업법」에서는 보험설계사의 등록을 의무화하고 있으며, 등록 후에도 부당한 모집행위 등을 하는 경우에는 일정기간 영업을 중지하게 하거나 그 등록을 취소하도록 하고 있다. 또한 등록 제도를 엄격히 운영하기 위해 거짓이나 그 밖의 부정한 방법으로 보험설계사, 보험대리점 또는 보험중개사의 등록을 한 자는 1년 이하의 징역 또는 1천만 원 이하의 벌금에 처하도록 하고 있다(「보험업법」 제204조 제1항 제3호).

(3) 보험설계사의 분류

1) 영위종목별 분류
① 생명보험설계사: 생명보험상품의 계약체결을 중개하는 보험설계사.
② 손해보험설계사: 손해보험상품의 계약체결을 중개하는 보험설계사.
③ 제3보험설계사: 제3보험(상해, 질병, 간병)상품의 계약체결을 중개한 보험설계사.

2) 유형별 분류
① 전속보험설계사: 1개의 보험회사와만 보험상품의 계약체결을 판매하는 보험설계사 (손보사, 생보사 중 1개 회사만 영위하는 설계사).
② 교차모집보험설계사: 1개의 보험회사 이외에 업종이 다른 1개의 보험회사상품의 계약체결을 중개하는 보험설계사(손보사 1개+생보사 1개를 함께 하는 설계사).

(4) 교차모집보험설계사
「보험업법」은 보험회사가 다른 보험회사에 소속된 보험설계사에게 보험모집을 위탁하지 못하게 하고 있으며, 보험설계사 역시 본인이 소속된 보험회사 이외의 자를 위하여 보험모집을 하지 못하게 하고 있다. 즉, 일사전속주의를 채택하고 있다. 다만 생·손보 전속설계사의 교차모집을 허용함으로써 일사전속주의의 예외로 하고 있다(「보험업법」 제85조).

교차모집제도는 **보험설계사 일사전속주의의 예외 제도**로 2008년 8월 30일부터 **보험설계사가 소속 보험회사 외의 1개의 이종(異種) 보험회사 상품을 판매할 수 있도록 한 제도**로 생명보험설계사 또는 손해보험설계사가 각각 1개의 손해보험회사나 생명보험회사를 선택하여 보험상품을 판매할 수 있도록 하는 것이다(손보사 1개+생보사 1개를 함께 하는 설계사).

더불어 생명보험회사 또는 손해보험회사에 속한 보험설계사가 1개의 제3보험업을 전업으로 영위하는 보험회사를 위하여 모집을 하는 경우도 교차모집에 해당된다.

1) 교차모집설계사의 자격
교차모집을 하고자 하는 보험설계사는 모집하고자 하는 보험계약의 종류(생명보험, 손해보험 등)에 따른 등록요건을 갖추어 보험협회에 보험설계사 등록을 하여야 한다.

2) 보험회사 및 교차모집보험설계사에 대한 금지사항
보험업법령에서는 교차모집제도의 원활한 운영을 위해 교차모집을 위탁한 보험회사의 금지사항과 교차모집보험설계사의 금지사항을 규정하고 있다.

■ **보험회사의 금지사항**(「보험업법 시행령」 제29조, 「보험업법 시행규칙」 제16조)
① 교차모집보험설계사에게 자사 소속의 보험설계사로 전환하도록 권유하는 행위
② 교차모집보험설계사에게 자사를 위하여 모집하는 경우 보험회사가 정한 수수료·수당 외에 추가로 대가를 지급하기로 약속하거나 이를 지급하는 행위
③ 교차모집보험설계사가 다른 보험회사를 위하여 모집한 보험계약을 자사의 보험계약으로 처리하도록 유도하는 행위
④ 교차모집보험설계사에게 정당한 사유없이 위탁계약 해지, 위탁범위 제한 등 불이익을 주는 행위
⑤ 교차모집보험설계사의 소속 영업소를 변경하거나 모집한 계약의 관리자를 변경하는 등 교차모집을 제약·방해하는 행위
⑥ 소속 보험설계사에게 특정 보험회사를 지정하여 교차모집 위탁계약의 체결을 강요하는 행위
⑦ 소속 보험설계사에게 교차모집보험설계사가 될 자의 유치를 강요하는 행위
⑧ 합리적 근거 없이 교차모집보험설계사를 소속 보험설계사보다 우대하는 행위

출처: 손해보험협회 자료

■ **교차모집보험설계사의 금지사항**(「보험업법 시행령」 제29조, 「보험업법 시행규칙」 제16조)
① 업무상 알게 된 특정 보험회사의 정보를 다른 보험회사에 제공하는 행위
② 보험계약을 체결하고자 하는 자의 의사에 반하여 다른 보험회사와의 보험계약 체결을 권유하는 등 모집을 위탁한 보험회사 중 어느 한쪽의 보험회사만을 위하여 모집하는 행위
③ 모집을 위탁한 보험회사에 대하여 회사가 정한 수수료·수당 외에 추가로 대가를 지급하도록 요구하는 행위
④ 교차모집을 위탁한 보험회사에 대하여 합리적 근거 없이 다른 보험설계사보다 우대하여 줄 것을 요구 하는 행위
⑤ 교차모집을 위탁한 보험회사에 대하여 다른 교차모집보험설계사 유치를 조건으로 대가를 요구하는 행위
⑥ 교차모집관련 보험계약정보를 외부에 유출하는 행위

출처: 손해보험협회 자료

(5) 손해보험·생명보험(제3보험)설계사의 등록요건

1) 손해보험설계사의 등록요건

① 금융위원회가 정하여 고시하는 바에 따라 손해보험 모집에 관한 연수과정을 이수하고, 손해보험협회에서 실시하는 손해보험설계사 자격시험에 합격한 자(유효기간은 연수과정 또는 교육 이수 후 1년).
② 손해보험 관계 업무에 1년 이상 종사한 경력이 있는 자(등록신청일로부터 3년 이내에 해당 업무에 종사한 사람으로 한정)로서 해당 보험설계사 교육을 이수한 자.
③ 개인인 손해보험대리점의 등록요건을 갖춘 사람(법인보험대리점의 소속 보험설계사가 되려는 사람만 해당).

④ 개인인 손해보험중개사의 등록요건을 갖춘 사람(법인보험중개사의 소속 보험설계사가 되려는 사람만 해당).

2) 생명보험(제3보험)설계사의 등록요건

생명보험과 제3보험은 각각 개별 보험업종으로서 보험설계사가 생명보험과 제3보험 상품을 함께 판매하고자 할 경우 각 업종별 보험설계사로 등록을 해야 한다. 생명보험설계사와 제3보험설계사의 등록 요건은 동일하나 교육내용, 시험구분이 상이하다(「보험업법 시행령」 별표 3, 4 및 「보험업감독규정」 제4-3조).

가. 생명보험(제3보험) 모집에 관한 연수과정을 이수한 자*

* 연수과정을 이수한 자는 아래 ❶~❸을 모두 갖춘 사람을 의미한다.

❶ (교육) 보험모집관련 윤리교육, 보험관련 법령 및 분쟁사례, 보험상품 등에 관한 교육과정을 20시간 이상 이수한 자

❷ (시험) 보험협회에서 실시하는 생명보험(제3보험) 설계사등록자격시험에 합격한 자

❸ 교육 이수 요건을 충족한 자는 1년 이내에 시험에 합격하여야 하며, 시험에 합격한 자는 합격일부터 1년 이내에 교육 이수 요건을 충족하여야 함.

나. 생명보험(제3보험) 관계 업무에 1년 이상 종사한 경력(등록신청일로부터 3년 이내)이 있고, 교육을 이수한 사람

다. 개인인 생명보험(제3보험)대리점의 등록요건을 갖춘 자(법인보험대리점 소속 보험 설계사가 되려는 자에게만 해당)

라. 개인인 생명보험(제3보험)중개사의 등록요건을 갖춘 자(법인보험중개사 소속 보험 설계사가 되려는 자에게만 해당)

※ 단, 등록신청의 유효기간은 연수과정 또는 교육 이수 후 1년

(6) 보험설계사의 등록 제한사유(보험업법 제84조 ②)

보험 산업에서 보험설계사의 역할은 매우 중요하기 때문에 설계사로서 부적당한 자가 등록되거나 과거 부당한 모집을 하였던 자의 경우에는 설계사의 등록을 제한한다.

「보험업법」에서는 보험설계사가 되지 못하는 자에 대하여 아래와 같이 규정하고 있다.

[개정 2018.4.17., 2020.3.24 제17112호(금융소비자 보호에 관한 법률)] [[시행일 2021.3.25.]]

1) 피성년후견인 또는 피한정후견인

2) 파산선고를 받은 자로서 복권되지 아니한 자

3) 「보험업법」 또는 「금융소비자 보호에 관한 법률」에 따라 벌금 이상의 형을 선고받고 그 집행이 끝나거나(집행이 끝난 것으로 보는 경우를 포함한다) 집행이 면제된 날부터 2년이 지나지 아니한 자

4) 「보험업법」 또는 「금융소비자 보호에 관한 법률」에 따라 금고 이상의 형의 집행유예를 선고받

고 그 유예기간 중에 있는 자

5) 「보험업법」에 따라 보험설계사 · 보험대리점 또는 보험중개사의 등록이 취소(제1호 또는 제2호에 해당하여 등록이 취소된 경우는 제외한다)된 후 2년이 지나지 아니한 자

6) 제5호에도 불구하고 「보험업법」에 따라 보험설계사 · 보험대리점 또는 보험중개사 등록취소 처분을 2회 이상 받은 경우 최종 등록취소 처분을 받은 날부터 3년이 지나지 아니한 자

7) 「보험업법」 또는 「금융소비자 보호에 관한 법률」에 따라 과태료 또는 과징금 처분을 받고 이를 납부하지 아니하거나 업무정지 및 등록취소 처분을 받은 보험대리점 · 보험중개사 소속의 임직원이었던 자(처분 사유의 발생에 관하여 직접 또는 이에 상응하는 책임이 있는 자로서 대통령령으로 정하는 자만 해당한다)로서 과태료 · 과징금 · 업무정지 및 등록취소 처분이 있었던 날부터 2년이 지나지 아니한 자

8) 영업에 관하여 성년자와 같은 능력을 가지지 아니한 미성년자로서 그 법정대리인이 제1호 부터 제7호까지의 규정 중 어느 하나에 해당하는 자

9) 법인 또는 법인이 아닌 사단이나 재단으로서 그 임원이나 관리인 중에 제1호부터 제7호까지의 규정 중 어느 하나에 해당하는 자가 있는 자

10) 이전에 모집과 관련하여 받은 보험료, 대출금 또는 보험금을 다른 용도에 유용(流用)한 후 3년이 지나지 아니한 자

(7) 보험설계사 등록 · 말소 절차

손해보험, 생명보험 및 제3보험설계사가 되려는 자는 손해보험/생명보험회사를 통하여 금융위원회로부터 등록업무를 위탁받아 수행하는 손해보험협회와 생명보험협회에 각 등록하여야 하며, 보험설계사의 등록 및 말소 절차는 다음과 같다.

1) 보험설계사 등록

① 신규 등록

보험설계사(대리점)시험 합격 및 등록교육 이수 후 보험회사를 통해 보험협회에 등록 신청한다.

② 경력등록

보험관계 업무에 1년 이상 종사한 경력이 있는 사람(등록신청일로부터 3년 이내 경력*으로 한정)은 등록교육 이수 후 보험회사를 통해 보험협회에 등록 신청한다.

*대리점의 경우, 보험관계 업무에 2년 이상 종사한 경력(등록 신청일로부터 4년 이내)

2) 보험설계사 말소

① 보험회사를 통한 말소

보험회사는 말소 대상자를 보험협회에 말소 신청한다.

② 설계사 본인 방문 또는 공인인증을 통한 직접 말소

등록 말소를 원하는 보험설계사는 해촉신청서를 회사로 발송하거나 해촉증명서를 발급받은 후, 보험협회 지역본부(지부) 방문 또는 보험협회 홈페이지(공인인증서 등을 통한 본인인증)를 통해

직접말소를 신청한다.

3) 보험설계사 경력확인

손해보험협회와 생명보험협회 홈페이지에서 본인의 보험설계사 경력 현황을 조회할 수 있다.

2. 보험대리점

보험대리점은 보험업종에 따라 생명보험대리점, 제3보험대리점, 손해보험대리점으로 구분하며 설립 형태에 따라 개인보험대리점과 법인보험대리점으로 구분된다.

(1) 보험대리점의 정의

보험대리점이라 함은 **보험회사를 위하여 보험계약의 체결을 대리하는 자로서 금융위원회에 등록된 자**를 말한다. 보험대리점이 되려는 자는 개인과 법인을 구분하여 금융위원회에 등록하여야 한다.

(2) 보험대리점의 성격

보험대리점은 특정 보험회사를 위하여 계약관계에 기초를 두고 계속적으로 보험계약 체결의 대리, 보험료 수령, 영수증 발급, 계약상담 등 보험계약자에 대한 서비스 제공 등을 대리하는 자를 말한다. 보험대리점은 일사전속제가 적용되지 않아 여러 생명·손해보험회사와의 계약체결을 통해 보험모집을 할 수 있다(생명보험 및 손해보험 겸업도 가능함).

(3) 간단손해보험대리점의 정의

2015년 7월부터 소비자의 보험 상품에 대한 접근성 및 편의성을 높이기 위하여 간단손해보험대리점 제도를 도입하였다. 간단손해보험대리점은 재화의 판매, 용역의 제공 또는 사이버몰(「전자상거래 등에서의 소비자보호에 관한 법률」 제2조 제4호에 따른 사이버몰을 말한다. 이하 같다)을 통한 재화·용역의 중개를 본업으로 하는 자가 판매·제공·중개하는 재화 또는 용역과 관련 있는 보험상품을 모집하는 손해보험대리점을 말한다. 즉, 공인중개사는 동산종합보험, 주택화재보험 등을 판매하고, 골프장에서는 골프보험, 여행사에서는 여행자보험 등을 판매할 수 있다. 간단손해보험대리점의 활성화를 위해 보험업법령에서는 등록 시 보험대리점 시험(보험연수원 주관) 합격 요건을 면제해 주고 있으며, 8시간 이상(외부교육시간 2시간 이상 포함) 등록교육을 이수하면 등록이 가능하다.

(4) 보험대리점의 분류

1) 영위종목별 분류

① 생명보험대리점: 생명보험상품의 계약체결을 대리하는 보험대리점
② 손해보험대리점: 손해보험상품의 계약체결을 대리하는 보험대리점
③ 제3보험대리점: 제3보험(상해, 질병, 간병)상품의 계약체결을 대리하는 보험대리점.

2) 유형별 분류

① 전속대리점: 1개 보험회사와만 대리점계약을 체결한 보험대리점

② 비전속대리점: 2개 이상의 보험회사와 대리점 계약을 체결한 보험대리점

※비전속대리점이 대리점계약을 체결할 수 있는 보험회사 수는 제한이 없다.

3) 영위업종별 분류

① 전업대리점: 생명보험회사, 손해보험회사 또는 제3보험회사와만 대리점계약을 체결한 보험대
리점

② 겸업대리점: 생명보험회사 및 손해보험회사, 생명보험회사 및 제3보험회사 또는 손해보험회
사 및 제3보험회사 또는 생명보험회사와 손해보험회사 및 제3보험회사와 대리점
계약을 체결한 보험대리점

4) 운영주체별 분류

① 개인대리점: 개인이 영위하는 보험대리점.

② 법인대리점: 상법상 회사 형태로 운영하는 보험대리점.

(5) 보험대리점의 등록요건

1) 손해보험대리점의 등록

손해보험대리점이 되고자 하는 자는 다음의 등록요건 중 하나에 해당하는 자로서 손해보험회사
와 보험계약체결의 대리 업무에 관한 위임계약(대리점 계약)을 체결하고 금융위원회에 대리점 등록
을 하여야 한다. 현재는 손해보험협회가 금융위원회로부터 손해보험대리점의 등록에 관한 업무를
위탁받아 수행하고 있다.

♣ 개인보험대리점

① 보험연수원에서 손해보험대리점에 관한 연수과정(등록교육)을 이수한 자(등록신청 유효기간
은 연수과정 또는 교육 이수 후 2년)

② 손해보험 관계 업무에 2년 이상 종사한 경력이 있는 자(등록 신청일 부터 4년 이내에 해당
업무에 종사한 사람으로 한정)로서 해당 보험대리점 교육을 이수한 자

♣ 법인보험대리점

① 개인인 손해보험대리점의 등록 요건 중 어느 하나에 해당하는 사람을 1명 이상 두고 있는 법인.

② 임직원 수가 100명 이상인 법인(법 제91조 제1항 각 호의 금융기관은 제외)의 경우 소속 임직
원의 10분의 1 이상이 법 제84조에 따른 보험설계사 등록요건을 갖춘 법인

2) 생명보험대리점의 등록

생명보험대리점이 되고자 하는 자는 다음의 등록요건 중 하나에 해당하는 자로서 생명보험회사와 보험계약체결의 대리 업무에 관한 위임계약(대리점 계약)을 체결하고 금융위원회에 대리점 등록을 하여야 한다. 현재는 생명보험협회가 금융위원회로부터 생명보험대리점의 등록에 관한 업무를 위탁받아 수행하고 있다(「보험업법 시행령」 별표 3, 4 및 「보험업감독규정」 제4-3조).

♣ 개인보험대리점

① 생명보험 대리점에 관한 연수과정을 이수한 자*

* 연수과정을 이수한 자는 아래 가~다를 모두 갖춘 사람을 의미한다.

가. (교육) 보험모집 관련 윤리교육, 보험관련 법령 및 분쟁사례, 보험상품 등에 관한 교육과정을 20시간 이상 이수한 자.

나. (시험) 보험연수원에서 실시하는 생명보험(제3보험) 대리점자격시험에 합격한 자

다. 교육 이수 요건을 충족한 자는 1년 이내에 시험에 합격하여야 하며, 시험에 합격한 자는 합격일부터 1년 이내에 교육 이수 요건을 충족하여야 한다.

② 생명보험 관계 업무에 2년 이상 종사한 경력(등록 신청일로 부터 4년 이내)이 있고, 교육을 이수한 사람

※ 단, 등록 신청의 유효 기간은 연수과정 또는 교육 이수 후 2년.

♣ 법인보험대리점

① 개인인 생명보험(제3보험)대리점의 등록요건(연수과정 이수 또는 관계 업무 2년 이상 종사한 경력) 중 어느 하나에 해당하는 사람을 1명 이상 두고 있는 법인

② 임직원의 수가 100명 이상인 법인(금융기관보험대리점 제외)의 경우 소속 임직원의 10분의 1 이상이 생명보험(제3보험)설계사 등록요건을 갖춘 법인

3) 제3보험대리점의 등록

♣ 개인보험대리점

① 보험연수원에서 제3보험대리점에 관한 연수과정을 이수한 자(등록신청 유효기간은 연수과정 이수 후 2년).

② 제3보험 관계 업무에 2년 이상 종사한 경력이 있는 자(등록신청일로부터 4년 이내에 해당 업무에 종사한 사람으로 한정)로서 해당 보험대리점 교육을 이수한 자.

♣ 법인보험대리점

① 개인인 제3보험대리점의 등록요건 중 어느 하나에 해당하는 사람을 1명 이상 두고 있는 법인.

② 임직원 수가 100명 이상인 법인(법 제91조 제1항 각 호의 금융기관은 제외)의 경우 소속 임직원의 10분의 1 이상이 법 제84조에 따른 보험설계사 등록 요건을 갖춘 법인.

4) 간단손해보험대리점

♣ 교육이수

① 교육과목: 보험모집과 관련한 윤리교육, 보험 관계 법령, 간단손해보험상품

② 교육방법: 집합교육 또는 사이버교육

③ 교육시간: 8시간(외부 교육시간 2시간 포함)

(6) 영업보증금

보험대리점이 보험모집을 하는 과정에서 보험계약자에게 손해를 끼치게 되는 경우 등에 대비하기 위해 금융위원회는 보험대리점으로 하여금 대리점 계약을 체결한 보험회사에 영업보증금을 예탁하게 할 수 있다. 「보험업법」은 보험대리점 등록을 한 자가 영업보증금을 예탁하지 않고서는 영업을 할 수 없도록 규정하여 영업개시 시점뿐만 아니라 영업 중에도 반드시 영업보증금을 예탁하도록 규제를 강화하고 있다. 또한, 영업보증금의 규모는 1억 원(법인보험대리점의 경우 3억 원)의 한도 내에서 보험회사와 보험대리점이 협의하여 정할 수 있으며, 금융위원회는 보험계약자 보호와 모집 질서 유지를 위하여 필요하다고 인정하는 경우에는 영업보증금의 증액을 명할 수도 있다.

다만, 은행 등 금융기관보험대리점의 경우에는 영업보증금 예탁의무를 면제하고 있는데, 이는 금융기관이 일반보험대리점보다 자산 건전성이 우수하다는 특성을 고려한 입법 조치이다.

(7) 보험대리점의 등록 제한사유(「보험업법」 제87조 제2항)

보험 산업에서 보험대리점의 역할은 보험설계사의 역할과 마찬가지로 매우 중요하기 때문에 보험대리점으로서 부적당한 자의 경우에는 보험업법에서 보험대리점의 등록을 제한하고 있다.

① 보험설계사 등록 제한 사유에 해당하는 자

② 보험설계사 또는 보험중개사로 등록된 자

③ 다른 보험회사 등의 임직원

④ 외국의 법령에 따라 위 첫 번째에 해당하는 것으로 취급되는 자

⑤ 그 밖에 경쟁을 실질적으로 제한하는 등 불공정한 모집 행위를 할 우려가 있는 자로서 대통령령으로 정하는 자

3. 보험중개사

보험중개사는 보험대리점과 마찬가지로 보험업종에 따라 생명보험중개사, 제3보험중개사, 손해보험중개사로 구분되며, 설립 형태에 따라 개인보험중개사와 법인보험중개사로 구분된다.

(1) 보험중개사의 정의

보험중개사는 **특정 보험회사에 소속되지 않고 독립적으로 보험계약의 체결을 중개하는 자**를 말한다. 보험중개사는 보험설계사나 보험대리점과 달리 불특정다수의 계약자나 보험회사를 위하여 보험모집 업무를 수행하는 것이 특징이다.

(2) 보험중개사의 등록

보험중개사가 되고자 하는 자는 「보험업법시행령」 별표3에서 정한 기준을 충족하고 금융감독원에 등록신청하여야 한다. 보험대리점과는 달리 부채가 자산을 초과하는 법인은 보험중개사가 될 수 없으며, 영업개시 7일 전까지 영업보증금을 금융감독원에 예탁하거나 보험가입 등을 해야 한다. 한편, 보험중개사 소속 보험설계사에 대해서는 금융감독원이 아닌 보험협회로 등록·말소 사항을 신고하여야 한다(「보험업법」 제89조, 「보험업감독업무시행세칙」 제2-14조).

(3) 보험중개사의 의무

보험중개사는 보험계약을 체결할 때 보험중개사의 권한과 지위에 관한 사항, 손해배상에 관한 사항 등을 적은 서면을 미리 보험계약자에게 발급하고 설명하여야 한다. 또한 보험계약자가 요청하는 경우 보험계약 체결의 중개와 관련하여 보험회사로부터 받은 수수료, 보수와 그 밖의 대가를 알려주어야 한다(「보험업법 시행령」 제41조).

4. 보험회사의 임원 또는 직원

보험회사는 보험설계사나 보험대리점 등을 통하지 않고 직접 보험회사 임직원을 통해 보험모집을 할 수 있다. 이때 모집활동을 담당하는 임직원과 그들이 소속된 본사의 영업부서조직으로 본사의 소속으로 모집활동을 하는 본사조직과 보험계약자가 필요하다고 인정하는 곳에 사무소를 설치하여 보험모집활동을 하는 영업소와 영업소를 관리하는 지점이 있다.

보험업법상 모집을 할 수 있는 보험회사의 임원에는 대표이사, 사외이사, 감사 및 감사 위원은 제외된다.

5. 금융기관보험대리점(방카슈랑스)

1) 금융기관보험대리점의 정의

금융기관보험대리점은 **보험회사에 대한 대리점 자격으로 보험계약의 체결을 대리하는 은행, 투자매매업자, 상호저축은행 등의 금융기관을** 말한다. 일반적으로 금융기관 보험대리점을 프랑스어의 은행(Banque)과 보험(Assurance)을 합성하여 방카슈랑스(Bancassurance)라고 부른다. 우리나라의 경우 방카슈랑스는 보험소비자의 편익 증대와 금융산업의 겸업화를 통한 경쟁 활성화 및 생산성 제고를 위해 2003년 8월에 도입되었다.

금융기관보험대리점 등의 보험모집은 방카슈랑스(은행과 보험의 결합)라는 금융영업정책에 의해 실시되고 있으며, **방카슈랑스는 은행 등의 금융기관이 보험회사와 제휴하여 대리점이나 중개사 자격으로 보험상품을 함께 판매하는 영업 형태**이다. 등록과 모집에 관한 내용을 살펴보면 다음과 같다.

2) 보험대리점 또는 보험중개사로 등록 가능한 금융기관(「보험업법」 제91조, 「보험업법 시행령」 제40조)

① 은행법에 의하여 설립된 금융기관
② 자본시장과 금융투자업에 관한 법률에 의한 투자매매업자 또는 투자중개업자
③ 상호저축은행법에 따른 상호저축은행
④ 한국산업은행법」, 「중소기업은행법」, 「여신전문금융업법」, 「농업협동조합법」에 따라 설립된 한국산업은행, 중소기업은행, 신용카드회사(겸영여신업자 제외), 농업협동조합 및 농협은행

3) 금융기관보험대리점의 모집방법

금융기관보험대리점은 점포 내 지정된 장소에서 보험계약자와 직접 대면하여 보험을 모집하여야 한다. 즉, 금융기관 점포를 방문한 사람에게 보험가입 권유 후 모집하는 것은 가능하나 금융기관 점포 외의 장소에서 모집할 수 없도록 규정되어 있다. 또한 금융기관보험대리점은 금융기관의 본점, 지점 등 점포별로 2인(2년 이상 모집경력이 있는 보험설계사로서 모집의 업무를 폐지한 지 6월 이상 경과한 자의 채용은 점포별 2인 규제에서 제외)까지만 모집에 종사하게 할 수 있다.

한편, 인터넷 홈페이지를 이용하여 불특정다수를 대상으로 보험상품을 안내 또는 설명하여 모집하는 것도 가능하다. 또한 금융기관보험대리점 중 「여신전문금융업법」에 의해 허가를 받은 신용카드업자(겸영여신업자 제외)는 전화, 우편, 컴퓨터 통신 등의 통신수단을 이용한 모집이 가능하나 다른 금융기관보험대리점은 통신수단을 이용한 보험모집이 불가하다(「보험업법 시행령」 제40조).

4) 금융기관보험대리점의 금지행위

「보험업법」은 은행 등 금융기관보험대리점 등에 의한 불공정행위를 사전에 방지하기 위하여 금융기관 보험대리점이 보험모집을 함에 있어 금지해야 될 사항을 다음과 같이 명시하여 엄격히 규제하고 있다(「보험업법」 제100조, 「보험업법 시행령」 제48조, 「보험업감독규정」 제5-15조).

- 대출 등 해당 금융기관이 제공하는 용역(이하 "대출 등")을 제공하는 조건으로 대출 등을 받는 자에게 보험계약 체결을 요구하는 행위
- 대출 등을 받는 자의 동의를 미리 받지 아니하고 보험료를 대출 등의 거래에 포함시키는 행위
- 금융기관의 임직원(「보험업법」에 따라 보험모집을 할 수 있는 자는 제외)으로 하여금 모집을 하도록 하거나 이를 용인하는 행위
- 해당 금융기관의 점포 외의 장소에서 모집을 하는 행위
- 모집과 관련이 없는 금융거래를 통하여 취득한 개인정보를 미리 그 개인의 동의를 받지 아니

하고 모집에 이용하는 행위

– 모집에 종사하는 자 이외에 소속 임직원으로 하여금 보험상품의 구입에 대한 상담 또는 소개를 하게 하거나 상담 또는 소개의 대가를 지불하는 행위

– 대출을 조건으로 차주의 의사에 반하여 보험가입을 강요하는 행위

– 대출과 관련하여 중소기업의 대표자 · 임원 등 차주의 관계인의 의사에 반하여 보험가입을 강요하는 행위

– 대출과 관련하여 차주인 중소기업, 차주인 신용 등급이 낮은 개인과 차주의 관계인 중 중소기업의 대표자에게 대출실행일 전후 1개월 이내에 보험상품을 판매하는 행위로서 월납보험료가 대출금의 100분의 1을 초과하는 보험계약의 체결을 요구하는 행위

– 대출을 실행함에 있어 차주에 대하여 대출실행일 전후 1개월 이내에 월납보험료가 대출금의 100분의 1을 초과하는 보험계약의 체결을 요구하는 행위(단, 해당 규제를 회피할 목적으로 대출실행일 전후 1개월 기간 외에 보험계약을 체결하거나 차주가 아닌 제3자의 명의로 보험계약을 체결한 것이 명백한 경우에는 위에 따른 행위를 한 것으로 봄)

제3절. 재무설계와 보험[7]

1. 재무설계(financial planning)의 개념

재무설계란 고객에게 꼭 맞는 재무적 목표를 설정하고, 재무상태와 현금의 흐름을 파악하여 그 목표를 달성할 수 있도록 자산을 배분하고 투자를 실행하는 과정을 도와주는 일련의 프로세스, 즉 과정을 말한다. 고객의 개인적인 상황과 자산, 재무목표 등을 종합적으로 검토하고, 목표달성과 문제해결을 위해 공정하고 종합적으로 자산을 활용할 수 있는 계획을 설계하며, 고객의 동의하에 설계된 계획(plan)을 실행한다. 또한, 계획의 목적에 부합하도록 정기적인 수정 작업과 모니터링을 통해 재무목표를 재조정하고 자산배분과 투자실행 결과를 지속적으로 재점검함으로써 변화하는 환경을 효율적으로 대응하여 재무목표를 달성해 나가는 일련의 과정인 것이다.

다시 말하면, **재무설계란 개개인의 특수성을 반영하여 개인의 생애주기(life cycle)에 맞는 재무적 목표를 보다 효과적으로 달성하기 위해 각 개인의 재무 상황에 맞는 금융 포트폴리오와 소비를 효과적으로 조합하는 것을 말한다.**

재무적 의사결정을 위해서는 전문적인 지식이 필요하게 되었고 금융기관에서는 고객의 이러한 니즈에 부응하기 위해 재무설계서비스를 제공하게 되었다.

---

7) 생명보험협회 자료, 손해보험협회 자료, 삼성생명보험(주) 자료.

2. 재무설계의 필요성

1) 미래 위험에 대한 대비

① 고용불안과 조기퇴직

기업 도산과 구조조정은 우리 사회를 지배해 오던 평생 직장의 개념을 붕괴시켰다. 이는 정년까지 지속적으로 소득이 보장될 것이라는 미래 소득에 대한 기대가 사라진 것을 의미하며, 현재의 소득으로 과연 자신의 미래가 보장될 수 있을 것인가 하는 의문을 가지게 되어 결국 미래에 대한 예측을 어렵게 만들었다.

② 재해·질병과 기대수명의 증가

인생에는 여러 가지 위험이 존재하여 예상하지 못한 상황에 봉착할 수 있다. 재해나 질병으로 건강을 잃어 가장으로서 부양가족의 생계를 책임질 수 없게 될 수도 있다. 또 평균수명의 증가에 따라 은퇴 후 몇십 년 동안 소득 없이 생활을 해야 하는 경우도 있다. 따라서 재해·질병으로 인한 자신과 가족의 생계유지와 은퇴생활에 대한 대비가 필요하다.

③ 물가상승

물가가 오르면 화폐의 가치가 하락하여 실질구매력이 감소하게 된다. 물가가 지속적으로 상승하는 인플레이션 시기에는 나중에 구매할수록 더 많은 금액을 지불해야 한다. 물가가 오를 때에는 물건을 지금 구매할지 또는 나중에 구매할지를 결정해야 한다.

2) 다양해진 금융상품

금융기관의 도산과 합병, 업종 전환은 금융산업의 구조를 더욱 복잡하게 만들고, 금융상품과 금융서비스까지도 다양해지고 복잡해져 개인이 자신에게 맞는 금융상품을 선택하는 것이 더욱 어렵게 되었다. 또한, 외국 금융기관들의 활발한 국내 진출, 그리고 이들 외국 금융기관들의 선진 금융기법 전파로 새로운 자산운용기법이 등장하게 되었고, 조세제도 또한 갈수록 복잡해지고 있어 보다 전문화된 금융서비스에 대한 니즈(needs)가 발생하게 되었다.

또한, 2009년 2월 「자본시장과 금융투자업에 관한 법률」이 시행됨에 따라 금융업종 간 구분이 약해지면서 은행, 보험, 증권사는 새로운 금융상품을 계속 출시하고 있다. 그러나 금융상품마다 금리나 상품구조, 세금 문제뿐만 아니라 대출조건 등의 부가서비스에 상당한 차이가 있다. 따라서 고객들은 금융관련 전문용어를 이해하고 수익률 계산방법 등을 숙지하여 다양한 금융상품 중에서 최적의 투자결정을 할 수 있어야 한다.

3) 저금리 기조

최근에는 실제금리 마이너스 시대로 돌입하였으며, 향후에도 이러한 저금리 상태가 지속될 것으로 예상된다. 저금리 상태가 지속된다는 것은 단순한 금융상품의 조합만으로는 노후를 대비하기가 충분하지 못하다는 것을 의미하므로 보다 체계적이고 다양한 준비를 요구하게 되었다.

4) 자기책임 강조

개인은 스스로가 재정적인 문제가 발생하기를 원하지 않으며, 자신의 자산을 잘 관리하여 많은 수익을 얻기 위해 노력하지만 주변 여건들은 갈수록 이를 어렵게 만들고 있다. 사회는 갈수록 복잡해지고 다양해지고 있지만 외부의 지원으로 보장받는 범위는 오히려 줄어들고 있다. 이러한 시대에는 장래에 대한 인생설계와 그 실현에 대해 자기책임 하에 스스로 적극적인 태도를 취하지 않는다면 장래는 매우 불안정해질 수밖에 없다.

5) 금융서비스에 대한 기대치 고조

과거 금융과 관련된 정보는 특정 전문가 집단이나 자산이 상대적으로 많은 부유층만이 획득할 수 있는 한정된 정보였으나, 인터넷의 등장과 발전으로 인하여 일반 대중들도 고급 정보라고 여겼던 금융과 관련된 정보를 쉽게 접하게 됨으로써 금융기관으로부터 제공받고자 하는 서비스의 기대치가 높아지게 되었다.

6) 생애주기에 따른 소득과 지출관리로 생애 소비만족 극대화

사람들은 누구나 여유롭고 풍요로운 삶을 영위하기 위해 노력한다. 따라서 기대하는 생활수준에 도달하기 위해서는 현재 소득의 많고 적음에 상관없이 가계의 재무상황을 조절하여 현재와 미래의 소득과 자산을 증대시키고 관리할 필요가 있다.

일반적으로 가계의 소득은 전 생애주기에 걸쳐 발생하는 소비지출을 충분히 감당할 만큼 항상 여유롭지는 않다. 따라서 전 생애주기에 걸쳐 소득을 분산 · 이전하는 재무설계는 평생 필요자금을 해결하는 데 반드시 필요한 방안이다.

7) 사회경제적 환경 변화에 대응

개인과 가계는 다음과 같은 사회경제적 환경의 변화에 대비하여 재무설계를 해야 할 필요가 있다.
① 가계 금융자산 증가

2018년 가계금융 · 복지조사 결과에 의하면 우리나라 가계자산 중 금융자산이 차지하는 비중은 25.3%로 낮은 수준이다. 이는 아직 부동산에 대한 투자비중(70.2%)이 높기 때문이며, 이로 인한 자산구조의 편중성과 경직성은 경제상황 변동에 따른 위험을 높이고 유동성을 저하시키는 원인이 된다.

하지만 금융자산에 대한 국민의 선호도가 점점 높아지고 있으므로 급변하는 경제 환경과 빠르게 진행되는 고령화에 대비하기 위해 선진국처럼 현금화가 쉬운 금융자산에 대한 비중이 점차 늘어날 것으로 예상된다.
② 고령 사회 진입

우리나라의 65세 이상 노인인구 비율은 점차 증가하여 2000년에 7.2%로 고령화 사회에, 2017년 8월에 14.0%로 고령 사회에 진입하였으며, 2026년이면 21.0%로 초고령 사회에 도달할 것으로 전망된다.

또한 점차 노인들의 교육수준이 높아지고 결혼한 자녀와 따로 사는 비율도 높아질 것이다.

현재 노년층이 겪는 가장 큰 어려움이 경제적인 문제와 건강 문제임을 볼 때 은퇴 이후를 대비하는 재무설계는 반드시 필요하다.

3. 재무설계 단계

성공적인 재무설계를 하기 위해서는 개인의 신상정보뿐만 아니라 재산 및 수입관련 정보 등 공개가 쉽지 않은 정보가 필수적으로 필요하며, 제공된 정보의 정확도에 따라 재무설계의 성공 여부가 결정된다. 따라서 성공적인 재무설계를 진행하기 위해서는 사전에 고객과의 신뢰 있는 관계 형성이 필수적인 전제 조건이라 할 수 있다. 고객과의 원만한 형성을 전제로 하여 이후 통상적으로 다음과 같은 6단계의 단계를 거쳐 재무설계가 진행된다.

1) 목표확인 및 우선순위 파악
2) 정보 수집
3) 고객정보 분석 및 재무상태 진단
4) 전략의 개발 및 실천계획의 작성
5) 정기 검토(review) 및 주기적인 재무진단(실행)
6) 재무계획 재평가 및 수정

4. 재무설계의 효과

재무설계의 궁극적인 목표는 설정해 놓은 재무 목표의 달성이다. 종합적으로 자산을 활용할 수 있도록 설계된 재무설계는 실행 및 점검 과정을 반복하며 재무 목표를 달성할 수 있도록 도와주며 잘 실행된 재무설계로 인해 많은 재무적인 위험에 대해 미리 점검하고 준비하도록 하여 위험에 적극적으로 대처할 수 있게 된다. 그리고 삶의 질은 소득 수준보다는 소비에 관련된 의사결정과 행동을 어떻게 하느냐에 따라 더 많은 영향을 받게 되는데, 재무설계는 개인의 재무적인 안정성을 유지하면서 소비에 있어서도 최저의 비용으로 최대의 만족도를 얻을 수 있게 함으로써 삶의 질을 점진적으로 향상시켜 주게 된다. 아울러 재무설계는 현재의 소득과 예산을 기초로 한 현금흐름을 사전에 통제할 수 있도록 도와주기 때문에 불필요하거나 예상치 못한 소비로 인한 부채 발생 등을 막아줌으로써 개인의 신용도를 하락시키는 의사결정을 미연에 방지하는 효과를 나타낸다.

5. 재무설계와 손해보험

재무설계의 종류에는 전통적인 재산증식 수단인 저축이나 주식과 같은 금융자산의 운용 또는 부동산 운용, 세무 설계와 위험관리를 주 기능으로 하는 보험설계 등이 있다. 재무설계와 손해보험과의 관계는 다음과 같이 살펴볼 수 있다. 개인 및 사업체에 재물이나 법률적 책임 발생 등으로 손해가 발생하면 그 손해액으로 인해 가계 또는 사업체는 매우 치명적인 손실을 입을 것이다. 이것은 손해 당시는 물론이고 그 이후에도 개인과 사업체의 재무적 상황을 매우 어렵게 만들 것이다. 이러한 손해 발생을 미연에 방지하기 위해 손해보험을 가입하는 것이므로 재무설계와 손해보험의 관계는 매우 높다고 할 수 있다.

손해보험은 개인 또는 사업체에 둘러싸여 있는 손해 빈도와 손해 강도를 측정하므로 그 위험요소 중 보험을 통해 위험관리를 할 수 있는 항목을 선택하여 가입의 우선순위 및 보험의 크기 등을 선정하는 내용이 더 중요한 사항이 된다. 즉 잠재적으로 존재하는 위험의 종류를 파악한 뒤, 그 위험의 빈도와 강도를 측정하여 위험관리 수단(위험회피, 보유, 전가, 예방 등)을 선정한 뒤 보험을 통해 관리하면 된다.

제4절. 보험모집 과정(process)[8]

보험판매는 고객이 가지고 있는 기본적인 니즈(needs)를 이해하고 해결책을 제시하여 가입을 결정하게 하는 것이고, 이러한 보험판매에서 성공한 보험설계사의 공통적인 지식과 기술을 체계화한 것이 판매 프로세스(sales process)*이다. 지속적인 반복과 훈련을 통해 무의식 중에 활동 습관화가 이루어져야 한다. 고객과의 직접 면담 시 아래의 5가지 단계를 차례로 거치면서 각각 별개로 이루어질 수도 있지만, 경우에 따라서는 각 단계마다 추가 또는 연장되거나, 한 차례의 면담에서 각 단계가 함께 이루어져도 무방하다. 예를 들어 초회 면담 전에 전화 방문 약속을 하거나, 제안 단계에서 계약체결까지 이루어질 수도 있다.

> ■ **보험판매 5단계:**
> **준비 – 접근 – 상담 – 판매 – 사후봉사**(보험 계약보전 업무 및 유지관리, 대고객 서비스)

---

8) 출처: 삼성생명보험(주) 자료, 손해보험협회 자료.
* 프로세스(process): 기술적인 작업이 진행되는 과정이나 진척되는 정도.

1. 준비 단계: 가망고객 발굴(prospecting)

보험을 가입할 조건을 갖춘 사람 중에 향후 보험을 가입할 가능성이 있는 사람으로서 판매활동의 기초이며, 영업공략의 대상이다.

1) 가망고객 발굴의 중요성

가망고객의 발굴은 판매 활동의 가장 기초적인 단계로서 보험세일즈로 성공하는 열쇠이다. 또한 판매 활동의 원천 및 소득 수준을 결정하는 중요한 시초이다.

2) 가망고객 발굴 기법

가망고객의 발굴 기법은 연고, 소개, 신규 개척, 각 정보리스트 등의 활용이 있는데, 그중에 가장 기본적인 것은 연고(緣故)를 이용하는 방법이다. 대표적인 방법은 다음과 같다.

- 일상적으로 자연스럽게 접촉할 수 있는 모든 사람을 만난다.
- 가까운 가족, 친척, 친구, 지연 등으로부터 출발한다.
- 가망고객의 생활 상황과 가족 구성원 등 기존 모든 정보를 활용한다.
- 가망고객의 신뢰를 충족시킨다.

연고를 이용하는 방법은 가망고객에 대해 접근이 용이하고, 가망고객 사전 선별이 용이하며, 단기간 내 많은 가망고객을 확보할 수 있는 장점이 있다. 연고를 이용하는 방법 외에 다른 사람으로부터 가망고객을 소개(紹介)받는 방법과 신규로 개척하는 방법, 정보리스트를 활용하는 방법이 있다.

▣ 장 점

① 소개에 의한 신용으로 인해 대화와 판매가 용이하다.
② 방문에 대한 자신감을 가질 수 있다.
③ 유력한 가망고객 발굴이 용이하다.
④ 사전 정보를 입수할 수 있어서 치밀한 판매 계획을 수립할 수 있다.
⑤ 단기간 내에 가망고객을 확보할 수 있다. 이외에도 개척(開拓)과 정보(리스트 등)를 활용하는 방법이 있다.

3) 가망고객의 조건

가망고객은 쉽게 만날 수 있거나 보험의 니즈(needs)가 있는 사람이면 좋다.

아울러 보험료를 지속적으로 납입할 수 있어야 하며 회사가 정한 가입 자격이 되는 사람이어야 한다.

2. 접근 단계: 접근(approach)

1) 가망고객 발굴 후 고객과의 첫 만남의 단계로 상품 판매 시보다 유리한 환경과 여건을 조성하는 과정

2) 방문 면담 약속방법

① 전화를 통한 면담 약속

② DM(Direct Mail)을 통한 면담 약속

③ 직접(돌입) 방문 등

3) 초회 면담의 목적

① 나의 차별성 인식 → 호감, 신뢰감 형성

② 재무 분석, 보장의 필요성 인식 → 해결안 제시를 위한 정확한 정보 수집

3. 상담 단계: 상담(consultation)

(1) 정보수집(fact & feeling finding)

1) 고객에 대한 상세하고 체계적인 정보 수집단계(보험에 대한 니즈 및 친밀도 포함)

2) 정보수집내용

① 일반정보: 이름, 성별, 생년월일, 가족사항 등

② 재정정보:

5대 필요자금: 생활비, 양육비(교육비·결혼자금), 주택구입비, 노후자금, 긴급예비자금 준비자금 : 월수입, 보유자산, 보험가입

③ 고객의 니즈:

보험니즈, 꿈, 가치관, 관심사, 자녀에 대한 기대, 인생목표 등

(2) 가입권유(presentation)

1) 고객의 니즈(needs)에 적합한 보험상품 제시 및 보험가입설계서를 토대로 상세히 설명.

2) 고객의 니즈(needs) 및 재무정보를 토대로 최적의 위험보장 설계를 제시.

3) 제시와 설득의 포인트

① 어떤 이익이 있는가? 자료를 이용하여 고객이 받는 이점을 설명한다.

② 정말 가입하고 싶다. 이익을 강조하여 가입 욕구를 높인다.

③ 그런데 정말 가입할 만한 가치가 있는가? 다른 상품과 비교하여 납득시키고 반응을 관찰한다.

4. 판매(계약) 단계: 계약체결(closing)

1) 보험영업의 최종 목표이자 새로운 고객서비스의 시작단계

2) 계약체결의 의의
① 영업의 최종목표
② 영업의 자신감 부여
③ 고객과의 약속
④ 새로운 고객서비스의 시작

3) 완전판매와 보험관련 민원 및 분쟁 예방
① 보험안내자료 전달, 약관 전달 및 중요내용 설명의무, 청약서 부본 전달, 자필서명 등
② 계약자의 고지의무 이행, 기타 등

5. 사후봉사 단계: 고객관리 및 소개확보(referred leads)

1) 보험 계약보전 업무 및 지속적인 고객관리
2) 고객서비스 관리 및 애프터 서비스(after service)
3) 기존 계약자의 소개로 새로운 가망고객 확보단계
4) 소개 확보의 의의
새로운 시장 창출의 근원이며 영업 활동의 원동력이 된다.
5) 증권전달(policy delivery) 및 사후관리
① 정확한 보험가입에 대한 최종 확인 및 완전판매의 실현 단계이다.
② 증권전달은 고객과의 신뢰 구축, 고객의 니즈 재확인, 추가가입의 기회, 소개를 통해 새로운 고객확보 가능의 의의를 가진다.

제3장
보험윤리

제1절. 보험모집인의 영업윤리(역할 및 책임)

1. 보험모집인의 사회적 책임 및 보험인 윤리강령

(1) 보험모집인의 사회적 책임

1) 오늘날 사회구성원들에 대한 생·손보 보험의 중요성은 날로 커져가고 있으며, 이에 따라 보험회사, 보험설계사 등 보험인의 사회적 역할과 책임이 그 어느 때보다 강조되고 있다.

2) 특히 우리나라는 경제 전반에 걸쳐 불확실성이 확대되는 가운데 인구 고령화가 빠른 속도로 진행되고 있고, 우리 사회에 각종 보험사고와 손해의 위험들이 많이 있다. 따라서 사회구성원들의 경제적인 안정과 손해의 보상, 건강한 노후를 위하여 생·손보 보험의 역할이 더욱 강조되고 있는 상황이다.

3) 이러한 상황 속에서 보험인들은 보험업을 통해 국민들의 생애설계까지도 책임진다는 인식과 국가 경제·사회발전에도 기여한다는 사명감 아래 보험업에 대한 자부심과 긍지를 갖고 업무에 최선을 다하는 것이 중요하다. 즉, 보험인은 단순히 보험상품을 개발·판매하는 역할에 그치는 것이 아니라 성실한 고객관리를 통해 미래의 경제적 위험으로부터 고객을 보호한다는 사회적 책임을 가지며 아울러 공공성과 준법 및 윤리의식을 함양, 이를 실천해야 한다.

'보험인 윤리강령'은 이러한 배경에서 제정·시행되어 보험인의 사회적 책임을 강조하고 있다.

4) 한편, 2015년 7월에는 생명·손해보험, 은행, 금융투자 등 전 금융권 공통의 '금융권 윤리헌장'을 제정하고, 금융회사 자율적으로 내부 윤리강령에 반영하여 금융회사의 내부통제 강화와 함께 윤리의식 제고를 통해 국민의 신뢰를 회복하기 위해 노력하고 있다.

(2) 보험인 윤리강령과 금융권 윤리헌장

1) 보험인 윤리강령

우리는 보험산업의 역군으로서 온 겨레의 소망인 안정과 번영을 추구함을 우리들의 사명으로 한다. 보험산업은 새 시대가 지향하는 복지국가 건설의 기반이며 지속적인 경제성장을 이룩하는 밑거

름이다. 이에 우리 보험인은 주어진 책무의 중차대함을 절감하여 보험인 윤리강령을 제정하고 이를 성실히 준수할 것을 다짐한다.

① **공공성**

우리는 보험의 공공성을 깊이 인식하고 국민의 생활안정과 복리증진에 기여한다.

② **공신력 제고**

우리는 보험산업의 공신력을 제고하여 보험의 생활화가 이루어지도록 최선의 노력을 경주한다.

③ **성실 · 봉사**

우리는 보험가입자 보호를 최우선으로 하고 성실과 봉사를 신조로 하여 신뢰받는 보험인상(保險人像) 구현에 정진한다.

④ **기술개발**

우리는 자기능력을 배양하고 새로운 보험기술을 개발하여 국민경제의 발전과 복지사회의 건설에 솔선한다.

⑤ **준법**

우리는 법과 질서를 존중하는 보험인으로서 새 시대 새 역사 창조에 앞장선다.

2) 금융권 윤리헌장

▣ **금융권 윤리헌장 주요내용**
① 고객우선 ② 법규준수 ③ 신의성실 ④ 시장질서 존중 ⑤ 경영진의 책임 ⑥ 정보보호
⑦ 자기혁신 ⑧ 상호존중 ⑨ 주주가치 극대화 ⑩ 사회적 책임

2. 보험모집인 윤리의 중요성

1) 보험은 사회구성원들의 안정적이고 풍요로운 미래를 준비하는 수단으로, 복지국가 구현에 필요한 3층 보장(사회보장, 기업보장, 개인보장)의 한 축을 담당하고 있다. 이에 따라 정부도 손해 · 생명보험 상품 가입자에 대하여 일부 세제 혜택을 지원함으로써 국민들이 갑작스러운 사고 · 위험 및 장래의 노후생활 등의 개인보장과 보험사고로 인한 손해보상 등을 자발적으로 보다 확실하게 준비할 수 있도록 하고 있다.

2) 보험모집인들은 이러한 손해 · 생명보험의 공공성을 명확히 인식하고 손해 · 생명보험 상품의 내용을 정확히 숙지하여 고객에게 설명할 수 있는 기본 소양을 쌓아야 하며, 철저한 윤리의식을 함양하고 이를 실천할 책임이 있다. 특히 보험모집인은 영업 현장에서 고객과 의견을 나누고 보험의 효용에 대해 설명하는 역할을 담당하고 있기 때문에, 고객들은 어렵고 복잡한 보험약관보다 보험설계사의 설명을 더 신뢰할 수밖에 없다. 이러한 고객의 기대에 부응하기 위해서 보험설계사는

누구보다도 높은 사명감을 갖고 영업현장에 임해야 한다.

3) 최근 우리나라의 보험시장은 판매채널 다변화, 금융겸업화, 소비자보호 강화에 따라 큰 변화를 맞이 하고 있다. 과거에는 보험설계사가 대표적인 판매채널로 대부분의 고객은 보험설계사와의 대면을 통하여 보험을 접하고 계약을 체결하였으나, 최근에는 방카슈랑스, 텔레마케팅(TM), 홈쇼핑, 인터넷, 모바일은 물론 타 업종(은행·증권 등) 점포와 보험점포가 결합한 복합점포 등 다양한 판매채널을 통하여 보험서비스 및 보험정보를 제공받고 있다.

4) 이에 따라 고객의 니즈에 맞는 보험서비스와 정확한 정보 제공을 위하여 보험설계사의 전문성이 점점 강조되고 있다.

5) 최근 개인정보 보호 및 소비자 권익에 대한 고객들의 관심이 높아지고 있으며, 금융위원회 등 금융당국도 금융소비자의 개인정보 보호 및 금융상품 불완전판매로부터 소비자를 보호하기 위한 제도를 지속적으로 개선·강화하고 있다.

6) 이러한 환경변화 속에서 보험설계사의 보험업에 대한 전문성은 물론 건전성 및 철저한 윤리의식은 그 어느 때보다 중요성이 커지고 있으며 이는 보험산업이 고객의 신뢰를 확보하는 데 있어 가장 중요한 기본 요소라고 할 수 있다.

3. 보험모집인의 자세

1) 관련법규와 윤리의 준수

보험모집인은 보험관련 법규와 윤리를 준수하여야 한다. 법규 준수란 보험모집인이 고객에게 보험을 판매함에 있어 명문화된 법규를 지키는 것이다. 주요 보험관련 법규로는 「상법」 보험편, 「보험업법」, 「보험업법 시행령」, 「보험업법 시행규칙」, 「보험업감독규정」 등이 있다.

이러한 법규들이 보험판매 과정에서 발생하는 모든 사안을 반영하기에는 한계가 있다. 즉, 명문화된 법규는 최소한의 기준이므로 보험설계사는 관련 법규를 준수해야 하는 것은 물론이며, 사회의 통념과 윤리, 상식 등에도 귀를 기울여야 하고, 고객의 입장에서 사고하고 행동하는 자세가 필요하다.

2) 보험모집인으로서의 사명감

보험모집인은 자신의 직업에 대해 사명감을 가져야 한다. 이는 영업현장에서 보험상품을 판매하는 역할을 담당하기 때문이기도 하지만, 무엇보다도 보험설계사는 고객에게 처음으로 생명보험의 필요성과 효용성을 전달하는 중요한 역할을 담당하고 있기 때문이다.

단순히 상품을 판매하는 것에 그치지 않고 기존 보험을 분석하여 부족한 보장부분을 보완하거나, 고객의 가족 구성원별 보장설계 서비스를 별도로 제안하는 등 고객에게 제공할 수 있는 모든 서비스를 자발적으로 안내하는 것은 보험업에 종사하는 보험모집인들만이 사명감을 갖고 할 수 있는 고유의 활동 영역이다.

3) 전문성 개발

하루가 다르게 변화하는 현대 사회에 발맞추어 보험모집인은 끊임없이 보험 관련 전문성을 키워 나가야 한다. 보험모집인은 고객이 생애주기별 다양한 위험을 예측하고 이를 대비할 수 있도록 함으로써, 안정적인 사회경제 활동을 할 수 있도록 도와주는 역할을 담당한다.

다양한 고객들이 각각의 생활에 꼭 필요한 보험상품에 가입하기 위해서는 보험모집인은 전문성을 갖추고 보험상품과 서비스에 대한 정확한 설명을 고객들에게 제공할 수 있어야 한다. 그러므로 보험모집인은 단순히 보험상품에만 국한하지 않고 관련 법규를 비롯하여 언더라이팅, 세무, 부동산, 금융지식 등 보험과 관련된 다양한 분야의 전문지식을 고르게 갖추어야 하며, 이러한 전문성이 곧 보험설계사 스스로의 경쟁력이 될 것이다.

4. 보험모집인 자신과 보험업에 대한 책임

고객들은 보험상품을 가입할 때 소위 보험전문가라고 할 수 있는 보험모집인의 설명에 크게 의존할 수밖에 없다. 그러므로 보험모집인은 고객에게 보험상품 및 계약에 대해 설명할 때 주관적 또는 자의적 판단에 따른 일부 정보만을 제공해서는 안 되며, 보험소비자에 대한 책임성과 공공성을 가지고 관련 법규는 물론 제반정보를 충분히 전달하여야 한다. 이와 관련하여 보험설계사가 보험설계사 자신과 보험업에 대하여 반드시 지켜야 할 주요내용은 다음과 같다.

1) 3대 기본 지키기

보험설계사 등 보험모집인들은 보험계약자가 보험계약을 청약한 경우 보험계약자들의 이해를 돕고 보험계약 성립의 안정성을 확보하기 위하여 '3대 기본 지키기'를 준수하고 있다.

이러한 '3대 기본 지키기'는 보험설계사의 보험상품 완전판매를 위한 기본 의무사항으로, 만약 보험모집인이 이를 위반했을 경우에는 보험 표준약관에 따라 보험계약자는 계약이 성립한 날부터 3개월 이내에 보험계약을 취소하고 납입한 보험료와 보험료를 납입한 기간에 대하여 보험계약대출 이율을 연단위 복리로 계산한 금액을 더하여 반환받을 수 있다.

① 보험약관 교부 및 중요한 내용 설명

보험모집인은 보험계약자가 보험계약을 청약하는 경우, 보험약관을 교부하고 약관의 중요한 내용을 설명해야 한다. 보험약관에는 보험계약의 상세한 내용이 설명되어 있지만 분량이 많고 이해하기 어려운 보험전문용어가 많아 정확한 설명이 없을 경우 소비자 피해가 발생할 수 있다.

이에 따라 보험계약자들이 상품의 내용을 보다 정확히 알고 가입할 수 있도록 보험모집인에게 중요사항에 대한 설명의무를 부과하고 있다. 물론 보험종류 및 상품에 따라 중요한 내용이 달라지긴 하지만, 일반적으로 보험계약의 중요 사항이라 함은 보험료, 보장범위, 보험금 지급제한 사유 등 계약당사자의 권리와 의무에 관한 사항들이다.

② 청약서 부본 전달(계약자 보관용 청약서)

보험모집인은 보험계약자 보관용 청약서(청약서 부본)를 보험계약자에게 제공하여 보험계약자가 본인의 보험계약 내용에 대해 확인할 수 있도록 안내하여야 한다. 보험계약자 및 피보험자는 청약서를 통해 보험계약내용, 보험계약자·피보험자·보험수익자 등 보험계약관계자, 보험계약자의 주소, 보험계약자의 계약 전 알릴 의무에 대한 사항(고지사항), 자필서명 여부 등을 확인할 수 있다.

③ 자필서명 안내 및 확인

자필서명은 보험계약자와 피보험자의 청약 의사표시이므로 보험설계사는 반드시 보험계약자와 피보험자로부터 직접 서명을 받아야 한다. 보험모집인은 판매 과정상의 편의를 위해 보험계약자의 배우자나 가족 등 보험계약자 이외의 사람에게 자필서명을 대리하도록 해서는 안 되며, 보험계약자와 피보험자가 다를 경우 보험계약자가 피보험자를 대리하여 서명하도록 권유·유도해서도 안 된다.

이러한 사항이 지켜지지 않았을 경우, 향후 보험금 지급과 관련한 분쟁의 주요 원인이 되므로 보험모집인은 반드시 보험계약자와 피보험자가 직접 자필서명을 하도록 안내하고 확인해야 한다.

2) 부당한 보험계약 전환(승환계약) 금지

부당한 보험계약 전환(승환계약)이란, 보험모집인이 보험계약자에 대하여 이미 가입한 보험계약을 부당하게 해지시키고 새로운 보험계약을 청약하게 하거나 권유하는 행위를 말한다. 만약 고객의 진정한 필요에 의해서 보험계약을 전환하고자 하는 경우에는 반드시 비교안내확인서에 보험계약자와 피보험자의 자필서명을 받아야 한다. 아울러 고객에게 이미 가입한 보험계약과 새로운 보험계약의 장단점을 충분히 비교·설명하여 고객이 이를 근거로 합리적인 선택을 할 수 있도록 해야 한다.

3) 비윤리적 판매행위 지양

보험모집인이 고객에게 직·간접적인 피해를 입히고 보험산업의 신뢰도에 악영향을 초래하는 비윤리적이고 불건전한 영업 행위를 하지 않아야 한다.

※ 비윤리적 판매행위 사례 예시
- 판매자격이 없는 상품을 판매하는 행위
- 위탁계약을 체결한 보험회사 이외의 다른 회사 금융상품을 대리판매하고 돈이나 물품 등의 보상을 받는 행위
- 제3자로부터 고객을 소개받았을 때 소개비 또는 그에 상응하는 물품 등의 보상을 주는 행위
- 고객의 보험료를 보험설계사가 자신의 돈으로 대신 납입하는 행위
- 보험설계사가 고객과 공동으로 보험상품에 가입하고 이익의 일부를 수수료로 받는 행위
- 상담이나 재무설계에 대한 대가로 고객으로부터 직접 수수료를 받는 행위

출처: 생명보험협회 자료

---

4) 불법 · 허위 · 과장광고행위 금지

보험모집인은 보험상품에 관한 광고를 하는 경우 보험계약자가 보험상품의 내용을 오해하지 않도록 명확하고 공정하게 전달하여야 하며, 보험상품 광고는 관련 법규에 저촉되지 않는 범위 안에서 이루어져야 한다.

또한 우리나라 「정보통신망 이용촉진 및 정보보호 등에 관한 법률」은 고객의 명시적인 수신거부 의사에 반하여 영리 목적의 광고성 정보를 전송하지 않도록 규정하고 있으며 고객에게 전화, 팩스 또는 SMS, E-mail 등을 통해 영리 목적의 광고성 정보를 보낼 경우 반드시 사전에 고객의 동의를 확보하도록 규정하고 있다.

5) 회사가 승인한 자료 사용

보험모집인이 고객에게 상품을 설명하거나 권유할 경우에는 반드시 보험회사가 심사 · 승인하여 관리번호가 부여된 보험안내자료만을 사용해야 하며, 보험설계사가 그 자료의 형태나 내용을 임의로 수정 또는 변경해서 사용해서는 안 된다. 만약 본인이 직접 제작한 보험안내자료를 사용하기 위해서는 별도로 소속 보험회사의 내부 심사를 거쳐 관리번호를 부여받아야 한다.

6) 편법적 영업행위 금지

통상 대출고객에게 금융상품 가입을 강요하는 행위는 실질적으로 대출 금리를 높이게 되는 등 소비자에게 불이익이 초래될 수 있으므로 금융감독당국에서는 이를 엄격히 금지하고 있다.

최근에는 보험설계사가 개인대출을 해주고 그 대가로 보험계약을 유치하는 사례도 발생하는 등 편법적 영업이 증가하고 있으므로 부당한 영업행위에 편승하지 않도록 각별한 주의가 요구된다.

제2절. 보험회사 영업행위 윤리준칙

오늘날 생 · 손보 보험은 산업의 성장과 발전 못지않게 우리 사회에 대한 공공성과 사회적 역할 및 책임이 강조되고 있다. 이에 보험회사 등 보험업계는 사회적 책임을 실천하기 위하여 잘못된 정보제공 등으로 인한 불완전판매 및 부당 영업행위 등으로부터 보험소비자보호를 강화하고 있으며, 보험소비자의 권익을 침해하는 영업 행태를 발굴하고 이를 시정하는 등 영업 관행의 근본적인 변화를 통해 보험소비자의 권익을 제고하기 위한 개선 노력도 지속하고 있다.

이와 더불어 보험업계는 2018년 6월 '보험회사 영업행위 윤리준칙'을 제정하고 보험소비자 권익 제고를 위한 기본지침으로 활용하고 있다. '보험회사 영업행위 윤리준칙'은 보험회사 및 모집종사자가 판매 과정에서 준수해야 할 근본 원칙을 명시하고 보험소비자에 대한 정보제공 강화 등의 내용을 포함하고 있으며, 이를 통한 보험회사 및 모집종사자의 영업행위 윤리의식 확립과 보험산업의 신뢰도 제고 및 건전한 시장질서 확립에 그 목적을 두고 있다.

1. 제정 목적

보험회사 영업행위 윤리준칙은 보험회사가 모집종사자를 통해 보험상품을 판매하기 위한 영업활동을 할 때 준수할 수 있는 윤리적 지침을 제공함으로써, 보험산업의 신뢰도 제고 및 건전한 시장질서의 확립에 기여함을 목적으로 한다.

2. 보험영업 활동의 기본 원칙

① 보험회사는 보험상품을 판매하고 서비스를 제공하는 일련의 과정에서 보험소비자의 권익이 침해되는 일이 발생하지 않도록 노력하여야 한다.

② 모집종사자는 금융인으로서 사명감과 윤리의식을 가지고, 보험소비자의 권익 보호를 최우선 가치로 삼고 영업활동을 수행하여야 한다.

③ 보험회사는 모집종사자의 도입·양성·교육·관리 등에 있어서 법령을 준수하고 건전한 금융거래질서가 유지될 수 있도록 노력하여야 한다.

④ 보험회사 및 모집종사자는 부당한 모집행위나 과당 경쟁을 하여서는 아니 되며, 합리적이고 공정

한 영업풍토를 조성함으로써 모집질서를 확립하고 보험계약자의 권익보호에 최선을 다하여야 한다.

3. 보험관계 법규의 준수

① 보험회사 및 모집종사자는 보험상품 판매에 관한 보험관계 법규 등을 철저히 준수하여야 한다.
② 법령 등에서 정하고 있지 않은 사항은 사회적 규범과 시장의 일관된 원칙 등을 고려하여 선의의 판단에 따라 윤리적으로 행동하여야 한다.

4. 보험상품 판매 전·후 보험소비자와의 정보 불균형 해소

1) 신의성실의 원칙

보험회사와 모집종사자는 보험소비자의 권익 보호를 위해 보험영업 활동 시 보험소비자가 합리적인 선택을 할 수 있도록 지원해야 한다. 보험회사는 판매 과정에서 소비자 피해가 발생한 경우 신속한 구제를 위해 노력해야 하며 모집종사자는 보험소비자와의 신의성실의 원칙에 따라 보험영업활동을 수행해야 한다.

2) 적합한 상품 권유

보험회사 및 모집종사자는 보험소비자의 연령, 보험가입목적, 보험상품 가입경험 및 이해수준 등에 대한 충분한 정보를 파악하고, 보험 상품에 대한 합리적 정보를 제공하여 불완전판매가 발생하지 않도록 노력하여야 한다.

3) 부당영업행위 금지

보험회사 및 모집종사자는 보험소비자의 권익을 침해하는 부당한 영업행위를 하여서는 아니 된다.

4) 충실한 설명의무 이행

보험회사 및 모집종사자는 보험 상품을 권유할 때 보험소비자가 보험 상품의 종류 및 특징, 유의사항 등을 제대로 이해할 수 있도록 충분히 설명하여야 한다.

5) 보험계약 유지관리 강화

보험회사는 보험소비자에게 보험료 납입안내, 보험금 청구절차 안내 등 보험계약 유지관리서비스를 강화하여 보험소비자의 만족도를 제고하도록 노력하여야 한다.

5. 모집질서 개선을 통한 보험소비자 보호

1) 완전판매문화 정착

보험회사는 보험소비자 보호 강화를 위해 완전판매문화가 정착되도록 노력해야 하며, 모집종사자의 모집관리지표를 측정·관리하고, 그 결과에 따라 완전판매 교육체계를 마련해야 한다.

2) 건전한 보험시장 질서 확립

보험회사는 보험모집 조직을 부당하게 대량 이동시켜 다른 사업자의 사업 활동을 매우 어렵게 하는 등의 과도한 스카웃 행위를 자제해야 한다. 모집종사자 위촉 시에는 보험협회의 e-클린보험 서비스(http://www.e-cleanins.or.kr)를 활용하여 위촉 대상 모집종사자의 모집경력을 확인하고 위촉심사기준을 마련해야 한다. 또한, 불완전판매 등 모집종사자의 부실모집행위에 대하여 양정기준을 운영함으로써 모집종사자의 불완전판매 재발을 방지해야 하고, 보험소비자 등에게 「보험업감독규정」 제5-15조에 따른 구속성 보험계약의 체결을 요구하여서는 안 된다.

3) 모집종사자의 전문성 제고

모집종사자는 판매하는 상품에 대한 모집자격 및 충분한 지식을 갖추어야 한다. 보험회사는 보험모집인의 전문성 제고를 위한 교육프로그램을 운영하여 보험설계사가 종합적인 재무·위험전문 컨설턴트로서 보험소비자에게 최고의 서비스를 제공할 수 있도록 지원해야 하며, 보험협회에서 시행하는 우수인증설계사에 대한 우대방안을 마련하여 불완전판매가 없는 장기근속 우수설계사 양성을 도모하여야 한다.

6. 개인정보의 보호

1) 개인정보의 수집·이용

보험회사는 보험상품 판매를 위해 개인정보의 수집 및 이용이 필요할 경우 명확한 동의 절차를 밟아 그 목적에 부합하는 최소한의 정보만 수집·이용해야 한다.

2) 개인정보 보호 및 파기

보험회사는 법령에서 정하고 있는 경우, 고객의 동의가 있는 경우를 제외하고는 수집한 개인정보를 제3자에게 제공해서는 안 된다. 또한 개인정보가 외부에 유출되지 않도록 기술적·관리적 조치를 취해야 하고, 수집한 개인정보를 해당 목적 이외에는 사용해서는 안 되며, 그 목적을 달성한 이후에는 수집한 정보를 파기해야 한다.

제3절. 우수인증 설계사 제도[9]

손해보험협회와 생명보험협회는 공동으로 보험설계사들에게 자질 향상의 동기와 자긍심을 주기 위해 일정 자격을 갖춘 우수한 보험설계사에게 혜택을 부여하는 우수인증 설계사 제도(CIC, Certified Insurance Consultant)를 2008년부터 시행하고 있다. 완전판매 실현을 통한 소비자

---

9) 출처: 손해보험협회 자료, 생명보험협회 자료.

보호와 궁극적으로 보험산업의 이미지를 제고할 수 있을 것으로 기대되며, 보험회사의 불필요한 스카웃 행위 근절 등을 통한 보험회사의 경영효율 개선과 영업 현장에서의 자긍심 고취로 보험설계사 및 개인전속대리점의 수익 향상으로 이어지는 효과가 나타나고 있다.

1. 현황

우수인증 설계사로 인증받을 수 있는 대상은 보험설계사와 개인전속대리점이며, 매년 4월부터 다음해 3월까지 보험설계사의 실적을 기준으로 인증을 부여하는데 매년 5월경에 신청을 받아 6월부터 다음해 5월까지 1년간 우수인정 설계사 인증을 부여한다.

2. 선발기준

손해보험 우수인증 설계사로 선발되기 위해서는 동일회사에서 3년 이상 근속하여야 하며 고객과 보험회사에 대한 책임감과 성실성을 갖춰야 한다. 그리고 전년도의 소득과 보험계약 유지율 등을 매년 보험업계와 협의하여 정한 선발 기준을 통해 우수인증 설계사를 선발하고 있다. 또한 고객자필서명의 미이행, 약관전달 및 중요내용 설명의무 미이행, 청약서 부본 미전달로 인한 품질보증해지 건이 단 한 건도 없어야 하며, 민원해지 건과 신청일로부터 3년 이내에 보험업법 및 금융 관련 법령에 의해 처벌받은 경력이 없어야 한다.

▣ 〈우수인증 설계사 선발요건〉[10]

구 분	자격 기준
적용대상	보험설계사 및 전속 개인대리점
근속기간	동일회사에 3년 이상 재직자
보험계약유지율	매 선발 연도에 업계와 협의하여
소득·실적	기준 마련
기타	불완전판매 및 모집질서 위반 無

▣ 우수인증 효력상실 사유
① 보험설계사의 등록이 말소된 경우
② 보험대리점의 등록이 말소되거나 회사와 계약이 해지된 경우
③ 점포의 관리자가 되는 등 보험모집에 종사하지 아니하게 된 경우
④ 인증도용 및 허위신청에 대한 제재로 인증을 받지 않은 손해보험 모집자가 협회 인증을 사용

---

10) 출처: 손해보험협회 자료

하는 경우 해당 손해보험 모집자의 인증 신청을 2년간 금지한다.

3. 우수인증 설계사 혜택

우수인증 설계사에 대한 자긍심 고취와 홍보를 위해 정기적인 언론홍보(신문 등)를 통해 인지도 제고 등을 지원한다. 우수인증 설계사에 대해서는 인증 로고를 명함, 보험안내자료, 보험증권 등에 인쇄하여 보험영업에 활용할 수 있도록 인센티브를 부여한다. 손해보험협회는 관계 기관과 협력하여 일반인과 보험인을 대상으로 우수인증 설계사에 대한 홍보활동을 지속적으로 전개하여 공신력 있는 제도로 확립시켜 가고 있다.

제4장
보험모집 관련 법규

제1절. 보험업법

1. 보험업법(保險業法)의 의의

♣ 보험업에 관한 사항을 규정하기 위해 제정한 법률(전문개정 1977. 12. 31, 법률 제3043호)을 말한다. **보험업을 경영하는 자의 건전한 경영을 도모하고 보험계약자, 피보험자, 그 밖의 이해관계인의 권익을 보호함으로써 보험업의 건전한 육성과 국민경제의 균형 있는 발전에 기여함을 목적으로 제정되었다.** (보험업법 제1조, 목적)

보험산업은 일반 제조업과 달리 보험산업의 건전한 육성 이외에도 보험과 이해관계가 있는 보험계약자 등의 권익을 보장하여야 하며, 국민의 생활안정을 보장하는 공공적 기능이 있어 국가의 엄격한 감독이 요구된다. 우리나라는 보험산업의 건전한 경영을 도모하고, 보험과 관련한 이해관계자의 권익을 보호함으로써 국민경제의 균형 있는 발전에 기여하기 위하여 1962년에 '보험업법'을 제정하였다.

2. 「보험업법」과 보험모집

보험회사는 불특정다수의 보험계약자로부터 보험료를 납입 받아 보험사고가 발생하는 경우에 보험금을 지급하는 본연의 기능뿐만 아니라 사회보장제도의 보완, 국가 기간산업에 대한 투자 등 공공적 기능도 수행하고 있다. 그러므로 보험회사가 부실하게 운영되어 보험금을 제대로 지급하지 못하는 등 그 기능을 제대로 수행하지 못할 경우 보험가입자는 경제적 손실을 입게 될 것이며, 국민경제에도 악영향을 끼치게 될 것이다. 이와 같이 보험회사가 보험가입자 및 일반 공공의 이익보호라는 기본 기능을 충실히 이행하도록 국가의 엄격한 감독이 요구됨에 따라 1962년 「보험업법」이 제정되었다.

우리나라의 「보험업법」은 보험업을 경영하는 자의 건전한 경영을 도모하고, 보험계약자 · 피보험자·그 밖의 이해관계인의 권익을 보호함으로써 보험업의 건전한 육성과 국민경제의 균형 있는 발전에 기여함을 목적으로 하고 있다. 이후 사회여건 신장 및 금융환경 변화 등에 따라 여러 차례 개정 되었으며, 1977년과 2003년 전면 개정을 거쳐 현재에 이르고 있다.

「보험업법」 제2조는 보험상품을 "위험보장을 목적으로 우연한 사건 발생에 관하여 금전 및 그밖의 급여를 지급할 것을 약정하고 대가를 수수하는 계약"으로 정의하고 있으며, 보험업은 "보험상품의 취급과 관련하여 발생하는 보험의 인수, 보험료 수수 및 보험금 지급 등을 영업으로 하는 것"으로서 생명보험업·손해보험업 및 제3보험업으로 구분하고 있다.

보험감독방식의 유형으로는 공시주의에 의한 감독방식과 준거주의에 의한 감독방식, 실질적 감독주의에 의한 감독방식이 있으나 우리나라를 비롯한 대부분의 나라가 실질적 감독주의를 채택하고 있다. 다만, 각 국가별 사회경제적인 환경변화에 따라 감독방향이 달라진다.

> ※ **보험감독방식의 유형**
> ① 공시주의: 보험회사가 정기적으로 재무제표나 영업보고서 등을 공시하고, 그 이상의 통제나 그로부터 생기는 결과에 대해서는 일반 국민이 판단
> ② 준거주의: 보험사업을 허가하기 위하여 요구되는 요건을 규정해 두고 보험회사가 이 요건을 충족하면 보험사업을 허가
> ③ 실질적 감독주의: 회사의 설립·경영·해산에 이르기까지 보험사업의 전 과정을 계속적으로 감독

3. 보험업법상 보험의 종류

1) 생명보험

생명보험이란 위험보장을 목적으로 사람의 생존 또는 사망에 대해 약정한 금전 및 그 밖의 급여를 지급할 것을 약속하고 대가를 수수하는 계약을 말한다(「보험업법」 제2조 제1호 가목).

2) 손해보험

손해보험이란 위험보장을 목적으로 우연한 사건(제3보험에 따른 질병·상해 및 간병은 제외함)으로 발생하는 손해(계약상 채무불이행 또는 법령상 의무불이행으로 발생하는 손해를 포함함)에 대해 금전 및 그 밖의 급여를 지급할 것을 약속하고 대가를 수수하는 계약을 말한다(「보험업법」 제2조 제1호 나목).

3) 제3보험

제3보험이란 위험보장을 목적으로 사람의 **질병·상해** 또는 이에 따른 **간병**에 대해 금전 및 그 밖의 급여를 지급할 것을 약속하고 대가를 수수하는 계약을 한다(「보험업법」 제2조 제1호 다목).

1. 완전판매의 의의

보험은 눈에 보이지 않는 무형의 상품이며 동시에 불확실한 미래에 대한 보장을 주기능으로 하는 미래지향적 상품이다. 또 짧게는 수년에서 길게는 수십 년 효력이 지속되는 장기상품이다. 이런 보험의 특성상 보험에 있어서 완전판매는 매우 중요하다. 만약 완전 판매가 이루어지지 않을 경우 고객, 회사, 보험설계사 모두에게 치명적인 피해를 줄 수 있다. 그래서 보험 모집 시 최소한 지켜야 할 3대 기본 사항으로 「자필서명, 청약서부본 전달, 약관설명 및 전달」이 있지만, 실제 완전판매는 불완전판매를 하지 않는 것 이상으로 고객이 충분히 상품에 대하여 이해하고 가입할 수 있도록 하여야 한다.

2. 보험모집 시 3대 기본 지키기

1) 청약서 등 자필서명(보험업법 제97조 ① 7호)

① 청약서에는 보험계약자 또는 피보험자(보험대상자)가 자필서명을 해야 한다. 다만, 단체가 규약에 따라 구성원의 전부 또는 일부를 피보험자(보험대상자)로 하는 계약을 체결하는 경우에는 피보험자의 자필서명이 없어도 된다.

② 단체보험의 보험수익자를 피보험자 또는 그 상속인이 아닌 사람으로 지정할 경우에는 단체의 규약에서 명시적으로 정한 경우가 아니면 피보험자의 자필서명이 있어야 한다.

보험회사 또는 보험설계사 등 모집종사자는 보험계약 체결 시 계약자 및 피보험자로부터 청약서, 고지사항(계약 전 알릴의무), 상품설명서, 신용정보활용동의서 등에 직접 서명 날인을 받아야 한다. 자필서명은 고객의 청약의사 표시이므로 보험설계사 등 보험 모집자들은 반드시 보험계약자 또는 피보험자로부터 직접 서명을 받아야 한다. 다만 계약자 또는 피보험자가 미성년자인 자녀의 경우에는 친권자가 대신 자필서명을 하여야 한다.

2011년 1월 시행된 보험업법에서는 소비자보호를 강화하기 위하여 보험계약자로부터 청약서 등 자필서명을 받지 않은 경우에는 1천만 원 이하의 과태료를 부과하는 등 모집종사자의 각별한 주의가 요구된다.

한편, 계약자는 계약체결 시 보험가입의 청약의사를 명백히 한다는 측면에서 청약서 기재를 한 후 서명을 하게 되어 있는 바, 부실 모집의 경우는 청약서 부본을 전달하지 않을 뿐 아니라, 자필서

---

11) 출처: 손해보험협회 자료, 삼성생명보험(주) 자료

명도 임의로 하는 경우가 발생하고 이러한 이유로 분쟁이 발생하는 경우도 있어 이를 제도적으로 막기 위하여 자필서명이 되어 있지 않은 경우에는 약관 미교부와 동일하게 청약 시로부터 3개월 이내 계약을 취소할 있도록 약관은 정하고 있다.

2) 청약서 부본 전달

보험계약 청약 시 모집관련인은 당연히 **청약서 부본을 계약자에게 교부하여야 하고 청약서 원본은 회사에 접수**하여야 한다. 그러나 잘못된 보험모집 관행 등으로 이를 준수하지 않은 부실모집 건이 많이 발생함으로써 이를 근본적으로 치유하기 위하여 99.2.1시행 표준약관에서는 보험자의 청약서 부본 전달의무를 약관의 규정으로 삽입하여 청약서부본 전달이 되지 않은 경우 3개월 이내 보험계약을 취소할 수 있게 규정하고 있다.

보험회사 또는 모집종사자는 보험계약 체결 시 보험계약자가 작성한 청약서의 사본(부본)을 보험계약자에게 제공하여 본인의 계약 내용에 대해 확인할 수 있도록 안내해야 한다. 보험계약자 및 피보험자는 청약서를 통해 보험계약내용, 보험계약자, 피보험자, 보험수익자 등 보험계약관계자, 보험계약자의 주소, 보험계약자의 계약 전 알릴의무에 대한 사항(고지사항), 자필서명 여부 등을 확인할 수 있다.

보험회사 및 모집종사자는 보험계약자가 동의하는 경우에는 보험청약서 등의 자료를 광기록 매체, 전자우편 등 전자적 방법으로 교부 또는 수령할 수 있다.

3) 약관의 전달 및 중요한 내용 설명

① 보험자는 보험계약을 체결할 때에 보험계약자에게 보험약관을 교부하고 그 약관의 중요한 내용을 알려주어야 한다(「상법」 제638조의 3 제1항).

즉, 보험약관은 보험자가 일방적으로 작성하여 금융감독위원회의 인가를 받은 보험계약 조항으로서, 보험자는 보험계약을 체결할 경우 보험계약자에게 보험약관을 전달해 주고, 중요한 사항(내용)에 대하여 설명을 해주어야 한다.

② 보험자가 제1항의 규정에 위반한 때에는 보험계약자는 보험계약이 성립한 날부터 3개월 내에 그 계약을 취소할 수 있다.

보험회사 또는 모집종사자는 보험계약 체결 시 계약자에게 약관을 전달하여야 하며, 약관에 기재된 보험상품의 내용, 보상하는 손해, 보상하지 않는 손해 등 약관의 중요한 내용을 설명해야 한다. 보험약관에는 보험계약의 상세한 내용이 설명되어 있지만 분량이 많고 이해하기 어려운 보험전문 용어로 설명되어 있는 부분들이 많으므로 보험계약자들이 상품의 내용을 정확히 알고 가입할 수 있도록 보험설계사에게 중요한 내용에 관한 설명의무를 부여하고 있다. 보험종류 및 상품에 따라 중요한 내용이 달라지기는 하지만 일반적으로 보장개시일, 보험금 지급사유, 보험계약의 해지사유, 보험회사의 면책사유 등 계약당사자의 권리·의무에 대한 것이다.

약관 전달의 경우에도 청약서 부본 전달과 같이 보험계약자가 동의하는 경우에는 보험 약관을 광기록 매체, 전자우편 등 전자적 방법으로 교부 또는 수령할 수 있으며, 이 경우에도 준수사항을 이행하여야 한다.

> ※ 보험품질보증제도
> 1) 자필서명 2) 청약서 부본 전달 3) 보험약관 전달 4) 상품설명 및 상품설명서 전달이 그 내용이다.

계약자가 보험가입 시 보험약관과 청약서 부본을 전달받지 못하였거나 청약서에 자필서명 또는 날인(도장을 찍음)을 하지 않았을 경우, 약관의 중요한 내용을 설명받지 못하였을 때에는 **계약이 성립한 날로부터 3개월 이내에 회사에 보험계약의 취소를 요구**할 수 있다. 다만 전자거래기본법에 의해 컴퓨터를 이용하여 가상의 영업장(사이버몰)을 이용하여 계약을 체결한 때에는 청약서 부본을 배부하지 않을 수 있다.

3. 모집자실명제 및 상품설명제

1) 모집자실명제(보험업법 제97조 ① 8호)

보험회사 및 모집종사자는 보험계약자에게 제공하는 상품설명서, 보험계약청약서, 보험증권에 모집종사자의 소속, 성명, 연락처 등을 기재하여야 한다.

2011년 1월 시행된 보험업법에서는 다른 모집종사자의 명의를 이용하여 보험계약을 모집하는 행위 즉, 모집자실명제 위반행위에 대하여 1천만 원 이하의 과태료를 부과하도록 되어 있다.

2) 상품설명제(보험업법 제95조의 2 ①, ②)

보험회사 또는 모집종사자는 보험계약자에게 보험계약의 중요사항을 설명한 경우 상품설명서 2부에 보험계약자가 중요 사항을 이해하였음을 항목별로 확인받아야 하며, 1부는 모집종사자가 서명한 후에 보험계약자에게 교부하고 다른 1부는 보험회사가 보관하여야 한다. 다만, 전화 등 통신수단을 이용하여 보험을 모집하는 경우 제2항에 따른 표준상품설명대본을 통해 보험계약의 중요사항을 설명하고 녹취를 통해 보험계약자가 이해하였음을 확인받을 수 있다.

> ※ 보험회사 또는 모집종사자가 아래에 해당하는 보험계약 체결을 권유하는 경우에는 최초 계약 체결 시 중요 사항을 설명하면 이후 계약체결 시에도 법 제95조의 2에 따른 설명의무를 이행한 것으로 본다.
> ① 이미 가입되어 있는 보험계약과 동일한 조건으로 갱신되는 보험계약.
> ② 보험회사와 피보험자 또는 보험계약자 간에 거래의 종류, 기간, 금액 등 가입 조건을 미리 정하고 그 범위 내에서 계속적으로 체결되는 보험계약.

4. 보험료 영수증 발급(영수증의 발행자 확인 등)

1) 보험 계약 시 보험계약자가 모집인에게 보험료를 준 경우 영수증은 소속보험회사 또는 모집을 위탁한 보험회사 명의로 발급된 것을 받아야 한다(「보험업감독규정」 제4-31조 제3항 본문).

2) 보험료 영수증의 효력

> ※ (대법원 2005. 11. 10. 선고 2005다38249 판결)
> 화재보험계약의 보험료로 약속어음과 그 어음금에 대한 한 달 분의 이자를 지급하기로 합의가 된 상태에서 보험회사가 약속어음을 교부받지 않고 그 어음금에 대한 이자를 대납하고 보험료 영수증을 발행하였다면 위 어음을 받지 못하였더라도 보험책임기간이 개시되었다고 볼 수 있다.

보험회사는 보험기간이 시작되기 전에 보험료를 수납하여야 한다. 단 기초서류에 의한 보험료 분납특약 또는 감독원장이 승인한 특별약정서가 있는 경우에는 보험기간이 시작된 이후에도 보험료 수납이 가능하다. 보험료정산특별약정서는 과거 6개월간에 있어 월 평균 보험계약건수가 25건 이상이고, 월 평균 보험료가 500만 원 이상인 보험계약자에 한하여 사용할 수 있다.

5. 단계별 설명의무(보험업법 제95조의 2)

보험회사는 보험계약 체결 시부터 보험금 지급 시까지의 각 단계에서 중요 사항을 항목별로 일반보험계약자에게 이해할 수 있도록 설명해야 하는 「보험업법」상의 의무이다. 다만, 계약자가 설명을 거부하는 경우에는 설명하지 않아도 된다(「보험업법」 제95조의 2).

1) 보험계약 체결 권유단계

보험회사 또는 보험의 모집에 종사하는 자는 일반보험계약자(국가, 금융기관, 상장법인 등 전문보험계약자 제외)에게 보험계약 체결을 권유하는 경우에는 보험료, 보장범위, 보험금 지급의 제한 사유 등 보험계약의 중요 사항을 일반보험계약자가 이해할 수 있도록 설명하여야 한다.

보험회사 또는 보험의 모집에 종사하는 자는 설명한 내용을 일반보험계약자가 이해하였음을 서명, 기명날인, 녹취 등의 방법으로 확인을 받아야 한다.

- 주계약 및 특약별 보험료
- 주계약 및 특약별로 보장하는 사망, 질병, 상해 등 주요 위험 및 보험금
- 보험료 납입기간 및 보험기간
- 보험회사의 명칭, 보험상품의 종목 및 명칭
- 청약의 철회에 관한 사항
- 지급한도, 면책사항, 감액지급 사항 등 보험금 지급제한 조건
- 고지의무 위반의 효과
- 계약의 취소 및 무효에 관한 사항
- 해약환급금에 관한 사항
- 분쟁조정절차에 관한 사항 등

2) 보험계약 체결 단계

보험회사는 보험계약의 체결 시부터 보험금 지급 시까지의 주요 과정을 일반보험계약자에게 설명하여야 한다. 다만, 일반보험계약자가 설명을 거부하는 경우에는 그러하지 아니하다.

※ **보험계약 체결단계의 주요 설명사항**
- 보험의 모집에 종사하는 자의 성명, 연락처 및 소속
- 보험의 모집에 종사하는 자가 보험회사를 위하여 보험계약의 체결을 대리할 수 있는지 여부
- 보험의 모집에 종사하는 자가 보험료나 고지의무사항을 보험회사를 대신하여 수령할 수 있는지 여부
- 보험계약의 승낙절차
- 보험계약 승낙거절 시 거절 사유
- 「상법」제638조의 3 제2항에 따라 3개월 이내에 해당 보험계약을 취소할 수 있다는 사실 및 그 취소 절차방법

3) 보험금 청구 단계

보험회사는 피보험자 등이 보험금 청구 시 아래의 사항을 확인하여 보험계약자에게 설명하여야 한다.

※ **보험금 청구단계의 주요 설명사항**
- 담당 부서, 연락처 및 보험금 청구에 필요한 서류
- 보험금 심사 절차, 예상 심사기간 및 예상 지급일

4) 보험금 지급요청

보험회사는 일반보험계약자가 보험금 지급을 요청한 경우에는 보험금의 지급절차 및 지급내역 등을 설명하여야 하며, 보험금을 감액하여 지급하거나 지급하지 아니하는 경우에는 그 사유를 설명하여야 한다.

> ※ **보험금 심사·지급단계의 주요 설명사항**
> – 보험금 지급일 등 지급절차
> – 보험금 지급 내역
> – 보험금 심사 지연 시 지연 사유 및 예상 지급일
> – 보험금을 감액하여 지급하거나 지급하지 아니하는 경우에는 그 사유

제3절. 중복계약체결 확인 의무 및 통신수단 모집의 준수사항

1. 중복계약체결 확인 의무(실손의료보험 판매 시 준수사항)

보험회사 또는 보험설계사 등은 실손의료보험(실제 부담한 의료비만 지급하는 제3보험 상품)계약을 모집하기 전에 보험계약자가 되려는 자의 동의를 얻어 모집하고자 하는 보험계약과 동일한 위험을 보장하는 보험계약을 체결하고 있는지를 확인하여야 하며, 확인한 내용을 보험계약자가 되려는 자에게 즉시 알려야 한다(「보험업법」 제95조의 5).

실손의료보험은 실제 손해액(비용)만을 보장하므로 중복가입이 불필요하기 때문에 보험계약 체결 전 중복가입 여부(이미 보험계약에 가입되어 있는지 여부)를 반드시 확인해야 한다.

그러므로 실손의료보험을 모집하기 전에 보험계약자 또는 피보험자가 될 자의 동의를 얻어 실손의료보험에 이미 가입하고 있는지의 여부를 확인하여야 한다(단, 단체 보험의 경우 예외). 확인 결과 피보험자로 될 자가 다른 실손의료보험계약에 이미 가입되어 있는 경우 중복 보험에 의한 보험금 비례분담 등 보장방법에 관한 세부 사항을 보험계약자로 될 자에게 충분히 안내하고 이를 인지하였음을 서명, 기명날인, 녹취 등의 방법으로 확인받아야 한다.

> ※ **실손의료보험**
> 사람의 상해, 질병, 간병에 관한 의료비의 보상을 약속하는 보험계약이다.
> 보험가입자가 질병·상해로 입원(또는 통원) 치료 시 부담한 의료비(국민건강보험 급여 항목 중 본인 부담액 및 비급여 항목)를 보험회사가 보상하는 상품이다.

---

2. 통신수단 모집의 준수사항(보험업법 제96조)

1) 준수사항

전화, 우편, 컴퓨터 통신 등 통신수단을 이용하여 모집하는 자는 보험의 모집을 할 수 있는 자이어야 하며, 다른 사람의 평온한 생활을 침해하는 방법으로 모집하여서는 아니 된다. 또한 보험계약을 청약한 자가 청약의 내용을 확인·정정 요청을 하거나 청약을 철회하고자 하는 경우와 보험계약자가 체결한 계약의 내용을 확인하고자 하는 경우에는 통신수단을 이용할 수 있도록 하여야 한다.

그리고 통신수단을 이용하여 보험계약을 청약한 경우 청약철회, 계약내용 확인, 계약해지(사전동의 시)도 통신수단을 이용할 수 있도록 해야 한다.

2) 전화를 이용한 모집 시 자필서명 면제

전화·우편·컴퓨터통신 등 통신수단을 이용한 보험모집의 경우에도 우편이나 팩스 등을 통하여 보험계약자로부터 청약서에 자필서명을 받아야 한다. 그러나 전화를 이용한 보험모집의 경우에는 자필서명이 없어도 계약 성립을 위한 법적요건과 청약자의 계약체결 의사를 확인할 수 있는 기본요건을 충족하는 때에는 자필서명 의무를 면제하여 전화 판매의 특성을 반영하고 있다.

제4절. 보험모집 관련 준수사항(「보험업법」에서 정한 준수사항)

「보험업법」에서는 보험계약자 등의 권익을 보호하고 공정한 보험모집질서를 유지하여 보험산업의 건전한 발전을 도모하기 위해 보험설계사 등의 모집종사자가 보험모집과정에서 반드시 지켜야 할 준수사항과 금지사항 등을 규정하고 있다. 이것은 「보험업법」에서 정한 준수사항이다.

1. 보험모집인의 보험계약 체결과정에서의 금지행위

(1) 보험계약의 체결 또는 모집에 관한 금지행위(보험업법 제97조)

보험모집 및 계약 체결 시에 허위 사실을 알리거나 객관적 근거 없이 한 상품만을 유리하게 설명하여 소비자의 선택권을 제한하고 불완전판매를 하는 행위 등에 대해 보험업법은 금지하고 있다.

보험계약의 체결 또는 모집에 종사하는 자는 그 체결 또는 모집에 관하여 다음 각 호의 어느 하나에 해당하는 행위를 하여서는 아니 된다. 〈개정 2014. 1. 14., 2015. 12. 22.〉

① 보험계약자나 피보험자에게 보험상품의 내용을 사실과 다르게 알리거나 그 내용의 중요한 사항을 알리지 아니하는 행위

② 보험계약자나 피보험자에게 보험상품의 내용의 일부에 대하여 비교의 대상 및 기준을 분명하

게 밝히지 아니하거나 객관적인 근거 없이 다른 보험상품과 비교하여 그 보험상품이 우수하거나 유리하다고 알리는 행위

③ 보험계약자나 피보험자가 중요한 사항을 보험회사에 알리는 것을 방해하거나 알리지 아니할 것을 권유하는 행위

④ 보험계약자나 피보험자가 중요한 사항에 대하여 부실한 사항을 보험회사에 알릴 것을 권유하는 행위

⑤ 보험계약자 또는 피보험자로 하여금 이미 성립된 보험계약(이하 이 조에서 "기존보험계약"이라 한다)을 부당하게 소멸시킴으로써 새로운 보험계약(대통령령으로 정하는 바에 따라 기존보험계약과 보장 내용 등이 비슷한 경우만 해당한다. 이하 이 조에서 같다)을 청약하게 하거나 새로운 보험계약을 청약하게 함으로써 기존보험계약을 부당하게 소멸시키거나 그 밖에 부당하게 보험계약을 청약하게 하거나 이러한 것을 권유하는 행위

⑥ 실제 명의인이 아닌 자의 보험계약을 모집하거나 실제 명의인의 동의가 없는 보험계약을 모집하는 행위

⑦ 보험계약자 또는 피보험자의 자필서명이 필요한 경우에 보험계약자 또는 피보험자로부터 자필서명을 받지 아니하고 서명을 대신하거나 다른 사람으로 하여금 서명하게 하는 행위

⑧ 다른 모집 종사자의 명의를 이용하여 보험계약을 모집하는 행위

⑨ 보험계약자 또는 피보험자와의 금전대차의 관계를 이용하여 보험계약자 또는 피보험자로 하여금 보험계약을 청약하게 하거나 이러한 것을 요구하는 행위

⑩ 정당한 이유 없이 「장애인차별금지 및 권리구제 등에 관한 법률」 제2조에 따른 장애인의 보험 가입을 거부하는 행위

⑪ 보험계약의 청약철회 또는 계약 해지를 방해하는 행위

(2) 기존보험계약을 부당하게 소멸시키거나 소멸하게 하는 행위

보험모집자가 다음에 해당하는 행위를 한 경우 기존보험계약을 부당하게 소멸시키거나 소멸하게 하는 행위를 한 것으로 본다(규제「보험업법」제97조 제3항, 「보험업법 시행령」제43조의 2 제2항 및 제44조).

1) 기존보험계약이 소멸된 날부터 1개월 이내에 새로운 보험계약을 청약하게 하거나 새로운 보험계약을 청약하게 한 날부터 1개월 이내에 기존보험계약을 소멸하게 하는 행위. 다만, 보험계약자가 기존 보험계약 소멸 후 새로운 보험계약 체결 시 손해가 발생할 가능성이 있다는 사실을 알고 있음을 자필로 서명하는 등 다음과 같이 본인의 의사에 따른 행위임이 명백히 증명되는 경우에는 그렇지 않다.

① 서명(전자서명 포함)

② 기명날인

③ 녹취

④ 그 밖에 금융위원회가 정하는 기준을 준수하는 안전성과 신뢰성이 확보될 수 있는 수단을 활용하여 보험계약자 본인의 의사에 따른 행위임을 명백히 증명하는 방법

2) 기존보험계약이 소멸된 날부터 6개월 이내에 새로운 보험계약을 청약하게 하거나 새로운 보험계약을 청약하게 한 날부터 6개월 이내에 기존보험계약을 소멸하게 하는 경우로서 해당 보험계약자 또는 피보험자에게 기존보험계약과 새로운 보험계약의 보험기간 및 예정이자율 등 다음과 같은 중요한 사항을 비교하여 알리지 않은 행위

① 보험료, 보험기간, 보험료 납입주기 및 납입기간

② 보험가입금액 및 주요보장 내용

③ 보험금액 및 환급금액

④ 예정이자율 중 공시이율

⑤ 보험목적

⑥ 보험회사의 면책사유 및 면책사항

(3) 변액보험계약 모집 시 보험모집인의 금지행위

보험모집인은 변액보험계약을 할 때 보험계약자에게 다음의 행위를 해서는 안 된다.
「보험업감독규정」(금융위원회고시 제2020-9호, 2020. 3. 18. 발령·시행) 제4-31조의 2 제1항].

① 납입한 보험료의 원금을 보장하는 권유 행위

② 모집 시 취득한 정보를 자신 또는 제3자의 이익을 위해 이용하는 행위

③ 허위 표시 또는 중요한 사항에서 오해를 유발할 수 있는 표시 행위

④ 사실에 근거하지 않은 판단자료 또는 출처를 제시하지 않은 예측 자료를 제공하는 행위

(4) 위반 시 제재

보험업법에서는 보험모집인이 보험계약 체결과정에서 금지된 행위를 한 경우에는 2천만 원 이하의 과태료가 부과된다(규제「보험업법」제209조 제4항 제18호). → 보험업법 제97조 위반.

2. 보험모집 시 특별이익의 제공 및 제공요구 금지

보험계약의 체결 또는 모집에 종사하는 자는 그 체결 또는 모집과 관련하여 보험계약자나 피보험자에게 금품*, 기초서류에서 정한 사유에 근거하지 아니한 보험료의 할인 또는 수수료의 지급, 기초서류에서 정한 보험금액보다 많은 보험금액의 지급 약속, 보험료 대납, 보험회사로부터 받은 대출금에 대한 이자의 대납, 보험료로 받은 수표 또는 어음에 대한 이자 상당액의 대납, 「상법」제682조에 따른 제3자에 대한 청구권 대위행사의 포기 등의 특별이익을 제공하거나 제공하기로 약속하여서는 안 된다(「보험업법」제98조).

> *** 금품:** 처벌대상이 되는 금품은 보험계약 체결 시 부터 최초 1년간 납입되는 보험료의 10%와 3만원 중 적은 금액을 초과하는 금품을 말한다.

1) 특별이익의 제공 금지

보험모집인은 보험계약자에게 다음에 해당하는 특별이익을 제공하거나 제공 약속을 해서는 안 된다(규제「보험업법」 제98조 및 규제「보험업법 시행령」 제46조).

반대로 보험계약자 또는 피보험자가 특별이익을 요구하더라도 특별이익을 제공하여서는 아니 된다.

소위 리베이트라 불리는 특별이익의 제공이란 보험모집과정에서 보험계약자 또는 피보험자 등에게 불법적으로 보험료의 일부를 환급하여 주는 것으로 반드시 근절해야 하는 관행이다.

2) 보험업법상 금지되는 특별이익 – 보험업법 제98조(특별이익의 제공 금지)

① 금품(다만, 보험계약 체결 시로부터 최초 1년간 납입되는 보험료의 100분의 10과 3만 원 중 적은 금액을 넘지 않는 금품은 제외)

② 기초서류에서 정한 사유에 근거하지 않는 보험료의 할인 또는 수수료의 지급

③ 기초서류에서 정한 보험금액보다 많은 보험금액의 지급 약속

④ 보험계약자 또는 피보험자를 위한 보험료의 대납

⑤ 보험계약자 또는 피보험자가 해당 보험회사로부터 받은 대출금에 대한 이자의 대납

⑥ 보험료로 받은 수표 또는 어음에 대한 이자상당액의 대납

⑦ 제3자의 행위로 인해 손해가 발생한 후 보험금액을 지급한 보험회사가 그 지급 금액의 한도에서 취득한 대위청구권의 행사를 포기하는 행위

3) 위반 시 제재

① 보험회사가 특별이익을 제공하거나 약속한 경우 특별이익의 제공대상이 된 해당 보험계약의 연간 수입보험료 이하의 금액이 과징금으로 부과된다(규제「보험업법」 제196조 제1항 제2호).

② 보험회사가 특별이익을 제공하거나 약속한 경우의 상황에 따라 위 과징금과 3년 이하의 징역 또는 3천만 원 이하의 벌금이 함께 부과될 수 있다(규제「보험업법」 제196조 제3항 및 제202조 제2호).

③ 특별이익을 제공하거나 약속한 자뿐만 아니라 이를 요구하여 받은 보험계약자 또는 피보험자도 3년 이하의 징역 또는 3천만 원 이하의 벌금이 부과된다(「보험업법」 제202조 제2호).

3. 무자격자 모집위탁 및 경유계약 금지, 작성계약 금지

(1) 무자격자 모집위탁 금지

1) 수수료 지급 등의 금지(『보험업법』 제99조)

보험회사는 무자격자나 보험 모집을 할 수 있는 자 외의 자에게 모집을 위탁하거나 모집에 관하여 수수료·보수 그 밖의 대가를 지급하지 못한다. 다만, 다음의 경우에는 예외로 한다.

① 기초서류에서 정하는 방법에 따른 경우

② 보험회사가 대한민국 밖에서 외국보험사와 공동으로 원보험 계약을 인수하거나 대한민국 밖에서 외국의 모집조직(외국의 법령에 의하여 모집을 할 수 있도록 허용된 경우에 한한다)을 이용하여 원보험 계약 또는 재보험계약을 인수하는 경우

2) 모집에 종사하는 자는 다음의 경우를 제외하고는 타인에게 모집을 하게 하거나 그 위탁을 하거나, 모집에 관하여 수수료·보수 그 밖의 대가를 지급하지 못한다.

① 보험설계사: 같은 보험회사 등에 소속된 다른 보험설계사에 대한 경우

② 보험대리점: 같은 보험회사와 모집에 관한 위탁계약이 체결된 다른 보험대리점이나 소속 보험설계사에 대한 경우

③ 보험중개사: 다른 보험중개사나 소속 보험설계사에 대한 경우

3) 보험중개사는 보험계약 체결의 중개와는 별도로 보험계약자에게 특별히 제공한 서비스에 대하여 일정 금액으로 표시되는 보수나 그 밖의 대가를 지급할 것을 미리 보험계약자와 합의한 서면 약정서에 의하여 청구하는 경우 이외에는 보험계약 체결의 중개와 관련한 수수료나 그 밖의 대가를 보험계약자에게 청구할 수 없다.

4) 보험업법에서는 무자격 모집 행위를 한 자에게는 1년 이하의 징역 또는 1천만 원 이하의 벌금에 처하도록 되어 있으며, 경유처리 금지 위반자에게는 1천만 원 이하의 과태료를 부과하도록 되어 있다.

(2) 경유계약 금지

♣ 실제 모집설계사 ≠ 청약서상 설계사

경유계약이란 보험모집종사자 본인이 모집한 계약을 다른 사람 명의로 경유처리를 금지하는 것을 말한다. 즉, 자기가 모집한 계약을 타인이 모집한 것으로 또는 타인이 모집한 것을 자기가 모집한 것으로 처리하지 못한다. 또한, 같은 점포 소속 설계사의 명의를 이용해도 경유계약에 해당한다.

경유계약 체결 시에 200만 원 이하의 제재금을 부과한다.

(3) 작성계약 금지

작성계약이란 보험계약자의 청약이 없음에도 계약자 또는 피보험자의 명의를 가명, 도명 또는 차명으로 하여 보험모집종사자가 보험계약청약서를 임의로 작성하여 성립시키는 것을 말한다. 작성계약은 1건별 기납입보험료 전액을 제재금으로 부과한다. 단, 기납입보험료가 100만 원 미만의 보험계약의 경우 건당 100만 원을 부과한다.

4. 모집광고 관련 준수사항과 자기계약의 금지

1) 모집광고 관련 준수사항

보험회사는 또는 보험설계사 등이 보험상품에 관하여 광고를 하는 경우에는 보험계약자가 보험상품의 내용을 오해하지 아니하도록 명확하고 공정하게 전달하여야 한다.

2) 자기계약의 금지

보험대리점 또는 보험중개사는 그 주된 목적으로서 자기 또는 자기를 고용하고 있는 자를 보험계약자 또는 피보험자로 하는 보험을 모집하지 못한다. 보험대리점 또는 보험중개사가 모집한 자기 또는 자기를 고용하고 있는 자를 보험계약자 또는 피보험자로 하는 보험의 보험료 누계액이 당해 보험대리점 또는 보험중개사가 모집한 보험의 보험료의 100분의 50을 초과하게 된 경우에는 이를 자기 또는 자기를 고용하고 있는 자를 보험계약자 또는 피보험자로 하는 보험을 모집함을 그 주된 목적으로 한 것으로 본다.

5. 모집질서 확립을 위한 부당한 모집행위 등 금지사항

금융감독기관에서 건전한 보험모집질서의 확립을 위하여 보험업감독규정에서 다음과 같은 사항을 금지하고 있다.

1) 보험회사와 모집종사자는 다른 보험회사에 소속되거나 다른 보험회사로부터 모집을 위탁받은 모집종사자에게 모집을 위탁하거나 수수료·보수·그 밖의 대가를 지급하지 못하며, 모집종사자는 소속보험회사 또는 모집을 위탁한 보험회사 이외의 보험회사를 위하여 보험을 모집하지 못한다.

2) 모집종사자는 보험료를 받지 아니하고 영수증을 선발행하거나, 분납보험료의 경우 보험약관에서 정한 납입유예기간 이후에 결제되는 어음 등을 영수하지 못한다.

3) 모집종사자는 보험료를 영수한 때에는 소속보험회사 또는 모집을 위탁한 보험회사가 정한 영수증을 발급하여야 한다. 다만, 신용카드 또는 금융기관(우체국을 포함한다)을 통하여 보험료를 영수한 경우에는 영수증을 발급하지 아니할 수 있다.

4) 모집종사자는 자기가 모집한 계약을 타인이 모집한 것으로 또는 타인이 모집한 것을 자기가 모집한 것으로 처리하지 못한다.

5) 모집종사자는 보험계약자 또는 피보험자의 실지명의(금융실명거래 및 비밀보장에 관한 법률 제2조 제4호의 규정에 의한 실지명의를 말한다)가 아닌 명의로 보험계약 청약서를 임의로 작성하여 보험계약을 체결하지 못한다.

6. 「보험업법」 위반 시 제재

보험모집에 관한 「보험업법」을 위반 시에 벌칙은 다음과 같다.

위반대상	벌 칙
무자격모집을 한 자	1년 이하의 징역 또는 1천만 원 이하의 벌금(「보험업법」 제204조)
특별이익을 제공한 자 또는 이를 요구하여 수수한 보험계약자 또는 피보험자	3년 이하의 징역 또는 3천만 원 이하의 벌금(「보험업법」 제202조)
보험안내자료 관련 위반자 설명의무 위반자 모집광고 관련 준수사항 위반자 통신수단을 이용한 모집 관련 준수사항 위반자 보험계약의 체결 또는 모집에 관한 금지행위 위반자 수수료 부당지급	1천만 원 이하의 과태료(「보험업법」 제209조)

제5절. 기타 모집종사자 준수사항

보험설계사・보험대리점 또는 보험중개사는 등록을 신청할 때 제출한 서류에 적힌 사항이 변경된 경우 보험협회에 이를 신고하여야 한다(보험업법 제93조). 모집종사자가 이를 위반 시 1천만 원 이하의 과태료를 부과 받을 수 있다.

보험회사 등은 보험설계사에게 보험계약의 모집을 위탁할 때 보험모집 위탁계약서를 교부하지 아니하거나 위탁계약서상 계약사항을 이행하지 아니하는 행위 등을 하여서는 아니되며 이를 위반 시 보험업법 제85조의 3에 따라 1천만 원 이하의 과태료를 부과받을 수 있다.

memo

제3편 손해보험 총론

제1장
손해보험 이론

제1절. 손해보험의 개념

1. 손해보험의 의의

1) 손해보험의 정의

손해보험이란 보험회사가 보험사고로 생길 피보험자의 재산상의 손해를 보상하는 보험을 말한다.

즉, 피보험이익에 생긴 손해를 보상할 것을 목적으로 한다. 또한, 손해보험의 경우 피보험자가 실제 입은 만큼의 손해에 대한 보상만 받을 수 있다.

손해보험에는 '이익 없는 곳에 보험 없다'는 원칙에 따라 피보험 이익의 존재가 필요하다.

이 피보험이익의 가액, 즉 보험가액이 보험자가 질 수 있는 책임의 최대한을 이루며 이 범위 내에서 보험금액도 약정되어야 한다.

상법에서 손해보험은 화재보험, 운송보험, 해상보험, 책임보험, 자동차보험으로 구분하여 규정한다.

보험계약은 당사자의 일방인 보험계약자가 약정한 보험료를 지급하고, 상대방인 보험자는 재산 또는 생명이나 신체에 대하여 생길 우연한 사고(보험사고)로 피보험자가 입을 재산상의 손해보상을 약정함으로써 효력이 생긴다.(상법 제665조)

손해보험계약은 피보험자의 우연한 사고로 생길 손해를 보상하기 위하여 보험자와 보험계약자 사이에 맺어지는 계약이다. 따라서 사람의 생명 또는 신체에 생길 우연한 사고에 대비하는 인보험(人保險)과는 구별된다. 손해보험계약은 보험사고가 발생할 때에 지급하여야 할 금액을 계약의 성립 시에는 알 수 없는 불확정보험이라는 점에서 보험사고가 발생하면 손해의 규모와 상관없이 일정액을 지급하는 정액보험인 인보험과 다르다.

손해보험은 보험사고 발생의 객체가 주로 피보험자의 재산임에 반하여 생명보험은 피보험자의 신체라는 점이 다르다. 또한 손해보험은 우연한 사고를 보험사고로 하고 있어 사고 발생의 여부와 사고 발생 시간 그리고 사고 발생의 규모가 모두 불확정하다는 특징이 있는 데 비해 생명보험은 보험사고의 발생 시기만이 불확정하다는 점에서 다르다.

손해보험은 계약의 법적인 측면과 사회적 경제제도의 측면에서 정의할 수 있다. 계약의 법적인 측면에서는 손해보험은 당사자의 일방인 보험계약자가 약정한 보험료를 지급하고 상대방인 보험자가 우연한 사고로 인하여 생길 피보험자의 손해를 보상할 것을 약정함으로써 효력이 생기는 계약이다. 기본구성 요건에 따라 사회적 경제제도의 측면에서 손해보험을 정의하면 다음과 같다.

손해보험은 특정한 우연적 사고에 관련하는 경제상의 불안정을 제거, 경감하기 위해 다수의 경제체가 결합해서 합리적 계산에 따라 공동적인 준비를 하는 사회적인 경제제도이다.

미래에 직면할 위험에 대비하기 위한 집단적 위험대비 제도이며, 현존하는 보험형태 가운데 가장 오랜 역사를 지니는 것은 후에 해상보험으로 발전한 것이고 그 후에 나타난 화재보험, 재해보험으로 확대되었다. 재해보험은 19세기에 더욱 확대되어 새로운 산업기술의 산물을 보험대상으로 하게 되었다.

19세기 말엽과 20세기 전반기에는 의료보험 등 다양한 형태의 사회보험이 생겼다. 20세기 말에는 자동차보험 등 다양한 종류의 책임보험이 역할을 증대시켰다. 보험대상은 재산과 사람으로 양분할 수 있고, 보험으로 대치하는 사고는 재해와 의무 위반 등이다. 보험료와 보험급여의 징수 및 지불방식은 어떤 분야에서든 보험증권의 내용에 따라 다소 차이가 있다.

> ※ **손해배상과 손해보상**
> 손해배상은 채무불이행(민법 제390조) 또는 불법행위(민법 제750조) 등과 같이 위법 행위로 발생한 재산적, 정신적 손해의 보전 비용을 말하고, 손해보상은 보험계약 등과 같이 적법한 절차에 따라 손실을 보전하는 비용을 말한다.

> ※ **법률상 보험제도의 구분**
> 상법: 사고발생 대상에 따른 보험 구분에 따르면 손해보험 = 재산보험이라 할 수 있다(662조, 727조).
> 보험업법: 보험제도를 생명보험, 손해보험, 사람의 신체에 관한 보험인 제3보험 세 가지로 구분한다.

2) 손해보험의 법률적 근거(보험업법 제2조 제4항)

'손해보험업'이란 손해보험상품의 취급과 관련하여 발생하는 보험의 인수, 보험료 수수 및 보험금 지급 등을 영업으로 하는 것을 말한다.

즉, '손해보험업'이라 함은 우연한 사고(질병·상해 및 간병을 제외한다)로 인하여 발생하는 손해의 보상을 약속하고 금전을 수수하는 것(매매·고용·도급 그 밖의 계약에 의한 채무 또는 법령에 의한 의무의 이행에 관하여 발생할 채권자 그 밖의 권리자의 손해를 보상할 것을 채무자 그 밖의 의무자에게 약속하고 채무자 그 밖의 의무자로부터 그 보수를 수수하는 것을 포함한다)을 업으로 행하는 것을 말한다.

3) 손해보험의 목적

① 손해보험은 금전으로 산정할 수 있는 이익을 목적으로 한다(「상법」 제668조).

따라서 금전으로 산정할 수 없는 정신적, 감정적 이익은 손해보험의 목적이 될 수 없다.

② 또한, 손해보험의 종류 중 운송보험은 적하(積荷)[12]의 도착으로 인해 얻을 이익 또는 보수의 보험에서 계약으로 보험가액을 정하지 않은 경우에는 보험금액을 보험가액으로 한 것으로 추정한다(「상법」 제698조)고 규정하고 있어 장래의 이익도 손해보험의 목적으로 보고 있다.

4) 손해보험의 보험가액 및 손해액 산정

가) 보험가액(保險價額)

① 보험가액이란 보험사고가 발생 당시에 보험계약자가 입게 되는 실제 손해액의 한도로서 목적물을 금액으로 평가한 것을 말한다.

② 당사자 간에 계약체결 시 보험가액을 미리 정한 경우 그 가액(기평가보험의 보험가액)은 사고발생 시의 가액으로 추정된다. 그러나 그 가액이 사고발생 시의 가액을 현저하게 초과할 때에는 사고발생 시의 가액을 보험가액으로 한다(「상법」 제670조).

③ 당사자 간에 보험가액을 정하지 않은 경우 그 가액(미평가보험의 보험가액)은 사고발생 시의 가액을 보험가액으로 한다(「상법」 제671조).

나) 손해액 산정

① 손해보험은 보상할 손해액의 가액을 그 손해가 발생한 시기와 장소를 기준으로 산정한다. 그러나 당사자 간에 다른 약정이 있는 경우에는 신품 가액에 의해 손해액을 산정할 수 있다(「상법」 제676조 제1항).

② 이때 손해액의 산정 비용은 보험회사가 부담한다(「상법」 제676조 제2항).

5) 손해보험의 종류

① 「상법」은 손해보험을 화재보험, 운송보험, 해상보험, 책임보험, 자동차보험으로 구분하고 있다(「상법」 제4편 제2장 제2절부터 제6절까지).

② 「보험업감독규정」은 손해보험을 화재보험, 해상보험, 자동차보험, 보증보험, 재보험, 책임보험, 기술보험, 권리보험, 도난보험, 유리보험, 동물보험, 원자력보험, 비용보험, 날씨보험으로 구분

---

12) 적하(積荷): 차량이나 배 따위에 화물을 실음.

하고 있다『보험업감독규정』(금융위원회고시 제2020-9호, 2020. 3. 18. 발령·시행) 제1-2조의2 및 별표1].

2. 보험사고(保險事故)

1) 보험사고(保險事故)의 개념

보험사고(保險事故)는 **보험자가 보험금 및 기타 급여를 지급할 것을 약정하는 우연하게 발생하는 일정한 사고**이다. 즉, **보험자의 보상의무를 구체화시키는 사고**이다(보험 보상의 원인이 되는 사고).

보험 제도가 사고의 발생에 대비한 보상을 전제로 운영되는 것이므로 보험사고는 계약의 전제 조건이다. 따라서 보험사고가 이미 발생했거나, 반대로 발생할 수 없는 것임을 인지하고 있었을 때에는 보험계약이 무효가 된다. 보험자와 보험계약자는 계약 과정에서 보험사고의 범주를 한정하여 해당하는 경우에만 보험자가 보상할 수 있도록 하고 있다.

2) 특성

보험사고는 우연한 것이어야 한다. 이 우연성은 사고의 발생 자체가 불확정한 것임을 뜻한다. 이 불확정성은 당사자의 주관에 있어서 불확정하면 족하나 보험약관에 의하여 객관적으로 불확정하여야 한다고 규정하는 것이 보통이다. 상법은 보험계약체결 당시 당사자의 일방 또는 피보험자가 보험사고의 발생이나 불(不)발생을 안 때에는 그 계약은 무효로 하고 있다(644조). 그러나 당사자 쌍방과 피보험자가 이를 알지 못한 때에는 그러하지 아니한다(645조 단서).

3) 보험사고의 우연성

보험사고가 되기 위해서는 그 사고의 발생이 우연한 것이어야 하며, 만약 이미 발생한 사고이거나 혹은 발생할 수 없는 사고를 보험금지급의 요건으로 정한 보험계약은 보험사고의 요소 가운데 우연성이 결여된 것으로서 무효가 된다(제644조 본문). 다만 당사자 쌍방과 피보험자가 어떤 사고가 이미 발생하였거나 혹은 발생할 가능성이 없다는 것을 알지 못하고 그 사고를 보험사고로 하여 보험계약을 체결한 때에는 계약을 유효한 것으로 인정한다(동조 단서).

4) 보험사고의 특정성

보험사고는 일정한 보험의 목적에 대하여 일어나는 일정한 사고로서 보험계약에서 특정한 것만을 의미한다. 예컨대 화재보험에 붙여진 보험의 건물이 멸실되었다 하더라도 그것이 수재(水災)로 인한 것인 때에는 보험사고로 인정되지 않는다.

5) 전쟁위험 등으로 인한 면책

보험사고가 전쟁 기타의 변란으로 인하여 생긴 때에는 당사자 간에 다른 약정이 없으면 보험자는 보험금액을 지급할 책임이 없다.

3. 손해보험의 기능

1) 경제적 기능: 경제상 불안정의 제거·경감 및 생활안정

보험은 개인이나 기업이 뜻하지 않은 사고를 당하였을 때 경제적인 불안을 제거하거나 경감하여 개인의 경제활동이나 기업경영의 안정을 추구할 수 있게 한다. 이러한 면에서 보험은 보험가입자에게 심리적인 안정(peace of mind)을 제공하여 종전과 같은 수준의 합리적인 경제활동을 가능하게 한다는 점에서 사회보장적인 기능도 수행하고 있다.

① 경제 활동의 촉진: 기업 및 가계는 우연히 발생할지 모르는 사고에 대비할 수 있기 때문에 안전하게 경제 활동에 전념할 수 있어 국민 경제 발전에 기여한다.

② 화재로 인한 건물의 소실이나 각종 재해, 교통사고에 의한 사망 또는 폭풍우에 의한 선박의 침몰 등 우연한 사고에 의한 손실의 위험을 제거 또는 경감하는 기능을 수행한다.

2) 피해자의 보호기능

배상책임보험 등을 통해 배상 능력이 없는 가해자를 대신하여 피해자의 손해를 배상함으로써 피해자보호 기능을 수행한다.

배상책임위험은 나의 잘못으로 상대편 인체나 재산에 손실을 끼쳤을 경우 이를 배상해 줘야 하는 위험을 말한다. 재산위험과 배상책임위험에 대비하는 보험이 손해보험인데, 최근에는 시대 변화를 반영해 보험이 보호해 주는 위험도 다양해지고 이를 보호해 주는 여러 보험이 출시되고 있다.

3) 자금공급 및 사회자본 형성의 기능

보험사업자는 위험 인수에 대한 대가로 다수의 보험가입자로부터 보험료를 납입 받아 국가의 엄격한 감독 하에 이를 관리하고, 보험료는 사회의 큰 자본으로 투자, 활용되기 때문에 국민경제 발전에 기여한다. 또한 축적된 보험료를 주식투자 등 산업자금으로 이용하거나 일반대출에 의하여 기업 등에 자금을 공급하게 되므로 국민경제의 발전에도 크게 기여하고 있다.

4) 신용의 수단 및 보완기능

보험은 신용 수단으로서의 기능도 담당한다. 개인의 경우 담보물을 손해보험에 붙이면 채권회수 가능성이 높아지므로 융자를 쉽게 얻을 수 있는 이점이 있다. 특히 채무자의 채무이행을 담보하는 보증보험은 곧바로 보험이 신용 수단으로 이용되는 것을 보여 주는 대표적인 예이다.

또한, 주택담보대출 시에 화재보험 가입, 할부판매 보증보험을 이용한 자동차 판매 등과 같이 손해보험은 개인의 신용을 보완하여 금융거래를 촉진하는 역할을 수행한다.

5) 사회적 기능

① 소득 재분배: 의료, 연금, 실업 보험 등의 적은 보험료로 많은 혜택을 받기 때문에 빈부의 격차를 줄일 수 있다.
② 사고 예방: 보험료의 할인과 할증으로 사고의 예방 효과가 있다.
③ 상호 간에 상부상조의 정신, 소득의 재분배 효과, 건전한 사회정신을 기를 수 있다.

6) 위험분산 기능

보험자는 단독으로는 부담하기 어려운 거대한 위험이나 위험률이 높은 위험에 관하여 인수한 위험을 국가의 영역을 넘어서 그 위험을 다시 분산시킬 필요가 있다. 그리하여 재보험을 통해 국제적으로 위험을 분산시키게 되면 하나의 보험사고는 단순한 국내의 문제에 국한되는 것이 아니라 국제적으로 서로 연관을 맺게 된다.

즉, 위험의 분산은 손실의 대상이 되는 것을 한 곳에 집중시키지 않고, 여러 장소에 분산시켜 한 곳의 위험 발생으로 인한 경제적 손실의 가능성을 감소시키며, 위험의 정도와 빈도를 줄이는 것이다.

4. 손해보험의 성립요건

손해보험은 특정한 우연적 사고에 관련된 경제상의 불안정을 제거 및 경감하기 위해 다수의 경제주체가 결합해서 합리적 계산에 따라 공동적인 준비를 하는 사회적 경제제도이다

1) 사고의 우연성·불확실성: 우연적인 사고의 존재

손해보험은 우연한 사고의 발생에 대처하는 제도이므로 보험사고는 우연적이고 불확실한 것이어야 한다.

이때 우연성이란 사고발생 여부와 발생 시기, 발생 정도(규모) 등의 전부 또는 일부가 불확실함을 의미한다. 예를 들어 화재보험, 배상책임 보험 등이다.

♣ 필연적 사고는 보험이 성립할 수 없다!!!

예컨대 화재나 선박의 침몰과 같이 사고의 발생 여부가 불확정한 경우나 또는 풍수해와 같이 특정지역에 발생의 사실과 시기가 거의 확실해도 발생의 정도가 불확정한 경우를 가리킨다. 따라서 손해보험에 있어서는 일정한 우연적 사건을 필요로 한다.

2) 다수의 동질적 위험: 다수 경제단위의 집합

보험은 다수의 동질적인 위험의 결합을 필요로 한다. 즉, 위험의 발생빈도, 동일한 기간 내에 보험금 지급에 필요한 보험료 수준, 사고 시 지급될 비용 등을 통계적인 경험에 의해 산출하기 위해서는 다수의 위험의 동질성이 필요하다.

손해보험은 동질적인 위험에 노출되어 있는 다수의 경제단위, 즉 보험가입자의 집합에 의해서 형성되는 제도이다. 이 위험단체 또는 보험단체가 보험경영으로 성립되기 위해서는 다수의 구성원을 필요로 한다. 이처럼 손해보험제도에 있어 다수의 경제단위의 집합이라는 요소가 필요한 것은 동질 동형의 우연적인 다수의 사고를 관찰함으로써 특정한 사고의 발생 확률을 예측할 수 있는 소위 대수의 법칙의 적용이 필수불가결하기 때문이다.

♣ 다수의 동질적 위험이 없다면 보험이 성립하지 않는다!!!

3) 보험료·보험금의 산정: 공평한 자금의 부담

보험에 있어서 보험료나 보험금은 과거의 위험 발생을 토대로 대수의 법칙에 의하여 향후의 위험 발생 확률(probability)을 예측하여 산정한다.

손해보험은 보험가입자의 위험률에 따라 공평하게 보험료를 부과하여야 한다. 보험료는 우발적인 경제적 필요를 상호적으로 충족하기 위한 기금으로 보험가입자에 의해 분담, 지불되어지는데 이러한 분담결정은 보험가입자들이 모두 수긍할 수 있는 과학적인 산출방법에 따라야 한다. 다시

말하여 보험금지급의 합계와 보험료의 합계가 같아야 한다는 급부반대급부의 원칙과 수지상등의 원칙이 요구된다.

4) 경제상의 불안정의 제거 및 경감

손해보험이란 특정의 우연한 사고에 관련되는 경제적인 불안정을 제거 및 경감하는 것을 목적으로 하는 것이다. 여기서 경제적인 불안정이란 무엇일까? 즉 현재의 경제기구 아래에서는 그 물적 생활이 화폐의 수입과 지출에 의해 영위되고, 또 수입과 지출이 균형을 유지하는 경우에 정상적인 경제생활이라고 할 수 있다. 그러나 건물이 소실, 상병에 의한 가구주의 사망 또는 폭풍우에 의한 선박의 상실이라는 우연한 사고에 의해 재산상의 손실을 입고 그것이 원인이 되어 가득가능 수익이나 소득이 감소할 수도 있다. 또 다액의 지출이 불가피해져 필요한 생활자금을 조달할 수 없는 경제상태에 빠지게 될지 모를 가능성을 지칭하는 것으로 단순한 심리적인 동요나 불안을 의미하는 것은 아니다. 보험이란 이와 같이 우연한 사고에 관련되는 경제적인 불안에 대해서 사전 준비를 통하여 이것을 경감 및 제거하고 마치 사고를 당하지 않았던 것과 같은 경제 상태를 유지시켜 필요한 물적 자원을 확실하게 획득케 하는 것을 목적으로 하는 제도이다.

5) 사회적 경제제도

손해보험은 장래의 예측할 수 없는 큰 사고에 대비하여 비교적 저렴한 보험료로 상호 보장하는 사회적인 경제제도이다. 따라서 손해보험은 기업의 생산 활동이나 가정생활의 안정화를 도모하는 사회적 경제제도로서의 역할을 다하고 있다.

> ※ **보험 성립의 특성요건**
> 보험이 성립하기 위해서는 다음 특성이 성립해야 한다.
> ① 우연한사고: 원인과 결과 중 적어도 하나는 우연성이 있어야 한다.
> ② 위험의 이전: 보험료를 냄으로써 나의 위험을 보험사로 넘긴다.
> ③ 손실의 결합: 같은 위험을 보유한 사람들끼리 결합함으로써 확률상의 사고가 날 수밖에 없는 개인을 다룬다.
> ④ 손실보상: 재무적 보상만 해준다.

5. 손해보험의 특성(특징)

손해보험은 금전적으로 산정할 수 있는 보험 목적의 존재(피보험이익), 목적물의 산정액(보험가액), 보험 목적물을 타인에게 넘겨주는 보험 목적의 양도, 보험금 지급 시에 보험 목적에 대해 가지는 권리(보험자 대위), 보험계약자와 피보험자가 손해 발생의 방지 및 경감에 노력하여야 할 의무(손해방지의 의무)와 관련하여 크게 다섯 가지의 특징이 있다.

1) '피보험이익'(보험계약의 목적)이 존재해야 한다.

손해보험은 보험의 목적을 금전으로 산정할 수 있는 '피보험이익'이 존재해야 하며, '피보험이익'이 없는 보험계약은 무효이다.

> ▣ **피보험이익이란?:** 특정한 보험목적 사이의 경제적 이해관계
> 피보험이익이란 보험의 목적이 갖는 경제적 가치를 의미하는 것이 아니라, 보험의 목적에 대하여 어떤 사람이 갖는 경제적 이해관계를 의미하는 것으로서, 즉 보험의 목적이 소실되면 손해를 볼 수 있는 사람은 그 보험의 목적에 대하여 피보험이익이 있다고 한다. 하나의 보험의 목적에 대하여 동일한 보험사고로 손해를 볼 수 있는 사람이 여러 명이 있고, 그때 갖는 이익의 유형도 다르고, 손해의 정도도 다르다. 따라서 하나의 보험의 목적에 대해 피보험이익의 유형에 따라 각각의 보험계약을 체결할 수 있다.

2) '보험가액'이 존재해야 한다.

손해보험은 보험계약 체결 시 당사자가 협정에 의해 정하는 '보험금액' 외에 피보험이익을 금전으로 산정한 '보험가액'이 존재한다.

> ▣ **보험가액이란?:** 법률상 최고 보상 한도
> 보험가액이란 재물보험에서 피보험이익의 평가액이다. 보험계약은 사행성을 갖고 있기 때문에 보험금 사취의 도덕적 위태가 있기 마련이다. 따라서 손해보험은 실손 보상의 원칙을 두어 이러한 도덕적 위태를 예방하고 있다. 보험가액이란 피보험자에게 발생할 수 있는 손해의 최고한도액이다. 따라서 이 가액 이상으로 보상하지 않는다. 이를 '보험자 책임의 법정 한도액'이라 한다.

> ▣ **보험가입금액이란?:** 보험자가 부담하는 손해보험책임의 최고한도
> 일반적으로 계약 시에 보험금액이 결정된다.

3) '보험 목적의 양도'가 있어야 한다.

피보험자가 이미 체결한 보험계약의 대상인 목적물을 그 의사 표시에 의하여 타인에게 넘겨주는 것을 '보험 목적의 양도'라 한다. 이는 보험의 목적이 일시적으로 무보험 상태가 되는 것 등을 방지하기 위한 제도이다.

4) '보험자 대위'가 존재한다.

보험자 대위란 보험회사가 보험사고로 인하여 보험금을 지급하였을 때 보험회사가 피보험자가

보험의 목적에 대하여 소유한 권리의 전부 또는 일부를 취득하게 되거나 제3자에 대하여 갖는 권리를 취득하는 것을 말한다. 전자를 '잔존물 대위'라 하고 후자를 '청구권 대위'라 한다. 이와 같은 제도는 보험성립의 기본이 되는 '이득금지의 원칙'에 그 근간을 두고 있다.

> ▣ 보험자대위란?
> 보험자대위는 손해보험의 이득금지 원칙을 적용하여 보험자로부터 보험금을 수령한 피보험자가 다시 잔존물을 취득하거나 제3자로부터 손해배상을 받아 사고로 오히려 이득을 보는 것을 방지함으로써 도덕적 위험을 억제하기 위한 것이다. 보험자는 보험료를 통하여 위험담보의 대가를 이미 지급받았는데도 불구하고 대위권을 행사하면 보험자에게 이득이 발생하여 불합리하다는 의문을 가질 수 있다. 그러나 보험자는 보험자대위권까지 고려하여 보험료를 산정하므로 이 의문은 오해에서 비롯된 것이다.
> ① 잔존물대위: 보험회사가 피보험자가 가지는 보험의 목적에 대하여 소유한 권리의 전부 또는 일부를 취득
> ② 청구권대위: 보험회사는 피보험자가 제3자에 대하여 갖는 권리를 취득

5) '손해방지의무'가 존재한다.

보험계약자와 피보험자는 보험사고가 발생한 때에 적극적으로 손해의 방지와 경감을 위하여 노력하여야 하는데 이것을 보험계약자 등의 '손해방지의무(損害防止義務)'라 한다.

제2절. 손해보험의 역사

1. 손해보험의 역사

1) 손해보험의 기원

기원전 1750년경 바빌로니아(Babylonia)를 중심으로 이루어졌으며, 함무라비 법전에 최초의 모험대차(bottomry and respondentia)의 개념이 기록되어 있다.

해상보험의 기원은 모험대차 이후 페니키아, 로디아, 그리스, 로마 등으로 파급되었으며, 손해보험의 기원에 관하여는 여러 학설이 있으나 모험대차설(冒險貸借說)이 가장 유력하다. 모험대차(bottomry)는 금융업자가 무역업자에게 자금을 융자할 경우 이자 이외에 오늘날의 보험료에 해당하는 위험부담비용을 부과하는 대신, 사고로 인하여 원금을 상환하지 못할 경우에는 채무를 면제하는 제도이다. 이 제도는 고대의 바빌로니아, 페니키아시대부터 존재하였으며, 로마시대까지 이어오다가 보험업이 금융업으로부터 분리되면서 자취를 감추었다(출처: 두산백과).

2) 근대적 손해보험

근대적 손해보험은 14세기경 이탈리아의 제노바, 팔레르모 등의 항구 도시에서 성립된 해상보험에서 그 기원을 찾을 수 있다. 그 후 에스파냐·포르투갈을 거쳐 영국에 도입되어 1688년경에 템스 강변에서 로이드가 경영하던 커피하우스에서 번성하여, 오늘날 해상보험뿐만 아니라 재보험의 중심시장으로 이름난 로이즈시장으로 발전하였다.

한편 화재보험은 13세기경부터 유럽에서 발달한 길드가 화재 기타의 천재를 당한 자를 구제하는 사업을 벌여오다가, 1666년 런던대화재를 계기로 화재보험을 전문으로 하는 회사가 설립되어 여러 나라로 확대되었다(출처: 두산백과).

3) 산업혁명 이후 손해보험

18세기 말 영국에서 시작된 산업혁명에 의해 생산·수송 수단이 기계화되면서 기계보험·상해보험·자동차보험·항공보험 등 새로운 보험상품이 개발되었다. 제2차 세계대전이 끝난 후 과학기술의 눈부신 발달에 힘입어 원자력보험·인공위성보험·정치위험보험 등이 새로 등장하여 손해보험의 상품은 200여 종으로 늘어났다(출처: 두산백과).

2. 우리나라 손해보험의 역사

1) 도입

① 1876년: 우리나라에 서구식 손해보험이 처음으로 도입되었다.

강화도 조약을 체결한 후, 인천·부산·원산 등의 항구를 개항하여 해외 무역이 시작되어 일본·영국·독일·중국·뉴질랜드 등의 해외 열강들의 보험회사가 우리나라에 대리점을 개설하여 해상보험 판매를 시작하였다.

② 1910년: 일본에 의한 국권침탈을 당한 후, 일본 보험회사의 지점이 대거 진출했으며, 화재보험 및 자동차 보험 등을 판매하였다.

2) 발전

① 1922년: 우리나라의 독자적인 손해보험사로서 메리츠화재(舊 동양화재)가 당시 1922년 '조선화재'라는 이름으로 한상룡 등 조선 실업가들에 의해 최초 설립되었다.

② 1956년: 메리츠화재가 증시에 최초로 상장되었다.

③ 1960년대: 광복한 이후에 국민경제의 가파른 성장세와 함께 발전하며 현대적인 모습을 갖추기 시작하였다.

④ 1962년 제1차 경제개발 5개년 계획을 시작한 이후, 그 후 1996년까지 7차례의 5개년 계획을 끝냈으며, 우리나라의 경제개발 5개년 계획은 장기적인 건전한 경제성장 발전을 설정 및 추구하는 데는 한강의 기적과 함께 경제적인 기반을 구축하는 데 성공했다.

이러한 과정에서 한국의 손해보험이 체계를 갖추며 보험상품의 구색을 갖추게 된 것은 1962년 제1차 경제개발 5개년계획을 시작한 이후의 국민경제가 고도의 성장을 보인 때부터이다.

또한, 1962년 5.16 이후 국가재건최고회의에서 보험회사에 대한 감사로 손해보험사가 14개에서 10개로 정비되면서 체계를 갖추었다.

3) 손해보험협회

① 1946년 8월 1일: 손해보험협회 설립. 회원사는 조선화재, 신동아화재, 대한화재, 서울화재 등 4개의 회사이다.

② 보험업자들 사이의 업무질서 유지, 보험사업의 건전한 발전, 손해보험업계의 이익 대변을 위하여 설립되었다.

③ 설립 이후 통합과 상담소설치, 연수기관 지정 등을 거치며 발전했다.

④ 현재 회사 수 31개(2020년 3월 기준)

4) 국내 손해보험의 변화 추이

① 우리나라 손해보험사업의 총액은 1980년 이전까지 미미, 1980년대 이후로 급격히 늘어나 2014년 7월 기준 총액 42조 원 이상의 큰 규모를 보였고, 1990년대에서 2010년대에 많은 발전이 있었다.

② 초창기는 화재보험과 해상보험 위주였으나, 둘의 비중이 큰 폭으로 감소하며 다양한 종류로 나타난다.

③ 최근에는 자동차보험과 장기손해 보험의 성장세가 두드러진다.

④ 2013년 말에 장기손해보험이 전체 손해보험의 58.7%로 성장을 시작으로 지금은 절대적 비중 차지한다.

제3절. 손해보험의 수리적 원리

손해보험의 주요한 원리에는 ① 위험의 분담, ② 확률, ③ 대수(大數)의 법칙 등이 있다.

보험의 원리는 다수의 경제 주체가 하나의 위험 집단을 구성하여 각자가 갹출한 보험료에 의해 개개인의 위험을 분산(분담)시키는 경제제도이다.

또한, 보험제도가 건전하게 운영되기 위해서는 수리적인 이론으로 뒷받침하는 것이 필요한데, 보험수리 중에 확률과 대수법칙이 가장 중요한 역할을 한다. 이것은 손실을 보다 정확하게 예측하고, 예측된 손실을 바탕으로 운영되고 있는 원리이기 때문이다.

1) 위험의 분담

동일한 위험에 노출된 다수의 경제 단위가 하나의 위험 집단을 구성하여 보험료를 갹출하고, 이 보험료를 통해 구성원의 일부가 입은 손해를 보상하는 원칙이며 위험을 분담하는 것이다.

즉, 동일한 위험집단을 구성하고 있는 각각의 위험 당사자는 각자가 위험을 분담하고 있는 것이며, 어떤 공동보험의 보험회사는 각각 인수액에 상응해서 위험을 분담하고 있는 것이다.

또한, 재보험 거래를 통해서 원수보험회사와 재보험회사 사이에도 위험의 분담이 이루어지고 있는 것이 된다. 이것은 위험을 나누어 대비할 수 있는 수단이라고 할 수 있다.

2) 확률(確率, Probability)

확률은 어떤 사건이 일어날 가능성의 정도를 수치로 나타낸 것이다.

즉, 일정한 조건하에서 하나의 사건이나 사상(事象)이 일어날 수 있는 가능성의 정도 또는 그것을 나타내는 수치이다. 수학적으로는 1보다 크지 않고 음이 될 수도 없다.

확률 1은 항상 일어남을 의미하고, 확률 0은 절대로 일어나지 않음을 의미한다.

확률은 모든 경우의 수에 대한 특정 사건이 발생하는 비율이다(예를 들어 눈금이 6개인 주사위를 던졌을 때 특정수가 나올 확률은 1/6이다).

이와 같이 특정 사건이 발생할 기회를 측정하는 것이며, 상대적인 빈도(객관적 확률)와 주관적인 판단(주관적 확률)으로 구분된다. 객관적 확률은 연역적 방법(선험적 확률)과 귀납적 방법(경험적 확률)이 있다. 보험료를 산정 시에 손실이 발생할 확률이 클수록 보험료도 증가한다.

> ※연역의 논리는 추론의 타당성을 목표로 하고, 귀납의 논리는 추론의 정확함을 목표로 한다.
> ※연역법: 확실한 보편원리를 바탕으로 여기서 특수한 명제를 끌어내어 진실한 인식에 도달하는 추리방법이다.
> ※귀납법: 연역법 이외에 특수한 것으로부터 일반적인 것으로 혹은 구체적인 것에서 추상적인 것의 추론 방법이다.

① **상대적인 빈도**: 선험적 확률과 경험적 확률로 구분된다.

선험적 확률: 수리적 기초에 의하여 연역적인 방법으로 추론한 확률이다.

경험적 확률: 사고가 발생할 확률을 실제 경험이 축적된 데이터를 통하여 귀납적으로 도출한 확률이다. 모든 보험 제도는 경험적 확률을 바탕으로 운영된다.

② **주관적인 판단**: 선호되지 않으나, 특수한 경우의 보험료 산출 시에 이용한다.

즉, 상대적 빈도로 예측이 불가능할 경우, 개인의 경험 및 판단을 기초로 한다.

3) 대수(大數)의 법칙(Law of large numbers)

어떠한 사건의 발생 확률은 1회나 2회의 관찰로는 예측이 어렵지만, 관찰의 횟수를 늘리면 일정한 발생 확률이 나오고 이 확률은 대개 비슷하게 진행되는데 이를 대수(大數)의 법칙이라 한다.

주사위를 한 번 던졌을 때 어떤 눈이 나올 것인지를 정확히 예측하기는 어렵다. 그러나 던지는 횟수를 늘리다 보면 각 눈이 나오는 횟수가 점차 비슷해지게 되는데, 각각의 눈이 나오는 비율은 전체 던진 횟수의 1/6에 가깝게 된다.

■ 대수(大數)의 법칙
♣ 다수 위험의 결합.
♣ 위험 집단이 늘어날수록 그 위험의 발생 가능성을 예측할 수 있다.
즉, 개개의 경우에 사고 발생을 예측할 수 없으나, 동일한 사고를 대량적으로 관찰할 경우 일정한 우연적 사건(사고)발생에 대해 일정한 비율이 통계적으로 추출되고 예측할 수 있다는 법칙이다 (예: 주사위, 동전).

대수(大數)의 법칙은 대상의 수가 많을수록 예측과 실제 손실의 차이를 감소시키는 방법이다. 따라서 보험자는 실제 발생한 손실이 예측한 손실보다 적을 때 이익을 얻기 때문에 불확실성을 줄이기 위해 대수의 법칙을 이용한다.

♣ 확률은 단순한 평균 예측의 수치에 불과하다.
♣ 보험자의 위험은 예측한 손실과 실제 손실 사이의 불확실성이다.
♣ 보험자는 보험료 산정의 불확실성을 감소시키기 위해 대수의 법칙이 필요하다.
♣ 대수법칙을 통해 보험자는 이익을 얻을 수 있다.

제4절. 손해보험의 기본원칙

보험은 이득금지의 원칙, 실손 보상의 원칙 등을 기초로 운영되며, 보험이 성립되기 위한 기본원칙들은 다음과 같다.

1) 위험의 분담

위험에 처한 집단의 구성원 각자가 그 위험 집단에 속하는 모든 구성원의 위험을 분담하는 것이 원리이다. 많은 사람들이 힘을 합하여 손해를 분담한다고 하면, 손해 발생의 시기나 손해액의 대소에 구애됨이 없이 손쉽게 이를 대처해 갈 수 있으며, 각자가 부담하는 경제적 부담도 적게 된다. **동일한 위험에 노출된 다수의 경제 단위가 하나의 위험 집단을 구성하여 보험료를 갹출하고 이 보험료를 통해 구성원의 일부가 입은 손해를 보상하는 원칙이다.**

예를 들면, 화재 사고에 대비하여 2억 원짜리 가옥을 소유한 사람이 2억 원을 준비한다고 가정할 때, 1년에 1,000만 원씩 저축을 한다면 금리를 감안하더라도 수십 년의 기간이 소요되나, 화재보험이라면 10,000명이 1년간의 보험료로 2만 원씩 분담하더라도 한 사람의 복구비 2억 원은 당장 준비되는 것이다.

2) 수지상등의 원칙(Principle of Equivalence): 보험회사의 관점.

위험에 노출된 집단 구성원으로 부터 모인 기금과 위험집단 구성원 중 위험에 실제 처하여 입은 손해액이 일치해야 한다는 원칙이다.

즉, 수입보험료총액과 지급보험금총액이 균등하게 하는 것이다(총수입 = 총지출).

보험회사의 순보험료 총액은 지급보험금의 총액과 합치되어야 한다는 원칙으로 보험 사업의 수지 전체에 관한 원칙이다.

3) 급부, 반대급부 균등의 원칙(보험계약자 개개인의 관점)

$$\clubsuit \ \text{수식 } P = W \times Z$$

위험집단에 속해 있는 구성원 각자가 부담하는 보험료(P)는 1인당 평균 지급되는 보험금(Z)에 사고 발생 확률(W)을 곱한 값이다. 보험자와 개별보험가입자 간의 관계를 나타낸다(≠ 수지상등의 원칙). 보험회사가 대수의 법칙을 응용하여 어떤 특정한 사고가 발생할 확률을 통해 보험료를 산정한 후, 보험계약자로부터 보험료를 납부 받을 경우, 이것이 **실제로 보험사고가 발생하여 보험회사가 보험금을 지급하는데 과·부족이 없어야 한다는 원칙이다.**

4) 대수의 법칙(The law of large numbers)

동일한 사실을 오랜 기간 동안에 대량으로 관찰 시 위험률을 통계적으로 추출한다.

동질의 불확실한 위험을 가진 구성원들이 집단을 이루면 그 위험은 일정한 확률로 발생한다. 이때 집단 구성원들의 수가 많을수록 위험 발생 확률은 예상 확률에 가까워진다(예: 동전, 주사위 던지기). **개개의 경우에는 그 발생을 예측할 수 없으나, 동일한 사실을 대량적으로 관찰할 경우 일정한 우연적 사건의 발생에 대해서 일정한 비율(확률)이 통계적으로 추출되고 예측할 수 있다는 법칙을 의미한다.**

예를 들면, 동전 던지기를 여러 번 반복할 경우 앞면이 나올 확률은 1/2이 되는 것으로서 이 법칙은 개개인에게는 우연한 사고지만 동일 위험이 대량 관찰될 수 있는 위험집단이 있을 경우 과학적인 보험이 성립할 수 있다는 논리적 근거가 된다.

5) 실손보상의 원칙(Principle of Indemnity, = 이득금지의 원칙 = 손해보상의 원칙)

- 손해보험은 피해자의 행위에 고의성이 없다는 사실에서 도박과 다르다.
- 손해보험은 가입에 제한이 있다(피보험이익을 가진 피보험자만 가입 가능).

보험사고 발생 시 **보험가입금액 한도 내에서 피보험자가 실제로 입은 손해액만을 지급(보상)한다는 것이 손해보험 보상의 원칙**이며, 그 근간으로서 보험에 의한 이득을 배제한다는 이득금지의 원칙에 입각한 보상의 기본원리이다.

손해보험 보상원칙의 근간으로서 유지되는 이유는 ① 피보험자의 경제적 유지, ② 보험계약의 도박화를 방지하기 위함이다.

6) 이득금지의 원칙(손해보험 고유의 원칙)

이득금지의 원칙이란 '보험에 의하여 이득을 보아서는 아니 된다'라는 원칙이다. 즉, **보험에 가입한 사람(피보험자)은 보험사고 시 실제의 손해액 이상으로 보상받을 수 없다는 원칙**이다. 보험에 가입한 피보험자가 보험사고 발생의 결과 그 사고의 발생 직전의 경제 상태보다 더 나은 상태에 놓여진다면 보험 때문에 고의로 사고가 유발되는 사태를 빚을 수 있기 때문이다. 손해보험의 여러 제도 중에 초과보험, 중복보험에 관한 규정이나 보험자대위 등은 이득금지의 원칙에 따라 도입된 것이다.

그러나 인보험에 속하는 상해보험에 있어서는 사람의 값이라고 할 수 있는 보험가액을 판가름할 수 있는 객관적 가치를 산정할 수 없으므로 이득금지의 원칙이 적용되지 않으나 실손보상(실제치료비)의 경우에는 상해보험에서도 이를 적용하게 된다. 이 원칙은 손해보험 고유의 원칙으로 인보험에는 없다.

7) 비례보상의 원칙(Principle of Average)

손해보험계약에 있어 **보험회사는 보험가액에 대한 보험가입금액의 비율(부보비율)로 손해를 보상한다는 원칙**으로 비례적 책임주의 또는 안분의 원칙이라고도 한다.

제5절. 손해보험의 보상 원칙

손해보험에서 **보험사고가 발생하였을 때 피보험자의 실질적인 재산상의 손해를 보상한다는 원칙**을 말한다. 보험사고로 인한 실제 손해만을 보상한다는 측면에서 **'실손보상의 원칙(實損補償의 原則)'**이라고도 한다.

1) 손해보상의 방법

손해보험에서 이득금지의 원칙에 따라 재산상의 손실에 대하여 복구, 대체, 수리 등과 같은 원상회복을 위한 손해보상을 하게 된다.

2) 손해보상 원칙의 실현

① **피보험이익:**

손해보험은 피보험이익의 가액을 보상 한도로 한다. 즉 피보험이익은 보험자의 책임 범위를 결정하고, 보험의 도박화, 인위적인 위험 초래의 방지 및 초과보험, 중복보험의 판정 기준이 된다. 또한, 일부 보험의 보상액을 조정하는 기능을 갖는다.

② **보험자대위:**

보험자가 피보험자의 실제 손해액을 보상한 후에 피보험자에게 잔존물이나 제3자에 대한 권리가 남아 있는 경우에 **보험자는 피보험자의 지위에서 잔존물 또는 제3자에 대한 권리를 행사함으로써 피보험자의 이중이득을 금지하고 있다**(제681조, 제682조).

③ 타보험계약:

동일한 보험계약의 목적과 동일한 사고에 대하여 2개 이상의 계약에 체결되어 있는 경우에 그 중 일방의 보험계약에 대하여 나머지 다른 계약을 타보험계약이라고 한다. 이러한 **타보험계약이 있는 경우에 각 보험자에게 보험계약의 내용을 통지하도록 하고 있고, 각 보험자는 연대하여 비례 보상을 할 뿐 중복보상을 하지 않는다**(제672조).

3) 손해보상 원칙의 예외

① 이익보험:

보험사고로 인한 상실 이익이나 보수는 당사자 간에 다른 약정이 없으면 원칙적으로 보험자가 보상할 손해액에 산입하지 않는다(제677조).

② 신가보험:

신가보험(新價保險)은 물건보험에서 손상품의 객관적 가치와 관계없이 신품가액에 의하여 손해를 보상하는 보험을 말한다(제676조 ① 단서).

③ 전손 시 협정보험가액:

당사자 사이에 미리 보험가액을 정한 기평가보험의 경우에 협정보험가액이 실제 가액을 초과하더라도 그 차이가 현저하지 아니하면 협정보험가액으로 보상한다(제670조).

4) 보험회사의 책임

① 보험회사는 보험사고로 생길 피보험자의 재산상의 손해를 보상해야 한다(「상법」 제665조).

② 보험의 목적에 손해가 생긴 후 그 목적이 보험회사가 보상 책임을 지지 않는 보험사고의 발생으로 멸실된 경우에도 보험회사는 이미 생긴 손해를 보상해야 한다(「상법」 제675조). 예를 들면, 화재보험의 목적이 화재로 일부 훼손된 후 홍수로 전부 멸실된 경우 보험회사는 화재로 인한 손해를 보상할 책임이 있다.

5) 보험회사의 책임 면책

① 보험사고가 보험계약자 또는 피보험자나 보험수익자의 고의 또는 중대한 과실로 일어난 경우 보험회사는 보험금액을 지급하지 않아도 된다(「상법」 제659조).

② 보험사고가 전쟁, 그 밖의 변란으로 생긴 경우 당사자 간에 다른 약정이 없으면 보험회사는 보험금액을 지급하지 않아도 된다(「상법」 제660조).

③ 보험목적의 성질, 하자 또는 자연 소모로 인한 손해는 보험회사가 보상 책임을 지지 않는다.(「상법」 제678조).

제2장
손해보험의 법률관계 및 분류

제1절. 손해보험의 법률관계

1. 보험자의 손해보상의무

의의: 보험자는 보험계약자의 보험료지급의 대가로 위험보장을 한다. 즉, **보험기간 내에 보험사고가 발생한 경우 피보험자의 재산상 손해를 보상할 책임을 지는 것**이다.

(1) 손해보상책임의 발생요건
① 보험기간 중의 보험사고 발생(보험기간 중의 우연한 사고)
② 피보험자의 재산상 손해의 발생
③ 인과관계: 보험사고와 손해 사이에는 상당한 인과관계가 있어야 한다.

(2) 보험자의 면책사유
① 보험계약자 등의 고의 또는 중과실에 의한 사고(제659조)
② 전쟁 또는 기타 변란에 의한 사고(제660조)
③ 손해보험에만 적용되는 보험목적의 성질, 하자 또는 자연 소모로 인한 손해(제678조)는 보상하지 않는다.

(3) 손해의 보상

1) 손해액의 산정(제676조 ①, 제670조, 제676조 ②)
① 손해보험은 보상할 손해액의 가액을 그 손해가 발생한 시기와 장소를 기준으로 산정한다. 그러나 당사자 간에 다른 약정이 있는 경우에는 신품가액에 의해 손해액을 산정할 수 있다. (「상법」 제676조 제1항).
② 이때 손해액의 산정비용은 보험회사가 부담한다(「상법」 제676조 제2항).

2) 손해보상의 방법
보험자가 담보사고에 대하여 피보험자에게 보험금을 지급하는 것을 말한다. 손해보상은 특별한 규정은 없으나 금전으로 보상함이 원칙이나 약관에 따라 현물로 보상할 수 있다.

3) 손해보상의 범위

보험자가 책임을 지는 손해보상의 범위를 말한다. 신가보험은 신가로 보상한다.

보험금액의 한도 내에서 보험사고로 피보험자의 실제 손해액을 보상한다.

4) 손해보상의무의 이행

보험자의 손해보험금 지급의무의 소멸 시효는 3년이다(제677조).

① 이행시기:

보험사고로 인해 손해의 발생이 구체화되고 다른 약정이 없는 한 사고발생 통지를 받은 후 지체 없이 지급할 보험금을 정하고 정해진 날로부터 10일 이내에 지급한다(제658조).

② 보험료 공제:

보험자가 보험료를 지급받지 아니한 것이 있다면 그 보험료의 지급기일이 아직 도래하지 아니한 때에는 보험자는 보험금액에서 이를 공제할 수 있다(제677조).

2. 보험목적의 양도

의의: **보험계약의 목적물을 타인에게 물권적으로 이전시키는 것을 말한다.** 보험목적의 양도는 그 성질상 손해보험계약에서만 존재하고 인보험에서는 존재할 수 없다.

보험의 목적이 양도되면 보험의 목적에 설정되어 있던 보험계약상의 권리와 의무도 양수인에게 승계되는 것으로 추정한다(제679조).

(1) 보험목적의 양도요건(권리·의무 승계추정의 요건)

① 양도 당시 유효한 보험계약 관계가 존속해야 한다.

즉, 보험의 목적이 양도될 때 양도인과 보험자 사이에 유효한 보험계약이 존속하여야 한다.

② 보험의 목적이 물건이어야 한다. 물건이란 동산, 부동산, 유가증권 등

③ 보험의 목적이 물권적 양도이어야 한다.

④ 양수인의 반대 의사가 부존재(不存在)해야 한다.

(2) 양도의 효과

1) 보험계약상의 권리·의무의 이전

피보험자가 보험의 목적을 양도한 때에는 보험계약상의 권리와 의무가 양수인에게 승계되는 것으로 추정한다(제679조 ①).

타인을 위한 보험계약의 경우 양수인은 피보험자의 지위를 승계하여 보험금청구권 및 위험변경 증가의 통지의무(제652조), 위험유지의무(제653조), 사고발생의 통지의무(제657조), 손해방지의무(제680조)를 진다. 또한, 자기를 위한 보험계약의 경우 양수인은 피보험자 지위와 보험계약자의

지위를 승계하여 보험금청구권 이외에도 보험료반환청구권(제648조), 계약해지권(제649조) 및 보험료지급의무(제650조)도 진다.

2) 권리 · 의무의 승계추정과 보험계약

보험의 목적을 양도하는 경우 양수인은 보험계약상 권리와 의무를 승계한 것으로 추정한다(제679조).

단, 양수인의 뚜렷한 반대 의사가 있으면 보험계약상 권리의무는 승계되지 아니하고 효력은 상실한다.

3) 양도의 통지의무

① 피보험자가 보험의 목적을 양도하는 경우는 양도인 또는 양수인은 보험자에게 지체 없이 그 사실을 통지해야 한다(제679조 ②).

② 양도인이 보험의 목적을 양도하고 통지의무 이행 시 보험자는 피보험자의 변경으로 위험의 증감에 따라 보험료를 증액하거나 감액할 수 있고, 계약을 해지할 수 있다(제652조 ②).

③ 의무위반의 효과

보험자는 보험목적이 양도되어 위험이 현저하게 변경 · 증가한 경우에 그 사실을 안 날로부터 1개월 내에 계약을 해지할 수 있다(제652조 ①).

통지의무를 불이행했더라도 위험이 현저하게 변경 · 증가하지 않았다면, 보험자는 계약을 해지할 수 없고, 양수인은 보험금을 청구할 수 있다.

(3) 보험의 보험목적 양도 및 양도조항의 적용 여부

1) 자동차보험의 보험목적 양도

피보험자가 보험기간 중에 자동차를 양도한 때에는 양수인은 보험자의 승낙을 얻은 경우에 한하여 보험계약으로 인하여 생긴 권리와 의무를 승계한다. 이 경우에 보험자가 양수인으로부터 양수 사실을 통지받은 때에는 지체 없이 낙부를 통지하여야 하고 통지받은 날로부터 10일 내에 낙부의 통지가 없을 때에는 승낙한 것으로 본다(제726조의 4).

2) 해상보험의 보험목적 양도

해상보험에서 선박이 양도되는 경우에 보험자의 동의가 없으면 보험계약이 종료된다(703조의 2). 즉, 선박을 양도하기 전에 보험계약 승계에 대해 보험자의 동의를 안 받고 선박을 양도하면 계약이 종료된다. 선박 양도에 대한 허위계약서 작성만으로는 보험계약이 종료되지 않는다.

3) 배상책임보험에서 양도조항의 적용 여부

배상책임보험의 보험 목적은 피보험자의 전재산(全財産)이므로, 보험의 목적이 특정화 또는 개별화되지 않았다. 그러므로 배상책임보험에서는 원칙적으로 보험 목적의 양도조항이 적용되지 않는다.

4) 인보험에서의 적용 여부

인보험의 보험 목적은 피보험자의 신체나 생명이다. 피보험자의 신체나 생명은 양도의 대상이 안 되기 때문에 양도조항이 적용되지 않는다. 양도조항은 손해보험 통칙에 규정되어 있으므로 인보험에는 적용되지 아니한다.

5) 적하보험 및 운송보험의 적용 여부

적하보험이나 운송보험은 보험증권의 양도를 통하여 보험계약상의 권리와 의무가 승계되도록 하고 있다. 따라서 적하보험이나 운송보험에서는 양도조항(상법 제679조)이 적용되지 않는다.

(4) 보험금 청구권의 양도

의의: 보험금청구권의 양도는 보험계약에 의하여 생긴 피보험자의 권리만을 양도하는 것을 말한다. 보험금청구권의 양도는 피보험자와 보험금청구권자가 각각 존재한다.

1) 보험금청구권의 양도 효과

보험금청구권의 양도는 피보험자의 교체가 아니고 보험금청구 채권만의 양도이기 때문에 피보험자는 그 후에도 계속 통지의무, 손해방지의무 등의 피보험자의무를 진다.

2) 보험사고 발생 전의 양도

보험사고의 발생 전에 채권의 보전을 위하여 보험금청구권에 질권[13] 설정의 경우에 보험의 목적과 피보험이익을 분리하여 양도할 수 있는 여부는 유효하게 해석함이 타당하다.

3) 보험사고 발생 후의 양도

보험의 목적에 이미 보험사고가 발생하여 보험금청구권이 있는 경우에는 그것은 일반적인 채권에 불과하므로 일반 채권의 경우와 같이 양도, 질권 등의 처분을 할 수 있다.

3. 손해방지 · 경감의무(보험계약자 및 피보험자)

의의: 손해보험계약의 **보험계약자와 피보험자는 보험사고가 발생한 경우에 손해의 방지와 경감을 위하여 노력하여야 한다.** 이를 '**손해방지의무**'라 한다. 이는 손해보험에서만 적용되는 의무이다.

이를 위하여 필요 또는 유익한 비용과 보상액의 합계액이 보험금액을 초과한 경우라도 보험자는 이를 부담한다(제680조).

1) 손해방지 · 경감의무의 내용

① 의무이행자: 보험계약자, 피보험자. 또 이들의 대리인, 지배인, 선장 등
② 의무이행의 시기와 종기: 보험자가 담보하고 있는 보험사고가 발생한 경우를 전제한다.

---

13) 질권(質權): 채권자가 채권에 대한 담보로 받은 물건을 채무자가 돈을 갚을 때까지 간직하거나, 돈을 갚지 않을 때는 그 물건으로 우선적으로 변제받을 수 있는 권리.

책임보험은 피해자가 손해배상을 청구할 수 있는 사고가 발생한 때부터 피보험자는 본 의무를 부담한다. 즉, 손해방지·경감의무는 의무자가 보험사고의 발생 사실을 안 때부터 부담한다. 또한, 의무의 종기는 손해방지경감의 가능성이 존재하지 아니한 때이다.

③ 의무이행 범위: 보험자가 담보하고 있는 보험사고가 발생한 경우에만 생긴다.

④ 손해방지·경감행위의 종류:

손해의 발생을 방지하는 행위뿐만 아니라 발생한 손해의 확대를 방지하는 행위도 포함한다. 노력과 목적만 있으면 본 의무를 이행한 것으로 본다.

⑤ 보험자의 지시를 따를 의무:

보험자가 보험사고의 발생에 관한 통지를 받고, 손해방지에 관한 지시를 한 때에는 피보험자는 그에 따라야 할 의무가 있다.

2) 의무위반의 효과

보험계약자 또는 피보험자가 고의 또는 중대한 과실로 인하여 이 의무를 해태한 경우에는 상당한 인과관계가 있는 손해에 대하여는 보험자는 그 배상을 청구할 수 있고, 또 상계에 의하여 지급할 손해보상액으로부터 이를 공제할 수 있다고 본다.

3) 손해방지·경감비용의 부담

손해방지·경감의무를 이행 시의 비용과 보상액이 보험금액을 초과한 경우라도 보험자가 부담하고, 보험자는 보험금액의 보험가액에 대한 비율에 따라 손해방지 비용을 부담한다.

4. 보험자대위(保險者代位, subrogation)

의의: 보험사고로 인한 손해를 보상한 보험자가 보험계약자 또는 피보험자가 보험의 목적이나 제3자에 대하여 가지는 권리를 취득하는 것을 말한다.

즉, 보험자가 피보험자에게 보험금을 지급한 때에는 일정한 요건 아래 보험계약자 또는 피보험자가 가지는 권리가 보험자에게 이전하는 것으로 하고 있다.

보험목적물에 대한 권리취득을 **목적물(잔존물)대위**라 하고, 제3자에 대한 권리취득을 **청구권대위**라고 한다.

(1) 보험목적에 관한 보험자대위(목적물대위, 잔존물대위)

의의: 보험의 목적이 전부 멸실한 경우에 보험금액의 전부를 지급한 보험자는 그 목적에 대한 피보험자의 권리를 취득하는데(제681조), 이를 '보험의 목적에 관한 보험자대위' 또는 '목적물대위', '잔존물대위'라 한다.

1) 제681조(보험목적에 관한 보험대위)

보험 목적의 전부가 멸실한 경우에 보험금액의 전부를 지급한 보험자는 그 목적에 대한 피보험자의 권리를 취득한다. 그러나 보험가액의 일부를 보험에 붙인 경우에는 보험자가 취득할 권리는 보험금액의 보험가액에 대한 비율에 따라 이를 정한다.

2) 잔존물(목적물) 대위의 요건

① 보험의 목적의 전부 멸실: 보험사고로 보험 목적의 전부가 멸실되어야 한다(제681조).
② 보험금의 전부 지급: 보험자가 보험금액의 전부를 피보험자에게 지급하여야 한다(제681조).

3) 잔존물 대위의 효과

보험의 목적에 관한 모든 권리의 이전(취득)한다.

(2) 제3자에 대한 보험자대위(청구권대위)

의의: 피보험자의 손해가 제3자의 행위로 인하여 생긴 경우 보험금을 지급한 보험자는 그 지급한 금액 한도 내에서 제3자에 대한 보험계약자 또는 피보험자의 권리를 취득한다(제682조).

이를 '제3자에 대한 보험자대위' 또는 '청구권대위'라 한다.

1) 제682조(제3자에 대한 보험대위)

① 손해가 제3자의 행위로 인하여 발생한 경우에 보험금을 지급한 보험자는 그 지급한 금액의 한도에서 그 제3자에 대한 보험계약자 또는 피보험자의 권리를 취득한다. 다만, 보험자가 보상할 보험금의 일부를 지급한 경우에는 피보험자의 권리를 침해하지 아니하는 범위에서 그 권리를 행사할 수 있다.

② 보험계약자나 피보험자의 제1항에 따른 권리가 그와 생계를 같이 하는 가족에 대한 것인 경우 보험자는 그 권리를 취득하지 못한다. 다만, 손해가 그 가족의 고의로 인하여 발생한 경우에는 그러하지 아니하다.[전문개정 2014.3.11.]

2) 제3자에 대한 보험자대위의 요건

① 제3자에 의한 보험사고와 손해발생

보험사고로 인한 피보험자의 손해가 제3자의 행위로 발생한 것이어야 한다.

♣ 제3자의 행위란 보험계약의 목적(피보험이익)에 대하여 손해를 일으키는 행위로서 불법 행위뿐만 아니라 채무불이행으로 인한 손해배상의무를 부담하는 경우를 포함한다.
♣ 여기서 제3자란 피보험자에게 손해배상의무를 부담하는 자를 말한다.

② 보험자의 보험금지급

보험자는 피보험자에게 보험금을 지급하여야 한다. 또한, 보험자가 보험금의 일부를 지급하여도 그 지급한 범위 안에서 대위권을 행사할 수 있다.

③ 제3자에 대한 피보험자의 권리 존재

피보험자는 제3자에 대하여 손해배상청구권을 가지고 있어야 한다.

3) 제3자에 대한 보험자대위의 효과

제3자의 책임 있는 사유로 보험사고 발생에 보험자는 보험금액을 지급하고 보험계약자 또는 피보험자가 제3자에 대하여 가지는 권리를 당연히 취득한다(제682조).

(3) 재보험자의 보험자대위

① 상관습(신탁양도에 의한 원보험자의 대위)

원보험자가 자기명의로 대위권을 행사하고 회수한 금액을 재보험자에게 교부하는 방법이다.

② Loan form(대출서류, 대출신청서)

재보험자가 원보험자에게 보험금액에 상당하는 금전을 대여하여 주고, 원보험자가 회수한 금액을 재보험자에게 반환(해상보험의 상관습)한다.

(4) 인보험자의 보험자대위

원칙적으로 대위를 인정하지 않는다. 단, 상해보험의 경우 당사자 간에 약정이 있는 경우에 피보험자의 권리를 해하지 않는 범위 내에서 일부 인정한다(예컨대, 의료보험).

5. 손해보험계약의 변경, 소멸

손해보험계약의 계약관계는 **계속적인 법률 관계를 유지하고 계약체결 당시에 예기치 않았던 사정 변경이 발생하는 경우에 보험계약이 변경 및 소멸할 수 있다.**

♣ 보험계약의 변경사유: 특별위험의 소멸, 위험의 변경 및 증가, 당사자 파산의 경우
♣ 보험계약의 소멸사유: 보험사고 발생, 보험기간 만료, 보험계약의 실효, 보험계약의 해지, 상태 종료

1) 피보험이익의 소멸

피보험이익(보험계약의 목적)이 없으면 보험이 존재하지 않으므로, 이것이 소실되면 보험계약은 실효되어 계약 관계는 당연히 종료한다.

보험계약자, 피보험자가 선의이고 중대한 과실 없이 피보험이익이 소멸한 경우에 보험자는 보험료의 전부 또는 일부를 반환하여야 한다(제648조).

2) 보험목적의 양도

피보험자가 보험의 목적을 양도한 때에는 양수인은 보험계약상의 권리와 의무를 승계한 것으로 추정 된다(제679조 ①). 다만, 양수인이 보험의 목적은 양수하지만 보험계약상의 권리의무는 승계하지 않을 것을 확인하는 경우에 보험계약은 종료된다.

제2절. 손해보험의 분류

보험은 그 기준에 따라 여러 가지로 분류할 수 있는데 크게는 법률상의 분류와 보험제도상 분류의 기준에 따라 나누는데 내용은 다음과 같다.

1. 법률상의 분류

법률상의 분류에는 보험과 관련하여 상법(보험계약법)과 보험업법에서 다루고 있다.

보험계약은 상법상 기본적 상행위의 하나이지만, 다른 상행위와 달리 보험계약에 관하여는 자세한 규정(보험계약법)을 두고 있다.

1) 상법상의 분류

보험계약은 상법상 기본적 상행위의 하나로 규정되어 있고, 상법 제4편 '보험'을 보험계약법이라고도 하며, 여기서 보험을 크게 손해보험과 인보험으로 구분하고 있다.

① **손해보험**: 화재보험, 운송보험, 해상보험, 책임보험, 자동차보험 등 5개 종목이 있다.

② **인보험**: 생명보험, 상해보험, 질병보험의 종목으로 규정하고 있으나, 교육보험·기타 등이 있다.

2) 보험업법상의 분류

보험사업은 정부의 허가를 얻어야 영위를 할 수 있는데, 이를 규정하는 보험업법은 보험 종목을 생명보험, 손해보험, 제3보험으로 구분하고 있다.

① **생명보험**: 생명보험, 연금보험(퇴직보험) 등이 있다.

② **손해보험**: 화재보험, 해상보험(항공, 운송보험 포함), 책임보험, 자동차보험, 보증보험, 재보험 등이 있다.

③ **제3보험**: 상해보험, 질병보험, 간병보험 등이 있다.

3) 법률상(보험계약법) 손해보험의 종류

① 화재보험: 화재의 발생으로 인하여 보험의 목적에 발생한 손해를 보상하는 재산보험이다.

② 운송보험: 일정한 구간의 화물을 운송 중에 발생하는 위험을 담보하는 구간보험의 일종이다.

③ 해상보험: 해상사업에 관한 사고로 인하여 생길 손해를 보상할 것을 목적으로 하는 보험이다.

④ 책임보험: 보험기간 중에 사고로 인하여 피보험자의 법률적 배상책임에 따른 손실을 보상하는 보험이다.

⑤ 자동차보험: 자동차를 소유, 사용, 관리하는 과정에서 발생하는 손해를 보상하는 보험이다.

2. 보험제도의 특징에 의한 분류

보험은 제도의 특징에 따라 가입대상, 운영형태, 보험가입(보험료 납입) 주체, 보험기간, 보험가입금액, 위험의 분담관계, 사업자(경영) 주체, 보험목적의 차이, 위험발생의 주된 소재지에 의한 분류, 기타 등으로 나누어지는데 그 내용은 다음과 같다.

1) 가입대상에 따른 분류

보험 가입의 대상에 따라 재물(財物), 인신, 책임, 이익에 관한 보험으로 분류할 수 있다.

① 재물에 관한 보험: 건물, 선박, 화물 등 물건(재물)에 관한 보험으로 예를 들면 화재보험, 도난
보험, 기계보험, 선박보험, 적하보험 등이 있다.

② 인신에 관한 보험: 사람의 신체상 상해, 질병 치료에 관한 보험으로 상해보험, 여행자보험 등이
있다.

③ 책임에 관한 보험: 제3자에 대하여 부담하여야 하는 법률상 배상책임에 관한 보험으로 영업배상
책임보험, 가스사고배상책임보험, 근로자재해보상책임보험, 자동차보험 중
대인배상Ⅰ 등이 있다.

④ 이익에 관한 보험: 보험사고로 발생한 영업장의 가동 중지로 상실된 영업이익에 관한 보험으로
기업휴지보험이 있다.

> ※ 기업휴지보험
> 보험사고 발생으로 공장의 가동을 중지한다면 당연히 경제적 손실이 생기게 되는데, 기업휴지보
> 험은 공장에 생긴 직접손해(공장건물의 파손 등)가 아닌 간접손해(공장의 가동중단으로 인한 영업
> 손실)를 보상한다.

2) 운영형태(보험가입의 강제성 여부)에 따른 분류

① 강제보험(의무보험): 각종 법에 의해 보험가입이 의무화된 보험이다.

의무보험은 자동차책임보험(대인배상Ⅰ 및 일정 금액까지의 대물배상), 특수건물화재보험, 가스
사고배상책임보험(가스용기운송업자 제외), 유도선업자배상책임보험, 원자력보험, 체육시설업자
배상책임보험, 다중이용업소 화재배상 책임보험 등이 있다.

② 임의보험: 보험계약자의 자유의사에 따라 가입하는 보험이다.

> ▣ 보험가입을 강제하는 기준(의무보험)
> ① 불특정 다수에게 일상적으로 피해를 입힐 수 있는 사고가 빈발하는 위험이 발생하는 경우
> ② 사고가 한 번 발생하면 불특정 다수에게 치명적인 위험을 입힐 수 있는 거대 위험이 발생하는
> 경우
> ③ 사회복지보장을 위해 사회구성원의 최저 생계를 보장하기 위한 분야인 경우

3) 보험가입(보험료 납입) 주체에 의한 분류

보험료 납입을 개인이 하는가, 기업이 하는가에 따른 분류로서, 개인이 일상생활과 관련된 보험

계약을 체결한 후 보험료를 납부하는 것을 가계성 보험이라 하고, 보험료를 기업이나 단체가 부담하는 보험을 기업성 보험이라고 한다.

① 가계보험(개인부담)
– 개인의 일상생활에 따르는 위험을 담보하는 보험이다.
– 일상생활은 상해위험, 재산위험, 배상책임위험의 세 가지 형태로 구분한다.
② 기업보험(기업이나 단체부담)
– 영리성 여부를 떠나 개인이나 법인, 모든 단체의 사무활동에 따르는 위험을 담보하는 보험이다.

4) 보험기간에 따른 분류
보험의 기간과 구간에 따른 분류로서 단기, 장기, 기간, 구간, 혼합보험으로 분류한다.
① 단기보험: 보험기간이 1년 이하인 소멸성 보험이다.
② 장기보험: 보험기간이 통상 3년 이상 장기간을 보장한다. 특징으로는 위험보장과 저축기능을 가졌으며 만기 시에는 만기 환급금, 중도 해약 시에는 해약환급금을 지급한다.

♣ 예를 들면 자동차보험은 1년이므로 단기보험, 연금보험은 장기간에 걸쳐 보험료를 납입하므로 장기보험이다.

③ 기간보험: 보험기간이 언제부터 언제까지라는 시간(일시)으로 정해지며, 화재보험, 자동차보험 등이 있다.
④ 구간보험: 보험기간이 어디서부터 어디까지라는 지역(장소)으로 정해지는 보험을 말한다.
⑤ 혼합보험: 조립보험, 건설공사보험, 여행자보험 등과 같이 기간과 구간으로 혼합되어 있는 보험을 말한다.

> **※ 구간보험**
> 선박으로 물건을 운반하면서 생긴 운반물의 손해를 보상하는 적하보험이나, 기타 육상운송 중 생긴 운송물의 피해를 보상하는 운송보험은 출발 장소로부터 도착한 곳까지의 구간을 기준으로 보상을 받게 되므로 '구간보험'이라 한다.

5) 보험가입금액에 따른 분류
보험가입금액에 따라 전부보험, 일부보험, 초과보험, 중복보험으로 나눈다.
① 전부보험: 보험가입금액이 보험가액과 일치한다.
② 일부보험: 보험가입금액이 보험가액보다 적은 보험으로 보상 시 보험가액에 대한 보험가입금액의 비율에 따라 비례보상하게 된다.

③ 초과보험: 보험가입금액이 보험가액을 초과하는 보험으로 이득금지의 원칙에 따라 실손 보상을 한다.

④ 중복보험: 동일한 보험의 목적에 대하여 보험사고의 피보험이익이 동일하다.

또 어느 시점에서 보험기간을 공동으로 하는 수 개의 보험계약이 병존하는 경우를 넓은 의미의 중복보험이라 하고, 좁은 의미의 중복보험은 이러한 2개 이상의 보험가입 금액의 합계액이 보험가액을 초과한 경우를 말한다.

6) 위험의 분담관계에 따른 분류

위험의 분담관계에 따라 원보험과 재보험으로 분류한다.

① 원보험

보험회사가 보험계약자로부터 보험계약을 직접 인수하는 것을 말하며, 이때의 보험회사를 원보험회사라고 한다.

② 재보험

원보험회사가 부담하는 보험계약상 책임(위험)의 일부를 다시 다른 보험회사(재보험회사)에게 전가(부담)시키는 보험이다.

예를 들면, 항공기 사고와 같이 위험 부담이 큰 물건은 처음 위험을 인수한 원보험회사가 그 위험을 분산시키기 위해 다시 재보험회사에게 재보험을 가입하게 되는데 이 경우 사고가 발생하더라도 실제 각각의 보험사업자는 자기가 인수한 위험 부분만큼을 보상하게 되므로 계약자와 보험회사 모두가 위험에 대비할 수 있다.

7) 보험사업자(경영)주체에 의한 분류

공영보험과 민영보험으로 분류하며, 공영보험은 국민의 복지증진 및 경제발전을 위해 국가 및 자치단체에 의해 영위되는 보험사업으로 산업재해보상보험, 건강보험, 무역보험 등이 있으며, 민영보험은 영리추구를 목적으로 민간 사업자가 보험 사업을 영위(주로 주식회사의 형태)하는 것으로 자동차보험, 상해보험, 동산종합보험, 화재보험 등이 있다.

① 공영보험
- 국가, 지방자치단체, 또는 공법인이 운영하는 보험이다.
- 대다수가 강제적으로 가입해야 하는 강제보험으로 운영한다.

② 민영보험
- 개인이나 민간단체가 운영하는 보험이다.
- 주체가 임의로 가입 및 탈퇴할 수 있는 임의보험으로 운영한다.

8) 보험목적의 차이에 의한 분류
① 손해보험: 사고로 입은 재산상 손해를 보상
② 인보험: 사고발생의 대상이 사람의 생명 또는 신체인 경우.

③ 보험 목적의 차이에 의한 분류는 법률적 부분과 많은 부분에서 궤를 달리한다.

9) 위험 발생의 주된 소재지에 의한 분류

보험은 위험 발생의 주된 소재지에 따라 육상보험, 해상보험, 항공보험 등으로 구분한다.

10) 기타 분류

보험의 구분 방식은 가입자 수에 의한 분류, 목적의 수에 의한 분류 등 다양하지만 일반적으로는 앞서 제시한 기준들이 가장 대표적이다.

제3절. 손해보험과 생명보험의 차이점

1. 법률적 근거에 따른 차이점

① 생명보험 및 손해보험 겸영 금지

- 보험업법 제10조(보험업 겸영의 제한)

- 보험회사는 생명보험업과 손해보험업을 겸영(兼營)하지 못한다. 다만, 다음 각 호의 어느 하나에 해당하는 보험종목은 그러하지 아니하다.

1. 생명보험의 재보험 및 제3보험의 재보험

2. 다른 법령에 따라 겸영할 수 있는 보험종목으로서 대통령령으로 정하는 보험종목

3. 대통령령으로 정하는 기준에 따라 제3보험의 보험종목에 부가되는 보험

[전문개정 2010.7.23] [[시행일 2011.1.24.]]

- 손해보험으로부터 다수의 소액 생명보험 계약자를 보호한다.

- 리스크의 체계적 관리를 통해 잠재적 경영리스크를 최소화한다.

▣ **손해보험과 생명보험의 차이점**

구 분	생명보험	손해보험
위험 발생	안정적, 다수	비안정적, 소수
인수 위험	사람의 생존, 사망	재산상 손해
위험 크기	소형	대형(대재해 위험)
통계적 기초	정확한 경험통계치	추정을 가산한 손해율
보험기간	장기	단기

② 보험사업의 허가는 보험회사 설립의 허가가 아니다.

– 보험사업의 허가는 보험회사 설립에 대한 허가가 아닌 보험사업(영업)에 대한 허가이므로 영위하고자 하는 사업의 종류마다 허가를 받아서 보험회사를 설립하여야 한다.

③ 그 외

– '참조순보험료율 검증기간 차이', '보험설계사 · 대리점 · 중개사 등의 생 · 손보 구분', '손해보험사업에서의 책임준비금 및 비상위험 준비금 계상' 등 법률에 의해 생 · 손보가 구분된다.

2. 보험 종류(생명보험, 손해보험, 제3보험)에 따른 차이점

보험은 보장하는 내용에 따라 크게 '손해보험', '생명보험', '제3보험' 세 가지로 나눌 수 있다.

1) 손해보험

손해보험은 우연한 사건으로 발생하는 재산상의 손해를 보상해 주는 보험을 뜻한다. 간단하게 말해서 일상생활 중에 우연하게 일어난 일로 인해서 예상치 못한 손실이 발생했을 때 이를 보상해 주는 보험이다. 특이한 점은 손해보험은 실손보상을 원칙으로 하고 있다. 쉽게 말하면 실제 손해를 본 금액만 보상을 해준다. 실손보상은 이득금지의 원칙이 근본인 관계로 아무리 많은 손해보험에 중복해서 가입을 했어도 피해가 발생하면 발생한 금액만큼 보험사에서 나눠서 보상해 준다.

손해보험의 종류에는 자동차보험, 화재보험, 실손의료보험, 상해보험, 운전자보험, 배상책임보험 등등 다양하다.

2) 생명보험

생명보험은 사람의 생존 또는 사망과 관련하여 발생하는 경제적 손실을 보상해 주는 보험이다. 일반적으로 보험의 꽃이라고 불리는데, 대부분의 보장 내용이 사람의 사망과 관련되어 있다.

생명보험사에서 취급하는 상품은 크게 보장성 보험과 저축성 보험으로 나눈다. 보장성 보험은 사람의 사망과, 질병 각종 재해 등 위험보장에 중점을 둔 상품이며, 대표적으로는 종신보험이 있다. 저축성보험은 위험보장보다는 목돈을 마련하기 위한 방법으로 연금보험이 대표적이다.

3) 제3보험

제3보험은 사람의 질병, 상해 또는 간병에 관해 약속한 금액을 지급하거나 그로 인한 손해를 보상해 주는 보험이다. 내용에 따라서 생명보험과 손해보험의 보장이 겹치는 부분이 많으며 일반적으로 가입할 일이 많은 보험이기 때문에 이 부분의 차이에 대해 알고 있어야 한다.

4) 손해보험과 생명보험의 가장 큰 차이는 무엇일까?

① 생명보험과 손해보험 상품의 차이는 보험의 대상과 보상하는 방식의 차이, 설계 방식이나 주계약 구성, 상속 · 증여 활용 등에 차이가 있다.

② 손해보험과 생명보험의 가장 큰 차이는 보험의 대상과 보상하는 방식의 차이에 있다. 원래

이 둘의 보험은 크게 겹칠 일이 없어서 구분하기가 쉬웠는데, 최근에 생명보험회사와 손해보험회사 모두에서 판매가 가능한 제3보험이 활성화(출시)되면서 구분하기가 어렵게 되었다.

③ 최근 양사에서 모두 판매할 수 있는 제3보험이 등장하고, 건강 보장에 대한 니즈를 반영한 다양한 특약이 개발되면서 생명보험과 손해보험 상품 자체의 차이는 점점 줄어들고 있는 추세이다. 이렇게 비슷한 보장을 제공하는 상품이라도 개인의 상황에 따라 필요한 보장 내용은 달라질 수 있기 때문에 생명보험과 손해보험의 보장 담보 차이를 분명하게 이해한다면 더 효율적인 보험 설계가 가능하다.

▣ 보험 종류(생명보험, 손해보험)에 따른 차이점

♣ 손해보험과 생명보험의 가장 큰 차이는 보험의 대상과 보상하는 방식의 차이에 있다.

구분	손해보험	생명보험
보험 대상	재산상의 손해	사람의 생존과 사망
보상 방식	실손 보상	정액 보상
설계 방식	보장 설계 중심	자금 설계 중심
주계약 (기본계약)	상해 사망 상해후유 장해(3%~100%)	일반 사망
상속/증여	불가능	가능

▣ 보험 종류(생명보험, 손해보험, 제3보험)에 따른 차이점

♣ 손해보험과 생명보험의 가장 큰 차이는 보험의 대상과 보상하는 방식의 차이에 있다.
제3보험은 손보사와 생보사가 겸영이 가능한 보험이며 회사별로 보장에는 차이가 있다.

구분	손해보험	생명보험	제3보험
보험대상	재산상의 손해	사람의 생존 및 사망	상해, 질병, 간병
보험금 지급 방식	실손 보상 (비례 보상)	정액 보상	정액 보상 또는 실손 보상
보험 기간	일반적으로 단기	일반적으로 장기	장기 또는 단기
전업/겸업 여부	전업	전업	생·손보 겸업 가능

3. 제3보험의 담보에 따른 보장의 차이점

일반적으로 판매되는 상해나 질병에 관한 보험은 손해보험과 생명보험 두 군데에서 모두 판매가 가능하다. 따라서 제3보험에서 손해보험과 생명보험의 담보에 따라서 보장에 차이가 있다.

1) 사망에 대한 보장(보장 범위 및 가입 금액)의 차이

제3보험에서 손해보험과 생명보험의 가장 큰 차이는 사망 시 보장(보장 범위 및 가입 금액) 내용

이다. 손해보험은 오로지 질병이나 상해로 사망한 경우에만 사망 보험금을 지급한다. 자살한 경우에는 보험금을 지급하지 않는다. 또한 사망보험금의 한도도 2억 원으로 정해져 있다.

손해보험과 생명보험 보장의 담보에 있어서 '사망' 보장 범위 및 가입 금액이 다르다. 손해보험은 사망의 원인이 질병이나 상해일 경우에만 보험금이 지급되는데, 최대 2억 원으로 만기와 가입금액에 제한이 있다는 점이 다르다. 또한, 사망의 원인이 불분명한 경우에는 대부분 질병 사망으로 간주해 보험금을 지급하지만, 자살한 경우에는 지급하지 않는다.

이에 반해 생명보험은 사망 시에 원인을 따지지 않고 보험금을 지급한다. 자살의 경우에 보험가입 2년이 경과된 경우라면 사망보험금을 지급한다. 보험기간은 종신까지 설정이 가능하며, 사망보험금 가입금액의 한도가 없으며 자살에 대해서도 보상이 가능하다.

간단하게 정리해 보면 사람은 질병이나 상해로 보통 사망하기 때문에 손해보험과 생명보험의 사망 보장의 차이는 자살 정도로 볼 수 있다. 이외에는 보장의 범위는 같으며 금액 부분에서 조금 차이가 있다.

2) 질병보장 범위의 차이

① 암보장

생명보험사에서는 암 진단금을 지급할 때 종류에 따라서 암의 일부를 소액암으로 분류한다. 상대적으로 흔하거나 치료율이 높은 암은 소액암으로 분류하는데 갑상선암이 대표적이다.

이 소액암으로 분류되면 보장 비용이 상당히 낮아진다. 하지만 손해보험사에서는 비교적 적은 숫자의 암 종류만 소액암으로 분류하기 때문에 상대적으로 보장비용이 높다. 같은 갑상선 암이라고 해도 생명보험에서 보장비용이 300만 원 정도라면 손해보험은 1,000만 원 이상도 가능하다.

② 뇌혈관 질환 보장범위

뇌혈관 관련 질환에서는 손해보험사가 뇌와 관련된 전체적인 질병을 보장한다고 보면, 생명보험사는 중증에 해당하는 뇌졸중이나 뇌출혈까지만 보장을 한다. 최근에는 생명보험에서도 뇌혈관질환 전체를 보장하는 상품이 몇 가지 출시가 되었지만 아직까지 전체적인 보장 범위나 금액은 손해보험이 유리하다.

③ 심장관련 질환 보장범위

심장질환도 뇌 관련 질환과 비슷하다. 일반적으로 손해보험사가 허혈성심장질환까지의 질병을 보장한다고 하면, 생명보험사는 심장질환 중 10% 내외에 해당하는 심근경색까지만 보장한다. 이역시도 생명보험에서 최근 허혈성심장질환까지 보장하는 상품이 출시되었지만, 역시 보장금액면에서 손해보험에 비해 적다.

④ '실손의료비' 가입 금액

실손의료비의 가입 금액에도 차이가 있는데, 생명보험의 경우 상해·질병 통원의료비 외래 최대 20만 원, 처방조제비 10만 원 한도이며, 손해보험은 상해·질병 통원의료비 외래 최대 25만 원, 처방조제비 5만 원 한도로 상대적으로 비용이 높은 통원의료비를 손해보험에서 5만 원 더 높게 가입할 수 있다.

⑤ '수술비' 보장 범위 및 가입 금액

수술비의 보장 범위 및 가입 금액의 경우, 생명보험은 수술의 유형에 따라 1종~5종(1종 10만 원 / 2종 30만 원 / 3종 50만 원 / 4종 100만 원 / 5종 300만 원)으로 구분하여 차등 지급하며, 손해보험의 경우 질병 수술비 최대 30만 원, 상해 수술비 최대 50만 원 지급, 7대/21대 특정 질병 수술비 추가 가입으로 중대한 수술의 보장 강화가 가능해 경미한 수술은 손해보험이 유리하고 중대한 수술은 생명보험이 유리한 편이다.

3) 결론 정리

조금 더 간단하게 정리하면, 일반적으로 사망에 관련된 보장과 금액은 생명보험사가 유리하다. 반대로 질병과 관련된 보험을 가입할 때는 손해보험사가 절대적으로 유리하다. 따라서 보험가입 시에 보장의 필요 유무에 따라서 잘 비교해 보고 가입해야 한다.

최근에는 손해보험과 생명보험이 담보별로 보장의 차이점은 많이 좁혀져서 별반 차이가 없는 상품도 있으며, 서로의 영역이 겹치며 구분하기가 어려운 것도 있다.

▣ 보험상품의 담보에 따른 보장의 차이점

구분	손해보험	생명보험
사망	• 상해/질병으로 인한 사망 보장 • 상해사망(100세)/질병사망(80세, 2억) 제한 • 자살 보장하지 않음	• 원인 불문 사망 보장 • 보장 금액/보장 기간 제한 없음 • 자살 보장(가입 후 2년 후)
뇌혈관 질환	• 뇌졸중 진단금	• 뇌출혈 진단금
통원의료비	• 외래 한도 25만 원 • 처방조제비 한도 5만 원	• 외래 한도 20만 원 • 처방조제비 한도 10만 원
수술비	• 질병 수술 50만 원, 상해 수술 30만 원 • 특정 질병수술비 추가 보장 강화 가능 • 제왕절개 미보장	• 1종(10만 원)~5종(300만 원) • 중대한 수술일 경우 보장 금액이 높음 • 제왕절개 보장

4. 면책 사유의 차이

① 손해보험: 보험계약자나 피보험자의 고의 또는 중과실로 인한 보험사고가 발생 시에 보험자는 그 책임이 면제된다.

② 생명보험: 중과실로 인한 보험사고도 보험자의 책임이 있다.

5. 종합

손해보험은 생명보험과 그 성질이 크게 다르므로, 양 보험업의 성질을 정확히 이해하는 시각이 필요하다.

memo

제3장
손해보험계약의 이해(理解)

제1절. 손해보험계약

1. 손해보험계약의 의의

　손해보험계약은 보험계약자가 약정한 보험료를 지급하고 피보험자의 재산에 불확정한 사고가 생길 경우에 보험회사가 피보험자의 재산상 손해를 보상할 것을 약정함으로써 효력이 발생하는 계약으로 보험계약자의 청약과 보험회사의 승낙으로 성립되는 법률 행위를 말한다(제638조, 제665조).

　즉, 손해보험계약은 보험회사가 피보험자의 재산상에 손실이 발생할 시 보상하는 것으로서 이는 피보험이익에 생긴 손해를 보상할 것을 목적으로 한다.

　손해보험 계약은 피보험자의 재산에 우연한 사고로 생길 손해를 보상하기 위하여 보험자와 보험계약자 사이에 맺어지는 계약이다. 따라서 사람의 생명 또는 신체에 생길 사고에 대비하는 인보험계약과는 다르다. 손해보험은 보험사고로 인한 피보험자의 재산상의 손해보상을 책임진다는 점에서 손해보상 계약의 일종이다. 여기서 손해의 개념은 사고발생 전의 이익 상태와 사고발생 후의 이익 상태의 차이를 의미하고, 손해보상이나 손해배상은 다 같이 그 손해를 메꾸어 사고 전의 상태로 돌리려는 기능을 가지고 있다. 손해보험에는 '이익 없는 곳에 보험 없다'는 원칙에 따라 피보험이익의 존재가 필요하다. 이 피보험이익의 가액, 즉 보험가액이 보험자가 질 수 있는 책임의 최대한을 이루며 이 범위 내에서 보험금액도 약정되어야 한다.

2. 손해배상과 손해보상의 차이

1) 손해배상
① 손해배상의무는 생긴 손해의 배상 그 자체를 본질적 내용으로 하는 의무이다.
② 손해배상액은 그의 행위와 상당 인과관계가 있는 모든 손해이다.
③ 손해배상은 채무불이행(민법 제390조) 또는 불법행위(민법 제750조) 등과 같이 위법 행위로

발생한 재산적, 정신적 손해를 보전하는 비용을 말한다.

2) 손해보상

① 보험자의 손해보상의무는 보험제도의 본질적 목적인 위험부담의 실현 방법으로서 하는 보험계약에 의한 금전지급의무이다.

② 보험자의 손해보상액은 보험금액의 한도에서 피보험자가 보험사고로 입은 재산상의 손해뿐이다.

③ 손해보상은 보험계약 등과 같이 적법한 절차에 따라 손실을 보전하는 비용을 말한다.

3. 인보험계약과 손해보험계약의 차이

1) 인보험계약

① 인보험계약은 피보험자가 보험사고의 손해 발생을 요소로 하지 않고, 원칙적으로 정액보험이다.

② 인보험계약 중 사람의 생사는 보험사고의 발생 자체에는 우연성이 없고, 발생시기에만 우연성이 있다.

2) 손해보험계약

① 손해보험계약은 반드시 피보험자가 보험사고로 인한 손해의 발생을 요소로 하며, 부정액보험이다.

② 손해보험계약에서는 보험사고 발생의 그 자체에 우연성이 있다.

4. 손해보험계약과 생명보험계약의 비교 및 설명

1) 손해보험계약(損害保險契約)

① 보험회사는 피보험자가 소정의 우연한 사고로 말미암아 생길 수 있는 재산상의 손해를 보상할 것을 약속하고 보험계약자가 그 대가로 보험료를 지급할 것을 약속하는 계약이다.

② 손해보험은 불확정보험으로써 보험사고로 인한 재산상의 손해뿐만 아니라, 수익손해·비용손해 및 책임손해를 보상하는 보험도 포함된다.

즉, 물건 그 밖의 재산적 손실을 보상하는 점에서 일정한 금액을 지급하는 정액보험(定額保險)인 생명보험과 다르다.

보험가액(시가)과 보험금액(보험자가 보상하는 한도)이 일치하면 전부보험(full insurance)이 되나, 보험금액이 많으면 초과보험(over insurance)이 되어 초과분은 무효가 되며, 보험금액이 적으면 일부보험(under insurance)이 되어 보험에 붙인 비례만큼만 손해를 보상받게 된다.

③ 손해보험에는 피보험자의 재산상에 손실이 발생할 시에 생긴 손해를 보상할 것을 목적으로 하는 피보험이익이 존재하며, 이는 '보험의 목적(目的)'에 해당한다.

손해보험에 있어서 피보험자는 보험자로부터 손해를 전보(塡補)[14]받을 수 있는 자를 말하며, 생명보험계약에 있어서의 보험수익자에 해당한다.

④ 손해보험에서 재산상의 손해를 보상받을 자를 피보험자(被保險者)라고 하는데, 보험계약자와 같을 때는 자기를 위한 계약이 되나 다른 때에는 타인을 위한 보험이 된다.

⑤ 보험계약자나 피보험자는 보험사고가 발생하면 손해를 최소한으로 줄이기 위하여 힘써야 하며(손해방지 · 경감의무), 보험사고 사실을 보험자에게 통지하여야 한다(통지의무). 손해를 보상받았을 때에는 그 손해가 제3자의 행위에 의하여 발생하였을 경우 손해배상금의 청구권을 보험자에게 넘겨야 한다(보험자 대위).

2) 생명보험계약(生命保險契約)

① 보험자가 피보험자(被保險者)의 생사(生死)에 관하여 일정한 금액(보험금액)을 지급할 것을 약정하고, 보험계약자는 이에 대하여 보험료(保險料)를 지급할 것을 목적으로 하는 인보험계약(人保險契約)을 말한다(상법 제730조).

② 생명보험은 사고의 발생 대상이 사람의 생명이나 신체인 경우의 보험이며, 정액보험(定額保險)이다.

생명보험계약(生命保險契約)은 손해보험계약(損害保險契約)과는 달리 재산적 손해의 보상을 목적으로 하지 않으므로, 보험사고가 발생하면 일정한 금액이 지급된다(정액보험〈定額保險〉).

③ 생명보험은 손해보험의 경우와는 달리 보험금액 이외에 보험가액의 관념이 없으며, 따라서 초과보험(超過保險) · 중복보험(重複保險) · 일부보험(一部保險) 등의 문제도 발생하지 않는다.

따라서 보험가액(保險價額)의 평가기준(評價基準)이 되는 피보험이익(被保險利益)의 개념이 인정되지 않는다. 생명보험의 보험수익자는 보험사고가 발생할 시에 보험금액을 지급받을 자를 말하며, 손해보험에서 있어서 피보험자에 해당한다.

④ 생명보험의 피보험자는 보험사고 발생의 대상인데, 피보험자는 보험계약자와 동일인(同一人)인 경우(자기를 위한 생명보험)도 있고, 제3자를 피보험자로 하는 경우(타인을 위한 생명보험)도 있다. 또 피보험자는 보험수익자와 동일인일 수도 있으나 다른 자인 경우도 있다.

⑤ 생명보험에는 보험사고가 발생할 시에 통지의무는 있으나, 손해보험의 보험 목적인 피보험이익이 존재하지 않는다. 또한, 손해방지 · 경감의무와 보험자 대위(保險者代位, subrogation) 등이 없다.

5. 손해보험과 생명보험의 차이점

1) 생명보험

생명보험은 사람의 생존과 사망에 대한 보험이다.

---

14) 전보(塡補): 부족한 것을 메워서 채운다.

즉, 다치거나 상해위험, 질병에 걸릴 위험, 사망할 위험, 그리고 오래 사는 위험에 대비해 가입한다. 이러한 상품들은 모두 정액보험이다. 정액보험은 보험사고가 발생할 때 받을 수 있는 보험금이 정해져 있다는 의미이다.

2) 손해보험

손해보험은 사고로 인한 손해를 보상하기 위해 가입한다.

즉, 자동차는 물론 건물 등의 부동산과 휴대폰 등의 물품과 같은 재물에 대한 손해를 보상하기 위해 가입한다. 손해보험은 생명보험과 달리 실제 손해를 본 금액을 보상한다. 이를 '실손보상'이라고 한다. 이에 얼마나 손해를 본 것인지를 파악하기 위해 손해사정사가 손해사정을 한다.

▣ 생명보험 vs 손해보험 차이

생명보험	차이	손해보험
생존 또는 사망에 대한 위험	보험사고	재산 및 재물의 손해
가능	중복보상	비례보상으로 원칙적 불가능
정액보상	보상방법	실손보상
보험사고의 대상자	피보험자	손해 보상을 받을 권리자
장기	보험기간	단기

♣ 최근에는 제3보험의 영역이 커져 생명보험과 손해보험의 영역 구분이 모호해졌다.
생명보험사도 실손 보상을 하는 실손의료보험을 판매하고 있으며, 손해보험사도 사람의 생존에 대한 보상을 하는 암보험, 치매보험 등을 취급한다.

♣ 생명보험사에 남아 있는 고유 영역은 투자형 상품인 변액보험, 사망할 때까지 평생 수령하는 조건의 연금보험, 사망할 때 보험금을 받는 종신보험 등을 판매하고 있다.
또한, 손해보험사도 고유 영역이 있다. 사람 이외에 재산 및 재물에 대한 피해를 보상하는 부분은 생명보험사가 넘볼 수 없다.

3) 제3보험이란?

제3보험은 생명보험의 영역과 손해보험의 영역이 겹치고 중복되어서 판매하는 보험이다. 즉, 생보험회사와 손해보험회사가 모두 취급 가능한 보험상품이 제3보험이다. 제3보험의 대표적인 보험상품은 상해·질병·간병보험인데, 실손의료보험, 암보험, 치매보험, 건강보험, 치아보험 등이 있다.

제3보험의 경우 생명보험사나 손해보험사가 취급하는 상품에 대한 차이는 거의 없다. 다만 각 보험사마다 판매하는 상품의 보장내용이나 보장금액, 보험료 등이 조금씩 차이가 날 뿐이다.

제2절. 손해보험계약의 특이한 조항(條項)

1. 피보험이익(보험계약의 목적)

♣ '특정한 보험목적 사이의 경제적 이해관계'이다.

손해보험계약은 손해에 대한 보상을 목적으로 하는데, 손해의 전제로서 피보험자는 보험의 목적에 어떠한 이익이 존재하여야 하고, 손해의 발생에 기초가 되는 특정 이익을 피보험이익이라 한다.

즉, 보험목적의 소유자는 피보험이익을 가지며, 보험의 목적에 대해 피보험자가 가지는 경제적 이익을 말한다. 예를 들면, 집의 화재에 대한 보험이라면, 그 집주인이 피보험이익을 가진 주체가 되는 것이다.

또한, **피보험이익(보험계약의 목적)은 손해보험에서 우연한 사고로 보험의 목적에 재산상의 손해를 전제로 존재하는 것**이며, 생명보험에서는 피보험이익의 관념을 인정할 수 없다는 것이 일반적이다.

손해보험계약은 원칙적으로 피보험이익의 존재 여부와 범위에 따라 보상책임이 정하여진다.

상법에서는 피보험이익을 **'보험계약의 목적'**으로 표현하고 있으며, 보험가액의 평가액을 말한다.

피보험이익은 '보험사고 발생 여부에 대하여 가지는 경제상의 이해관계(이익)'이다.

보험자의 보상책임 최고한도는 피보험이익의 가액을 한도로 한다. 즉, 피보험자는 피보험이익을 초과하여 보상을 받을 수 없고, 보험자는 피보험이익 한도 내에서 보상책임을 지게 된다.

(1) 피보험이익의 성립요건

1) 경제적 이익:

피보험이익은 금전적으로 산정할 수 있는 것이어야 한다(제668조).

객관적 가치 평가가 가능하여야 한다는 의미이다. 즉, 손해가 발생하면 보험금이 얼마나 될지 정확한 산정이 필요하다는 것이다.

2) 적법한 이익:

피보험이익은 법의 보호를 받을 수 있는 이익이어야 한다.

선량한 풍속이나 그 밖의 사회 질서에 위반하는 계약은 무효이다(민법 제103조). 또한, 동일한 물건 이어도 법적 하자가 있어서는 안 된다(장물/밀수품 금지).

3) 확정적 이익:

보험사고가 발생 시까지 보험목적이 확정되어야 한다.

피보험이익은 보험계약의 체결 당시에 그 존재 및 소속이 확정되어 있거나 또는 적어도 사고발생 시까지 확정할 수 있는 것이어야 한다.

예를 들면, 유명 화가의 화실에 대한 보험이라면 다 그린 그림, 진행 중인 그림, 빈 캔버스 등의 대상을 사고 전까지 확정하여야 한다(물건 자체가 확정되어야 손해액 평가 가능하다).

(2) 피보험이익의 효용(효과)

1) 보험자의 책임 범위의 결정

손해보험은 피보험이익에 대하여 생긴 손해를 보상할 것을 목적으로 하므로 보험자의 급여 책임의 한도는 이 피보험이익의 가액을 표준으로 하여 결정된다.

2) 보험의 도박화, 인위적 위험의 방지

보험계약은 사행성을 띠고 있으므로 피보험이익이 없으면 도박과 다를 것이 없게 되는데 피보험이익의 존재가 이것을 방지해 주고 있다. 그러므로 피보험자는 피보험이익의 평가액을 한도로 보상받게 되므로 보험금을 타내기 위해 인위적으로 사고를 유발시키는 일이 없게 된다.

3) 초과보험, 중복보험의 판정기준

보험금이 피보험이익의 가액을 초과하는 경우에는 불로소득을 목적으로 악용될 염려가 있다. 따라서 초과보험이나 중복보험을 원칙적으로 인정하지 않고 특별한 규제를 하고 있는데 이것을 판정하는 기준이 되는 것은 바로 피보험이익의 가액이다.

4) 일부보험의 보상액의 결정

보험가액의 일부를 보험에 부친 경우는 보험자는 보험금액의 보험가액에 대한 비율에 따라 보상할 책임을 진다(상법 제674조). 따라서 보험금액이 보험가액에 미달하는 이른바 일부보험에서 손해가 피보험이익의 일부에 대해서만 발생한 때에는 피보험이익의 가액을 기준으로 보상액이 결정된다.

5) 보험계약의 동일성 인식표준

보험계약의 동일성을 인식하는 표준은 보험에 붙여지는 재산 자체가 아니라 그 피보험이익이다.

따라서 동일인 또는 다수인은 동일한 보험의 목적에 관하여 수 개의 피보험이익을 가질 수 있으므로 그에 따라 각각 다른 수개의 보험계약을 체결할 수 있다.

(3) 피보험이익의 평가

1) 미평가보험:

제671조(미평가보험) 당사자 간에 보험가액을 정하지 아니한 때에는 사고발생 시의 가액을 보험가액으로 한다.

2) 기평가보험:

제670조(기평가보험) 당사자 간에 보험가액을 정한 때에는 그 가액은 사고발생 시의 가액으로 정한 것으로 추정한다. 그러나 그 가액이 사고발생 시의 가액을 현저하게 초과할 때에는 사고발생 시의 가액을 보험가액으로 한다.

3) 보험가액 불변경주의:

보험기간이 짧고 손해발생의 시간과 장소를 결정하기 어려운 운송보험, 해상보험 등에 있어서는 평가가 용이한 시점의 가액을 표준으로 하여 이를 전 보험기간을 통하는 보험가액으로 하는데, 이를 보험가액 불변경주의라고 한다.

운송보험-가액과 운임 기타비용, 선박보험-선박가액, 적하보험-적하의 가액과 선적 및 보험에 관한 비용, 희망이익보험-보험금액을 보험가액으로 한 것이다.

(4) 피보험이익의 소멸

손해보험에서 피보험이익이 없으면 보험은 존재하지 아니하므로 계약 당시에 존재하게 될 것으로 예정한 피보험이익이 존재하지 않게 된 경우, 화재보험의 가옥이 홍수로 멸실한 경우, 운송보험의 운송의 중지의 경우와 같이 피보험이익이 소멸하면 보험계약은 종료한다.

2. 보험가액 vs. 보험금액(보험가입금액)

(1) 보험가액: 법률상 최고 보상 한도

1) 의의

피보험이익을 금전으로 평가한 가액을 말한다. 이는 보험자가 보상하게 되는 **법률상의 최고한도액을** 의미한다. 또한, 손해보험에서 **보험가액의 개념이 존재하는 것이 손해보험만의 특징**이다.

2) 보험가액의 평가

① **기평가보험:** 보험가액을 사고 이전에 미리 평가한 것을 말한다.

당사자 간에 보험가액을 정한 보험이다.

즉, 보험계약을 체결함에 있어서 당사자 사이에 미리 피보험이익의 가액에 대하여 합의가 이루어진 보험을 말한다. 손해보험의 원칙은 보험자가 보상할 손해액은 그 손해가 발생한 때와 곳의 가액에 의하여 산정하여야 한다(제676조). 하지만 보험의 목적물이 수시로 장소적 이동이 있는 경우 보험목적물의 가액 또는 손해액을 평가하기 곤란한 경우가 있기 때문에 기평가제도가 이용된다.

기평가보험은 신속한 보상이 가능하여 주로 선박/운송/적하보험에서 활용되지만, 미리 정한 가액이 실제 사고 발생 시의 가액을 현저히 초과한다면 사고 발생 시의 가액을 보험가액으로 변경한다.

보험가액의 평가는 '재취득가액(새로 조달해야 하는 금액)'으로 한다.

재취득가액은 건물 시설같이 고정적인 '계속사용재(건축/제조단가액+감가상각)'와 매장 물건처럼 수시로 바뀌는 '교환재(조달가액)'로 나누어 평가된다.

② **미평가보험:** 보험가액을 사고가 나면 그때 평가하는 것을 말한다.

당사자 간에 보험가액을 정하지 아니한 보험이다. 보험가액은 사고 발생 시의 가액이다.

즉, 보험계약의 체결 당시 당사자 사이에 피보험이익의 가액에 대하여 아무런 평가를 하지 아니한 보험을 말한다. 피보험자의 실손해를 보상하는 데 그 취지가 있다.

(2) 보험금액(보험가입금액)과 보험가액의 관계

의의: 손해보험에서 **보험금액은 보험자 급여의무의 최고한도액이다.** 즉, 보험자가 보상하여야 하는 계약상의 최고한도액으로 보험가입금액(손해보험 책임의 최고한도)을 말하고, **보험가액은 피보험이익의 가액, 즉, 보험이익을 금전으로 평가한 법률상의 최고한도액을 말한다.**

♣ 보험금액과 보험가액은 일치할 수도 있지만 그렇지 않은 경우도 있다.

1) 전부보험: 보험가액 = 보험가입금액(보험금액)

보험금액과 보험가액이 일치하는 보험이다.

2) 초과보험: 보험가액 〈 보험가입금액(보험금액)

① 보험금액이 보험계약 목적의 보험가액을 현저하게 초과하는 보험을 말한다(제669조 ①).

즉, 당사자가 임의로 정한 보험금액이 피보험이익의 가액(보험가액)을 넘는 보험이다.

보험계약 체결 당시에 당사자에 의하여 보험금액을 보험가액 이상으로 정하여진 때에 발생하거나, 전부보험이 보험기간 중에 물가의 하락으로 보험가액이 현저하게 감소된 때에도 발생할 수 있다.

아무리 보험가입금액을 높게 잡아도, 사고가 나면 실제 손해액만큼만 보장하기 때문에 고객이 초과보험을 들면 손해이다.

> ♣ **성립요건:**
> 현저한 초과. 보험가액의 산정 시기는 계약 당시에 정한다. 보험계약자에게 사기가 없어야 한다.

② 보험가액은 계약 당시의 가액에 의해 정해진다(「상법」 제669조 제2항).

③ 초과보험의 경우 보험회사 또는 보험계약자는 보험료와 보험금액의 감액을 청구할 수 있다. 그러나 보험료의 감액은 장래에 대해서만 그 효력이 있다(「상법」 제669조 제1항 후단).

④ 보험가액이 보험기간 중 현저하게 감소한 경우에도 보험회사 또는 보험계약자는 보험료와 보험금액의 감액을 청구할 수 있다(「상법」 제669조 제3항).

3) 일부보험: 보험가액 〉 보험가입금액(보험금액)

보험금액이 보험가액에 미달하는 경우, 즉 보험가액의 일부를 보험에 붙인 물건보험을 말한다. 보험금액이 보험가액보다 적어야 한다. 목적물에 대한 일부가 아니라 보험가입금액의 일부이다. 보험자는 보험금액의 보험가액에 대한 비율에 따라 보상할 책임을 진다.

즉, 보험가액의 일부에만 보험을 든 경우 보험금액의 보험가액에 대한 비율에 따라 보상을 받게 된다.

그러나 당사자 간에 다른 약정이 있는 경우에는 보험금액의 한도 내에서 보상을 받는다(「상법」

제674조).

4) 중복보험: 보험가액 〈 보험가입금액의 합

동일한 보험계약의 목적과 동일한 사고에 관하여 수 개의 보험계약이 수인의 보험자와 동시 또는 순차로 체결된 경우에 그 보험금액의 총액이 보험가액을 초과한 경우를 말한다(「상법」 제672조 제1항 전단).

즉, 단순히 하나의 보험회사가 아니라, 여러 보험회사 상품의 보험가입금액을 합한 값이 초과보험이 되는 경우를 말한다. 중복보험 상태가 되면 자신이 계약한 보험회사의 상품별 보험가입금액에 따라 다른 비율로 보험금을 받게 된다.

① 즉, '중복보험'이란 동일한 보험목적을 가지고 사고에 대비하기 위해 여러 개의 보험계약을 동시에 또는 차례대로 체결하는 보험을 말한다.

> ♣ **성립요건:** 수 개의 보험계약, 보험계약 요소의 중복, 보험가액의 초과.

② 중복보험을 체결한 경우 그 보험금액의 총액이 보험가액을 초과한 경우 보험회사는 각자의 보험금액의 한도에서 연대책임을 진다. 이 경우 각 보험회사의 보상책임은 각자의 보험금액의 비율에 따른다(「상법」 제672조 제1항 후단).

3. 보험목적의 양도(transferability)

피보험자가 이미 체결한 보험계약의 대상인 목적물을 그 의사표시에 의하여 매매, 증여 등으로 타인에게 양도하는 것을 말한다. 따라서 보험의 목적과 함께 손해보험계약상의 권리와 의무관계가 포괄적으로 승계되는 상속이나 회사의 합병과 구별되고, 피보험자의 지위를 승계한다는 점에서 단순한 채권양도인 보험금청구권의 양도와 구별된다.

상법에서는 피보험자가 보험의 목적을 남에게 양도하였을 때에는 동시에 보험계약에 의해서 생긴 권리도 양도한 것으로 추정하고 있다. 이 경우 양수인은 피보험자로서의 권리뿐만 아니라 각종의 의무도 아울러 부담하게 된다. 실제에 있어서 이러한 경우에는 보험증권에 보험자의 승낙배서를 받도록 약관에서 정하는 것이 통례이다. 즉 보험목적의 양도에 따른 보험을 승계 시 보험회사의 승인을 요하고 있다.

예를 들면, 자동차보험에서 피보험자동차를 양도하여 자동차보험을 승계할 경우, 승계시키고자 한다는 뜻을 서면으로 보험회사에 통지하여 이에 대한 승인을 청구하고 보험회사가 승인한 때에 자동차보험의 승계가 적용된다.

(1) 양도의 요건

1) 양도 당시 보험관계의 존속

보험목적물의 양도 당시 양도인과 보험회사 사이에 유효한 보험계약이 있어야 한다.

2) 보험목적의 제한

보험의 목적은 동산, 부동산 등의 물건이어야 하나, 이 밖에 유체·무체재산도 포함한다.

3) 물권적 이전

보험의 목적의 양도는 물권적 양도이어야 한다. 즉 양도의 채권계약만이 있는 것으로는 부족하고 소유권이 양수인에게 이전한 때 비로소 보험관계가 이전하게 된다.

(2) 양도의 효과

보험의 목적이 양도된 때에는 보험계약상의 권리와 의무가 양수인에게 승계되는 것으로 추정한다. 이때 양도인 또는 양수인은 보험회사에 대하여 지체 없이 그 사실을 통지하여야 한다.

(3) 선박보험과 자동차보험에서의 예외규정

선박보험과 자동차보험에서는 보험회사의 동의가 있어야 승계가 가능하다.

4. 보험자대위(保險者代位, subrogation)

보험회사가 보험사고로 인한 피보험자의 손실을 보상해 주는 대신 피보험자가 가지는 보험의 목적이나 제3자에 대하여 가지는 권리를 법률상 당연히 취득하는 것을 말한다. 인보험에서는 원칙적으로 보험자대위가 인정되지 않으며, 손해보험계약의 경우 보험회사는 이득금지의 원칙에 의하여 보험약관에 따라 대위권을 행사할 수 있다.

즉, 보험사가 보험금을 지급한 '후'에 고객(보험계약자 또는 피보험자)의 권리나 물건을 보험사가 법률상 '당연히' 취득하는 것을 말한다.

만약 보험사가 고객의 권리나 물건을 그대로 둔다면, 그 고객은 보험금은 보험금대로 받고, 자신의 물건은 물건대로 매각하여 이중이득을 취할 수 있기 때문이다.

인보험에 대해서는 사람의 신체 일부를 넘길 수 없기 때문에 대위권을 적용하지 않으며, 손해보험에만 적용한다.

보험사가 피보험자의 보험 목적(피보험이익)이나 또는 제3자에 대하여 가지는 권리를 법률상 취득하는 대위권에는 잔존물대위와 청구권대위의 두 가지가 있다.

(1) 보험의 목적에 대한 보험자대위(잔존물대위)

보험의 목적이 전부 멸실된 경우에 보험금액의 전부를 지급한 보험회사는 그 보험의 목적에 대한 피보험자의 권리를 취득하는데 이것을 보험목적에 대한 보험자대위라 한다.

즉, 고객이 가진 물건에 대한 권리이다. 예) 자동차사고 - 전부 손해에만 적용한다.

1) 권리 취득 요건은 보험목적의 전부 멸실, 보험금의 전부 지급이다.

2) 권리 이전 효과

보험회사는 보험금을 전부 지급한 때로부터 보험의 목적에 대한 피보험자의 권리를 취득한다. 다만, 보험자대위로 인한 목적물에 대한 권리 이전의 시기는 보험사고가 발생한 때가 아니고 보험금액을 전부 지급한 때이다. 또한 보험가액의 일부를 보험에 가입한 경우 보험회사가 취득한 권리는 보험금액의 보험가액에 대한 비율에 따라 정한다.

예) 자동차사고 - 전부 손해에만 적용한다.

잔존물은 전부 또는 제로(all or nothing)이다. 자동차 사고의 경우 폐차 또는 전파라면 보험사가 해당 자동차의 소유권을 다 가져옴으로써 고객이 고철 값이라도 남기는 상황을 방지할 수 있지만, 경미한 접촉사고에 대해서 권리나 물건을 가져가는 것은 말이 안 되기 때문에 대위권을 적용하지 않는다.

(2) 제3자에 대한 보험자대위(청구권대위)

손해가 제3자의 행위로 인하여 생긴 경우에 보험금을 지급한 보험회사는 그 지급한 금액의 한도 내에서 제3자에 대한 보험계약자 또는 피보험자의 손해배상 청구 권리를 취득하게 되는데 이것을 제3자에 대한 보험자대위라 한다.

즉, 제3자가 고객에게 끼친 손해를 고객에게 먼저 금전으로 보상해 주고, 가해자로부터 그 금전에 대해 청구할 권리이다. 예) 배상책임 - 일부 또는 전부 손해에 모두 적용한다.

1) 권리 취득 요건

손해가 제3자의 행위로 인하여 생겨야 한다. 여기서 제3자의 행위라 함은 불법행위뿐 아니라 채무불이행으로 인한 손해배상의무를 부담하는 경우를 포함한다. 또한 보험금을 지급하여야 하는데 보험금액의 일부를 지급하여도 그 지급한 범위 내에서 대위권을 행사 할 수 있다.

2) 권리 이전 효과

보험회사가 보험금을 지급한 때로부터 제3자에 대한 피보험자의 권리가 보험회사에 이전된다. 보험회사가 피보험자에게 보상할 보험금액의 일부를 지급한 때에는 피보험자의 권리를 침해하지 않는 범위 내에서 대위권을 행사할 수 있다.

예) 배상책임 - 일부 또는 전부 손해에 모두 적용한다.

청구권은 금전이기 때문에 일부만 보상할 수 있다. 어떤 사람 A가 고객에게 1억 원에 상당하는 손해를 끼친 경우, 상황에 따라 보험사는 7천만 원만 보상하고 나머지 3천만 원은 고객이 A로부터 직접 받으며, 보험사는 7천만 원에 해당하는 금액만 A로부터 대위권을 취득하는 것이다.

예) 배상책임 - 일부 또는 전부 손해에 모두 적용한다.

5. 보험 위부(保險委付, Abandomment)

(1) 보험위부란?

보험의 목적이 전부 멸실한 것과 동일시할 수 있는 일정한 사유가 있는 경우에 피보험자가 보험목적에 대한 모든 권리를 보험자에게 위부하고, 보험자는 피보험자에게 보험금의 전액을 청구할 수 있게 하고 피보험자가 가졌던 보험의 목적물에 대한 권리를 보험자가 취득하게 하는 제도이다(제710조 ~ 제718조).

즉, 고객이 스스로 선택하여 보험사에 물건 또는 권리를 넘기는 것을 말한다.

예를 들어 사고가 나서 수리 견적을 내보니 보험가액에 근접할 정도로 비싸게 나왔다면, 고칠 바에 보험금을 받고 일부러 보험사에 넘기는 것이 나을 수 있기 때문에 위부를 선택할 수 있다.

(2) 법적 성질

불요식의 법률 행위이고, 보험자의 승낙을 요하지 않는 단독 행위로서 형성권에 해당한다. 일단 위부 이후에는 임의로 철회하지 못한다.

(3) 보험자대위와 비교

보험자가 보험의 목적에 대한 피보험자의 권리를 취득한다는 점에서 보험위부는 보험의 목적에 대한 보험자대위와 유사한 면이 있다. 그러나 양자는 몇 가지 점에서 구별된다.

1) 보험자대위

① 당사자 간의 특별한 의사표시 없이 법률의 규정에 의한 당연한 권리의 취득이다.

② 보험금의 지급을 요건으로 한다.

③ 보험금액 이상으로 대위하지 못한다.

2) 보험위부

① 의사표시를 요하는 것으로서 피보험자의 의사표시에 따른 권리의 취득이다.

② 보험금의 지급을 요건으로 하지 않고 이를 요하지 않는다는 점이다.

③ 보험자가 피보험자에게 지급한 보험금액보다 위부 목적물의 가액이 큰 경우에도 그 목적물을 취득할 수 있다는 점 등이 주된 차이점이다.

(4) 보험위부의 원인

1) 피보험자가 보험사고로 인하여 자기의 선박 또는 적하의 점유를 상실하여 이를 회복할 가능성이 없거나, 회복하기 위한 비용이 회복하였을 때의 가액을 초과하리라고 예상될 경우(상법 제710조 1항)

2) 선박이 보험사고로 인하여 심하게 훼손되어 이를 수선하기 위한 비용이 수선하였을 때의 초과하리라고 예상될 경우(상법 제710조 2항), 단 이 경우 선장이 지체 없이 다른 선박으로 적하의 운송을 계속한 때에는 피보험자는 그 적하를 위부할 수 없다(상법 제712조).

3) 적하가 보험사고로 인하여 심하게 훼손되어서 이를 수선하기 위한 비용과 그 적하를 목적지까

지 운송하기 위한 비용과의 합계액이 도착하는 때의 적하의 가액을 초과하리라고 예상될 경우(상법 제710조 3항)

(5) 위부의 요건

1) 위부의 통지(상법 제713조)

피보험자가 위부를 하고자 할 때에는 상당한 기간 내에 보험자에 대하여 그 통지를 발송하여야 한다.

2) 위부는 무조건이어야 한다(상법 제712조 1항).

3) 위부는 보험이 목적의 전부에 대하여 이를 하여야 한다(상법 제714조 2항).

그러나 위부의 원인이 그 일부에 대하여 생긴 때에는 그 부분에 대하여서만 위부할 수 있다. 일부보험의 경우, 보험금액의 보험가액에 대한 비율에 따라서 이를 할 수 있다.

4) 다른 보험계약들에 관한 통지(상법 제715조 1항)

피보험자가 위부를 함에 있어서는 보험자에 대하여 보험의 목적에 관한 다른 보험계약과 그 부담에 속한 채무의 유무와 그 종류 및 내용을 통지하여야 한다.

(6) 보험위부의 효과

1) 보험자에 대한 효력

보험자는 위부로 인하여 그 보험의 목적에 관한 피보험자의 모든 권리를 취득 한다(상법 제718조 1항). 또, 일부보험의 경우 보험금액의 보험가액에 대한 비율에 따라 권리 취득한다.

2) 피보험자에 대한 효력

피보험자는 보험의 목적을 보험자에게 위부하고 보험금액의 전부를 청구할 수 있다. 위부의 원인이 보험목적의 일부에 대하여 생긴 때에는 그 부분에 대한 보험금액의 전부를 청구할 수 있다. 그리고 일부보험의 경우 보험금액의 보험가액에 대한 비율로 청구 가능하다.

(7) 위부의 승인, 불승인의 효력

1) 승인의 경우

보험자가 위부를 승인한 후에는 그 위부에 대하여 이의를 제기하지 못한다(상법 제716조).

2) 불승인의 경우

보험자가 위부를 승인하지 아니한 때에는 피보험자는 위부의 원인을 증명하지 못하면 보험금액의 지급을 청구하지 못한다(상법 제717조).

6. 보상한도와 자기부담금

1) 보상한도

손해보험에서 **보험회사의 보상금액은 실제 손해액을 초과할 수 없다.** 이는 보상금액이 더 크다면 고의로 사고를 일으켜 이득을 취할 가능성이 생기기 때문이다.

그런고로, 보험회사는 다음과 같은 산식으로 최대보상한도를 규정한다.

전부보험(보험가액=보험가입금액)이라면 발생손해액이 모두 최대보상한도가 된다.

> ♣ **최대보상한도 = 발생손해액 X 보험가액에 대한 보험가입금액의 비율**

단, 배상책임을 담보하는 계약에서는 보험금액을 '한 사고당', '피해자 1인당', '보험기간 중 총보상액' 등에 맞추어 정해 놓는다.

2) 자기부담금(自己負擔金)

자기부담금이란, **발생한 손해액 중 일정한 금액에 대해서는 계약자가 부담하기로 약정한 것을 말한다.**

자기부담금을 설정하면 소액사고로 인한 손해액은 본인이 부담하기 때문에 보험료가 낮아지며, 자기부담금을 높이면 보험료 인하 폭이 커지는 장점이 있다(내가 부담하기로 한 만큼 보험금을 덜 주기 때문에 당연한 이치).

3) 자동차 사고처리 시 자기부담금이란?

① 자기부담금이란?

보험 가입자의 차량이 본인의 과실(10%~100%)로 인하여 보험사 부담으로 수리를 해야 할 경우, 보험사에 지불해야 하는 가입자 본인의 부담 비용이다.

② 자기부담금이 있는 이유는?

무분별한 본인과실 사고의 수리 청구와 수리범위 확대 등 과다한 비용 청구를 방지하기 위함이다.

③ 자기부담 금액은 어떻게 정해지나요?

최초 보험에 가입할 경우 설정이 가능하며 수리비용의 20%가 자기부담금이며, 기본적으로 최저 20만 원 ~ 최대 50만 원으로 많이 하지만, 보험료 인하를 목적으로 최저 50만 원 ~ 최대 100만 원 등으로 자기부담 금액을 올리는 경우도 있지만 자기차량손해 사고 발생 시 본인 부담금액이 늘어나므로 신중할 필요가 있다.

④ 자기부담금 책정 예시(최저 20만 원~최고 50만 원 보험 가입 조건일 경우)

예1) 자기부담 100%인 수리비 80만 원 견적 자차수리 시 → 자기부담금 20만 원

이유) 20% 계산으로 16만 원이 맞지만 최저 부담금액이 20만 원이므로 20만 원이 결정된다.

예2) 자기부담 100%인 수리비 150만 원 견적 자차수리 시 → 자기 부담금 30만 원
   이유) 20% 계산법 적용
예3) 자기부담 100%인 수리비 500만 원 견적 자차수리 시 → 자기 부담금 50만 원
   이유) 20% 계산법을 적용하면 100만 원이겠지만 계약조건이 최대 50만 원이기 때문이다.

제3절. 보험약관(保險約款)

♣ 보험약관이란 **보험회사가 보험계약의 내용에 대해 미리 정해 놓은 표준적인 계약조항을 말한다.** 보험계약은 보험회사가 불특정다수를 상대로 같은 내용의 계약을 반복적으로 체결하므로 보험회사는 미리 정해 놓은 약관을 제시하게 되며 상대방이 이를 승인함으로써 성립된다.

1. 보험약관의 종류

1) 보통약관(general conditions)
보험자가 같은 위험을 대상으로 하는 수많은 보험계약을 맺기 위하여 보험계약의 공통적인 표준 사항을 보험자가 미리 작성하여 놓은 정형적(定型的) 계약조항이다. 즉, 보험회사가 일반적·보편적·표준적인 계약조항을 미리 작성해 두고 있는데 이를 보통약관이라 한다.

2) 특별약관(special conditions)
주계약(보통약관)에 부가(추가)하여 보험계약(판매)을 하는 계약조항이며, 이를 특약이라고 한다.
이는 보험계약을 체결 시에 당사자가 보통보험약관의 특정 조항을 변경하거나 이를 보완 또는 배제하는 **계약조항을 특별보험약관이라고 한다.** 즉, 계약당사자의 특별한 요청에 따라 보통약관의 내용을 일부 보완 또는 변경하거나 특정 위험을 선택적으로 가입할 때 사용되는 약관으로서, 보통약관에서 면책한(보험회사가 책임지지 아니하는) 위험을 특별약관에서 담보(보장)하는 경우가 가장 대표적이다.

> ▣ **특약의 종류**
> ① **의무(고정부가)특약:** 주계약에 포함되어 의무적으로 반드시 가입해야 하는 특약. 임의로 삭제하거나 변경이 불가능함.
> ② **선택특약:** 계약 시 계약자의 필요에 의해 선택이 가능한 특약. 계약한 후에도 추가로 가입이 가능함.
> ③ **제도성특약:** 주계약의 보장내용이나 적용방식 따위를 보완하거나 규정하는 특약. 보험료의 부담이 없다.

2. 보험약관의 기능

① 대량·반복적인 거래의 신속·간편·합리적인 처리로 거래 비용을 절감한다.
② 서비스에 대한 급부 내용 등을 명백히 함으로써 소비자의 선택에 필요한 정보를 제공한다.
③ 보험계약 당사자의 권리·의무를 구체적으로 명시하여 거래의 원활화 도모 및 분쟁을 방지한다.
④ 모든 계약자에게 동일한 거래 조건을 적용하여 소비자 간 평등대우의 원칙을 유지한다.

3. 보험약관의 기본요건

① 보험계약 당사자 간의 공평성을 확보한다.
② 해석의 폭이 생기지 않도록 명확한 내용으로 규정한다.
③ 거래의 실태와 약관 규정을 일치시킨다.
④ 이해하기 쉽게, 즉 전문적인 법률용어를 피하고, 약관 전체를 간결하게, 조항의 중요도에 따른 배열을 한다.
⑤ 소비자를 위해 약관내용에 대한 적합한 명시(예시)을 한다.

4. 보통약관의 기재사항

① 보험금 지급사유.
② 보험회사의 면책사유.
③ 보험회사의 의무 범위를 정하는 방법과 그 이행시기.
④ 보험계약자나 피보험자가 그 의무를 이행할 시기와 미이행 시 그 손실.
⑤ 보험계약의 무효(원인).
⑥ 보험계약의 일부 또는 전부의 해지 원인과 해지 시 당사자의 권리·의무.
⑦ 보험계약자, 피보험자, 보험금 수취자가 이익 또는 잉여금 배당을 받을 경우 그 범위.

5. 보험약관의 필요성

보험제도는 그 사회성·공공성에서 볼 때에 사회적·경제적으로 보험자에 비하여 약자의 위치에 있는 보험가입자의 이익을 보호하기 위한 국가의 관리 감독이 필요하며, 이를 실현하기 위해서는 보험제도나 보험계약에 관한 사항을 전문적으로 알고 있는 보험자가 보험계약의 내용에 관한 일반적·표준적인 조항인 약관을 작성하게 하고 행정기관이 이를 인가·관리 감독하는 것이 합리적이므로 이와 같은 취지에서 보험약관이 필요한 것이다.

6. 보험약관 규제의 필요성

약관은 기업의 경영과 영업을 합리화하여 대량 거래를 신속하게 처리하고 법률관계를 상세히 규정하여 당사자 간의 분쟁을 예방하는 등 여러 가지 긍정적인 기능을 갖는 것은 부정할 수 없는 사실이나 한편으로 기업 등이 그들의 거래상의 우월인 지위를 이용하여 거래상의 위험을 경제적 약자(弱者)인 고객에게 전가(轉嫁)하는 등 여러 가지 문제점을 안고 있다.

즉 보험약관은 계약 내용 및 조건이 보험자 측의 입장에서 작성되므로, 자칫 경제적 약자이면서 비전문가인 계약자등의 권리가 쉽게 침해(侵害)될 수 있다.

일반 계약자는 보험약관의 내용의 결정에는 직접 개입할 수 없는 입장이고, 이러한 까닭에 보험약관에 대해서는 입법적·행정적·사법적 통제가 가해지고 있다.

7. 약관에 대한 규제

(1) 입법적 규제

1) 불이익변경금지의 원칙(상법 제663조)

상법 보험편은 "이 편의 규정은 당사자 간의 특약으로 보험계약자 또는 피보험자나 보험수익자의 불이익으로 변경하지 못한다"고 하여 불이익변경금지의 규정을 두고 있다.

상법상 '불이익변경금지의 원칙'은 상대적 강행규정으로서 이에 위반하는 약관 조항은 비록 주무관청의 인가를 받은 경우에도 무효가 되어 그 효력이 없다.

2) 약관의 교부·설명(상법 제638조의 3)

보험자는 "보험계약을 체결할 때에 보험계약자에게 보험약관을 교부하고 그 약관의 주요 내용을 알려 주어야 한다"고 하여 보험자의 보험약관의 교부·설명의무를 규정하고 있다.

또한, 동조 2항에서는 **"보험자가 이 의무를 위반한 때에는 보험계약자는 보험계약이 성립한 때로부터 3월 이내에 그 계약을 취소할 수 있다"**고 함으로써 보험자의 약관의 교부·설명의무의 이행을 촉구하고 있다.

3) 약관규제법상의 제규제

약관 규제법은 사업자가 그 거래상의 지위를 남용하여 불공정한 내용의 약관을 작성하여 통용하는 것을 방지하고, 불공정한 내용의 약관을 규제하여 건전한 거래 질서를 확립함으로써 소비자를 보호하고 나아가 국민생활의 균형 있는 향상을 도모함을 목적으로 제정된 법이다.

(2) 행정적 규제

보험사업은 다수의 보험가입자로부터 위험을 인수하여 그 대가로서 보험료를 받아 이를 관리 또는 운영하고, 보험가입자에게 우연한 사고가 발생한 때에 보험금을 지급하여 주는 것을 내용으로 하는 사업인 바, 이러한 보험사업은 어떠한 사업에 있어서보다 공공의 이익(public interest)과 밀접한 연관을 갖고 있어 보험 거래의 건전성을 유지하고 보험계약자를 보호하기 위하여 보험감독의 필요성이 부각된다.

1) 보험감독기관의 약관의 규제(보험업법 제5조, 제7조)

보험사업의 허가를 받고자 하는 자는 신청서에 보험약관을 첨부하여 기획재정부장관에게 제출하여야 하고, 약관 변경의 경우에도 금융감독위원회의 인가를 받아야 한다(보험업법 제5조, 제7조). 이는 보험사업의 공공성과 불특정 다수인인 보험계약자등에게 미치는 영향을 고려하여 기초서류의 변경 등 중요사항은 인가를 받도록 규제한 것이다.

2) 보험감독기관의 기초서류의 변경권(보험업법 제16조)

금융감독위원회는 보험사업에 대하여 그 업무 및 재산상황 기타 사정의 변경에 의하여 필요하다고 인정하는 때에는 기초 서류의 변경을 명할 수 있다.

(3) 사법적 규제

법원은 약관의 해석과 적용에 대한 최종적 판단을 행한다. 법원은 약관의 내용이 불공정하거나 강행법규 또는 선량한 풍속 기타 사회질서에 어긋나는 경우 약관 자체를 무효로 처리한다.

법원의 약관 효력에 대한 사법적 판단은 향후 약관해석 및 적용의 일반원칙이 되며, 현재 약관해석의 제원칙들은 법원에서 주로 인정된 해석의 원칙이기도 하다.

8. 보험약관 해석의 원칙

보험계약 시에 보험약관은 보험자가 작성하기 때문에 소비자에게 불합리하게 적용될 여지가 있다.
또한 약관의 해석에 따라서 내용이 달라질 수 있기 때문에 약관의 해석에 대한 원칙이 존재한다.
약관은 또한 입법적, 행정적, 사법적으로 규제를 받는다. 약관에 대한 규제의 관한 법률, 보험분쟁 시의 재판, 약관의 대한 심사 등의 여러 가지로 규제, 제제를 받을 수 있다.
보험약관은 일반적으로 보험회사 측에 의하여 작성된 것으로 보험계약자에게 불리한 내용이 되지 않도록 변경 시 금융위원회에 미리 신고해야 하며, 다음과 같은 해석원칙이 지켜져야 한다.

1) 신의성실의 원칙

약관은 신의성실의 원칙에 따라 공정하게 해석되어야 한다는 원칙이다.
당사자 간의 의사보다는 법률의 법해석 원칙에 따라 해석해야 한다는 것으로 신의성실의 원칙에 반하는 내용의 개별약정 등은 무효가 된다. **약관 해석의 원칙 중 가장 으뜸가는 원칙에 해당한다.**

2) 개별약정우선의 원칙

약관에서 정하고 있는 사항과 관련하여 보험자와 보험계약자가 약관의 내용과 다르게 약정(합의)한 사항이 있을 경우에는 그 합의한 사항이 약관에 우선한다는 원칙이다.

약관 규제법은 개별약정우선의 원칙에 관하여 "약관에서 정하고 있는 사항에 관하여 사업자와 고객이 약관이 내용과 다르게 합의한 사항이 있을 때에는 당해 합의 사항은 약관에 우선한다"고 규정하고 있다. 즉, 고객과 기업이 설사 약관에 의하여 계약을 체결하였다 하더라도 일부분에 개별 약정이 있었다면 개별 약정을 우선적으로 계약의 내용으로 하고, 약관은 이에 상반되지 않는 부분에 한해서 채용한다는 원칙을 말한다.

3) 객관적 해석의 원칙

보험계약자의 상황, 사정, 이해 수준 등을 고려하지 않고 일반적인 수준으로 객관적으로 해석해야 한다는 원칙이다. 즉, 계약 당사자의 개별적 사항, 사정, 약관 이해 가능성 등을 고려하지 아니하고 평균적 고객의 이해 가능성을 기준으로 객관적, 획일적으로 해석해야 한다는 원칙이다.

4) 작성자불이익의 원칙

약관의 내용이 모호하여 그 뜻이 명확하지 아니한 경우에는 작성자에게 불리하게 해석해야 한다는 원칙이다.

이처럼 약관은 공정하게 해석되어야 하며, 보험회사가 잘못 작성한 약관의 내용은 주장할 수가 없다.

또한 약관의 뜻이 명백하지 아니한 경우, 고객(계약자, 피보험자)에게 유리하게 해석되어야 한다.

5) 축소해석의 원칙

사업자에게는 이익이 되고 고객에게는 부담이 되는 약관의 조항은 그 범위를 좁게 해석해야 한다는 원칙이다. 사업자에게 이익이 되고 고객에게 부담이 되는 약관의 규정이란 구체적으로 "~한 경우에는 사업자에게 책임이 없다"라든지, "~한 경우에는 고객은 사업자에게 손해배상을 청구할 수 없다" 등의 약관 조항을 말한다. 이러한 '~한 경우'는 가급적 그 범위를 좁게 해석해야 공평할 것이기 때문이다.

6) 기타의 원칙

① 계약당사자 의사 우선의 원칙

약관을 해석할 때는 우선 계약당사자의 의사가 우선적으로 고려되어야 한다.

② 보통의미의 해석원칙

보험약관의 문언은 평이한 보통의 의미로 이해되어야 한다.

③ 동종제한의 원칙

약관 중의 일반 문언은 그것에 선행하는 열거 사항과 동종의 사항만을 지칭하는 것으로 해석한다.

④ 수기우선의 원칙

필서와 인쇄가 모순되는 경우 필서가 우선하여 효력을 갖는다.

⑤ 유효해석의 원칙

2가지 의미를 가지는 자구는 보험약관을 유효하게 하는 방향으로 해석되어야 한다.

제4절. 손해보험계약(損害保險契約)의 법적 성질

♣ 보험계약이란?

보험계약자가 약정한 보험료를 지급하고 상대방의 재산 또는 생명이 신체에 관하여 불확정한 사고가 생길 경우에 보험회사가 일정한 보험금액과 기타의 급여를 지급할 것을 약정함으로써 효력이 생기는 계약이며, 보험계약자의 청약과 보험회사의 승낙으로 성립되는 법률행위를 말한다.

보험계약은 낙성계약, 유상계약, 쌍무계약, 불요식계약, 사행계약, 선의계약, 계속적 계약, 부합계약의 성질을 가지고 있다. 보험은 우발적인 사고의 발생을 전제하므로 사행계약에 속한다. 또 보험계약은 기본적 상행위의 일종이나(제46조 17호) 다수의 보험계약자를 상대하므로 부합계약(附合契約)으로 될 수밖에 없고 따라서 보험계약법은 보험계약자를 보호하기 위하여 국가적 감독이 필요하므로 통칙 규정은 특약으로 계약자 · 피보험자 · 보험수익자의 불이익이 되도록 변경하지 못하게 **상대적 강행규정(相對的强行規定)**으로 하고 있다(제663조). 보험계약의 법적인 성질(특성)은 다음과 같다.

1) 불요식 · 낙성계약성(不要式 諾成契約性)

보험계약은 보험계약자의 청약이 있고 이를 보험자가 승낙하면 계약이 성립되므로 낙성계약의 특징이 있다. 즉, 당사자 쌍방의 의사의 합치가 있으면 성립한다. 다른 급여나 형식을 요하지 않는 불요식의 낙성계약이다.

실무상 계약청약서 작성과 보험증권을 교부하고 있으나, 보험증권은 계약효력에 대한 법률상 요건은 아니고 계약관계를 증명하는 증거증권에 불과하다.

2) 유상 · 쌍무계약성(有償 雙務契約性)

보험자는 보험사고의 발생을 일정한 조건 또는 기한으로 하여 보험금 지급 의무를 부담하고 보험계약자는 보험료 납입의무를 부담하므로 이 두 채무가 서로 대가관계에 있어 쌍무계약의 성질을 갖는다.

즉, 보험계약은 보험계약자가 보험료를 지급하고 보험사고가 발생하면 보험회사가 일정한 금액을 지급하는 것을 약정하는 유상계약이다. 또한, 보험계약자의 보험료 지급의무와 보험회사의 보험금지급의무는 대가관계를 가지고 있으므로 쌍무계약이라 할 수 있다.

3) 사행계약성(射倖契約性)

보험계약은 보험자의 보험금지급 책임이 장래의 우연한 사고(보험사고)의 발생에 달려 있다는 점에서 사행계약의 일종이다. 그러나 도박은 이득 아니면 손해지만, 보험은 손해를 보전할 뿐이며 부당 이득을 취하는 것은 아니라는 면에서 차이가 있다.

또한, 보험계약은 보험계약자가 지급한 보험료와 보험회사가 지급하는 보험금의 불일치성에 의해 요행에 의한 우연한 이득을 목적으로 하는 사행계약성을 가지고 있지만, 보험단체 전체의 입장에서 볼 때에는 대수의 법칙에 의하여 산정된 보험료와 보험금이 균형을 이루도록 되어 있기 때문에 사행성은 희박하다고 할 수 있다.

4) 상행위성(商行爲性)

영업으로 보험을 인수하는 행위는 상행위에 해당한다. 상법은 보험을 상행위로 규정하고 있다(상법 제46조 제17호).

5) 계속계약성(繼續契約性)

보험자가 일정기간 안에 보험사고가 발생한 경우에 보험금을 지급하는 것을 내용으로 하므로 그 기간동안 보험관계가 지속되는 계속적 계약의 성질을 갖는다. 또한, 보험계약은 계약의 성립으로서 장기간(보험기간) 계약당사자의 계약관계를 유지시킨다.

즉, 보험계약은 1회적인 보험료납입 및 보험금지급으로 계약이 종료되는 것이 아니라 계약 관계가 일정기간 동안 지속되는 계속적 계약이다.

6) 부합계약성(附合契約性)

부합계약이란 그 내용이 당사자 일방에 의해 획일적으로 정해지고 다른 일방이 이를 포괄적으로 승인함으로써 성립되는 계약을 말한다. 즉, 보험회사가 미리 그 계약 내용을 정형화한 보험약관을 제시하고 보험계약자가 이를 포괄적으로 승인함으로써 성립되는 부합계약이다.

보험계약은 그 성질상 다수의 보험계약자를 대상으로 동일한 내용의 계약이 반복되므로 개개의 계약과 같이 그 내용을 일일이 정하는 것은 거의 불가능하다. 그러므로 보험계약은 보험회사가 미리 마련한 정형화된 약관에 따라 계약을 체결하고 있어 부합계약의 성질을 갖는다.

즉, 보험은 대수의 법칙을 기초로 성립하는 것이기 때문에 다수인과 보험계약체결이 불가피하고 이 경우 개개인과 보험계약조건을 협상한다는 것은 실무상 매우 어렵다. 따라서 보험회사는 미리 정한 정형화된 보험약관에 의하여 보험계약을 체결하게 되는데, 이 때문에 보험계약은 부합계약의 성질을 가진다.

7) 단체성(團體性)

보험계약은 다수의 보험계약자로 구성되는 보험단체(위험단체)를 기초로 대수의 법칙에 입각하여 성립된다.

♣ **대수의 법칙:** 동일한 위험을 대량적으로 관찰할 경우 우연한 사건의 발생을 일정한 확률이 통계적 으로 추출되고 예측할 수 있다는 법칙.

8) 선의계약성(善意契約性, 최대선의의 원칙)

보험계약은 사행계약의 일면을 가지고 있어 보통의 계약과는 달리 보험계약의 체결과 이행에 계약관계자의 선의성과 신의성실이 요구된다. 특히 보험계약은 우연한 사고의 발생을 전제로 하는 점에서 선의성이 더욱 강조되며 이에 따라 보험계약자에게 고지의무 등 특수한 의무를 부과하고 있다.

보험계약은 당사자 간의 최대선의를 필요로 한다는 것으로 보험계약의 가장 큰 특징 중 하나이다. 계약당사자 간의 선의성이나 신의성실의 원칙은 보험계약뿐만 아니라 모든 계약의 기본원칙이라 할 수 있으나, 특히 보험계약에서 최대선의의 원칙이 중요시되는 것은 보험계약의 사행계약적 특성 때문이다. 즉, 보험계약은 보험회사의 보험금 책임이 우연한 사고의 발생에 기인하므로 선의성이 없으면 보험계약이 도박화하여 보험의 본질에 반하기 때문이다.

9) 독립계약성(獨立契約性)

보험계약은 민법상의 전형계약[15]의 어떤 범주에도 속하지 않는 독특한 계약으로서 독립계약이다.

10) 기술성

보험계약은 보험료 산정과 보험금 지급에 상당한 수리적 기술이 요구된다.

---

15) 전형계약: 일반적으로 행하여지는 계약을 법률에 규정을 둔 계약. 증여, 매매, 교환, 소비대차, 임대차 등

제4편 손해보험 계약 및 약관의 주요내용

제1장
손해보험계약의 요소

제1절. 손해보험계약 요소의 개념

1. 보험계약 요소의 의의

① 보험계약이 유효하게 성립하고, 발효하기 위해 필요한 보험계약 특유의 구성 요소들이다.

② 보험계약 요소의 전부 또는 일부가 흠결되는 경우 당해 보험계약은 불성립 또는 무효처리가 되는 것이 원칙이다(예: 피보험이익이 결여된 손해보험계약의 효력).

2. 법률행위 또는 계약의 일반적 성립요건과 구별된다.

① 계약의 일반적 성립요건: 당사자의 능력, 적법성, 사회적 타당성, 가능성 등이다.

② 보험계약의 요소는 이들 일반적 요건에 추가하여 요구되는 구성요소를 의미한다.

3. 보험계약을 구성하는 요소(要素)

보험계약과 관련되어 보험계약을 구성하는 주요한 요소들은 보험계약 관계자, 보험의 목적, 보험계약의 목적(피보험이익), 보험사고, 보험금과 보험료, 보험금액(보험가입금액), 보험가액, 보험기간, 보험계약기간, 보험료 기간 등이 있다.

4. 보험계약 관계자

보험계약의 관계자로는 보험계약의 직접당사자인 보험자와 보험계약자가 있고, 보험계약의 직접당사자 외의 자(이해관계자)로는 피보험자, 보험수익자가 있다.

또한, 보험은 그 성질상 널리 또 대량의 보험계약자를 모집하여 위험을 분산하여야 하고(대수의 법칙), 보험상품은 유형의 상품(재화)처럼 소비자들이 현실적으로 그 효용을 느낄 수 있는 상품이 아니다. 그러하므로 보험자들은 소비자에게 접근하여 무형의 상품인 보험의 효용을 설명하고 가망고객들을 보험계약체결로 유도하는 다양한 형태의 모집보조자를 이용하고 있다. 보험자를 위해 **모집사무 및 보험계약의 보조자**로는 보험설계사, 보험대리점, 보험중개사, 보험의(保險醫), 금융기관보험대리점 등이 있다.

1) 보험계약 관계자

① 당사자: 보험자(保險者, insurer), 보험계약자(保險契約者, insurance contractor)

② 이해관계자: 피보험자(被保險者, insured person), 보험수익자(保險受益者, insurance beneficiary)

2) 보험계약 관계자 이외의 보조자

① 보험설계사(insurance planner)

② 보험대리점(an insurance agent),

③ 보험중개사(保險仲介士, insurance broker),

④ 보험의(保險醫, a panel doctor)

⑤ 금융기관보험대리점(방카슈랑스: 은행과 보험의 결합)

※ 보험회사는 임직원을 통해 보험모집을 할 수 있다(대표이사, 사외이사, 감사 및 감사위원은 제외함).

제2절. 보험계약 관계자 및 보조자

1. 보험자(保險者, insurer)

보험사업의 주체로서 보험계약자로부터 보험료를 받고 보험을 인수(引受)하는 자이며, 언더라이터(under writer)라고도 한다(실무적으로 '보험회사'로 칭함).

보험자는 **보험계약자와 보험계약을 체결하는 보험계약의 당사자로서 보험계약자로부터 보험료를 받고 보험계약을 인수한 후 보험사고가 발생한 때에 보험금 지급의무를 지는 자를 말한다.**

보험 계약에 의하여 피보험자에게 보험금을 지급할 의무를 지니며, 동시에 피보험자에게 보험료를 받을 권리가 있는 사람이나 기관이다. 곧 보험회사를 이른다.

즉, 위험단체를 관리하고 유지하는 주체가 보험자이다. 이는 손해보험회사, 생명보험회사, 외국보험사의 국내지점, 공제(특별법 규제함) 등이다.

■ 주요 의무:

① 보험약관의 교부 및 설명의무

② 보험증권 교부의무

③ 청약의 낙부통지의무 및 승낙 전 담보

④ 보험금 지급의무

2. 보험계약자, 피보험자, 보험수익자

(1) 보험계약자(保險契約者, insurance contractor)

　보험자의 상대방으로서, 자기명의로 **보험자와 보험계약을 체결하고 보험료의 납입의무를 지는 자이**다. 실무적으로는 '**보험가입자**'라고 하며, 보험계약자는 대리인을 통하여 계약을 체결할 수 있다.

　보험에 가입한 사람. 즉 보험자인 보험회사를 상대로 보험계약을 맺고 보험자에게 보험료를 지불하는 사람을 이르며, 보험회사에 보험료의 지급의무를 지는 자이다.

　보험계약자는 자연인이든 법인이든, 능력자이든 무능력자이든 상관없으며, 여러 사람이 공동으로 보험계약자가 되어도 관계없다.

　■ 주요 의무:

① 보험료 납입의무

② 계약 전 알릴 의무(고지의무, 상법 제651조)

③ 계약 후 알릴 의무: 통지의무

④ 보험사고 발생을 알릴 의무(보험사고 발생의 통지의무)

⑤ 손해방지의무

⑥ 위험변경·증가 통지의무

(2) 피보험자(被保險者, insured person)

　1) 손해보험에서 **피보험이익의 주체로서 보험사고가 발생한 경우에 사고보험금(손해보상)을 받을 권리를 갖는 자**를 말한다. 즉, 손해배상청구권자(보험금청구권자)이다.

　2) 인보험에서 피보험자는 **생명 또는 신체에 관하여 보험에 붙여진 자연인을 말한다. 즉, 보험의 대상이 되는 사람을 말한다.** 생명보험의 보험사고는 피보험자의 생사(生死), 즉 생존 또는 사망이다.

▣ 인보험의 피보험자

생명보험계약의 보험자는 피보험자의 생명에 관한 보험사고가 생길 경우에 약정한 보험금액을 지급할 책임이 있다. 생명보험의 피보험자는 타인의 사망보험에 있어서는 보험계약 체결 당시에 그 타인의 서면에 의한 동의를 얻어야 하고(상법 제731조), 15세 미만자, 심신상실자 또는 심신박약자는 사망보험의 피보험자가 될 수 없다.(제732조)

▣ 손해보험 · 인보험 · 상해보험의 피보험자

① 생명보험 계약에 있어서 사람의 생(生)과 사(死)라는 보험사고 발생의 객체가 되는 사람과 손해보험 계약에 있어서는 피보험이익의 주체, 즉 보험사고로 손해를 입은 사람을 말한다.

② 피보험자는 손해보험과 인보험에 따라 그 의미를 달리한다.

따라서 손해보험의 경우 피보험자는 보험금청구권을 가지나, 인보험의 경우 피보험자는 보험의 목적에 불과하여 보험계약에서 아무런 권리를 취득하지 못한다.

③ 손해보험계약에서 계약의 보상을 받을 권리를 갖는 자이며, 보험의 종류에 따라 의미가 다르거나 제약이 따르기도 한다. 가령 손해보험에서는 보험계약자와 피보험자가 같을 경우 자신을 위한 보험이 되고, 다를 경우 타인을 위한 보험이 된다.

④ 인보험의 경우 피보험자는 숫자에 상관없이 자연인을 뜻하고, 생명보험에서는 분류에 따라 피보험자의 자격에 대한 연령이나 상태 제한이 있다. 상해보험 계약의 경우 피보험자는 단순히 보험의 객체로서 연령은 상관하지 않는다.

타인의 사망보험에 있어서는 보험계약체결 당시에 그 타인의 서면(전자서명 등 전자문서 포함)에 의한 동의를 얻어야 하고, 15세 미만의 미성년자나 심신상실자 및 심신박약자의 사망보험계약은 무효로 하므로(제732조), 이들을 피보험자로 할 수 없다(다만, 심신박약자가 보험계약을 체결하거나 단체보험의 피보험자가 될 경우에 가능함). 인보험에서의 피보험자는 고지의무를 지고 있다(제651조).

⑤ 상해보험 계약의 피보험자 역시 보험사고의 객체가 되는 사람으로, 상해보험 계약에서 보험사고인 상해는 피보험자의 상해뿐만 아니라 사망까지도 포함하고 있지만 피보험자의 연령에는 제한이 없다(제732 · 739조). 그러므로 15세 미만의 미성년자, 심신상실자 또는 심신박약자도 상해보험의 피보험자가 될 수 있으나, 심신상실자를 상해보험 계약의 피보험자로 하는 것은 문제가 있다.

다만, 상해보험의 종류에 따라 피보험자의 자격에 제한이 따를 수 있다.

(3) 보험수익자(保險受益者, insurance beneficiary)

1) 인보험:

보험수익자는 인보험에만 있는 특유한 개념으로 보험계약의 요소로서 **보험사고가 발생할 시에 보험금 청구권을 갖는 자**를 말한다. 즉, **보험사고가 발생한 경우에 보험금을 지급받는 자**이다.

인보험의 보험수익자는 손해보험의 피보험자에 해당한다.

인보험 계약에서 보험계약자와 보험수익자가 동일하면 '자기를 위한 인보험계약'이 되고, 보험계약자와 보험수익자가 다른 경우에는 '타인을 위한 인보험계약'이 된다.

2) 손해보험: 피보험자가 보험금청구권을 갖는 자이다.

3. 보험계약 관계자 이외의 보조자

(1) 보험설계사(insurance planner)
보험자에게 종속되어 보험자를 위하여 보험계약의 체결을 중개하는 자이다.
보험업법에 따라 금융위원회에 등록하여야 하며, 현재 손해보험 설계사는 보험설계사의 등록에 관한 업무를 위탁받은 손해보험협회에 등록하여야 한다(생명보험의 설계사는 생명보험협회에 등록한다).

보험자에 전속되어 중개하며, 타사의 보험상품은 중개하지 못한다. 교차판매는 허용하는데, 업종이 다른 1개 손해보험사(또는 생명보험사)의 보험상품은 판매가 가능하다.

보험업법에 의하면 "보험설계사라 함은 보험사업자(보험회사, 보험대리점 및 보험중개사)를 위하여 보험계약의 체결을 중개하는 자(법인이 아닌 사단과 재단을 포함한다)로서 제145조의 규정에 의하여 등록된 자를 말한다"라고 규정하고 있다.

보험설계사의 업무는 크게 재무상담, 생활설계, 대출상담 등이 있다. 보험설계사는 보험계약 체결을 중개하는 구실을 할 뿐 보험사를 대리해 계약을 체결할 권한과 계약의 변경·해지·통고 등에 대한 권한을 갖고 있지 않다. 또 계약자가 과거 병력 등의 중요 사항을 알려준다고 해도 이를 받아줄 권한이 없다. 따라서 보험설계사에게 중요 사항을 말로만 알리면 아무런 효력이 없다.

그러나 소속 보험회사를 위해 보험모집을 할 수 있는 자의 위치에 있기 때문에 보험설계사가 모집 활동을 하면서 보험계약자에게 손해를 입힌 경우 보험회사가 손해배상을 해줄 책임이 있다.

1) 영위종목별 분류
① 생명보험설계사: 생명보험상품의 계약체결을 중개하는 보험설계사.
② 손해보험설계사: 손해보험상품의 계약체결을 중개하는 보험설계사.
③ 제3보험설계사: 제3보험(상해, 질병, 간병)상품의 계약체결을 중개한 보험설계사.

2) 유형별 분류
① 전속보험설계사: 1개의 보험회사와만 보험상품의 계약체결을 판매하는 보험설계사.
② 교차모집보험설계사: 1개의 보험회사 이외에 업종이 다른 1개의 보험회사상품의 계약체결을
   중개하는 보험설계사.

■ 교차모집보험설계사

교차모집제도는 보험설계사 일사전속주의의 예외 제도로 2008년 8월 30일부터 보험설계사가 소속 보험회사 외의 1개의 이종(異種) 보험회사 상품을 판매할 수 있도록 한 제도로 생명보험설계사 또는 손해보험설계사가 각각 1개의 손해보험회사나 생명보험회사를 선택하여 보험상품을 판매할 수 있도록 하는 것이다. 더불어 생명보험회사 또는 손해보험회사에 속한 보험설계사가 1개의 제3보험업을 영위하는 보험회사를 위하여 모집을 하는 경우도 교차모집에 해당된다.

(2) 보험대리점(insurance agent)

보험대리점이란 **보험자를 위하여 보험회사가 판매하는 보험상품에 관한 보험계약의 체결을 대리하는 자로서 금융위원회에 등록된 자를 말한다.** 보험대리점이 되려는 자는 개인과 법인을 구분하여 금융위원회에 등록하여야 한다. 보험대리점은 일사전속제가 적용되지 않아 여러 보험회사(생명보험 및 손해보험 겸업도 가능)와의 계약 체결을 통해 보험모집을 할 수 있다.

즉, 금융위원회 등록하고, 보험회사로부터의 위임을 받아 그 업무를 대리하거나 매개하는 점포나 사람을 말한다.

보험대리상(保險代理商) 혹은 보험대리점은 보험회사를 대리하여 보험료를 수령할 권한이 부여되는 조직을 뜻한다. 보험대리상은 상행위 법에서의 대리상과 마찬가지로 보험자에 종속된 자가 아니라 그 자체로 독립하여 영업을 하는 상인이며, 체약[16]대리권을 갖는지 여부에 따라 체약대리상과 중개대리상으로 나뉜다.

---

16) 체약(締約): 조약, 계약, 약속 등을 맺음.

■ **법인보험대리점(GA, general agency)**

보험회사와 계약을 맺고, 보험판매를 전문으로 하는 대리점을 말한다. 특정 회사의 보험이 아닌 대부분 생명·손해보험회사의 상품을 판매하기 때문에 보험판매 백화점 또는 양판점 등이라 한다.

■ **보험대리점의 분류**

1) 영위종목별 분류
① 생명보험대리점: 생명보험상품의 계약체결을 대리하는 보험대리점.
② 손해보험대리점: 손해보험상품의 계약체결을 대리하는 보험대리점.
③ 제3보험대리점: 제3보험(상해, 질병, 간병)상품의 계약체결을 대리하는 보험대리점.

2) 유형별 분류
① 전속대리점: 1개 보험회사와만 대리점계약을 체결한 보험대리점.
② 비전속대리점: 2개 이상의 보험회사와 대리점 계약을 체결한 보험대리점.
※ 비전속대리점이 대리점계약을 체결할 수 있는 보험회사 수는 제한이 없음.

3) 영위업종별 분류
① 전업대리점: 생명보험회사 또는 손해보험회사 또는 제3보험회사와만 대리점계약을 체결한 보험대리점(즉, 1개 회사와 대리점 계약을 한다).
② 겸업대리점: 생명보험회사 및 손해보험회사, 생명보험회사 및 제3보험회사 또는 손해보험회사 및 제3보험회사 또는 생명보험회사와 손해보험회사 및 제3보험회사와 대리점계약을 체결한 보험대리점.

4) 운영주체별 분류
개인대리점: 개인이 영위하는 보험대리점.
법인대리점: 상법상 회사 형태로 운영하는 보험대리점.

(3) 보험중개사(保險仲介士, insurance broker)

보험중개사는 **특정 보험회사에 소속되지 않고 독립적으로 보험계약의 체결을 중개하는 자를 말한다.** 보험중개사는 보험설계사나 보험대리점과 달리 불특정다수의 계약자나 보험회사를 위하여 보험모집업무를 수행하는 것이 특징이다.

즉, '보험업법'에서, 독립적으로 보험 계약의 체결을 중개하는 사람이다.

보험자의 사용인이나 대리인이 아니면서 보험자와 보험계약자 사이의 보험계약의 체결을 중개하는 독립된 상인이다.

보험 중개사는 보험사에 소속되어 있을 수도 있고 독립된 사무실을 차릴 수도 있는데, 모든 보험사의 상품을 고객에게 소개하고 고객을 대신해 여러 보험사와 가격 협상을 벌여 가장 값싸고 유리한 보험을 골라 고객과 계약을 체결한 뒤 해당 보험사로부터 수수료를 받는 전문직이다.

보험중개사가 되고자 하는 자는「보험업법시행령」별표3에서 정한 기준을 충족하고 금융감독원에 등록 신청하여야 한다. 부채가 자산을 초과하는 법인은 보험중개사가 될 수 없으며, 영업개시 7일전까지 영업보증금을 금융감독원에 예탁하거나 보험가입 등을 해야 한다.

(4) 보험의(保險醫, panel doctor)

보험회사의 위촉을 받아 생명보험에 가입할 사람의 건강 상태를 진찰하는 의사이다.

보험의(保險醫)란 생명보험 계약에 있어서 피보험자의 신체, 건강상태 그 밖의 위험 측정상의 중요한 사항에 대해 조사하여 이를 보험자에게 제공해 주는 의사를 뜻한다.

(5) 금융기관보험대리점(방카슈랑스), 보험회사의 임직원 등

금융기관보험대리점 등의 보험모집은 방카슈랑스(은행과 보험의 결합)라는 금융영업정책에 의해 2003년 8월부터 실시되고 있다.

▣ **보험대리점 또는 보험중개사로 등록 가능한 금융기관**
① 은행법에 의하여 설립된 금융기관
② 자본시장과 금융투자업에 관한 법률에 의한 투자매매업자 또는 투자중개업자
③ 상호저축은행법에 따른 상호저축은행
④ 한국산업은행, 중소기업은행, 신용카드회사(겸영 여신업자 제외), 농업협동조합 및 농협은행

※ **보험회사의 임원 또는 직원**
보험회사는 보험설계사나 보험대리점 등을 통하지 않고 직접 보험회사 임직원을 통해 보험모집을 할 수 있다. 단, 대표이사, 사외이사, 감사 및 감사 위원은 제외된다.

제3절. 보험의 목적과 피보험이익(보험계약의 목적)

1. 보험의 목적

보험은 보험사고의 대상이 되는 객체, 즉 보험의 목적이 있어야 한다.

보험의 목적은 **보험에 부쳐지는 대상을 말하는데, 손해보험의 경우 보험사고 발생의 객체가 되는 물건**

이나 재산이 보험의 목적이다. 인보험의 경우에는 생명이나 신체가 보험에 부쳐진 자이며, 즉 피보험자가 보험의 목적이 된다.

1) 보험의 목적:
보험사고 발생의 객체가 되는 경제상의 재화(재산, 물건) 또는 사람의 생명이나 신체를 말한다. 이는 보험계약의 목적인 피보험이익과 구별된다.

2) 손해보험의 목적:
경제상의 재화(주택, 자동차, 선박 등)와 같은 구체적인 물건에 한하지 않고 채권과 같은 무체물[17] 또는 피보험자의 책임도 포함된다.

3) 인보험의 목적:
인보험의 목적은 사람의 생명 또는 신체인데, 개인 또는 단체도 보험의 목적이 될 수 있다.
그러나 사망보험의 경우 15세 미만인 자, 심신상실자, 심신박약자는 보험의 목적이 될 수 없으며 보험계약이 체결되더라도 무효가 된다.

2. 피보험이익(보험계약의 목적)

피보험이익(insurable interest)이란 **보험계약자나 피보험자가 보험의 목적에 대하여 가지고 있는 적법한 경제적 이해관계를 뜻한다**(특정한 보험목적 사이의 경제적 이해관계).

즉, 피보험이익은 보험의 목적에 대해 특정한 경제주체가 갖는 경제적 이해관계를 말하며, 일반적으로 손해보험에서만 인정된다. 또한, 보험의 목적이 멸실 또는 손상됨으로써 경제적 손실을 입게 되는 특정인(피보험자)과 그 보험의 목적 사이에 존재하는 경제적 이해관계를 말한다.

상법은 손해보험에 있어 피보험이익을 '**보험계약의 목적**'(상법 제668조)으로 표현하고 금전으로 산정할 수 있는 이익으로 한정하고 있다.

주택, 자동차, 선박, 화물 등의 재산 또는 사람의 생명이나 신체 또는 손해를 발생시키는 대상 또는 객체를 의미하는 보험의 목적과는 다른 개념이다.

1) 보험계약의 목적:
보험의 목적에 대하여 보험사고의 발생 유무에 의하여 피보험자가 가지는 경제적인 손익 또는 손익관계로서 이것을 보험계약의 목적이라고 한다.

2) 피보험이익과 보험목적과의 관계:
보험의 목적은 보험계약 대상인 재화나 신체, 생명을 말하며, 피보험이익은 그 목적에 대하여 가지고 있는 경제적 이해관계를 뜻하므로, 동일한 목적에 대해서 경제적인 이해관계가 다름에 따라 수

---

17) 무체물(無體物): 음향, 전기, 빛, 열 따위와 같이 형체가 없는 물질

개의 피보험이익이 있을 수 있고, 피보험이익이 다르면 동일한 목적이라도 별개의 보험계약이 된다.

3) 피보험이익의 요건
피보험이익의 3가지 요건은 경제성, 적법성, 확정성으로 나눈다.

① 경제적 이익:
경제성에서 피보험이익은 금전으로 산정할 수 있는 객관적 가치가 있어야 한다.

② 적법한 이익:
적법성에서 피보험이익은 적법한 것이어야 한다.

탈세, 도박 등으로 인한 이익은 피보험이익이 될 수 없다.

③ 확정적 이익:
불확정한 이익 또는 확정할 수 없는 이익은 보험의 보호대상이라 할 수 없기 때문에 피보험이익은 명확하게 이익의 존재가 확인되는 것(최소한 보험사고 발생시점까지는 확정)이어야한다. 이 경우 현존하는 이익뿐만 아니라 장래의 이익도 확정할 수 있는 것이면 피보험이익이 될 수 있다.

4) 피보험이익의 기능:
① 보험자의 책임 범위를 정하는 기능, ② 손해보험을 개별화하는 기능, ③ 초과보험 및 도박보험 등을 판정하는 기능이 있다.

5) 피보험이익의 효과(효용)
피보험이익의 효과는 **보험회사의 책임 범위를 결정**할 수 있으며, 보험은 사행계약성을 가지고 있으므로 **도박화 및 인위적 위험을 방지할 수 있고, 보험계약의 동일성을 구분하는 표준**이 되기도 한다. 예를 들면 값비싼 평면 TV(보험의 목적물)를 도난보험과 배상책임보험에 가입했을 경우, 도난보험의 피보험이익은 TV도난으로 인한 금전적 손실이 되고, 배상책임보험의 피보험이익은 관람객이 TV를 작동하다 감전된 경우 그 사고로 인한 관람객의 육체적 정신적 피해보상을 위한 회사의 금전적 손해가 된다. 즉, 동일한 보험의 목적(TV)을 보험에 가입했다 하더라도 각기 다른 피보험이익이 존재하는 것이다. 마지막으로 **초과보험과 중복보험의 판정 및 방지 효과가 있다.**

제4절. 보험사고(保險事故)

1. 보험사고의 정의(定義)

♣ 보험계약에서 보험자의 보험금 지급의무를 구체화시키는 보험의 목적에 약정된 우연한 사고이다.

즉, 사람의 사망, 화재발생, 자동차 사고 등과 같이 보험회사의 보험금 지급 책임을 현실화시키는 우연한 사고이다.

보험사고는 우연한 것이어야 한다. 이 우연성은 사고의 발생 자체가 불확정한 것임을 뜻한다. 이 불확정성은 당사자의 주관에 있어서 불확정하면 족하나 보통보험약관에 의하여 객관적으로 불확정하여야 한다고 규정하는 것이 보통이다.

보험자와 보험계약자는 계약 과정에서 보험사고의 범주를 한정하여 해당하는 경우에만 보험자가 보상할 수 있도록 하고 있다.

2. 보험사고의 개요(槪要)

♣ 보험사고의 입증책임: 보험계약자, 피보험자가 입증하여야 한다.
♣ 보험금의 면책사유 또는 부지급 사유는 보험자가 입증하여야 한다.

보험사고는 일반적으로 보험계약의 종류에 따라 정해진다. 즉 화재보험에서는 화재, 해상보험에서는 항해에 관한 사고, 생명보험에서는 생존 또는 사망이 보험사고이다. 다만 당사자의 특약으로 보험사고의 범위를 확대하거나 축소할 수 있다.

보험계약자는 보험계약 체결 시 자신이 대비하고자 하는 위험에 관해 상세히 기술함으로써 보험자가 인수할 위험, 즉 모든 위험이 아닌 한정적이며 특정된 위험이 보험사고로 확정된다. 그리고 보험계약이 유효하게 존속하는 보험기간 중에 위험 배제에 대항하지 않는 보험사고가 발생한 경우에 보험자의 책임이 발생한다. 그러나 보험계약자나 피보험자가 부수 의무를 위반한 경우 보험자의 책임은 소멸된다.

보험자의 보상의무를 구체화시키는 사고이며 보험 제도가 사고의 발생에 대비한 보상을 전제로 운영되는 것이므로, 보험사고는 계약의 전제조건이다. 따라서 보험사고가 이미 발생했거나, 반대로 발생할 수 없는 것임을 인지하고 있었을 때에는 보험계약이 무효가 된다(상법 제644조 본문).

다만 소급 보험에서는 당사자 사이에서 보험사고의 발생여부·시기·방법 등이 주관적으로 불확정적인 경우에는 이를 유효한 것으로 한다(동법 제644조 단서). 그러나 당사자 쌍방과 피보험자가 이를 알지 못한 때에는 그러하지 아니한다(제645조 단서).

또한, 생명보험의 경우 보험사고의 발생 여부는 확정되어 있고, 시기·방법 등이 불확실하다.

3. 보험사고의 요건

1) 불확실성(우연한 사고)

보험사고는 우연한 것이어야 한다. 여기서 우연이란 사고발생의 여부, 시기, 방법 중 어느 하나라도 불확정한 것을 말하고, 이 불확정성은 당사자의 입장(주관)에서 불확정하면 된다.

2) 보험사고 대상의 존재성

'보험의 목적'이 있어야 한다. 즉, 보험사고 발생에는 대상이 있어야 한다.

3) 발생 가능성(발생 가능한 사고)

보험사고는 발생 가능한 것이어야 한다.

4) 한정성(일정기간 내 발생하는 일정한 사고)

① 범위(보험사고의 종류)가 구체적으로 한정되어야 한다.

② 보험사고는 일정한 목적에 대하여 일정한 기간 내에 발생한 사고이어야 한다.

5) 적법성

보험사고의 기초가 되는 사실은 적법한 것이어야 하며, 고의나 불법에 의한 사고는 보험사고가 될 수 없다(예: 도박과 밀수품 운송은 안 된다).

제5절. 보험금과 보험료

1. 보험금(保險金, insurance money, Insurance benefit)

보험계약에서 정한 보험사고가 발생했을 때 보험회사가 보험계약자로부터 보험료를 받은 대가로 피보험자(손해보험) 또는 보험수익자(생명보험)에게 지급하는 금액이다. 즉, **보험사고가 발생했을 때 보험계약에 의거하여 보험회사로부터 피보험자(손해보험)·보험수익자(생명보험)에게 실제로 지급되는 금액이다.**

보험계약자는 보험회사에 보험료를 납입하고 그 대가로서 보험회사는 피보험자에게 보험사고 발생 시에 보험금을 지급하는 것이다.

2. 보험료(保險料, premiums)

1) 보험료의 정의(定義)

보험계약에서 보험자가 보험금지급 책임을 지는 대가로서 **보험계약자가 위험보장을 받기 위하여 보험계약에 따라 보험자에게 지급하는 금액이다.**

즉, 보험회사가 위험을 인수하여 준 대가로서 보험계약자가 보험회사에 지급하는 금액이다.

보험계약은 유상계약(有償契約)으로서 보험료의 산정은 급부·반대급부 균등의 원칙에 기초한다.

① 영업보험료

보험계약은 유상계약으로 보험자가 보험을 인수하여 보험사고가 생기면 보험금을 지급할 책임을 지게 되므로 보험료는 그에 대한 대가로서 보험계약자가 지급하는 것이다.

보험료는 대수(大數)의 법칙에 따라 사고발생개연율에 의해 산출되는 순보험료(純保險料)와 보험계약의 체결비용, 인건비, 그 밖의 사업비(경비)로서 부가하는 부가보험료가 포함되는데, 이를 영업보험료라고 한다.

② **순보험료와 부가보험료**(계약체결 및 계약관리 비용)

보험료는 2개 부분으로 구성되어 있으며, 하나는 장래의 보험금을 지급하기 위한 재원이 되는 순보험료이고, 또 하나는 보험회사가 보험계약을 유지·관리하는 데 필요한 경비로 쓰이는 부가보험료가 있다. 이 중에서 순보험료는 사망보험금 지급의 재원이 되는 위험보험료와 만기보험금 지급을 위한 저축보험료로 구성되는데 이는 예정사망률과 예정이율을 기초로 계산되며, 부가보험료는 신계약비, 유지비, 수금비로 구성되며 이는 예정사업 비율을 기초로 계산된다.

③ **보험료의 산정**

보험료의 산정은 보험수리의 원칙에 따라 보험계리인(保險計理人)에 의해 행해지는데, 보험은 대수의 법칙에 의해 보험단체 안에서의 보험사고 발생률에 따라 보험료 총액과 보험금 총액이 균형을 유지하도록 계산되는 것이다.

2) 보험료의 구성

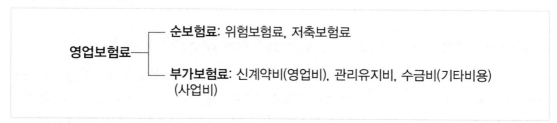

① 영업보험료 = 순보험료 + 부가보험료
② 순보험료: 대수의 법칙에 따라 예상평균사고발생률과 예상평균보험금에 의하여 산출된다.
③ 부가보험료: 보험계약의 체결비용, 계약유지 비용, 인건비, 그 밖의 사업비로서 부가되는 보험료.
④ 순보험료는 사고발생 위험률에 따라 계산된 위험보험료와 보험료 적립을 위한 저축보험료로 구성된다.
⑤ 부가보험료는 보험계약 및 유지관리에 필요한 사업비(경비)를 말한다.

> ▣ **보험료의 구성**
> 영업보험료 = 순보험료 + 부가보험료
> 순보험료 = 위험보험료 + 저축보험료
> 부가보험료 = 계약체결 비용(신계약비) + 계약유지 비용(유지비) + 기타 비용(수금비)

3) 보험료의 용어

① **순보험료 = 위험보험료 + 저축보험료**

• **위험보험료:** 보험사고가 발생 시 계약자 등에게 지급되는 보험금의 재원.

• **저축보험료:** 계약자가 보험계약을 중도에 해지한 경우에 지급하는 해지환급금 및 보험사고 없이 만기가 되었을 때 계약자에게 지급하는 만기환급금의 재원.

② **부가보험료 = 신계약비 + 유지비 + 수금비** (계약체결 및 계약관리 비용)

• **신계약비:** 보험회사가 신계약을 모집하는 데 필요한 제경비로서 초년도에만 사용하며 보험설계사 등의 급여로 사용된다.(계약체결 비용)

• **유지비:** 보험계약을 유지 관리하는 데 필요한 제경비로 점포유지비, 내근직원의 인건비 등으로 사용된다.(계약유지 비용)

• **수금비:** 계속보험료를 수금하는 데 필요한 제경비로 수금사원의 수금수수료와 은행이나 우체국을 통한 수금비용(자동이체 수수료)으로 사용된다.(기타 비용)

3. 보험료의 산출방식(p.38, p.39 참조)

보험료의 산정은 보험계리사가 행한다. 보험료는 **대수의 법칙**에 기초한 보험사고의 발생 빈도와 심도를 고려하여 총 지급보험금에 비례하여 산출된다.

> **#독일 경제학자 렉시스의 산식 : p = Zw = r/n × Z w = r/n**
>
> 보험료: p, 위험발생률: w, 보험금: Z, 보험금 받을 자의 수: r, 보험가입자 수: n

예) 보험가입자 1만 명이고, 시가 1억 원짜리 건물을 각각 가지고 있는데, 이들의 화재발생률은 0.01%라고 가정하면, 1인당 순보험료는 1만 원이 된다. (p = 1/10,000명 × 100,000,000원 = 10,000원)

4. 보험료 관련 원칙

▣ 보험료불가분의 원칙(保險料不可分의 原則)

단위 기간의 중도에 보험의 계약이 소멸되어도 보험자는 그 단위 기간 전부에 대한 보험료 전액을 청구할 권리를 갖게 된다는 원칙이다.

보험료는 보험자가 보험사고에 대하여 부담하는 책임에 대한 보수이다. 보험료는 보험금액을 기준으로 하여 위험률에 따라 결정된다. 이것은 보험계약기간을 단위로 하여 위험을 측정하고 그에 따라 보험료가 결정되므로 그 기간의 위험과 보험료와는 불가분으로 연결된다. 따라서 기간 중에 계약이 해지되면 경과 기간에 대한 보험료는 반환 청구할 수 없고 미경과분에 관하여서는 별도 약정이 없는 한 청구를 할 수 있다(제649조).

제6절. 보험금액(보험가입금액)과 보험가액

생명보험과는 달리 손해보험에는 보험가액이라는 법률상 보상의 최고한도액이 있어 손해보험 고유의 원칙인 이득금지의 원칙이 존재한다. 이러한 내용에 대해서는 다음과 같다.

1. 보험금액(保險金額, insured amount, 보험가입금액)

1) 정의(定義): 보험계약상 보상의 최고한도액

보험금액은 보험사고가 발생하였을 때 보험자가 피보험자(손해보험) 또는 보험수익자(인보험)에게 지급하여야 할 급여(給與)의 최고한도액을 말한다. 보험금액의 한도 내에서 실제 지급하게 되는 금액이 보험금이다.

보험계약체결 당시에 계약당사자 간에 합의하여 보험증권상에 임의로 정하여 놓은 금액을 말한다. 이는 보험료 산정의 기준이 된다.

2) 개요(槪要)

이 보험금액은 손해보험과 생명보험(정액보험)에 따라 그 뜻에 차이가 있다.

♣ 손해보험(피보험자)의 경우 보험자가 피보험자에게 보상하기로 약정한 최대금액(최고보상한도액)이다. 즉, 보험자가 부담하는 손해보험 책임의 최고한도를 가리킨다.
♣ 생명보험(사망보험, 정액보험)의 경우에는 보험금액과 보험금이 동일하다.
정액보험에 있어서는 계약에 정한 금액이다. 보험료는 이 보험금액을 기준으로 계산된다.

① 보험금액이란 보험자와 보험계약자 간의 합의에 의하여 약정한 금액이며 보험사고가 발생하였을 경우에 보험자가 지급할 금액의 최고한도를 말한다.
계약 체결 시 보험증권에 임의로 정해 놓은 금액이다.
② 이같이 보험금액을 정하는 이유는 계약체결 시에 보험자의 보상한도를 명확히 함으로써 합리적이고 정확한 보험료율을 산출하기 위함이다.
③ 보험금액은 보험가액의 범위 내에서 정해져야 하며 보험가액을 초과하였을 경우에 그 초과한 금액에 대해서는 보험자가 보상하지 않는다.

④ 손해보험계약에서 보험자는 보험사고로 생길 피보험자의 재산상의 손해를 보상할 책임을 지므로(상법 제665조), 손해보험계약에서 보험금액이란 보험자가 보험계약자와 합의하여 정한 손해보상책임의 최고한도액을 의미하고, 현실적으로 보험사고가 발생하여 보험자가 지급하는 손해보상액의 뜻으로 사용되기도 한다(동법 제682조 참조).

⑤ 생명보험과 같은 정액보험에서는 보험사고가 생길 경우에 보험자는 약정한 금액을 지급할 책임을 지므로(동법 제730조) 보험자가 보험사고 발생 시에 지급하기로 약정한 금액이 보험금액이다.

2. 보험가액(保險價額, insurance value)

1) 정의(定義): 법률상 보상의 최고한도액

보험사고가 발생하였을 경우 피보험자가 입을 가능성이 있는 손해(피보험이익)를 금전적으로 평가한 것으로서 보험회사가 보상하여야 할 법률상 최고 한도액을 의미한다. 보험가액은 손해보험에만 존재하는 개념으로서 손해액 산정의 기초가 되며, 일부보험·전부보험· 초과보험의 판정을 위한 기준이 된다.

2) 개요(槪要)

① 보험가액이란 보험사고가 발생하였을 경우에 보험목적에 발생할 수 있는 손해액의 최고한도액을 말한다. 손해보험에서 보험에 붙일 수 있는 재산의 평가액이며 보험금액은 이 한도 내에서 정해진다.

② 보험가액은 피보험자가 입을 가능성이 있는 손해를 금전적으로 평가한 금액이다.

즉 법률상 보상의 최고한도액을 가리키며, 보험금액은 보험계약상 보상의 최고한도액을 말한다.

보험가액은 일부보험, 전부보험, 초과보험의 판정을 내리는 데 기준이 된다.

③ 보험가액의 경우 때와 장소에 따라 변동할 가능성이 있고, 책임보험이나 인보험 등은 평가 자체가 불가능하기 때문에 보험금액을 기준으로 하여 보험자의 보상 한도를 구체화하는 것이 바람직하다고 볼 수 있다.

3. 보험가입금액과 보험가액의 관계(불일치)

일반적으로 보험가입금액과 보험가액의 관계는 일치되는 것이 보통이지만, 예외적으로 불일치가 발생하는 경우가 존재한다. 이는 보험가액의 개념이 존재하는 손해보험만의 특징이다.

1) 전부보험(보험가액 = 보험가입금액)

보험가액의 전부를 가입하여 보험가입금액과 보험가액이 일치하는 경우로서, 사고가 발생 시 보험가입금액 한도 내에서 실제 손해액 전액을 보상하는 보험을 말한다.

2) 초과보험(보험가액 〈 보험가입금액)

임의로 설정한 보험가입금액이 보험가액을 초과하는 보험을 말한다. 보상방법은 보험계약으로 인한 이득금지원칙에 의하여 보험가액을 한도로 실손 보상하며, 초과보험이 성립하는 경우는 보험가입금액이 보험가액을 현저하게 초과하여야 하고, 초과보험을 결정하는 보험가액의 산정 시기는 계약 당시이며, 보험계약자 측의 사기 등 불법행위가 없어야 한다. 초과보험이 보험계약자의 사기로 인한 경우 보험계약은 전부가 무효가 되며, 보험회사는 그 사실을 안 때까지의 보험료를 보험계약자에게 청구할 수 있다. 또한 선의로 이루어 진 경우에는 보험회사 및 보험계약자는 보험가입금액의 감액을 청구할 수 있다. 이 경우 보험금액 및 보험료 감액은 장래에 대해서만 효력이 있다.

3) 일부보험(보험가액 〉 보험가입금액)

보험가입금액이 보험가액에 미달한 경우의 보험을 말한다. 보상방법은 보험회사 보험가액에 대한 보험가입금액의 비율에 따라 보상(비례보상)한다.

> ▣ **비례보상 방법**
> ♣ 보상액 = 손해액 × (보험가입금액÷보험가액)
> ♣ 시가 1억 원(보험가액)의 빌딩을 화재보험에 가입하고자 하는 경우, 만약 가입금액을 1억 원으로 전부보험에 가입한다면 전손사고 시에 1억 원 한도로 보상받을 수 있지만, 보험료 부담을 줄이기 위해 가입금액을 5천만 원으로 가입(일부보험) 한다면, 전손사고시라도 손해액에 대해 50%만 보상받을 수 있다(비례보상).

4) 중복보험(보험가액 〈 보험가입금액의 합)

보험계약자가 동일한 보험목적물 및 동일한 피보험이익에 대하여 다수의 보험회사와 보험계약을 체결하여 그 보험가입금액의 합이 보험가액을 초과하는 경우를 중복보험이라 한다.

보상방법은 보험회사 각자의 보험가입금액 비율에 따라 피보험자에게 연대책임을 지며 보험가액 한도 내에서 실손 보상한다.

5) 공동보험(보험가액 ≧ 보험가입금액의 합)

두 군데 이상의 보험회사가 동일한 보험목적물 및 동일한 피보험이익에 대하여 보험계약을 체결하지만 그 보험가입금액의 합이 보험가액을 초과하지 않는 경우를 공동보험이라 한다. 보상방법은 보험회사 각자의 보험가액에 대한 보험가입금액의 비율(인수비율)에 따라 비례보상 또는 실손보상을 한다.

▣ 보험가입금액과 보험가액 간의 관계

구 분	보험가액과의 비교	보상방법	보상한도
전부보험	보험가액 = 보험가입금액	실손보상	보험가입금액
일부보험	보험가액 〉 보험가입금액	비례보상	보험가입금액
초과보험	보험가액 〈 보험가입금액	실손보상	보험가액
중복보험	보험가액 〈 보험가입금액의 합	실손보상(연대비례)	보험가액
공동보험	보험가액 ≥ 보험가입금액의 합	실손보상(비례)	보험가입금액

제7절. 보험기간, 보험계약기간, 보험료기간

보험계약 시에 보험의 보장이 되는 보험의 기간과 관련된 내용은 다음과 같다.

1. 보험기간

보험자의 책임이 시작(개시)되어 종료될 때까지의 기간이다.

보험자는 보험계약에 의하여 어떤 일정한 기간 내에 발생한 보험사고에 대하여 보험금을 지불할 것을 약속하게 되는데, 그 일정기간이 보험기간이며, 위험기간 또는 책임기간이라고도 한다.

보험 계약에 따라 보험업자가 보험금을 지급할 책임을 지고 있는 기간이며, 보험자의 책임이 시작되어 끝날 때까지의 기간이라고 한다. 다른 약정이 없는 한 최초 보험료를 받은 때부터 개시한다.

보험기간은 보험사고 발생에 대한 시간적 제한, 즉 보험자가 위험을 부담하는 기간을 의미한다. 보험사고는 모두 보험기간 내에 발생해야 한다.

2. 보험계약기간

보험계약이 유효하게 성립하여 유지되고 종료하기 전까지의 존속하는 기간이다.

보험 계약이 성립(청약과 승낙)되어 소멸할 때까지의 기간이며, 보험계약이 성립했더라도 초회 보험료를 납입하지 않았다면 보험회사 책임의 개시기간(보험기간)에 해당되지 않는다.

보험계약이 성립해서 소멸할 때까지의 기간으로, 성립 시기는 통상 보험회사의 승낙이 있는 시점이다. 보험기간이 보험계약기간보다 일찍 시작하는 보험을 소급보험, 보험기간보다 보험계약기간이 일찍 시작하는 보험을 예정보험이라 한다.

3. 보험료기간

보험자가 위험을 측정하고 보험료를 산출하기 위한 표준이 되는 기간이다.

보험회사는 일정한 기간을 단위로 그 기간 안에 생기는 보험사고의 발생률을 통계적으로 측정하여 그 위험률에 따라 보험료를 산정하게 되는데 그 기간을 보험료기간이라 하며, 통상 1년을 원칙으로 한다.

이는 위험률 측정의 단위가 되는 기간이며, 보통 1년 단위로 보험료율을 정한다.

memo

제2장
보험계약의 체결

제1절. 보험계약의 성립

'보험계약'이란 당사자 일방이 약정한 보험료를 지급하고 재산 또는 생명이나 신체에 불확정한 사고가 발생할 경우에 상대방이 일정한 보험금이나 그 밖의 급여를 지급할 것을 약정하는 계약을 말한다(상법 제638조).

보험계약은 낙성계약(諾成契約)이므로 보험계약자의 청약에 대하여 보험자가 승낙함으로써 성립한다.
즉, 보험계약자가 청약의 의사표시에 대하여 보험자의 승낙이라는 의사표시가 일치됨으로써 보험계약은 성립된다. 이 때문에 보험계약은 **불요식 · 낙성계약**이라고 한다.
최초의 보험료 납입이나 보험증권의 교부 등은 보험계약 성립의 요건은 아니나, 보험회사 책임개시일의 요건이 된다.

1. 보험계약의 청약 · 승낙 · 책임의 개시

1) 보험계약의 청약

보험계약의 청약이란 보험계약을 체결하고자 하는 자가 보험계약을 성립시키코자 하는 목적을 가진 일방적 의사표시를 말한다. 즉, 보험계약자가 보험자에 대하여 일정한 보험계약을 맺을 것을 목적으로 하는 일방적인 의사표시이다.
청약의 의사표시는 특별한 형식을 요하지 않으며, 구두든 서면이든 청약의 효력에는 차이가 없으나, 보험실무에 있어서는 거의 대부분 보험자가 미리 정한 양식, 즉 청약서(請約書)의 작성을 통해 보험계약의 청약이 이루어진다.

2) 보험계약의 승낙

특정한 보험계약의 청약에 대하여 보험자가 보험계약의 성립을 목적으로 하는 의사표시이다.
보험자가 보험계약자의 청약을 승낙하면 보험계약이 성립되고, 보험계약의 당사자는 보험계약상의 권리와 의무를 지는 계약의 효력이 발생한다. 승낙의 방법에는 제한이 없고, 명시적이든 묵시적이든 상관없다.

♣ 승낙통지의 방법: 보험증권 발송(교부).

3) 청약에 대한 승낙 및 거절

♣ 보험계약의 청약이 특별한 형식을 요하지 않은 것처럼, 청약에 대한 승낙도 특별한 형식이 없다.

즉, 명시적이든 묵시적이든 승낙은 유효하다.

그러나 보험 실무에서는 보험계약자의 청약에 대하여 보험자는 어떠한 방식이든 위험을 선택하는 절차를 밟게 되며 청약이 있은 후 보험자는 계약자 또는 피보험자가 보험계약 청약서에 의하여 회사에 고지(告知)한 사항이나 피보험자의 건강진단 결과 등에 따라 위험발생 가능성이 적은 보험계약을 선택하고, **동질의 위험집단에 속하는 피보험자라고 판단되면 청약을 승낙하며, 피보험체가 위험발생의 개연성(蓋然性)이 크다고 판단되면 보험계약의 승낙을 거절할 수 있다.**

4) 보험계약의 책임개시 시기

보험회사의 책임은 **당사자 간에 다른 약정이 없으면, 보험계약자로부터 최초의 보험료를 받은 때부터 시작된다**(상법 제656조). 즉, 보험회사는 보험계약자와 보험계약을 체결하여 특정한 위험을 인수한 대가로서 보험료를 수령하고 이때부터 보험회사의 책임이 개시된다.

또한, 보험자의 승낙이 있기 전이라도 보험계약자로부터 청약과 함께 제1회 보험료를 받은 때부터 보장책임이 개시된다.

다만, 피보험자가 신체검사를 받아야 하는 경우에는 신체검사를 받은 날부터 보장책임이 개시된다.

피보험자가 신체검사를 받은 후 재검사를 받아야 하는 경우에는 재검사일로부터 보장책임이 개시된다.

♣ **보험회사의 책임 개시일: 최초(제1회)의 보험료 납입일.**

♣ (예시)**보험회사의 책임개시일**은 언제인가?

9/1	9/5	9/10	9/20	9/30
♣	♣	♣	♣	♣
청약	제1회 P	건강진단	재진단	승낙

① 무(無)진단 계약의 보험회사 책임개시일은?   9/5 제1회 P 납입일
② 유(有)진단 계약의 보험회사 책임개시일은?   9/10 건강진단일
③ 재(再)진단 계약의 보험회사 책임개시일은?   9/20 재진단일
④ 무(無)진단 계약의 승낙 전(前) 계약 책임개시일은? 9/5 제1회 P 납입일

2. 낙부통지의무(諾否通知義務)와 승낙의제(承諾擬制)

1) 보험자의 승낙통지의무(낙부통지의무)

보험자가 보험계약자로부터 보험계약의 청약과 함께 보험료의 전부 또는 일부를 지급받은 때에는 다른 약정이 없으면, 보험자는 30일 이내에 보험계약자에게 보험계약의 인수 여부에 대하여 낙부통지를 하여야 한다(상법 제53조)(보험자의 낙부통지 의무로서 보험증권을 교부한다).

보험계약은 계약자의 청약에 대하여 보험자의 승낙이 있을 때에 성립하는데, 보험계약에 있어서는 일반계약과는 달리 보험계약의 청약에 대하여 보험자는 이를 승낙할 것인가, 거절할 것인가의 의사를 신속하게 결정하여 통지할 의무를 상법과 약관상 규정하고 있다.

즉, 무진단계약(無診斷契約)의 경우는 청약일, 진단계약(診斷契約)의 경우는 진단일로부터 30일 이내에 승낙 또는 거절해야 하며 승낙한 때에는 보험증권을 교부하여야 하며, 30일 이내에 승낙 또는 거절의 통지가 없으면 승낙된 것으로 의제(擬制)한다.

2) 낙부통지의 기산일

① 원칙은 청약과 함께 보험료의 지급을 받은 때부터 기산한다.
② 인보험 계약은 피보험자가 신체검사를 받는 경우는 신체검사를 받는 날부터 기산한다[유(有)진단 계약].
③ 피보험자가 재검사(재 건강진단)할 경우는 재검사일로부터 기산한다.

3) 승낙의제(承諾擬制)

상법은 **보험자의 낙부통지의무를 게을리 한 때에는 보험계약자의 보험청약을 승낙한 것으로 보아 보험계약의 성립을 인정하고 있다.**

보험자가 보험계약자로부터 보험계약의 청약과 함께 보험료의 전부 또는 일부를 지급받은 때에는 다른 약정이 없으면, 보험자는 **30일 이내**에 보험계약자에게 보험계약의 인수여부에 대하여 낙부

통지를 한다.

　보험자가 이 기간 내에 낙부(승낙 또는 거부)의 통지를 게을리한 때에는 승낙한 것으로 보아 그 계약의 성립을 인정하고 있다. 이처럼 승낙하지 않았지만 승낙을 한 것으로 보아서 그 계약의 성립을 인정하는 것을 승낙의제라고 한다. 이는 보험계약의 청약에 대하여 다른 조건 없이 승낙한 것으로 의제[18]된다.

3. 보험증권(保險證券)의 교부의무(交付義務)

1) 의의
보험자는 보험계약이 성립 시에 보험계약자의 청약을 승낙하는 경우 지체 없이 보험증권을 교부하여야 한다.(제640조) 이것은 '보험계약의 승낙'의 표시이다.

2) 보험증권
　보험계약이 성립한 이후에 보험계약의 성립과 그 내용을 증명하기 위해 계약의 내용을 기재하고 보험자가 서명·날인하여 보험계약자에게 교부하는 증거증권이다(계약의 증표).

　보험증권은 보험계약이 성립한 후 보험계약의 내용을 증명하기 위하여 보험자가 발행하는 것으로 보험계약 당사자 쌍방의 권리를 위한 것이지 증권의 발행·교부가 계약의 성립요건은 아니며, 증권상의 기명·날인란에는 보험자만이 서명하는 것이므로 쌍방의 의사 합치를 나타내는 계약서도 아니다.

　다만, 보험증권은 보험계약 당사자의 편의를 위한 증거증권 정도로 그 성격이 파악되고 있다.

3) 상법 제640조(보험증권의 교부)
　① 보험자는 보험계약이 성립한 때에는 지체 없이 보험증권을 작성하여 보험계약자에게 교부하여야 한다. 그러나 보험계약자가 보험료의 전부 또는 최초의 보험료를 지급하지 아니한 때에는 그러하지 아니하다.

　② 기존의 보험계약을 연장하거나 변경한 경우에는 보험자는 그 보험증권에 그 사실을 기재함으로써 보험증권의 교부에 갈음할 수 있다.

4. 승낙 전 사고보상(승낙 전 보호제도)

보험회사의 책임개시일 이후, 보험회사의 승낙이 있기 전에 보험사고가 발생한 경우에 적용한다.

　보험계약자가 청약과 함께 보험료의 전부 또는 일부를 납입한 경우에 보험자는 승낙의 의사표시를 하기 전(前)이라고 하더라도 청약을 거절할 사유가 없는 한 보상책임을 부담한다.

---

18) 의제: 어떤 것을 동일한 것으로 보고 동일한 효과를 부여하는 일.

① 보험자가 인수할 수 없는 또는 부적합한 위험을 목적으로 청약한 것.
② 고지의무 위반, 자필서명 위반, 과거 병력, 기타 등이 있는 청약.
③ 인보험의 경우 진단계약: 피보험자가 신체검사를 안 받은 청약.

제2절. 보험약관의 교부·명시 및 설명의무

1. 의의

보험자는 보험계약을 체결할 때에 보험계약자에게 보험약관을 교부하고, 그 약관의 중요한 내용을 설명을 하여야 한다(제638조의 3).

이러한 보험자의 의무를 인정하는 이유는 보험자가 일방적으로 작성한 청약서에 의하여 청약을 함으로써 보험계약자가 알지 못하는 가운데 약관에 정하여진 중요한 사항이 계약 내용으로 되어 보험계약자가 예측하지 못한 불이익을 받을 수가 있다. 이를 방지하기 위하여 보험약관의 교부·명시의무를 부과하고 있다.

1) 보험약관의 교부 · 명시 · 설명의무의 취지

보험계약은 보험자가 일방적으로 작성한 보험약관에 의하여 체결되는 부합계약성의 성질이 있다.

이러한 부합계약의 경우에 상대방(보험계약자)은 보험자가 정한 계약의 내용을 제대로 이해하지 못하여 약관상의 권리와 의무를 행사하지 못하는 경우가 발생할 수 있다. 이를 방지하기 위하여 보험약관을 작성한 보험자에게 보험약관의 설명의무를 부여하고 계약자가 이를 확인하도록 한다.

2) 상법 제638조의 3(보험약관의 교부·명시의무)

① 보험자는 보험계약을 체결할 때에 보험계약자에게 보험약관을 교부하고 그 약관의 중요한 내용을 알려주어야 한다.

② 보험자가 제1항의 규정에 위반한 때에는 보험계약자는 보험계약이 성립한 날부터 **3개월** 내에 그 계약을 취소할 수 있다.

3) 중요한 사항

'중요한 사항'이란? 고객의 이해관계에 중대한 영향을 미치는 사항으로서 사회통념상 그 사항의 지(知), 부지(不知)가 계약체결의 여부에 영향을 줄 수 있는 사항을 말한다.

4) 판례에 의한 중요한 사항이란?

보험료와 그 지급방법, 보험금액, 보험기간, 보험사고의 내용, 보험자의 면책사유, 보험계약의 해지사유 보험청약서상 기재사항의 변동사항 등은 보험자가 설명해야 할 중요한 사항이다.

2. 약관의 교부의무

보험자는 보험계약을 체결할 때에 보험계약자에게 보험약관을 교부하여야 한다(제638조의 3).

♣ 교부 시점: **'계약을 체결할 때'**로 규정한다. 그리고 보험자가 승낙한 때로 해석될 수 있다.

3. 약관의 설명의무

보험자에게 약관의 중요한 사항을 설명하도록 하는 것은 보험계약자가 약관의 내용을 알지 못하는 가운데 선의의 피해가 발생하지 않도록 하기 위함이다.

① 설명의무의 이행자:

보험자이며, 보험계약을 보험설계사 · 보험대리상 · 보험중개사를 통해서 보험모집 시에 그들이 보험자의 설명의무를 대신한다(보험업법 제83조).

② 설명의무의 상대방: 보험자는 보험계약자에게 보험약관의 중요한 사항을 설명하여야 한다.

③ 설명의 이행시기: '보험계약을 체결할 때'로 규정하고 있다.

④ 설명의 대상:

약관 규제법이나 상법에서 사업자가 설명하여야 할 대상은 '중요한 사항'으로 규정하고 있다.

▣ **보험약관의 설명의무 면제사항**

① 고객이 충분히 예상할 수 있는 사항
② 이미 널리 알려진 조항
③ 법령에 의하여 정하여진 사항

---

4. 교부, 설명의무 불이행의 효과(상법상 효과)

약관교부 및 중요내용 설명의무에 위반한 경우, 즉, 보험자가 보험계약을 체결할 때에 보험계약자에게 보험약관을 교부하지 아니하거나 그 약관의 중요한 내용을 설명하지 아니한 경우에 보험계약자는 보험계약이 성립한 날로부터 **3개월 이내에 계약을 취소**할 수 있고, 이 경우에는 보험계약자가 그 계약을 취소한 때에는 그 계약은 무효가 되고, 보험자는 이미 지급받은 보험료를 반환하여야 한다.

반환 시는 이미 납입한 보험료와 기간에 대한 소정(所定)의 이자를 부가하여 반환하도록 규정하고 있다.

제3절. 보험계약의 청약철회 청구제도

1. 청약철회(cooling off) 청구제도

1) 청약철회 청구제도의 개념

보험계약자를 보호하기 위한 제도로서, 보험계약자는 보험계약을 청약한 이후 일정기간(보험증권을 받은 날로부터 15일) 내에 청약을 철회할 수 있다. 이는 보험계약자가 청약한 이후 보험계약의 유지 여부, 필요성 여부에 대한 신중한 판단을 할 수 있도록 기회를 주기 위함이다.

보험을 계약한 뒤 단순히 마음에 들지 않거나 변심에 의한 경우도 일정한 기간 내에는 위약금이나 손해 없이 그 계약을 철회할 수 있다. 이는 장기 상품인 보험의 특성을 고려하여 그 가입 여부를 다시 한번 신중히 재고할 기회를 부여하는 것이다.

2) 청약철회 청구의 대상

청약철회가 가능한 보험종목은 생명보험 및 손해보험 중 가입기간 1년 이상 **가계성 보험**(개인의 일상생활과 관련된 보험, 장기손해보험의 경우 단체상해보험 포함)에 한하여 적용한다. 그러나 자동차보험·화재보험·배상책임보험 등은 제외된다.

2. 청약철회 방법

보험계약자는 보험증권을 받은 날로부터 15일 이내에 그 청약을 철회할 수 있다(다만, 청약을 한 날로부터 30일을 초과할 수 없음). 또한, 보험자는 특별한 사정이 없는 한 거부할 수 없다.

다만, 진단계약, 보험기간이 1년 미만인 계약 또는 전문보험계약자가 체결한 계약은 청약을 철회할 수 없으며, 청약을 한 날로부터 30일을 초과한 경우도 청약을 철회할 수 없다. 이 경우 보험증권을 받은 날에 대한 다툼이 발생한 경우 회사가 이를 증명하여야 한다.

3. 청약철회의 효과

보험회사는 보험계약자가 청약의 철회를 접수한 경우 3일 이내에 기납입 보험료를 반환하며, 보험료 반환이 지체된 경우 일정한 지급지연 이자(보험계약대출이율로 연단위 복리로 계산한 금액)를 더하여 지급한다.

보험계약자가 보험계약의 청약을 철회한 경우에는 청약의 효과는 발생하지 않는다.

보험계약의 청약철회 당시에 이미 보험금의 지급사유가 발생한 경우에는 청약철회의 효력은 발생하지 않는다. 그러나 보험계약자가 보험금의 지급사유가 발생하였음을 알면서 해당 보험계약의 청약을 철회한 경우에는 그러하지 않는다(보험업법 제102조의 5).

제4절. 고지의무(告知義務, 계약 전 알릴 의무)

1. 고지의무(告知義務)의 의의

보험계약자 또는 피보험자는 보험계약을 청약하고자 할 때, 보험계약에 수반된 제반 위험정도를 판단하는 데 필요한 중요한 사항을 보험회사에 알려야 할 의무를 부담하는데, 이를 고지의무(告知義務) 또는 계약 전 알릴 의무라고 한다.

즉, 보험계약자나 피보험자가 보험계약 체결 당시에 사고 발생률을 측정하기 위하여 필요한 중요 사항에 관하여 고지해야 할 의무이며, 또는 부실 고지를 해서는 안 될 의무를 말한다(상법 제651조).

고의 또는 중대한 과실로 인하여 불고지 또는 부실의 고지를 하지 아니할 의무를 지게 되는데 이를 고지의무라 한다. 보험표준약관에 '계약 전 알릴 의무'로 표현한다.

계약자 또는 피보험자는 청약할 때(진단계약의 경우에는 건강진단할 때를 말한다) 청약서에서 질문한 사항에 대하여 알고 있는 사실을 반드시 사실대로 알려야(이하 '계약 전 알릴 의무'라 하며, 상법상 '고지의무'와 같다) 한다. 그렇지 않은 경우 보험금의 지급이 거절되거나 계약이 해지될 수 있다.

보험계약 당시에 보험계약자 또는 피보험자가 고의 또는 중대한 과실로 인하여 중요한 사항을 고지하지 아니하거나 부실의 고지를 한 때에는 보험자는 그 사실을 안 날로부터 1개월 내에, 계약을 체결(성립)한 날로부터 3년 내에 한하여 계약을 해지할 수 있다. 그러나 보험자가 계약당시에 그 사실을 알았거나 중대한 과실로 인하여 알지 못한 때에는 그러하지 아니하다(상법 제651조).

고지의무위반으로 계약을 해지하면 보험사고가 발생해도 보험자는 보험금을 지급할 필요가 없고, 이미 지급했으면 반환을 청구할 수 있다. 하지만 고지의무위반 사실이 보험사고 발생에 영향을 미치지 않았음이 증명되면 보험자는 보험금지급의무를 지게 된다.

고지의무의 대상이 되는 것은 보험회사가 사고 발생의 위험을 측정하여 보험의 인수 및 보험료를 산정하는 데 영향을 미칠 수 있는 사항을 말한다. 화재보험 같은 경우에는 사용 목적, 사용 장소 등 물리적 상태 등이며, 생명보험의 경우에는 과거의 중요한 병증이나 피보험자의 직업, 환경에 관한 사실을 말한다.

고지의 방법은 제한이 없으므로 서면이나 구두나 상관없지만 일반적으로는 질문표에 기재하여 고지의무를 이행한 것으로 추정한다.

2. 고지의무(告知義務)의 개요

1) 의의 및 법적 성질

보험계약 당시에 보험계약자 또는 피보험자는 계약에 관한 중요한 사실을 고지하여야 할 의무를 진다. 고지의무는 보험계약서의 선의계약성 또는 사행계약성에 따른 보험계약의 전제 조건으로서의 간접의무이다.

2) 보험가입 전 기본적인 고지사항

① 계약 전 알릴 고지의무 항목.

과거 병력사항, 직업, 장애여부, 운전사항, 해외 위험지역 출국, 위험 취미, 음주, 흡연 등

> ♣ **과거 병력사항**
> - 최근 3개월(청약일 기준) 이내 의사로부터 진찰 또는 검사를 통한 의료행위 사실
> - 최근 3개월 이내 마약, 혈압약, 수면제, 진통제 등 약물 상시 복용한 사실
> - 최근 1년 이내 의사로부터 진찰 또는 검사를 통한 추가검사(재검사) 사실
> - 최근 5년 이내 의사로부터 진찰 또는 검사를 통한 입원, 수술, 7일 이상 치료, 30일 이상 투약
> - 최근 5년 이내 10대 질병 의료행위

② 계약 후 알릴 고지의무 항목.

보험 증권에 기재된 피보험자의 직업 또는 직무가 변경되었을 때 혹은 피보험자의 운전 여부나 운전 목적(자가용, 영업용)이 변경되었을 때는 고지하여야 한다. 이외에 주소가 바뀌거나 전화번호가 바뀐 것도 고지해야 한다.

3) 고지 당사자(고지의무자와 상대방)

보험계약자와 피보험자가 고지의무자이며, 보험자와 고지수령권한을 가진 자가 그 상대방이다.

♣ 고지 의무자: 보험계약자와 피보험자, 대리인에 의해 보험 체결할 시에 대리인도 포함.

♣ 고지 수령권자: 보험자, 보험자의 대리인 포함.

4) 고지의 시기 및 방법

보험계약 성립 시까지 하여야 하며, 그 방법에는 서면이든 구두에 의하든 제한이 없다.

① 고지의 시기

보험계약 당시에 고지해야 한다(상법 제651조). 계약 당시란 보험청약 시가 아니라 계약의 성립 시이다. 보험계약자는 보험청약 시에 고지하지 못하였더라도 보험계약 성립 시, 즉 보험자가 승낙하기 전까지 고지하면 고지의무를 이행한 것으로 된다.

② 방법

법률상 제한이 없으며 구두, 서면, 인터넷, 전화 등 보험자에게 그 뜻을 전달하면 된다. 대부분 보험청약서를 이용한 질문표를 사용한다(가장 일반적임. 고지여부에 대한 입증이 명확함).

5) 중요한 사항

고지할 중요한 사항은 보험자가 그 사실을 알고 있었으면 계약을 체결하지 않았거나 또는 동일한 조건으로 계약을 체결하지 않았을 것이라고 객관적으로 생각되는 사정을 말한다.

6) 고지의무위반

보험계약자 또는 피보험자가 중요한 사항을 고의 또는 중대한 과실로 고지하지 않았거나 부실고지를 한 경우에는 보험자는 그 사실을 안 날로부터 **1개월 내**, 계약 성립일로부터 **3년 내**에 한하여 보험계약을 해지할 수 있다. 그러나 보험자가 계약 당시에 그 사실을 알았거나 중대한 과실로 인하여 알지 못한 때에는 그러하지 아니하다(상법 제651조).

7) 고지의무위반 시 해지

보험자는 고지의무를 위반한 사실과 보험사고의 발생 사이의 인과관계를 불문하고 상법 제651조에 의하여 고지의무위반을 이유로 계약을 해지할 수 있다. 보험자가 다른 보험계약의 존재 여부에 관한 고지의무 위반을 이유로 보험계약을 해지하려면 보험계약자 또는 피보험자가 다른 보험계약의 존재를 알고 있는 외에 그것이 고지를 요하는 중요한 사항에 해당한다는 사실을 알고도, 또는 중대한 과실로 알지 못하여 고지의무를 다하지 아니한 사실을 입증하여야 하며, 주장 및 입증책임은 보험계약자 측에 있다.

① **상법 제651조**: 알릴 의무(고지의무)의 위반으로 인한 해지

보험계약 당시 보험계약자 또는 피보험자가 고의 또는 중대한 과실로 중요한 사항을 고지하지 않거나 부실하게 고지한 경우 보험회사는 그 사실을 안 날부터 1개월 내에, 계약을 체결한 날부터 3년 내에 계약을 해지할 수 있다. 그러나 보험회사가 계약 당시 그 사실을 알았거나 중대한 과실로 인해 알지 못한 경우에는 그렇지 않다.

② **상법 제655조**: 알릴 의무(고지의무)의 위반으로 인한 보험금 미지급

알릴 의무(고지의무)와 위험변경 · 증가에 대한 통지의무를 위반한 경우, 고의나 중과실로 위험변경 · 증가된 경우로 보험회사가 보험계약을 해지하였을 때에는 보험회사는 보험금을 지급할 책임이 없고, 이미 지급한 보험금의 반환을 요청할 수 있다

3. 고지사항과 질문표

♣ 보험가입 시에 고지의무의 대상이 되는 사항은 중요한 사항이다.

① 중요한 사항이란 보험자가 위험을 측정하여 보험의 인수 여부 및 보험료 산정의 표준이 되는

사항으로 보험자가 그 사실을 알았다면 계약을 체결하지 않거나 적어도 동일 조건으로는 계약을 체결하지 않을 것이라고 객관적으로 인정되는 사실이다(부담보[19] 계약인수, 보험금 삭감 등).

② 서면의 질문표

보험자는 보험계약 인수 시에 필요한 정보를 서면으로 질문할 수 있고, 서면으로 질문한 사항은 중요한 사항으로 추정하고 있다.

4. 고지의무(告知義務)의 위반

보험 계약자나 피보험자가 보험 계약을 체결할 때, 고의나 중대한 과실로 말미암아 중요한 사실을 전혀 알리지 않았거나 제대로 알리지 않는 것이며, 보험가입 시에 고지의무위반이 되는 경우는 다음과 같다.

① 피보험자의 고의, 중과실이 있어야 한다. 즉, 피보험자가 알고 있는 사항이어야 한다.

② 고지하지 않거나 사실과 다르게 또는 축소해서 고지한 경우에 두 요건이 모두 충족되어야 보험회사는 고지의무위반을 이유로 계약을 해지하거나 보험금을 부지급하거나 할 수 있다.

■ **고지의무위반의 조건(계약 전 알릴 의무 위반의 조건)**

1) 미고지 사항의 존재
계약자 및 피보험자가 청약서에 알려야 할 사항에 알리지 않은 사실이 보험회사 조사를 통해 확인되어야 한다.

2) 고의 또는 중과실의 존재
계약자, 피보험자에게 고의 또는 중대한 과실로 보험회사에 미고지한 사항이 확인되어야 한다.

3) 미고지 사항이 '중요한 사항'에 해당 될 것
'중요한 사항'이란 보험회사가 계약 당시 그 사실을 알았다면 계약을 체결하지 않았거나 동일한 조건으로는 계약을 체결하지 않았을 것을 의미한다.

※ 상기의 조건이 모두 충족되어야만 '고지의무 위반'이 되는 것이다. 그러나 보험회사는 보험조사를 통해 미고지 사항만을 확인한 뒤 고지의무 위반을 적용하는 것이 대부분의 보험회사 실무에서 이루어지고 있는 실정이다.
즉, 계약자, 피보험자의 고의 또는 중과실 여부의 확인과 해당 미고지 사항이 가입한 보험의 '중요한 사항'에 해당되는지는 대부분 확인하려고 하지 않는 경우가 다수이다.

---

19) 부담보: 가입된 보험 기간 중 특정 부위 및 특정 질환에 대해서 일정 기간 또는 전 기간 질병으로 인한 수술이나 입원 등의 각종 보장에서 제외하여 조건부로 가입하는 것을 말한다.

▣ 해지권 제한사유

고지의무 위반의 조건에 충족하여도 계약을 해지하기 위해서는 해지권 제한사유에 해당되지 않아야 한다.

1) 보험회사의 과실
미고지한 사항이 보험회사가 알고 있던 사실이나, 과실로 알지 못한 경우에는 해지권을 실행할 수 없다.

2) 진단계약의 1년 경과
보험 가입 시 보험회사가 피보험자의 건강상태를 알 수 있었던 경우 진단계약으로 분류된다. 건강검진 결과지를 제출하든지, 혈압측정이나 혈액추출 등의 행위를 한 경우 진단계약으로 분류되며, 계약일로부터 1년 이내에 보험금 지급사유가 없는 경우 해지권을 실행할 수 없다.

3) 일반계약 2년 경과
진단계약이 아니어도 계약일로부터 2년이 경과기간 동안 보험금 지급 사유가 없는 경우 보험 계약을 해지할 수 없다.

4) 3년의 경과
모든 계약은 계약일로부터 3년이 경과하면 보험계약을 해지할 수 없다.

5) 설계사 과실
보험청약 시 설계사가 고지하지 않게 하였거나, 부실의 고지를 권유하였거나, 고지를 방해하는 등 설계사의 과실이 있는 경우 해지할 수 없다.

6) 안 날부터 1개월이 경과한 경우
보험회사가 계약자 또는 피보험자의 고지의무 위반 사실을 안 날부터 1개월이 경과하였음에도 해지의 의사 표현을 하지 못한 경우에는 해지할 수 없다.

(1) 고지의무위반의 요건

1) 보험계약자 측의 요건

주관적 요건: 보험계약자 또는 피보험자의 고의 또는 중대한 과실로 인한 것이어야 한다(제651조).
중대한 과실 – 부주의하여 불고지, 부실고지를 한 것.
객관적 요건: 중요한 사실에 대한 불고지 또는 부실고지가 있어야 한다(제651조).
불고지 – 질문사항에 대해 공란.   부실고지 – 사실과 다르게 허위진술.

2) 보험자의 주관적 요건

보험계약 당시에 보험자의 악의 또는 중대한 과실이 없어야 한다.

보험계약자가 고지의무를 위반하여도 보험자가 계약 당시에 그 사실을 알았거나 중대한 과실로 인하여 알지 못한 때에는 보험자는 계약을 해지하지 못한다(제651조 단서).

① 객관적 요건(客觀的 要件)

보험회사가 계약 전 알릴 의무 위반에 따른 보험계약의 해지를 하기 위해서는 보험계약상의 **중요한 사항에 대해 계약자 및 피보험자가 불고지 또는 부실고지를 하였다는 것**이 객관적 요건이다.

② 주관적 요건(主觀的 要件)

고의 또는 중과실로 불고지, 부실고지를 하였다는 주관적 요건이 충족되어야 한다.

> ※ '불고지'란 중요한 사항인 줄 알면서 이를 알리지 않는 것을 말하며, 질문표의 기재사항인 중요한 사항에 대해 묵비한 것을 말한다.
> 상법상 보험회사가 질문표에서 서면으로 질문한 사항은 '중요한 사항'으로 추정되기 때문이다.
>
> ※ '부실고지'란 질문표의 기재사항에 사실과 다른 기재를 한 경우에 인정된다.
>
> ※ '고의'란 어떤 사실이 존재함을 알고 있고, 그것이 중요하다는 점을 인식하고, 그 사실이 고지의무의 대상이 된다는 것도 인식하면서 이를 알리지 않는 것을 말한다.
>
> ※ '중대한 과실'은 고지하여야 할 사실은 알고 있었으나 현저한 부주의로 인하여 그 사실의 중요성을 잘못 판단하거나 고지의무 대상이 되는 중요한 사실이라는 것을 알지 못하는 것을 말한다.

(2) 고지의무위반의 효과

가. 해지권의 발생과 행사

고지의무위반으로 계약이 해지되려면 고지의무 위반의 조건이 충족되고, 해지권 제한 사유에 해당되지 않아야 비로소 고지의무 위반으로 계약이 해지될 수 있다.

1) 해지권 발생: 보험계약자 등에게 고지의무위반이 있으면 보험자는 계약을 해지할 수 있다.

2) 해지권 행사: 계약 성립 시부터 가능하다. 고지의무 위반사실을 안 날로부터 1개월 내에, 계약을 체결한 날로부터 3년 이내에 한하여 계약을 해지할 수 있다(제651조).

3) 해지의 효과: 보험자가 보험계약을 해지한 경우에 보험계약은 해지의 통지가 도달한 날로부터 장래에 향하여 효력을 상실한다.

4) 해지권 제한: 보험계약자가 고지의무를 위반했더라도 다음과 같은 경우에는 보험자의 해지권이 제한된다.

① 제척기간의 경과:

보험자가 고지의무 위반 사실을 안 날로부터 1개월, 계약을 체결한 날로부터 3년이 경과한 때에는 보험자의 해지권이 제한된다(제651조).

② 보험자가 안 때:

보험자가 계약 당시에 보험계약자의 고지의무 위반사실을 알았거나, 중대한 과실로 알지 못한 때에는 해지권이 제한된다(제651조 단서).

③ 설명의무 위반과 충돌:

보험자는 보험계약 체결 당시에 보험계약자에게 약관의 주요한 내용을 설명할 의무가 있다.

보험계약자가 설명받지 아니한 사항에 대하여 보험계약자가 고지의무를 위반하였다고 하더라도 보험자는 이를 이유로 계약을 해지할 수 없다.

④ 인과관계:

보험계약자 등이 고지의무 위반사실이 있다고 하더라도 고지의무 위반사실이 보험사고 발생에 영향을 미치지 아니하였음을 증명한 때에는 보험자가 해지권을 행사하더라도 보험금의 지급 책임은 그대로 발생한다(제655조 단서).

나. 보험금 지급책임의 면제

1) 보험사고 후 계약해지:

보험사고 후, 보험금 청구를 위한 접수 시 보험자는 조사 및 확인(심사)한다.

상법에서는 보험사고가 발생한 후, 고지의무, 통지의무, 위험유지의무 위반으로 보험계약을 해지한 경우에도 보험자는 보험금액을 지급할 책임이 없고, 이미 지급한 보험금액의 반환을 청구할 수 있도록 하고 있다(제655조).

2) 인과관계:

보험계약자 등의 의무불이행 사실이 보험사고 발생에 영향을 미친 경우에 한한다.

즉, 보험계약자 등의 고지의무 위반 사실이 보험사고의 발생에 영향을 미치지 아니하였음을 증명한 경우에 보험자는 보험금 지급 책임을 면할 수 없다(제655조 단서).

① 보험회사는 계약자, 피보험자, 또는 이들의 대리인이 고의 또는 중대한 과실로 계약 전 알릴 의무 위반 시에는 보험사고(손해)의 발생 여부(보험사고)와 관계없이 계약을 해지할 수 있다고 규정하고 있다.

② 고지의무위반 사항과 사고 사이에 인과관계가 있는 경우에 보험자는 계약을 해지하고 보험금의 지급을 거절할 수 있다.

③ 고지의무위반 사항이 보험사고 발생에 영향을 미치지 아니한 때에는 보험자는 계약의 해지 여부와 관계없이 보험금 지급책임이 발생한다.

④ 고지의무위반으로 계약이 해지되는 경우에 보험자는 보험금 지급 책임이 없고 이미 지급한 보험금의 반환을 청구할 수 있다.

다. 고지의무위반으로 인한 계약해지(제651조)

보험계약 당시에 **보험계약자 또는 피보험자가 고의 또는 중대한 과실로 인하여 중요한 사항을 고지하지 아니하거나 부실의 고지를 한 때에는 보험자는 그 사실을 안 날로부터 1개월 내에, 계약을 체결한 날로**

부터 3년 내에 한하여 계약을 해지할 수 있다. 그러나 보험자가 계약 당시에 그 사실을 알았거나 중대한 과실로 인하여 알지 못한 때에는 그러하지 아니하다.

(3) 고지의무위반의 입증책임

고지의무위반의 요건에 대한 입증 책임은 이를 이유로 계약을 해지하려는 보험자 측에 있다.
보험계약 시 고지사항이 있었고, 그것이 중요한 사항이었다는 점과 보험계약자나 피보험자 등의 고의 또는 과실이 있었다는 것을 보험자가 입증하여야 한다.

1) '중요한 사항'의 의미

'중요한 사항'이란 보험자가 보험사고의 발생과 그로 인한 책임 부담의 개연율을 측정하여 보험계약의 체결 여부 또는 보험료나 특별한 면책조항의 부가와 같은 보험계약의 내용을 결정하기 위한 표준이 되는 사항으로서 객관적으로 보험자가 그 사실을 안다면 그 계약을 체결하지 아니하든가 또는 적어도 동일한 조건으로는 계약을 체결하지 아니하리라고 생각되는 사항을 말하고, 어떠한 사실이 이에 해당하는가는 보험의 종류에 따라 달라질 수밖에 없는 사실 인정의 문제로서 보험의 기술에 비추어 객관적으로 관찰하여 판단되어야 하는 것이다.

2) 서면질의 사항의 중요한 사항으로 추정

보험자가 서면으로 질문한 사항은 보험계약에 있어서 중요한 사항에 해당하는 것으로 추정되고 (상법 제651조의 2), 여기의 서면에는 보험청약서도 포함될 수 있으므로, 보험청약서에 일정한 사항에 관하여 답변을 구하는 취지가 포함되어 있다면 그 사항은 상법 제651조에서 말하는 '중요한 사항'으로 추정된다.

5. 알릴 의무 불이행에 대한 보험계약자의 면책 사유

(화재보험 표준약관 제30조 제4항 및 배상책임보험 표준약관 제30조 제4항, 자동차보험 표준약관 제53조 제1항 제1호, 생명보험 표준약관 제14조 제1항 및 질병·상해보험 표준약관 제16조 제2항.)

1) 보험회사가 계약 당시에 그 사실을 알았거나 중대한 과실로 인하여 알지 못한 경우

2) 보험회사가 그 사실을 안 날부터 1개월 이상이 지났거나 보장개시일부터 보험금 지급 사유가 발생하지 않고 2년(진단 계약의 경우 질병은 1년)이 지난 경우

3) 계약체결일부터 3년이 지났을 때

4) 보험회사가 이 계약의 청약 시 피보험자(보험대상자)의 건강상태를 판단할 수 있는 기초자료 (건강진단서 사본 등)에 의하여 승낙한 경우에 건강진단서 사본 등에 명기되어 있는 사항으로 보험금 지급 사유가 발생하였을 때(보험계약자 또는 피보험자(보험대상자)가 회사에 제출한 기초자료의 내용 중 중요사항을 고의로 사실과 다르게 작성한 경우 제외)

5) 보험설계사 등이 보험계약자 또는 피보험자(보험대상자)에게 고지할 기회를 부여하지 않거나

계약자 또는 피보험자(보험대상자)에 대해 사실대로 고지하는 것을 방해한 경우, 계약자 또는 피보험자(보험대상자)에 대해 사실대로 고지하지 않게 하였거나 부실한 고지를 권유했을 때

6) 계약자 또는 피보험자에게 사실대로 알리지 않게 하였거나 부실한 사항을 알릴 것을 권유한 경우(다만, 보험설계사 등의 행위가 없었다 하더라도 계약자 또는 피보험자가 부실한 사항을 알렸다고 인정되는 경우에는 계약 해지 가능)

7) 보험계약자가 보험금을 지급할 사고가 발생하기 전 보험청약서의 기재사항에 대해 서면으로 변경신청을 하여 보험회사가 이를 승인한 경우

8) 보험회사가 계약을 맺은 날로부터 보험계약을 해지하지 않고 6개월이 지난 경우

9) 보험계약자가 알려야 할 사항이 보험회사가 위험을 측정하는 데 관련이 없거나 적용할 보험료에 차액이 생기지 않는 경우

6. 위반사실의 통지 및 의무 위반 시 보험금 지급

1) 위반사실의 통지

보험회사는 계약을 해지하거나 보장을 제한할 경우에는, 알릴 의무가 중요한 사항에 해당되는 이유, 알릴 의무 위반 사실 및 계약의 처리 결과를 "반대 증거가 있는 경우 이의를 제기할 수 있습니다."라는 문구와 함께 서면으로 알려야 한다(「보험업감독업무시행세칙」 별표 15. 생명보험 표준약관 제14조 제2항 및 질병 · 상해보험 표준약관 제16조 제4항 전단).

2) 의무 위반과 보험금 지급

① 계약을 해지할 경우 보험회사는 해지환급금을 보험계약자에게 지급한다(「보험업감독업무시행세칙」 별표 15. 생명보험 표준약관 제14조 제3항 및 질병 · 상해보험 표준약관 제16조 제3항).

② 알릴 의무의 위반 사실이 보험금 지급사유 발생에 영향을 미쳤음을 보험회사가 증명하지 못한다면 보험회사는 계약의 해지 또는 보장을 제한하기 이전까지 발생한 보험금을 보험계약자 또는 피보험자에게 지급해야 한다(「보험업감독업무시행세칙」 별표 15. 생명보험 표준약관 제14조 제4항 및 자동차보험 표준약관 제53조 제2항 단서).

③ 알릴 의무의 위반 사실이 보험금 지급 사유 발생에 영향을 미치지 않았음을 계약자 · 피보험자(보험대상자) 또는 보험수익자(보험금 받는 사람)가 증명한 경우 보험회사는 보험금을 보험계약자 또는 피보험자에게 지급해야 한다(「보험업감독업무시행세칙」 별표 15. 질병 · 상해보험 표준약관 제16조 제6항).

제3장
보험계약의 효과

제1절. 보험계약 성립 후 보험계약관계자별 의무

(1) 보험계약의 효과(보험자의 의무)

보험계약자의 청약과 보험자의 승낙이 있으면 보험계약이 성립하고 일단 보험계약이 성립되면, 그 효과로서 보험기간 중에 보험계약 당사자는 일정한 권리와 의무를 부담하게 되는데 손해보험과 인보험에 따라 조금씩 다르다.

1) 손해보험의 경우

보험약관의 교부 및 명시의무, 보험증권 교부의무, 보험금지급의무, 보험료 반환의무

2) 인보험의 경우

보험약관의 교부 및 명시의무, 보험증권 교부의무, 보험금지급의무, 보험료 반환의무, 이익배당의무에 추가적으로 보험료적립금반환의무, 보험계약자 대부의무(약관대출)를 진다.

(2) 보험계약의 효과(보험계약자 · 피보험자 · 보험수익자의 의무)

보험료지급의무, 위험변경 · 증가의 통지의무, 위험변경 · 증가의 금지의무(위험유지의무), 보험사고발생의 통지의무, 기타 통지의무가 있다.

제2절. 보험계약 성립 후 보험자의 의무

1. 보험약관의 교부/설명/명시의무

보험자는 보험계약을 체결할 때에 보험계약자에게 보험약관을 교부하고 그 약관의 중요한 내용을 알려주어야 한다(상법 제638조의 3 제1항). 이것이 보험자의 약관교부 및 명시의무이다.

보험약관의 교부 및 명시 의무자는 보험자이나 보험설계사, 보험대리점, 보험중개사를 통해서

모집이 이루어지면 대리할 수 있다. 그러나 보험대리점만이 보험계약체결권을 가지고 있다.

통상적인 보험계약의 체결은 정형화된 약관에 의하여 형식적, 일괄적으로 진행되므로 보험계약자가 약관의 자세한 내용을 모르는 상태에서 계약을 체결하는 경우도 흔하다.

이 규정은 보험계약자가 약관의 내용을 미리 알고 보험계약의 청약을 하게 함으로써 보험계약자의 예측하지 못한 불이익을 받게 되는 것을 피하는 데 그 입법 취지가 있다고 할 것이다.

보험계약은 보험자와 보험계약자의 개별적인 의사의 합치로 이루어지거나, 위험단체를 전제로 하는 보험제도의 성질상 보험자는 수많은 보험계약자를 상대로 동일한 내용의 계약을 되풀이하여 맺어야 하는 것이므로 그 계약 조항은 보통보험약관에 정해지고 있다. 그리하여 보험계약자가 약관의 내용을 알고 보험계약을 맺는 것이 바람직하므로 이에 따라 상법은 보험자에게 약관의 교부와 명시의무를 부여한 것이다.

보통보험약관은 보험자가 일방적으로 작성하여 금융감독위원회에 제출하는 정형적인 보험계약 조항으로 이때 중요한 내용이란 보험료와 그 지급방법, 보험금액, 보험기간, 보험사고의 내용, 보험계약의 해지사유, 보험자의 면책사유 등 고객의 이해관계에 중대한 영향을 미치는 사항 등을 들 수 있다.

> ▣ **보험약관의 교부/설명/명시의무 위반**
> 보험자가 보험계약을 맺을 때에 보험약관의 교부/설명/명시의무를 위반한 때에는 보험계약자는 **보험계약이 성립한 날로부터 3개월 내**에 그 계약을 취소할 수 있으며, 그 계약은 무효화되고, 보험계약자가 지급한 보험료는 돌려주어야 한다.

2. 보험증권 교부의무

1) 의의:

보험자는 **보험계약이 성립하게 되면 지체 없이 보험증권을 작성하여 보험계약자에게 교부**하여야 한다 (제640조). 이것은 '**보험계약의 승낙**' 표시이다.

보험자는 보험계약이 성립하고 보험료의 전부 또는 최초의 보험료를 지급받은 때는 지체없이 보험증권을 작성하여 보험계약자에게 교부하도록 하고, 기존의 보험계약을 연장하거나 변경한 경우에는 보험자는 이미 발행한 보험증권에 그 사실을 기재함으로서 보험증권의 교부에 갈음할 수 있도록 하고 있다.

2) 보험증권:

보험계약이 성립한 이후에 보험계약의 성립과 그 내용을 증명하기 위해 계약의 내용을 기재하고 보험자가 서명·날인하여 보험계약자에게 교부하는 증거증권이다(**계약의 증표**).

3. 보험금 지급의무

의의: 보험계약은 유상·쌍무계약으로서 보험계약자의 보험료 지급의 대가로 **보험기간 내에 보험사고로 인하여 피보험자에게 손해가 발생한 경우 피보험자(손해보험) 또는 보험수익자(생명보험)에게 보험금을 지급할 의무를 진다**(제638조).

1) 보험금 지급책임의 발생요건

① 유효한 보험계약이 존재 – 계약 무효, 계약 취소, 보험 실효건 등이 없어야 한다.

② 보험기간 중에 보험사고가 발생 – 보험기간 중에 발생한 것이어야 한다.

계약체결 당시에 보험사고가 이미 발생한 것을 당사자 쌍방과 피보험자가 알지 못하였거나, 보험기간 안에 발생하였으나 손해가 보험기간 후에 발생하여도 보험자는 보상책임을 진다.

③ 보험계약자의 보험료 지급 – 보험계약자로부터 최초의 보험료를 지급 받은 때부터 보험자의 책임 개시가 된다(제656조).

④ 면책사유의 부존재 – 상법(제659조, 제660조), 약관에서 정하는 면책사유가 부존재하여야 한다.

보험사고가 보험계약자 또는 피보험자나 보험수익자의 고의 또는 중대한 과실로 인하여 생긴 때, 전쟁 기타의 변란으로 인하여 생긴 때에는 보험자는 보험금을 지급할 책임이 없다.

또한, 보험자의 책임이 제한될 수 있는 보험계약자·피보험자가 고지의무, 통지의무 등 위반이 없어야 한다.

♣ **보험기간 중 보험사고의 발생**

보험사고는 보험기간 안에 발생한 것이어야 하며, 계약 체결 당시 보험사고가 이미 발생한 것을 당사자 쌍방이 모를 경우나, 보험기간 안에 사고가 발생하고 보험기간 후에도 손해가 계속해서 있을 경우에도 보험자가 책임을 진다.

♣ **보험계약자의 보험료지급**

보험자의 위험부담 책임은 당사자의 약정이 없는 한 보험계약자로부터 최초의 보험료를 지급받은 때부터 개시, 보험사고가 보험료를 지급받기 전에 생긴 것이면 보험금 지급책임을 지지 않는다(소급보험의 경우는 그 시기를 정한 때부터).

2) 보험금 지급

① 보험금 청구권자: 손해보험 – 피보험자

　　　　　　　　　　인보험 – 보험수익자

　　　　　　　　　　피보험자·보험수익자 사망 시 – 상속인

② 지급시기와 방법: 약정기간이 있으면 약정기간 내, 다른 약정이 없으면 보험사고 발생 통지부터 **10일 이내** 지급한다(제658조).

즉, 보험사고 발생 시 보험금을 청구할 수 있는 자는 손해보험에서는 피보험자이고, 인보험에서는 보험수익자이다. 보험금지급은 당사자 간의 약정이 없는 경우 보험사고 발생 통지를 받은 후 지체 없이 지급할 보험금액을 정하고, 그 정해진 날로부터 **10일 이내**에 피보험자 또는 보험수익자에게 보험금을 지급해야 한다(제658조 보험금액의 지급).

▣ **보험종류별 보험금 지급시기**

보험금의 지급 시기는 보험의 종류에 따라 다음과 같이 나눌 수 있다.

1) 생명보험: 3영업일 이내 지급(「보험업감독업무시행세칙」 별표 15. 생명보험 표준약관 제8조 제1항).
　　　　단, 지급사유의 조사나 확인이 필요한 경우에는 10영업일 이내 지급.

2) 질병·상해보험: 3영업일 이내 지급(「보험업감독업무시행세칙」 별표 15. 질병·상해보험 제8조 제1항)

3) 배상책임보험: 7일 이내에 지급(「보험업감독업무시행세칙」 별표 15. 배상책임보험 표준약관 제7조 제1항)

4) 화재보험: 7일 이내에 지급(「보험업감독업무시행세칙」 별표 15. 화재보험 표준약관 제7조 제1항)

5) 자동차보험: 7일 이내에 지급(「보험업감독업무시행세칙」 별표 15. 자동차보험 표준약관 제26조 제1항)

▣ **보험금의 가지급제도**

1) 보험회사가 보험금 지급 사유의 조사 및 확인을 위해 지급기일 이내에 보험금을 지급하지 못할 것으로 예상되는 경우에는 그 구체적인 사유, 지급예정일 및 보험금의 가지급 제도에 대해 피보험자 또는 보험수익자에게 즉시 통지해야 한다(「보험업감독업무시행세칙」 별표 15. 생명보험 표준약관 제8조 제3항 본문).

2) 다만, 지급 예정일은 다음의 경우를 제외하고는 보험금 청구 서류를 접수한 날로부터 30영업일 이내에서 정한다(「보험업감독업무시행세칙」 별표 15. 생명보험 표준약관 제8조 제3항 단서). 보험금 지급기일을 적용하지 않는 경우는 ①소송제기 ②분쟁조정신청 ③수사기관의 조사 ④해외에서 발생한 보험사고에 대한 조사 ⑤회사의 조사요청에 대한 동의 거부 등 계약자, 피보험자 또는 보험수익자의 책임 있는 사유로 인하여 보험금 지급사유의 조사 및 확인이 지연되는 경우 ⑥보험금 지급사유와 관련하여 제3자의 의견에 따르기로 한 경우이다.

3) 보험금 청구권의 소멸시효

① 시효기간: 보험계약자의 보험금 청구권은 3년간 행사하지 않으면 소멸시효가 완성된다(제662조). 보험자의 보험료 청구권은 2년이다.

② 기산점 : 소멸시효의 기산점은 권리금을 행사할 수 있을 때부터 진행한다(민법 제166조). 보험금 청구권은 특별한 사정이 없는 한 보험사고가 발생한 때부터 진행한다.

즉, 보험계약은 유상/쌍무계약으로서 보험자는 보험계약자의 보험료 지급의 대가로 보험사고로 인하여 피보험자에게 손해가 발생한 경우 피보험자 또는 보험수익자에게 보험금을 지급할 의무를 진다.

보험계약자의 보험금 청구권은 3년간, 보험료 또는 적립금의 반환 청구권은 3년간이며, 보험자의 보험료 청구권은 2년이다(제662조, 소멸시효).

(통상 보험사고 발생할 때이나 실무적으로 보험사고발생 통보일 + 10일 경과 후 기산한다.)

4. 보험료 반환의무

보험자는 보험계약이 취소/무효/해지된 경우에 보험계약자에게 일정 보험료를 반환하여야 하는 것을 의미한다.

1) 보험계약이 취소된 경우

보험계약이 취소가 되는 경우는 보험약관의 교부/설명/명시 의무를 위반 시에 취소할 수 있다. 보험자는 보험계약을 체결할 때에 보험약관을 교부하고 그 약관의 중요한 내용을 설명하여야 한다. 이를 위반한 경우 보험계약자는 보험계약이 성립한 날로부터 3개월 이내에 계약을 취소할 수 있다. 보험자는 이미 지급받은 보험료(계약자의 이미 납입한 P)를 반환한다.

2) 보험계약이 무효인 경우

보험계약의 전부 또는 일부가 무효인 경우는 보험수익자나 보험계약자 또는 피보험자가 선의이며, 중대한 과실이 없는 때는 보험자는 보험료의 전부 또는 일부를 반환해야 한다.

보험계약자의 악의가 있는 경우는 반환하지 않는다.

3) 보험사고 발생 전에 보험계약해지의 경우

보험자는 보험계약자가 보험사고의 발생 전에 보험계약의 전부 또는 일부를 해지한 경우에 다른 약정이 없으면 미경과보험료를 반환하여야 할 의무가 있고, 보험계약자는 반환청구할 수 있다(제649조 ③). 미경과 보험료란 계약이 해지될 때 보험료기간 이후의 기간을 의미한다.

4) 소멸시효

보험자의 보험료적립금의 반환의무는 보험계약자가 청구권을 3년간 행사하지 않으면 소멸한다(제662조).

5. 이익배당의무

의의: **보험자가 약관상 이익의 일부를 보험계약자에게 배당할 것을 정한 경우 이익배당을 할 의무를 부담한다**[유(有)배당 상품].

보험자가 약관에서 그 이익의 일부를 보험계약자에게 배당할 것을 정한 경우 그 조항에 따라 이익배당 의무를 부담한다. 보험자는 그 지급을 위하여 준비금을 적립하여야 한다(예정이율+1%).

6. 보험료적립금반환의무

생명보험의 경우에는 일정한 사유에 의해 보험계약이 해지되거나 보험금지급 책임이 면제된 때에는 보험자는 보험수익자를 위해 적립한 보험료적립금을 보험계약자에게 반환해야 할 의무를 부담한다(상법 제736조).

보험자의 보험료 또는 적립금의 반환의무는 **3년의 소멸시효 기간의 경과로 소멸한다**(상법 제662조).

7. 보험계약자 대부의무(보험약관대출)

① 계약자는 이 **계약의 해지환급금 범위 내에서 회사가 정한 방법에 따라 대출(이하 '보험계약대출'이라 한다)을 받을 수 있다.** 그러나 순수보장성보험 등 보험상품의 종류에 따라 보험계약대출이 제한될 수도 있다.

② 계약자는 제1항에 따른 보험계약대출금과 그 이자를 언제든지 상환할 수 있으며 상환하지 않은 때에는 회사는 보험금, 해지환급금 등의 지급사유가 발생한 날에 지급금에서 보험계약대출의

원금과 이자를 차감할 수 있다.

③ 제2항의 규정에도 불구하고 회사는 제28조(보험료 납입이 연체되는 경우 납입최고(독촉)와 계약의 해지)에 따라 계약이 해지되는 때에는 즉시 해지환급금에서 보험계약대출의 원금과 이자를 차감한다.

④ 회사는 보험수익자에게 보험계약대출 사실을 통지할 수 있다.

⑤ 보험약관에서는 보험계약대출이라는 용어를 사용하는데 보험약관대출이라고 한다.

8. 보험자의 면책사유

의의: 보험계약에서 정한 보험사고가 보험기간 중에 발생하였다고 하더라도 일정한 경우에는 보험자가 보험금의 지급이 면제되는 경우가 면책사유이다.

1) 책임면제사유와 담보배제사유

① 책임면제사유: 보험사고의 결과에 대해 보험사고의 원인과 결부시켜 보험자의 책임을 면제하는 것.

② 담보배제사유: 보험계약에서 담보하는 보험사고의 담보위험의 범주에 아예 처음부터 제외하는 것.

2) 법정 면책사유

① 보험계약자 등의 고의, 중과실로 인한 보험사고

의의: 상법 제659조에서는 보험사고가 보험계약자 또는 피보험자, 보험수익자의 고의 또는 중대한 과실로 인하여 생긴 때에는 보험자는 보험금액을 지급할 책임이 없다고 규정하고 있다.

> ▣ **보험가입 후 2년 후 자살(생명보험):**
> 생명보험 표준약관에서는 피보험자가 "보장개시일(책임개시일)로부터 2년이 지난 후에 자살한 경우"에 보험자의 보험금 지급 책임을 인정하고 있다.

② 전쟁위험 등으로 인한 면책

보험사고가 전쟁, 기타의 변란으로 인하여 생긴 때에는 당사자 간에 다른 약정이 없으면 보험자는 보험금액을 지급할 책임이 없다(제660조).

③ 손해보험 면책사유

♣**손해보험 일반면책사유:**

일반 손해보험의 목적물인 보험 목적의 성질, 하자 또는 자연소모로 인한 손해를 면책 사항으로 규정하고 있다(제678조).

♣운송보험 면책사유:

운송보험에서 보험사고가 송하인 또는 수하인의 고의 또는 중대한 과실로 인하여 발생한 경우에 보험자는 면책이다(제692조).

♣해상보험 면책사유: 해상보험의 특수성에 면책 범위가 넓다(기타 생략함).

④ 약관상 면책사유:

각종 보험약관에서 법률상 면책사유 외에 보험종목에 따라 인수하기 어려운 위험에 대하여 보험자의 면책사유를 규정한 것을 면책약관이라 한다(상법 제663조).

⑤ 면책사유의 입증책임: 보험자

원인이 밝혀지지 않은 보험사고의 경우 보험자가 면책사유에 대한 입증을 하지 못하는 한 보험자는 보험금 지급책임을 부담한다.

제3절. 보험계약 성립 후 보험계약자·피보험자·보험수익자의 의무

1. 보험료 지급의무

보험계약이 성립되면 보험계약자는 보험자에게 보험료를 지급할 의무를 진다(상법 제638조).

보험자는 보험사고가 생긴 경우에 피보험자 또는 보험 수익자에게 보험금을 지급할 의무가 있다.

보험료는 보험금에 대한 대가 관계에 있는 것으로 보험료의 납입은 보험자의 책임 발생의 전제가 되는 것이다(상법 제656조 참조). 따라서 보험료 지급의무는 보험계약자의 가장 중요한 의무라고 할 수 있다.

1) 보험료의 성격

보험계약은 유상계약(有償契約)으로서 보험계약이 성립하면, 보험계약자는 보험자에게 보험료를 지급할 의무를 진다. 보험료는 보험자가 보험계약상의 책임을 지는 대가로 보험계약자가 지급하는 것으로서 보험자가 지급할 보험금과 대가 관계를 이루고 있다.

보험료의 지급은 보험자의 책임의 전제가 되어 보험계약이 성립하였다고 하더라도 제1회 보험료의 지급이 없는 경우 다른 약정이 없으면 보험자는 보험계약상의 책임을 지지 않는다.

2) 보험료의 지급의무자

보험료지급의무는 보험계약의 당사자인 보험계약자가 지는 것이고, 타인을 위한 보험계약의 피보험자 또는 보험수익자는 보험계약자가 파산 선고를 받거나 보험료의 지급을 지체한 때에 그 권리를 포기하지 아니하는 한 제2차적으로 그 의무를 지게 된다.

3) 보험료의 지급시기

보험자의 책임은 최초의 보험료를 지급받은 때로부터 개시되므로 보험계약자는 보험계약이 성립한 후 지체 없이 보험료의 전부 또는 제1회 보험료를 지급하여야 한다. 여기서 보험료의 전부라 함은 일시지급의 경우이고, 제1회 보험료는 분할지급의 경우를 말한다. 그리고 보험료를 나누어 지급하기로 한 분할지급의 경우 제2회 이후의 계속보험료는 약정한 지급기일에 지급하여야 한다.

4) 보험료의 지급방법

보험료의 지급방법에 대하여는 계약청약 시 정하는 것이 보통이다. 즉 보험기간 전체에 대한 보험료를 한 번에 내느냐 분할하여 내는가에 따라 일시지급, 분할지급의 구별이 있는 바, 실무상 일시납·연납·6월납·3월납·월납의 형태로 나누어져 있다.

보험료의 지급은 반드시 현금으로 하여야 하는 것은 아니고, 신용카드 및 어음이나 수표를 이용하여 지급할 수 있다.

어음과 수표는 금전지급결제를 위하여 사용하는 유가증권이며 그 자체가 현금은 아니므로 보험계약자가 보험료의 지급 자체로서 어음·수표를 교부하였다는 의사가 명백하지 않는 한 보험료채무와 어음(수표) 채무가 병존하게 된다. 따라서 어음의 교부가 보험료의 지급 자체는 아니고 어음의 지급기일까지 보험료의 지급을 유예하여 어음의 지급이 있을 때에 보험료를 지급한 것으로 한다는 조건부지급이라 할 수 있고, 수표는 금전지급증권이므로 그것의 지급이 거절되는 것을 해제 조건으로 하는 대물변제로 보는 것이 옳을 것이다.

5) 보험료의 지급장소

상법은 보험료의 지급 장소에 관하여 특별한 규정을 두고 있지 아니하므로 민법의 일반 원칙에 따라 보험료의 지급은 원칙적으로 채권자인 보험자의 영업지점에 하여야 한다. 즉 보험료채무는 추심채무(推尋債務)가 아니라 지참채무(持參債務)이다.

그러나 실거래에서는 보험모집인이 직접 보험계약자를 방문하여 보험료를 받도록 하는 경우가 많은 바, 이 경우에는 특약에 의하여 보험료채무는 추심채무로 된다고 해석해야 하여야 한다.

6) 보험료의 반환청구

① 보험계약의 전부 또는 일부가 무효인 경우

보험계약자, 피보험자, 보험수익자가 선의이며 중대한 과실이 없을 때, 보험자에 대하여 보험료의 전부 또는 일부의 반환을 청구할 수 있다(제648조).

② 보험사고 발생 전에 계약을 임의 해지한 경우

보험사고 발생 전에는 보험계약자는 언제든지 계약의 전부 또는 일부를 해지할 수 있으며, 이 경우 당사자 간에 다른 약정이 없으면 보험계약자는 미경과보험료의 반환을 청구할 수 있다(제649조).

7) 보험료 지급지체의 효과

가. 최초보험료의 지급지체

① 보험자의 보상책임 면제:

최초의 보험료를 받지 아니한 때에는 보험사고가 발생하여도 책임을 지지 않는다(제656조)(♣보험자의 책임 개시일: 제1회(최초) 보험료 납부일).

② 보험계약의 해제:

보험계약자는 계약체결 후 지체 없이 보험료의 전부 또는 제1회 보험료를 지급하여야 하는데, 이를 지급하지 아니한 경우에 계약체결 후 2개월이 경과하면 그 계약은 해제된 것으로 본다(제650조).

③ 보험증권 교부의무의 면제:

보험자는 보험계약이 성립한 때에는 지체 없이 보험증권을 작성하여 보험계약자에게 교부하여야 하는데, 보험계약자가 최초의 보험료를 지급하지 아니한 때에는 그러하지 아니하다(제640조).

나. 계속보험료의 지급지체(연체)

계속보험료가 약정한 시기에 지급되지 아니한 때에는 보험자는 상당한 기간을 정하여 보험계약자에게 최고하고 그 기간 내에 지급되지 아니한 때에는 그 계약을 해지할 수 있다(제650조 ②).

특정한 타인을 위한 보험계약의 경우 보험계약자가 보험료의 지급을 지체한 때에는 보험자는 그 타인에게도 상당한 기간을 정하여 보험료의 지급을 최고한 후가 아니면 그 계약을 해제 또는 해지하지 못한다(제650조 ③).

다. 보험료 납입최고와 계약해지

① 보험료 납입최고:

보험계약자가 계속보험료를 약정한 시기에 납입하지 아니한 경우에 보험자는 상당한 기간을 정하여 보험료 납입의무자에게 최고하고 그 기간 내에 보험료를 지급하지 아니한 때에는 그 계약을 해지할 수 있다(**보험료 납입 최고기간: 14일 이상**).

② 계약해지:

계속보험료의 지체로 보험자가 납입최고를 하였음에도 불구하고 보험료의 지급을 지체하는 경우 보험자는 계약을 해지할 수 있다(♣실무에서 보험계약이 효력상실(실효)된 것이다).

라. 보험료의 부지급으로 인한 계약의 효력상실(실효)

① 최초보험료 부지급으로 인한 계약 해제의 의제(실효약관 조항의 효력) 보험계약자는 계약 체결한 후 지체 없이 보험료 전부 또는 제1회 보험료를 지급하여야 한다.

이를 지급하지 않을 때 계약 성립 후 2개월이 경과하면 그 계약은 해제된 것으로 본다('**해제의제**').

② 계속보험료 미지급으로 인한 계약의 해지(책임면제약관 조항의 효력)

계속보험료가 약정한 시기에 지급되지 아니한 때에는 보험자는 상당한 기간을 정하여 보험계약자에게 최고(催告)하고, 그 기간 내에 지급되지 아니한 때에는 그 계약을 해지할 수 있다.

마. 보험료 청구권의 소멸시효

보험자의 보험료청구권은 **2년**간 행사하지 아니하면 시효가 완성되어 보험료청구권은 소멸한다(제662조).

보험자는 최초보험료는 보험계약이 성립한 날로부터 2년, 계속보험료는 그 지급(납입)기일로부터 2년 안에 청구권을 행사하여야 한다.

2. 위험변경 · 증가의 통지의무

의의: 보험계약자 또는 피보험자가 보험기간 중 위험이 현저하게 변경, 증가된 그 사실을 안 때에는 지체 없이 보험자에게 통지해야 하는 의무이다(상법 제652조 제1항).

보험자: 위험의 크기 산정한 후 위험의 인수 여부, 보험요율 산정한다.

대법원 2004. 6. 11. 선고 2003다18494 판결
통지의무의 대상으로 규정된 사고발생의 위험이 현저하게 변경 또는 증가된 사실이라 함은 그 변경 또는 증가된 위험이 보험계약의 체결 당시에 존재하고 있었다면 보험회사가 보험계약을 체결하지 않았거나 적어도 그 보험료로는 보험을 인수하지 않았을 것으로 인정되는 사실을 말한다.

1) 통지의무의 발생요건

① 위험의 현저한 변경 및 증가: 사고발생의 위험이 현저히 변경, 증가 등이 매우 높다.

'현저하게'란 보험자가 그 사실을 알았다면 보험계약을 체결하지 않거나 적어도 동일한 조건으로 보험을 인수하지 않았을 것으로 인정되는 사실을 말하며, 이는 객관적으로 판단되어야 한다.

위험의 변경, 증가는 일정기간 지속가능성이 있는 경우에 한정하고, 일시적인 것은 대상이 아니다.

② 보험기간 중의 변경 및 증가: 위험의 변경, 증가는 보험기간 중에 발생하여야 한다.

(보험계약 체결 전에 존재하던 위험에 대하여는 고지의무의 대상이다. 보험 인수여부, 보험료 재산정)

③ 위험의 변경 및 증가 사실의 인식:

보험계약자 또는 피보험자가 위험이 변경, 증가되었다는 사실을 인식하여야 한다. 이러한 인식이 없으면 통지의무는 없다.

④ 귀책사유의 부존재:

위험의 변경, 증가는 보험계약자 또는 피보험자의 행위로 발생한 것이 아니어야 한다.

즉, 자연적으로 위험이 현저하게 변경, 증가되었거나 보험계약자 또는 피보험자와 관계없는 제3자에 의하여 야기된 것이어야 한다.

2) 통지의무의 내용

① 통지의무자: 보험계약자, 피보험자
② 수령권자: 보험자, 대리인
③ 통지시기: 위험을 현저하게 변경, 증가의 사실을 안 때 지체 없이 통지해야 한다.

3) 통지 효과

① 의무 이행의 효과:

해지 전 보험사고 - 해지, 보험금 지급의 책임이 없다.

보험금 이미 지급 - 보험금 반환청구, 보험자는 1월 이내에 보험료의 증액을 청구하거나 계약을 해지할 수 있다(제652조).

② 의무 불이행의 효과:

보험계약자 등이 통지의무를 해태한 경우에 보험자는 그 사실을 안 날로부터 1월내에 계약을 해지할 수 있다(재652조 ①).

> ※ 대법원 2003. 6. 10. 선고 2002다63312 판결
> 피보험자가 직업이나 직종을 변경하는 경우에 그 사실을 통지하도록 하면서 그 통지의무를 게을리한 경우 직업 또는 직종이 변경되기 전에 적용된 보험요율의 직업 또는 직종이 변경된 후에 적용해야 할 보험요율에 대한 비율에 따라 보험금을 삭감하여 지급하는 것은 정당하다.

4) 위험변경 · 증가의 통지에 따른 보험회사의 결정

보험회사는 위험변경 · 증가의 통지를 받은 때에는 1개월 내에 보험료의 증액을 청구하거나 계약을 해지할 수 있다(상법 제652조 제2항).

♣ 보험회사는 보험계약자, 피보험자 또는 보험수익자의 고의 또는 중대한 과실로 사고발생의 위험이 현저하게 변경 또는 증가된 경우, **그 사실을 안 날부터 1개월 내에 보험료의 증액을 청구하거나 계약을 해지할 수 있다**(상법 제653조).

① 보험기간 중에 보험계약자 또는 피보험자가 사고 발생의 위험이 현저하게 변경 또는 증가된 사실을 안 때에는 지체 없이 보험자에게 통지해야 한다(상법 제652조 제1항). 이때 '위험'이란 보험 사고의 발생 가능성을 의미하고, '현저한 변경 또는 증가'란 보험계약의 체결 당시에 그러한 사실이 존재하였다면 보험자가 계약을 체결하지 않았거나 또는 적어도 동일한 조건으로는 그 계약을 체결하지 않았을 것으로 생각되는 정도의 위험의 변경 또는 증가를 말한다.

② 보험계약자 또는 피보험자가 그 위험의 변경·증가의 사실을 알면서 지체 없이 보험자에게 통지하지 아니한 때에는 보험자는 그 사실을 안 날로부터 1월 내에 한하여 보험계약을 해지할 수 있다(동법 제652조). 보험자가 보험계약을 해지하면 보험금을 지급할 책임이 없고, 이미 지급한 보험금은 반환 청구를 할 수 있다. 그러나 위험의 현저한 변경 또는 증가된 사실이 보험사고 발생과 인과관계 없음이 증명된 경우엔 보험자는 보험금 지급의무를 부담한다(동법 제655조). 이러한 인과관계가 부존재한다는 입증 책임은 보험계약자 측이 부담한다(대법 95다25268).

③ 보험사고 발생의 위험이 현저하게 변경 또는 증가한 경우로서 보험계약자 등이 지체 없이 통지하여 보험자가 이를 안 경우에는, 보험자는 그 통지를 받은 후 1개월 내에 보험료의 증액을 청구하거나 또는 계약의 해지를 할 수 있다(동법 제652조).

사고발생의 위험이 현저하게 변경 또는 증가된 사실이라는 것은 그 변경 또는 증가된 위험이 보험계약의 체결 당시에는 존재하고 있었다면 보험자가 보험계약을 체결하지 않았거나 적어도 그 보험료로는 보험을 인수하지 않았을 것으로 인정되는 정도의 사정 변경을 말한다. 보험자 입장에서는 발생 가능한 위험을 토대로 보험계약을 체결하거나 보험료를 측정하므로 위험이 변경 증가된 사항을 제대로 알 필요가 있다. 이 의무는 간접의무로 통지하지 않을 경우에 보험 계약이 해지될 수 있다.

④ 통지의 시기에 있어서는 지체 없이 통지하여야 한다. '지체 없이'의 의미는 보험계약자나 피보험자의 책임 있는 사유로 늦춰지지 않는 것을 말하며, 정당하거나 합리적인 이유로 인한 지체는 허용된다.

위험변경증가 통지의무를 지는 경우는 위험변경증가가 현저한 상태에 있을 때이어야 한다.

통상적으로 보험자가 증가한 위험을 알았다면 보험계약을 체결하지 않았거나, 보험료를 더 많이 받았다고 인정될 수 있는 정도의 위험이어야 한다.

⑤ 통지의무를 해태하는 경우 보험자는 보험사고의 발생 후에도 위험변경 내지 증가의 사실을 안 날로부터 또는 통지를 받은 날로부터 1개월 내에 계약을 해지할 수 있고, 이 경우 보험자는 보험금을 지급할 책임이 없거나 이미 지급한 보험금의 반환을 청구할 수 있다. 따라서 이 경우 보험계약자 또는 피보험자는 보험금을 지급받지 못하는 상태에서 보험료만 계속 납부한 셈이 된다.

3. 위험변경·증가의 금지의무(위험유지의무)

의의: 보험기간 중에 보험계약자, 피보험자 또는 보험수익자는 보험자가 인수한 위험을 임의로 변경, 증가시키지 않고 그대로 유지시켜야 될 의무이다. '위험의 현저한 변경, 증가의 금지의무'이다.

효과: 보험계약자 등의 고의 또는 중대한 과실로 사고발생의 위험이 현저하게 변경, 증가된 때에는 보험자는 그 사실을 안 날로부터 1월내에 보험료의 증액을 청구하거나 계약을 해지할 수 있다(제653조).

보험계약자, 피보험자 또는 보험수익자는 보험사고 발생의 위험을 현저하게 변경 또는 증가시키지 아니할 의무가 있다. 이것은 보험계약이 선의 계약으로서의 성격을 갖기 때문에 보험계약 당사자인 보험계약자, 피보험자 또는 보험수익자는 보험의 목적을 관리할 의무가 있다는 점에서 인정되는 의무이다.

1) 의의 및 법적 성질

보험기간 중에 보험계약자, 피보험자 또는 보험수익자의 고의 또는 중과실로 인하여 사고발생의 위험이 현저하게 변경 또는 증가된 때에는 보험자는 그 사실을 안 날로부터 1월내에 보험료의 증액을 청구하거나 계약을 해지할 수 있다.

이는 보험계약자 등에 보험기간 동안 위험을 계약체결 시의 상태로 유지하여야 할 의무를 부과한 것이라고 할 수 있다.

이 의무의 법적 성질은 고지의무와 같은 간접의무 또는 자기의무이다.

2) 입법취지

이것은 위험변경 · 증가의 통지의무가 객관적 위험증가의 경우에 해당되는 데 반하여, 주관적 위험변경 · 증가의 경우에 해당되는 의무이다. 위험유지의무는 보험계약 체결 당시의 위험을 전제로 하여 보험을 인수한 보험자를 보호하고, 나아가 보험단체 전체의 이익을 꾀하기 위한 것이다.

3) 의무위반의 효과

보험계약자 등이 이 의무를 위반한 때에는 보험자는 그 사실을 안 날부터 1월 내에 보험료의 증액을 청구하거나 계약을 해지할 수 있다. 보험금액을 지급한 후에 그 사실을 안 때에도 계약을 해지하고, 이미 지급한 보험금의 반환을 청구할 수 있다.

그러나 위험의 현저한 변경 또는 증가와 보험사고의 발생 사이에 인과관계가 없음을 보험계약자 등이 증명한 때에는 그러하지 아니한다.

4. 보험사고 발생의 통지의무

♣ **보험계약자, 피보험자 또는 보험수익자는 보험사고의 발생을 안 때에 지체 없이 보험자에게 통지할 의무이다**(상법 제657조 ①).
♣ 통지 의무자: 보험계약자, 피보험자(손해보험) 또는 보험수익자(인보험)
♣ 의무위반 효과: 보험계약자, 피보험자 또는 보험수익자가 통지의무를 해태함으로 인하여 손해가 증가된 때에 보험자는 그 증가된 손해를 보상할 책임이 없다(제652조 ①).

1) 의의

보험계약자 또는 피보험자는 보험사고가 발생하면 지체 없이 보험자에 사고사실을 통지하여야 할 의무가 있다. 이는 보험사고가 발생한 경우 보험자는 사고의 발생 사실을 알 수 있는 입장이 아니기 때문이다. 보험사고 발생 사실을 안 보험계약자 등에게 사고발생 통지의무를 부과하여 보험자가 신속하게 사고 사항과 원인 조사, 손해내용 및 보상책임의 유무 등을 조사하기 위한 것이다.

2) 법적 성질(法的 性質)

이 의무의 법적 성질에 대하여는 보험금청구를 위한 전제 조건인 동시에 보험자에 대한 진정한 의무라는 견해(眞正義務說)도 있으나, 통지의무자의 통지가 없더라도 보험자가 어떤 경위로든 보험사고의 발생을 이미 알고 있는 때에는 통지를 하지 않고도 보험금청구를 할 수 있으므로 이 의무를 보험금청구를 위한 전제 조건이라고 볼 수 없다. 간접의무(間接義務)라고 보는 것이 타당하다.

3) 사고발생 통지의무의 내용

보험계약자 또는 피보험자는 보험사고가 발생한 사실을 안 때 지체 없이 통지하여야 한다.

통지의 방법으로는 서면을 규정하고 있으나 구두 또는 전화에 의한 통지도 유효하다.

보험사고 발생의 통지의무자는 손해보험의 경우에는 보험계약자 또는 피보험자이며, 인보험의 경우에는 보험계약자 또는 보험수익자이다.

통지의 방법에는 상법상 아무런 제한이 없으므로 서면이나 구두로 하건 기타의 방법으로 하건 상관이 없다. 통지의무자는 보험사고의 발생 사실을 안 때로부터 지체 없이 통지하여야 한다. 통지가 지체 없이 발송되었다면 보험자에게 도달하였는지 여부에 대한 위험을 통지의무자에게 부담시킬 수는 없다고 본다.

4) 통지사항

보험자가 손해의 조사 및 보상책임 여부 판단에 있어 필수한 사항이다.

① 사고가 발생한 때, 곳, 상황 및 손해의 정도
② 피해자 및 가해자의 성명, 주소, 전화번호
③ 사고에 대한 증인이 있을 때에는 그의 성명, 주소, 전화번호
④ 손해배상의 청구를 받은 때에는 그 내용

5) 의무위반의 효과

사고발생 통지의무를 위반한 경우 그로 인하여 늘어난 손해액이나 회복할 수 있었을 금액을 보험금에서 공제하거나 지급하지 아니한다.

이 경우 통지의무위반으로 인하여 손해가 증가되었다는 사실은 보험자가 입증하여야 한다.

① 증가된 손해에 대한 보험자의 책임제한(責任制限)

보험계약자 또는 피보험자나 보험수익자가 보험사고 발생의 통지의무를 해태함으로 인하여 손해가 증가된 때에는 보험자는 그 증가된 손해를 보상할 책임이 없다(상법 제657조 제2항).

통지의무자가 보험사고 발생의 통지를 하지 않은 경우에도 보험자의 보상책임이 전부 면제되는 것은 아니다. 그러나 통지의무자가 그의 귀책사유로 보험사고 발생의 통지를 게을리하고 또한 적극적인 증거인멸 등의 조치를 취한 경우에는 보험자는 보험금지급의 책임 전부를 면할 수 있다고 본다.

보험자는 보험사고 발생 통지를 받은 후 지체 없이 지급할 보험금을 정하고 그 정한 날로부터 10일 이내에 보험금을 지급하여야 하므로, 보험사고 발생 통지를 받을 때까지는 보험자의 보험금지급 책임이 이행 지체에 빠지지 않는다.

② 입증책임(立證責任)

보험사고 발생의 통지의무위반의 경우, 증가된 손해액과 통지의 해태(또는 불통지) 사이의 인과관계, 그리고 증가한 손해의 정도에 관한 입증 책임은 보험자에게 있다.

> ▣ **보험금의 청구**
> 보험계약자 또는 피보험자나 보험수익자는 보험사고의 발생을 안 때에 지체 없이 보험자에게 그 통지를 발송하여야 한다. 보험계약자 등의 보험사고 발생 통지의 법적 성격은 고지의무처럼 보험계약자 등에게 그 이행을 강제할 수는 없으나 보험금청구를 위한 전제 조건으로 계약자 등의 의무사항이라고 보아야 한다.
> '지체 없이'의 의미는 통지의무자의 귀책사유로 지연시키지 않는 것을 뜻하고 그 통지의 방법은 상법상 특별히 정하고 있지 않다. 보험사고가 발생하면 즉시 회사에 알리도록 규정한 것은 보험사고가 발생하면 사망조사 등 신속히 회사가 처리하여야 할 일이 있기 때문이다.

5. 손해보험의 손해방지의무

1) 손해보험의 경우 **보험계약자와 피보험자는 손해의 방지와 경감을 위해 노력해야 한다**(상법 제680조 제1항 전단).

2) 손해방지의무 이행으로 인한 비용의 처리

손해방지의무를 이행하는 데 필요 또는 유익했던 비용과 보상액이 보험금액을 초과하더라도 보험회사는 이를 부담해야 한다(상법 제680조 제1항 후단).

6. 보험사기 행위의 금지의무

보험계약자, 피보험자, 보험금을 취득할 자, 그 밖에 보험계약에 관해 이해관계가 있는 자는 보험사기 행위를 해서는 안 된다(규제「보험업법」 제102조의 2).

7. 기타 통지의무

1) 손해보험의 특수한 통지의무
① 중복보험에서 통지의무
② 보험목적의 양도 통지의무
③ 자동차의 양도 통지의무
④ 책임보험에서의 통지의무:
　피보험자가 제3자로부터 손해배상을 받거나, 변재, 승인, 화해, 재판으로 채무가 확정된 때.
⑤ 기타 통지의무

2) 생명보험의 보험수익자 지정, 변경의 통지의무
보험계약자가 보험수익자를 지정 및 변경 시 보험자에게 통지해야 한다. 이를 위반 시 보험자에게 저항하지 못한다(제734조).

제4장
보험계약의 부활/순연 부활제도

제1절. 보험계약의 부활

1. 보험계약부활의 의의 및 취지

1) 보험계약부활의 의의

계속보험료가 지급되지 아니하여 보험계약이 해지되고 해지환급금이 지급되지 아니한 경우 보험계약자는 일정한 기간 내에 보험계약의 부활을 청구할 수 있는데, 이를 보험계약의 부활청약이라고 하고, 보험자가 승낙하게 되면 종전의 보험계약은 부활하게 된다. 이를 보험계약의 부활이라고 한다(제650조의 2).

계속보험료 지급을 지체함으로 인해 보험계약이 해지 또는 실효되고 해지환급금이 지급되지 않은 경우에 보험계약자는 일정한 기간(3년) 내에 계약 전 알릴 의무를 이행하고 연체보험료에 연체이자(평균공시 이율+1%)를 붙여 보험자에게 지급하면서 해지 또는 실효되었던 보험계약의 부활을 청구(청약)할 수 있다.

즉, 보험계약의 부활이란 계속보험료의 지급 해태로 인하여 보험계약이 해지되었으나 아직 해지환급금이 지급되지 아니한 경우에 보험계약자는 일정한 기간 내에 연체보험료에 연체이자(평균공시이율 + 1%)를 붙여 보험자에게 지급하고 그 계약의 부활을 청구하는 것을 말한다.

경제적인 어려움으로 인하여 보험료를 납입하지 못해 보험계약이 실효되었으나 보험회사가 정한 절차에 따라 보험계약을 부활시킬 수 있는 권리이다. 보험계약의 부활에는 보험료 연체로 해지된 계약의 부활, 압류 등으로 해지된 계약의 부활, 보험모집자의 부당한 권유로 해지된 계약의 부활 등이 있으며, 각각의 부활조건 및 부활청약기간이 상이하므로 유의해야 한다.

2) 보험계약부활제도의 취지

보험계약자로서는 보험계약이 해지되어 해지환급금을 받는 경우 자신이 지금까지 납입한 보험료 총액과 비교하여 금액 면에서 손해가 되며, 또한 동일한 보장을 내용으로 하는 보험계약을 새롭게 체결하는 경우 연령증가 등으로 인해 인상된 보험료를 지급해야 하는 부담도 발생한다.

한편, 보험자로서도 기존의 고객을 타 회사에 뺏기게 될 가능성이 높다. 이러한 상황을 고려하여 해지 또는 실효된 종래의 보험계약을 회복시켜 양 당사자 모두에게 이익을 주는 제도이다.

보험계약 부활제도는 손해보험보다는 장기적 성격의 인보험에서 주로 이용된다.

2. 보험계약부활의 종류 및 내용

1) 보험료 연체로 해지된 계약의 부활

① 보험료가 미납된 경우 보험회사는 **14일(보험기간이 1년 미만인 경우는 7일) 이상의 납입최고 기간**을 정하여 보험계약자에게 보험계약이 해지됨을 알려야 하며, 동 납입최고 기간 중 발생한 사고에 대해서는 보장을 받을 수 있다.

그러나 납입최고기간이 경과한 후 부활 시까지 발생한 보험사고에 대해서는 보장하지 않는다.

② **보험료 연체로 해지된 보험계약은 보험계약이 해지된 날로부터 3년 이내에 부활을 청약**해야 하며, 이때 연체된 보험료와 이자를 납입하면 기존 계약과 동일한 조건으로 보험료를 납입하면서 보장을 받을 수 있다.

보험은 다른 금융상품과는 달리 미래에 발생할 수 있는 사고를 장기간 보장하는 상품이다.

보험계약자의 경제적 어려움 때문에 일시적으로 보험료납입을 연체하였으나 해지환급금을 받지 않은 경우, 향후 경제적 상황이 개선되어 연체된 보험료를 납입하고 동일한 조건으로 보험계약을 유지하기 위한 제도이다.

만약 이러한 부활제도가 없다면 보험계약자 입장에서는 새로운 보험계약에 가입해야 하는 번거로움이 있을 뿐만 아니라, 피보험자의 연령이 증가하여 보험료가 상승하거나 기존에 가입한 보험상품의 판매가 중단되어, 보험계약자가 해지 전과 동일한 조건의 계약에 가입하지 못하는 등의 피해가 발생할 수 있으므로, 약관에서는 이러한 보험계약자 피해를 방지하기 위해 보험계약의 부활 제도를 운용하고 있다.

2) 압류 등으로 해지된 계약의 특별부활

① 보험계약자 등의 채무불이행으로 보험계약이 해지된 경우 보험수익자는 동 해지 사실을 알 수 없으므로, 보험회사는 **해지일로부터 7일 이내**에 보험수익자에게 해당 보험계약의 해지 사실을 통지해야 한다.

보험료 연체로 인한 해지와 달리 동 기간 동안 발생한 보험사고에 대해서는 보장하지 않는다.

또한, 해지 사실을 통지한 후 부활 시까지 발생한 보험사고에 대해서도 보장하지 않는다.

② 해지 통지를 받은 보험수익자는 보험계약자의 동의를 얻어 압류 등을 유발한 채무를 대신 지급하고, **15일 이내**에 부활을 청약하면 기존계약과 동일한 조건으로 계약을 유지할 수 있다.

한편, 보험계약 해지 후 15일이 초과할 경우 보험계약이 완전히 소멸되므로, 부활청약은 반드시 15일 이내 신청해야 한다.

> ▣ **채무 불이행으로 보험계약이 해지된 경우**
> ♣ 보험계약자가 보험계약을 유지하던 중 채무 불이행으로 인한 압류, 담보권실행 등으로 해당 보험계약 (※ 소액 보장성보험 제외)이 해지될 수 있으며, 이 경우 보험계약의 실질적 보험금 수령자인 보험수익자는 보험금을 받을 수 없는 등 선의의 피해를 입을 수 있어, 약관에서는 보험수익자가 보험계약자의 지위를 이어받아 보험계약을 유지할 수 있도록 특별부활 제도를 운영하고 있다.

3) 보험모집자 등 부당한 권유로 해지된 계약의 부활

보험계약자는 보험계약이 부당하게 소멸된 경우, 보험계약이 **해지된 날로부터 6개월 이내**에 소멸된 보험계약의 부활을 청약할 수 있다.

> ▣ **부당하게 소멸된 경우:**
> 기존계약이 해지된 날로부터 1개월 이내에 신계약을 가입하게 하거나, 기존계약이 해지된 날로부터 6개월 이내에 신계약을 가입하게 하면서 보험기간 및 예정이율 등 중요한 사항을 비교하여 알리지 않은 경우 등이 해당된다.

보험계약자가 보험계약을 유지하던 중 보험모집자가 기존 계약을 해지하고 새로운 계약을 가입하도록 권유할 수 있는데, 이러한 경우 기존 계약과 새로운 계약의 보장범위가 달라지거나, 보험료가 인상되는 등의 불이익이 생길 수 있다. 이에 따라 보험모집자의 부당한 권유로 해지된 계약의 보험계약자를 보호하기 위해, 보험업법에서는 보험계약의 부활 제도를 두고 있다.

3. 보험계약 부활의 요건

① 기존 계약이 계속보험료의 부지급으로 계약이 해지된 경우이어야 한다.
   (**계속보험료의 부지급으로 인한 계약해지**)
② 보험계약자에게 해지환급금이 지급되지 않아야 한다.(**해지환급금의 미지급**)
③ 보험계약자가 부활청구 기간, 즉 해지일로부터 **3년 이내**에 부활청약을 하여야 한다.
④ **연체보험료와 이에 대한 약정이자(평균공시이율+1%)**를 더하여 보험자에게 지급되어야 한다.
⑤ 보험자가 부활청약을 심사하여 승낙하여야 한다.(**보험계약자의 청약과 보험자의 승낙**)

4. 계약부활의 효과:

보험계약자가 연체보험료와 약정이자를 지급하고 부활청약을 하는 경우에 법률관계는 최초의 보험계약 청약과 같은 효과가 발생한다.

> ▣ **보험회사의 보상책임:**
> 보험계약이 실효 중인 때에 보험사고가 발생하더라도 보험자의 책임은 발생하지 아니한다.
> 다만, 보험계약이 실효되기 전 납입유예기간 중의 사고에 대해서는 보험자가 보상책임을 진다.
> 또한, 암보험과 같이 보험계약 성립한 후 일정기간이 경과한 후에 보험자의 책임개시가 이루어지는 계약은 부활 청약일을 기준으로 재산정하여 책임개시가 이루어진다(3개월).

5. 보험계약의 부활 청약 시 주의사항

1) 보험계약의 부활은 가급적 빨리 신청한다.

보험료 납입연체 등의 사유로 인한 계약해지 이후 부활 전까지 기간 동안은 보험사고가 발생하더라도 보장을 받을 수 없으므로, 보험계약자는 부활을 원할 경우 가급적 조기에 부활을 청약할 필요가 있다.

2) 보험계약의 부활 청약 시에도 계약 전 알릴사항을 사실대로 알려야 한다.

보험료 납입연체로 인해 해지된 계약의 부활에도 계약 전 알릴의무는 신규계약과 동일하게 적용되므로, 보험계약자는 부활 청약 시에 암, 고혈압 등 현재 및 과거의 질병상태, 장애상태 등 청약서에서 질문하고 있는 계약 전 알릴사항을 사실 그대로 알려야 한다.

> ※ 금융감독원은 부활 청약 시 계약 전 알릴의무 대상기간을 종전계약 성립일로부터 부활 청약일까지로 단축하였다(2012년 4월 1일 시행).

3) 보험모집인 등의 권유로 보험계약을 전환할 때, 기존계약과 신계약 간의 보장범위 등 꼼꼼히 비교하고 결정하라.

새로운 계약으로 갈아타는 경우 보장범위, 보험료 등이 보험계약자에게 불리하게 변경될 수 있으므로, 보험모집인 등의 권유로 보험계약을 갈아탈 경우에는 보장내용이나 보험료 수준 등을 꼼꼼히 살펴 비교할 필요가 있다.

6. 부활제도 관련 규정

> ♣ 상법 제662조(소멸시효):
> 보험계약자의 **보험금청구권은 3년간**, 보험료 또는 적립금의 반환청구권은 3년간, 보험자의 **보험료청구권은 2년간** 행사하지 아니하면 시효의 완성으로 소멸한다.

1) [전문개정 2014. 3. 11.]

상법 제650조의 2(보험계약의 부활) 제650조 제2항에 따라 보험계약이 해지되고 해지환급금이 지급되지 아니한 경우에 보험계약자는 일정한 기간 내에 연체보험료에 약정이자를 붙여 보험자에게 지급하고 그 계약의 부활을 청구할 수 있다. 제638조의 2의 규정은 이 경우에 준용한다.

2) [본조신설 1991. 12. 31.]

표준약관 손해보험 제29조[보험료의 납입연체로 인한 해지계약의 부활(효력회복)]

① 제28조(보험료 납입이 연체되는 경우 납입최고(독촉)와 계약의 해지)에 따라 계약이 해지되었으나 해지환급금을 받지 않은 경우(보험계약대출 등에 따라 해지환급금이 차감되었으나 받지 않은 경우 또는 해지환급금이 없는 경우를 포함한다) **계약자는 해지된 날부터 3년 이내에 회사가 정한 절차에 따라 계약의 부활(효력회복)을 청약할 수 있다.** 회사가 부활(효력회복)을 승낙한 때에 계약자는 부활(효력회복)을 청약한 날까지의 연체된 보험료에 **평균공시이율+ 1%** 범위 내에서 각 상품별로 회사가 정하는 이율로 계산한 금액을 더하여 납입하여야 한다. 다만 금리연동형보험은 각 상품별 사업방법서에서 별도로 정한 이율로 계산한다.

② 제1항에 따라 해지 계약을 부활(효력회복)하는 경우에는 제14조(계약 전 알릴 의무), 제16조(알릴 의무 위반의 효과), 제17조(사기에 의한 계약), 제18조(보험계약의 성립) 및 제25조(제1회 보험료 및 회사의 보장개시)를 준용한다.

제2절. 보험계약의 순연 부활제도

1. 의의

계속보험료의 미납으로 보험계약이 해지된 경우에 **보험계약자가 효력이 상실된 계약을 연체보험료를 납입하지 않고 실효기간 만큼 보험기간을 순연하여 계약을 부활하는 것을** 말한다.

2. 취지

계속보험료의 납입지체로 실효된 계약을 부활시키기 위해 보험계약자는 그동안 지체된 연체보험료와 약정이자를 모두 납입해야 하는데, 이러한 보험계약자 측의 경제적 어려움을 덜어 주기 위한 목적을 가진다. 보험자에게도 기존의 자사 고객을 타사에 뺏기지 않고 계약을 유지시키는 이점이 있다.

3. 계약순연 부활이 허용되지 않는 경우

과거에 계약순연 부활을 이미 한 계약, 이미 보험금의 지급사유가 발생한 계약, 계약일의 순연에 따른 가입연령의 변경으로 가입연령 범위를 초과하는 계약과 같이 순연된 계약일 시점에서 순연 후 계약의 가입이 불가능한 계약 등에는 계약순환 부활제도가 허용되지 않는다.

4. 고지의무 등

계약순연 부활을 하는 경우에도 보험계약자 측의 고지의무 등은 동일하게 적용된다.

제5장
보험계약의 무효·변경·소멸

제1절. 보험계약의 무효와 취소

(1) 보험계약의 무효란?

보험계약의 무효란 계약이 성립되기는 하였으나 보험계약이 성립한 처음부터 법률상 효력이 없는 것을 말한다. 계약이 성립되었다는 점에서 계약의 불성립과 다르고 처음부터 효력이 발생하지 않는다는 점에서 해지와 다르며, 당사자의 주장이 없더라도 당연히 효력이 생기지 않는다는 점에서 취소와 다르다. 무효인 경우는 보험사고 발생 시에도 보험회사의 책임이 없고 나중에 유효한 것으로 추인할 수 없다.

(2) 보험계약의 취소란?

보험회사가 보험약관 교부·설명의무를 위반한 경우, 보험계약자는 계약 성립일로부터 3개월 이내에 보험계약을 취소할 수 있다. 장기보험일 경우 보험회사는 이미 납입한 보험료에 약관대출이율로 계산한 이자를 더하여 주고, 일반보험인 경우에는 이미 납입한 보험료에 보험개발원이 공시하는 정기예금 이율로 계산한 이자를 더하여 돌려준다. 단, 약관교부 또는 약관내용 설명을 이행하지 않았을 경우, 자필서명을 하지 않은 계약 또는 청약서 부본이 전달되지 않은 계약에 한하여 적용되고 있다.

1. 보험계약의 무효사유

보험계약자 또는 피보험자가 보험계약 체결 당시에 보험사고가 이미 발생하였거나 발생할 수 없는 것임을 알고 한 보험계약의 경우 이 계약은 무효가 된다(상법 제644조 전단).

그러나 당사자 쌍방과 피보험자가 이런 사실을 알지 못하고 보험계약을 체결한 경우에는 무효로 하지 못한다(상법 제644조 후단).

1) 법정 무효사유:

보험계약이 성립한 때부터 당연히 법률상의 효력이 발생하지 않는 것을 말한다. 또한, 보험계약이 법정 무효사유에 해당하게 되면, 보험계약 전체가 무효가 된다.

① 보험사고의 객관적 확정의 효과

보험계약 당시에 보험사고가 이미 발생하였거나 또는 발생할 수 없는 것인 때에는 그 계약은 무효로 한다(제644조).

② 보험계약자의 사기에 의한 초과, 중복보험

초과보험, 중복보험에 있어서 보험계약이 보험계약자의 사기로 인하여 체결된 경우 그 보험계약은 초과 부분뿐만 아니라 계약의 전부를 무효로 하고 있다(제699조 ④, 제672조 ③).

③ 타인의 생명보험의 경우

타인의 사망을 보험사고로 하는 보험계약에서 보험계약 체결 시에 그 타인의 서면(전자문서 포함)에 의한 동의를 얻지 못한 계약은 무효이다(제731조).

15세 미만자, 심신 상실자, 심신박약자의 사망보험의 계약도 무효로 하고 있다(제732조).

(예외)심신박약자의 사망을 담보로 하는 계약이라고 하더라도 심신박약자가 보험계약을 체결하거나 단체보험의 피보험자 될 때에 의사능력이 있는 경우에는 그 계약은 유효하다(제732조 단서).

또한, 15세 미만자, 심신상실자 또는 심신박약자의 사망을 담보로 하는 보험계약이 아닌 상해 또는 질병을 담보로 하는 계약은 유효하다.

2) 해석상 무효사유

법령에서 무효임을 명시하고 있지 않으나, 법령의 제정 취지, 법의 성격, 해석 및 적용 방식에 의하여 보험계약 규정의 효력을 제한하는 경우이다. 해석상 다툼의 원인이 되는 약관조항이나 문구에 한정하여 무효로 하고 다른 계약조항은 유효하게 적용한다.

♣ 보험계약자 등 불이익변경금지의 원칙에 반하는 계약(제663조), 보험계약자에게 유리한 계약은 유효함.
♣ 약관규제법 상의 설명의무 위반사항(약관규제법 제3조 ③,④), 중요한 내용 이해하도록 설명해야 함.

2. 보험계약의 취소사유

일정한 사유가 있는 경우에 당사자의 의사표시에 의하여 계약의 효력을 처음부터 없었던 것으로 소멸시키는 법률 행위이다.

1) 보험계약이 취소된 경우

① 보험약관 교부·설명의무를 위반

보험자는 보험계약을 체결할 때에 보험계약자에게 보험약관 교부, 그 약관의 주요한 내용을 설명할 의무가 있는데(제638조 ③), 보험자가 이를 위반한 경우 보험계약자는 보험계약이 성립한 날로부터 3개월 이내에 그 계약을 취소할 수 있다(제638조 ②).

② 자필서명 미이행 및 청약서 부본의 미전달 시

보험계약을 체결할 때에 자필서명을 하지 않은 계약 또는 청약서의 부본이 전달되지 않은 계약의 경우에 보험계약자는 계약 성립일로부터 3개월 이내에 보험계약을 취소할 수 있다.

③ 보험계약 취소의 효과

보험자가 이를 위반한 경우 보험계약자는 보험계약이 성립한 날로부터 3개월 이내에 그 계약을 취소할 수 있다(제638조 ②). 보험계약이 취소되면 보험자는 보험계약자에게 이미 납입한 보험료에 소정의 이자(장기보험: 약관대출이율, 일반보험: 정기예금이율)를 더하여 반환한다.

2) 사기에 의한 고지의무 위반

보험계약을 체결함에 있어 중요한 사항에 관하여 보험계약자의 고지의무 위반이 사기에 해당하는 경우에 보험자는 상법의 규정에 의하여 계약을 해지할 수 있는 동시에 민법에 따라 그 계약을 취소할 수 있다(통설 및 대법원 판례 1991.12.27. 선고 91다1165 판결). 이 경우 보험계약자는 보험자가 사기의 사실을 안 때까지의 보험료를 지급하여야 하며, 보험자는 이를 반환할 필요가 없다(제669조 ④ 유추해석).

제2절. 보험계약의 변경

보험계약은 계속적인 법률관계이고, 계약체결 당시와 예견되지 않았던 사정으로 변경이 생기는 경우가 있을 때 보험계약을 변경하며, 보험회사는 보험계약을 변경하는 보험 계약보전 업무(보험실무)를 실행한다.

1. 담보범위의 변경

보험기간 중에 당사자의 합의에 따라 담보 위험의 범위를 확대하거나 축소할 수 있다.

즉, 보험계약자의 청구에 의하여 담보위험, 보험가입금액, 보상한도, 피보험자의 범위, 보험기간 등의 변경 청구에 대하여 보험자가 승낙함으로써 보험계약의 변경이 가능하다(보험료의 증액 또는 감액 가능).

2. 위험의 변경

1) 특별위험의 소멸:

특별한 위험이 소멸할 시 계약자는 보험료 감액을 청구할 수 있다(제647조).

즉, 보험계약의 당사자가 특별한 위험을 예상하여 보험료를 정한 경우 그 보험기간 중에 예기한 위험이 소멸한 때에는 보험계약자는 이후의 보험료에 대한 감액을 청구할 수 있다.

2) 위험의 변경, 증가:

보험기간 중에 보험계약자, 피보험자는 보험사고 발생의 위험이 현저하게 변경, 증가 시에 보험자에게 통지하여야 하고, 보험자는 통지를 받은 날로부터 1개월 내에 새로운 위험에 대한 보험료의 증액 청구 또는 계약을 해지할 수 있다(제652조).

또한, 보험기간 중에 보험계약자, 피보험자 또는 보험수익자의 고의 또는 중대한 과실로 인하여 사고 발생의 위험이 현저하게 변경, 증가된 때에는 보험자는 그 사실을 안 날로부터 1개월 내에 보험료의 증액 청구 또는 계약을 해지할 수 있다.

3) 보험목적의 양도로 인한 위험의 변경, 증가(양도로 인한 계약이 질적으로 변화함)

피보험자가 변경이 되어 위험이 현저하게 변경, 증가되었을 때에 보험계약은 실효되는 것이 아니라 보험료의 증액을 청구하거나 계약을 해지할 수 있다(제679조).

4) 해상보험에서의 위험의 변경, 증가

① 항해의 변경:

발항 또는 출항이 아닌 다른 항에서 출항한 때에 보험자는 책임지지 않는다(제701조).

② 항로의 이탈:

정당한 사유 없이 항로를 이탈한 경우 보험자는 그때부터 책임지지 않는다(제701조 ②).

③ 발항 또는 항해의 지연:

정당한 사유 없이 발항 또는 항해를 지연한 때에 보험자는 지체한 이후의 사고에 대하여 책임을 지지 않는다(제702조).

④ 선박의 변경:

보험계약자, 피보험자의 책임 있는 사유로 선박을 변경할 때 보험자는 변경 후의 사고에 대해서는 책임을 지지 않는다(제703조).

⑤ 선박의 양도 및 선급, 관리변경

보험자의 동의 없이 선박을 양도, 선급을 변경, 선박을 새로운 관리로 옮긴 때에는 보험계약은 종료한다. 그러나 보험자의 동의가 있을 때에는 그러하지 아니하다(제703조 ②).

3. 보험자의 파산

보험회사가 파산선고를 받은 때에는 보험계약자는 그 계약을 해지할 수 있다. 그러나 파산선고 후 보험계약을 해지하지 아니하고 3개월이 경과한 때에는 당연히 그 효력을 잃는다.

제3절. 보험계약의 소멸

보험계약의 소멸은 ①보험사고의 발생(피보험이익의 소멸) ②보험기간 만료 ③보험계약의 실효 ④보험계약이 해지가 되면 보험계약은 소멸한다.

1. 보험사고의 발생

① 보험사고(전손사고)

보험사고의 발생으로 보험금액이 지급되면 보험계약의 대상이 없어지므로 계약 그 자체는 종료한다.

이는 보험사고(전손사고)의 발생인데, 보험사고의 발생에 의하여 보험금액이 전부 지급된 경우에는 보험계약의 목적의 달성에 의하여 종료한다. 그러나 책임보험, 상해보험의 경우에는 그러하지 아니하기도 한다.

② 보험사고(분손사고)

손해보험계약에서 보험사고로 일부손해(분손)가 발생하여 보험금액의 일부만을 지급한 경우에는 그 나머지 보험금액의 한도 내에서 보험기간 동안 보험계약 관계의 존속을 인정한다.

③ 책임보험 계약에서는 보험기간 중에 일어나는 사고발생 건수를 제한하는 것이 아니므로 보험사고로 인하여 보험금액이 지급되더라도 보험기간 동안 보험계약 관계는 그대로 유지된다.

> ▣ **피보험이익의 소멸(위험의 소멸)**
> 손해보험계약은 피보험이익을 전제로 하기 때문에 보험사고 이외의 사유로 보험의 목적이 소멸되어 보험사고 발생 가능성이 없어진 때에는 보험계약은 소멸한다.

2. 보험기간의 만료

보험자의 책임기간은 자유로이 정할 수 있으나, 보험기간의 만료로서 보험기간이 끝난 때에는 보험계약은 당연히 소멸한다.

3. 보험계약의 실효

① 보험자의 파산:

보험자가 파산선고를 받은 경우 보험계약자는 계약을 해지할 수 있으며(제654조 ①), 해지하지 아니한 보험계약이라도 파산선고 후 3월을 경과하면 그 효력을 잃는다(제654조 ②).

② 보험 목적의 양도:

피보험자가 보험의 목적을 양도한 때에는 양수인에게 보험계약상의 권리와 의무를 승계한 것으로 추정한다(제679조). 그러나 양수인이 보험목적을 양도는 받지만 보험계약상의 권리와 의무를 승계하지 않는다는 명확한 의사가 있는 경우에 보험계약은 승계되지 않고 효력이 상실된다.

③ 보험료 부(不)지급으로 인한 계약해제

보험계약자는 보험계약체결 후 지체 없이 보험료의 전부 또는 제1회 보험료를 지급하여야 하는데, 보험계약자가 아무런 약정 없이 계약 성립한 후 2월이 지나도록 보험료를 지급하지 아니한 때에는 보험계약은 해제된 것으로 본다(제650조 ①). 보험자의 의사표시와 관계없이 계약의 효력은 상실된다.

4. 보험계약의 해지

> ♣ 보험계약자 또는 보험회사의 해지에 의한 소멸사유(보험계약의 해지사유)
>
> 보험계약자가 임의 또는 보험회사의 파산으로 인한 해지가 있다. 또 보험회사에서 고객의 과실 또는 귀책으로 해지를 할 수 있는데 보험료 미납으로 인한 해지, 고지의무 위반으로 인한 해지, 위험 변경·증가에 대한 통지의무 해태로 인한 해지, 보험계약자 등의 고의·중과실로 생긴 위험의 변경·증가로 인한 해지, 약관의 규정에 의한 해지가 있다.

1) 보험자에 의한 계약해지

– 보험료가 연체되면 보험회사는 **상당한 기간을 정하여 보험계약자에게 최고하고, 그 기간에도 보험료를 내지 않으면 계약을 해지할 수 있다**(상법 제650조 제2항).

– 보험계약 당시 보험계약자 또는 피보험자가 고의 또는 중대한 과실로 중요한 사항을 고지하지 않거나 부실하게 고지한 경우 보험회사는 그 사실을 안 날부터 1개월 내에, 계약을 체결한 날부터 3년 내에 계약을 해지할 수 있다(상법 제651조 본문).

① 상법상 계약해지: 상법에 보험계약자 등이 다음 의무위반이 있는 경우에 보험자의 해지권을 인정한다.
  – 보험계약자가 계속보험료를 약정한 시기에 지급되지 아니한 때(제650조 ②).
  – 보험계약자 등이 고지의무를 위반한 때(제651조).
  – 보험계약자 등이 위험변경, 증가의 통지의무를 위반한 때(제652조).
  – 보험계약자 등이 위험유지의무를 위반한 때(제653조).
  – 선박미확정 적하예정보험에서 통지의무를 위반한 때(제704조).

② 약관규정에 의한 해지: 약관에서 정한 해지 요건에 해당하는 경우에 보험자는 계약을 해지할 수 있다.

2) 보험계약자에 의한 계약해지

① 보험사고 발생 전의 임의해지:

보험사고가 발생하기 전에 보험계약자는 언제든지 계약의 전부 또는 일부를 해지할 수 있다. (상법 제649조 제1항 전단)

♣ 타인을 위한 보험계약의 경우에 보험자는 그 타인의 동의를 얻지 아니하거나, 보험증권을 소지하지 아니하면 그 계약을 해지하지 못한다(제649조 ①).

♣ 생명보험표준약관의 연금보험에서는 연금지급이 개시된 이후에는 보험계약자의 임의 해지를 제한하고 있다.

② 보험사고 발생 후의 임의해지

보험사고의 발생으로 보험자가 보험금액을 지급한 때에도 보험금액이 감액되지 아니하는 보험의 경우에 보험계약자는 그 사고발생 후에도 보험계약을 해지할 수 있다(제649조 ②).

③ 보험자의 파산

보험자가 파산의 선고를 받은 때에는 보험계약자는 계약을 해지할 수 있다(제654조 ①). 보험계약자의 해지권은 파산선고 후 3월 이내에 행사할 수 있다.

3) 제3자에 의한 계약해지

보험계약자의 미경과보험료 반환청구권 또는 해지환급금청구권에 대해 추심명령을 받은 채권자는 자기의 명의로 계약을 해지할 수 있다.

4) 보험계약의 종료

① 보험계약의 종료: 선박을 보험에 붙인 경우(제703조 ②)

- 선박을 양도할 때, 선박의 선급을 변경한 때, 선박을 새로운 관리로 옮긴 때 보험계약은 종료한다.

② 상태의 종료: 특정한 상태. 즉 전쟁, 여행, 항해, 운송 등의 위험을 전제로 한 보험에서는 그 상태의 종료로 인하여 보험계약도 종료된다.

제6장
타인(他人)을 위한 보험계약

제1절. 타인을 위한 보험계약의 의의 및 법적 성질·학설

1. 타인을 위한 보험계약의 의의

보험계약자가 자신이 아닌 특정 또는 불특정의 타인을 위하여 보험계약을 체결할 때 자기명의로 체결한 보험계약을 '타인을 위한 보험계약'이라고 한다(제639조). 즉, 보험계약자가 자신이 아닌 타인을 피보험자(손해보험) 또는 보험수익자(인보험)로 하여 체결하는 보험계약이 '타인을 위한 보험계약'이다.

또한, 타인을 위한 보험계약은 보험료를 지불하는 보험계약자와 보험금을 수령하는 보험금의 청구권자가 서로 다른 계약을 말한다. 타인은 보험계약상의 보험금 청구권자(이익을 받을 자)로서 손해보험은 피보험자, 인보험은 보험수익자를 말한다.

> ※ 자기를 위한 보험계약
> 보험계약자가 피보험자 또는 보험수익자와 동일한 계약인 경우 이를 '자기를 위한 보험계약'이라고 한다. (자기를 위한 보험계약의 예시: A라는 사람이 보험을 가입할 경우 보험계약자는 A, 피보험자 또는 보험수익자가 A가 된 경우의 계약이다. 이러한 경우에 자기를 위한 보험계약이라고 한다.)

> ※ 타인을 위한 보험계약
> 보험계약자가 자신이 아닌 특정 또는 불특정한 타인을 위하여 보험계약을 체결할 수도 있는데 이를 '타인을 위한 보험계약'이라고 한다.
>
> (타인을 위한 보험계약의 예시)
> 부모가 자녀를 위해 보험을 가입할 경우 보험계약자는 부모, 자녀는 피보험자가 된다. 이러한 경우에 타인을 위한 보험계약이라고 한다.

타인을 위한 보험이란 타인을 위하여 보험계약을 체결하는 것, 즉 손해보험에 있어서는 보험계약자와 피보험자가 다른 경우이고, 인보험(人保險)에 있어서는 보험계약자와 보험수익자가 다른 경우이다.

이것은 보험계약자가 자기 명의로 계약을 체결하므로 대리(代理)는 아니고 민법상의 제3자를 위한 계약(민법 제539조)과 그 성질이 같다. 그러나 민법상의 이 계약은 그 제3자가 계약의 이익을 받을 의사를 표시하여야 제3자는 권리를 취득하나 타인을 위한 보험계약에 있어서는 보험계약자가 위임을 받거나 받지 아니하거나 상관없이 계약체결을 할 수 있고, 그 타인(제3자)은 당연히 계약의 이익을 받는 점에 차이가 있다(제639조 1항). 보험계약자는 보험금액지급청구권은 갖지 아니한다.

타인을 위한 보험계약을 체결하는 경우에 그 타인의 위임을 필요로 하지 않는다. 다만, 손해보험계약의 경우 그 타인의 위임이 없는 때에는 보험계약자는 보험자에게 그 사실을 고지하여야 한다. 타인을 위한 보험계약을 체결한다는 명백한 의사가 없는 경우에는 자기를 위한 보험계약을 체결한 것으로 추정한다.

2. 법적 성질 및 학설 · 판례

① 타인을 위한 보험계약에 대한 보험계약자가 타인을 대리하여 계약을 체결하였다는 대리설, 상법에서 특수하게 인정되는 제3자를 위한 특수계약설, 민법상의 제3자를 위한 계약의 일종이라는 의견 등의 학설이 제시되고 있다. 판례는 특수한 성질을 가진 제3자를 위한 계약의 일종으로 해석하고 있다.

② 법적 성질은 민법상의 '제3자를 위한 계약'이라고 해석하는 것이 일반적이나, 민법상의 '제3자를 위한 계약'은 제3자가 수익의 의사표시를 함으로써 제3자의 권리가 발생하는 데 반해 '타인을 위한 보험계약'은 제3자가 수익의 의사표시를 하지 않더라도 그 이익을 받는다는 점에서 그 차이가 있다.

1) 대리설
타인을 위한 보험계약은 보험계약자가 보험금지급 청구권자를 대리하여 체결하는 계약이라고 보는 견해이다.

2) 상법상의 특수한 보험계약설
피보험자 또는 보험수익자가 수익의 의사표시를 하지 않더라도 당연히 보험계약상의 권리를 취득하는 점에서 이는 민법상 제3자를 위한 계약으로 볼 수 없고 상법상의 특수한 보험계약이라고 보는 견해이다.

3) 민법상 제3자를 위한 계약설(판례 및 일반적인 학설)
타인을 위한 보험계약은 민법상 제3자를 위한 계약의 일종이나, 다만 민법상의 제3자를 위한 계약에서는 제3자가 수익의 의사표시를 함으로써 비로소 그 제3자의 권리가 발생하는 데 반하여, 타인을 위한 보험계약에서는 제3자가 수익의 의사표시를 하지 않더라도 당연히 보험상의 권리를 취득하는 점에서 차이가 있을 뿐이라고 한다.

제2절. 타인을 위한 보험계약의 성립요건

> ♣ 계약체결의 요건
> ① 타인을 위한 보험계약이라는 의사표시가 있어야 한다.
> ② 보험계약자가 그 타인의 위임을 받았는지의 여부는 묻지 아니한다.

1. 타인을 위한다는 의사표시(제639조 ①)

보험계약 당사자 사이에 특정 또는 불특정 타인을 위한 보험계약이라는 의사표시가 있어야 한다.

2. 타인의 위임

보험계약자가 그 타인의 위임을 받았는지의 여부는 묻지 아니한다.

보험계약자는 위임을 받거나, 위임을 받지 아니하고 특정 또는 불특정 타인을 위하여 보험계약을 체결할 수 있다(제639조 ①단서).

손해보험계약의 경우에 타인의 위임이 없으면 보험계약자는 이를 보험자에게 고지하여야 한다(제639조 단서). 만일 그 고지가 없는 때에는 타인이 그 보험계약이 체결된 사실을 알지 못하였다는 이유로 보험자에게 대항하지 못한다(제639조 ①단서).

제3절. 타인을 위한 보험계약의 효과

타인을 위한 보험계약에서 보험의 효과는 손해보험에서는 피보험자, 인보험에서는 보험수익자에게 귀속된다. 즉 피보험자, 보험수익자는 보험계약 체결여부, 위임 여부와 관계없이 보험금청구권을 갖는다.

1. 보험계약자의 지위

1) 권리

보험회사에 대하여 보험금청구권이 없다. 보험계약자는 보험계약의 당사자로서 계약해지권이 있다.

보험증권의 교부청구권(제640조), 보험료의 감액청구권(제647조), 보험료의 반환청구권(제648조), 인보험의 경우 보험수익자 지정, 변경권(제733조, 제734조)을 갖는다.

2) 의무

보험계약자는 제1차적인 보험료지급의무가 있다. 또한, 고지의무(제651조), 위험변경·증가 통지의무(제652조), 위험유지의무(제653조, 위험변경·증가 금지의무), 보험사고발생의 통지의무(제657조)를 지며, 손해보험에서는 손해방지 경감의무(제680조)도 부담한다.

3) 다만, 보험계약자는 피보험자의 동의를 얻지 아니하거나 보험증권을 소지하지 아니하면 그 계약을 해지하지 못한다. 타인을 위한 보험계약에서는 그 타인이 그 계약의 이익을 받기 때문에 원칙적으로 보험계약자에게는 보험금 청구권이 없다.

2. 피보험자, 보험수익자 지위

1) 권리

타인을 위한 보험에서 피보험자는 당연히 그 계약의 이익을 받으므로, 보험사고가 발생하면 보험자에 대하여 보험금 또는 그 밖의 급여청구권을 갖는다(제639조 ①).

2) 의무

계약의 당사자가 아니므로 보험료의 지급의무가 없으나, 보험계약자가 보험료의 납입을 지체하거나, 파산선고를 받은 경우에 피보험자 또는 보험수익자가 계약상의 권리를 포기하지 않는 한 보험료를 납입할 의무를 지게 된다(제639조 ③단서).

그러므로 타인을 위한 보험에서 보험계약자가 보험료 지급을 지체하여 계약을 해지하고자 하는 경우에 보험자는 그 타인에게도 상당한 기간을 정하여 보험료의 지급을 최고하여야 한다.

이러한 절차를 거치지 아니한 채 행한 계약의 해지는 효력이 없다(제650조).

또한, 고지의무(제651조), 위험변경·증가 통지의무(제652조), 위험유지의무(제653조, 위험변경·증가 금지의무), 보험사고 발생의 통지의무(제657조)를 지며, 손해보험에서는 손해방지 경감의무(제680조)도 부담한다.

제4절. 타인을 위한 보험계약의 해지

보험계약자는 보험사고가 발생하기 전에 언제든지 계약의 전부 또는 일부를 해지할 수 있다(제649조 ①). 타인을 위한 보험을 민법상 제3자를 위한 계약으로 보면, 보험계약자는 임의로 해지권을 행사할 수 없다. 반면 상법상 특수한 계약으로 보면, 보험계약자의 임의 해지권이 인정된다.

이 때문에 상법에서는 타인의 동의를 얻거나 보험증권을 소지한 경우에만 그 계약을 해지할 수 있도록 하고 있다(제649조 ① 단서).

제5절. 타인을 위한 보험의 계약 시 유의사항

1. 타인을 위한 생명보험 가입 시 유의사항

타인의 사망을 보험사고로 하는 보험계약에는 보험계약 체결 시 그 타인의 서면에 의한 동의를 받아야 한다(상법 제731조 제1항).

1) 타인의 사망을 보험사고로 하는 보험계약에 있어 동의는 서면에 의해 이루어져야 하지만, 타인이 반드시 보험청약서에 자필 서명을 하는 것만을 의미하지는 않고 피보험자인 타인이 참석한 자리에서 보험계약을 체결하면서 명시적으로 권한을 수여받아 보험청약서에 타인의 서명을 대행하는 것과 같은 경우도 유효하게 이루어진 것으로 본다(대법원 2006. 12. 21. 선고 2006다69141 판결).

2) 타인의 사망을 보험사고로 하는 보험계약의 체결에 있어서 보험설계사는 보험계약자에게 피보험자의 서면동의 등의 요건에 관하여 구체적이고 상세하게 설명하여 보험계약자가 그 요건을 구비할 수 있는 기회를 주어 유효한 보험계약이 성립하도록 조치할 주의의무가 있다(대법원 2008. 8. 21. 선고 2007다76696 판결).

2. 타인을 위한 손해보험 가입 시 유의사항

보험계약자는 위임을 받거나 위임을 받지 않고 특정 또는 불특정의 타인을 위해 보험계약을 체결할 수 있다. 그러나 손해보험계약에서 그 타인의 위임이 없는 경우 보험계약자는 이를 보험회사에 고지해야 하고, 그 고지가 없는 경우 타인이 그 보험계약이 체결된 사실을 알지 못했다는 사유로 보험회사에 대항하지 못한다(상법 제639조 제1항).

memo

제5편 손해보험 각론

제1장
손해보험의 이해(理解)

제1절. 손해보험의 의의

1. 손해보험의 정의(定義)

♣ 손해보험이란 보험회사가 우연한 사고(보험사고)로 생길 피보험자의 재산상의 손해를 보상하는 보험을 말한다. 즉, 피보험이익에 생긴 손해를 보상할 것을 목적으로 한다.

손해보험의 경우 피보험자가 실제 입은 만큼의 손해에 대한 보상만 받을 수 있다.

상법에서 손해보험은 화재보험, 운송보험, 해상보험, 책임보험, 자동차보험으로 구분하여 규정한다.

♣ 손해보험계약이란 보험계약자가 약정한 보험료를 지급하고 피보험자의 재산에 불확정한 사고가 생길 경우 보험자가 피보험자의 재산상의 손해를 보상할 것을 약정함으로써 효력이 발생한다(제638조, 제665조).

보험사고가 발생 시에 지급할 금액을 보험사고 발생 전에는 알 수 없는 불확정보험(부정액보험) 이다.

※ 인보험(人保險): 손해와 상관없이 일정액을 지급하는 정액보험이다.

2. 손해보험의 개요

손해보험 계약은 피보험자의 재산에 우연한 사고로 생길 손해를 보상하기 위하여 보험자와 보험계약자 사이에 맺어지는 계약이다. 따라서 사람의 생명 또는 신체에 생길 사고에 대비하는 인보험 계약과는 다르다. 손해보험은 보험사고로 인한 피보험자의 재산상의 손해보상을 책임진다는 점에서 손해보상 계약의 일종이다. 여기서 손해의 개념은 사고발생 전의 이익 상태와 사고발생 후의 이익상태의 차이를 의미하고, 손해보상이나 손해배상은 다 같이 그 손해를 메꾸어 사고 전의 상태로 돌리려는 기능을 가지고 있다. 손해보험에는 '이익 없는 곳에 보험 없다'는 원칙에 따라 피보험이익의 존재가 필요하다. 이 피보험이익의 가액, 즉 보험가액이 보험자가 질 수 있는 책임의 최대한을 이루며 이 범위 내에서 보험금액도 약정되어야 한다.

보험자는 보험사고가 생긴 경우에 일정한 요건하에 피보험자에게 보험금을 지급할 의무를 부담하며, 손해액의 산정은 손해발생의 때와 장소에 있어서의 가액을 표준으로 하는 것이 원칙(제676조)이고, 보험자가 손해를 보상한 때에는 보험대위(保險代位)가 인정된다(제682조). 피보험자의 보험자에 대한 보험금지급청구권은 손해발생 후에는 물론이지만 손해발생 전에도 이전의 목적이 될 수 있으며, 보통 보험의 목적물에 대한 물권과 함께 이에 관한 보험계약상의 권리를 이전하는 일이 많은데, 피보험자가 보험의 목적물만을 양도하고 보험계약상의 권리에 대하여는 아무런 의사표시가 없는 때에는, 보험계약상의 권리도 동시에 양도된 것으로 추정된다(제679조). 또 해상보험·운송보험에 있어서는 보험증권을 지시식(指示式)으로 발행하여 보험증권을 적법하게 취득한 자가 보험자에 대하여 보험금의 지급을 받을 수 있는 권리를 취득하는 것으로 하는 일이 있다.

제2절. 손해보험의 특징 및 종류

1. 손해보험의 특징

손해보험은 금전적으로 산정할 수 있는 보험목적의 존재, 목적물의 산정액, 보험 목적의 양도, 보험금 지급 시 보험목적에 대해 가지는 권리, 손해방지의 의무와 관련하여 크게 다섯 가지의 특징이 있다.

1) 피보험이익(보험계약의 목적)이 존재한다.

보험의 목적을 금전으로 산정할 수 있는 '피보험이익'이 존재해야 하며, '피보험이익'이 없는 보험계약은 무효이다.

2) 보험가액이 존재한다(물건보험에서 피보험이익의 평가액).

보험계약 체결 시 당사자가 협정에 의해 정하는 '보험금액' 외에 피보험이익을 금전으로 산정한 '보험가액'이 존재한다. (※ 보험가입금액: 보험자가 부담하는 손해보험 책임의 최고한도액)

3) 보험 목적의 양도가 존재한다.

피보험자가 이미 체결한 보험계약의 대상인 목적물을 그 의사표시에 의하여 타인에게 넘겨주는 것을 '보험 목적의 양도'라 한다. 이는 보험의 목적이 일시적으로 무보험 상태가 되는 것 등을 방지하기 위한 제도이다.

4) 보험자 대위가 존재한다.

보험회사가 보험사고로 인하여 보험금을 지급하였을 때, 보험회사가 피보험자 보험의 목적에 대하여 소유한 권리의 전부 또는 일부를 취득하게 되거나 제3자에 대하여 갖는 권리를 취득하는 것을 말한다.

① 잔존물대위: 보험회사가 피보험자가 가지는 보험의 목적에 대하여 소유한 권리의 전부 또는

일부를 취득하는 것을 말한다.

② 청구권대위: 보험회사는 피보험자가 제3자에 대하여 갖는 권리를 취득하는 것을 말한다.

5) 손해방지의무가 존재한다.

보험계약자와 피보험자는 보험사고가 발생한 때에 적극적으로 손해의 방지와 경감을 위하여 노력하여야 하는데 이것을 보험계약자 등의 '손해방지의무'라 한다.

> ※ 피보험이익이란?
> 보험의 목적이 갖는 경제 가치를 의미하는 것이 아니라, 보험의 목적에 대하여 어떤 사람(피보험자)이 갖는 경제적 이해관계를 의미하는 것으로서, 즉 보험의 목적이 소실되면 손해를 볼 수 있는 사람은 그 보험의 목적에 대하여 피보험이익이 있다고 한다. 하나의 보험 목적에 대하여 동일한 보험사고로 손해를 볼 수 있는 사람이 여러 명이 있고, 그때 갖는 이익의 유형도 다르고, 손해의 정도도 다르다. 따라서 하나의 보험 목적에 대해 피보험이익의 유형에 따라 각각의 보험계약을 체결할 수 있다.

> ※ 보험자대위란?
> 보험자대위는 손해보험의 이득금지 원칙을 적용하여 보험자로부터 보험금을 수령한 피보험자가 다시 잔존물을 취득하거나 제3자로부터 손해배상을 받아 사고로 오히려 이득을 보는 것을 방지함으로써 도덕적 위험을 억제하기 위한 것이다. 보험자는 보험료를 통하여 위험담보의 대가를 이미 지급받았는데도 불구하고 대위권을 행사하면 보험자에게 이득이 발생하여 불합리하다는 의문을 가질 수 있다. 그러나 보험자는 보험자대위권까지 고려하여 보험료를 산정한다.

2. 손해보험의 종류

손해보험의 종류는 상법에 다음과 같이 다섯 가지로 분류하고 있다.

1) 화재보험: 거주 주택, 일반물건 및 공장물건의 화재, 폭발, 파열, 붕괴 및 멸실을 보상하는 보험.

2) 운송보험: 운송물 운송에 관한 사고로 피보험자가 입은 재산상의 손해를 보상하는 보험(항공·운송보험 포함).

3) 해상보험: 항해와 관련된 우연한 사고로 보험의 목적물에 입은 재산상의 손해를 보상하는 보험.

4) 책임보험: 제3자에 대하여 법률상 배상할 책임을 보상하는 보험.

5) 자동차보험: 자동차를 소유·사용 또는 관리하는 동안에 발생한 사고에 대하여 보상하는 보험.

제3절. 손해보험의 각론별(종류별) 역사[20]

1) 고대사회의 보험제도

보험이라는 사고방식은 인간의 사회생활과 함께 시작되었다고 할 수 있다.

고대의 자연경제시대에도 불의의 재해로 입은 경제적 손해에 대비하여 상부상조하는 구제제도가 있었는 바, 바빌로니아왕 함무라비시대의 대상 간에 사용된 규약에도 이와 같은 내용이 정해져 있었다.

또 로마시대에는 장례조합 등이 있었으며 중세에 들어서는 길드가 그 직업조합의 조합원에 대한 화재, 수해, 도난 등의 재해에 관련된 상호구제제도를 가지고 있었다.

*   기원전 4000년: 바빌로니아의 국가형성과 함께 육상모험대차가 있었다.
*   기원전 1600년: 페니키야에서 해상모험대차제도가 출현하였다.
*   기원전 1000년: 그리스에서 육상모험대차가 모습을 보였다.
*   기원전 700년: 로마에서 모험대차제도가 성행하였고 그 후 스페인, 프랑스로 발전하였다.

2) 화재보험

유럽에서는 13세기경부터 이재자의 구제를 목적으로 길드가 조직되고 마을에서는 교회 내에서나 이웃을 방문하여 의연금을 모으는 것을 인정하는 화재걸식면허장을 발행하였지만, 1666년의 런던 대화재는 화재보험의 생성에 결정적인 역할을 하였다.

*1591년: 독일 함부르크에서 100명의 양조업자가 화재협약조합을 설립하였으며 그 뒤 독일은 공영화재보험제도로 발전하였다.

*1667년: 1666년의 런던대화재 이후 치과의사인 니코라스 바본이 개인화재보험회사를 설립함으로써 민영보험회사의 효시를 이루었다.

*1668년: 상호화재보험제도인 우애조합(Friendly Society)이 발족하였다.

*1817년: 독일 함부르크시 화재금고는 시내의 전 건물을 강제보험으로 하였다.

3) 해상보험

해상보험은 북해연안 및 지중해무역의 발달과 더불어 성장하여 갔다. 즉 14세기 이탈리아에서 성립하여 스페인, 포르투갈, 네덜란드 그리고 영국, 독일로 발전하여 갔다.

*1347년: 선박보험에 관한 제노아 공정증서가 남아 있다.

*1348년: 적하보험에 관한 제노아 공정증서가 남아 있어 그 당시의 해상보험실태를 짐작하게 하고 있다.

---

20) 출처: 인카금융서비스㈜

*1568년: 토마스 그레샴에 의해 The First Royal Exchange가 설립되어 해상보험이 이루어졌다.

*1688년: 에드워드 로이드가 테임즈 강변의 롬바드가에 개설한 로이드 찻집에서 해상보험거래가 개인보험사업자에 의해 시작되었으며, 1871년에는 로이드의 법인화가 이루어졌다.

*1720년: 최초로 회사형태의 보험회사로 London Assurance와 Royal Exchange Assurance가 설립되었다.

그 밖에 1686년에 파리, 1720년에 노틸담, 1726년에 코펜하겐, 1739년에 스톡홀름, 1765년에 함부르크 및 베를린에 해상보험회사가 설립되었고 1792년에 필라델피아에 Insurance company of North America가 설립되었다.

4) 특종보험

제2차 산업혁명으로 철도, 제철기술의 혁신과 중공업이 발전하기 시작하였으며 교통통신의 발달과 자동차, 항공기의 대량생산으로 새로운 위험이 증가함에 따라 특종보험[21]이 본격적으로 발전하였다.

*1840년: 런던에서 Guarantee Society가 신원보증인에 대신할 신원보증보험을 개시하였다.

*1850년: Accident Death사가 교통사고와 상해일반을 담보하는 보통상해보험을 판매 개시하였다.

*1870년: 운송보험이 보급되기 시작하였다.

*1876년: 벤츠, 푸조, 포드 등 자동차 생산이 시작되고 1910년대에 양산체제로 들어감에 따라 자동차보험이 출현하였다.

*1903년: 라이트형제의 처녀비행의 성공에 이어 항공기의 눈부신 발전에 따라 항공보험이 출현하였다.

20세기 초부터 기계보험, 상해보험, 책임보험 등 새로운 보험이 개발되면서 손해보험 시장을 다양화시켜 나갔다.

5) 재보험

재보험은 특약재보험을 중심으로 크게 발전하여 왔으며, 전업재보험회사로는 독일의 Munich Re, 스위스의 Swiss Re, 미국의 General Re 등이 거대한 담보력과 공신력으로 세계 재보험시장에서 기여하고 있다.

*1370년: 해상보험의 재보험이 이루어졌다.

*1778년: 코펜하겐의 Royal Chartered 보험회사에 재보험이 허가되었다.

*1821년: 재보험특약이 처음 채결되었다.

---

21) 특종보험(特種保險): 손해보험 중에서 화재보험, 해상보험, 운송보험, 자동차 및 보증보험 이외의 보험을 말한다.

6) 한국의 손해보험

우리나라에 근대적인 보험산업이 도입되기 이전에는 신라시대의 가배계, 고려시대의 문무계, 조선시대의 충효계 등이 보험과 유사한 제도로 존재한 것으로 기록되어 있으나 이러한 제도는 합리적인 계산 기초 위에 자금을 갹출한 것이 아니기 때문에 보험제도라고 볼 수는 없다.

*1876년: 강화도 조약과 개항으로 해상보험 대리점시대가 개막되었다.

*1880년: 일본 동경해상이 부산에 대리점을 설치한 것을 필두로 영국, 독일 등에서도 대리점을 설치하였다.

*1910년: 한일합병 이후 일본보험회사의 지점이 진출하였다.

*1922년: 조선화재가 설립되었다.(한상룡, 우리나라 최초의 손해보험회사)

*1945년: 광복으로 일본 손보사 15개 지점과 생보사 19개 지점이 철수하였다.

*1945~1961년: 14개의 손해보험회사가 설립되었다.

*1962년: 5.16 이후 국가재건최고회의의 보험회사 감사로 손보 14개사가 10개사로 정비되었다.

*1963년: 대한재보험공사가 설립되었다.

*1967년: 화재보험의 풀제도가 발족하였다.

*1968년: 공동인수체제로 있던 자동차보험공영사가 주식회사로 개편되었다.

*1969년: 보증보험 전업사가 설립되었다.

*1978년: 한국보험공사가 설립되었으며 대한재보험공사는 민영화되었다.

*1983년: 자동차보험이 다원화되었으며 한국자동차보험회사는 원보험회사로 전환하였다.

*1989년: 한국보험공사가 보험감독원으로 개편되었다. 또한 한국손해보험요율 산정회가 보험개발원으로 개편되었다.

*1992년: 화재보험 풀이 전면 해체되므로써 자유경쟁원리가 도입되었다.

*1993년: 보험상품 가격자유화 방안의 실시를 필두로 보험시장의 자유화가 진척되고 있다.

*1999년: 금융감독기구의 설치 등에 관한 법률의 제정으로 보험감독원이 금융감독원으로 새롭게 출범하였다.

제2장
화재보험

제1절. 화재보험의 개념 및 특징

1. 화재보험의 의의

화재보험이란 **피보험자의 재산(건물·동산)이 화재에 의하여 발생하는 손해를 보상하는 손해보험의 일종이다.** 즉, 우연한 화재사고로 발생할 수 있는 피보험자의 재산상의 손해를 보장(담보)함으로써 경제생활의 불안정을 제거 또는 경감하기 위한 사회적 경제제도이다.

화재보험계약이란 **화재로 인하여 생긴 손해를 보상할 것을 목적으로 하는 손해보험계약**을 말한다(제683조). 낙뢰(번개, 벼락), 파열, 폭발 등의 손해를 포함하며 비용 손해도 담보한다.

♣ 화재보험의 계약자: 화재보험 계약자는 보험료를 납입하는 자로서 자격에는 제한이 없다.

♣ 화재보험계약의 피보험자: 화재보험계약의 피보험자는 건물 또는 동산의 소유자이다.

▣ **화재보험이 보상하는 손해(담보손해)**
① 화재 및 벼락에 따른 직접손해·소방손해·피난 손해, 주택화재보험에서 파열·폭발의 손해를 보통약관에서 담보한다. 풍수재 등은 특약으로 담보한다.
② 잔존물 제거비용(손해액의 10% 한도 내)
③ 손해방지비용, 대위권보존비용, 잔존물보전비용, 기타협력비용

♣ 화재보험은 크게 주택화재보험과 일반화재보험으로 구분되며, 대상물건 및 보장(담보)내용은 아래의 표와 같다.

구 분	대상물건	담보내용	적용약관
주택화재보험	주택물건의 건물 및 수용가재	화재, 벼락, 폭발, 파열 소방 및 피난 손해 잔존물 제거비용 등 비용손해	주택화재보험 보통약관 및 특별약관
일반화재보험	일반물건 공장물건	화재, 벼락 소방 및 피난 손해 잔존물 제거비용 등 비용손해	화재보험 보통약관 및 특별약관

출처: 삼성화재보험(주) 자료

2. 화재보험계약의 요소

① 계약당사자: 보험자와 보험계약자

② 보험사고: 화재보험에서 보험사고는 화재이다.

③ 보험의 목적: 보험사고의 객체로 동산, 부동산, 불에 탈 수 있는 유체물이다.

④ 피보험이익(보험계약의 목적):

화재보험의 피보험이익은 그 목적물이 동일하더라도 피보험자의 지위에 따라 소유자 이익, 임차인 이익, 담보권자 이익이 될 수 있으며, 피보험이익이 명확하지 않으면 소유자의 피보험이익으로 본다.

3. 화재보험자의 손해보상책임: 위험보편의 원칙

1) 위험보편의 원칙

보험의 목적에 화재로 인하여 손해가 생긴 때에는 그 화재의 원인을 불문하고 보험자는 그 손해를 보상할 책임을 진다는 원칙을 말한다.

▣ **화재보험에서의 적용**
상법 제683조에서는 "화재로 인하여 생긴 손해를 보상할 책임이 있다"고 규정함으로써 화재의 원인 여하를 묻지 않고 있다. 즉, 화재로 인하여 손해가 발생하는 경우에 화재의 선행 원인을 고려할 필요없이 보험자의 보상책임을 부여하고 있다.

2) 보험회사의 손해보상책임

① 보험회사는 화재의 소방 또는 손해의 감소에 필요한 조치로 인해 생긴 손해를 보상할 책임이 있다(상법 제684조).

② 집합된 물건을 한꺼번에 보험의 목적으로 한 경우 피보험자의 가족과 사용인의 물건도 보험의 목적에 포함된 것으로 한다. 이 경우 그 보험은 가족 또는 사용인을 위해서도 체결한 것으로 본다(상법 제686조).

③ 집합된 물건을 한꺼번에 보험의 목적으로 한 경우 그 목적에 속한 물건이 보험기간 중 수시로 교체된 경우에도 보험사고의 발생 시 현존한 물건은 보험의 목적에 포함된 것으로 한다(상법 제687조).

3) 화재보험자의 면책사유

아래와 같은 법정 면책사유로 인하여 발생한 때에는 보상책임을 지지 않는다.

① 전쟁 기타의 변란(제660조)

② 목적물의 성질, 하자, 자연 소모(제678조)

③ 피보험자 등의 고의. 중과실(제659조 ①)

4) 화재보험자의 손해보상범위

화재로 인한 손해는 화재의 직접손해는 물론이고 화재와 상당인과관계가 있는 손해를 포함한다. 판례는 화재 후 발생한 건물의 철거비와 폐기물처리비도 화재와 상당인과관계에 있는 건물수리비에 포함된다고 보았다.

화재보험자는 화재의 소방 또는 손해의 감소에 필요한 조치로 인하여 생긴 손해를 보상할 책임이 있다(제684조).

> ▣ 화재보험 손해의 범위
> 불의 연소에 의한 직접적인 손해는 아니더라도 화재의 소방 또는 손해를 감소시키기 위한 조치를 취하는 과정에서 발생한 손해도 보험회사는 보상을 해야 한다(제684조).

4. 화재보험의 특징

(1) 보상하는 손해(재산손해, 비용손해)

1) 재산손해

화재에 따른 직접손해, 소방손해(화재진압 과정에서 발생하는 손해), 피난손해(피난지에서 5일 동안에 생긴 직접손해 및 소방손해)이다(※ 손해방지를 위한 침수손, 파괴손 등은 보상하나, 피난 중에 도난 또는 분실손해는 보상하지 않는다).

2) 비용손해

① 잔존물제거비용

사고 현장의 보험목적물 제거를 위한 비용(해체비용, 청소비용[오염물질 제거비용 제외], 상차비용[폐기물 처리비용 제외])으로 보험증권에 기재된 보험가입금액 범위 내에서 **손해액의 10%**를 한도로 보상한다.

② 손해방지비용: 손해방지 또는 경감을 위해 지출 또는 유익한 비용.

③ 대위권 보전비용: 제3자로부터 손해배상을 받을 수 있는 경우 그 권리의 보전 또는 행사를 위하여 지출 또는 유익한 비용.

④ 잔존물 보전비용: 보험회사가 잔존물을 보전하기 위하여 지출 또는 유익한 비용.

⑤ 기타 협력비용: 보험회사의 요구에 따르기 위하여 지출 또는 유익한 비용.

(2) 보상하지 않는 손해(9가지)

1) 계약자, 피보험자 또는 이들의 법정대리인의 고의나 중대한 과실로 생긴 손해.

2) 화재, 폭발 또는 파열이 발생했을 때 도난 또는 분실로 생긴 손해.

3) 보험목적물의 발효, 자연발열 또는 자연발화로 생긴 손해(※ 단, 그로 인해 연소된 다른 보험의 목적에 생긴 손해는 보상한다).

4) 화재로 기인되지 않은 수도관, 수관 수압기 등의 파열로 생긴 손해.

5) 발전기, 여자기, 변류기, 변압기, 배전반 등 전기기기 또는 장치의 전기적 사고로 생긴 손해(※ 단, 그 결과로 생긴 화재손해는 보상).

6) 지진, 분화, 전쟁, 혁명, 내란, 사변, 폭동, 소요, 노동쟁의 등으로 생긴 화재 및 연소 등의 손해.

7) 핵연료물질 또는 핵연료물질에 의해 오염된 물질의 방사성, 폭발성 사고로 인한 손해.

8) 위 제7호 이외의 방사선을 쬐는 것 또는 방사능 오염으로 인한 손해.

9) 국가 및 지방자치단체의 명령에 의한 재산의 소각 및 이와 유사한 손해.

(3) 계속계약 및 장기계약의 보험요율 할인

1) 계속계약의 요건 및 보험요율 할인은 동일한 보험회사, 동일 구내의 위험에 대해 적용한다. 보험기간이 1년인 보험계약에 한하여 적용하고 계속하여 보험계약을 갱신하는 경우 해당계약 연 보험요율의 95%를 적용한다. 다만, 동일 보험목적에 대해 기존 계약을 중도해지 후 체결한 새로운 계약에는 적용하지 않는다.

2) 장기계약의 일시납 보험요율 할인: 보험기간은 1년 초과 3년 이하이고 보험료 납입은 일시납으로 한다.

3) 장기계약 일시납 보험요율 적용방법.

① 1년 초과 2년 미만의 장기계약요율 = 연요율 × 175% × 2년 계약의 단기요율표를 적용한다.

② 2년 장기계약요율 = 연요율 × 175%를 적용한다.

③ 2년 초과 3년 미만의 장기계약요율 = 연요율 × 250% × 3년 계약의 단기요율표를 적용한다.

④ 3년 장기계약요율 = 연요율 × 250%를 적용한다.

(4) 주택물건, 일반물건의 경우 80% Co-Insurance[22] 적용.

주택물건 및 일반물건의 경우 보험가입금액이 보험가액의 80% 이상인 경우 보험사고 시 비례보상을 하지 않고 보험가입금액 한도 내에서 손해액 전액을 보험금으로 지급한다.

5. 화재보험의 종류

화재보험은 다음과 같이 구분할 수 있다.「보험업감독업무시행세칙」(금융감독원세칙 2019. 4. 26. 발령, 2019. 5. 1. 시행) 별표 14. 손해보험 표준사업방법서 부표 1].

① 주택화재보험: 보험의 목적이 아파트, 단독주택이나 연립주택 등으로 각 호나 각 실이 주택으로만 사용되는 건물 등의 화재 보장보험이다.

② 일반화재보험: 주택이나 공장을 제외한 일반건물 및 그 수용 동산의 화재 보장보험이다. 음식점, 사무실 등.

③ 공장화재보험: 공장건물 및 그 수용동산의 화재 보장보험.

④ 그 밖의 화재보험: 그 밖에 상품별로 제공하는 화재 보장보험.

제2절. 주택화재보험

1. 보험목적의 범위

1) 가입대상물건(주택물건)은 주택으로만 쓰이는 건물(단독주택, 연립주택, 아파트 등)과 그 수용가재이다. 또한 주택병용 물건으로서 아래의 용도로 사용하는 건물 및 그 수용가재로 다음과 같다.

① 교습소(피아노, 꽃꽂이, 국악, 재봉 등)

② 치료(안수, 침질, 뜸질, 접골, 조산원 등)

(※ 콘도미니엄, 오피스텔, 기숙사 건물, 공장 내 기숙사는 주택물건이 아니다.)

2) 가재인 경우는 피보험자와 같은 세대에 속하는 사람의 소유물인 경우 보험의 목적에 포함된다.

3) 자동담보물건은 다른 약정이 없어도 보험의 목적에 포함되는 것으로 건물의 경우 다음과 같다.

---

22) Co-Insurance(공동 보험, 코우 인슈런스) 복수의 보험자가 한 개의 보험계약을 분담 공동 인수하는 경우를 말한다. 개개의 공동보험자는 보험증권상에 확정된 자기가 인수한 부분 이상의 책임을 질 수가 없으므로 보험자 중 어느 하나가 지급불능이 된 경우에도 다른 공동보험자는 그 지급불능이 된 부분에 대한 책임을 지지 않는다.

① 건물의 부속물: 피보험자 소유인 칸막이, 대문, 담, 곳간 등

② 건물의 부착물: 피보험자 소유인 간판, 네온사인, 안테나, 선전탑 등

4) 명기물건[보험가입증서(보험증권)에 기재하여야 보험의 목적이 된다.]은 통화, 유가증권, 인지, 우표, 귀금속, 귀중품(무게나 부피가 휴대할 수 있으며, 점당 300만 원 이상), 보옥, 보석, 글, 그림, 골동품, 조각물, 원고, 설계서, 도안, 물건의 원본, 모형, 증서, 장부, 금형(쇠틀), 목형(나무틀), 소프트웨어 등이 있고, 실외 및 옥외에 쌓아 둔 동산이 해당된다.

2. 보상하는 손해는 제1절 4-(1)과 같다.(p.260 참조)

3. 보상하지 않는 손해는 제1절 4-(2)와 같다.(p.261 참조)

(※ 단, 발전기, 여과기, 변류기, 변압기, 배전반 등 전기기기 또는 장치의 전기적 사고의 결과로 생긴 화재, 폭발, 파열손해는 보상)

4. 지급보험금 계산

(1) 재산보험금(화재보험금)

1) 보험가입금액이 보험가액의 80% 해당액과 같거나 클 때

지급보험금은 손해액 전액을 보상한다.

단, 보험가입금액을 한도로 하며 보험가입금액이 보험가액보다 클 때는 보험가액을 한도로 한다.

2) 보험가입금액이 보험가액의 80% 해당액보다 작을 때.

$$지급보험금 = 손해액 \times \frac{보험가입금액}{보험가액의\ 80\%\ 해당액}$$

■ 주택화재보험 계약유형별 화재보험금 계산 예시

구 분	보험가입금액	보험가액	손해액	지급보험금
전부보험	1,000만 원	1,000만 원	800만 원	800만 원
일부보험	500만 원	1,000만 원	1,000만 원	1,000×(500÷800) = 625만 원 (보험가입금액 한도이므로 500만 원만 지급)
	400만 원	1,000만 원	100만 원	100×(400÷800) = 50만 원
초과보험	1,200만 원	1,000만 원	1,000만 원	1,000만 원

출처: 손해보험협회 자료

◩ **주택화재보험에서의 보험가입금액·보험가액·손해액의 관계**

계 약 내 용		지급보험금	
		일부손해의 경우	전부손해의 경우
전부보험	보험가입금액 = 보험가액의 경우(100%)	손해액 전액	손해액 전액
일부보험	보험가입금액이 보험가액의 80% 이상 100% 미만인 경우	손해액 전액 (보험가입금액 한도)	보험가입금액
	보험가입금액이 보험가액의 80% 미만인 경우	비례보상	보험가입금액
초과보험	보험가입금액이 보험가액보다 큰 경우	손해액 전액 (보험가액 한도)	손해액 전액 (보험가액 한도)

출처: 손해보험협회 자료

(2) 잔존물 제거비용 보험금

위 재산보험금 계산방법에 따라 지급하되, 재산손해액(화재보험금)의 10%를 초과할 수 없다. 또한, 재산손해보험금과 잔존물제거비용의 합계액은 보험가입금액을 한도로 한다.

> **(예시)** 보험가액이 1억 원, 보험가입금액이 4천만 원인 계약 후 손해액이 1천만 원, 잔존물 제거비용이 400만 원 발생 시 잔존물제거비용 보험금은 얼마인가?
> (계산식)
>
> $$잔존물제거비용\ 400만\ 원 \times \frac{보험가입금액\ 4천만\ 원}{보험가액\ 1억\ 원 \times 80\%} = 200만\ 원$$
>
> ♣ 그러나 손해액(1천만 원)의 10%인 100만 원을 한도로 하므로 잔존물제거비용 보험금은 100만 원이다. 따라서 정답 = 100만 원

출처: 손해보험협회 자료

(3) 손해방지비용, 대위권보전비용, 잔존물 보전비용

위 재산보험금 계산방법에 따라 산정한다. 그리고 손해방지비용, 대위권보전비용, 잔존물보전비용은 지급보험금의 계산을 준용하여 계산한 금액이 보험가입 금액을 초과하는 경우에도 이를 지급한다.

(4) 기타 협력비용

보험가입금액을 초과한 경우에도 전액 지급한다.

제3절. 일반화재보험

1. 보험목적의 범위

▣ 가입대상물건은 일반, 공장, 명기, 자동담보물건 등 4 가지로 구분할 수 있다.

1) 일반물건은 주택물건, 공장물건을 제외한 모든 물건이다.

① 병용주택, 점포, 사무실 및 이들의 부속건물 및 옥외설비, 장치, 공작물 또는 이들에 수용되는 가재, 집기비품, 재고자산, 설치기계 및 야적동산, 숙박시설 등

② 창고업자 건물로서 화물보관의 목적으로 사용하는 것

③ 콘도미니엄, 오피스텔, 기숙사 건물

④ 가재 이외의 재고자산이 지속적으로 수용되는 건물 및 그 재고자산

2) 공장물건은 아래와 같은 작업을 하는 공장 또는 작업장(광업소, 발전소, 변전소 및 개폐소 포함) 구내에 있는 건물, 공작물, 구축물 및 이에 수용된 가재, 집기비품, 재고자산, 설치기계 및 옥외에 쌓아둔 동산 등

① 제조 또는 가공 작업을 하는 곳

② 기계, 기구류의 수리 또는 개조 작업을 하는 곳

③ 광석, 광유 및 천연가스 채취 작업을 하는 곳

④ 석유정제공장 구역 외에 소재한 저유소에서의 석유 및 석유제품의 저장, 혼합조성 및 압송 작업을 하는 곳

⑤ 공장물건 구내에 있는 기숙사

3) 명기물건은 주택화재보험과 동일하다.

4) 자동담보물건은 주택화재보험과 동일하다.

2. 보상하는 손해

재산손해는 주택화재보험과 동일하나, 일반화재보험에서는 폭발 또는 파열에 따른 직접 손해는 화재보험에서 보상하지 않는다. 또한, 비용손해는 주택화재보험과 동일하다.

3. 보상하지 않는 손해

주택화재보험과 동일하나, 일반화재보험에서는 화재로 발생한 것이든 아니든 파열 또는 폭발로 생긴 손해는 보상하지 않는다.

4. 지급보험금

(1) 일반물건은 주택화재보험과 동일하나, 재고자산은 공장물건과 동일하게 처리한다.

(2) 공장물건 및 재고자산

1) 전부보험(보험가입금액 = 보험가액)의 경우

♣ 지급보험금 = 손해액 전액(단, 보험가입금액 한도)

2) 일부보험(보험가입금액 < 보험가액)의 경우

$$♣ \ \text{지급보험금} = \text{손해액} \times \frac{\text{보험가입금액}}{\text{보험가액}}$$

3) 초과보험(보험가입금액 ≧ 보험가액)의 경우

♣ 지급보험금 = 손해액 전액(단, 보험가액 한도)

5. 계약 전 알릴 의무와 계약 후 알릴 의무

1) 계약 전 알릴 의무(고지의무)

① 계약자나 피보험자 또는 이들의 대리인은 보험계약 청약 시 청약서(질문서 포함)에서 질문한 사항에 대하여 알고 있는 사실을 반드시 사실대로 보험회사에 알려야 하고 고지 내용은 아래와 같다.

  – 보험목적의 소재지
  – 보험의 목적, 수용 건물구조 및 용도
  – 건물 내 영위직업 또는 작업
  – 저장품의 종류 및 성질
  – 피보험자와 계약자가 다른 경우에는 그 이유
  – 동일한 보험의 목적에 대한 다른 보험계약 가입(중복보험) 여부

② 계약 전 알릴 의무(고지의무) 위반의 효과(상법 제651조, 제655조)는 고지의무 대상자가 고의 또는 중과실로 고지의무 위반 시 보험회사는 계약해지권을 가지며, 이 계약해지권은 손해가 생긴 후에 이루어진 경우에도 손해를 보상하지 않고 이미 지급한 보험금의 반환을 청구할 수 있다. 다만, 피보험자가 회사에 알린 내용(고지의무 사항)이 보험금 지급사유의 발생에 영향을 미치지 않는 경우에는 보상한다.

2) 계약 후 알릴 의무(통지의무)

① 계약자나 피보험자는 보험계약을 체결한 후 위험의 변경 및 증가 사유가 생긴 경우에는 지체 없이 보험회사에 서면으로 알려야 하며 보험증권의 승인 배서를 받아야 하고 통지 내용은 아래와 같다.

－ 동일 보험의 목적에 대해 다른 보험회사와 이 보험계약에서 정한 동일한 손해를 보장하는 보험계약을 체결할 때 통지

    － 보험의 목적을 양도할 때 통지

    － 건물을 계속하여 30일 이상 비워두거나 휴업할 때 통지

    － 건물구조를 변경, 개축, 증축, 계속하여 15일 이상 수선할 때 통지

    － 보험의 목적을 이전할 때 통지

    － 기타 이 보험계약에서 보장하는 위험이 현저하게 증가할 경우 통지

② 계약 후 알릴 의무(통지의무) 위반의 효과(상법 제652조, 제655조)는 현저한 위험의 변경, 증가와 관련한 통지의무 위반 시 보험회사에 계약해지권이 발생하며, 이 계약해지는 손해가 생긴 후에 이루어진 경우에도 손해를 보상하지 않는다. 그러나 이미 지급한 보험금의 반환을 청구할 수 있다.

다만, 위험의 현저한 증가·변경 (통지의무사항)이 보험금 지급 사유의 발생에 영향을 미치지 않는 경우에는 보상한다.

③ 계약자는 주소변경 통지의무에 따라 주소 또는 연락처가 변경된 경우에는 지체 없이 보험회사에 알려야 한다. 다만, 보험계약자가 이를 알리지 않은 경우 회사가 알고 있는 최종의 주소 또는 연락처로 알린 사항은 일반적으로 도달에 필요한 시일이 지난 때에는 보험계약자에게 도달한 것으로 한다.

3) 사고발생 시의 의무(손해방지경감의무)

① 손해방지의무

보험계약자 또는 피보험자는 보험사고 발생 시 손해의 방지와 경감에 힘써야 한다(상법 제680조). 보험계약자 또는 피보험자가 고의 또는 중대한 과실로 이를 게을리한 때에는 방지 또는 경감할 수 있었을 것으로 밝혀진 금액을 손해액에서 공제하고 보험금을 지급할 수 있다.

② 손해발생통지의무(상법 제657조)

보험계약자 또는 피보험자는 손해가 생긴 경우 보험회사에 지체 없이 통지하여야 하며, 손해조사를 위해 보험회사가 요구한 서류를 제출하여야 한다. 통지를 게을리함으로 인하여 손해가 증가된 때에는 그 증가된 손해는 보상하지 않는다.

6. 기타 사항

(1) 책임의 시기

계약의 청약을 승낙하고 전액 또는 제1회 보험료 등을 받은 때부터 보장한다(화재보험 표준약관 제18조).

(2) 보험계약의 무효 및 해지

1) 보험의 목적에 이미 사고가 발생하였을 경우 해당 계약은 무효이다(화재보험 표준약관 제 21조).

2) 보험계약의 해지와 관련하여 보험계약자는 손해가 생기기 전에는 언제든지 계약의 일부 또는 전부를 해지할 수 있다. 반면에 보험회사의 해지권은 아래 사실을 안 날로부터 1개월 이내에 행사할 수 있다.

① 보험계약자나 피보험자의 고의나 중대한 과실로 고지의무 위반 시 해지권을 가진다.

② 현저한 위험의 변경 또는 증가와 관련된 통지의무 위반 시 해지권을 가진다.

(3) 보험금지급기일: 7일 이내 지급한다.

제4절. 특별약관

1) 보통약관에서 담보하는 위험 외에 다른 위험을 추가하고자 할 경우에는 특약요율에 해당하는 보험료를 납입하고 보장받을 수 있다.

2) 주요 특별약관의 종류는 크게 6가지로 분류할 수 있고 다음과 같다.

① 도난위험담보특약은 강도, 절도로 생긴 도난, 훼손을 담보

② 구내폭발위험담보특약은 화학적 폭발이나 파열로 인한 위험을 담보

③ 풍수재위험 담보특약은 태풍, 회오리바람, 폭풍우, 해일 등이 해당

(※ 풍수재위험 담보특약에서는 폭설, 우박으로 인한 손해는 보상하지 않는다.)

④ 전기위험담보특약은 전기장치의 전기적 사고를 담보

⑤ 기업휴지손해담보특약은 재산손해에 기인한 휴업손해를 담보

⑥ 신체손해배상책임담보특약은 화재로 인해 타인의 사망·후유장해, 부상 시 건물 소유자의 손해배상책임을 담보

제5절. 특수건물화재보험

1. 정의

특수건물화재보험이란 「화재로 인한 재해보상과 보험가입에 관한 법률」에 따라 일정 규모 이상의 다중이용시설 건물에 대하여 특수건물의 소유주에게 특약부 화재보험 가입을 의무화하여 화재로 인한 인명과 재산상의 손실 시 신속한 재해복구와 인명 피해에 대한 적정한 보상을 통해 국민생활 및 국가경제의 안정을 기할 수 있도록 하는 보험이다.

2. 주요 가입대상

주요 가입대상은 크게 7가지로 분류할 수 있고 다음과 같다.

1) 층수가 11층 이상인 건물

2) 연면적이 1,000㎡ 이상인 국유건물 및 부속건물

3) 바닥면적의 합계가 2,000㎡ 이상인 학원, 음식점, 유흥주점 등

4) 바닥면적의 합계가 3,000㎡ 이상인 숙박업, 대규모 점포

5) 연면적 합계가 3,000㎡ 이상인 병원, 관광숙박업, 공연장, 방송국, 농수산도매시장, 학교건물, 공장건물

6) 16층 이상의 아파트 및 부속건물(동일한 아파트 단지 내에 있는 15층 이하 아파트 포함)

7) 기타 법률에 의해 보험가입이 의무화된 건물

3. 보상범위

1) 화재보험 보통약관에서 보상하는 손해

2) 신체손해배상책임담보 특별약관에서 보상하는 손해

가) 특수건물의 화재로 특수건물의 소유자 및 주거를 같이하는 직계가족(법인인 경우에는 이사 또는 업무집행기관) 이외의 사람이 사망하거나 부상함으로써 건물 소유자 손해배상책임에 따라 피보험자가 부담하여야 할 손해를 보상한다.

나) 보상내용

① 사망 시: 1인당 1억 5천만 원까지 보상

② 부상 시: 상해 등급(1급~14급)에 따라 최고 3천만 원까지 보상

③ 후유장해 시: 후유장해 등급(1급~14급)에 따라 최고 1억 5천만 원까지 보상

3) 화재대물배상 특별약관서 보상하는 손해

♣ 대물배상: 1사고당 10억 원까지 보상

4) 특수건물 특별약관에서 보상하는 손해

① 태풍, 폭풍, 홍수, 해일, 범람 및 이와 유사한 풍재와 수재를 보상

② 항공기 또는 그로부터 떨어지는 물체로 인하여 보험의 목적에 생긴 손해를 보상

제6절. 다중이용업소 화재배상책임보험

1. 정의

다중이용업소 화재배상책임보험은 「다중이용업소 안전관리에 관한 특별법」에 따라 화재 시 타인의 신체·재산상 손해배상을 위해 23개 다중이용업소 업주에게 배상책임보험 가입을 의무화한 보험이다.

2. 주요 가입대상

주요 가입대상은 23개 다중이용업소 업주이다. 다만, 다중이용업소가 「화재로 인한 재해보상과 보험가입에 관한 법률」 시행령 제2조에 따른 특수건물에 입점해 있는 경우는 보험가입 대상에서 제외한다.

음식점, 주점	▷일반음식점, 휴게음식점, 제과점, 단란주점, 유흥주점
문화, 스포츠 등	▷영화상영관, 비디오물감상실, 비디오물소극장, 복합영상물제공업 ▷pc방, 게임제공업, 복합유통게임업 ▷노래연습장, 콜라텍, 전화방(화상대화방 포함), 수면방 ▷실내사격장, 실내골프연습장, 안마시술소
기타 업소	▷학원, 목욕장(찜질방 포함), 산후조리원, 고시원

출처: 손해보험협회 자료

3. 보상범위

구 분	내 용
인명 피해	− 사망·후유장해: 1인당 1억 5천만 원의 한도 내에서 보상 − 부상: 1인당 3천만 원 한도 내에서 보상
재산 피해	− 1사고당 10억 원 한도 내에서 보상

출처: 손해보험협회 자료

제7절. 재난배상책임보험

1. 정의

　　재난배상책임보험은「재난 및 안전관리 기본법」에 따라 화재, 폭발, 붕괴로 인한 타인의 신체 또는 재산 피해를 보상하기 위해 19개 업종을 대상으로 가입을 의무화한 보험이다.

2. 주요 가입대상

　　가입대상은 19종이며 다음과 같다.

　■「재난 및 안전관리 기본법」 시행령 별표 3(재난 관련 보험 또는 공제의 가입대상 시설)

　1)「공중위생관리법」 제2조 제1항 제2호에 따른 숙박업을 하는 시설

　2)「관광 진흥법」 제3조 제1항 제2호에 따른 관광숙박업을 하는 시설

　3)「과학관의 설립·운영 및 육성에 관한 법률」 제2조 제1호에 따른 과학관

　4)「물류시설의 개발 및 운영에 관한 법률」 제21조의 2 제1항 제1호에 따른 물류창고업의 등록대상 물류창고

　5)「박물관 및 미술관 진흥법」 제16조 제1항에 따라 등록을 하는 박물관 및 미술관

　6)「식품위생법 시행령」 제21조 제8호 가목에 따른 휴게음식점영업 또는 같은 호 나목에 따른 일반음식점영업을 위하여 영업장으로 사용하는 바닥면적의 합계가 100제곱미터 이상인 시설

　7)「장사 등에 관한 법률」 제28조의 2 제1항 또는 제29조 제1항에 따라 설치되는 장례식장

　8)「경륜·경정법」 제5조 제1항에 따라 설치되는 경륜장 또는 경정장

　9)「경륜·경정법」 제9조 제2항에 따라 경주장 외의 장소에 설치되는 승자투표권의 발매, 환급금 및 반환금의 지급사무 등을 처리하기 위한 시설

　10)「국제회의산업 육성에 관한 법률」 제2조 제3호에 따른 국제회의시설

　11)「국토의 이용 및 관리에 관한 법률」 제43조 제2항에 따른 도시·군 계획시설로 설치되는 지하도상가

　12)「도로법 시행령」 제55조 제5호에 따른 점용허가를 받는 지하상가

　13)「도서관법」 제2조 제1호에 따른 도서관

　14)「석유 및 석유대체연료사업법 시행령」 제2조 제3호에 따른 주유소

　15)「여객자동차 운수사업법」 제2조 제5호에 따른 여객자동차터미널

　16)「전시산업발전법」 제2조 제4호에 따른 전시시설

　17)「주택법 시행령」 제3조 제1항에 따른 공동주택으로서 15층 이하의 것 (「공동주택관리법」 제2조 제1항 제2호에 따른 의무관리대상 공동주택과 「민간임대주택에 관한 특별법」 제51조 제2항과

「공공주택 특별법」 제50조에 따라 주택관리업자에게 관리를 위탁하거나 자체 관리하여야 하는 임대주택에 한정한다).

18) 「한국마사회법」 제4조 제1항에 따라 설치되는 경마장

19) 「한국마사회법」 제6조 제2항에 따라 경마장 외의 장소에 설치되는 마권의 발매 등을 처리하기 위한 시설.

♣ 다만, 다른 법률에 따라 그 손해의 보상 내용을 충족하는 보험 등에 가입한 경우에는 이 법에 따른 보험 또는 공제(보험 등)에 가입한 것으로 본다.

3. 보험 가입의무자

1) 가입대상 시설의 소유자와 점유자가 동일한 경우: 소유자

2) 가입대상 시설의 소유자와 점유자가 다른 경우: 점유자

3) 소유자 또는 점유자와의 계약에 따라 가입대상 시설에 대한 관리책임과 권한을 부여받은 자가 있거나 다른 법령에 따라 관리자로 규정된 자가 있는 경우: 관리자

4. 보상범위

구 분	내 용
인명 피해	- 사 망: 1인당 1억 5천만 원 한도 내에서 보상 - 부상·후유장해: 등급별 보상한도 적용 · 부상: 1급(3천만 원)~14급(50만 원) · 후유장해: 1급(1억 5천만 원)~14급(1천만 원)
재산 피해	- 1사고당 10억 원 한도 내에서 보상

출처: 손해보험협회 자료

제8절. 풍수해보험

1. 정의

풍수해보험은 「풍수해보험법」에 따라 태풍, 홍수, 지진 등의 피해를 보상하기 위해 정부(행정안전부) 및 지자체가 보험료의 약 50% 이상을 지원하는 정책성 보험이다.

2. 대상재해 및 가입대상

1) 대상재해: 태풍, 홍수, 호우, 강풍, 풍랑, 해일, 대설, 지진(지진해일 포함)
2) 가입대상: 주택(동산 포함), 온실(비닐하우스 포함), 상가·공장(소상공인)

구 분	세 부 대 상
주 택	「건축법」 제2조 제2항 제1호 및 제2호에서 규정하는 용도의 건축물 중 직접 주거용으로 사용 중인 건물
온 실	농식품부가 고시한 '농가표준형규격하우스' 및 '내재해형규격 비닐하우스' 중 농·임업용으로 사용하는 온실
상가·공장	「소상공인 보호 및 지원에 관한 법률」 제2조에 해당하는 소상공인의 건물, 시설, 기계, 재고자산 등

출처: 삼성화재보험(주) 자료

3. 보험료 지원

총 보험료의 52.5~92%를 정부 및 지자체가 지원하고 있으며, 소득 수준 및 지자체에 따라 지원 규모에 차이가 발생할 수 있다.

* 일반 52.5~92%, 차상위 계층 75~92%, 기초생활수급자 86.2~92%, 소상공인 52.5%~92%

4. 보험상품의 종류

구 분	보상형태	가입대상	가입방법	지원규모	비 고
상품Ⅰ	정액	주택·온실	개별·단체	(일반) 52.5~92% (차상위) 75~92% (기초수급) 86.25~92%	(주택) 소파손해 불(不)보장 특약, 동산특약, 침수손해 불(不)보장 특약, 침수보험금 확장 특약, (온실) 하천고수부지 내에 설치된 강풍·대설 만의 보장특약, 단순비닐파손 특약, 대설만의 담보특약 운영 (단체가입) 지자체 통한 단체가입 시 주민부담 보험료 10% 할인
상품Ⅱ	정액	주택	단체		
상품Ⅲ	실손 비례	주택 (공동·단독)	개별·단체		
상품Ⅴ	실손	온실	개별		
상품Ⅵ	실손	상가·공장	개별·단체	59% (국비 50%, 지방비 9%)	(상가) 최대 가입금액 1억 원 (공장) 최대 가입금액 1억 5천만 원 (재고자산) 최대 가입금액 5천만 원

출처: 손해보험협회 자료

1) 「화재로 인한 재해보상과 보험가입에 관한 법률」에 의한 특수건물(16층 이상의 아파트)은 풍수해보험 상품Ⅲ에 가입불가.

2) 개별 부담 보험료는 지자체에서 추가지원 가능.

제3장
해상보험

제1절. 해상보험의 개념

1. 의의(意義)

해상사업과 관련된 사고로 인한 선박이나 적하의 손해를 담보하기 위하여 이용되는 것으로서, **보험계약자가 보험료를 지급하고, 보험자는 해상사업과 관련된 우연한 사고로 보험의 목적에 입은 피보험자의 재산상의 손해를 보상할 것을 내용으로 하는 손해보험계약**이다(제638조, 제693조).

근대보험의 효시로서 가장 오래된 형태의 운송보험이다.

영국해상보험법(Marine Insurance Act, MIA : 1906)에서는 해상보험계약은 보험자가 피보험자에 대해 그 계약에 의해서 합의한 방법과 범위 내에서 해상손해, 즉 해상사업에 수반되는 손해를 보상할 것을 약속하는 계약으로 정의하고 있다. 즉, 해상보험은 보험사업을 영위함에 있어서 우연한 해상 사고로 발생하는 경제적 손해를 회복하기 위하여 다수의 경제주체가 결합, 확률계산에 의한 자금을 갹출하여 구성원 중에서 발생한 손해를 보상하는 보험이다.

2. 특성

1) 해상보험을 영위하는 모든 국가가 1906년 영국의 해상보험법을 준거법으로 사용하고 있고 국제성, 재보험 의존성 등의 특징이 있다.

2) 해상보험은 해상에서의 손해에 추가하여 해상 항해에 수반되는 내수(강, 호수) 또는 육상 위험까지 확장하여 보상하는 해륙혼합위험담보성의 특징이 있다.

3. 보험의 목적

모든 적법한 해상사업은 해상보험계약의 목적이 될 수 있다.

4. 보상하는 손해

① 영국 MIA(The Marine Insurance Act 1906) 제1조에서 "해상보험계약은 보험자가 그 계약에 의하여 합의한 방법과 범위 내에서 해상손해. 즉, 해상사업에 수반되는 손해에 대하여 피보험자에게 손해보상을 약속하는 계약이다"라고 규정하고 있다.

② 우리나라 상법 제693조에서도 "해상보험계약의 보험자는 해상사업에 관한 사고로 인하여 생길 손해를 보상할 책임이 있다"라고 규정하고 있다.

③ 또한, 해상보험의 범위는 해상사업에만 국한하는 것은 아니며, 해상항해에 수반되는 내수 또는 육상 위험의 손해까지도 확장 부담할 수 있고 건조 중의 선박 또는 선박의 진수(進水) 또는 해상사업과 유사한 일체의 사업도 해상보험의 담보위험에 포함할 수 있다(MIA 제2조).

5. 보상하지 아니하는 손해

1) 광의의 면책위험
① 담보위반(입증책임은 보험회사에 있음).
② 항해의 변경 – 보험증권에 명시된 지정 출발항과 목적지 항구를 임의로 변경.
③ 이로 – 선박이 증권에 지정된 출항지와 도착지의 변동 없이 항로를 임의로 변경.
④ 항해의 지연 – 해상의 항해가 정당한 사유 없이 부당한 지연이 생긴 이후의 손해.

2) 협의의 면책위험
① 피보험자의 고의.(피보험자의 중과실은 아님).
② 피보험위험에 근인(近因)[23]하지 않는 손해.

---

23) 근인(近因): 연관성이 가까운 원인.(어떤 일의 근본이 되는 원인)

③ 보험목적의 고유의 하자 또는 성질에 기인한 손해(부패, 변질, 변색, 자연발화).

④ 쥐나 해충에 근인(近因)한 손해.

⑤ 해상 위험에 근인(近因)하지 않은 기관의 손상.

⑥ 보험의 목적의 자연소모(자연마모) 및 통상의 누손과 파손.

⑦ 지연(피보험위험으로 인한 지연 포함)에 근인(近因)한 손해.

6. 보험자의 면책사유와 계약소멸

상법 제659조[고의 또는 중과실], 제660조[전쟁위험], 제678조[자연소모 등]의 면책사유가 적용된다.

1) 해상보험에서의 면책사유

① 감항능력의 결여

감항능력이란 선박이 안전하게 항해하기 위해 필요한 인적, 물적 설비를 갖추고 있는 상태를 말한다.

② 송하인 등의 고의 또는 중과실

적하보험의 경우 용선자, 송화인, 수화인의 고의 또는 중과실로 인하여 생긴 손해에 대하여 보험자는 보상책임을 지지 않는다(제706조).

③ 통상의 비용

도선료, 입항료, 등대료, 검역료, 기타 선박 또는 적하에 관한 항해 중의 통상의 비용은 보상하지 않는다.

2) 보험계약의 변경소멸(사유)

① 항해의 변경:

발항항 또는 도착항의 한쪽 또는 양쪽이 변경 시 보험자는 책임지지 않는다(제701조 ① ,② ,③).

② 이로:

정항로 또는 통상적이고 관행적인 항로를 벗어난 항해 시 보험자는 책임지지 않는다(제701조 ②).

③ 항해의 지연:

정당한 사유 없이 발항 도는 항해 지연 시 보험자는 책임지지 않는다(제702조).

④ 선박의 변경:

선박이 변경되는 경우에 보험계약의 종료 사유가 된다(제703조).

⑤ 보험계약의 종료:

보험자 동의 없이 선박을 양도, 선급 변경, 새로운 관리로 옮긴 때 보험계약은 종료된다(제703조 ②).

제2절. 해상보험계약 요소 및 해상손해 종류

1. 해상보험계약의 요소

1) 보험의 목적

적하, 운송용구인 선박도 보험의 목적이 된다.(제696조), 영리선(제740조), 국·공유의 선박, 건조 중의 선박(제874조)도 보험의 목적이 될 수 있다. 또 희망이익(제698조), 적하(제706조 ①) 및 선비도 보험의 목적으로 할 수 있다.

2) 보험사고: "해상사업에 관한 사고"라고 규정함(포괄책임주의).

보험사고는 선박의 침몰, 좌초, 충돌, 또는 악천후 등과 같은 해상 고유위험, 항해 중의 화재, 해적, 도난, 포획, 압류, 투하, 선원의 악행 등도 포함된다.

3) 보험기간

① 선박보험:

항해 단위로 선박보험을 체결한 경우에 보험자의 책임은 하물24) 또는 저하25)의 선적에 착수한 때에 개시하고, 하물 또는 저하의 선적에 착수한 후에 보험계약을 체결한 때에는 그 계약이 성립한 때에 개시한다(제699조 ① ,③).

한편, 도착항에서 하물 또는 저하를 양륙한 때에 보험기간은 종료한다(제700조).

다만, 불가항력으로 인하지 아니하고 양륙이 지연된 때에는 그 양륙이 보통 종료될 때에 종료된 것으로 한다(제700조 단서).

② 적하26)보험:

보험자의 책임은 그 하물의 선적에 착수한 때에 개시하고, 출하지를 정한 경우에는 그곳에서 운송에 착수한 때에 개시한다. 이미 하물의 선적에 착수한 후에 보험계약을 체결한 때에는 계약이 성립한 때에 그 책임이 개시된다(제699조 ② ,③).

한편, 양륙항 또는 도착지에서 하물을 인도한 때가 보험기간의 종료시점이 된다.

다만, 불가항력으로 인하지 아니하고 양륙이 지연된 때에는 그 양륙이 보통 종료될 때에 종료된 것으로 한다(제700조, 단서).

4) 해상보험증권(海上保險證券, marine insurance policy)

♣ 의의: 해상보험의 계약 내용을 밝히어 주는 증명서이며, 해상 보험자가 피보험자에게 준다. 해상보험 계약이 체결된 내용을 기재한 확정보험증권을 가리킨다. 보험금액, 담보위험, 손해보상의 범위

---

24) 하물(荷物): 다른 곳으로 옮기기 위해 기차, 여객 자동차, 비행기, 객선 등으로 실어나르는 짐이다.
25) 저하(底荷): 항해나 해운에 있어서 선적물이 부족할 때에 선박의 안전을 유지하기 위하여, 물에 뜬 배의 무게를 알맞게 유지하고 물에 잠기는 깊이를 알맞게 할 목적으로 배의 밑바닥에 싣는 흙, 모래, 물 따위의 짐이다.
26) 적하(積荷): 차량이나 배 따위에 화물을 실음.

등이 기재된다. 해상보험증권은 적하보험증권과 선박보험증권이 중요하며, 영국의 로이즈 보험증권(Lloyd's S.G. Policy) 양식이 준용되고 있다.

2. 해상손해의 종류

(1) 물적 손해와 비용 손해

1) 전손

피보험이익이 전부 멸실된 경우를 말하며, 현실전손과 추정전손이 있다.

① 현실전손: 보험목적물이 화재로 소실되는 등의 물리적 전손과 고유 성질의 상실이나 선박의 행방불명 등의 손해

② 추정전손: 보험목적물을 구조, 수리하는 데 소요되는 비용이 보험가입금액을 초과하여 경제적으로 전손이라 인정되는 경우의 손해

2) 분손

전손을 제외한 모든 손해를 말하며, 공동해손과 단독해손, 구조비용 및 단독비용을 포함한다.

① 공동해손

선박항해 중의 위험을 회피하기 위해 의도적으로 이례적인 희생이나 비용을 치른 경우의 손해를 말한다(선주와 화주가 공동분담).

② 단독해손

공동해손의 경우를 제외한 손해를 말한다(보험목적물의 일부가 전손된 경우를 포함).

3) 특별비용(particular charge)

보험목적물의 안전과 보존을 위하여 피보험자가 지출한 비용 또는 피보험자를 위하여 그 대리인에 의하여 지출된 비용이다.

4) 손해방지비용(sue and labor charge)

손해의 확대를 방지하거나 경감하기 위하여 합리적인 조치를 취하는 데 소요된 비용이다.

즉, 보험목적물에 손해가 생긴 경우 또는 담보위험에 처하게 될 경우에 그 손해를 방지 또는 경감하기 위한 조치 비용을 말한다.

5) 구조비용

피보험위험으로 인하여 발생하는 손해를 방지하기 위하여 지출한 비용, 피보험위험으로 인한 손해로서 보상받을 수 있다. 즉, 담보위험에 처한 보험목적물을 제3자가 계약에 의하지 않고 임의로 구조한 경우에 해상법상 구조자가 취득하는 보수이다.

(2) 직접손해와 간접손해

① 직접손해는 보험사고로 말미암아 보험의 목적 그 자체에 발생한 손해.

② 간접손해는 보험사고로 인해 당해 피보험자가 입은 직접손해 이외의 손해.

(3) 현실적 손해와 감정적 손해

① 현실적 손해는 보험사고로 말미암아 피보험 화물에 현실적으로 발생한 멸실 또는 손상이다.

② 감정적 손해는 손상이 발생하지 않은 부분에 대해서까지 손상이 발생했을 것 같은 염려에서 근거가 없는 보상청구를 하는 경우이다.

제3절. 해상보험의 종류

1. 피보험이익에 의한 구분

1) 적하보험(cargo insurance, 積荷保險)

선박에 의하여 수송되는 해상운송물(적하)에 대한 소유자이익을 피보험이익으로 하는 보험이다.

해상운송에 부수해서 발생하는 침몰, 충돌, 선박화재 등 각종의 위험에 의해 운송화물 등의 재산이 손해를 입은 경우에 보험을 인수한 보험자가 그 손해를 보상할 것을 약속하고, 보험계약자가 그 대가로서 보험료를 지불하는 의무를 부담하는 보험이다.

즉, 선박이나 항공기로 운송되는 물품이 운송 도중 발생한 사고로 인해 멸실 또는 손상되는 경우, 화주(貨主)의 손실을 보상하는 해상보험이다. 보험계약의 성립을 증명하는 적하보험증권(cargo policy)은 무역대금결제의 수단으로 이용되어 국제 무역거래의 중요한 역할을 담당하고 있다.

2) 선박보험(insurance on ship, hull insurance, 船舶保險)

선박의 소유자가 가지는 피보험이익에 관한 보험으로써, 해상운송사업자가 선박의 해상운송과 관련하여 발생하는 선박의 물적 손해, 비용손해, 손해배상책임손해, 수익상실손해 등의 위험으로부터 경제적인 부담을 덜고자 이용하는 보험을 말한다.

즉, 해운업자(선주 또는 용선사업자)들의 손해를 보상하는 보험으로써, 선박의 멸실이나 손상으로 인해 피보험자가 입게 되는 손실을 보상하는 해상보험을 말한다. 피보험이익의 종류에 따라 선체 및 기관보험 (hull/machinery insurance), 선비 및 증액보험(disbursement and increased value), 계선보험(port risk), 선박불가동손실보험(loss of earning and/or charter hire insurance) 등으로 구분된다.

3) 운임보험(freight insurance, 運賃保險)

운송인은 화물을 계약대로 운송한 경우에 운임을 청구한다. 운송물의 전부, 일부가 해상위험으로 멸실 시 운송인이 운송의 대가로서 받는 운임을 청구할 수 없게 되는 위험을 담보하는 보험이다.

즉, 운송업자(선주 또는 선박을 임대하여 운송업을 하는 용선사업자)들의 손해를 보상한다. 선박이 해양사고로 인하여 항해를 중단하거나 포기하는 경우에 그 사고가 발생하지 않았더라면 취득하였을 운임의 손실을 보상해 주는 것을 운임보험이라고 한다. 이 운임에는 자기화물을 자기선박으로 운송함으로써 취득할 수 있는 이익까지도 포함하고, 생물의 운송이나 갑판적 화물의 운송에 대한 금액은 포함하지 않는다.

4) 운송보험

화물의 육상운송(호수와 하천운송 포함)에 따르는 제반 위험을 담보하는 보험으로 보험의 목적은 운송화물 자체이며, 운송에 이용되는 용구, 가령 기차나 자동차는 차량보험으로 부보 대상이다.

5) 희망이익보험

적하가 목적지에 무사히 도착하면 수하인이 얻으리라고 기대되는 이익에 관한 보험이다.

6) 선비보험

선박의 의장, 기타 선박의 운항에 요하는 모든 비용, 즉, 선비에 가지는 피보험이익 보험이다.

7) 불가동손실보험

선박이 해난 사고로 인해 가동할 수 없게 된 경우 선주 및 선박 용선자가 입게 되는 간접손실을 보상하는 보험이다. 즉, 해난 사고로 선박을 가동하지 못하는 동안 발생하는 선박경상비, 손실된 운임, 선박용선료의 손실 등을 담보한다. 보통은 선박가액의 일정 비율을 한도로 선박보험에 추가하여 가입한다.

8) 선주배상책임보험(P&I, Protection and Indemnity, 船主相互保險)

선박운항과 관련하여 발생하는 여러 배상책임 중에 선박소유자, 용선자, 선박운항자 등이 제3자, 선원 및 하주에 대하여 부담하는 배상책임 및 비용을 보상하는 보험을 말한다.

즉, 선주의 법률상 배상책임손해를 보상하는 것으로 선박운항과 관련하여 발생한 사고로 인하여 제3자가 입은 손해에 대한 선주의 배상책임을 선주 상호간에 담보하는 보험이다.

2. 보험기간에 의한 구분

1) 항해보험: 출항에서 도착할 때까지 또는 하물의 운송 시작부터 하물의 인도까지를 보험기간으로 하는 보험이다(주로 적하보험에 이용함).

2) 기간보험(정시보험): 일정한 표준시부터 일정의 표준시까지 담보하는 보험(주로 선박보험에 이용함).

3) 혼합보험: 일정한 기간과 특정한 항해를 기준으로 보험기간을 정하는 보험이다.

제4절. 보험기간

1. 적하보험(협회적하약관 기준)

1) 보험자 책임의 시기

협회 적하약관의 운송 조항은 위험의 시기에 대해 "이 보험은 화물이 운송개시를 위하여 보험증권에 기재된 장소의 창고나 보관 장소를 떠날 때부터 개시한다"고 규정하고 있다.

2) 통상적인 운송과정과 보험자의 책임

운송 조항에서는 화물이 '통상적인 운송과정'에 있는 동안에만 보험자의 책임이 계속되고, 피보험자나 그 대리인(송하인)의 지배를 벗어나서 운송업자의 지배관리 하에 있는 동안의 위험만을 보험자가 부담하고, 피보험자나 그 대리인의 지배(보관책임 또는 관리책임)하에 있게 되면 운송위험(보험자의 책임)도 종료된다.

3) 보험자 책임의 종기

운송 조항은 보험이 종료되는 시기를 세 가지로 구분하여 그중에서 제일 먼저 발생한 때에 보험자의 책임이 종료된다. 첫째, 수하주 또는 기타 최종 창고나 보관 장소에 인도된 때. 둘째, 통상의 운송과정이 아닌 보관 또는 할당이나 분배를 위해 피보험자가 선택한 기타 창고나 보관 장소에 인도된 때.

셋째, 최종 양하항에서 양하[27] 완료 후 60일이 경과한 때(※ 우리나라로 수입되는 화물은 30일이 경과한 때 종료함)로 구분할 수 있다.

2. 선박보험

1) 기간보험증권

기간보험증권인 선박보험은 특별한 경우를 제외하고 대부분 12개월(1년)을 보험기간으로 한다. 일반적으로 위험의 시기와 종기의 특정 일자와 시간을 기재하나 특정 시간에 대한 약정이 없는 경우에는 기재된 특정 일자의 자정에 시작하여 자정에 종료되는 것으로 간주된다.

2) 항해보험증권

보험계약이 보험의 목적을 어느 장소에서 부터 또는 어느 장소로 부터 다른 장소까지 보험을 인수하는 경우, 그 보험증권을 항해보험증권이라고 한다. 보험기간이 특정한 항해 구역, 즉 지리적인 특정 한계로 표시된 보험증권이다.

---

27) 양하(揚荷): 선박에서 짐(화물)을 내리는 일.

3) 혼합보험증권

항해와 기간 모두를 위한 계약이 동일한 보험증권에 포함될 수 있으며(MIA 제25조 ①) 이와 같은 증권을 혼합보험증권이라고 한다(※ MIA(Marine Insurance Act): 영국 해상보험법).

제4장
운송보험(육상운송보험)

제1절. 운송보험계약의 의의

1. 운송보험의 정의(定義)

　육상운송의 목적인 **운송물이 운송 도중 발생한 운송물의 손실에 대하여 보험자가 보상할 것을 내용으로 하는 손해보험계약**이다(제638조, 제688조).

　－ 기차, 트럭 등의 육상운송 수단을 이용하여 화물을 출발지에서 목적지까지 운송하는 도중에 우연한 사고로 인하여 화물에 발생한 손해를 담보하는 보험이다.

　－ 1920년대 해상운송보험으로부터 출발한 보험으로 운반되는 재산, 다리와 터널 또는 유동적 재산을 부보[28]하는 데 사용된다.

　육상운송에 있어서 운송물에 대하여 발생할 수 있는 손해를 보상할 것을 목적으로 하는 손해보험이다. 보험의 목적물은 운송물이므로 운송용구(運送用具)는 포함되지 아니한다. 운송보험에 있어서의 보험사고는 운송 중에 발생할 수 있는 모든 사고이므로 기차나 자동차의 전복·충돌과 같은 운송에 특유한 사고뿐만 아니라 운송 중에 생기는 화재·수해·도난과 같은 모든 위험을 포함한다. 운송보험자는 다른 약정이 없으면 운송인이 운송물을 수령한 때로부터 수하인(受荷人)에게 인도할 때까지 발생한 모든 손해를 보상하여야 한다(688조).

2. 보험기간

　다른 약정이 없으면 보험기간은 운송인이 운송물을 수령한 때로부터 수하인[29]에게 인도할 때까지로 한다. 다만, 운송인이 운송물을 수령한 이후에 보험계약이 체결된 경우에는 계약 성립 시로부터 보험기간은 시작하는 것으로 본다.

---

28) 부보(附保): 보험(목적물)의 가액에 대한 보험가입금액을 보장함. 보험가입 시 위험을 담보하는 것. 즉 보험에 가입하다의 뜻이다.
29) 수하인(受荷人): 운송 계약에서 화물을 받는 사람.

1) 보험의 시기

운송인이 운송할 목적으로 보험의 목적을 보험증권에 기재한 발송지의 보관 장소에서 반출할 때 개시한다.

2) 보험의 종기

보험증권에 기재된 도착지의 보관 장소에 보험의 목적이 반입될 때 종료한다(반입 전이라도 보험 증권에 기재된 도착지의 보관 장소에 도착한 후 24시간 경과된 때 종료).

3. 보험가액, 보험자의 면책, 보험료의 납입

1) 보험가액

보험가액에 대해 당사자 간의 협정이 없으면 발송한 때와 곳의 가액과 도착지까지의 운임 기타의 비용을 보험가액으로 한다.

2) 보험자의 면책

보험자의 일반 면책사유 이외에 송하인 또는 수하인의 고의 또는 중대한 과실로 인하여 보험사고 가 발생한 때에도 보험자는 면책된다.

3) 보험료의 납입

다른 약정이 없는 한, 보험료는 보험기간의 시작 전에 납입하여야 하며, 보험기간이 시작된 후라 도 보험료를 받기 전에 생긴 손해는 보상하지 않는다.

4. 보험조건 및 담보위험

1) 보상하는 손해 - 조건별 담보위험
  - 전위험 담보
  - 전부 손해 및 일부 손해 담보

2) 보상하지 아니하는 손해
  - 고의에 의한 손해, 자연적인 발화, 폭발 등에 의한 손해

제2절. 운송보험계약 요소 및 운송보험 종류

1. 운송보험계약의 요소

1) 보험의 목적

운송보험의 목적은 운송물이다.

2) 보험사고

운송물의 운송 중에 생길 수 있는 모든 사고로서 그 종류와 양상이 다양하다. 즉, 운송 과정에서 발생할 수 있는 운송 용구의 충돌, 탈선 등을 포함하여 도난, 파손, 화재, 침수 등 운송물에 손해를 미치는 모든 위험을 포함한다.

3) 피보험이익

운송물의 소유자이익, 운송물이 도착함으로써 얻게 될 희망이익(제689조 ②)과 운송인의 운임에 대한 이익 등, 손해배상책임에 대한 손해도 피보험이익이 될 수 있다.

4) 보험가액

당사자 간에 보험가액에 대한 다른 약정(특약)이 있으면 그 가액을 인정하고(제670조) 협정이 없으면 보험가액 불변경주의에 따라 운송물을 발송한 때와 곳의 가액과 도착지까지의 운임, 기타의 비용(보험비용 등)의 합계액을 보험가액으로 한다(제689조 ①).

5) 보험기간

보험자의 보상책임이 발생하는 보험기간은 운송인이 운송물을 수령한 때부터 수하인에게 인도할 때까지로 한다. 따라서 특약이 없는 한 운송인이 운송물을 점유하고 보관하는 기간 동안의 위험을 담보한다(제688조).

2. 운송보험의 종류

1) 화물수송보험

트럭, 철도, 비행기 등에 의한 수송위험을 부보하는 보험. 즉 철도 및 트럭 등을 이용하여 일정구간 동안 육상으로 운송하는 도중에 발생한 화물의 손해를 보상하는 보험이다.

2) 교통통신시설보험

교량, 선창, 부두, 터널, 변전시설, 전신·전화시설, 송신탑, 안테나 등의 시설이 불의의 사고로 인하여 손실 시 보상해 주는 보험이다.

3) 기업재산부동보험

이동적이거나 항상 새로운 장소에 위치하게 되는 기업 재산을 부보[30]하기 위해 설계된 육상운송보험의 일종이다.

4) 수탁자 보험

수탁자, 자신의 과실로 인한 손실을 보상해 주는 보험이다.

5) 운송예정보험

반복, 연속적으로 발생하는 국내 운송의 경우, 매 운송당 증권발급의 번거로움을 피하기 위하여 통상 년 단위로 예정보험계약 체결한다.

제3절. 운송보험자의 손해보상책임

1) 보상책임의 시기

운송보험자는 다른 약정이 없으면 운송인이 운송물을 받은 때부터 수하인에게 인도할 때까지 생긴 손해를 피보험자에게 보상할 책임을 진다(제688조).

2) 보험자의 면책사유

보험계약자 또는 피보험자의 고의 또는 중대한 과실로 생긴 사고(제659조) 등 일반면책사유(제660조, 제678조), 이외에 보험사고가 송하인[31] 또는 수하인의 고의 또는 중대한 과실로 인하여 발생한 때에도 이로 인한 손해를 보상할 책임이 없다(제692조).

제4절. 운송의 중지, 변경과 계약의 효력

육상운송보험에서는 보험자는 그 운송과 관련되는 모든 위험을 담보하는 것이고, 필요에 따라 운송의 일시적인 중지, 노선 등의 변경이 생겨날 수 있다. 상법은 그러한 변경이 있는 경우에도 보험계약의 효력을 그대로 인정하고 있다.

즉, 운송보험계약은 다른 약정이 없으면 운송의 필요에 의하여 일시 운송을 중지하거나 운송의 노선 또는 방법을 변경한 경우에도 그 효력을 잃지 아니한다(제691조).

---

30) 부보(付保): 위험을 담보하는 것(즉, 보험가입 시 위험을 담보하는 것. 즉 보험에 가입하다의 뜻이다. 손해 발생 시 보험가입금액을 보장함).
31) 송하인(送荷人): 운송 계약에서, 화물의 운송을 위탁하는 사람.

제5장
특종보험

제1절. 특종보험(特種保險)의 의의

1. 특종보험(casualty insurance)의 정의

　손해보험 중에서 화재보험, 해상보험, 자동차 및 보증보험, 장기손해보험, 연금저축보험 등을 제외한 모든 형태의 보험, 상해보험이나 배상책임보험 또는 도난보험 등의 기타 보험을 통칭하여 특종보험이라고 말한다.

2. 특종보험(特種保險)의 개요

　손해보험의 한 분류 방법으로서, 손해보험의 전통적인 보험종목인 화재보험이나 해상보험, 자동차보험, 장기손해보험, 연금저축보험과 달리 현대사회의 새롭고 다양한 위험에 대비하기 위하여 출현된 보험을 특종보험이라고 한다. 요즈음, 다양한 위험이 존재하는 현대사회에서 특종보험의 중요성이 더욱 커지고 있다.

　사회, 경제구조가 복잡, 고도화됨에 따라 시민의 권리의식 수준이 향상됨은 물론 손해배상에 대한 관심이 날로 고조되고 있다. 또한 최근의 판례를 볼 때 초기의 '과실책임주의'에서 이제는 과실의 유무에 관계없이 "손해가 행위자에 의하여 생긴 사실이 있는 한 이를 부담해야 한다"는 '무과실책임주의'로 전환되어 손해배상책임의 위험은 날로 증대되고 있는 실정이다.

　대표적인 것이 배상책임보험이다. 이는 손해배상책임의 위험에 대한 대비책으로서, 개인의 일상생활 중의 사고나 기업 등의 영업활동 중의 사고로 인하여 타인의 인명, 재산 등의 피해를 입혔을 때 법률상의 배상책임을 부담함으로써 입게 되는 손해를 보상하는 보험을 말한다.

3. 특종보험(特種保險)의 분류

　① 넓은 의미의 특종보험: 해상보험과 화재보험을 제외한 모든 보험종목을 의미한다.

② 협의의 특종보험: 해상보험, 화재보험, 자동차보험, 장기손해보험, 연금저축보험 등을 제외한 보험종목만을 의미한다.

4. 특종보험의 특징

① 대수의 법칙이 적용되지 않는 경우가 많다.
② 거대 위험, 미지의 위험이 많다.
③ 장치나 설비가 다양하여 위험인수 및 손해사정에 고도의 기술이 필요하다.
④ 보험가입금액과 보험의 목적이 없는 경우도 있다.
⑤ 보험이 전문화·종합화되어 가는 경향이 있다.

제2절. 배상책임보험

1. 배상책임보험의 의의

책임보험계약은 **피보험자가 보험기간 중에 사고로 제3자에게 손해를 배상할 책임을 진 경우, 그로 인한 피보험자의 재산상의 손해를 보험자가 보상할 것을 목적으로 하는 손해보험계약**이다(제719조).

즉, 배상책임보험은 개인의 일상생활 중 사고나 기업 등의 영업활동 중 사고로 인하여 타인의 인명, 재산 등에 피해를 입혔을 때 법률상의 배상책임을 부담함으로써 입게 되는 손해를 보상하는 보험을 말한다.

피보험자의 제3자에 대한 손해배상책임이며, 피보험자와 피해자(제3자)를 보호하는 기능이 있다.
또한, 책임보험은 피보험자의 제3자에 대한 배상책임을 전제로 하여 성립하는 보험계약이다.
- 남의 신체나 재물에 손해를 끼쳤을 때, 그 손해에 대해 배상을 하게 하는 보험이다.
- 타인에게 인명·재산상의 피해를 입힘으로써 부담하는 법률상 배상책임을 담보한다.

이것은 피보험자가 보험사고로 직접 입은 재산상의 손해를 보상하는 것이 아니고, 제3자에 대한 손해배상책임을 부담함으로써 입은 이른바 간접손해를 보상할 것을 목적으로 하는 점에서 일반손해 보험과 다르다.

1) 책임보험의 효용과 역기능

① 피보험자 보호: 피보험자의 제3자에 대한 법률상의 책임을 보험자에게 전가시킨다.
② 피해자 보호: 피보험자의 배상 자력에 관계없이 피해자의 손실보전이 보장된다.

③ 역기능: 도덕적 해이를 초래하는 문제점이 제기된다.

2) 보상하는 주요 손해

① 피보험자가 피해자에게 배상책임을 지는 법률상 손해배상금.

② 계약자 또는 피보험자가 손해의 방지 또는 경감을 위하여 지출한 비용.

단, 특허권, 지적재산권과 같은 무체재산권은 보상하지 않는다.

3) 보상하지 않는 주요 손해

① 계약자, 피보험자 또는 이들의 법정대리인의 고의로 생긴 손해에 대한 배상책임

② 전쟁, 내란, 혁명, 테러, 소요, 노동쟁의로 생긴 손해에 대한 배상책임

③ 핵연료물질 또는 핵연료물질에 의하여 오염된 물질의 방사성, 폭발성 그 밖의 유해한 특성에 의한 사고로 생긴 손해에 대한 배상책임

④ 티끌, 먼지, 석면, 분진 또는 소음으로 생긴 손해에 대한 배상책임

2. 배상책임보험계약의 요소

1) 보험의 목적

① 특정한 재화가 아니고 피보험자가 제3자에게 지는 배상책임으로서 보험의 목적은 피보험자의 전재산이다(제720조 ①).

② 피보험자가 제3자의 청구를 방어하기 위하여 지출한 소송비용, 소송 외 필요비용은 피보험자가 배상책임을 지지 않을 경우에 보험의 목적에 포함된다.

③ 영업책임보험의 경우 피보험자의 대리인, 그 사업 감독자의 제3자에 대한 배상책임도 보험의 목적에 포함된다(제721조).

2) 피보험이익

책임보험의 피보험자는 제3자에 대한 배상책임을 보험자에게 전가함으로써 경제적 손실을 보상받기에 책임보험에서도 피보험이익을 인정할 수 있다(다수설).

책임보험에서 피보험이익은 피보험자가 제3자에 대하여 법률상 손해배상책임을 짐으로써 입게 될 경제적 이익관계라고 할 수 있다.

3) 보험사고

책임보험에서 피보험자의 어떤 행위로 제3자에게 손해가 발생하고 그에 대한 피보험자의 배상책임이 발생한 후에 피보험자의 재산적 손해가 발생한다. 이런 경우에 보험사고의 시점에 따라 이론적 다툼이 있다.

① 손해사고설: 피보험자가 제3자에 대해 배상책임을 부담하는 원인이 되는 사고가 발생한 것을 보험사고로 본다.

② 배상청구설: 피보험자가 피해자인 제3자로부터 그 책임에 관하여 배상청구를 받은 것을 보험사고로 본다.

③ 책임부담설: 피보험자가 법률상 손해배상책임을 부담하는 것을 보험사고로 본다.

④ 채무확정설: 피보험자가 제3자에 대하여 부담할 채무가 확정된 것을 보험사고로 본다.

⑤ 배상의무이행설: 피보험자가 피해자에 대한 손해배상의무를 이행한 때에 보험사고로 본다.

4) 피보험자의 손해배상책임

① 배상책임의 원인

책임보험에서 책임은 법률상 또는 계약상 책임을 진다. 또한 불법 행위의 책임 및 채무불이행에 의한 책임도 포함한다. 손해배상책임은 원칙적으로 민사적 책임에 한정한다. 다만 자동차운전자 보험과 같이 일부 보험에서 일정의 형사책임(벌금비용, 방어비용)을 담보하는 경우가 있다.

② 담보 범위

책임보험에서 피보험자에게 손해배상책임이 발생한다고 해도 피보험자의 고의에 의한 사고는 원칙적으로 담보하지 않는다. 다만 피해자 보호가 요구되는 특수한 경우에는 피보험자의 고의에 의한 사고(자동차보험 대인배상 I) 또는 피보험자에게 과실이 없는 경우에도 책임보험에서 담보하는 경우가 있다.

3. 책임보험의 책임 및 기재사항

1) 보험회사의 보상책임

① 보험회사는 피보험자가 보험기간 중의 사고로 인해 제3자에게 배상할 책임을 진 경우 이를 보상할 책임이 있다(상법 제719조).

② 보험회사는 피보험자가 제3자의 청구를 방어하기 위해 지출한 재판상 또는 재판 외의 필요비용을 보상할 책임이 있다(상법 제720조 제1항 전단).

– 피보험자는 보험회사에 방어비용의 선급을 청구할 수 있다(상법 제720조 제1항 후단).

> ※ **대법원 1995. 12. 8. 선고 94다27076 판결**
> 방어비용이란 피해자가 보험사고로 인적, 물적 손해를 입고 피보험자를 상대로 손해배상 청구를 한 경우 그 방어를 위해 지출한 재판상 또는 재판 외의 필요비용을 말한다.

③ 피보험자가 담보의 제공 또는 공탁으로 재판의 집행을 면할 수 있는 경우 보험회사에 보험금액의 한도 내에서 그 담보의 제공 또는 공탁을 청구할 수 있다(상법 제720조 제2항).

④ 피보험자가 보험회사의 지시로 방어비용을 지출하거나 담보의 제공 또는 공탁을 한 경우, 그 금액에 손해액을 가산한 금액이 보험금액을 초과하는 때에도 보험회사는 이를 부담해야 한다(상법

제720조 제3항).

⑤ 피보험자가 보험회사의 동의 없이 제3자에게 변제, 승인 또는 화해를 한 경우 보험회사가 그 책임을 면하게 되는 합의가 있는 경우에도 그 행위가 현저하게 부당한 것이 아니면 보험회사는 보상할 책임을 면하지 못한다(상법 제723조 제3항).

2) 보험증권의 기재사항

보험증권의 작성지와 그 작성연월일 보험증권에는 다음의 사항이 기재되어야 한다(상법 제666조).
- 책임보험의 목적
- 보험사고의 성질
- 보험금액
- 보험료와 그 지급방법
- 보험기간을 정한 경우 그 시기와 종기
- 무효와 실권의 사유
- 보험계약자의 주소, 성명 또는 상호
- 피보험자의 주소, 성명 또는 상호
- 보험계약의 연월일

4. 책임보험계약의 효과

1) 보험자의 의무: 보험자의 손해보상의무, 방어의무

보험자는 피보험자가 보험기간 중에 사고로 인하여 제3자에 대한 배상책임을 진 경우에 이를 보상할 책임을 진다(상법 제719조).

보험자는 특별한 기간의 약정이 없으면 통지를 받은 날로부터 10일 내에 보험금액을 지급하여야 한다(같은 법 제723조 2항). 그러나 보험자는 피보험자가 책임을 질 사고로 인하여 생긴 손해에 대하여 제3자가 그 배상을 받기 전에는 보험금액의 전부 또는 일부를 피보험자에게 지급하지 못한다(상법 제724조 1항).

또 피보험자가 보험자의 동의 없이 제3자에 대하여 변제, 승인 또는 화해를 한 경우에는 보험자가 그 책임을 면하게 되는 합의가 있는 때에도 그 행위가 현저하게 부당한 것이 아니면 보험자는 배상책임을 면하지 못한다(상법 제723조 3항).

2) 피보험자의 의무: 통지의무, 보험자에 대한 협조의무

피보험자는 ① 제3자로부터 배상의 청구를 받았을 때 ② 제3자에 대하여 변제, 승인, 화해 또는 재판으로 인하여 채무가 확정되었을 때에는 지체 없이 보험자에게 통지를 발송하여야 하고(상법 제722조·제723조), 피보험자는 보험자에 대하여 피보험자가 제3자의 청구를 방어하기 위하여 지출한 재판상·재판 외 필요비용의 지급을 청구할 수 있고(상법 제720조 1항), 피보험자가 담보의 제공·공탁함으로써 재판의 집행을 면할 수 있는 경우에는 보험금액의 한도 내에서 그 담보의 제공·공탁을 청구할 수 있다(같은 조 2항).

5. 배상책임보험의 분류

1) 일반배상책임보험과 전문(직업)인 배상책임보험

일반배상책임보험	전문(직업)인 배상책임보험
• 시설소유관리자배상책임보험 • 도급업자배상책임보험 • 생산물배상책임보험	• 의사(병원)배상책임보험 • 회계사배상책임보험 • 건축사배상책임보험 • 변호사배상책임보험 등

출처: 손해보험협회 자료

2) 임의배상책임보험과 의무(강제)배상책임보험

임의배상책임보험	의무(강제)배상책임보험
• 시설소유관리자배상책임보험 • 생산물배상책임보험 • 임원배상책임보험 등	• 가스사고배상책임보험 • 유·도선사업자배상책임보험 • 체육시설업자배상책임보험 • 학원시설소유자배상책임보험 • 다중이용업소 화재배상책임보험 • 개인정보보호 배상책임보험 Ⅱ • 승강기 사고배상책임보험

출처: 손해보험협회 자료

3) 손해사고기준 배상책임보험과 배상청구기준 배상책임보험

손해사고기준 배상책임보험	배상청구기준 배상책임보험
• 시설소유관리자배상책임보험 • 선주배상책임보험 • 경비업자배상책임보험	• 임원배상책임보험 • 전문인배상책임보험

출처: 손해보험협회 자료

♣ 사고기준 배상책임보험의 개념
- 보험기간 중 발생한 보험사고에 대해서는 보험기간이 종료되더라도 보험금 청구 시 보상하는 보험.

♣ 배상청구기준 배상책임보험의 개념
- 보험기간 중 보험사고가 발생하고 보험기간 중에 보험금이 청구되는 경우에만 보상하는 보험.

6. 배상책임보험의 종류

1) 가스사고배상책임보험

가스의 제조, 판매, 대여 또는 부수 사업 및 가스의 사용에 의해 발생하는 사고로 인한 손해배상책임의 보장보험이다.

피보험자인 가스관련 사업자와 가스 사용자가 보험기간 중에 폭발 등 우연한 가스 사고로 타인의 생명·신체 또는 재산상의 손해를 입혔을 때, 법률상 부담하는 배상책임을 보상하는 보험이다.

가입 대상은 고압가스안전관리법 등의 가스 관계법상 가스제조·판매업자, 가스용기제조 업자이며 일정규모 이상의 가스사용자는 의무적으로 가입하여야 한다. 단, 가스용기운송업자는 의무가입 대상에서 제외된다. 보상하는 손해로 대인배상은 사망, 후유장해, 부상 시 약관에서 정한 금액이며, 대물보상은 1사고당 보험증권에 기재된 금액 한도 내에서 실손 보상한다.

2) 생산물배상책임보험

생산자가 생산한 제품의 결함으로 인하여 발생한 사고로 타인이 손해를 입었을 때, 제품의 제조·판매업자가 부담하는 법률상 배상책임을 보상하는 보험이다.

① 생산물 배상보험:
피보험자가 제조, 판매 또는 취급한 재물이나 작업 결과에 기인한 손해배상 책임보장보험이다.

② 생산물 회수보험:
생산물의 결함에 의한 사고로 배상책임이 발생되었거나 발생우려가 있는 경우 생산물 회수비용 보장보험이다.

③ 생산물 보증보험:
생산물 자체의 하자나 결함에 대한 보상보험이다.

3) 체육시설업자배상책임보험

『체육시설의 설치·이용에 관한 법률』에 의한 의무보험으로써 체육시설의 소유 또는 관리자가 시설 내에서 시설 및 시설의 용도에 따른 업무수행 중 우연한 사고로 제3자에게 지는 손해배상책임을 보상하는 보험을 말한다.

출처: 손해보험협회 자료

4) 개인정보보호 배상책임보험 II

「정보통신망 이용촉진 및 정보보호 등에 관한 법률」에 의한 의무보험으로서 정보통신 서비스 제공자 등이 정보유출에 따라 제3자에게 지는 손해배상책임을 보상하는 보험을 말한다.

5) 승강기 사고배상책임보험

「승강기 안전관리법」에 의한 의무보험으로서 승강기 사고 시 승강기 이용자 등 다른 사람에 대한 승강기 관리주체의 생명·신체 또는 재산상 손해배상책임을 보상하는 보험을 말한다.

6) 영업배상책임보험

피보험자가 경영하는 사업에 관하여 보험기간 중 사고로 인해 제3자에게 손해배상책임을 짐으로써 입은 손해를 보험자가 보상할 것을 목적으로 하는 보험을 말한다(제721조).

또한, 시설 및 업무수행에 기인하여 타인의 신체나 재물에 손해를 입힘으로써 발생하는 손해배상책임의 보장보험이다.

7) 보관자책임보험

임차인 또는 기타 타인의 물건을 보관하는 자가 보험기간 중에 보관 또는 사용 중인 물건에 손해를 입혀 타인에게 손해배상책임을 진 경우에 그 손해를 보험자가 보상할 것을 목적으로 하는 책임보험을 말한다(제725조).

보관자배상책임보험은 재물손해 중에서 피보험자가 보호, 관리 및 통제하는 재물 손해만을 예외적으로 담보하는 경우를 말한다.

8) 기타 주요 배상책임보험

① 개인 배상보험: 개인의 활동에서 기인한 배상책임위험 보장보험.

② 선주 배상보험: 해상여객운송사업자가 선박여객의 인명피해에 대한 손해배상책임 보장보험.

③ 유도선사업자 배상보험: 유선, 도선사업자가 선박 여객의 인명 피해에 대한 손해배상책임 보장보험.

④ 도로운송사업자 배상보험: 유상화물운송업자가 화물운송 중 발생하는 사고로 화주에게 손해

를 입힌 경우의 손해배상책임 보장보험.

⑤ 지자체 배상보험: 지방자치단체가 소유, 사용 또는 관리하는 시설 및 그 용도에 따른 업무수
행 등에 대한 손해배상책임 보장보험.

⑥ 그 밖의 일반배상보험: 위에 속하지 않는 일반 배상보험.

⑦ 전문직 비행책임보험: 전문 직업인이 사람의 신체에 관한 전문 직업상의 행위로 부담하게 되
는 손해배상책임 보장보험.

⑧ 전문직 하자책임보험: 전문 직업인이 전문 직업상의 행위로 부담하게 되는 손해배상책임 보
장보험.

9) 영업배상책임보험의 특약형태로 운영되는 배상책임보험

① 시설소유·관리자 배상책임

완공된 시설을 용도에 따라 사용하던 중 시설에 관련된 사고 및 수행하는 업무상의 사고로 인하
여 타인에게 입힌 손해에 대한 배상책임을 보상한다.

② 도급업자 배상책임

피보험자가 도급작업 수행을 위해 소유·사용 또는 관리하는 시설로 공사 등의 작업 중 발생된
사고로 타인에게 입힌 손해에 대한 배상책임을 보상한다.

③ 경비업자 배상책임

경비업자가 경비계약상 상대방(경비의뢰자)에 입힌 손해와 경비업무 중 제3자에게 입힌 손해에
대한 배상책임을 보상한다.

④ 주차장 배상책임

주차장 내 주차차량에 입힌 손해 및 주차장 업무에 관련된 사고로 제3자에게 입힌 손해에 대해
주차장 운영 및 관리자의 배상책임을 보상한다.

⑤ 차량정비업자 배상책임

차량정비와 관련된 사고로 정비를 의뢰한 수탁차량과 기타 제3자에게 입힌 손해에 대한 배상책
임을 보상한다.

제3절. 도난보험과 레저종합보험

1. 도난보험

보험기간 중에 보험에 가입한 동산(보험의 목적)이 보험증권(보험가입증서)에 기재된 보관 장소
내에 보관되어 있는 동안에 불법침입자나 절도 또는 강도가 훔쳐가거나 파손, 훼손, 오손 등으로
입은 손해를 보상한다.

1) 보상하는 손해

보험기간 중 가입된 특별약관(동산특약, 현금 및 유가증권 보상 특약, 수탁물 배상책임 보상특약 등)에 기재된 사고로 피보험자가 입은 손해를 보상

　① 동산특약 - 동산의 절도 또는 강도의 도난 행위로 입은 직접손해(훼손, 망가짐 또는 파손 포함)

　② 현금 및 유가증권 - 현금 및 유가증권의 절도 또는 강도의 도난 행위로 입은 직접손해(훼손, 망가짐 또는 파손 포함)

　③ 수탁물 배상책임 보상 - 수탁물의 절도 또는 강도의 도난 행위로 입은 직접손해(훼손, 망가짐 또는 파손 포함)

2) 보상하지 아니하는 손해

　① 계약자, 피보험자의 고의 또는 중대한 과실로 생긴 도난손해

　② 사기 또는 횡령으로 인한 손해

　③ 보관 장소를 72시간 이상 비워둔 동안에 생긴 도난손해

　④ 망실 또는 분실 손해

　⑤ 화재, 폭발이 발생했을 때 생긴 도난손해

　⑥ 도난 손해가 생긴 후 30일 이내에 발견하지 못한 손해

　⑦ 보험의 목적이 보관 장소를 벗어나 보관되는 동안에 생긴 도난손해

2. 레저종합보험

레저종합보험은 개인의 일상생활 위험 중 레저활동 기간 동안에 발생할 수 있는 상해손해, 용품손해(재산손해), 배상책임손해 등 각종 위험을 포괄 담보하는 종합보험이다. 레저 종합보험은 기간보험과 구간보험의 성격이 복합된 형태의 보험이다

1) 레저종합보험의 종류 및 담보기간의 구분

♣ 기간보험 성격

① 골프보험: 골프시설 구내에서 골프연습, 경기 또는 지도 중의 기간

② 수렵보험: 수렵장, 사격장 내에 있는 기간

♣ 구간보험 성격

① 낚시보험: 낚시를 목적으로 거주지를 출발하여 거주지에 도착할 때까지의 기간

② 스키보험: 스키를 목적으로 거주지를 출발하여 거주지에 도착할 때까지의 기간

2) 보상하는 손해

레저활동 기간 동안 발생한 상해사고, 용품손해 및 배상책임에 따른 손해를 보상한다.

위험구분		보상하는 손해
상해사고	사망	상해사고의 직접결과로 사망 시 보상.
	후유장해	상해사고의 직접결과로 신체의 일부를 잃거나 그 기능의 상실시 보상.
용품손해		전손 시에는 보험가입금액 한도 내에서 시가를 보상. 분손 시에는 수리비를 보상.
배상책임손해		사고로 타인의 신체 및 재물에 입힌 손해에 대한 배상책임 보상.

출처: 손해보험협회 자료

제4절. 유아교육기관종합보험과 동산종합보험

1. 유아교육기관종합보험

유아교육기관과 관련하여 경영자, 교사, 피교육생들이 처할 수 있는 위험을 효과적으로 보장하기 위해 유아교육기관의 재산손해위험, 피교육생들의 등·하교, 교육 중 신체손해 위험을 기본으로 보장하며, 교사들의 신체손해 위험을 특약으로 보장하는 보험이다.

(1) 특징

유아의 상해사고 시 의료비 보상한도는 1사고당 보험가입금액이다. 따라서 보험기간 중 보험금이 지급되어도 잔여기간에 대한 보험가입금액은 감액되지 않는다(자동복원제도).

※ 단, 재산손해의 경우는 보험금지급 후 보험가입금액이 감액된다.

(2) 보상하는 손해

1) 재산손해

당해 교육기관의 부동산(건물) 및 동산의 화재손해(벼락손해 포함), 소방·피난 손해를 보상한다.

2) 상해손해

피보험자가 교육기관의 생활 중에 상해사고로 입은 신체상해를 보상한다.

3) 배상책임손해

교육기관 시설 및 업무수행으로 발생된 사고로 인한 법률상의 배상책임을 보상한다.

① 피보험자

유아교육기관종합보험에서의 피보험자는 유아원생이며, 유아원생의 피보험자 자격은 유아가 교육기관에 피교육생으로 등록되는 시기에 인정되고, 피교육생의 자격상실과 함께 상실된다.

② 담보기간

유아원생의 상해위험은 '교육기관 생활 중'의 사고, 즉 유아원 생활 중의 사고만을 보상하며, 유아원 안에서는 물론 유아원 밖에서의 교육활동을 포함한다. 또한, 통상적인 경로의 등·하교 중의 위험은 유아원 생활에 따르는 위험으로 본다.

> ※ **교육기관 생활 중의 범위**
> – 교육기관 수업 중
> – 교육기관 수업 및 통상적인 교육기관 활동을 위해 교육기관에 있는 기간 동안
> – 특별교육행사 참가 중
> – 통상적 경로의 등·하교 중

2. 동산종합보험

동산종합보험은 동산에 발생하는 화재, 도난, 파손, 폭발 등 우연한 사고에 의한 손해를 보상하는 전위험담보(all risk 담보) 방식의 보험이다. 이 보험은 동산이 보관 중, 사용 중, 수송 중에 관계없이 어떠한 장소에서 생긴 손해라 하더라도 약관에서 면책하지 않는 모든 위험을 담보한다.

(1) 보험가입대상

원칙적으로 모든 동산은 동산종합보험의 가입대상이 될 수 있다. 단 아래의 동산은 보험가입 대상에서 제외된다.

> ▣ **보험가입 제외대상**
> • 수용장소가 특정 되어 있는 상품
> • 자동차, 선박 및 항공기
> • 공장 내에 장치된 기계(단, 리스전문업자의 리스물건은 가입 가능)
> • 특정 구간 수송 중의 위험만을 대상으로 하는 동산
> • 동물, 식물·특정장소에 있어서의 가재 포괄계약

(2) 보상하는 담보위험(기본계약)

동산종합보험에서 보상하는 손해는 화재, 도난, 파손, 폭발, 잡위험이다.

♣ 잡위험

잡위험이라 함은 우(雨), 담수유(淡水濡), 강설, 수해(태풍, 폭풍우, 홍수, 해일, 범람에 기인하지 않은 것을 말한다), 연기손해, 건물의 붕괴, 누손, 기타 면책으로 되어 있는 것을 제외한 위험으로서 특히 아래의 위험을 제외한 것을 말한다.

1. 화재
2. 도난
3. 파손
4. 폭발 및 파열, 항공기의 추락이나 접촉 또는 항공기로부터의 낙하 차량의 충돌 또는 접촉, 소요 또는 노동쟁의에 수반한 폭행위험
5. 기타 특약으로 보상하는 위험

출처: 손해보험협회 자료

제5절. 여행보험

여행보험은 국내여행보험과 해외여행보험으로 나누어진다. 보통약관(주보험)에서는 여행 도중에 생긴 상해사고(사망, 후유장해)를 기본적인 보험계약으로 보상하며, 상해 이외는 특별약관(특약)으로 여행 도중 발생한 질병사고(사망, 후유장해, 치료비), 실손의료비, 휴대품손해, 배상책임손해 등을 보장하는 보험으로 여행 중 발생하는 위험을 하나의 증권으로 포괄하여 보장한다.

1.여행보험 상품구조

1) 기본

해외여행보험	해외여행 중 상해위험담보(사망 · 후유장해, 의료비)
국내여행보험	국내여행 중 상해위험담보(사망 · 후유장해, 의료비)
기타(남북주민왕래보험)	남북한여행 중 상해위험담보(사망 · 후유장해, 의료비)

출처: 삼성화재보험(주) 자료

2) 특약

질병 사망 · 후유장해담보	해외여행 중, 국내여행 중, 남북한여행 중 질병사망 · 후유장해 담보
실손의료비(치료비)담보	해외여행 중, 국내여행 중, 남북한여행 중 실손의료비(치료비)담보
배상책임담보	해외여행 중, 국내여행 중, 남북한여행 중 배상책임담보
휴대품손해담보	해외여행 중, 국내여행 중, 남북한여행 중 휴대품손해담보
기타담보	해외여행 중, 국내여행 중, 남북한여행 중 천재위험 등

출처: 삼성화재보험(주) 자료

3) 보험가입자격 제한

① 위험직종종사자, 위험운동 참가자, 연령 등 피보험자의 직업, 직무, 기타 사항으로 인하여 가입이 제한되거나 불가능할 수 있으며 가입금액이 제한될 수 있다.

② 15세미만자 등은 질병사망담보에 가입할 수 없다.

4) 상품특이 사항

① 순수보장성보험으로 만기 시 환급금이 없다.

② 의료실비를 담보하는 다수계약이 체결된 경우, 해당 약관에 따라 비례 보상한다.

5) 보통상해보험 보험료 계산

보험요율서상 기본요율에 할인·할증율을 반영한 적용요율에 보험가입금액을 곱하여 계산한다.

2. 보험기간

여행보험은 기간보험과 구간보험의 성격을 동시에 갖는다. 즉, 사고가 날짜 단위로 정하여진 기간(보험기간) 중에 발생하여야 하는 한편 주거지를 출발하여 주거지에 도착할 때까지의 사이(구간보험기간)에 발생하여야 보장이 가능하다.

3. 보험회사의 보장개시

보험회사의 보장개시는 계약의 청약을 승낙하고 제1회 보험료를 받은 때부터 시작된다. 반면, 보험증권(보험가입증서)에 다른 시각이 기재되어 있을 때에는 그 시각을 기준으로 보험회사의 보장개시가 되며, 이때 시각은 보험증권(보험가입증서) 발행지의 표준시를 따른다.

4. 보상하는 손해

1) 보통약관상 보장

보험기간 중(여행 도중)에 생긴 상해·후유장해 사고를 보장한다. 즉, 피보험자가 보험기간 중 급격, 우연, 외래의 사고로 신체에 상해를 입고 그로 인하여 사망하거나 후유장해가 남는 경우, 이를 보상하며 보상하는 내용이나 보상하지 아니하는 내용은 상해보험과 동일하다.

※ **급격, 우연, 외래의 개념**

① 급격성

급작스럽고 격렬한 현상으로 원인에서 결과에 이르는 과정이 완만치 않고 결과의 발생이 피할 수 없을 정도로 급박한 상태를 말한다. 따라서 완만하게 시간이 경과하는 과정에서 또는 여러 차례 반복적으로 일어난 일의 결과로 발생한 경우는 상해에 해당하지 않는다. 예를 들어 야구 투수가 오랫동안 공을 던지다 어깨의 근육이 늘어난 경우나 햇볕에 타서 물집이 생기는 경우 등은 급격성이 없다.

② 우연성

사고의 원인 또는 결과의 발생을 피보험자로서 예측하거나 인식하지 못한 의외의 상태를 말하며 고의나 필연과 반대의 성질을 가지고 있다.

③ 외래성

신체상해의 발생원인 또는 매개가 내재적이 아니고 외래적인 것을 말한다. 즉, 신체 내부의 원인에 의한 것이 아닌 외부적인 충격 등으로 인한 상해를 말한다. 다만 외래란 상해의 원인 자체가 외래적인 것임을 말하는 것으로 상해 자체가 몸 밖으로 나타나야 하는 것은 아니다.

출처: 손해보험협회 자료

(1) 사망보험금(정액보상)

피보험자가 보험사고로 인해 상해를 입은 후 그 직접적인 결과로 사망한 때는 사망보험 가입금액 전액을 수익자에게 지급한다. 피보험자가 탑승한 항공기나 선박이 조난당하거나 행방불명이 되어 호적에 사망으로 기재된 경우(인정사망)에도 사망보험금이 지급된다.

(2) 후유장해보험금(정액보상)

피보험자가 보험사고로 인해 상해를 입은 후 그 직접적인 결과로 신체의 일부를 잃거나 그 기능이 영구히 상실되었을 때 그 후유장해의 정도에 따라 보험가입금액의 일정비율이 후유장해보험금으로 지급된다(최고 100%, 최저 3% 정액보상하며, 장애분류별 최저 지급률에 미달하면 지급대상이 아님).

2) 특별약관상 보장

여행 도중에 발생한 질병사망 및 실손의료비, 휴대품 손해, 배상책임 손해 등을 보장한다.

(1) 질병사망보험금(정액보상)

피보험자가 보험기간 중에 질병으로 사망하거나 여행 도중 발생한 질병을 직접적인 원인으로 하여 보험기간 마지막 날로부터 30일 이내에 사망하였을 때, 사망보험가입금액 전액을 질병사망보험금으로 지급한다.

(2) 후유장해보험금(정액보상)

피보험자가 보험기간 도중에 신체의 일부를 잃었거나 그 기능이 영구히 상실되어 장해 분류표에서 정한 지급률이 80% 이상에 해당하는 후유장해가 남았을 때나 여행 도중에 발생한 질병을 직접

원인으로 하여 80% 이상 후유장해가 남았을 때 보험금을 지급한다.

(3) 실손의료비보험금(실손보상)

피보험자가 보험기간 중에 입은 상해 또는 질병으로 의료비 발생 시 상해의료비, 질병의료비를 선택에 따라 보상한다. 실손의료보험에 대해 상세한 것은 본서(本書) 제6편에 제5장의 실손의료보험(실손보장 상품)을 참고하기 바란다.

■ 해외여행 실손의료보험(기본형) 담보종목

담보종목	세부 구성 항목		보상하는 내용
상해 의료비	해외		피보험자(보험대상자)가 해외여행 중에 입은 상해로 인하여 해외 의료기관(주)에서 의료비 발생 시 보상
	국내	상해입원	피보험자(보험대상자)가 해외여행 중에 입은 상해로 인하여 병원에서 입원의료비 발생 시 보상
		상해통원	피보험자(보험대상자)가 해외여행 중에 입은 상해로 인하여 병원에 통원하여 치료를 받거나 처방조제를 받은 경우에 보상
질병 의료비	해외		피보험자(보험대상자)가 해외여행 중에 질병으로 인하여 해외의료기관(주)에서 의료비 발생 시 보상
	국내	질병입원	피보험자(보험대상자)가 해외여행 중에 질병으로 인하여 병원에서 입원의료비 발생 시 보상
		질병통원	피보험자(보험대상자)가 해외여행 중에 질병으로 인하여 병원에 통원하여 치료를 받거나 처방조제를 받은 경우에 보상

출처: 손해보험협회 자료

4) 배상책임손해

피보험자가 여행 도중에 발생한 우연한 사고로 인하여 제3자에게 배상책임을 부담할 경우, 보상한도액을 한도로 손해배상금을 보상하며, 피보험자가 지출한 손해방지비용, 소송비용, 공탁보증보험료 및 보험회사의 요구에 따르는 데 지출된 비용 등을 보상한다.

5) 휴대품손해

피보험자가 여행 도중의 우연한 사고로 인한 휴대품 손해를 보상하되, 개당, 조당, 쌍당 회사별 한도를 적용하여 보상한다(휴대품은 여행 중 휴대하는 피보험자 소유, 사용, 관리하의 물품을 말하며, 분실손해는 보상하지 않는다).

(3) 특별비용

아래 사유로 보험계약자, 피보험자나 피보험자의 법정상속인이 부담하는 비용을 보상한다.

1) 피보험자가 탑승한 항공기 또는 선박이 행방불명되거나 조난을 당한 경우, 또는 산악등반 중에 조난된 경우

2) 여행 중 급격하고도 우연한 외래의 사고로 긴급수색 구조가 필요하게 된 경우

3) 여행 중 급격하고도 우연한 외래의 사고로 1년 이내에 사망하거나 14일 이상 계속하여 입원치료를 받은 경우

4) 질병으로 사망하거나, 14일 이상 계속하여 입원치료를 받는 경우. 단, 입원에 대하여는 여행 도중에 의사가 치료를 개시한 질병에 따른 입원에 한함.

※ 비용의 범위
- 수색구조비용
- 항공운임 등 교통비(사고현지 왕복 교통비로서 2명분 한도)
- 숙박비(구원자 2명분 한도, 1명당 14일분 한도)
- 이송비용
- 제잡비(구원자의 출입국 절차에 필요한 비용 등, 10만 원 한도)
※ 구원자란 법정상속인을 뜻함(대리인 포함).

출처: 손해보험협회 자료

제6절. 컨틴전시보험(contingency insurance)

전통적인 손해보험에서 보상하지 않는 위험을 담보하는 보험으로 특정한 사건, 즉 날씨, 온도, 경기결과, 행사 등을 전제로 예정된 사건이 현실화되었을 때 발생하는 금전적 손실을 보상하는 보험이다.

1. 컨틴전시보험의 종류

1) 스포츠시상보험
시상금을 지급함으로써 행사주관자가 실제 지급하는 상금 또는 경품에 대한 비용을 보상해 주는 보험을 말한다.

2) 날씨보험
기상현상 즉 눈, 비, 기온 등을 담보대상으로 정하여 사전에 정한 조건에 부합되었을 때 해당 고객에게 보험금을 지급함으로써 행사주관자가 실제 지급하는 상금 또는 경품에 대한 비용을 보상해 주는 보험을 말한다.

3) 행사취소보상보험

예기치 못한 기상 조건 등으로 예정된 행사가 개최되지 못했을 경우 행사 관계자가 입은 비용손해를 보상하는 보험을 말한다.

제6장
장기손해보험

제1절. 장기손해보험의 정의 및 구조

1. 장기손해보험의 정의

장기손해보험은 **예정이율을 적용하여 보험료를 산출하는 손해보험을 말하며, 일반적으로 보험기간이 장기인 것이 특징이다.**

손해보험에 있어서 보험기간이 통상 1년 이내인 것을 일반손해보험이라 하고, 보험기간이 3년 이상인 것을 장기손해보험이라 한다. 장기손해보험은 보험사고가 발생하여 손해를 입었을 경우 보험금을 지급받을 수 있는 일반손해보험의 장점을 갖는 동시에 만기 시 만기환급금을 지급받을 수 있도록 설계하여 위험보장에 저축기능을 추가할 수 있는 보험이다.

2. 장기손해보험의 구조

(1) 보험종목 및 가입대상

1) 보험종목

장기손해보험은 기본계약의 성격에 따라 장기화재, 장기종합, 장기상해, 장기질병, 장기간병, 장기기타 보험으로 나눈다.
  ① 장기화재: 장기손해보험 중 화재로 인한 재물에 생긴 손해 보장
  ② 장기종합: 장기손해보험 중 재물손해, 신체손해, 배상책임손해 보장 중 두 가지 이상의 손해를 보장
  ③ 장기상해: 장기손해보험 중 신체의 상해로 인한 손해 보장
  ④ 장기질병: 장기손해보험 중 질병에 걸리거나 질병으로 인한 입원, 수술 등의 손해 보장
  ⑤ 장기간병: 장기손해보험 중 활동불능 또는 인식불명 등 타인의 간병을 필요로 하는 상태 및 이로 인한 손해 보장

⑥ 장기기타: 상해, 질병, 간병 보장 중 두 가지 이상의 손해를 보장

2) 가입대상: 개인 및 단체

(2) 담보종목
담보는 크게 상해, 질병, 상해 및 질병, 비용손해, 재물손해, 배상책임으로 구분할 수 있다.

제2절. 장기손해보험의 원리 및 특성

1. 장기손해보험의 원리
장기(단기)손해보험은 상해, 질병, 화재, 배상책임 등 급격하고도 우연한 사고에 대비하여 경제적 손실을 보전할 목적으로 공동의 위험담보를 필요로 하는 사람들이 부담금(보험료)을 납부하고, 사고발생 시 약정된 금액(보험금) 또는 실제 발생한 손해액을 지급받는 경제적 준비제도이다.

2. 장기손해보험의 일반적인 특성
1) 장기손해보험은 보험기간이 3년 이상으로 장기간이며, 예기치 못한 불의의 사고에 대비할 수 있는 **보장기능**과 함께 만기 시에는 계약자가 납입한 보험료 중 저축보험료 부분에 약정된 예정이율에 따른 이자를 더해 돌려주는 **저축기능**을 겸비한 보험상품이다.
2) 장기손해보험은 청약한 이후 **제1회 보험료 납입일 16시부터**(단, 암관련 보장상품은 제외) 보험계약의 효력이 발생되어 약정기간 동안 보험계약의 효력이 지속되며, 동일 상품의 판매를 중지한다 하더라도 기존가입자의 보험계약은 소멸되지 않고 보험기간 만료 시까지 효력이 계속된다.
3) 장기손해보험 계약의 당사자는 보험계약자, 피보험자, 사망보험금수익자, 보험회사로 구성된다.
  - 보험계약자는 보험계약을 체결하고 보험료 납입의무를 지는 자이다.
  - 피보험자는 보험사고 발생의 대상이 되는 자이다.
  - 사망보험금수익자는 보험사고 발생 시 사망보험금 청구권을 가진 자이다.
  - 보험회사는 보험금 지급의무를 지는 회사이다.

3. 일반손해보험의 일반적 특성
1) 일반손해보험은 일반적으로 보험기간이 1년이며, 예기치 못한 불의의 사고에 대비할 수 있는 보장기능에 중점을 둔 소멸성 상품이다. 따라서 보험기간 만료 시 환급금이 없는 대신에 보험료가 저렴하다.

2) 일반손해보험은 보험계약의 청약을 하고 보험료 전액 또는 제1회 보험료(일정기간 단위의 분할 보험료)를 납부한 후 30일 이내에 보험회사의 거절 통지가 없으면 약정한 보험기간 동안 보험계약의 효력이 지속되며, 동일 상품의 판매를 중지한다 하더라도 기존 가입자의 보험계약은 소멸되지 않고 보험기간 만료 시까지 효력이 계속된다.

3) 일반손해보험 계약의 당사자는 보험계약자, 피보험자, 사망보험금수익자(사망을 담보하는 상품의 경우에만 해당), 보험회사로 구성된다.

제3절. 장기손해보험의 특징 및 내용

1. 장기손해보험의 특징

1) 보험기간이 3년 이상 장기간이며, 보장기능과 저축기능을 겸비한 보험 상품이다.
(일반손해보험은 통상 보험기간이 1년의 단기간이다.)

2) 보험업법에 의해 특별계정으로 회계처리 및 운용한다.
(일반계정이 아닌 사유는 보험계약자의 금융자산 성격이 존재하기 때문이다.)

3) 만기 시에 만기환급금과 중도 해지 시에 해지(해약)환급금이 있다.
(장기손해보험은 저축기능(저축보험료 납부)으로 인해 만기 또는 중도해지 시 환급금이 발생한다.)

4) 장기손해보험(예: 장기화재보험)으로 설계된 보험은 자동복원제도가 존재한다.
(보험기간 중에 사고가 발생하여 보험금이 지급되어도, 이후에 보험금을 지급받은 때마다 보험가입금액이 감액되지 않고 자동적으로 원래의 보험가입금액으로 보상을 받는다.)

5) 계약자가 보험료 납입방법 및 납입주기에 대해 선택이 가능하다.
(장기손해보험의 보험료 납입은 계약자의 편의에 따라 다양한 옵션이 있다.)

6) 보험료의 납입이 연체 시에 보험료의 납입최고(독촉)을 해야 한다(상법 제650조)).
(보험료 납입기일의 다음날부터 납입기일이 속하는 달의 다음 달 말일까지 보험회사는 14일 이상의 기간을 납입최고(독촉)기간으로 정하여 보험계약자에게 서면(등기우편 등), 전화(음성녹음) 또는 전자문서 등으로 14일 이상의 기간을 최고(催告)해야 한다.)

7) 효력 상실(실효)된 보험계약은 해지일로 부터 3년 이내에 부활이 가능하다.
(계약자 보호제도로서, 부활 시까지의 연체보험료와 그에 대한 연체이자를 납입하고 부활가능하다. 단, 이 경우에 보험회사의 승인이 있어야 한다.)

8) 해지환급금을 담보로 보험계약자대출이 가능하다.
(계약자의 편의 도모를 위한 제도로서, 해지환급금 범위 내에서 보험계약 대출이 가능하다.)

9) 청약철회 청구와 계약을 취소할 수 있다.
(보험증권을 받은 날부터 15일 이내에 청약 철회할 수 있으며, 기타는 30일 이내에 철회한다.

약관 미전달 및 약관의 중요한 내용을 미설명, 청약서부본 미전달, 자필서명을 미이행 시에 보험계약을 취소할 할 수 있다.)

2. 장기손해보험의 주요내용

1) 보험기간의 내용

♣ 손해보험에서 장기손해보험은 보험기간이 3년 이상 장기이며, 보장기능과 저축기능이 있다.

일반손해보험은 통상 보험기간이 1년으로, 1년을 초과하여 보험보장을 받고 싶은 경우 매년 보험계약을 갱신하거나 다시 체결해야 한다. 반면 장기손해보험은 통상 3년 이상으로 매년 재가입해야 하는 불편을 해소한다. 장기손해보험은 위험보장기능의 비중이 큰 보장성보험과 저축기능의 비중이 큰 저축성 보험으로 나뉘는데, 보장성보험은 보험기간 제한이 없어 100세 만기 등도 가능하나 저축성 보험은 보험기간이 15년 이내 상품만 존재한다.

2) 특별계정에 의한 운용의 내용

♣ 손해보험에서 장기손해보험은 보험업법에 의해 특별계정으로 회계처리를 한다.

장기손해보험의 저축보험료(위험보험료 및 부가보험료는 미포함)는 보험업법에 의해 특별계정으로 운용된다. 이처럼 회계적으로 저축보험료를 일반계정이 아닌 특별계정으로 하여 별도로 운영하게 하는 것은 위험보험료 등과 달리 저축보험료에 보험계약자의 금융자산 성격이 존재하기 때문이다.

> ▣ 특별계정 운용상품
> 보험업법 제108조 및 보험업감독규정 제5-6조에 의해 특별계정으로 운용되는 손해보험 상품은 개인연금(연금저축), 퇴직보험(퇴직연금), 장기손해보험 등이 있다(단, 퇴직보험은 2015.12.01일부터 신규모집 금지).
>
> 출처: 현대해상화재보험(주)

3) 환급금 지급제도의 내용

♣ 손해보험에서 장기손해보험은 만기환급금(만기 시), 해지환급금(중도 해지 시)이 있다.

일반손해보험은 소멸성으로 만기환급금이 없다. 그러나 장기손해보험은 일반적으로 저축보험료가 분리되어 이를 납부하도록 설계하는 경우 만기 또는 중도해지 시 환급금이 발생한다.

① 만기환급금

보험료를 완납하고 보험기간 만료 시 적립보험료(저축보험료)를 재원으로 보험상품별 적용이율을 적용하여 만기환급금을 지급한다. 만기 전 사고가 발생하여 보험가입금액의 80% 이상에 해당하는 보험금을 지급하여 계약이 소멸되는 경우에는 만기환급금을 지급하지 않는다. 또한, 계약 후 10년 이상 유지 시 보험차익에 대해 비과세 혜택이 주어진다.

> ▣ 만기환급금의 변동
> 금리연동형 보험상품의 경우 이율변동에 따라 계약 당시의 예상 만기환급금보다 많거나 적어질
> 수 있다. 확정금리형 보험상품의 경우 계약당시 약정한 만기환급금을 지급한다.

② 해지환급금

장기손해보험은 보험계약자가 보험회사에 보험계약의 해지 의사표시를 한 경우, 보험료를 납부하지 않은 경우, 알릴 의무(고지의무 및 통지의무)를 위반하는 경우 등으로 계약이 해지된 경우 보험계약자에게 해지환급금을 지급한다.

> ▣ 해지환급금의 지급
> ① 계약자가 보험계약의 해지 의사표시를 한 경우, 보험료 미납으로 해지 시:
> 보험회사는 해지 시까지 적립한 해지환급금을 지급한다.
> ② 계약자, 피보험자가 고의 또는 중대한 과실로 중요한 내용을 보험회사에 알릴 의무를 위반 하여 해지된 경우:
> 보험회사는 해지 시까지 적립한 해지환급금을 지급하지만, 손해발생 후 계약해지 시 보험금은 지급하지 않는다. 보험회사는 계약 전 알릴 의무 위반사실뿐만 아니라 계약 전 알릴 의무사항이 중요한 사항에 해당되는 사유를 "반대증거가 있는 경우 이의를 제기할 수 있습니다"라는 문구와 함께 계약자에게 안내한다.

4) 자동복원제도(장기화재보험)의 내용

♣ 손해보험에서 장기손해보험으로 설계된 경우 자동복원제도가 존재한다.

자동복원제도란 보험기간 중에 사고가 발생하여 보험금이 지급되었더라도 보험금을 지급받은 때마다 보험가입금액이 감액되지 않고 자동적으로 원래의 보험가입금액으로 복원되는 것을 뜻한다.

화재보험이 장기손해보험으로 설계된 경우 자동복원제도가 존재하는데, 1회 사고로 지급한 보험금이 보험가입금액의 80% 미만인 경우에는 여러 번의 사고가 발생하여도 보험 가입금액의 공제(감액)는 없으며, 잔여기간 동안 보험사고 전의 보험가입금액을 동일하게 보장받게 된다. 따라서 이 방식의 보험에서는 계약자는 동일한 보험기간 내라면 몇 번의 보험금 지급이 있었더라도 항상 같은 조건으로 손해를 보상받게 된다. 이에 반해 화재보험이 일반손해보험으로 설계된 경우 자동복원제도가 없으며, 이에 따라 보험의 목적물에 부분손이 발생하여 보험금이 지급되면 보험가입금액에서 지급된 보험금을 공제(감액)한 후의 금액이 잔존 보험가입금액이 되어 잔여기간 동안 보장을 받게 된다.

5) 보험료 납입방법 및 납입주기의 내용

♠ 손해보험에서 장기손해보험은 계약자가 보험료 납입방법 및 납입주기를 선택할 수 있다.

일반손해보험은 대체로 계약체결 시 보험료 전액을 납입하나 장기손해보험은 계약자 편의에 따

라 다양한 납입방법 및 납입주기 선택이 가능하다. 납입방법은 자동이체, 설계사를 통한 직접납입, 신용카드납입, 지로납입 등이 가능하며 납입주기는 일시납, 월납, 2개월납, 3개월납, 6개월납, 연납 등으로 선택할 수 있다.

> ▣ **선납할인제도**
> 장기손해보험은 보험료의 전부 또는 일부를 미리 납부할 수 있으며, 3개월 이상의 보험료를 미리 납부하는 경우에 보험료를 예정이율로 할인하여 적용한다.

6) 보험료 납입연체 시 납입최고(독촉)의 내용

♣ 손해보험에서 장기손해보험은 보험료가 연체 시에 보험료의 납입최고(독촉)을 해야 한다.

장기손해보험에서 보험회사는 계속보험료가 약정한 시기에 납입되지 아니한 때에 보험계약을 해지할 수 있으나, 이 경우 반드시 보험계약자에게 언제까지 보험료를 납입하지 않으면 계약을 해지하겠다는 납입최고 절차를 거쳐야만 한다. 최고(催告)는 타인에게 일정한 행위를 할 것을 요구하는 통지를 말한다. 상법 제650조에서는 보험료 연체를 이유로 보험회사가 보험계약을 해지하기에 앞서 최고할 것을 규정하고 있는데, 납입최고를 하지 않고 보험료 연체를 이유로 계약을 해지하는 것은 무효이다. 납입최고 기간은 제2회 이후 **보험료 납입기일 다음날부터 납입기일이 속하는 달의 다음 달 말일까지**로 하는데, 보험회사는 **14일이상**의 기간을 납입최고(독촉)기간으로 정하여 보험계약자에게 서면(등기우편 등) 전화(음성녹음) 또는 전자문서 등으로 ① 납입최고 기간 내에 연체보험료를 납입해야 한다는 것과 ② 납입최고기간이 끝나는 날까지 보험료를 납입하지 않을 경우 납입최고기간이 끝나는 날의 다음날에 계약이 해지된다는 내용을 안내한다. 납입최고 기간 내에 발생한 보험사고는 보상을 받을 수 있지만 납입최고 기간 이후에 발생한 보험사고는 보상 받을 수 없다. (일반손해보험은 계약체결 시 보험료를 전액 납입하여 보험료 납입 연체가 발생할 수 없으므로 납입최고 개념이 없다.)

7) 해지된 계약의 부활(효력회복)의 내용

♣ 손해보험에서 장기손해보험은 효력상실(실효)된 보험은 해지일로부터 **3년** 이내에 부활이 가능하다.

계약자보호제도의 일종으로 보험료 납입연체로 계약이 해지된 경우 해지일로부터 3년 이내에 부활이 가능하다. 즉, 계약자는 계약이 해지된 이후 3년 이내에 해지환급금을 받지 않은 경우에는 계약의 부활을 청약할 수 있으며, 부활 시까지의 연체보험료와 그에 대한 연체이자를 납입하고 부활이 가능하다. 단, 이 경우에 보험회사의 승인이 있어야 한다. 부활 시에는 계약체결 시와 마찬가지로 고지의무(계약 전 알릴 의무)를 이행해야 하며, 부활 후 회사의 책임개시는 약관에서 정한 시기부터 개시된다.

8) 보험계약 대출제도의 내용

♣ 손해보험에서 장기손해보험은 해지환급금을 담보로 보험계약대출이 가능하다.

일반손해보험은 소멸성 보험이므로 보험계약 대출제도가 없으나, 장기손해보험은 계약자의 편의 도모를 위한 제도의 일환으로 해지환급금을 담보로 보험계약대출이 가능하다. 즉 계약자가 보험계약 대출을 요청할 경우 회사가 정한 해지환급금 범위 내에서 보험계약 대출이 가능하다. 단, 해지환급금이 없는 순수보장성보험은 보험계약 대출제도가 제한될 수도 있다. 만기환급금 지급 시 보험계약 대출금이 있는 경우에는 만기환급금에서 보험계약 대출금을 차감할 수 있으며, 보험기간이 만료되면 보험계약 대출기간도 함께 만료된다(보험 계약 대출기간 연장불가).

9) 청약철회 및 계약의 취소의 내용

♣ 손해보험에서 장기손해보험은 청약철회 청구와 계약을 취소할 수 있다.

계약자는 보험증권을 받은 날부터 **15일** 이내에 청약을 철회할 수 있으며, 전화, 우편 등 통신매체를 통한 보험계약의 경우 30일 이내에 청약을 철회할 수 있다. 회사는 청약철회 접수일로부터 3일 이내에 이미 납입한 보험료 전액을 지급한다(다만, 청약을 한 날로부터 30일을 초과할 수 없음). 단, 청약을 철회할 당시에 이미 보험금지급 사유가 발생하였으나, 계약자가 그 보험금 지급사유의 발생 사실을 알지 못한 경우에는 청약철회의 효력은 발생하지 않는다. 또한, 계약자는 회사가 약관 및 청약서 부본을 계약자에게 전달하지 않은 경우나 또는 약관의 중요한 내용을 설명하지 아니한 때, 계약체결 시 계약자가 자필서명(날인 포함)을 하지 않은 경우에 계약을 취소할 수 있다.

> ▣ **청구권의 소멸시효**
> ① 계약자, 피보험자, 보험수익자 등의 청구권(보험금청구권, 보험료 또는 적립금 반환청구권): 3년
> ② 보험회사의 보험료 청구권: 2년

제4절. 장기손해보험의 보험료

1. 보험료의 구성

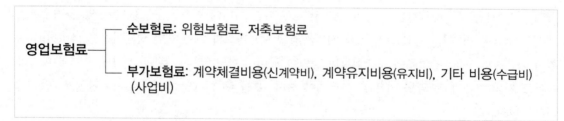

영업보험료 ┬── **순보험료**: 위험보험료, 저축보험료
　　　　　　　└── **부가보험료**: 계약체결비용(신계약비), 계약유지비용(유지비), 기타 비용(수급비)
　　　　　　　　　(사업비)

장기손해보험의 보험료는 **순보험료**와 **부가보험료**(계약체결 비용 및 계약관리 비용)로 구성된다.

♣ **영업보험료 = 순보험료 + 부가보험료**(계약체결 비용 + 계약유지 비용 + 기타 비용)

2. 순보험료

순보험료는 장래 보험금 지급의 재원이 되는 보험료로써, 사고발생 위험률에 따라 계산된 **위험보험료**와 저축보험료 적립을 위한 **저축보험료**로 구성되며, 예정위험률과 예정이율의 두 가지 요소에 의해 계산 된다. 또한, 대수의 법칙에 따라 예상평균사고발생률과 예상평균보험금에 의하여 산출한다.

♣ **순보험료 = 위험보험료 + 저축보험료**

1) 위험보험료: 사망보험금 · 장해급여금 등의 지급 재원이 되는 보험료.

사고발생 시 사망보험금 · 장해급여금 · 입원 · 수술 등의 보험금지급의 재원이 되는 보험료로서 이 보험료는 **예정위험률**에 따라 정하여진다.

2) 저축보험료: 만기보험금 · 중도급부금 등 지급의 재원이 되는 보험료.

사고발생 시 만기보험금 · 중도급부금 등의 보험금지급의 재원이 되는 보험료로서 이 보험료는 **예정이율**에 따라 정하여진다.

보험계약의 중도 해지 시에는 해지환급금의 재원이 되고, 한 번의 사고로 보험가입금액의 80% 이상의 보험사고 없이 보험기간이 만료되었을 때에는 만기환급금 지급 재원이 되는 보험료이다.

저축보험료는 적용이율로 부리하여 책임준비금(만기환급금의 재원이 됨)으로 적립한다.

3. 부가보험료(사업비)

보험계약을 체결 · 유지 · 관리하기 위한 경비(사업비)의 보험료.

보험계약을 체결, 유지, 관리하기 위한 경비(신계약비, 유지비, 수금비)에 해당되는 보험료로서, **예정사업비율**을 기초로 하여 계산된다. 즉, 부가보험료는 보험계약 및 유지관리에 필요한 사업비로서, 보험계약의 체결비용, 인건비, 그 밖의 사업비로서 부가되는 보험료이다.

보험회사가 보험사업의 경영, 즉 보험계약의 모집, 유지관리 및 보험료의 수금 등에 필요한 사업비를 부가보험료라고 하며 사용하는 용도에 따라 구분한다.

♣ **부가보험료 = 신계약비 + 유지비 + 수금비**

1) 신계약비(계약체결 비용)
♣ 신계약비: 신계약 체결에 필요한 제 경비(설계사 모집수당/증권발행비/진단비/인쇄비/전산비/판촉비 등).

보험회사가 신계약을 모집하는 데 필요한 제경비로서 보통은 계약 초년도(1년)에만 적용하며 설계사 모집수당, 수수료 등의 신계약 시 필요한 제반 경비로 사용한다.

2) 유지비(계약유지 비용)
♣ 회사 및 계약유지, 자산운용 등에 필요한 제 경비(인건비/임차비 등).

보험계약을 유지·관리하는 데 소요되는 제경비로서 점포 유지비, 내근직원 인건비, 물건비 등의 재원이 된다.

3) 수금비(기타 비용)

♣ 수금비: 보험료 수금에 필요한 제 경비(수금수당/자동이체 수수료 등).

계속보험료 수금에 필요한 제경비로서 2회 이후 계속보험료 수금비의 재원이 된다.

4. 보험료 산출의 원칙

보험회사의 보험료 산출의 기본적인 원리는 '수지상등의 원칙'이다(총수입 = 총지출).

또한, 보험료는 대수의 법칙에 기초한 보험사고의 확률을 반영하여 총 지급보험금에 비례하여 산출한다.

> ### ※ 대수의 법칙과 수지상등의 원칙
> 다수의 사건(사람)들을 대상으로 관찰해 보면 대수의 법칙에 따라 그 발생 확률을 구할 수 있게 되는데, 이 같은 확률론에서 대수의 법칙이 성립되는 것을 의미하고, 여기서 구해진 확률로서 사망률·보험사고률 등을 산출할 수 있다.
> 보험업은 대수의 법칙에 근거한 위험분산을 본업으로 하는 대표적인 산업으로서, 보험업이 영위될 수 있는 근거가 되는 것은 '대수의 법칙'과 보험료 산출의 기본 원리인 '수지상등의 원칙'이다.

> ### ※ 위험분산
> 개별적으로는 다양한 위험을 집합시켜 모음으로써 집단 전체 위험의 변동성을 줄이는 행위를 위험분산(risk pooling)이라고 한다.

1) 수지상등(收支相等)의 원칙

♣ 보험료 총액(장래 수입) = 보험금 총액 + 경비(사업비) 총액(장래 지출)

장래에 수입되는 순보험료 현가의 총액이 장래에 지출해야 할 보험금·경비 현가의 총액과 동일하게 되는 것을 말한다.

보험이란 많은 사람들이 모여서 서로 적은 분담금액을 내고 예기치 못한 불행을 당한 사람에게 도움을 주는 상부상조제도이기 때문에 보험가입자의 개개인으로 본다면 납입한 보험료와 지급을 받은 보험금에 차이가 날 수 있다. 그러나 전체적으로 보면 **보험가입자가 납입하는 보험료 총액과 보험회사가 지급하는 보험금 및 경비의 총액은 동일한 금액이 되도록 보험료를 결정하게 되는데 이를 수지상등(收支相等)의 원칙이라 한다.**

2) 대수(大數)의 법칙(law of large numbers)

수지상등의 원칙이란 다수의 동일 연령의 피보험자가 같은 보험종류를 동시에 계약했을 때 보험기간 만료 시에 수입과 지출이 균형이 잡혀지도록 순보험료를 계산하는 것을 의미하며, 피보험자가 많이 있는 것을 가정하고 있으므로 확률론에서 말하는 대수의 법칙이 성립되는 것을 의미한다.

> ♣ **대수(大數)의 법칙**
> 주사위를 한 번 던졌을 때 어떤 눈이 나올 것인지를 정확히 예측하기는 어렵다. 그러나 던지는 횟수를 많이 하다보면 각 눈이 나오는 횟수가 점차 비슷해지게 되는데, 각각의 눈이 나오는 횟수는 전체 던진 회수의 1/6에 가깝게 된다. 실제로 주사위를 10,000번 던져보면 대체로 다음과 같은 결과가 나온다.
> 이와 같이 **어떠한 사건의 발생비율은 1회나 2회의 관찰로는 측정이 어렵지만 관찰의 횟수를 늘려가면 일정한 발생확률이 나오고 이 확률은 대개 비슷하게 진행되는데 이를 대수(大數)의 법칙**이라 한다.
> 개인의 경우에도 우연한 사고의 발생 가능성 및 발생 시기 등은 불확실하지만 다수의 사건(사람)들을 대상으로 관찰해 보면 대수의 법칙에 따라 그 발생 확률을 구할 수 있게 된다.
> 사람의 사망 역시 이러한 방법을 통해 **어떤 연령대의 사람들이 1년간 몇 명 정도 사망할 것인가를 산출할 수 있는데 이를 사망률이라 한다.**

3) 보험료의 산출방식

보험료 산출 방법은 3이원방식과 현금흐름방식이 있으며, 보험료의 산정은 보험계리사가 행한다. **보험료는 대수의 법칙에 기초한 보험사고의 발생 빈도와 심도를 고려하여 총 지급보험금에 비례하여 산출된다.**

> ♣ **독일 경제학자 렉시스의 산식**: $p = Zw = r/n \times Z \quad w = r/n$
> 보험료: p, 위험발생률: w, 보험금: Z, 보험금 받을 자의 수: r, 보험가입자 수: n

예) 보험가입자 1만 명이고, 시가 1억 원짜리 건물을 각각 가지고 있는데, 이들의 화재발생률은 0.01%라고 가정하면, 1인당 순보험료는 1만 원이 된다($p = 1/10,000$명 $\times$ 100,000,000원 = 10,000원).

4) 보험료 불가분의 원칙(保險料 不可分의 原則)

보험료는 일정기간(보험료기간)을 단위로 해서 평균적인 위험률을 바탕으로 산정되고 있어서, 그 단위기간 내에서 위험을 분할하여 분할기간에 상응하는 보험료를 산출하기는 곤란한 것이다. 따라서 **단위기간의 중도에 계약이 소멸되어도, 보험자는 그 단위기간 전부에 대한 보험료 전액을 청구할 권리를 갖게 되는데, 이것을 보험료불가분의 원칙**이라고 한다.

보험료는 보험자가 보험사고에 대하여 부담하는 책임에 대한 보수이다. 보험료는 보험금액을 기준으로 하여 위험률에 따라 결정된다. 이것은 보험계약기간을 단위로 하여 위험을 측정하고 그에 따라 보험료가 결정되므로 그 기간의 위험과 보험료와는 불가분으로 연결된다. 따라서 기간 중에 계약이 해지되면 경과 기간에 대한 보험료는 반환 청구할 수 없고 미경과분에 관하여서는 별도 약정이 없는 한 청구할 수 있다(제649조).

5. 보험료 계산의 방식(p.38, p.39 참조)

보험료 산출방법은 3이원방식과 현금흐름방식이 있다.

1) 3이원방식

보험료 계산의 3요소(3이원)에는 **예정위험률(예정사망률), 예정이율, 예정사업비율**이 있으며, 세 가지 예정률을 기초로 보험료를 계산한다. 이를 3이원방식이라고 한다.

① 예정사망률(예정위험률)

한 개인이 사망하거나 질병에 걸리는 등의 일정한 보험사고가 발생할 확률을 대수의 법칙에 의해 예측한 것이 예정위험률이다. 이 중 특히 **한 개인이 특정시점에 사망할 확률을 미리 예측하여 보험료 계산에 적용하는 사망률을 예정사망률**이라 한다.

즉, 과거 일정기간 동안 일어난 보험사고 발생 통계를 기초로 해서 앞으로 일어날 사고율을 예측한 위험률을 말한다. **예정위험률이 높으면 보험료는 올라가고, 반대로 낮으면 보험료는 내려간다.**

② 예정이율

보험회사는 장래의 보험금 지급에 대비하기 위해 계약자가 납입한 보험료를 적립해 두는데, 보험료 납입 시점과 보험금 지급 사이에는 시간적 차이가 발생하게 된다. 이 기간 동안 **보험회사는 적립된 금액을 운용(運用)할 수 있으므로 운용에 따라 기대되는 수익을 미리 예상하여 일정한 비율로 보험료를 할인해 주고 있다. 이러한 할인율을 예정이율**이라고 한다.

보험금을 지급하기 위하여 보험료 계산 시 적용하는 할인 금리를 뜻하며, 계약자로부터 받은 보험료를 운용해 보험금 지급 때까지 거둘 수 있는 예상수익률로 볼 수도 있다. **예정이율이 높아지면 보험료가 싸지고 예정이율이 낮아지면 보험료가 비싸진다.**

③ 예정사업비율

보험회사가 보험계약을 유지, 관리해 나가기 위해서는 여러 가지 비용이 든다. 따라서 **보험사업의 운영에 필요한 경비를 미리 예상하고 계산하여 보험료에 포함시키고 있는데, 보험료 중 이러한 경비의 구성 비율을 예정사업비율**이라고 한다.

즉, 과거의 사업비 집행 실적을 기초로 장래에 집행할 사업비를 예측한 비율을 말한다. **예정사업비율이 높으면 보험료는 비싸지게 되고 예정사업비율이 낮으면 보험료는 싸지게 된다.**

2) 현금흐름방식(CFP: cash flow pricing)

종래의 산출방식에서 사용하던 3이원 이외에 해약률, 판매량 등의 다양한 기초율*을 반영하여 보험료를 산출하는 방식이다.(p.39 참조)

* 기초율:

① 계리적 요인: 투자수익률, 계약해지율, 지급여력 등.

② 마케팅 요인: 보험료, 보험가입금액 수준, 판매규모, 계약자 구성(성별, 연령별 등).

6. 보험회사의 수익구조 및 손익

1) 사차익(위험률차익)

실제사망률이 예정사망률보다 낮은 경우에는 보험회사에 남게 되는 이익이다.

즉, 실제위험률이 보험료 산출의 기초가 된 예정위험률보다 낮은 경우에 발생하는 이익을 말한다.

식으로 표현하면, 위험률차익(손) = 예정위험률 - 실제위험률

♣ 사차익(손) = 예정위험률과 실제위험률(손해율) 간의 차이

2) 이차익(이자율차익)

예정이율에서 예측하였던 운용수익보다 실제이율에 의한 운용수익이 많을 경우에 발생하는 이익이다.

즉, 자산운용에 의한 실제수익률이 예정이율보다도 높은 경우에 생기는 이익을 이자율차익이라 말하며, 반대의 경우를 이자율차손으로 말할 수 있다.

식으로 표현하면, 이자율차익(손) = 예정이율 - 실제이율(실제수익률)

♣ 이차익(손) = 예정이율과 실제이율(투자수익률) 간의 차이

3) 비차익(사업비차익)

생명보험 경영에서 보험료 수입 가운데 경비 충당 부분이 실제로 지출한 경비보다 많을 경우에 발생하는 이익이다.

즉, 실제의 사업비가 예정사업비보다 적은 경우에 생기는 이익이다. 반대의 경우는 손실이 발생하며, 이를 사업비차손이라 한다.

식으로 표현하면, 사업비차익(손) = 부가보험료의 총액 - 실제사업비의 총액

♣ 비차익(손) = 예정사업비와 실제사업비간 차이

7. 유배당보험과 무배당보험

1) 유배당(有配當) 보험

위험률차익, 이자율차익, 사업비차익에 의해서 발생한 배당금을 보험계약자에게 환급하는 보험이다.

2) 무배당(無配當) 보험

보험계약자에게 배당금에 대한 환급금이 전혀 없는 보험이며, 보험료가 유배당상품보다 많이 싸다. 보험료 산정의 기초가 되는 예정사망률, 예정이율, 예정사업비율의 안전도를 가능한 축소하여 보험료를 저렴하게 하는 대신 계약자배당을 하지 않는 보험을 말한다. 현재는 일부 연금저축보험을 제외하고는 거의 모든 보험상품이 무배당상품이다.

3) 현재, 판매되는 보험상품의 유형: 무배당(無配當) 보험

우리나라의 보험회사는 2000년 이전에는 거의 대부분 유배당 보험상품을 판매했으나, 2000년대 초부터 무배당 보험상품을 판매하기 시작하여 2010년대 초 이후 보험시장에서 활성화되어서 현재는 거의 무배당 상품만을 판매하고 있는 현실이다.

8. 책임준비금

보험회사가 보험계약에 대한 장래의 보험금 또는 환급금 등의 지급의 책임을 완전히 이행할 수 있도록 보험계약자로부터 받는 보험료의 일정금액(평준보험료-자연보험료)을 적립하여 두는 금액으로 보험업법에서 반드시 적립하도록 규정되어 있는 법정 적립금(法定 積立金)이다.

제5절. 장기손해보험 보통약관의 주요내용

1. 보험계약의 성립

보험계약은 계약자의 청약과 회사의 승낙으로 이루어진다. 회사는 계약의 청약을 받고, 제1회 보험료를 받은 경우 **30일 이내에 승낙 또는 거절**하여야 한다. 그러나 30일 이내에 승낙 또는 거절의 통지가 없으면 승낙된 것으로 본다. 또한, 회사는 제1회 보험료를 받고 승낙 시 보험증권(보험가입증서)를 교부하고, 거절 시에는 이미 납입한 보험료에 보험료를 받은 기간에 대해 약관에서 정한 이자를 더하여 반환한다. 다만, 신용카드로 제1회 보험료를 납입한 경우에는 매출을 취소하며, 이자는 더하여 지급하지 아니한다.

또한, 보험회사는 계약 체결 시 보험약관을 교부·설명의무가 있으며 미교부 시에 계약자는 3개월 내에 계약을 취소할 수 있다.

2. 계약 전 알릴 의무(고지의무)

계약자 또는 피보험자(보험대상자)가 회사에 보험계약을 청약하는 경우 청약서(질문서 포함)에서 질문한 사항에 대하여 알고 있는 사실을 반드시 사실대로 알려야 한다. 이러한 고지의무 위반 시 보험계약의 해지, 보험금 부지급 등 계약자 등에게 불이익이 발생할 수 있다.

3. 계약 후 알릴 의무(통지의무)

보험계약자 또는 피보험자(보험대상자)가 계약을 맺은 후 아래와 같은 사실이 생긴 경우에는 계약자, 피보험자 및 수익자는 지체 없이 서면으로 회사에 알리고 보험증권에 확인을 받아야 한다.

1) 장기화재보험 등 재산보험의 경우
① 계약에서 보장하는 위험과 동일한 위험을 보장하는 계약을 다른 보험자와 체결하고자 할 때 또는 이와 같은 계약이 있음을 알았을 때
② 보험의 목적물을 양도할 때
③ 보험의 목적물 또는 보험의 목적을 수용하는 건물의 구조를 변경, 개축, 증축하거나 계속해서 15일 이상 수선할 때
④ 보험의 목적물 또는 보험의 목적을 수용하는 건물의 용도를 변경함으로써 위험이 증가하는 경우
⑤ 보험목적물 또는 보험의 목적이 들어 있는 건물을 계속하여 30일 이상 비워두거나 휴업하는 경우
⑥ 보험의 목적물을 다른 곳으로 옮길 때
⑦ 기타 위험이 뚜렷이 증가할 때

2) 신체 상해보험의 경우(실손의료보험 포함)
① 피보험자가 그 직업 또는 직무를 변경할 때(자가용 운전자가 영업용 운전자로 직업 또는 직무를 변경하는 등의 경우를 포함)
② 이륜자동차 또는 원동기장치 자전거를 계속적으로 사용하게 된 때 등

4. 계약의 무효

계약을 맺을 때 보험목적에 이미 손해가 발생하였거나 그 원인이 생긴 것을 알면서도 이를 알리지 않을 경우 회사는 계약을 무효로 할 수 있다. 보험계약의 무효에 해당하는 내용은 다음과 같다.
① 보험계약 시 이미 보험사고가 발생한 경우
② 타인의 사망을 보험금 지급사유로 하는 계약에서 피보험자의 서면 동의를 얻지 않은 경우(단, 단체가 규약에 따라 구성원의 전부 또는 일부를 피보험자로 계약을 체결하는 경우에는 제외)
③ 만 15세 미만자, 심신상실자 또는 심신박약자의 사망을 보험금 지급사유로 한 경우(다만 심신

박약자 또는 단체보험의 피보험자가 의사능력이 있는 경우 예외)

　　④ 계약체결 시 계약에서 정한 피보험자의 나이에 미달되었거나 초과되었을 경우

5. 계약내용의 변경

　계약자는 회사의 승낙을 얻어 보험종목, 보험기간 등 일정 사항에 대해 계약 내용을 변경할 수 있다. 단, 일부 사항은 일정기간 유지 시에 변경이 가능할 수 있다.

> ▣ **계약내용의 변경사항**
> ① 보험종목
> ② 보험기간
> ③ 보험료의 납입주기, 수금방법 및 납입기간
> ④ 계약자, 피보험자(보험상대자)
> ⑤ 보험가입금액 등 기타 계약의 내용

6. 보험회사의 책임 개시일(보장개시)

　회사는 계약의 청약을 승낙하고, **제1회 보험료를 받은 때부터 약관이 정한 바에 따라 보장한다**. 그러나 회사가 청약 시에 제1회 보험료를 받고 청약을 승낙한 경우에는 제1회 보험료를 받은 때부터 보장한다. 회사가 청약 시에 제1회 보험료를 받고 청약을 승낙하기 전에 보험금지급 사유가 발생하였을 때에도 보험계약을 거절할 만한 특별한 사유가 없는 경우에는 제1회 보험료를 받은 때부터 보장을 한다.

7. 보험금 등의 지급

1) 환급금의 지급

　계약자 또는 보험수익자의 청구 시 회사는 청구일로부터 **3영업일** 이내에 환급금을 지급하여야 한다. 또한, 회사는 중도환급금 또는 만기환급금의 지급시기가 되면 지급시기 **7일** 이전에 그 사유와 지급할 금액을 계약자 또는 보험수익자에게 알려야 하며, 이 경우 아래에서 정한 이율을 연 단위 복리로 계산한 금액을 더하여 지급한다.

　① 만기환급금 및 해지환급금:

　지급 사유가 발생한 날의 다음날부터 지급 청구일 까지의 기간 중 1년 이내의 기간은 평균공시이율의 50%, 1년을 초과하는 기간은 1%를 적용한다.

② 중도환급금:

지급사유가 발생한 날의 다음날부터 지급 청구일까지의 기간 중 보험 기간 만기일까지는 평균공시이율을, 보험만기일의 다음날부터 1년 이내의 기간은 평균공시이율의 50%, 1년을 초과하는 기간은 1%를 적용한다.

2) 보험금의 지급

회사는 보험금 종류별로 보험금 청구서류 접수 후 접수증을 교부하고, 기한 내에 보험금을 지급한다.

> **■ 보험금 지급 기간**
> ① 신체손해보험금(상해·질병): 청구서류를 접수한 날로부터 3영업일 이내
> ② 배상책임보험금: 지급 보험금이 결정된 후 7일 이내
> ③ 재산손해보험금: 지급 보험금이 결정된 후 7일 이내

8. 가지급보험금

① 상해·질병 등 신체손해보험

보험금 지급을 위한 회사의 추가적인 조사 및 확인으로 인해 지급 기일이 초과되는 경우, 피보험자 또는 보험수익자의 청구가 있으면 회사는 추정 보험금의 50% 상당액을 가지급보험금으로 미리 지급한다.

② 배상책임 및 재산종합보험

지급 보험금이 결정되기 전이라도, 피보험자의 청구가 있으면 회사는 추정 보험금의 50% 상당액을 가지급보험금으로 미리 지급한다.

제6절. 장기손해보험 주요상품 내용

---

1. 장기화재보험

일반화재 및 주택화재보험에 저축기능을 추가한 장기손해보험으로 보장내용 등은 화재보험의 내용과 동일하다.

(1) 보험의 목적과 범위

1) 인수대상물건

구 분	내 용
주택물건	1. 단독주택(다중주택, 다가구주택 포함) 2. 주택의 부속건물로서 가재만을 수용하는 데 쓰이는 것 3. 연립(다세대)주택, 아파트로서 각 호(실)가 모두 주택으로 쓰이는 것 4. 주택병용 건물로서 아래의 용도로 사용하는 건물 및 수용가재 　ⅰ) 교습소(피아노, 꽃꽂이, 국악, 재봉 등) 　ⅱ) 치료(안수, 침질, 뜸질, 마사지, 접골, 조산원 및 이와 비슷한 것) 　※ 오피스텔은 주택물건이 아님
일반물건	주택물건 및 공장물건을 제외한 물건 ※ 변호사, 대리점주, 공인회계사 등이 사무소를 일부에 설치하고 있는 주택은 일반물건임
공장물건	공장, 작업장(광업소, 발전소, 변전소, 개폐소 포함)의 구내에 있는 건물, 공작물 및 이에 수용된 동산, 실외 및 옥외에 쌓아둔 동산
위험품할증물건	A급 위험품, B급 위험품, 특별 위험품

출처: 손해보험협회 자료

> ▣ **보험증권에 기재하여야만 보험의 목적이 되는 물건**
> 1. 통화, 유가증권, 인지, 우표 및 이와 비슷한 것
> 2. 귀금속, 귀중품(무게나 부피가 휴대할 수 있으며 점당 300만 원 이상), 보옥, 보석, 글·그림, 골동품, 조각물 및 이와 비슷한 것
> 3. 원고, 설계서, 도안, 물건의 원본, 모형, 증서, 장부, 금형(쇠틀), 목형(나무틀), 소프트웨어 및 이와 비슷한 것
> 4. 실외 및 옥외에 쌓아둔 동산

출처: 손해보험협회 자료

2) 인수제한 물건

약관상 인수제한 물건은 통화(기념주화 포함), 유가증권, 인지, 우표 등 이와 비슷한 것과 자동차(자동2륜차 및 자동3륜차 포함. 전시용자동차는 제외) 및 법률에서 정한 특수건물이다.

(2) 보상하는 손해

보험의 목적물이 입은 화재(벼락을 포함)에 따른 직접 손해, 소방손해(화재진압 과정에서 발생하는 손해) 및 피난 손해(피난지에서 5일 동안에 생긴 화재·소방손해 포함)를 보상한다. 또한, 전용주택 및 이에 수용된 가재의 경우, 폭발·파열로 생긴 손해를 보상한다.

(3) 보상하지 아니하는 손해

① 계약자, 피보험자(보험대상자) 또는 이들의 법정대리인의 고의 또는 중대한 과실로 생긴 손해

② 화재가 발생했을 때 도난 또는 분실

③ 보험목적의 발효, 자연발열, 자연발화

④ 화재로 생긴 것이든 아니든 폭발, 파열(전용주택의 경우는 제외)

⑤ 기타 화재보험 약관에서 정한 보상하지 아니하는 손해

(4) 지급보험금의 계산(주택물건의 경우)

① 보험가입금액이 보험가액의 80% 해당액과 같거나 이상일 때: 보험가입금액을 한도로 손해액 전액을 보상한다.

　※ 보험가입금액이 보험가액보다 클 때는 보험가액을 한도로 한다.

② 보험가입금액이 보험가액의 80% 해당액보다 적을 때:

$$\text{손해액} \times \frac{\text{보험가입금액}}{\text{보험가액의 80\% 해당액 (단, 보험가입금액을 한도로 함.)}}$$

③ 위와 관계없이 보험목적이 상품, 제품, 반제품, 원재료일 때:

$$\text{손해액} \times \frac{\text{보험가입금액}}{\text{보험가액}}$$

단, 보험가입금액이 보험가액보다 클 때에는 보험가액을 한도로 한다.

(5) 보험계약대출

계약의 해지환급금 범위 내에서 회사가 정한 방법에 따라 보험계약대출을 받을 수 있다.

> ▣ 장기화재보험의 보험료 산출시 고려사항
> ① 건물의 구조, 급수 및 주거형태, 영위하는 직종, 보험목적물의 종류에 따라 보험료가 달라진다.
> ② 피보험자의 직업 등은 보험료 산출시 영향을 받지 않는다.

2. 장기종합보험

장기종합보험은 재물손해, 신체상해보험 및 배상책임손해 등 각종의 이질적인 위험을 하나의 보험약관으로 포괄 담보하는 형태의 보험을 말한다. 화재손해 등 재산손해는 장기 화재보험과 동일하다.

(1) 보험의 목적과 범위

장기화재보험과 동일 인수대상물건(단, 상품에 따라서는 공장물건이 제외됨)

※ 장기화재보험의 인수제한 물건(자동차 등)은 장기종합보험의 보험목적에서도 제외된다.

(2) 보상하는 손해

1) 화재손해: 보험의 목적물이 화재(벼락을 포함)로 입은 직접손해, 소방손해 및 피난 손해(피난지에서 5일 동안에 생긴 화재·소방손해 포함)를 보상한다.

2) 전용주택 및 이에 수용된 가재의 경우 폭발, 파열로 생긴 손해를 보상한다.

3) 도난손해(특약 가입 시): 강도 또는 절도(미수 포함)로 인해 도난, 망가짐 또는 파손으로 입은 손해를 보상한다.

(3) 보상하지 아니하는 손해

1) 공통사항 계약자, 피보험자(보험대상자) 또는 이들의 법정대리인의 고의 또는 중대한 과실 및 기타 화재보험에서 정한 보상하지 아니하는 손해는 보상하지 않는다.

2) 화재손해의 경우: 장기화재보험과 동일

3) 도난손해(특약가입 시)의 경우

① 화재, 폭발, 파열의 사고가 났을 때에 생긴 보험의 목적물의 분실 또는 도난

② 보험 목적물의 수용장소를 계속하여 72시간 이상 비워둔 동안에 생긴 도난

③ 보험사고가 생긴 후 30일 내에 알지 못한 도난

④ 보험목적물이 건물구내 밖에 있는 동안 생긴 도난 등

(4) 지급보험금의 계산 등 기타 사항은 장기화재보험의 약관내용을 준용

(5) 특별약관

특별약관은 상해담보특별약관, 배상책임담보특별약관 등이 있다.

제7장
연금저축보험

제1절. 연금저축보험의 의의

1) 생활수준의 향상과 의료기술의 발달로 인하여 노령인구가 급속히 증가하여 고령화 사회로 변화함에 따라 **개인의 노후소득 보장을 위한 보험이다.**

즉, 연금저축은 최소 5년 이상 납입하고, 만 55세 이후부터 연금을 받는 대표적인 노후 대비 금융상품이다. 매년 연말정산 시 세액공제 혜택이 있다는 것이 최대 강점이다. 2014년부터 연간 납입금액 중 400만 원까지 세액공제 혜택을 받을 수 있다.

2) 개인연금은 납입기간 동안 세제혜택을 받을 수 있는지 여부에 따라 연금저축(연금저축신탁, 연금저축펀드, 연금저축보험)과 연금보험으로 구분된다. 연금저축은 **세제적격 연금**이라고도 하며, 연간 최대 400만 원에 대해 세액공제를 받을 수 있다. 연금을 수령할 때에는 연금소득세(3.3%~5.5%)를 내야 한다.

3) 연금보험은 **세제비적격 연금**이라고도 불리며, 보험료를 납입하는 동안 세제혜택이 없고 10년 이상 유지 시 보험차익에 대한 이자소득세 15.4%를 면제받을 수 있다. 보험회사에서만 가입할 수 있으며 55세 이후에 종신 동안 수령이 가능하다.

제2절. 연금저축보험제도의 특징

1. 3층 보장제도의 일환

3층 보장론이란 국가가 일정 최저수준의 국민생활을 보장하는 사회보장과 기업이 종업원의 복지후생이나 퇴직 후의 안정된 생활보장을 위한 기업보장, 그리고 각 개인이 만족스러운 수준의 생활보장을 받기 위해 스스로 준비하는 개인보장의 3대 보장축이 서로 적절한 조화를 통해 완벽한 복지사회가 구현되는데, 이를 3층 보장론이라 한다.

□ 노후보장을 위한 3층 보장제도

① 개인보장: 여유 있는 생활보장(연금저축보험), 개인이 만족할 수 있는 수준까지 스스로 준비하는 보장.

② 기업보장: 표준적인 생활보장(퇴직연금), 기업이 종업원의 복지후생이나 안정된 생활 보장.

③ 사회보장: 기본적인 생활보장(국민연금), 국가가 일정 최저수준의 국민생활 보장.

2. 법률에 의한 장기저축제도

1) 법률근거: 소득세법시행령 제40조의 2

2) 도입목적: 사회복지정책의 일환으로 가계저축 증대와 일반 국민의 노후생활 자금마련

3) 도입시기: ① 1994년 6월, 개인연금제도 도입

② 2001년 1월, 연금저축제도로 변경

③ 2013년 1월, 소득세법 개정으로 연금저축 제도개선

④ 2014년 1월, 소득공제가 세액공제로 변경

3. 연금저축의 세제적격요건

1) 가입대상: 연령제한 요건 없음

2) 납입한도: 연간 1,800만 원 한도(퇴직연금 가입자 부담금 합산)

3) 가입기간: 5년 이상

4) 연금수령요건: 55세 이후 수령, 가입일로부터 5년 이후 수령, 연간수령한도 이내 수령

4. 연금저축보험의 세제

(1) 보험료 납부 시 세액공제

1) 연간 납입보험료 세액공제

종합소득금액 (총 급여액*)	세액공제한도	세액공제비율
4천만 원 이하 (5,500만 원 이하)	400만 원	16.5%
~1억 원 이하 (~1억 2천만 원 이하)	400만 원	13.2%
1억 원 초과 (1억 2천만 원 초과)	300만 원	13.2%

출처 : 손해보험협회 자료

※ 퇴직연금의 근로자 추가 납입액과 합산하여 적용(400만 원까지는 연금저축 불입액과 합산하여 적용하며, 퇴직연금에 납입한 부담금은 300만 원 추가 공제)

※ 구(舊) 개인연금보험이 있는 경우는 각각 별도로 소득공제 가능하다.

2) 특약보험료에 대한 보장성보험료 세액공제(연간 100만 원 한도)

※ 특약보험료는 다른 보험의 보장성보험료와 합산하여 세액공제한다.

(2) 연금수령 시 소득세 및 종합과세

1) 소득세법에서 정하는 연금수령요건에 해당하는 금액은 연금소득세 부과한다.

  − 70세 이전: 5%, 80세 이전 4%, 80세 이후 3%(지방소득세 제외)

2) 연금수령요건을 충족하지 못하는 금액은 기타소득세(15%, 지방소득세 제외) 부과한다.

3) 소득세 과세대상 연금소득의 합계가 연간 1,200만 원 이하인 경우 분리과세로 납세 의무를 종결(적용세율 : 5.5%~3.3%)할 수 있으며, 연금계좌에서 인출하는 연간 연 금수령금액이 1,200만 원을 초과하는 경우 계약자의 다른 소득과 합산하여 종합과세 한다.

4) 연간 연금수령한도 금액 산출식: (연금계좌의 평가액/11−연금수령연차) × 120/100

(3) 계약자 사망 등 부득이한 사유로 연금 수령 시

다음 각 호 중 한 가지에 해당하는 사유로 이 계약을 해지하거나 연금 외의 형태로 지급받는 경우에는 관련세법에서 정하는 바에 따라 연금소득세(3~5%, 지방소득세 제외)를 납입하게 되며, 종합과세 대상에 포함되지 않는다.

  1) 천재지변
  2) 계약자의 사망 또는 해외이주
  3) 계약자 또는 그 부양가족의 질병·부상에 따라 3개월 이상의 요양이 필요한 경우
  4) 계약자의 파산선고 또는 개인회생절차개시
  5) 금융회사의 영업 정지, 영업인가 · 허가의 취소, 해산결의 또는 파산선고

5. 연금저축 취급 금융기관 간 계약이체

1) 계약자는 보험기간 중 소득세법시행령에서 정하는 연금계좌 범위에 속하는 회사의 다른 연금저축 또는 다른 금융회사의 연금저축으로 계좌이체를 통하여 전부이체 가능하다.

① 계약이체는 계약자가 원하는 경우 가능하다.

② 계약이체를 받는 금융기관의 승인이 필요하다.

2) 이체금액은 해약환급금, 미경과보험료적립금 등 제지급금에서 계약이체 수수료를 차감한 금액으로 한다.

※ 보험계약대출금이 있는 경우 보험계약대출금을 상계해야 한다.

3) 계약이체 시에는 인출로 보지 않으므로, 기타소득세를 부과하지 않는다.

4) 계약이체의 제한

① 2013.3.1. 이후에 가입한 연금저축에서 2013.2.28. 이전에 가입한 연금저축으로 이체하는 경우, 연금저축 계좌와 퇴직연금계좌 상호간에 이체하는 경우

② 연금 수령 전 연금저축계좌에서 연금수령중인 연금저축계좌로 이체하는 경우

③ 압류, 가압류 또는 질권 등이 설정된 계약 및 압류, 가압류 등 법적으로 지급이 제한된 계약

④ 보험계약대출이 있는 계약으로 상환이 되지 않은 보험계약

⑤ 보험사고가 발생하여 장해연금을 지급하고 있거나 보험료의 납입면제가 적용되는 보험계약

⑥ 보험사고 발생 후 보험금 지급이 확정되지 않은 보험계약

제8장
퇴직연금

제1절. 퇴직연금제도의 개요 및 종류

1. 퇴직연금제도의 개요

1) 정의

3층 구조의 사회보장제도 중 기업보장 형태로 기업이 근로자의 노후소득 보장과 생활 안정을 위해 근로자 재직기간 중에 퇴직금 지급재원을 외부의 금융기관에 적립하고, 이를 사용자(기업) 또는 근로자의 지시에 따라 운용한다. 즉 기업이 종업원의 복리후생이나 안정된 생활보장을 하는 측면에서 근로자 퇴직 시에 연금 또는 일시금으로 지급하도록 하는 기업복지제도이다.

2) 도입취지

① 근로자의 퇴직금 수급권을 보호 및 강화할 목적으로 도입하였다.
② 근로자의 노후생활 소득재원을 확보하기 위함이다.
③ 근로자 퇴직일시금의 생활자금화를 방지하기 위함이다.

3) 근거법규 및 가입대상

① 근거법규: 근로자퇴직급여보장법, 동법 시행령 및 시행규칙, 퇴직연금감독규정
② 가입대상: 근로자를 사용하는 모든 사업장은 근로자의 동의를 얻어 확정급여형 퇴직연금, 확정기여형 퇴직연금 중 하나 이상의 제도를 운영한다.

2. 퇴직연금제도의 종류

1) 확정급여형 퇴직연금제도(DB, Defined Benefit)

근로자가 퇴직 시에 수령할 퇴직급여의 수준이 근무기간과 평균임금에 의해 사전적으로 확정되어 있는 제도이다. 사용자가 적립금을 직접 운용하므로 운용결과에 따라 사용자가 납입해야 할 부담금 수준이 변동되며, 임금인상률·퇴직률·운용수익률 등 연금액 산정의 기초가 되는 가정에 변화

가 있는 경우에도 사용자가 그 위험을 부담한다.

2) 확정기여형 퇴직연금제도(DC, Defined Contribution)

사용자가 매년 근로자 연간 임금의 1/12 이상을 부담금으로 납부하고, 근로자가 적립금의 운용방법을 결정하는 제도이다. 근로자의 적립금 운용성과에 따라 수령할 퇴직 급여가 증가 또는 감소하게 되며, 결과적으로 적립금 운용과 관련한 위험을 근로자가 부담한다.

3) 개인형퇴직연금제도(IRP, Individual Retirement Pension)

근로자가 퇴직하거나 직장을 옮길 때 받은 퇴직금을 자기 명의의 퇴직계좌에 적립하여 연금 등 노후자금으로 활용할 수 있게 하는 제도이다. 퇴직연금수령 개시연령에 도달하지 않더라도 그 전에 받은 퇴직일시금을 개인형퇴직연금제도를 통해 계속해서 적립·운용하는 것이 가능하다.

확정급여형 또는 확정기여형 제도의 가입자가 여유 자금을 추가로 납입하여 운용할 수 있다.

* 가입대상: 기존 퇴직연금제도에 가입한 근로자로 한정되어 있었으나, 2017.7.26.부터 자영업자, 직역연금 가입자 등 사실상 모든 취업자가 가입 가능하다.

제2절. 퇴직연금 적립금 운용 및 퇴직연금 관련 세제

1. 퇴직연금 적립금 운용

1) 적립금(자산) 운용방법

퇴직연금의 적립금 운용 시, 자산운영계약의 형태는 보험계약과 신탁계약으로만 운용토록 규제하고 있다. 이에 따라 보험회사의 퇴직연금은 보험계약으로 은행, 증권회사 등은 신탁계약으로 운용한다.

① 예금, 적금
② 보험계약: 이율보증형(GIC), 금리연동형, 실적배당형
③ 유가증권: 채권, 주식, 수익증권 등
④ 기타: 환매조건부채권매수계약, 발행어음, 표지어음 등

2) 퇴직연금 중도인출

근로자퇴직급여보장법에 따라 DB형(확정급여형)은 중도인출이 불가능하며, DC형(확정기여형)은 아래의 중도인출 사유에 해당하는 경우 중도인출이 가능하다.

① 무주택자인 가입자가 본인 명의로 주택을 구입하는 경우
② 무주택자의 전세금 또는 보증금을 부담하는 경우
③ 가입자, 가입자의 배우자 또는 가입자 또는 가입자의 배우자와 생계를 같이하는 부양가족이

질병 또는 부상으로 6개월 이상 요양을 하는 경우

④ 담보를 제공하는 날부터 역산하여 5년 이내에 가입자가 파산선고를 받은 경우

⑤ 담보를 제공하는 날부터 역산하여 5년 이내에 가입자가 개인회생절차개시 결정을 받은 경우

※ 인출순서: 과세제외금액 → 이연 퇴직소득 → 그 밖에 퇴직연금계좌에 있는 금액

2. 퇴직연금 관련 세제

1) 세액공제 혜택

확정기여형 및 개인형퇴직연금(IRP)의 경우 근로자가 납입한 부담금(단체 납입분 제외)에 대해 연간 700만 원 한도로 세액공제한다(400만 원까지는 연금저축 불입액과 합산하여 적용하며, 퇴직연금에 납입한 부담금은 300만 원 추가 공제한다).

2) 퇴직금 수령 시 과세

① 일시금 수령

2016년부터 퇴직급여의 규모에 상관없이 일괄적으로 적용해주던 정률공제(총 퇴직금의 40%)가 폐지되고, 소득금액에 따라 공제율을 차등 적용하는 구조로 단계적 변경했다.

과표 계산 시 일부 근속기간(2013년 이후)에 대해 월평균 급여의 5배로 환산 적용하던 것을 월평균급여의 12배로 환산 적용한다.

② 연금수령

퇴직금을 연금으로 수령 시에 30% 세액을 경감한다.

제3절. 퇴직연금의 주요 내용

구 분	주 요 내 용
퇴직연금사업자 등록대상	보험회사, 은행, 농·수·축협, 증권회사, 신용협동조합중앙회, 새마을금고연합회
가입대상	근로자를 사용하는 모든 사업장
제도선택	① 확정급여형: 퇴직급여가 사전에 확정(사용자 부담금 변동) ② 확정기여형: 사용자부담금이 사전에 확정(퇴직급여 변동), 개인형퇴직연금
상품선택	원리금보장형상품, 실적배당형상품
연금규약 작성	사용자는 근로자대표의 동의를 얻어 퇴직연금규약을 작성하여 고용노동부장관에 신고
근로자 교육	퇴직연금제도 설정 사용자는 매년 1회 이상 가입자 대상 교육 실시. 단, 퇴직연금사업자에게 위탁 가능
판매자격	퇴직연금모집인 자격 취득 (실적배당형상품의 판매는 별도의 교육 이수자에 한정)
부담금 납입	① 확정급여형: 사외적립 수준(2018년: 80% 이상, 　　　　　　　　2019~2020년: 90% 이상, 2021년 이후: 100% 이상) ② 확정기여형: 100% 사외적립
퇴직급여 수령	일시금 또는 연금 수령 연금수급자격: 10년 이상 가입, 5년 이상 수령, 55세 이후 수령 연금수급자격 미달 시에는 일시금 수령
세제혜택	근로자 퇴직연금납입액 세액공제: 연간 700만 원 한도 (400만 원까지는 연금저축불입액과 합산적용하며, 퇴직연금납입액은 300만 원 추가 공제)

출처: 손해보험협회 자료

제9장
자동차보험

제1절. 자동차보험의 개요

1. 정의

피보험자가 피보험자동차를 소유·사용·관리하는 동안에 발생한 피보험자동차의 보험사고로 인하여 피보험자에게 발생한 손해의 보상을 목적으로 하는 손해보험계약이다(제726조 ②).

즉, 우연한 사고로 인하여 발생하는 손해인 법률상 배상책임손해(대인, 대물), 자기신체상해 또는 자기차량손해, 무보험차 상해 등이 발생하였을 때 그 손해를 보상해 줄 것을 목적으로 하는 보험으로 보험기간은 보통 1년이다(제726조 ②).

자동차 책임보험은 보험기간 중에 자동차의 사고로 제3자가 입은 손해를 피보험자가 배상하여 줌으로써 생긴 재산상의 손해를 보험자가 보상하는 책임보험이다.

♣ **배상책임손해:**

① 피보험자동차사고로 남을 사망하게 하거나 다치게 하여 피보험자가 법률상 손해배상 책임을 짐으로써 입은 손해(대인배상책임손해).

② 타인의 재물에 손해를 입혀 법률상 손해배상책임을 짐으로써 입은 손해(대물배상책임손해)

♣ **자기신체상해:** 피보험자 및 그 가족 등이 사고로 다치거나 사망하는 경우에 손해배상

♣ **자기차량손해:** 피보험자동차가 파손되거나 도난되는 경우에 손해배상

2. 자동차보험의 기능 및 특성

1) 개인과 기업에 안전성 제공으로 사회보장적 기능이 있다.

즉, 보험으로 위험을 분산시켜 개인에 대해서는 생활의 안정, 기업에 있어서는 경영의 안정을 도모함에 있다.

2) 가해자·피해자의 경제적인 파탄의 위험을 예방하는 기능이 있다.

즉, 자동차 사고 시에 자동차 소유자의 경제적 파탄 위험을 예방하고, 피보험자를 경제적 파탄에서 구제하는 데 목적이 있다.

3) 교통사고의 예방의 기능이 있다.

즉, 교통안전사업 실시 및 지원으로 사고 예방적 역할과 사고의 유무에 따른 할인할증제도 운영 등 사고예방의 기능이 있다.

4) 국가의 기반시설, 산업자본의 조달과 경제발전에 기여하는 기능이 있다.

즉, 자동차보험 가입자로부터 거수된 보험료가 투·융자에 활용되어 산업자금조성에 기여하고 있다.

5) 교통사고처리특례법에 의하여 보험가입자의 형사 처벌을 면제한다.

즉, 피보험자가 종합보험에 가입하면 교통사고처리특례법상의 특례를 인정받아 형사처벌을 경감받을 수 있다.

6) 다음과 같이 피해자를 보호하는 기능을 한다.

① 피해자 보호: 가해자(자동차 소유자)를 대신하여 보상한다.

즉, 자동차 사고 피해자는 자동차 소유자를 대신하여 보험회사로부터 위자료, 상실수익, 치료비, 휴업손해 등의 보상을 받는다.

② 자동차보험은 의무보험이며 피해자에게 피해자 직접청구권이 주어진다.

> ♣ 피해자 직접청구권
> 피해자 직접청구권이라 함은 사고 시 피해자가 보험회사에게 직접 손해배상을 청구하여 보상을 받을 수 있는 권리이다.

3. 자동차보험의 필요성 및 법적인 책임

(1) 자동차보험의 필요성

자동차보험은 교통사고 발생 시에 가해자가 부담해야 할 법적인 책임을 보험회사에 전가하는 것이다.

자동차보험의 기능과 특성을 고려하여 자동차 소유자에게 자동차보험은 반드시 필요한 보험이라 할 수 있다. 그 이유는 자동차 소유자가 자동차를 운행하다 사고를 낸 경우에는 민사상의 책임,

행정상의 책임, 형사상의 책임 등을 지게 된다. 즉, 사고를 낸 운전자는 피해자에 대한 손해배상책임을 부담하는 **민사적 책임**을 지게 되며, 교통법규위반 등에 따른 범칙금 통고처분, 면허정지/취소 등 **행정적 책임**을 지게 되고, 남에게 상해를 입힌데 대한 업무상 과실치사상죄 또는 중과실치사상죄 등의 **형사적 책임**을 지게 된다.

자동차 소유자가 자동차보험에 가입함에 따라 **교통사고 발생 시에 가해자로서 법적인 책임을 보험회사에 전가하여 회피할 수 있는 측면에서 자동차보험의 필요성이 강조된다.** 이는 현재의 사회에서 일반적이며 보편화되어 있고 자동차 소유자는 자동차보험의 가입은 선택 사항이 아닌 필수적인 사항이다.

(2) 민사적 책임

피보험자동차를 운행 중에 다른 사람의 신체나 재물을 손상 시에 손해배상을 한다.

대인배상Ⅰ·Ⅱ 및 대물배상에 가입하면 보험자가 교통사고 시에 손해배상을 한다.

1) 민법

민사상 책임에 관해서는 민법의 적용을 받으며 불법행위 책임(제750조)과 사용자 책임(제756조)으로 나눌 수 있다.

① 불법행위 책임(제750조)은 고의 또는 과실로 인한 위법 행위로 타인에게 손해를 가한 자는 그 손해를 배상할 책임이 있으나, 고의 또는 과실이 없으면 책임이 발생되지 않는다.

② 사용자 책임(제756조)은 타인을 사용하여 어느 사무에 종사하게 한 자는 피용자가 그 사무 집행에 관하여 제3자에게 가한 손해를 배상할 책임을 말한다.

♣ 사용자 책임
① 사용자가 피용자의 선임 및 그 사무 감독에 상당한 주의를 한 때 또는 상당한 주의를 하여도 손해가 있을 경우에는 그러하지 아니한다.
② 사용자에 갈음하여 그 사무를 감독하는 자도 사용자 책임이 있다.
③ 사용자 또는 감독자는 피용자에 대하여 구상권 행사가 가능하다.

출처: 손해보험협회 자료

---

2) 자동차손해배상보장법

민법상의 불법행위 책임만으로는 자동차사고 피해자 보호에 충분치 못하므로 민법의 특별규정으로 배상책임 주체의 확대, 입증책임의 전환, 조건부 무과실책임과 보험가입강제 등 가해자의 책임 범위를 더욱 확대하여 가해자의 배상능력을 확보하는 등 자동차사고 대인 피해자를 보호하고 있다. 자동차손해배상책임(대인배상Ⅰ)에 의해 자기를 위하여 자동차를 운행하는 자는 그 운행으로 인하여 다른 사람을 사망하게 하거나 부상하게 한 때에는 그 손해를 배상할 책임을 진다.

즉 자동차손해배상보장법상 자동차사고에 대한 손해배상 책임의 주체는 운행자가 된다.

♣ **자동차손해배상책임의 면책조건(조건부 무과실 책임주의)**

승객이 사망 또는 부상한 경우에는 그 승객의 고의나 자살행위로 인한 경우 승객의 고의나 자살행위가 있었다는 것을 입증하여야 하며 승객 이외의 자가 사망 또는 부상한 경우에는 첫째, 자기와 운전자가 자동차의 운행에 관하여 주의를 게을리하지 않고 둘째, 피해자 또는 자기 및 운전자 외의 제3자에게 고의 또는 과실이 있으며 셋째, 자동차 구조상의 결함 또는 기능의 장애가 없었다는 것을 증명해야 한다.

출처: 손해보험협회 자료

3) 민법과 자동차손해배상보장법의 관계

자동차손해배상보장법은 민법의 특별법으로서 우선 적용한다.

구 분	민 법	자 배 법
배상책임의 주체	운전자, 사용자 등	운행자
책임형태	과실책임주의	조건부 무과실책임주의
입증책임	피해자	가해자(운행자)
손해배상 보장제도	없음	의무보험, 직접청구권, 자동차손해배상보장사업 등

출처: 손해보험협회 자료

※ **자동차손해배상보장법상의 자동차 관련 주요 용어**

① 자동차: 자동차관리법상의 자동차와 건설기계관리법상의 9종 건설기계
② 운행(소유/사용/관리) : 사람 또는 물건의 운송 여부에 관계없이 자동차를 그 용법에 따라 사용 또는 관리하는 것
③ 자동차보유자: 자동차의 소유자 또는 자동차를 사용할 정당한 권리가 있는 자로서 자기를 위하여 자동차를 운행하는 자
④ 운전자: 다른 사람을 위하여 자동차의 운전이나 운전의 보조에 종사하는 자

출처: 손해보험협회 자료

(3) 형사적 책임

교통사고는 고의적 사고가 아닌 과실 사고인 만큼 피해자와 원만히 합의한 것으로 간주할 때(대인배상Ⅰ·Ⅱ 및 대물배상에 가입되어 있으면)에는 '공소권이 없음'으로 처리되어 형사적 처벌을 면제를 받는다. 단, 사망사고, 도주사고, 10대 중과실 사고 등은 교통사고처리특례법의 예외 규정에 해당되어 피해자와의 합의 여부와 자동차보험가입 여부에 관계없이 형사적 처벌을 받는다.

대인·대물 사고 시에 사고 운전자에 대한 형사 처벌은 형법 및 도로교통법의 특별법인 교통사고처리특례법으로 우선 적용을 받게 된다.

1) 교통사고처리특례법의 주요내용

① 반의사불벌죄: 가해자·피해자 간 형사합의가 되면 처벌받지 않는다.

② 보험가입의 특례(교통사고처리특례법 제4조 ①)

자동차종합보험(대인배상, 대물배상)에 가입되어 피해자의 손해를 모두 배상할 수 있는 경우에는 가해자·피해자 간 형사합의가 없더라도 공소를 제기할 수 없는 특례조항을 말한다. (헌법재판소에 의해 위헌 판결이 있은 후 중 상해는 처벌 가능하다).

③ '반의사불벌' 또는 '보험가입의 특례'가 적용되지 않는 경우 사망사고, 사고 후 도주(뺑소니), 12대 중과실 사고인 경우 가해자·피해자간 형사 합의와 상관없이 형사 처벌을 받는다.

> ▣ **교통사고처리특례법(交通事故處理特例法)이란?**
> 업무상 과실 또는 중대한 과실로 교통사고를 일으킨 운전자에 대해 형사처벌 등의 특례를 인정하는 법률이다.
> 교통사고 발생 시 교통사고 피해자에 대한 신속한 피해 회복과 가해자에 대한 형사처벌을 간편하고 신속하게 함으로써 국민생활의 편의를 도모하자는 취지에서 1982년부터 시행된 법률이다.

「교통사고처리특례법」이 적용되기 위한 요건은 첫째, 차의 교통으로 인한 사고일 것, 둘째, 과실 (또는 중과실)로 인한 사고일 것, 셋째, 보험에 가입되어 있을 것, 넷째, 특례 예외 11개 항에 포함되지 않을 것 등을 필요로 한다. 예외 조항에는 신호 또는 지시위반, 중앙선 침범, 횡단·유턴·후진위반, 제한속도 20km 초과, 앞지르기 방법 또는 금지 위반, 건널목 통과방법 위반, 횡단보도에서의 보행자 보호의무 위반, 무면허운전, 음주 등 운전, 보도침범 및 보도횡단방법 위반, 승객추락방지의무 위반, 어린이보호구역에서의 주의의무 위반 등이다.

> ▣ **헌법재판소, 2009.2.26선고, 2005헌마764**
> **(교통사고처리특례법 제4조 ① 위헌 결정)**
> 1. 주요 내용
>   자동차종합보험에 가입하였더라도 피해자가 중·상해를 입은 경우는 공소제기불가 사유가 안 됨
> 2. 교통사고처리특례법 일부 조항 위헌으로 인한 변화
>   〈위헌결정 이전〉
>   교통사고 피해자가 중·상해를 입었어도 운전자가 종합보험이나 공제에 가입한 경우 뺑소니 및 10대중과실 사고가 아니면 형사처벌을 받지 않았으나,
>   〈위헌결정 이후〉
>   종합보험이나 공제에 가입했고, 뺑소니 및 10대 중과실(2009. 12. 21.부터는 11대 중과실)사고가 아니어도 피해자가 중상해를 입은 경우에는 처벌될 수 있음. 단, 합의된 경우는 처벌받지 않음

3. 검찰의 '중상해' 기준
   (1) 생명에 대한 위험
       사람의 생명 유지에 반드시 필요한 뇌 또는 주요 장기에 대한 중대한 손상
   (2) 불구
   • 사지 절단 등 신체 중요 부분을 완전히 잃은 경우나 중대하게 변형된 경우
   • 실명을 했거나 청력을 잃은 경우
   • 혓바닥 절단 등으로 말을 하지 못하게 된 경우
   • 생식 기능을 잃은 경우 등 중요한 신체 기능을 영구적으로 잃게 될 때
   (3) 불치 또는 난치병
   • 사고 후유증으로 인한 중증 정신장애
   • 하반신 마비
   • 식물인간 등 완치 가능성이 없거나 희박한 중대한 질병

출처: 손해보험협회 자료

2) 12대 중과실 사고

① 신호 또는 지시위반: 경찰관의 신호·지시 위반, 신호기 신호위반, 안전표지 지시위반

② 중앙선 침범, 횡단·유턴 또는 후진한 경우

③ 속도위반: 제한속도를 시속 20㎞ 이상 초과 시

④ 추월방법위반: 앞지르기 방법·금지시기·금지장소, 끼어들기의 금지위반

⑤ 건널목 통과방법 위반

⑥ 횡단보도에서의 사고

⑦ 무면허운전

⑧ 주취운전(호흡 중 알코올농도 0.03% 이상) 또는 약물복용운전

⑨ 보도침범, 보도횡단방법 위반

⑩ 개문발차: 승객의 추락방지의무 위반

⑪ 어린이 보호구역 안전운전의무 위반

⑫ 자동차의 화물이 떨어지지 아니하도록 필요한 조치를 하지 아니하고 운전한 경우

3) 무면허 운전

① 운전면허를 취득하지 않은 상태에서 운전하는 것

② 운전면허 정지 또는 취소 상태에서 운전하는 것

③ 면허에서 허가된 차종 이외의 차량을 운행하는 것

④ 외국에서 운전면허를 취득하고 국내면허나 국제면허로 변경하지 않은 채 운전하는 것

(4) 행정적 책임

행정상의 책임에는 벌점과 범칙금 등에 관한 규정을 두어, 교통법규를 위반하여 사고가 발생한

때에는 면허정지나 취소 등의 행정적 처분대상이 된다(도로교통법).

즉, 교통사고로 인한 운전자의 교통법규위반 등에 따른 범칙금액 통고처분이나 면허정지, 취소처분 등을 지게 된다.

4. 보험계약의 성립 및 책임기간

(1) 보험계약의 성립

보험회사는 보험료전액 또는 제1회 분할보험료를 받은 날로부터 15일 이내에 승낙 또는 거절의 통지를 해야 하며 통지가 없으면 승낙한 것으로 간주한다. 그리고 보험계약의 청약을 승낙하기 전에 발생한 사고에 대하여는 그 청약을 거절할 사유가 없는 한 보상한다.

(2) 청약철회

보험계약자가 개인이면서 비사업용인 경우 보험계약자는 보험증권을 받은 날로부터 15일 이내에 보험계약의 청약을 철회할 수 있다. 다만, ① 청약한 날로부터 30일이 지났거나, ② 의무보험에 해당하는 보험계약, ③ 보험기간이 1년 미만인 보험계약, ④ 전문보험계약자가 보험계약의 청약을 한 경우에 대해서는 청약을 철회할 수 없다.

(3) 보험기간

1) 일반적 적용

보험증권에 기재된 보험기간의 **첫날 24시부터 마지막 날 24시까지**이다. 다만, 의무보험(공제를 포함함)의 경우 전(前) 계약의 보험기간과 중복되는 경우에는 **전 계약의 보험기간이 끝나는 시점부터 시작한다.**

2) 예외적 적용(자동차보험에 처음으로 가입하는 자동차 및 의무보험의 경우)

보험료를 받은 때부터 마지막 날 24시까지이다. 다만, 보험증권에 기재된 보험기간 이전에 보험료를 받았을 경우에는 그 **보험기간의 첫날 0시부터 시작한다.**

> **※ 자동차보험에 처음으로 가입하는 자동차**
> 자동차 판매업자 또는 기타 양도인 등으로부터 매수인 또는 양수인에게 인도된 날로부터 10일 이내에 처음으로 동 매수인 또는 양수인을 기명피보험자로 하는 자동차보험에 가입하는 신차 또는 중고차를 의미한다. 다만, 양수인이 양도인의 보험계약을 승계한 후 그 보험기간이 종료하여 이 보험계약을 맺은 경우는 제외한다.

출처: 삼성화재보험(주) 자료

(4) 보험기간 설정방법

계약 초년도의 월, 일과 익년의 월, 일을 같게 한다(예: 2011. 2. 1 ~ 2012. 2. 1).

제2절. 자동차보험의 종류 및 구성

1. 자동차보험의 종류

1) 가입주체에 따라 분류[보험종목별(가입 보험)의 가입대상]

① 개인용 자동차보험: 법정정원 10인승 이하의 개인소유 자가용 승용차에 대한 보장보험. 즉, 승용차를 가지고 있는 일반 개인의 보장보험

② 업무용 자동차보험: 개인용 자동차를 제외한 모든 비사업용 자동차에 대한 보장보험

회사(법인)차량, 법인소유 자가용승용차, 버스, 화물, 건설기계 등 정부나 지자체 소유 자동차/10인승 초과 자가용버스, 화물, 건설기계 등을 개인이 소유한 경우

③ 영업용 자동차보험: 사업용 자동차에 대한 보장보험

택시, 시내버스, 시외버스, 전세버스, 개인소유화물, 렌터카, 법인소유화물

④ 이륜자동차보험: 오토바이, 원동기장치 자전거 등에 대한 보장보험

⑤ 기타 자동차보험: 농기계보험, 자동차취급업자 종합보험, 운전면허교습생 자동차보험 등

※ 농기계 보험 – 동력경운기, 농용트랙터 및 콤바인 등 농기계에 대한 보장보험

2) 희망담보에 따라 분류[담보종목별(가입 보험)의 희망담보]

① **대인배상1 / 대인배상2:** 타인의 사망, 상해사고에 대한 배상책임 담보

② **대물배상:** 다른 사람의 차량이나 재물을 파손한 경우에 대한 배상책임 담보

③ **자기신체사고 / 자동차상해:** 운전자 본인 및 그 가족 등의 상해나 사망 담보

④ **자기차량손해:** 운전 중 사고로 자신의 차량이 파손된 경우나 차량 침수의 담보

⑤ **무보험차상해:** 보험에 가입하지 않은 차 또는 뺑소니차에 의한 사고 담보

2. 자동차보험의 구성

1) 자동차보험의 담보종목

☆ **강제보험(의무보험)**

① **대인배상 I**

자동차손해배상보장법(이하 '자배법'이라 함)에 의하여 자동차를 소유, 사용, 관리하는 자는 의무적으로 가입하여야 할 강제보험이다. 대인배상 I 은 '자배법'에 의한 손해배상책임에 한하여 보상한다.

자동차손해배상책임보험은 피보험자가 보험기간 중에 피보험자동차의 운행으로 다른 사람을 사상케 함으로써 법률상 손해배상책임을 지게 된 경우에 그 손해를 보상할 것을 약정한 보험계약을 말한다.

② 대물배상

피보험자가 피보험자동차를 소유, 사용, 관리하는 동안에 생긴 피보험자동차의 사고로 타인의 재물을 없애거나 훼손하여 법률상 손해배상책임을 부담함으로써 입은 손해를 보험자가 보상하는 보험이다.

☆ 임의보험(종합보험)

① 대인배상Ⅱ: 대인배상Ⅰ의 초과손해를 담보하는 임의보험이다.

자동차대인배상책임보험이라 함은 피보험자가 피보험자동차를 소유·사용·관리하는 동안에 피보험자가 자동차의 사고로 타인을 죽게 하거나 다치게 하여 법률상의 손해배상책임을 짐으로써 입은 손해를 보험자가 보상하는 보험이다.

② 자기신체사고(자손)와 자동차상해

자기신체사고보험은 피보험자가 피보험자동차를 소유, 사용, 관리하는 동안에 생긴 피보험자동차의 사고로 인하여 죽거나 다친 때에 그로 인한 손해를 보험자가 보상하는 보험이다.

상해보험의 일종으로서 보상방식에 따라 자기신체사고와 자동차상해로 구분된다.

③ 자기차량손해(자차): 차량보험

차량보험은 피보험자가 피보험자동차를 소유, 사용, 관리하는 동안에 발생한 사고로 인하여 피보험 자동차에 직접적으로 생긴 손해를 보험증권에 기재된 보험금액을 한도로 보험자가 보상하는 보험이다.

④ 무보험차 상해

피보험자가 무보험자동차로 인하여 생긴 사고로 죽거나 다친 때에 그로 인한 손해에 대하여 배상의무자가 있는 경우에 약관에서 정하는 바에 따라 보상하는 보험이다.

♣ 배상의무자 - 피보험자의 손해에 대하여 법률상 손해배상 책임을 지는 사람이다.

※ 무보험자동차:
대인배상Ⅱ(공제계약 포함)에 가입하지 않거나 보상하지 않는 자동차, 뺑소니 자동차 등을 말한다.
※ 배상의무자:
무보험자동차의 사고로 인하여 피보험자를 죽게 하거나 다치게 함으로써 피보험자에게 법률상 손해배상책임을 지는 사람을 말한다.

2) 자동차보험의 주요특약

① 피보험자 한정특약

피보험자동차의 운전가능자를 일정한 자로 제한함으로써 사고 발생율의 감소에 따른 위험보험료를 낮추기 위한 특약이다. 주로 일정한 연령 이상만이 운전 가능한 **연령한정 특약**과 일정한 신분

관계에 있는 자만이 운전할 수 있는 **운전자 범위제한 특약**으로 대별된다.

♣ 연령한정 특약: 운전 가능한 범위를 일정한 연령 이상으로 제한하는 특약(21세, 23세, 26세, 30세, 40세 등).

♣ 운전자 범위제한 특약: 신분관계 특약은 가족, 부부와 같이 기명피보험자와 일정한 관계가 있는 경우

② 다른자동차 운전담보특약

보험자는 피보험자가 다른 자동차를 운전 중 생긴 대인사고나 대물사고로 인하여 법률상 손해배상책임을 짐으로써 입은 손해를 보상하는 보험이다. 즉, 피보험자가 피보험자동차 이외의 다른 자동차를 운전하는 경우에 다른 자동차에 피보험자가 가입한 대인배상Ⅱ, 자기신체사고, 대물배상, 무보험차상해를 가입한 것으로 간주하여 보상하는 보험이다.

이 특약은 **피보험자가 무보험차상해특약을 가입하게 되면 자동적으로 가입하게 된다.**

▣ 다른자동차운전담보특약

1. 적용대상
   ① 개인용/업무용 자동차보험의 무보험차상해담보 가입자 중 다른자동차운전담보특약 가입자
   ② 업무용자동차보험의 경우 기명피보험자가 개인이면서 피보험자동차는 경·3종 승합자동차, 경·4종화물자동차이어야 함.
2. 다른 자동차의 범위
   ① 자가용자동차로서 피보험자동차와 동일한 차종
      승용자동차(일반승용 및 다목적승용 포함)
      경·3종 승합자동차 및 경·4종 화물자동차
   ② 기명피보험자와 그 부모, 배우자 또는 자녀가 소유하거나 통상적으로 사용하는 자동차가 아닌 것
   ③ 기명피보험자가 자동차를 대체한 경우, 그 사실이 생긴 때로부터 보험회사가 보통약관 피보험자동차의 대체 규정에 의한 대체자동차에의 계약 승계를 승인한 때까지의 대체 자동차
3. 피보험자
   • 기명피보험자, 기명피보험자의 배우자
4. 보상책임
   ① 다른 자동차 운전 중 생긴 대인배상Ⅱ, 대물배상, 자기신체사고에 대하여 보상
   ② 다른 자동차보험계약에 의하여 지급될 수 있는 금액을 초과하는 때에 한하여 그 초과금액을 보상

출처: 손해보험협회 자료

---

3. 배상책임의 주체와 객체

1) 배상책임의 주체(운행자)

자배법상 배상책임의 주체는 운행자이다. 운행자란 자동차관리법의 적용을 받는 자동차와 건설기계 관리법의 적용을 받는 건설기계를 자기의 점유, 지배하에 두고 자기를 위하여 사용하는 자를

말한다.

운행자의 지위는 운행이익과 운행지배가 있어야 한다.

2) 배상책임의 객체(타인)

배상책임의 객체, 즉 보상대상자는 타인이다. 타인성이 인정되는 경우 자배법 상 손해배상청구권을 가지게 된다. 타인은 자동차의 운행으로 인하여 사망 또는 부상을 입은 자 또는 그의 상속인으로서 피보험자에게 손해배상청구를 할 수 있는 사람이다.

3) 배상책임과 배상책임 이외의 보장종목

자동차보험은 자동차사고로 타인(제3자)에게 피해를 입힌 경우 이를 보상하는 보험과 자신(피보험자)의 피해를 보상하는 보험으로 나눈다(「보험업감독업무시행세칙」 별표 15. 자동차보험 표준약관 제2조 제3항).

① 배상책임: 자동차사고로 인해 피보험자가 손해배상책임을 짐으로써 입은 손해를 보상

담보종목	보상하는 내용
대인배상 I	자동차사고로 다른 사람을 죽게 하거나 다치게 한 경우 「자동차손해배상보장법」에서 정한 한도에서 보상
대인배상 II	자동차사고로 다른 사람을 죽게 하거나 다치게 한 경우 그 손해가 대인배상 I 에서 지급하는 금액을 초과하는 경우에 그 초과 손해를 보상
대물배상	자동차사고로 다른 사람의 재물을 없애거나 훼손한 경우에 보상

② 배상책임 이외의 보장종목: 자동차 사고로 인해 피보험자가 입은 손해를 보상

담보종목	보상하는 내용
자기신체사고	피보험자가 죽거나 다친 경우에 보상
무보험자동차에 의한 상해	무보험자동차에 의해 피보험자가 죽거나 다친 경우에 보상
자기차량손해	피보험자동차에 생긴 손해를 보상

4. 강제보험(의무보험)

자동차손해배상보장법에 의하여 자동차를 보유한 사람이 의무적으로 가입해야 하는 자동차보험이다.

① 비사업용 자동차: 대인배상 I +대물배상(2천만 원 이상)
② 사업용 자동차: 대인배상 I +대인배상 II (1억 원 이상)+대물배상(2천만 원 이상)

(1) 의무보험의 특징

1) 자동차손해배상보장법 규정에 의한 가입의 강제

자동차를 운행하고자 하는 자는 반드시 의무보험을 가입하도록 하고 있으며, 의무보험 가입을 이행시키기 위하여 자동차의 등록, 검사, 이륜자동차의 사용신고 등 자동차에 대한 행정업무를 처리할 때 의무보험의 가입 여부를 확인하도록 되어 있다. 그리고 보험회사가 특별한 사유가 없는 한 계약거절을 하지 못하도록 하고 있다.

2) 계약해지의 제한

자동차 말소등록, 중복계약, 자동차양도, 천재지변, 교통사고, 화재, 도난, 기타의 사유로 자동차를 더 이상 운행할 수 없게 된 사실을 증명하는 경우에는 해지가 가능하도록 하고 있다.

3) 피해자 직접청구권 인정

피해자가 직접 가해자의 보험회사에게 보험금을 청구할 수 있도록 인정한다.

4) 유한보상제

① 대인배상Ⅰ: 보험금액은 피해자 1인에 대한 보상한도가 유한(1사고당 한도는 없음)

② 대물배상: 1사고당 보험가입금액 2천만 원 한도

5) 피해자 보호를 위한 보험(대인배상Ⅰ) → 피해자보호 기능강화

교통사고 환자를 진료한 의료기관이 보험회사에 청구할 수 있는 의료비는 환자에게 청구할 수 없고, 가해자에게 손해배상책임이 발생하는 한 자동차 손해배상보장법 제3조의 단서 조항에 있는 경우를 제외하고 피해자는 보상 받을 수 있는 조건부 무과실책임주의를 채택하고 있다.

(2) 의무보험의 가입대상

1) 의무가입대상(자동차손해배상보장법상의 자동차)

자동차관리법에 의한 자동차(50cc 미만 이륜차 포함), 의무가입건설기계(9종)

2) 의무보험 가입의무가 없는 자동차

① 도로(도로교통법 제21호)가 아닌 장소에 한하여 운행하는 자동차

② 대한민국에 주류하는 국제연합군대가 보유하는 자동차

③ 대한민국에 주류하는 미합중국군대가 보유하는 자동차

④ 위에 해당하지 않는 외국인으로서 국토교통부장관이 지정하는 자가 보유하는 자동차

⑤ 견인되어 육상을 이동할 수 있도록 제작된 피견인자동차 등

(3) 의무보험의 보상한도

1) 대인배상 I

구 분	사 망	부 상	후유장해
1인당	1억 5천만 원 (최고)	3천만 원 (1급)	1억 5천만 원 (1급)
	2천만 원 (최저)	50만 원 (14급)	1천만 원 (14급)

2) 대물배상: 1 사고당 2천만 원

> ※ 피해자에게 발생한 손해액: 사망의 경우 최저 2천만 원, 부상·후유장해의 경우 급별 한도 내
> ※ 손해액은 피해자 측의 과실 비율에 따라 과실상계 적용

(4) 보험계약의 승계

1) 보험기간 중 피보험자동차를 양도한 경우에는 보험계약은 자동승계되지 않고, 양도인(보험계약자)의 계약승계 요청과 보험회사의 승인으로 승계가 가능하다. 다만, **대인배상 I 및 대물배상(의무가입 금액한도)은 양도된 날로부터 15일째 되는 날의 24시까지는 양수인에게 승계된 것으로 간주한다.**

이는 양수인이 일시적인 무보험상태로 인한 피해발생을 방지하기 위한 목적이 있다.

차량양도일로부터 자동차관리법 제12조에 의한 자동차소유권 이전등록 신청기간이 만료되는 날(자동차 소유권 이전등록 신청기간 만료 전에 양수인이 새로운 책임보험 등의 계약을 체결한 경우에는 그 계약 체결일)까지의 기간 동안은 양도인의 의무보험의 계약에 관한 권리의무는 양수인에게 승계된 것으로 본다(소유권이전등록 만료일: 매수한 날로부터 15일 이내).

2) 양도인은 위 승계기간에 해당하는 보험료를 양수인에게 청구할 수 있으며, 자동차 양도 시 보험계약 잔여기간에 대한 보험료를 환급받거나 다른 차량으로 대체 승계할 수 있다.

♣ 보상에서 제외되는 사고
① 양수인의 명의로 이전 등록된 이후 발생한 사고
② 양수인 명의로 유효한 대인배상 I 및 대물배상에 가입한 후 사고
③ 양도인의 보험기간 마지막 날 24시 이후 사고
④ 대물배상에서 양도인의 보험증권에 기재된 운전가능 범위 또는 운전가능 연령범위 외의 자가 피보험자동차를 운전 중 생긴 사고

출처: 손해보험협회 자료

3) 보험기간이 종료되었거나 자동차 명의를 변경한 경우, 양수인은 반드시 새로운 보험 계약을 체결하여야 한다.

(5) 의무보험 미가입에 따른 제재

1) 의무보험에 미가입한 경우에는 대인배상Ⅰ, 대인배상Ⅱ(1인당 1억 원 이상), 대물배상(1사고당 2천만 원 한도) 각각에 대하여 과태료가 부과된다.

> ※ 사업용자동차가 대인배상Ⅰ 및 대인배상Ⅱ(1인당 1억 원 이상)까지 가입하지 아니하였을 경우에는 각각의 과태료가 부과된다. 즉 미가입기간이 10일 이내인 경우 대인배상Ⅰ(3만 원)과 대인배상Ⅱ(3만 원)가 따로 부과되어 합이 6만 원의 과태료가 부과된다.

2) 의무보험 미가입자동차를 운행한 경우에는 1년 이하 징역 또는 1천만 원 이하 벌금 등의 형사처벌을 받는다.

(6) 사례별 의무보험 가입 의무

1) 운전면허 정지 기간 중에 면허 정지인 본인을 제외한 다른 사람이 당해 자동차를 운행할 수 있는 상태인 경우에는 계속적으로 책임보험 등에 가입하여야 한다.

2) 상속포기 판결(승인)을 받은 가족(상속예정자)은 사망자의 권리의무 승계를 포기한 것으로서 자동차보유자의 지위에 있지 아니한 것으로 볼 수 있으므로 보험가입 의무가 없다.

3) 외국 출타 중에 당해 차량을 말소하거나 타인에게 양도한 경우가 아닐 때에는 의무보험 가입 대상이 된다.

4) 관할경찰서에 도난 신고를 한 사실을 당해 처분청에 서류로써 입증한 경우에는 그 신고일 이후부터 의무보험에의 가입의무가 없다

5) 차량수리를 위하여 자동차정비공장에 입고된 사실만으로는 원칙적으로 의무보험 가입의무가 면제될 수 없다

6) 공휴일 기간 중 만료된 계약이라 할지라도 미가입에 따른 과태료 부과대상이 되며 공휴일 이전에 보험을 갱신하여야 한다.

7) 차량대체 이후 대체 전 자동차의 말소 또는 양도전까지의 기간에 대해 대체 전 자동차는 의무보험 가입의무가 있다.

8) 분납보험료 미납입의 경우는 보험가입유효기간 경과 여부로 판단하며 보험가입 유효기간 경과 후 보험계약이 해지되는 시점 이전기간(보험회사 등에서 정하고 있는 납입최고기간)에는 보험계약자가 보험료를 납부하는 경우 보험 미가입에 따른 과태료 부과대상에 해당되지 아니한다.

그러나 보험계약이 해지된 후 보험계약을 부활시킨 경우에는 보험계약이 해지된 시점 이후 보험계약이 부활된 시기까지의 기간 동안은 보험 미가입에 해당되므로 과태료 부과대상에 해당된다.

5. 임의보험(종합보험)

피보험자동차를 소유, 사용, 관리하는 중 피보험자가 타인에게 법률상 손해배상책임을 지게 됨으로써 입은 손해와 피보험자 자신의 상해 및 피보험자동차 자체에 발생한 손해를 보상한다(대인배상Ⅱ, 대물배상[보험가입금액 2천만 원 초과], 자기신체사고[자손], 자기차량손해 [자차], 무보험자동차에 의한 상해를 담보한다).

(1) 임의보험(종합보험)의 특징

1) 보험가입 여부를 가입자 및 보험회사가 임의로 선택할 수 있는 임의보험의 성격을 지니며 대인배상Ⅱ는 대인배상Ⅰ(책임보험)의 초과 손해분을 보상한다.

2)「교통사고처리특례법」의 적용을 받는다(헌법재판소 교통사고처리특례법 위헌 판결(2009. 2. 26. 선고, 2005헌마764 참조).

3) 자동복원제도로 매 사고 시 보험가입금액을 한도로 계속 보상된다.

① 대인배상·대물배상·자기신체사고(자손사고)·무보험자동차에 의한 상해 시 보험가입금액 한도액 전액이 지급되더라도 자동 복원된다.

② 자기차량손해 시 전손사고로 인해 차량수리가 불가능하거나 또는 보상금액이 보험가입금액의 전액 이상인 경우에는 보험계약은 사고발생 시점에서 종료된다.

(2) 가입대상

1) 개인용자동차보험

법정정원 10인승 이하의 개인소유 자가용승용차이며 다만, 인가된 자동차학원 또는 자동차학원 대표자 소유의 자동차로서 운전교습, 도로주행교육 및 시험에 사용되는 승용자동차는 제외된다.

2) 업무용자동차보험

법정정원 10인승 이하의 개인소유 자가용승용차를 제외한 모든 비사업용 자동차(직원 수송버스, 유치원 통학버스 등)를 말하며 이륜자동차는 이륜자동차보험에 가입한다.

3) 영업용자동차보험

사업용(영업용) 자동차(개인택시, 개인용달, 개별화물 등)

(3) 피보험자의 범위(대인배상Ⅰ, 대인배상Ⅱ, 대물배상)

1) 기명피보험자

보험증권의 기명피보험자란에 기재되어 있는 피보험자를 말한다.

2) 친족피보험자

기명피보험자와 같이 살거나 살림을 같이하는 친족으로 피보험자동차를 사용 또는 관리 중인 자이다.

3) 승낙피보험자

기명피보험자의 승낙을 얻어 피보험자동차를 사용 또는 관리 중인 자이다.

> ※ 대인Ⅱ, 대물의 경우 자동차정비업, 주차장업, 급유업, 세차업, 자동차판매업, 자동차탁송업, 대리운전업 등 자동차를 취급하는 것을 업으로 하는 자(이들의 피용자 및 이들이 법인인 경우에는 그 이사와 감사를 포함)가 업무로서 위탁받은 피보험자동차를 사용 또는 관리하는 경우에는 승낙피보험자로 보지 아니한다.

4) 사용피보험자

기명피보험자의 사용자 또는 계약에 따라 기명피보험자의 사용자에 준하는 지위를 얻는 자이다. 다만 기명피보험자가 피보험자동차를 사용자의 업무에 사용하고 있는 때에 한한다.

5) 운전피보험자

다른 피보험자(기명 피보험자, 친족 피보험자, 승낙 피보험자, 사용피보험자를 말함)를 위하여 피보험 자동차를 운전 중인 자(운전보조자를 포함)이다.

(4) 무보험자동차에 의한 상해

대인배상Ⅰ, Ⅱ, 대물배상 및 자기신체사고가 함께 체결된 경우에 가입할 수 있으며 피보험자 1인당 '보험증권에 기재 된 보험가입금액'을 한도로 지급한다. 기명피보험자 소유의 다른 자동차가 있는 경우(2대 이상의 자동차를 소유한 경우) 각각의 자동차마다 무보험자동차에 의한 상해를 가입하더라도 사고 시에 각 보험의 가입금액 한도 내에서 비례적으로 보상된다.

6. 기타 자동차보험

(1) 자동차취급업자 종합보험

자동차를 취급하는 자동차취급업자의 위험을 담보하는 상품으로 자동차탁송업자, 판매업자(신조차, 중고차), 검사대행업자, 정비업자 등이 가입하는 상품이다.

(2) 운전면허교습생 자동차보험

연습운전면허를 취득한 후 도로주행연습 및 도로주행 기능검정과 관련하여 도로주행교육용 자동차에 도로주행 기능강사 또는 기능검정원이 동승하여 운행하던 중 사고로 교습용자동차가 파손된 경우 이로 인한 수리비 등의 배상책임손해(1사고당 200만 원 한도) 및 피보험자가 사망하거나 다쳤을 때 그로 인한 손해를 보상하는 보험을 말한다.

(3) 이륜자동차보험

① 가입대상: 이륜자동차 및 원동기장치 자전거

② 보험기간: 1년

③ 요율체계: 회사별로 보험료 차등적용(사용용도, 배기량, 연령대별 등)

④ 유상운송 면책규정이 없고 자기차량손해 중 도난 손해는 담보하지 않는다.

(4) 농기계보험

① 가입대상: 동력경운기, 농용트랙터, 콤바인 등 농기계

② 담보종목: 대인배상, 대물배상, 자기신체사고, 농기계손해

③ 대인배상은 대인배상 Ⅰ · Ⅱ로 구분되지 않는다.

　무보험차 상해담보가 없다.

　자동차손해배상보장법에 의한 의무보험 가입대상이 아니다.

제3절. 자동차보험 요율관련 계약 실무(참조요율서 기준)

1. 자동차의 종류

(1) 자동차의 범위

1) 자동차관리법의 적용을 받는 자동차

승용자동차, 승합자동차, 화물자동차, 특수자동차(견인/구난작업 등 수행), 이륜자동차

2) 건설기계관리법의 적용을 받는 9종 건설기계

덤프트럭, 콘크리트믹서트럭, 트럭적재식 콘크리트펌프, 트럭적재식 아스팔트 살포기, 타이어식 기중기, 타이어식 굴삭기, 트럭지게차, 도로보수트럭, 노면측정장비

3) 군수품 관리법에 의한 차량

4) 농업기계화촉진법에 의한 농업기계

(2) 자동차의 구분

용도는 비사업용(자가용, 관용), 사업용(영업용)으로 구분하며, 차종 구분에 해당하지 아니하거나 구분이 곤란한 차종에 대해서는 다른 법령의 규정, 보험업감독규정 및 보험업감독업무시행세칙에 정하는 바에 따른다.

2. 차량번호의 이해

(1) 번호판의 종류

구 분		부착대상차량
등 록 번호판	대형 번호판	길이 6m 이상의 버스, 최대적재량이 4톤 이상의 화물 및 총중량 4톤 이상의 특수자동차에 부착
	보통 번호판	그 이외의 자동차에 부착
이륜자동차번호		이륜자동차에 부착
임시운행 허가번호판		임시운행허가를 받은 자동차에 부착

출처: 손해보험협회 자료

(2) 차종 및 용도구분 등의 기호

구 분		분 류	기 호
차종		승용 자동차	01 ~ 69
		승합 자동차	70 ~ 79
		화물 자동차	80 ~ 97
		특수 자동차	98, 99
용 도 별	비사업용 (SOFA자동차포함)	자가용 (관용 포함)	가, 나, 다, 라, 마, 거, 너, 더, 러, 머, 버, 서, 어, 저, 고, 노, 도, 로, 모, 보, 소, 오, 조, 구, 누, 두, 루, 무, 부, 수, 우, 주
	사업용	일반용	바, 사, 아, 자, 배
		대여사업용	허, 하, 호
	외 교 용	외교관용	외교
		영사용	영사
		준외교관용	준외
		준영사용	준영
		국제기구용	국기
		기타외교용	협정, 대표

출처: 손해보험협회 자료

(3) 예시(자가용 승용차)

차 종	용 도	순차번호
01	가	1234

3. 자동차보험의 보험료 계산(산정)

(1) 개요

자동차보험료는 순보험료와 부가보험료로 구성되어 있다. 순보험료는 사고발생 시 보상에 필요한 보험금으로 사용되는 재원이며, 부가보험료는 보험회사의 운영에 필요한 비용으로 사용되는 재원이다.

♣ 기본보험료 = 순보험료 + 부가보험료

과거에는 순보험료와 부가보험료를 전(全)보험사가 동일하게 적용하였으나, 2001년 8월부터 자동차보험 가격자유화가 실시된 이후로는 보험회사별로 자체 통계에 근거하여 순보험료를 각기 산출하고 또한 회사 운영에 필요한 사업비(비용)에서 차이가 나므로 회사별로 보험료가 다를 수 있다.

(2) 보험료의 결정요소 및 가입자 특성요율

1) 보험료 결정요소

보험가입자별로 납입하는 보험료를 결정하는 요소에는 보험가입경력, 교통법규위반경력, 사고경력, 가입자연령, 운전자의 범위 등이 있다.

2) 가입자 특성요율

자동차보험의 가입자 특성요율은 보험가입경력요율, 교통법규위반경력요율, 우량할인 및 불량할증(할인할증률), 특별할증, 특별요율, 특약요율, 기명피보험자 연령요율 등이 있다.

(3) 자동차보험 보험료의 계산

1) 납입할 보험료

보험료 = 기본보험료 X 특약요율 X 가입자특성요율 X 특별요율 X 우량할인·불량할증요율 X 사고건수별 특성요율

2) 보험료 계산의 내용

구 분	내 용
기본보험료	차량의 종류, 배기량, 용도, 보험가입금액, 성별, 연령 등에 따라 미리 정해 놓은 기본적인 보험료
특약요율	운전자의 연령 범위를 제한하는 특약, 가족으로 운전자를 한정하는 특약 등의 가입 시에 적용하는 요율
가입자특성요율	보험가입 기간이나 법규위반 경력에 따라 적용되는 요율
특별요율	자동차의 구조나 운행 실태가 같은 종류의 차량과 다른 경우에 적용하는 요율
우량할인·불량할증요율	사고발생 실적에 따라 적용하는 요율
사고건수별 특성요율	직전 3년간 사고 유무 및 사고 건수에 따라 적용하는 요율

출처: 손해보험협회 자료

4. 자동차보험료 계산의 적용요소(가입자 특성요율)

▣ 가입자 특성요율 = 보험가입경력요율 ± 교통법규위반경력요율

(1) 보험가입 경력요율
보험가입경력요율은 피보험자가 보험에 가입한 기간에 따라 차등하여 적용하는 것이며, 보험가입기간 뿐만 아니라, 관공서, 법인체, 군대 등에서 운전직 또는 운전병으로 근무한 기간 및 외국에서의 보험가입기간을 포함하여 적용한다.

> ▣ **보험가입 경력요율**(보험가입 경과기간 적용)
> ① 자기를 피보험자로 하여 과거 자동차보험에 가입한 경과기간에 따라 적용
> ② 2개 이상의 보험기간이 중복될 경우 하나의 기간으로 적용
> ③ 기타 보험가입경력 인정
> ④ 관공서 및 법인체 등에서 운전직 근무기간
> ⑤ 외국에서의 보험가입경력
> ⑥ 군에서 운전병으로 근무한 경력
> ⑦ 요율적용방법: 보험회사별 자율 적용

(2) 교통법규 위반경력요율
교통법규위반경력요율은 피보험자의 교통법규위반실적 평가대상기간 중 교통법규위반실적에 따라 보험요율을 최고 20%까지 할증하는 제도이며, 개인용자동차보험과 업무용 및 영업용자동차보

험에 가입하는 개인소유자동차에 적용된다.

> ▣ **교통법규위반 경력요율**(보험가입 경과기간 적용)
> ① 적용대상 운전자: 기명피보험자
> ② 대상차종: 개인소유자동차
> ③ 요율적용방법: 보험회사별 자율 적용
> (법인소유자동차는 교통법규위반경력요율을 적용하지 않음)

♣ **평가대상기간 및 보험료 적용기간**

평가대상기간은 할증1그룹은 전전년 5월 1일부터 당년 4월 30일까지, 할증2그룹 및 기본그룹은 전년 5월 1일부터 당년 4월 30일까지로 하며, 당년 9월 1일부터 익년 8월 31일 사이에 책임이 시작되는 계약에 대하여 적용한다. 단, 법규위반실적기간이 평가대상기간 미만인 경우에는 당해 실적기간을 평가대상기간으로 한다.

♣ **법규위반경력요율**

구분		적용대상 법규위반	적용요율
할증그룹	1그룹	무면허운전금지/사고발생시 조치	20%
		주취운전금지 1회	10%
		주취운전금지 2회 이상	20%
	2그룹	신호지시준수의무, 중앙선우측통행, 속도제한을 항목구분 없이 2회~3회	5%
		신호위반, 중앙선침범, 속도제한을 항목구분 없이 4회 이상	10%
기본그룹		신호지시준수의무, 중앙선우측통행, 속도제한을 항목구분 없이 1회이상	0%
		기타 할증그룹 이외의 벌점 있는 교통법규위반	
		교통법규위반실적 평가대상 기간 중 사고가 있는 자로서 할증그룹에서 제외되는 경우	
할인그룹		할증 및 기본그룹이외의 경우	△α%

출처: 삼성화재보험(주) 자료

(3) 우량할인 및 불량할증(사고 유무에 따른 할인할증률)

1) 개요

① 자동차보험에 있어서 할인·할증제도는 자동차운행에 따른 위험도가 서로 다른 경우 보험료를 차등화하여 보험 가입자간 형평성을 제고하는 측면과 사고 시 할증 및 무사고시 할인제도를 둠으로써 사고를 스스로 예방하려는 노력을 하도록 유도하는 데 그 목적이 있다.

② 할인할증 적용등급은 평가대상기간 및 과거 3년간 발생한 보험사고실적(사고유무 및 사고내용)에 따라 담보구분 없이 증권별로 평가하여 적용한다.

③ 사고의 평가는 개인용자동차보험 및 개인소유 업무용 소형차(자가용경승합, 1톤 이하 화물)의 업무용 자동차보험은 증권에 표시된 기명피보험자를 기준으로 평가한다.

따라서 개인이 상기에 해당하는 2대 이상의 자동차를 소유한 경우에도 평가대상기간 중 사고를 모두 합산하여 평가한다. 다만, 동일증권계약은 그러하지 않다.

④ 기타의 업무용자동차보험과 영업용자동차보험은 피보험자와 피보험자동차를 기준으로 각각 평가한다.

⑤ 할인할증에 평가되는 사고는 자동차보험에서 보상책임이 있는 사고이며, 사고가 발생한 경우에도 보험금 청구포기를 한 경우에는 포함되지 않는다. 무과실사고의 경우도 할인할증에 포함되나, 구상으로서 보험회사가 지급한 보험금을 전액 환입할 수 있는 사고는 제외된다.

⑥ 갱신계약의 할인할증 적용등급은 전 계약의 적용등급 및 보험기간, 평가대상기간 중의 사고유무, 사고기록 점수, 과거 3년(보험가입기간이 3년 미만이면 그 가입기간) 동안의 사고유무에 따라 다음과 같이 결정되며, 기본등급을 11Z로 할 때 할인할증 등급별 적용률은 최저 40%에서 최고 200%까지 산정한다.

출처: 손해보험협회 자료

2) 단체할인·할증

영업용자동차보험은 피보험자 단위로 평가 적용하며, 단체할인할증 평가대상기간의 최종 연도 1년간 평균유효대수가 10대 이상인 경우에 적용한다. 업무용자동차보험(관용자동차 제외) 차량일괄계약 자동담보특약으로 가입한 계약만을 대상으로 평가하여 당해 차량 및 전 차량일괄계약 자동담보특약의 중도 취득자동차 중 신규 자동차에 한하여 적용(관용자동차 제외)하며, 전 차량일괄계약 자동담보특약으로 가입한 이후 단체할인할증 평가대상기간 최종 연도 1년간 평균유효대수가 50대 이상인 경우 적용한다.

평가대상기간은 역년 기준 3년이며 보험료 적용기간은 평가대상기간 말일의 익년 4월 1일부터 익익년 3월 31일 사이에 책임이 시작되는 계약에 적용한다. 다만, 보험가입기간이 3년 미만인 경우에는 당해 가입기간을 평가대상기간으로 한다.

3) 개별할인·할증

담보종목별 구분 없이 증권별로 평가 적용하며(전계약과 갱신계약의 조건이 동일하여야 함) 평가대상기간은 전전계약 보험기간 만료일 3개월 전부터 전계약 보험기간만료일 3개월 전까지의 기간이다.

▣ 보험종목별로 전계약과 갱신계약의 동일조건

① 개인용: 피보험자
② 업무용, 이륜자동차: 자가용 – 피보험자 및 피보험자동차
　　관용 – 피보험자동차
③ 영업용: 피보험자 및 피보험자동차
　　(단, 개인소유업무용소형차(화물4종, 경화물, 경승합)는 2003년 11월 1일 책임개시 계약 분부터 전계약과 갱신계약의 동일조건을 피보험자로 하여 평가)

출처: 손해보험협회 자료

▣ 할인할증제도 주요내용

1. 할인할증제도 주요내용

1) 할인할증 최저적용률 도달기간 및 등급별 적용률은 회사별로 다름·보험가입자의 과거 사고 유무 및 내용에 따라 할인할증 등급을 평가 및 결정
2) 장기무사고 보험가입자 보호 장치(장기무사고보호등급)·장기간 무사고로 보호등급이 된 보험가입자의 경우, 사고점수 1점 이하의 사고 시에는 등급의 차감이 없으며 사고점수 2점 이상의 사고 시에는 최초 1점을 뺀 나머지 점수로 등급을 계산

---

2. 할인할증 적용등급의 결정

1) 신규계약의 적용등급은 기본등급으로 함
2) 갱신계약의 적용등급은 전계약의 적용등급(이 적용기준에서 전 계약의 적용 등급이라 함은 전 계약의 할인·할증 적용등급을 말함) 및 보험기간, 평가대상기간 중의 사고유무, 사고기록 점수, 과거 3년(보험 가입기간이 3년 미만이면 그 가입기간) 동안의 사고유무에 따라 정함.
3) 담보종목 추가 시에는 기존계약의 적용등급을 적용

출처: 손해보험협회 자료

4) 사고내용별 점수

평가대상기간 중 사고내용별 점수는 다음과 같이 산정되며, 사고점수 1점을 단위로 10%씩 할증 된다.

① 사고기록점수가 1점 미만인 경우, 갱신계약은 전계약의 적용등급을 적용한다. 단, 전계약의 적용등급이 보호등급인 경우 갱신계약 적용등급은 일반등급으로 한다.

② 사고기록점수 합계가 1점 이상인 경우, 전계약 적용등급에서 사고기록점수를 차감하여 갱신 계약 등급이 결정된다. 단, 전계약 적용등급에서 사고기록점수를 차감한 값이 1 미만일 경우 최고 할증 등급을 적용한다. 장기무사고자 보호등급의 경우, 사고기록점수가 1점인 경우 일반등급을, 2 점 이상인 경우 [최저할인등급−(사고기록점수−1)]등급을 적용한다.

♣ 사고내용별 점수표

구 분	사 고 내 용			점 수
대인사고	사망사고			건당 4점
	부상사고	1급		
		2급~7급		건당 3점
		8급~12급		건당 2점
		13급, 14급		건당 1점
	자기신체사고 · 자동차상해			건당 1점
물적사고	물적사고 할증기준금액 초과 사고			건당 1점
	물적사고 할증기준금액 이하 사고			건당 0.5점
	가해자불명 1점 사고			1점

출처: 삼성화재보험(주) 자료

(가) 부상사고의 급별 구분은 '자동차손해배상보장법시행령 별표 1. 상해 구분 및 손해배상(보상)금액'에서 정한 상해등급 구분에 따른다.
(나) 물적 사고라 함은 대물배상, 자기차량손해 사고를 말하며, 대물배상 및 자기차량손해 사고가 동시에 발생하였을 경우에는 이를 합산한다.
(다) 자기신체사고·자동차상해는 대인사고와 달리 상해등급을 구분하지 않고 건당 1점만 적용한다.

(4) 특별할증

특별할증요율은 위장사고, 자동차를 이용한 범죄행위 등의 일정한 항목에 해당하는 사고 야기자 및 사고 다발자 등에게 부과하는 항목으로 보험회사가 최고 50% 한도 내에서 적용한다.

개인용자동차보험, 업무용자동차보험 및 영업용자동차보험 계약을 체결함에 있어 '자동차보험 특별할증 적용대상기준'에 해당하는 계약에 대하여는 각 그룹별 최고할증률한도 내에서 특별할증을 부과할 수 있다.(이륜자동차보험에는 특별할증을 적용하지 않음.)

▣ 자동차보험 특별할증 적용대상기준

구 분	대 상 계 약	최고할증률
A그룹	1. 위장사고 야기자 2. 자동차를 이용하여 범죄행위를 한 경우 3. 피보험자를 변경함으로써 할증된 보험료 (보험가입자 특성요율 포함)를 적용할 수 없는 경우	50%
B, C, D그룹	삭제	삭제
E그룹	승용차요일제 특별약관에 가입하고 비운행 요일에 보험사고가 발생하여 보험금이 지급된 경우 (단, 승용차요일제 특별약관상 비운행 중 사고의 경우에는 제외)	8.7%

출처: 손해보험협회 자료

(5) 특별요율

1) 자동차의 구조나 운행 실태가 동종 차종과 상이한 자동차의 특별 위험에 대하여 적용하는 요율로 에어백 장착자동차 요율, 스포츠형 자동차요율 등이 있다.

① 상기 이외 보험회사별로 ABS장치 장착자동차 특별요율, 자동변속기 장착자동차 특별요율, 도난방지장치 장착자동차 특별요율 등 다양한 할인 특별요율이 있다.

② 상기 특별요율의 할인 및 할증률은 보험회사별로 다소 차이가 있다.

2) 특별요율(대인배상Ⅰ제외)의 종류로는 전시용, 견인차, 수반차, 위험물 적재, 기중기, 기계장치, 특수장치 등이 있다.

(6) 특약요율

기본약관에 특별약관을 첨부하여 체결하는 보험계약에 대하여 적용하는 요율로 부부운전자 한정운전 특약, 만26세 이상 한정운전 특약 등이 있다.

대인배상Ⅰ은 특약요율을 적용하지 않는다. 단, 관용자동차특약의 경우 대인Ⅰ을 적용한다.

1) 운전자 한정운전 특약

피보험자가 피보험자동차에 대하여 운전할 사람을 한정하는 특약을 말한다.

구 분	내 용
가족운전자 한정운전 특약	피보험자가 피보험자동차에 대하여 운전할 자를 기명피보험자와 그 가족으로 한정
부부운전자 한정운전 특약	피보험자가 피보험자동차에 대하여 운전할 자를 기명피보험자와 그 배우자로 한정
보험회사마다 상기 이외 다양한 운전자 한정운전 특약(형제 한정운전 특약 등)이 있다.	

출처: 삼성화재보험(주) 자료

① 가족의 범위

기명피보험자 및 그의 부모, 계부모, 배우자(사실혼 포함), 자녀(사실혼 관계에서 출생한 자녀, 양자, 양녀, 계자녀 포함), 며느리, 사위(계자녀의 배우자 포함), 기명피보험자의 배우자의 부모 및 양부모, 계부모

② 가족의 범위가 아닌 자: 형제·자매, 조부모, 손자, 손녀 등

2) 운전자연령 한정운전 특별약관

피보험자가 피보험자동차에 대하여 운전할 사람의 연령을 한정하는 특약을 말한다.

구 분	내 용
만 21세 이상 한정운전 특약	피보험자가 피보험자동차에 대하여 운전할 사람의 연령을 21세 이상으로 한정하는 특약
만 23세 이상 한정운전 특약	피보험자가 피보험자동차에 대하여 운전할 사람의 연령을 23세 이상으로 한정하는 특약
만 26세 이상 한정운전 특약	피보험자가 피보험자동차에 대하여 운전할 사람의 연령을 26세 이상으로 한정하는 특약
만 30세 이상 한정운전 특약	피보험자가 피보험자동차에 대하여 운전할 사람의 연령을 30세 이상으로 한정하는 특약

출처: 삼성화재보험(주) 자료

♣ 보험회사마다 상기 이외 다양한 운전자연령 한정운전 특약(만 35세, 만 45세 이상 한정운전 특약 등)이 있다.

3) 보험료 분할납입특약

분할 보험료 납입최고(지로, 전산영수 준용)시 납입최고기간은 약정한 납입일자가 속하는 날의 다음 달 말일 또는 납입일 시로부터 30일 등 회사별, 상품별 다르며, 납입최고기간 중의 사고는 보상하되, 미경과보험료는 납부하여야 한다. 최고기간 내에 분할보험료 미납 시 납입최고기간이 끝

나는 날의 24시부터 보험계약은 해지된다. 대인배상Ⅰ 및 대물배상(의무보험)과 단기계약은 반드시 일괄 납입해야 한다.

보험계약의 부활 시 부활가능 기간은 계약의 해지 후 30일 이내에 부활 가능하며 부활 시 책임개시 시점은 부활 청구하여 미납입 보험료를 납입한 날의 24시부터 책임이 개시된다. 그리고 일시납입자와 분할납입자 간의 보험료는 차등적용된다.

4) 기타 특약

유상운송특약, 보험료 자동이체 및 자동갱신특약, 전 차량일괄계약에 대한 자동담보특약, 관용자동차에 관한 특약, 다른 자동차 운전담보특약, 기명피보험자 1인 한정특약 등이 있다.

(7) 기명피보험자 연령요율

자동차보험 계약체결 시의 기명피보험자 연령을 기준으로 해당 연령에 대하여 적용하는 요율을 말한다.

제4절. 자동차보험의 보상

1. 보험자의 보상책임

1) 보상책임

보험회사는 피보험자가 자동차를 소유, 사용 또는 관리하는 동안에 발생한 사고로 인해 생긴 손해를 보상할 책임이 있다(「상법」 제726조의 2).

① 대인손해:

대인배상은 의무보험인 대인배상Ⅰ과 대인배상Ⅱ로 구분되고, 대인배상Ⅰ을 초과하는 손해를 대인배상Ⅱ에서 보상한다.

대인배상Ⅱ는 보험자가 보상할 금액에서 대인배상Ⅰ의 보상금을 공제하고 그 나머지만 보상한다는 뜻이다. 대인배상의 보험자의 보상책임은 피해자의 통상의 손해에 한하여 보상한다.

♣ **통상의 손해**: 피해자가 입은 정신적 손해(위자료), 적극적 손해(치료비 등), 소극적 손해(상실수익 등)

② 재물손해:

자기차량손해와 대물손해로 나뉜다. 보험가입금액 한도 내에서 실제 손해액을 보상한다.

♣ **실제 손해액**: 동종 유사품으로 대체하거나 원상회복에 필요한 비용에서 감가상각을 고려하여 보상한다.

2) 피해자측 과실이론

피해자의 손실을 산정함에 있어서 배상의무자(가해자)의 과실과 피해자의 과실이 경합하는 경우에 피해자의 과실 부분은 참작되어야 한다. 피해자의 과실이 손해의 발생에 영향을 미친 경우에 이를 피해자의 과실로 보아 과실상계를 할 수 있다는 이론이다.

3) 피보험자 개별적용이론

피보험자 개별적용이론이란 손해배상책임보험에서 동일한 사고로 피해자에 대하여 배상책임을 지는 피보험자가 복수로 존재하는 경우에는 피보험이익도 피보험자마다 개별로 독립하여 존재하는 것이므로 각각의 피보험자마다 손해배상책임의 발생요건이나 면책조항의 적용 여부 등을 개별적으로 가려서 보상책임의 유무를 결정하여야 한다는 이론이다.

2. 자동차보험의 보상범위(담보별 보상 세부내용)

(1) 대인배상 1

1) 피보험자가 피보험자 자동차로 인하여 타인을 사망하게 하거나 다치게 하여 입는 손해로 인해 자동차손해배상보장법상 손해배상책임을 짐으로써 입은 손해를 보상한다.

2) 보험금액은 피해자 1인당 한도액이므로 사고 횟수와 관계없이 자동 복원, 1사고당 한도액은 없다.

3) 지급보험금은 사망 시 사망자 1인당 지급(최고 1억 5천만 원 ~ 최저 2천만 원)이며, 부상 시 1급(최고 3천만 원) ~ 14급(최고 50만 원)까지 부상등급별로 지급하며, 후유장해 시 1급(최고 1억5천만 원) ~ 14급(최고 1천만 원)까지 장애등급별로 지급한다.

(2) 대인배상 2

– 대인배상 1과 함께 체결된 경우에 한하여 적용한다.

– 대인배상 1로 지급될 수 있는 금액을 넘는 손해를 보상한다.

즉, 피보험자가 피보험자동차를 소유, 사용, 관리하는 동안에 생긴 피보험 자동차의 사고로 인하여 다른 사람을 죽게 하거나 다치게 하여(이하 대인사고) 법률상의 손해배상책임을 짐으로써 입은 손해 중 대인배상 I 의 보상한도를 넘는 손해를 보상한다.

– 지급보험금은 사망보험금, 부상보험금, 후유장해보험금으로 나누어진다.

1) 사망보험금

① 장례비(장례에 소요된 비용): 500만 원
② 위자료(사망자 본인 및 유가족의 위자료)

구 분	사망당시 피해자 나이가 만 65세 미만	사망당시 피해자 나이가 만 65세 이상
지급액	8천만 원	5천만 원

※ 청구권자의 범위: 민법상의 상속규정에 따름

③ 상실수익액
- 산식: (월평균 현실소득액−생활비) × (사망일로부터 보험금지급일까지의 월수 + 취업가능 월수에 해당하는 라이프니츠 계수)
- 현실소득액: 일정기간의 총 소득에서 이에 상응하는 제세액을 공제한 실제 소득액
- 생활비: 현실소득액 × 생활비율(생활비율은 1/3을 일률적으로 적용)
- 취업가능연한: 65세

2) 부상보험금
① 구조 수색비: 사회통념상 필요 타당한 실비 인정
② 치료 관계비: 입원료, 응급치료비, 호송비, 진찰료 등 치료에 소요되는 비용(관련법 규에서 환자의 진료비로 인정하는 선택 진료비 포함)
③ 위자료
청구권자: 피해자 본인
지급기준: 상해 구분에 따라 급수별로 지급 - 200만 원(부상1급)~15만 원(부상14급)
④ 휴업손해
- 부상으로 인하여 휴업함으로써 수입의 감소가 있는 경우에 한하여 휴업기간 중 실제수입 감소액의 85% 해당액을 지급(실제 치료기간의 범위 내에서 인정) (1일 수입 감소액 × 휴업일수 × 85/100)
- 가사종사자는 일용근로자 임금을 수입 감소액으로 하며 유아, 연소자, 학생 등 무직자는 수입의 감소가 없는 것으로 한다.
⑤ 간병비:
책임보험 상해 구분상 1~5급에 해당하는 자, 동일한 사고로 부모 중 1인이 사망 또는 상해등급 1~5급의 상해를 입은 7세 미만의 자에 대해서는 최대 60일 한도로 실제 입원기간 동안 간병비를 지급
⑥ 기타 손해배상금
- 입원: 입원기간 중 1끼 당 4,030원(병원에서 환자의 식사를 제공하지 않거나, 환자의 요청에 따라 병원에서 제공하는 식사를 이용하지 않는 경우에 한함).
- 통원: 실제 통원한 일수에 대하여 1일 8,000원

3) 후유장해보험금
① 위자료
노동능력 상실률에 따라 피해자 본인에게 지급 (부상 위자료와 후유장해 위자료 중복 시 둘 중 많은 금액을 지급)
- 후유장해 판정 당시 피해자의 나이가 65세 미만인 경우: 4,500만 원 × 노동능력상실률 × 85%
- 후유장해 판정 당시 피해자의 나이가 65세 이상인 경우: 4천만 원 × 노동능력상실률 × 85%

♣ 상기 기준에도 불구하고 피해자가 이 약관에 따라 가정 간호비 지급대상인 경우에는 아래의 기준을 적용
– 후유장해 판정 당시 피해자의 나이가 65세 미만인 경우: 8천만 원 × 노동능력상실률 × 85%
– 후유장해 판정 당시 피해자의 나이가 65세 이상인 경우: 5천만 원 × 노동능력상실률 × 85%

② 상실수익액
월평균 현실소득액 × 노동능력상실률 × (노동능력상실일부터 보험금지급일까지의 월수 + 보험금지급 일부터 취업가능 연한까지의 월수에 해당하는 라이프니츠 계수)
③ 가정간호비
– 인정대상은 1인 이상의 해당 전문의로부터 노동능력 상실률 100%의 후유장해 판정을 받은 자
– 지급기준은 일용근로자 임금을 기준으로 보험금 수령권자의 선택에 따라 일시금 또는 퇴원일로부터 향후 생존기간에 한하여 매월 정기금으로 지급(가정간호 인원은 1일 1인 이내)

(3) 대물배상

– 피보험자가 피보험자동차를 소유, 사용, 관리하는 동안에 생긴 피보험자 자동차 사고로 타인의 재물을 멸실, 파손하여 법률상 손해배상책임을 짐으로써 입은 손해를 보상한다.
단, 피보험자동차에 의해 운송 중인 물건의 파손 및 자기재물사고는 보상하지 않는다. 그리고 탑승자 및 통행자의 휴대품을 제외한 소지품 손해에 대해 피해자 1인당 200만 원 한도 내에서 실손보상한다(분실 또는 도난 제외).
– 보상되는 소지품은 휴대폰, 노트북, 캠코더, 카메라, 워크맨, MP3, CD플레이어, 녹음기, 전자사전, 전자수첩, 휴대용라디오, 핸드백, 서류가방, 골프채 등이다.
– 지급보험금은 수리비, 교환가액, 대차료, 휴차료, 영업손실, 자동차 시세하락손해 등을 고려금액을 지급한다.

1) 수리비용

수리비용에는 수리비와 열처리 도장료가 있다. 수리비와 열처리 도장료의 합계는 피해물의 사고 직전 가액의 120% 한도로 지급한다(다만, 피해물이 내용 연수가 지난 경우, 「여객자동차운수사업법」 제84조 제2항에 의한 차량충당 연한을 적용받는 승용자동차나 승합자동차인 경우, 「화물자동차운수사업법」 제57조 제1항에 의한 차량충당 연한을 적용받는 화물자동차인 경우에는 130%를 한도로 지급). 수리비는 사고 직전 상태로 원상회복하는데 소요되는 필요 타당한 비용으로서 실제 수리비용을 말하며, 열처리 도장료는 수리 시 열처리 도장을 한 경우 차령에 관계없이 전액 지급한다.

2) 교환가액

교환가액은 피해물의 수리비용이 사고 직전 가액을 초과하여 수리하지 않고 폐차하는 경우나 원상회복이 불가능한 경우 지급하며, 사고 직전 피해물의 가액 상당액과 사고 직전 피해물의 가액에 상당하는 동종의 대용품을 취득할 때 실제로 소요되는 필요 타당한 비용을 보상한다.

3) 대차료

대차료는 비사업용 자동차(건설기계 포함)가 파손 또는 오손되어 가동하지 못하는 기간 동안에 다른 자동차를 대신 사용할 필요가 있는 경우 그에 소요되는 필요타당한 비용을 지급한다.

① 인정기준:

여객자동차운수사업법에 따라 등록한 대여사업자에게서 차량만을 빌릴 때를 기준으로 동급의 대여자동차 중 최저 요금의 대여자동차를 빌리는 데 소요되는 통상의 요금이다. 다만, 피해차량이 사고 시점을 기준으로 여객자동차운수사업법에 따른 운행 연한 초과로 동급의 대여자동차를 구할 수 없는 경우에는 피해 차량과 동일한 규모의 대여자동차 중 최저 요금의 대여자동차를 기준으로 한다(대차를 하지 아니하는 경우에는 대여자동차 요금의 30% 상당액).

> ※ '동급'이라 함은 배기량, 연식이 유사한 차량을 말하며, '통상의 요금'이라 함은 자동차대여 시장에서 소비자가 자동차대여 사업자로부터 자동차를 빌릴 때 소요되는 합리적인 시장 가격을 말한다. '규모'라 함은 자동차관리법시행규칙 별표1 자동차의 종류 중 규모별 세부기준(경형, 소형, 중형, 대형)에 따른 자동차의 규모를 말한다.

② 인정기간:

수리를 위해 자동차정비업자에게 인도하여 완료될 때까지의 기간으로 하되 30일을 한도로 한다(수리가 불가능한 경우 10일 인정). 다만, 부당한 수리 지연이나 출고 지연 등의 사유로 인해 통상의 수리기간을 초과하는 기간은 인정하지 않는다.

> ※ '통상의 수리기간'이라 함은 보험개발원이 과거 3년간 렌트 기간과 작업시간 등과의 상관관계를 합리적으로 분석하여 산출한 수리기간을 말한다.

4) 휴차료

휴차료는 사업용자동차 또는 건설기계가 파손 또는 오손되어 사용하지 못하는 기간 동안에 발생한 영업손해를 지급한다.

① 휴차료: (1일 영업수입-운행경비) × 휴차 기간
② 인정기간 대차료와 동일(30일 한도, 수리 불가능한 경우 10일 인정)

5) 영업손실

영업 손실은 사업을 경영하는 자의 사업장 또는 그 시설물을 파괴하여 휴업함으로써 상실된 영업손해액을 지급한다(30일 한도로 인정).

6) 자동차 시세하락손해

자동차 시세하락손해는 사고로 인한 자동차(출고 후 5년 이하인 자동차에 한함)의 수리비용이

사고 직전 자동차 가액의 20%를 초과하는 경우 지급한다.

① 출고 후 1년 이하인 자동차: 수리비용의 20%

② 출고 후 1년 초과 ~ 2년 이하인 자동차: 수리비용의 15%

③ 출고 후 2년 초과 ~ 5년 이하인 자동차: 수리비용의 10% 지급

(4) 자기신체사고, 자동차상해

– 피보험자 자동차 사고로 인하여 상해를 입었을 때 보상한다.

– 피보험자는 기명피보험자, 피보험자동차를 사용 중인 친족, 승낙/위탁을 얻어 이를 사용 중인 자 등이 있다.

1) 자기신체사고(또는 자동차상해)

자기신체사고는 피보험자가 피보험자동차를 소유, 사용, 관리하는 동안에 생긴 피보험자동차의 사고로 인하여 죽거나 다친 때 그로 인한 손해를 보상한다. 단독사고 또는 일방과실 사고의 경우, 지급보험금은 사망 시 피보험자가 상해를 입은 직접적인 결과로써 사망하였을 경우 보험증권에 기재된 사망보험금액을 한도로 지급하며, 부상 시에는 피보험자가 상해를 입은 직접적인 결과로 의사의 치료를 요하는 경우에는 해당 상해등급별 보험가입금액을 한도로 보상한다. 그리고 후유장해 시에는 피보험자가 상해를 입은 직접적인 결과로 치료를 받은 후에도 신체에 장애가 남은 때에 후유장해등급별 보험가입금액을 한도로 지급한다. 쌍방과실 사고의 경우 실제 손해액에서 비용을 더한 금액에서 공제액을 공제한 후 사망, 후유장해, 부상보험금액 한도 내에서 지급한다.

2) 보험자의 면책사항

① 피보험자의 고의로 그 본인이 상해를 입은 경우 그 피보험자에 대한 보험금과 상해가 보험금을 받을 자의 고의로 생긴 때 그 사람이 받을 수 있는 금액이다.

② 피보험자동차를 요금이나 대가를 목적으로 계속적·반복적으로 사용하거나 대여한 때에 생긴 손해, 또는 시험용(운전면허시험을 위한 도로주행시험용 제외) 경기용이나 경기를 위해 연습용으로 사용하다가 일어난 손해이다.

③ 전쟁·혁명·내란·사변·폭동·소요 등으로 인한 손해의 경우이다(손해가 1만 원 이하 발생 시는 취급면책).

(5) 자기차량손해

1) 의의

타인의 차 또는 타 물체와의 충돌, 접촉, 추락, 전복 또는 차량의 침수로 인한 손해, 화재, 폭발, 낙뢰, 날아온 물체, 떨어지는 물체에 의한 손해, 도난 등으로 인한 손해를 보상한다.

즉, 자기차량손해는 피보험자가 피보험자동차를 소유·사용·관리하는 동안에 발생한 사고로 인하여 피보험자동차에 직접적으로 생긴 손해를 보험증권에 기재된 보험가입금액을 한도로 보상한다. 단, 보험가입금액이 보험가액보다 많은 경우에는 보험가액을 한도로 보상한다. 도난손해는 도난

사실을 경찰서에 신고하고 30일 경과 후에 보험금 청구가 가능하며, 도난으로 인하여 보험금을 지급한 후 그 자동차를 찾은 경우 피보험자는 이미 받은 보험금을 반환하고 피보험자동차를 되찾을 수 있다.

발견될 때까지의 피보험자동차에 생긴 파손의 손해를 보상하며 일부도난(부분도난)은 보상하지 않는다.

보험계약자가 직접 부담하는 자기부담금은 정액형에서 정률형으로 적용방식이 변경되었다(2011.2월부터 시작[구체적 일자는 각 회사별로 다름]되는 자동차보험[자기차량손해] 계약에 대하여 적용한다).

2) 자기부담금 제도

- 자기차량손해액(수리비 등)의 일정 비율(예: 정률 20%)에 해당하는 금액을 최대/최소 자기부담금 범위 내에서 본인이 부담한다.
- 자기부담금의 정률 및 최대/최소 자기부담금은 각 회사별로 다를 수 있다.

① 물적사고 할증기준 금액별 자기부담금 예시

물적사고 할증기준금액	50만 원	100만 원	150만 원	200만 원
자기부담금(정률 20%)	손해액의 20%	손해액의 20%	손해액의 20%	손해액의 20%
최소 자기부담금	5만 원	10만 원	15만 원	20만 원
최대 자기부담금	50만 원	50만 원	50만 원	50만 원

출처: 손해보험협회 자료

② 차량 손해액별 자기부담금 예시

[예시] 할증기준금액 200만 원, 정률 20%(자기부담금 최소 20만 원, 최대 50만 원 기준) 가입자

차량 손해액 (수리비 등)	500만 원	150만 원	50만 원
자기부담금 산출	500만 원×20%=100만 원	150만 원×20%=30만 원	50만 원×20%=10만 원
최종 자기부담금	50만 원	30만 원	20만 원

출처: 손해보험협회 자료

3) 보험자의 면책사항

① 일부 부속품만의 도난, 타이어에만 입은 손해,
② 경기용이나 시험용으로 사용한 때에 발생한 손해,
③ 전쟁, 혁명, 소요, 폭동 등 이와 유사한 사태로 인한 손해,
④ 흠/마멸/부식/녹 그 밖의 자연소모로 인한 손해 등이 있다.

4) 보험계약의 종료

전손사고 또는 보험회사가 보상하여야 할 금액이 보험가입금액 전액일 경우 보험계약은 사고발생 시점에서 종료된다(자동복원 되지 않는다).

(6) 무보험차상해(無保險車傷害)

무보험차상해는 자동차보험의 담보 중 하나인데, 교통사고로 무보험차량이나 뺑소니차량에 사망 또는 후유장해, 부상을 당한 경우 본인은 물론 직계가족까지도 보상받을 수 있는 보험이다(1.5억~5억 선택). 또한 운전할 때뿐 아니라 보행 중이거나 타인의 차를 타고 있을 때도 보상을 받을 수 있는 보험이다.

'무보험차상해'는 자동차보험에서 대인배상Ⅰ(책임보험), 대인배상Ⅱ, 대물배상, 자기신체사고(자손) 등 모두 가입한 경우에만 가입할 수 있으며, 무보험차상해 담보로 보험금을 받은 경우는 보험료 할증에는 영향을 주지 않는다.

1) 무보험차의 범위

① 의무보험(대인배상Ⅰ)만 가입한 차량
② 운전자 또는 연령한정 특약 위반으로 대인배상Ⅰ만 보상이 가능한 차량
③ 무보험차상해로 보상될 수 있는 금액보다 보상한도가 낮은 대인배상Ⅱ에 가입된 차량
④ 사고 후 도주한 차량(뺑소니)

2) 무보험차상해의 보상범위

① 내 자동차를 운전할 때 / 다른 사람의 차를 탑승 중일 때 / 보행 중 사고를 당했을 때
② 배우자, 부모, 자녀, 배우자의 부모까지 포함
③ 피보험차량에 함께 타고 있었는지 아닌지 여부에 관계없이 보상

무보험차상해는 가해자가 보험을 아예 가입하지 않았거나 책임보험만 가입한 경우, 가해자 측의 보험사가 아닌 피보험자(피해자)가 가입한 자동차보험회사로부터 치료비와 손해배상(교통사고 합의금)을 보상받는 것이다. 후에 피보험자(피해자)의 보험회사는 가해자에게 구상권을 행사하여 피해자에게 지급한 손해배상금을 회수하게 된다.

또한, 자동차에 타고 있는 사람이 대인배상책임보험 등에 가입하고 있지 않는 등 배상 자력이 충분하지 않은 다른 차와 충돌하여 사망하거나 후유장해를 입었을 경우에, 당사자 또는 부모, 배우자, 자녀가 입은 손해에 대해서 배상의무자가 존재하는 것을 조건으로 보험금을 지급하는 보험이다.

그리고 승용차, 16인승 이하의 승합차, 1톤 이하의 화물차를 가진 개인이 '무보험차상해'를 가입할 때는 무료 보너스로 '다른자동차 운전담보 특별약관'을 가입시켜 주는 보험사도 있으며, 보험회사마다 다르기 때문에 반드시 확인이 필요하다. 이 무료 보너스를 받기 위해서 '무보험차상해'를 가입하는 운전자도 많다.

▣ 뺑소니(hit and run) 사고 및 처리기준

1. 뺑소니란

교통사고 후에 도주하는 행위를 말한다. 더 정확하게 말하면 **교통사고 후 도주를 했더라도 인명 피해가 발생했는데 피해자 구호조치를 하지 않은 경우**를 의미하여. 인명피해 없이 차량을 파손시킨 채 현장을 이탈한 경우는 뺑소니가 아닌 '교통사고 후 미조치' 혹은 '현장조치 불이행'으로 분류된다.

2. 뺑소니 사고요건

♣ 아래의 세 가지 요건 중 하나라도 해당된다면 뺑소니 사고이다.
1) 사고 인지(認知): 사고로 인해 피해자가 사망 또는 다쳤을 것 같다는 것을 인지했는지?
2) 현장 미조치(未措置): 다친 피해자를 구호하는 등의 조치를 취하지 않고 현장에서 이탈했는지?
   (경찰신고, 병원후송, 119접수 등)
3) 도주(逃走): 누가 사고를 낸 것인지 쉽게 알지 못하도록 행동하였는지?

3. 뺑소니일 확률이 높은 경우

뺑소니 여부를 판가름 하는 것은 교통사고가 발생했을 때, 가해자가 연락처를 남겼느냐가 가장 중요한 문제는 아니다. 연락처를 남겼더라도, 그 연락처로 제대로 연락이 되지 않아 피해자가 제대로 치료를 받을 수 없었다면 뺑소니로 처벌될 가능성이 높다. 특히, 피해자가 노인이나 어린이인 경우에는 "괜찮다"라는 의사를 표시했더라도 가능하면 병원으로 옮겨 상태를 정확하게 확인하는 것이 좋다.

♣ 뺑소니 확률이 높은 경우
1) 술에 만취되어 사고를 냈다는 사실조차 모른 채 그냥 간 경우
2) 뭔가를 덜컹하긴 했는데 그게 사람인줄 몰랐다고 하는 경우
(단, 충격을 느낄 수 없었던 명확한 이유가 없다면 해당되지 않음)
3) 피해자를 병원에만 데려다주고, 연락처를 남기지 않은 경우
4) 피해자가 어린이인데, 괜찮다고 하여 그냥 간 경우
5) 피해자가 괜찮다고 하여 명함을 주었으나, 해당 연락처로 제대로 연락이 닿지 않는 경우

4. 사고 시, 피해자에게 연락처를 주지 못했다면?

경미한 사고 후, 고의는 아니었지만 너무 당황한 나머지 피해자에게 연락처를 남기지 못하고 사고 현장을 떠났다면 어떻게 해야 할까요? 그럴 땐 우선 사고 장소 관할 경찰서에 방문하거나 112를 통해 교통사고가 있었음을 신고하고, 피해자를 찾기 위해 노력하여야 한다.

억울하게 뺑소니 가해자로 몰리는 일이 없도록 하기 위해서는 운전 중 차량의 외부 충격을 느꼈을 때 차를 즉시 세우고 그 원인이 무엇인지 반드시 확인하여야 한다. 또한, 부상자가 없는 아무리 경미한 교통사고라 하더라도 피해자에게 정확한 연락처를 건네고, 만약 피해자에게 연락이 없더라도 먼저 연락하여서 피해자의 상태를 꼭 다시 확인하여야 한다. 이것을 소홀히 하면 뺑소니 사고로 누명을 쓸 가능성이 높기 때문에 명심해야 한다.

제5절. 자동차손해배상보장사업(정부보장사업)

1. 보장사업 개요

(1) 정부보장사업

정부보장사업은 뺑소니차나 무보험차 사고로 사망하거나 부상당한 피해자가 어디에서도 보상 받지 못할 경우 정부에서 보상하는 사회보장제도인 **보장사업**과 자동차 사고로 사망하거나 중증 후유장해를 입어 어려움을 겪고 있는 사람과 그 가족을 지원하는 제도인 **지원사업**이 있다.

(2) 보장사업과 지원사업

① 정부보장사업은 국토교통부에서 관장을 한다.

② 보장사업: 무보험차 · 뺑소니차 사고로 인해 피해자 보상을 위한 보장사업은 손해보험업계에서 담당한다.

③ 지원사업: 재활보조금, 장학금, 피부양보조금, 생활자금대출 등의 교통사고피해자의 가족지원을 위한 지원사업은 교통안전공단에서 담당한다.

(3) 보장사업 관련기관별 업무

① 국토교통부는 보장사업업무 지도·감독을 한다.

② 손해보험협회는 분담금 수납·관리·운용(분담금: 책임보험(공제)료의 1.0%)하고 보장사업자에 대한 보상금 및 구상금을 정산하며 보장사업자의 보상·구상 처리에 대한 심사, 평가 및 교육을 실시한다.

③ 11개 보장사업자(손해보험회사)가 보장사업 업무를 수행한다.

(4) 지원금액

1) 보장사업 지원 금액

- 사망: 최저 2천만 원 ~ 최고 1억 5천만 원
- 부상: 최고 3천만 원
- 후유장해: 최고 1억 5천만 원

> ※ .부상, 후유장해의 경우 급수(1급~14급)에 따라 차등적용한다.
> ※ 보상내용과 보상금액은 자동차보험 대인배상 I 의 약관지급기준이 적용된다.

2) 자동차사고 피해가족 지원금액

지원종류	지원대상	지원금액	지원기간
재활보조금 지급	1~4급 중증후유장해를 입은 사람	월 20만 원	1년 단위
피부양보조금 지급	65세 이상의 피부양 노부모	월 20만 원	1년 단위
생활자금 대출 (무이자)	0~18세 미만의 피해가정 자녀	월 20만 원	26세가 되는 달부터 20년 이내 균등분할 상환
장학금 지급	초등학생	분기 20만 원	3~4월 접수: 1년간 9~10월 접수: 한학기
	중학생	분기 30만 원	
	고등학생	분기 40만 원	
자립 지원금	유자녀	월 6만 원 한도 매칭지원*	

출처: 손해보험협회 자료,

* 매칭지원시스템: 유자녀가 저축하는 금액만큼 최대 3만 원 공단에서 저축 지원

2. 보장사업 청구 방법 등

1) 청구절차

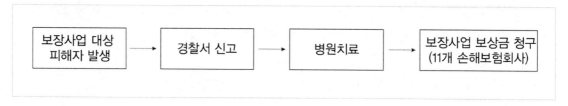

2) 청구권자는 부상 또는 장애의 경우 피해자 본인이며 사망의 경우 상속권자이다.

[청구처: 11개 손해보험회사(보장사업자)]

3) 구비서류

① 교통사고 사실 확인원(경찰서)

② 진단서 또는 검안서

③ 치료비 영수증

④ 기타 필요서류(위임장, 소득입증서류 등)

4) 보장사업 대상

① 뺑소니 자동차사고 피해자: 사고를 야기한 자동차의 보유자와 등록번호가 모두 불명인 경우

② 무보험 자동차사고피해자: 자동차손해배상보장법 제5조에서 규정하고 있는 의무보험(공제)에

가입하지 않은 상태로 운행 중인 경우

③ 도난 자동차 및 무단운전 중인 자동차 사고피해자(단, 보유자가 피해자에 손해배상책임을 면한 경우)

5) 보장사업 대상 제외
① 보험가입을 요하지 않는 차량의 자동차사고 피해자(UN군 보유차, 미군 보유차)
② 도로가 아닌 장소에서만 운행하는 자동차사고 피해자
③ 산재보험 등 그 밖에 다른 법률에 의해 보상 받을 수 있는 경우
④ 피해자가 가해자로부터 손해배상을 받은 경우
⑤ 공동불법행위 사고의 경우 한쪽의 책임보험으로 손해배상을 받을 수 있는 경우

6) 청구기간(시효기간)
보장사업을 청구할 수 있는 기간은 3년(자동차손해배상보장법 제41조) (통상 사고발생 일로부터 3년)

제6절. 교통사고 과실분쟁

1. 교통사고 과실분쟁

1) 교통사고 과실비율에 대한 분쟁
교통사고 발생 시에 사고 당사자의 책임 정도를 나타내는 지수를 교통사고 과실비율이라고 한다. 한쪽 당사자의 과실비율을 낮추면 다른 한쪽의 과실비율이 높아지므로 사고 당사자 모두를 만족하는 과실비율이 산정되기 어려우며, 과실 결정절차 등에 대한 주변의 잘못된 정보와 오해로 합의가 원활하지 않는 경우가 많다. 또한 피해자의 과실은 사회 통념상 약한 부주의를 고려하여 결정(대법원 98다 52469)됨에도 과실을 잘못으로 생각하여 쉽게 인정하지 않는 등 여러 사유로 과실분쟁이 발생한다.

2) 2차 교통사고를 유발 및 분쟁
사고가 발생한 후 안전한 곳으로 이동하지 않고 사고 장소에서 분쟁이 심화되는 경우, 후방 차량의 2차 교통사고를 유발하고 있으며, 안전한 곳으로 이동했다고 하더라도 불필요한 싸움을 이어가는 경우가 있어 사회적 문제가 되고 있다.

2. 교통사고 과실비율 기준(과실비율 인정기준)

(1) 과실비율 인정기준이란?

1) 교통사고 발생 시 가해자와 피해자의 책임 정도를 나타내는 과실비율에 대하여 법원 판례, 법령, 분쟁조정사례 등을 참고로 만들어진 공식기준을 「과실비율 인정기준」이라고 한다. (금융감독원·손해보험협회 발간), 보험업감독규정 시행세칙 및 자동차보험 약관에 의거 교통사고 시 「과실비율 인정기준」을 참조하여 과실비율을 산정*한다(* 속도위반, 선 진입 등 수정 요소에 대하여 과실비율 가감 가능).

2) 단, 사고유형이 「과실비율 인정기준」에 없거나 과실기준 적용이 곤란한 경우 판결례를 참작하여 적용하며, 소송이 제기된 경우에는 확정 판결에 의한 과실비율을 적용한다.

3) 「과실비율 인정기준」은 참고 기준에 해당하기 때문에 사고 당사자 등을 법적으로 구속하는 효력은 없지만 당사자가 참고할 수 있는 유일한 공식 기준이며, 모든 보험사 및 공제사에서 교통사고 과실비율 산정 실무에 적용하고 있다.

※ 「과실비율 인정기준」 확인:
① 교통사고 발생 시 가해자와 피해자의 책임정도를 나타내는 과실비율에 대하여 법원 판례, 법령, 분쟁조정사례 등을 참고로 만들어진 국내 유일의 공식기준이다.
② 자동차사고 과실비율 분쟁심의위원회 홈페이지(http://accident.knia.or.kr) 및 애플리케이션 참조

※ 「과실비율 인정기준」 애플리케이션:
정부 「국민체감 20大 금융관행 개혁 과제」로, 교통사고 과실분쟁 예방을 위해 누구나 쉽게 교통사고 과실비율을 확인할 수 있도록, 애플리케이션으로 개발(2015. 9월)되어 손해보험협회에서 배포하고 있다.
구글 Play 스토어 및 앱스토어에서 다운로드받을 수 있다(검색어: 과실 비율).
주요 기능으로 사고 도표별 동영상·과실비율·과실산정해설·법규·판례·랭킹 등이 있으며, 차대보행자, 차대차, 차대이륜차, 차대자전거, 고속도로의 사고유형으로 구성되어 있다.
많은 사고 유형을 포함하고 있는 전문가용과 주요사고 위주로 구성된 일반인용(검색 기능 강화), 두 가지 버전으로 개발되었다.

출처: 손해보험협회 자료

---

(2) 과실비율 인정기준의 제정 배경 및 사용 이유

1) 연간 자동차보험사고 약 340만 건 발생하고 있다. 모든 사고에 대하여 법원(과실 최종결정기관)의 과실판단을 받는 것이 현실적으로 불가능하고, 불필요한 사회적 비용이 발생하기 때문에 소송 전에 과실합의를 위한 기준이 필요하다.

2) 전체 사고의 약 80%가 일방과실(100:0) 등으로 상호 이견 없이 과실을 수용하고 있으나, 약 20%는 상호분쟁으로 과실산정이 필요하다.

3) 1976년 「과실비율 인정기준」이 제정된 이후, 8회에 걸쳐 개정 과정을 거치면서 현재까지 적용되고 있으며, 대체 가능한 기준이 없다.

4) 기준 없이 사고 당사자 간의 과실 협의를 하는 경우 각각 본인들에게 유리한 주장을 함으로써 각종 문제 발생할 수 있다(다툼, 정보비대칭, 동일사고 다른 과실, 보험사기 등).

(3) 「과실비율 인정기준」의 근거: 자동차보험표준약관 별표 3(보험업감독업무 시행세칙 별표 15)

> ♣ **과실비율의 적용기준**
> 별도로 정한 자동차사고 과실비율의 인정기준을 참고하여 산정하고, 사고유형이 그 기준에 없거나 그 기준에 의한 과실비율의 적용이 곤란할 때에는 판결례를 참작하여 적용한다.
> 그러나 소송이 제기되었을 경우에는 확정판결에 의한 과실비율을 적용한다.

(4) 「과실비율 인정기준」의 활용
① 모든 보험사 및 공제사에서 보상실무에 적용하고 있다.
② 자동차사고 과실비율 분쟁심의위원회의 심의기준이다.
③ 금융감독원 금융분쟁조정위원회의 분쟁조정판단 근거로 적용하고 있다.
④ 법원에서도 참고하고 있다.

(5) 「과실비율 인정기준」의 효력
「과실비율 인정기준」은 법적인 구속력은 없고 참고자료에 해당한다. 따라서 각 사고 당사자와 보험사가 각 사고당사자의 과실비율에 관하여 모두 합의하여 화해계약이 체결된 경우, 화해계약의 내용이 「과실비율 인정기준」과 다르더라도, 각 당사자 간 체결한 화해계약(합의서)의 내용에 따라 과실비율이 결정된다.

하지만 분쟁은 양 당사자가 인정하는 비율이 달라 발생하는 것으로 일방 사고당사자의 주장만으로는 과실비율을 결정할 수 없다. 따라서 각 사고당사자의 과실비율 분배에 관하여 원만히 합의에 이르지 않아 분쟁이 지속되는 경우에는 종국적으로 법원의 판결에 따라 각 당사자의 과실비율을 결정하게 된다.

3. 교통사고 과실분쟁 처리

▣ **교통사고 과실분쟁 처리 기관**
1) 손해보험협회, 자동차보험, 구상금분쟁심의위원회
2) 법원
3) 금융감독원 손해보험분쟁조정국

※ 보험사(사고당사자) 간 합의 불가에 따른 1차적 과실비율 심의는 자동차보험구상금분쟁심의에 관한 상호협정(2007.3.30 금융위원회 인가)에 의거 손해보험협회 구상금분쟁심의위원회에서 하고 있으며, 위원회 결정 불복 등의 경우 법원의 재판을 통해 해결한다. 금융감독원은 과실비율 심의 외에 과실분쟁 관련 보험사 업무 부당성 등의 민원을 처리한다.

출처: 손해보험협회 자료

※ 상대방과 과실비율 다툼이 계속될 경우 가입한 보험사(공제사)를 통해 손해보험협회 구상금분 쟁심의 위원회에 분쟁조정을 신청할 수 있으며, 제3자 기관인 위원회의 심의위원(변호사 자격보 유)에게 심의된 결과는 재판상 화해의 효과가 있다.

출처: 손해보험협회 자료

※ 경찰의 사고조사는 사고당사자의 법적위반의무 및 사고사실을 조사하여 가해자와 피해자를 구 분하는 것이다. 경찰은 과실비율을 결정하지 않으며, 경찰의 사고조사기록(교통사고 사실확인원 등)은 과실비율 산정에 필요한 객관적 참고자료로만 활용된다.

출처: 손해보험협회 자료

memo

제10장
보증보험

제1절. 보증보험의 의의

1. 보증보험의 정의

보험계약자(채무자)가 계약상의 채무불이행 또는 법령상의 의무불이행 등으로 피보험자(채권자)에게 손해를 입힌 경우에 그 손해를 보상하는 것을 목적으로 하는 보험을 말한다(제726조의 5).

즉, 채무 불이행인 경우의 채권자의 손해를 보상하는 것을 목적으로 하여, 채무자가 채권자를 피보험자로 해서 계약하는 보험의 총칭이다.

보증보험은 채무자가 채권자에 대하여 부담하는 각종 채무 또는 의무의 이행을 보증하는 제도이다.

일반적으로 경제활동을 하는데, 개인 또는 법인이 각종 계약을 맺게 되고, 이에 따라 채권·채무 관계가 발생하면 채권자는 채무자가 계약상의 채무 또는 의무를 불이행하는 경우 손해를 입게 되는 위험을 부담하게 된다. 이러한 재산상 손해의 가능성에 대비하여 채권자는 채무자인 상대방에게 담보로서 연대보증인이나 부동산 또는 현금이나 유가증권 등을 제공할 것을 요구하게 된다.

이때 보증보험회사에서 발행하는 보증보험증권으로 담보에 갈음하여 활용할 수 있는데, 이것이 바로 보증보험제도이다. 보증보험이란 보험의 형식을 빌린 보증제도라 할 수 있다.

♣ 보증보험계약은 보험자가 보험계약자의 보증인의 입장에서 대가를 받고 보험계약자의 채권자인 피보험자에 대한 채무의 이행을 담보하는 특수한 형태의 타인을 위한 보험이라고 할 수 있다.

♣ 보증보험에 속하는 보험으로는 신원보증보험, 이행보증보험, 납세보증보험, 기타 등이 있다.
보증보험은 본래의 보험과는 다른 점이 있으므로 보험업법에서도 추가로 규정되어 있다.

2. 보증보험의 기능

보증보험은 보험의 형태로 이루어지는 보증계약이다.

채무의 이행을 보험회사가 보장함으로써 채권자에게 담보적 기능을 제공하고, 채무자로서는 쉽게 보증을 얻을 수 있는 제도이다.

3. 보증보험의 경제적 기능

1) 채권담보 기능

채무자의 채무불이행에 따른 채권자의 재산상 손실을 예방 및 보전함으로써 채권자의 채권을 확실하게 보장해 준다.

2) 신용공여 기능

개인이나 기업이 간편하게 이용할 수 있으며, 공신력 있는 회사가 채무자에게 신용을 공여(채무보증)함으로써 채권자와 채무자가 서로 믿고 거래할 수 있도록 해준다.

3) 대형, 연쇄사고의 예방기능

보증보험은 채무자의 채무불이행 시 채권자가 입게 되는 손해를 보상해 줌으로써 연쇄부도와 같은 파급위험을 방지한다.

4. 보증보험의 종류

보험자가 담보하는 위험의 종류에 따라 다양하다.

보증보험은 계약상의 채무불이행을 담보하는 이행보증보험, 할부판매보증보험, 지급계약보증보험, 사채보증보험 등이 있고, 법령상 의무불이행을 담보하는 납세보증보험, 인허가보증보험 등이 있다.

이 밖에 신원보증보험도 널리 이용되고 있다.

5. 신원보증보험과 신용보험

1) 신원보증보험

피용자(계약자)가 사용자(피보험자)를 위하여 그 사무를 집행함에 있어 자기의 직무상의 지위를 이용하여 보험기간 중에 절도, 사기, 횡령 또는 배임행위를 함으로써 사용자가 입은 재산상의 손해를 보상하는 보험이다.

2) 신용보험

보험계약자가 동시에 피보험자로서 피보증인의 채무불이행 등의 행위로 인한 손해를 보상받기 위하여 체결하는 자기를 위한 보험이다.

예) 판매자가 신용으로 제3자에게 물품을 판매하였으나, 제3자가 물품대금을 지급하지 아니한 경우에 판매자가 입게 되는 손실을 보상하는 보험이다.

6. 보증보험의 성질

① 보증계약성: 보증보험은 민법의 보증계약[32]의 성질이다.

② 손해보험성: 보증보험은 보험자가 보험계약자의 행위로 인한 피보험자의 손해를 보상하는 것을 내용으로 하는 손해보험의 성질을 가진다.

③ 타인을 위한 보험계약성: 보증보험은 타인을 위한 보험으로서 성질을 가지며 형식을 취한다.

제2절. 보증보험의 법률관계

1. 보증보험의 요소

1) 보험계약 관계자: 보험계약자(채무자), 피보험자(채권자), 보증보험자

2) 보험의 목적: 보험 목적은 무형의 채권이다. 보험계약자와 피보험자 사이의 계약이나 법률의 규정에 의하여 피보험자가 보험계약자에 대하여 가지는 청구권이다.

3) 보험기간: 보험계약자가 피보험자에게 지는 주채무 기간에 맞추는 것이 일반적이다.

4) 보험사고: 보험계약자의 채무불이행이 보험사고이다.

2. 민법의 준용과 상법의 적용 제외

1) 민법의 준용: 보증보험계약은 그 성질에 반하지 아니하는 범위에서 보증채무에 관한 민법의 규정을 준용한다(제726조의 7).

2) 상법의 적용 제외: 보험계약자는 보험자를 상대로 보험금의 청구를 할 수 없다(제726조의 6 ①).

---

32) 채무자가 빚을 갚지 못하면 자기가 대신 갚겠다고 하여 채권자와 맺는 계약이다.

3. 보험자의 보상책임

1) 보험사고의 발생: 보험자는 보험기간 중 발생한 보험계약자의 채무불이행이라는 인위적인 사고로 인하여 생긴 손해를 보험금액 한도 내에서 보상할 책임을 진다.

2) 면책사유: 상법과 약관에서 정하는 면책사유로 보상책임을 면할 수 있다.

3) 보험금지급: 보험사고의 통지를 받은 경우에 지급해야 할 보험금을 10일 이내에 지급한다.

4. 보험자 대위와 구상

1) 보험계약자에 대한 구상

손해보험의 경우 손해가 제3자의 행위로 인하여 생긴 경우에 보험금을 지급한 보험자는 그 지급한 금액의 한도에서 제3자에 대한 보험계약자 또는 피보험자의 권리를 취득한다(제682조).

2) 다른 보증인에 대한 구상

다른 보증인이 있는 경우, 보증보험자와 공동보증인의 관계가 성립 시 구상권을 행사할 수 있지만, 공동보증인의 관계가 성립되지 않는다면 보증보험자는 구상권을 행사할 수가 없다.

제3절. 보증보험계약의 종료

보증보험계약의 소멸 또는 변경사유: 보험기간의 만료, 보험사고의 발생 등이 있다.

1) 보험자의 계약해지 제한

상법에서 보증보험계약에 관하여 보험계약자의 사기, 고의 또는 중대한 과실이 있는 경우에도 피보험자의 책임이 있는 사유가 없으면, 고지의무 위반으로 인한 계약해지(제651조), 위험변경증가의 통지의무 위반과 계약해지(제652조), 보험계약자 등의 고의나 중과실로 인한 위험증가와 계약해지(제653조) 규정의 적용을 배제함으로써 보험자의 해지권을 제한하고 있다.

2) 보험계약자의 임의해지 제한

보증보험계약에서 보증보험증권을 피보험자에게 인도하는 등 채권담보적 기능이 있으므로 주계약상의 채권, 채무가 소멸되지 않는 한 보험계약자는 피보험자의 동의 없이 임의로 계약을 해지할 수 없다.

단, 보험계약자는 보험사고의 발생 전에는 언제든지 계약의 전부 또는 일부를 해지할 수 있다.

3) 보증보험계약의 무효와 실효

보증보험계약은 보험계약자와 피보험자 사이의 주계약에 따른 보험계약의 채무불이행을 담보하고 있는 것이므로 주계약에 관한 사항이 변경되었을 때에는 보험계약의 효력을 그대로 유지할 수 없다.

따라서 보험약관에 ① 피보험자의 변경으로 회사가 부담하는 위험이 변경 또는 증가된 때 ② 계약자, 계약금액 등 주계약의 내용에 중대한 변경이 있었을 때에는 보험자의 서면에 의한 승인이 없는 한 보험계약의 효력은 상실된다고 규정하고 있다.

또한, 보증보험계약이 민법상의 보증계약을 준용한다고 하더라도 보증보험계약이 무효이면 보증계약으로도 유효하다고 할 수 없다(대법원 2010.4.15. 선고 2009다81623 판결).

memo

제6편 제3보험 및 각론

제1장
제3보험 이론(理論)

제1절. 제3보험의 개념

1. 제3보험의 의의

제3보험이란 **사람의 상해·질병 또는 이로 인한 간병에 관하여 계약을 하고 손해를 입으면 보상을 해주는 보험이다.** 즉, 상해보험, 질병보험, 간병보험 등을 가입(계약) 시에 위험보장을 목적으로 사람의 질병·상해 또는 이에 따른 간병에 관하여 금전 및 그 밖의 급여를 지급하는 보험이다.

또한, 제3보험은 손해보험의 실손보상적 특성과 생명보험의 정액보상적 특성을 동시에 충족하는 보험을 의미하며, 손해보험이나 생명보험 두 분야 중 어느 한 분야에 속했다고 보기 어려운 보험을 말한다. 이는 손해보험과 생명보험 중 어느 분야에 속하는지 명확하게 구분할 수 없다는 의미에서 '그레이 존(Gray Zone)'이라고도 한다.

우리나라에서는 2003년 8월 「보험업법」 개정 시 최초로 제3보험이 법체계에 편입되었으며, 제3보험은 사람의 신체 사고에 대하여 사망/후유장해 및 치료비, 간병비 등을 보상하는 보험으로 '민영의료보험'을 법적 개념으로 표현한 용어이다.

제3보험에는 상해보험, 질병보험, 간병보험이 있으며 사람의 신체에 대한 보험이므로 생명보험에 해당되나, 비용손해와 의료비 등 실손보상적 급부를 보상한다는 측면에서는 손해보험으로도 볼수 있다. 예를 들어 질병보장상품의 경우 보험대상은 사람이므로 생명보험의 영역이나, 질병으로 인한 소득상실의 보장, 각종 질병치료비의 실손보상 등은 손해보험의 영역으로 볼 수 있다.

2. 제3보험의 그레이 존(Gray Zone)

제3보험은 손해보험 및 인보험의 두 가지 성격을 모두 갖추고 있으며 그레이 존(Gray Zone)이라고도 하는 데, 아래의 그림을 보면 겹쳐 있는 부분이 제3보험이다. 그래서 검정과 흰색을 겹치면

회색이 된다.

이런 의미로 그레이 존이라고도 한다.

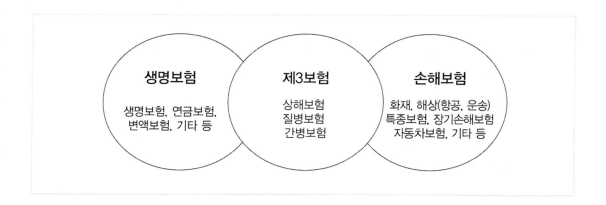

제2절. 제3보험의 이해(理解)

1. 보험사고의 대상

생명보험의 보험사고는 사람의 생존과 사망이고, 손해보험은 재산상의 손해이다. 그러나 제3보험의 보험사고는 신체의 상해, 질병 또는 이에 따른 간병이 필요한 상태이다.

2. 보험금의 지급방법

생명보험에서의 보험금 지급방법은 사전에 정해진 금액을 보상하는 것이 원칙이며, 손해보험은 재산상의 손해를 보상하는 특성상 실질적으로 손해를 입은 금액을 보상하는 것이 원칙이다. 그러나 제3보험은 정해진 금액(정액보상)과 실질적으로 입은 손해액(실손보상)을 동시에 모두 보상이 가능하다.

3. 제3보험계약의 특징

1) 제3보험은 손해보험 및 인보험의 두 가지 성격을 모두 갖추고 있으며 그레이 존(Gray Zone)이라고도 한다.

또한, 제3보험은 손해보험회사, 생명보험회사에서 다 판매가 가능하기 때문에 가입한 상품에 따라 정액보상(정해진 금액 그대로 다 받는 것), 또는 실손보상(내가 낸 만큼만 받는 것) 모두 가능하다.

2) 제3보험은 생명보험회사와 손해보험회사 모두 겸영이 가능하다(보험업법 제4조 제3항).

「보험업법」은 원칙적으로 생명보험의 장기·안정적 위험과 손해보험의 단기·거대위험이라는 리스크의 상이성을 고려하여 생명보험업과 손해보험업의 겸영을 금지하고 있다. 그러나 생명보험업이나 손해보험업에 해당하는 보험종목의 전부에 관하여 허가를 받은 자는 제3보험업에 해당하는 보험종목에 대한 허가를 받은 것으로 보아, 제3보험업에 대해서는 겸영을 허용하고 있다.

3) 제3보험은 보험금 지급방식에 따라 실손의료보험과 정액의료보험으로 나눈다.

실손의료보험은 상해, 질병 및 간병으로 실제 발생한 의료비용을 보상하는 상품인 반면, 정액의료보험은 특정 질병이 발생하면, 진단비/수술비/입원비 명목으로 계약 당시에 약정한 금액을 지급하는 상품이다.

4) 제3보험에서 질병으로 인한 사망보장은 특약으로만 부가할 수 있다(보험업법 제10조 제3호, 보험업법시행령 제15조 제2항).

즉, 제3보험은 신체의 질병·상해 등을 주로 보장하는 보험으로, 생명보험회사나 손해보험회사는 질병 보험 주계약(기본계약)에 각종 특약을 부가하여 보장을 확대한 보험상품을 판매하고 있다. 다만, 손해 보험회사에서 판매하는 질병사망특약의 보장은 이 경우에도 질병사망 보장은 ①보험기간은 80세 만기이고 ②보험금액의 한도는 개인당 2억 원 이내이며 ③보장성 보험의 요건(만기 시에 지급하는 환급금이 납입보험료 합계액의 범위 내이어야 한다) 등의 요건을 충족하여야 한다.

♣ 제3보험의 질병사망특약 부가요건

구 분	생명보험	손해보험
보험기간	제한 없음	80세
보험금액	제한 없음	개인당 2억 원
만기환급금	제한 없음	납입보험료 합계액 이내

5) 제3보험은 신체의 상해, 질병 및 이로 인한 간병상태를 보험계약의 대상으로 한다. 이는 사람의 생존과 사망을 보험계약의 대상으로 하는 생명보험이나 재산상의 손해를 보험계약의 대상으로 하는 손해보험과는 차이가 있다. 생명보험은 사전에 미리 정한 금액을 보상(정액보상)하는 것이 원칙이나, 손해보험은 재산상의 손해를 보상하는 특성상 실제 손해액을 보상(실손보상)하는 것이 원칙이다.

제3보험은 정해진 금액(정액보상)과 실제 발생한 손해액(실손보상)의 보상이 모두 가능하다.

6) 손해보험/제3보험/생명보험의 구분 및 비교

구 분	손해보험	제3보험	생명보험
보험사고	재산상의 손해, 신체상해	신체의 상해, 질병, 간병	사람의 생존 또는 사망
피보험이익	존재	원칙적으로 없음	원칙적으로 없음
중복보험 (보험가액초과)	존재	실손보상급부에는 존재	없음
보상방법	실손보상	실손보상, 정액보상	정액보상
피보험자 (보험대상자)	손해를 보상받을 권리가 있는 자	보험사고의 대상	보험사고의 대상
보험기간	단기	단기, 장기	장기

출처: 생명보험협회 자료

4. 피보험이익

피보험이익이란 보험계약의 목적(화재보험의 건물, 선박보험의 선박 등)을 금전으로 환산할 수 있는 가치를 의미한다. 즉, 보험계약의 대상에 대한 경제적 이해관계를 의미한다. 보험목적물과 이해관계에 있는 자는 보험목적물이 위험에 노출될 경우에 대비하여 보험계약을 체결하게 되는데, 이때 불확실한 보험사고로부터 손해를 보상받을 수 있는 이익이 피보험이익이다.

따라서, 피보험이익은 보험목적물에 대해서만 적용될 수 있으며 사람은 적용대상이 될 수 없다. 보험은 보험사고로 인하여 보험목적물에 가해진 손해를 보상하는 것을 내용으로 하고, 보험회사는 피보험이익을 최고한도로 책임을 지게 된다. 따라서 피보험이익은 금전으로 산정할 수 있어야 하고 그 존재 여부와 귀속이 보험사고 전에 확정되어야 한다.

손해보험은 계약자의 경제적 이득이 아닌 손실보전을 위한 것이므로, 피보험이익의 최고한도는 보험목적물의 가치를 초과할 수 없다.

예를 들어, 현재가치가 100만 원인 자동차가 있다면 100만 원이 이 자동차의 피보험이익이 되며, 이 자동차에 대해서는 100만 원을 최고한도로 보험계약이 체결된다. 만일 100만 원짜리 차에 1천만 원의 보험을 가입할 수 있다면 고의로 보험사고를 유발하여 보험금을 청구하는 경우가 발생하게 되므로 100만 원을 초과하여 보상받도록 하는 초과 가입은 원칙적으로 불가능하다.

이러한 피보험이익은 손해의 보상을 약속하는 손해보험에서는 필수적인 요소이나, 생명보험의 경우에는 사람의 생명이나 신체를 금전으로 평가할 수 없으므로 피보험이익이 존재하지 않는다고 본다.

5. 제3보험 보상방식

제3보험의 보험금 보상은 실손보상방식과 정액보상방식이 모두 가능하다.

1) 실손보상 방식

실손보상이란 **보험사고의 발생 시 실제 손해액만을 보상하는 방식**으로 의료실비담보, 벌금담보 등에서 사용되는데 도덕적 위험 등의 발생을 방지하기 위하여 보험금이 실제 발생한 손해액을 초과하지 않도록 하는 장치가 필요하다. 즉 실손보상을 적용하는 제3보험 계약이 여러 개 존재하고, 개별 계약에서 보상하는 보험금의 합계가 실제 발생한 손해액보다 큰 경우에는 독립책임액 비례보상방식에 따라 비례보상하여 실제 발생한 손해액을 넘는 초과이득이 발생하지 않도록 하고 있다. 이를 위해 실손보상 급부(보험금)가 있는 보험계약은 그 보험 가입내역을 보험회사 간에 교환하여 비례보상을 한다.

2) 정액보상 방식

정액보상방식이란 실손보상의 원리가 적용되지 않고 **보험사고 발생 시 미리 정해진 급부(보험금)를 제공하는 것을 말한다.** 사망·후유장해 담보가 대표적인 정액급부이며 이외에도 각종 진단급여, 수술급여, 입원일당 급여 등이 있다

6. 제3보험의 가입제한

원칙적으로 가입연령 등의 제한 사항이 없으나, 상품별로 보험회사가 설정한 제한 사항과 법률에 의한 사망담보 가입제한 등이 있다.

상법 제732조(15세 미만자 등에 대한 계약의 금지)에 의거하여 **15세 미만자, 심신상실자 또는 심신박약자의 사망을 보험사고로 하는 보험계약은 무효로 한다.** 다만, 심신박약자가 직접 보험계약을 체결하거나 심신박약자가 제735조의 3에 따른 단체보험의 피보험자가 될 때에 의사 능력이 있는 경우에는 예외 적용되어 보험계약은 유효하다.

7. 제3보험의 상품설계(상품개발) 기준

♣ 제3보험 상품설계의 일반기준
- 제3보험 상품은 보장성보험이다.
- 약관상 보장하지 않는 원인으로 사망 시 책임준비금을 지급하고 계약이 소멸하도록 설계한다.
- 제3보험 상품의 보상방식은 정액보상 및 실손보상 모두 가능하다.

1) 제3보험 상품은 보장성보험에 한하여 개발이 가능하다(손·생보 공통적용).

다만, 주계약이 상해보험인 경우는 저축성보험으로의 개발이 가능하며, 이 경우 보험기간은 15년 이내로 개발이 가능하다(손해보험사)

2) 제3보험 약관에서 보상하지 않은 사고로 피보험자가 사망하는 경우 보험회사에서는 책임준비금을 지급하고 계약이 소멸하게 설계한다. 피보험자가 사망하는 경우에 보험계약을 유지할 수 없으며, 그 시점까지 적립된 책임준비금을 지급한다.

3) 제3보험 상품에서 보장하는 금액은 정액 또는 실제 발생하는 손해를 기준으로도 설계가 가능하다. 실제 손해를 보상하는 위험담보의 경우 다른 회사의 가입 내역을 고지의무사항으로 추가할 수 있고, 상법 제672조(중복보험)의 규정에 따라 비례 보상이 된다.

4) 제3보험의 상품설계 기준

① 보장성보험: 생존 시 지급되는 보험금 합계액 ≤ 기납입보험료

② 저축성보험: 생존 시 지급되는 보험금 합계액 > 기납입보험료

제3보험 상품은 약관상 보장하지 않는 원인으로 사망 시에는 책임준비금을 지급하고 계약이 소멸한다.

예를 들면 질병보험의 피보험자가 교통사고로 사망하였을 경우 피보험자가 존재하지 않게 되어 보험계약을 더 이상 유지할 수 없게 되며, 그때까지 적립된 책임준비금을 지급한다.

한편 상해보험은 일반(질병)사망을 보장하지 않으며, 상해 이외의 원인으로 사망할 경우 사망 당시의 책임준비금을 지급해야 한다. 또한 제3보험 상품은 약관상 보장하는 금액, 예를 들어 수술비를 수술 1회당 약정한 금액(정액보상)으로 지급할 수도 있고, 실제 수술비(실손보상)를 기준으로 지급할 수도 있다. 제3보험 상품 중 실손보상 급부가 있는 계약은 그 보험가입내역을 보험회사 간에 교환하여 가입 여부를 판단하고 보험사고시 비례 보상하여 실제 피보험자가 부담한 금액을 초과하지 않게 보험금이 지급된다.

제3절. 제3보험 분류 및 상품

제3보험 상품은 보장 내용에 따라 크게 상해보험, 질병보험, 간병보험으로 분류할 수 있다.

상해보험의 경우 일반 상해보험 및 재해보험, 교통재해보험 등의 상품이 있으며, 질병보험의 경우 암보험, 건강보험, 치아보험 등의 상품이 있다. 또한 간병보험은 장기간병보험(LTC), 치매보험 등의 상품이 있다.

제3보험 상품은 어린이보험, 실손의료보험과 같이 상해와 질병이 함께 보장되는 종합형 상품이 많다. 또한 각 질병담보 등을 특화하여 개발하는 경우가 많기 때문에 주계약뿐만 아니라 특약으로도 다양하게 부가되어 판매되고 있다.

1. 제3보험 상품의 분류

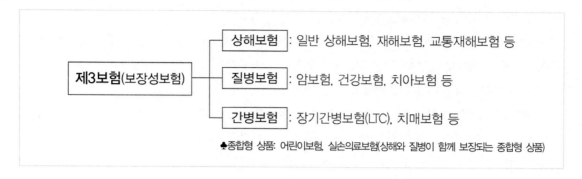

2. 제3보험 상품(종목)의 구분 및 기준(「보험업감독규정」 별표 1)

제3보험의 종류는 상해보험, 질병보험, 간병(치매)보험 등을 제3보험이라고 한다.

제3보험은 사람이 보험사고로 상해를 입었거나 질병에 걸렸을 때 또는 상해·질병이 원인이 되어 간병이 필요한 상태가 되었을 때 보장하는 보험으로 상해보험·질병보험·간병보험으로 구분된다.

상해보험은 우연하고도 급격한 외래의 사고로 인한 상해의 치료 등에 소요되는 비용을 보장하고, 질병보험은 질병을 진단받거나 질병으로 인해 발생되는 입원·수술·통원 등을 보장하며, 간병보험은 치매 또는 일상생활장해상태 등 타인의 간병을 필요로 하는 상태를 보장함을 말하며, 제3보험업의 구분 및 기준은 다음과 같다.

1) 상해보험

우연하고도 급격한 외래의 사고로 인한 상해의 치료 등에 소요되는 비용을 보장하는 보험이다.

즉, 사람의 신체에 입은 상해에 대하여 치료에 소요되는 비용 및 상해의 결과에 따른 사망 등의 위험에 관하여 금전 및 그 밖의 급여를 지급할 것을 약속하고 대가를 수수하는 보험이다.

2) 질병보험

질병에 걸리거나 질병으로 인해 발생되는 입원·수술·통원 등을 보장하는 보험이다.

즉, 사람의 질병 또는 질병으로 인한 입원·수술 등의 위험(질병으로 인한 사망을 제외)에 관하여 금전 및 그 밖의 급여를 지급할 것을 약속하고 대가를 수수하는 보험이다.

3) 간병보험

상해·질병으로 인한 활동불능 또는 인식불능 등으로 인해 타인의 간병을 필요로 하는 상태를 보장하는 보험이다.

즉, 치매 또는 일상생활장애 등 타인의 간병을 필요로 하는 상태 및 이로 인한 치료 등의 위험에 관하여 금전 및 그 밖의 급여를 지급할 것을 약속하고 대가를 수수하는 보험이다.

제4절. 후유장해

1. 후유장해의 정의

질병이나 상해로 인한 치료를 한 뒤에도 정신 또는 육체에 장해가 남아 있는 상태를 말한다.

즉, 신체에 발생한 질병을 치료한 후에도 영구적으로 신체에 남아 있는 상태이며, 신체의 일부 또는 전체가 정상적인 기능을 하지 못하는 상태를 말한다.

후유장해는 사고 후 6개월 뒤에 의사에게 장해진단을 받아야 한다. 또한 후유장해 보험금의 퍼센트를 받는 형식이다.

후유장해는 상해후유장해와 질병후유장해가 있어 이 두 개로 나누어지는데, 상해후유장해는 무리한 운동을 해서 다치거나, 허리디스크 진단을 받을 때, 무거운 걸 들려다가 등뼈가 다치는 등일 때 상해후유장해를 받는다.

질병후유장해는 질병으로 후유장해가 일어난 것이며, 3대 질병(암, 뇌, 심)으로 세포나 기능이 상실하거나 치매 진단을 강하게 받을 때 질병후유장해 받을 수 있다.

후유장해를 청구할 때 진단서, 의사 소견서와 손해사정사의 도움이 필요하며, 우리나라 장애인 비율 중 약 73% 정도가 후천적 요인으로 장애인 판정을 받는다.

> ※ 장해(disability, 障害)란?
> 장해란 법률로 규정된 장해분류표에서 정한 기준에 따른 장해상태를 말한다. 장해보상을 행하기 위해 장해의 정도에 따라 분류되며 노동능력 상실 정도에 따라서 제1급에서 제14급까지 구분하고 141종의 신체 장해가 열거된다. 예컨대 고도 장해는 제1급에 해당되는 신체 장해로, 질병 또는 재해로 인해 신체 장해가 영구히 남아 신체의 기능을 완전히 상실하거나 현저하게 감소한 상태를 말한다.

2. 후유장해의 개요

1) 후유장해 몇%란?

질병이나 상해로 인한 후유장해진단을 받은 뒤 가입금액에 장해율을 곱한 금액을 받게 되는 것이다.

> ♣장해보험금 = 가입금액 X 분류표상 지급률
> 예) 가입금액 (예, 2천만 원) X 장해율 (예, 20%) = 보험금 (예, 400만 원)

2) 후유장해보험금

피보험자 혹은 피해자가 사고에 의해 상해를 입고, 그 직접의 결과로서 신체의 일부를 잃든가 신체의 기능에 영구히 장해가 남은 경우에 지급되는 보험금을 말한다. 상해보험에서는 그 장해의 정도에 의해서 약관에 정해진 후유장해등급 구분에 따라 보험금이 산출된다.

3) 후유장해의 기준

질병이나 사고 등으로 인해 지적, 정신적, 청각, 시각, 내장, 관절, 기형적인 면에 결함이 생겨 이로 인해 정상적인 생활이 곤란하거나 불가능한 상태를 말한다.

결함은 신체의 특정 부위나 기관의 기능이 손실되었거나 감소한 것을 의미하므로 의료적 지원이 필요하며, 장해는 손상으로 인해 특정영역(읽기, 보기, 걷기, 듣기, 운동장애 등)에 능력저하가 생기는 경우이다.

4) 장해의 4가지 분류

① 국가장해: 1-6급 장애인등록
② 국민연금장해: 1-4급 매월 장해연금지원
③ 산재장해: 1-14급 산업재해로 인한 장해
④ 개인보험 장해: 1-6급 (장해율%)

3. 후유장해진단서(後遺障害診斷書)

후유장해진단서는 후유장해로 진단받은 내용을 기록해 놓은 문서이다.

1) 후유장해진단서

후유장해란 질병이나 상해, 산재 등의 원인으로 인해 치료 후에도 질병이 완치되지 못하거나, 이전과 같은 노동력을 사용할 수 없는 상태를 말한다.

후유장해진단서는 의사가 진찰하거나 검사한 결과를 종합하여 장해를 입은 사실을 증명하기 위해 작성한 의학적인 판단서라 할 수 있으며, 후유장해진단서는 장해 사실을 증명하고 이에 대한 보상을 청구하고자 할 때 많이 이용된다.

후유장해진단서는 의사가 검사 결과를 토대로 발행하는 일종의 사문서이나, 경우에 따라 법적 또는 사회적으로는 공문서의 효력을 지니게 되며, 여러 분야에 유용한 정보로 사용된다. 따라서 정확한 사실만을 기재하여야 한다.

2) 구성항목

환자 인적사항, 주요 치료내용 및 경과, 각정 검사 소견, 후유장해 내용, 맥브라이드 장해평가, 의사 서명

4. 후유장해 분류표

(1) 상해로 발생할 수 있는 장해를 신체 부위별로 장해 정도에 따라 분류해 놓은 표를 말한다. 또한, 장해가 발생할 수 있는 원인에는 질병이나 그 밖의 원인이 있을 수 있다.

(2) 후유장해 분류표는 보험금 측정에 있어 중요한 기준이 되며, 신체상에 입은 장해를 수치화하여 주는 것이다.

(3) 상해나 질병 등으로 인한 후유장해 분류표는 보험약관에 자세하게 기재되어 있다(약관 참조).

(4) 후유장해 분류

눈, 코, 귀, 씹어 먹거나 말하는 장애, 외모의 추상장애, 척추, 체간골, 팔, 다리, 손가락, 발가락, 흉복부장기 및 비뇨생식기, 신경계·정신행동 장해 이렇게 총 13개 장해로 나누어서 분류하고 있다.

    1) 눈의 장해

    2) 귀의 장해

    3) 코의 장해

    4) 씹어 먹거나 말하는 장해

    5) 외모의 추상 장해

    6) 척추의 장해

    7) 체간골의 장해

    8) 팔의 장해

    9) 다리의 장해

    10) 손가락의 장해

    11) 발가락의 장해

    12) 흉복부장기 및 비뇨생식기의 장해

    13) 신경계·정신행동의 장해

제5절. 제도성 특약(制度性 特約)

1. 제도성 특약의 의의

제도성 특약이란 **보험의 주계약에서 따로 추가하는 특약이 아니고, 주계약의 보장 내용이나 적용 방식을 보완하기 위한 특약으로 보험료가 부가되지 않는 특약**을 말한다. 회사마다 약간씩 명칭이 다를 수 있고 상품마다 다르다. 대표적인 것은 건강체 특약, 연금전환 특약, 납입면제 특약 등이 있다.

즉, 보험금 선지급 서비스 특약, 연금전환 특약, 건강체 특약, 비흡연자 할인 특약, 납입면제 특약, 기타 특약 등과 같이 주계약의 보장 내용이나 적용 방식 따위를 보완하거나 규정하는 특약이다.

특약 중에 추가 비용(보험료)의 부담 없이 특약을 활용할 수 있고, 보험회사가 특약으로 서비스를 제공하는 것이 제도성 특약이며, 특약은 보험상품에서 주계약으로는 부족한 보장이나 기능을 보완하는 별도의 약정 계약이다. 특약으로도 여러 개의 보험에 가입한 것처럼 많은 혜택을 누릴 수 있기 때문에 특약을 잘 알아야 한다.

제도성 특약은 보험가입부터 청구에 이르기까지 유용한 특약이며, 한마디로 상품 안에 또 하나의 상품이 있는 셈이다.

제3보험은 상해·질병에 대해 보장하거나 이로 인한 간병에 대한 보장으로서, 신체상의 경제적인 손실을 보상하는 보험이다. 이를 감안하여 특약 중에 추가적인 비용(보험료)의 부담이 없는 제도성 특약을 잘 살펴보고, 보험회사의 보험계약자에 대한 부가적인 제도성서비스 특약을 유용하게 활용할 필요가 있다.

> ▣ 보험상품을 구성하는 요소
>
> * 보험 상품 = 주계약 + 특약
> 1) 보험 상품을 구성하는 요소는 ① 주계약, ② 특약이 있다.
> ♣ 특약분류: 의무(고정부가) 특약, 선택 특약, 제도성 특약
> 2) 일반적으로 주계약에 3~4개의 특약으로 보험상품을 구성한다.
> 3) 음식으로 따지면, 주계약은 메인메뉴, 특약은 사이드메뉴라고 볼 수 있다.

2. 주계약

> ♣ 보험계약의 기본이 되는 주계약이다.
> 1) 가장 기본적인 보험계약의 항목이다.
> 2) 보험 가입에 반드시 필요하다.
> 3) 임의로 빼거나 변경하는 등 선택이 불가능하다.

주계약이란 **보험계약에서 중심이 되는 계약을 말한다.** 해당 보험으로 보장을 받을 수 있는 가장 기본적인 보장 내용을 의미하기 때문에 주계약이 곧 해당 보험의 성격을 나타낸다. 따라서 기본이 되는 주계약 없이는 보험 가입 자체가 불가능하다.

주계약만으로도 보험계약이 성립할 수 있지만, 다수 보험계약자들의 기대와 고객 니즈(needs)를

모두 충족시킬 수 없기 때문에 보험회사들은 계약자들의 다양한 요구에 맞춰 여러 가지 옵션 (option, 선택) 특약을 더해 보험상품을 판매하고 있다.

3. 특약

> ♣ **주계약에 보장 내용을 추가(부가)하는 옵션 특약이다.**
> 1) 부가적인 보험계약의 항목이다.
> 2) 보험 가입에 반드시 필요하지 않다.
> 3) 원하는 대로 넣거나(가입하거나) 제거하는(빼는) 등 선택이 가능하다.
> 4) 분류: ① 의무(고정부가) 특약 ② 선택 특약 ③ 제도성 특약

특약은 '**특별보험약관**'의 줄임말로, **주계약에서 보장하지 않는 보장 내용을 특별히 부가적으로 추가하는 선택적 특약의 계약이다.** 선택 특약의 종류는 사망특약, 상해특약, 입원특약, 보험료할인 특약, 연금전환 특약, 보험금 선지급 특약, 기타 특약 등 많이 있다.

보험계약자들의 기대와 고객 니즈(needs)에 맞춰 필요한 보장들을 추가하기 때문에 '나만의 보장'을 위한 보험계약을 할 수 있다. 또한, 같은 보험 상품이지만 특약으로 인해 계약자마다 보장이 다를 수가 있다. 특약은 주계약에 추가되는 옵션이기 때문에 독립적인 상품으로는 판매하지 않는다. 대신에 상대적으로 낮은 보험료로 큰 보장을 받을 수 있는 것이 특징이다.

특약의 분류는 대체로 의무(고정부가) 특약, 선택 특약, 제도성 특약으로 구분하여 나눈다.

1) 의무(고정부가) 특약

보험상품을 개발 시 **주계약에 포함되어 의무적으로 반드시 가입해야 하는 특약이다**(보험상품 조립 시에 자동 부가함).

'의무 특약'은 주계약처럼 보험 상품을 가입할 때 이미 해당 상품에 포함된 특약이다. 따라서 임의적으로 삭제하거나 변경이 불가능한 특약이다.

2) 선택 특약

보험을 계약 시에 **계약자의 필요에 의해 선택이 가능한 특약**이며, 보험 가입한 후에 해당 특약이 불만족이거나 불필요할 때는 해당 특약 부분만 해지(삭제) 및 조정이 가능한 자율적인 계약 조항이다. 또한, 보험계약을 한 후에도 원하는 해당 특약을 추가로 가입할 수도 있으며, 추가로 가입이 안 되는 특약도 간혹 있으니 신중한 접근과 판단이 필요하다. 보험 계약자의 필요성(needs)에 의한 선택과 고객의 편의를 위해 선택 특약의 종류가 많아지고 다양해져 있다.

3) 제도성 특약

별도의 특약 보험료를 추가 납부 없이 가입이 가능한 특약으로 오직 가입자의 편의와 대고객서비스를 위해 마련된 특약이다. 이러한 제도성 특약은 놓치지 않고 잘 살펴서 유용하게 보장을 받아야 한다.

4. '주계약'과 '특약'이 따로 구성되어 있는 사유?

주계약만으로도 충분하지만, 추가적인 보험사고를 대비하는 보장의 확대와 추가적인 보장을 원하는 고객의 니즈(needs, 필요성, 요구)를 위함이다. 그러나 특약이 무조건 다다익선(多多益善)인 것은 아니다. 특약을 추가할 때마다 보험료가 증가하기 때문이다. 선택적 특약이 정말로 필요하고 유익한 특약인지 자세히 살펴보고 판단하는 것이 중요하다.

5. 제도성 특약의 종류와 내용

1) 종신보험, CI보험, 기타 상품에 부가된 연금전환 특약(옵션)

① 우리나라는 지속적인 사망률의 개선 및 이에 따른 인구 고령화의 급격한 진행으로 개인별로 노후보장을 위한 연금보험 수요가 빠른 속도로 증가했고 그 중요성과 필요성이 크게 대두되었다.

② 이에 따라 보험회사에서는 사망이 주된 담보인 종신보험, 치명적인 질병보험의 CI보험, 기타 보험 등에도 연금전환 특약(옵션)을 부가하여 이러한 수요를 충족시키고 있는데, 보험회사에서는 급부금 및 해약환급금을 재원으로 연금전환 시에 가입 당시의 예정기초율을 적용하여 계산한 연금액을 지급하는 연금전환 옵션을 제도성 특약으로 부가함으로써 종신보험, CI보험, 기타 등의 상품 판매가 보다 활성화되었다.

③ 하지만 사망률 개선이 지속적으로 이루어진다는 가정 시에는, 현행 판매 중인 연금보험에서 장수 리스크 발생의 예상과 연금전환 특약(옵션) 행사 시에도 장수 리스크 발생이 예상됨에 따라 보험회사 입장에서 이 리스크를 관리하기 위한 다양한 방법이 필요하다.

④ 연금전환 옵션 행사에 따라 발생이 예상되는 장수 리스크를 관리하고, 보험회사의 손실을 최소화하기 하기 위해서는 지금처럼 아무 대가 없이 연금전환 옵션을 보험계약자에게 제공하는 것이 아니라, 옵션의 가치를 보험가격에 일부 반영하는 것이 필요함을 보이고, 다양한 시나리오와 민감도 분석을 통하여 필요한 적정 수준을 반영할 필요성이 있다.

2) 건강우대 특약 및 비흡연자 할인특약

"건강이 좋거나 비흡연자한테 보험료를 할인하여 준다."

① 건강우대 특약(건강체서비스 특약)

'제도성 특약' 가운데 특별약관(특약)에 따라 일정 수준의 건강 상태를 유지하거나 건강이 양호한 가입자한테 보험료를 할인하여 주는 특약이며, 회사별로 약간의 차이가 있다.

보장성 보험에서 이 특약에 가입하면, 흡연, 혈압, 체격 등 3가지 조건을 충족하면 보험료를 할인받을 수 있다. 흡연은 1년 이상 비흡연자, 혈압은 수축기 혈압 140mmhg 미만(최대 혈압치 110~139㎜Hg), 이완기 혈압 90mmhg 미만인 경우, 체격 조건은 체질량 지수(BMI) 17 ~ 26이다.

이 조건들을 두루 충족할 경우 보험회사별로 약간씩 다르나 보통 6~7%의 보험료를 할인하여 준다.

② 비흡연자 할인특약

직전 1년 동안 비흡연자에 한해 보험료를 할인하여 주는데, 혹시 보험기간 중에 가입자가 30일 이상 흡연할 경우 할인받은 보험료를 도로 토해내야 한다.

3) 표준미달체의 특별조건부특약과 특정부위 · 특정질병 부담보 특약

① 표준미달체[보험 거절체(유병자)]의 특별조건부 특약

건강상 이유로 보험 가입이 거절된 사람은 특약을 활용해 보험에 가입할 수도 있다. 혈압과 당뇨, 기타 등으로 보험 가입을 거절당한 사람은 보험료를 더 내거나(최고 2배), 사망보험금을 덜 받는다(15~80%)는 조건으로 보험에 들 수 있다.

또한, 과거에 치료를 받은 경험이 있다면 특별조건부 특약에 관심을 가져볼 필요가 있다. 이 특약은 진단 결과 회사가 정한 표준체 보험에 가입이 어려울 경우 건강상태, 위험의 종류 및 정도에 따라 보험료 할증이나 감액을 통해 가입할 수 있도록 한 제도다.

② 특정부위 · 특정질병 부담보 특약

소화기나 관절 등 신체 특정부위에 질병이 있어 보험 가입이 어려운 사람도 '특정부위 · 특정질병 부담보 특약'을 통해 해당 부위에서 발생하는 질병은 일정 기간(보통 1~5년) 보장에서 제외하는 조건으로 보험 가입이 가능하다. 또한, 이륜자동차를 타는 사람은 이륜차 운전 중 사고로 발생한 손해를 보장에서 빼는 조건으로 보험에 들 수 있다.

4) 보험료 자동납입 특약과 출산장려 보험료 할인 · 면제 특약

① 보험료 자동납입 특약

보험에 가입할 때 은행계좌를 이용해 보험료를 자동으로 납입되도록 하면 보험회사별로 보험료의 1~2%를 할인해 준다. 또한, 신용카드를 이용해 보험료를 납입하면 할인해 주는 특약도 있다

② 출산장려 보험료 할인 특약

자녀 수가 늘어날수록 보험료를 더 깎아 주는 특약도 있다. 이미 보험에 가입한 가입자가 보험기간 중 '출산장려 보험료 할인 특약'에 가입할 경우 자녀 수에 따라 보험료의 0.5~2.5%를 할인해 준다.

③ 보험료납입 면제 특약

주로 일부 종신보험과 CI보험 등에서 많이 활용되는 제도성 특약으로, 치명적 사고나 암진단 확

정으로 보험료 납입이 어려울 경우에 보험료 납입을 면제해 주고 보장을 계속해 준다는 특약이다.

고도의 장해상태가 되거나 큰 질병이 발생하여 실직 등의 경제적 위기가 닥쳐도 치료는 받아야 하고 생활을 해야 한다. 이럴 때 보험료납입은 면제받고 보장을 계속 받을 수 있다는 것이 큰 장점이다.

5) 보험금 선지급 특약 및 중도부가서비스 특약

보험금 지급도 맞춤형으로, 보험가입자의 필요에 따라 보험금 수령 방법을 바꾸는 것도 가능하다. 보험계약을 체결할 때도 되지만 보험기간 중에도 보험가입자가 특약을 통해 선택할 수 있다.

① 보험금 선지급 특약

보험회사가 보험금의 지급 및 심사 전에 먼저 보험금의 일부를 지급하는 특약이다.

② 사망보험금 선지급 특약

피보험자의 잔여수명이 얼마 남지 않았을 때 사망보험금을 선지급 받을 수 있는 특약이다.

③ 사망정리 특약

장례 절차의 어려움을 예방하고자 보험회사가 보험금 지급 심사 전에 먼저 보험금의 일부 또는 전부를 미리 지급하도록 규정하고 있는 특약이다.

④ 중도부가서비스 특약

특약 부가는 보험계약을 체결할 때도 되지만, 보험계약을 체결한 후 보험기간 중에 보장이 추가로 필요할 때 보험가입자가 특약을 통해 선택할 수 있다.

6) 보험금의 대리청구권제도 특약

보험기간 중에 보험계약자가 사전에 지정해 둔 대리인이 보험금 청구가 불가능한 보험계약자를 대신해 보험금을 청구할 수 있게 하는 것이며, 스스로 보험금 청구가 불가능할 때 쉽게 청구 가능한 제도이다.

즉, 지정대리청구권 특약은 주계약 및 특약에서 정한 보험금을 보험계약자가 직접 청구할 수 없는 상황의 경우 계약체결 시 또는 계약체결 이후 요건에 해당되는 사람 중의 1명을 보험금의 대리청구권인으로 지정하여 보험사고가 발생 시에 대리인이 보험계약자를 대신하여 보험금 청구권의 권리를 행사할 수 있는 제도이다.

보험금 지정대리청구권 특약을 통하여 보험금 청구가 불가피한 상황에서도 보험금 청구가 가능하다 보니, 휴먼보험금 등 보험의 혜택을 받지 못하는 불합리한 상황을 많이 개선할 수 있게 되었다.

♣ 지정대리청구인 요건: 피보험자의 배우자 또는 3촌 이내의 친족

7) 개인실손의료보험 중지·재개 및 단체실손의 개인실손의료보험 전환

① 개인실손의료보험 중지·재개의 제도성특약

개인실손의료보험의 가입자가 회사 등의 단체실손의료보험에 가입 시 기존에 가입한 개인실손의

료보험의 보험료 납입 및 보장을 중지한 후, 퇴직한 후 단체실손의료보험 종료 시에 중지했던 개인실손의료보험을 재개한다는 제도성특약이다(개인실손보험에 1년 이상 가입자, 퇴직 후 1개월 이내 재개 신청함).

② 단체실손의 개인실손의료보험 전환의 제도성특약

단체실손의료보험에 가입되어 있는 소비자가 퇴직 등으로 단체실손의료보험이 종료 시에 개인실손의료보험으로 전환한다는 제도성특약이다(단체실손보험에 5년 이상 가입자, 퇴직일로부터 1개월 이내 개인실손으로 전환 신청한다. 직전 5년간 단체실손보험에서 보험금을 200만 원 이하로 수령하고 10대 질병 치료이력이 없는 경우 별도의 심사 없이 가입할 수 있다).

8) 알아두면 유익한 주요 제도성의 보험특약

분류	특약
"보험가입 안 된대요"	혈압, 당뇨 등 건강이 좋지 않은 경우, 보험료를 더 내거나 보험금을 깎아 보험 가입
"	소화기, 관절 등 신체 특정 부위에 질병이 있으면, 해당 부위 질병을 보장서 제외하고 보험 가입
"	이륜자동차를 몰 경우, 이륜자동차 운전 중 사고에 대해선 보장 제외하는 조건으로 가입
"몸 건강하면 보험료도 깎아 준다"	비흡연, 혈압, 체격 등 건강이 좋으면 보험료 할인
"	비흡연자(직전 1년 동안 비흡연), 일정 비율로 보험료 할인
"아이가 늘었어요"	보험 기간 중 특약 새로 가입하면 자녀 수에 따라 보험료 할인
보험료 자동납입 특약	은행계좌로 보험료 자동 납입으로 보험 가입
보험료 납입면제 특약	중대 장해 발생, 암 진단 등으로 보험료 납입이 어려워지면, 보험료 납입 면제
사망보험료 선지급 특약	피보험자 잔여수명이 6개월 이하일 경우, 사망보험금을 선지급

출처: 금융감독원 자료

제6절. 제3보험 관련 법규

1. 제3보험의 법령상 지위

우리나라의 보험업법에서는 **제3보험을 생명보험이나 손해보험의 일부가 아니라 독립된 하나의 보험업으로서 규정하고 있다.** 제3보험이라는 용어는 1965년 일본에서 처음 사용되었으며, 우리나라에서는 1997년 7월 손·생보 상품관리규정이 개정되면서 제3보험의 범위가 확정되었고, 손해보험회사와 생명보험회사가 이를 상호 겸영하게 하였다. 이후 2003년 보험업법 및 보험업법 시행령의 개정 시 제3보험의 정의가 신설되었고 손·생보사가 겸영하는 종목임이 명확히 규정되었다.

제3보험은 상법상 인보험 영역에 해당한다. 제3보험의 보험종목인 상해보험, 질병보험, 간병보험은 모두 사람의 생명 또는 신체에 관한 사고가 발생하였을 때 보험회사의 보상책임이 발생한다.

1) 상법상의 지위

제3보험 상품 및 제3보험업은 보험업법에 정의되어 있으며, 상법상의 제3보험이라는 용어는 없다. 다만, 상법 보험편(제4편) 인보험(제3장)의 상해보험(제3절)과 질병보험(제4절)에 보험업법상 제3보험에 속하는 상해보험과 질병보험 관련 규정이 반영되어 있다. 이에 따라 보험업법상 제3보험 상품 중 간병보험만이 현행 상법에 별도로 분류되어 있지 않다.

2) 보험업법상의 근거

보험업법은 보험업을 생명보험업, 손해보험업, 제3보험업으로 구분하고 있다. 따라서 제3보험업은 보험업법상의 생명보험업이나 손해보험업의 일부가 아니라 독립된 하나의 보험업으로서의 지위를 갖는다. 제3보험업은 별도로 독립된 제3보험회사를 설립하여 운영하거나, 아니면 생명보험회사 및 손해보험회사로서 해당 보험업의 모든 보험종목에 대하여 허가를 받은 경우 영위할 수 있다.

2. 보험업법상 보험업의 구분[보험업법 제2조(정의)]

1) '보험업'이란 보험상품의 취급과 관련하여 발생하는 보험의 인수(引受), 보험료 수수 및 보험금 지급 등을 영업으로 하는 것으로서 생명보험업·손해보험업 및 제3보험업을 말한다.

2) '생명보험업'이란 생명보험상품의 취급과 관련하여 발생하는 보험의 인수, 보험료 수수 및 보험금 지급 등을 영업으로 하는 것을 말한다.

3) '손해보험업'이란 손해보험상품의 취급과 관련하여 발생하는 보험의 인수, 보험료 수수 및 보험금 지급 등을 영업으로 하는 것을 말한다.

4) '제3보험업'이란 제3보험상품의 취급과 관련하여 발생하는 보험의 인수, 보험료 수수 및 보험금 지급 등을 영업으로 하는 것을 말한다.

3. 보험업법상 보험업의 허가[보험업법 제4조(보험업의 허가)]

① 보험업을 경영하려는 자는 다음 각 호에서 정하는 보험종목별로 금융위원회의 허가를 받아야 한다.

1. 생명보험업의 보험종목

    가. 생명보험

    나. 연금보험(퇴직보험 포함)

    다. 그 밖에 대통령령으로 정하는 보험종목

2. 손해보험업의 보험종목

    가. 화재보험

    나. 해상보험(항공·운송보험 포함)

    다. 자동차보험

    라. 보증보험

    마. 재보험

    바. 그 밖에 대통령령으로 정하는 보험종목

3. 제3보험의 보험종목

    가. 상해보험

    나. 질병보험

    다. 간병보험

    라. 그밖에 대통령령으로 정하는 보험종목

② 제1항에 따른 허가를 받은 자는 해당 보험종목의 재보험에 대한 허가를 받은 것으로 본다.

③ 생명보험업이나 손해보험업에 해당하는 보험종목의 전부(제1항 제2호 라목에 따른 보증보험 및 같은 호 마목에 따른 재보험은 제외한다)에 관하여 제1항에 따른 허가를 받은 자는 제3보험업에 해당하는 보험종목에 대한 허가를 받은 것으로 본다.

④ 생명보험업 또는 손해보험업에 해당하는 보험종목의 전부(제1항 제2호 라목에 따른 보증보험 및 같은 호 마목에 따른 재보험은 제외한다)에 관하여 제1항에 따른 허가를 받은 자는 경제 질서의 건전성을 해친 사실이 없으면 해당 생명보험업 또는 손해보험업의 종목으로 신설되는 보험종목에 대한 허가를 받은 것으로 본다.

4. 제3보험의 모집인 자격

1) 제3보험 상품을 모집하고자 하는 자는 보험회사를 통하여 금융위원회로부터 등록업무를 위탁받은 보험협회에 등록하여야 한다.

2) 등록의 요건은 제3보험 모집에 관한 연수과정을 이수한 사람 혹은 등록 신청일로부터 3년 이내에 제3보험 관계 업무에 1년 이상 종사하고, 「보험업법 시행령」에서 정한 교육을 이수한 사람이어야 한다.

3) 따라서 생명보험과 제3보험을 모집하고자 하는 경우는 생명보험협회에, 손해보험과 제3보험을 모집하고자 하는 경우는 손해보험협회에, 그리고 제3보험만을 모집하고자 하는 경우는 양 보험협회 중의 한 곳에 등록을 해야 모집을 할 수 있다.

■ **제3보험설계사의 등록요건**(「보험업법 시행령」 별표 3, 4 및 「보험업감독규정」 제4-3조)

1) 제3보험 모집에 관한 연수과정을 이수한 자(*아래 ❶~❸을 모두 갖춘 사람을 의미함)
   ❶ (교육) 보험모집관련 윤리교육, 보험관련 법령 및 분쟁사례, 보험상품 등에 관한 교육과정을 20시간 이상 이수한 자
   ❷ (시험) 보험협회에서 실시하는 제3보험 설계사자격시험에 합격한 자
   ❸ 교육 이수 요건을 충족한 자는 1년 이내에 시험에 합격하여야 하며, 시험에 합격한 자는 합격일 부터 1년 이내에 교육 이수 요건을 충족하여야 함

2) 제3보험 관계 업무에 1년 이상 종사한 경력(등록신청일로부터 3년 이내)이 있고, 교육을 이수한 사람

3) 개인인 제3보험대리점의 등록요건을 갖춘 자(법인보험대리점 소속 보험설계사가 되려는 자만 해당)

4) 개인인 제3보험중개사의 등록요건을 갖춘 자(법인보험중개사 소속 보험설계사가 되려는 자만 해당)
※ 단, 등록신청의 유효기간은 연수과정 또는 교육 이수 후 1년

제2장
상해보험

제1절. 상해보험의 개념

1. 상해보험의 의의

상해보험은 **피보험자가 우연한 사고로 인하여 신체에 상해를 입은 경우 보험금액 기타의 급여를 지급하는 보험이다.** 또한, 상해보험계약은 보험기간 중에 발생한 피보험자의 신체에 상해 사고가 발생한 경우에 보험자가 일정한 보험금액, 기타의 급여를 지급할 것을 약정한 보험계약을 말한다(제737조).

즉, 상해보험(계약)은 사람의 신체에 입은 상해에 대하여 치료에 소요되는 비용 및 상해의 결과에 따른 사망 등의 위험에 관하여 금전 및 그 밖의 급여를 지급할 것을 약속하고 보험료를 수수하는 보험(계약)으로 (보험업감독규정상 정의), 우연성, 외래성, 급격성을 사고의 요건으로 한다.

일반적으로 생명보험은 피보험자의 생사가 보험사고이고 손해보험은 재산상의 손해가 보험사고이므로 보험사고의 발생 여부에 대한 계약자와 보험회사 간의 다툼이 생길 여지가 크지 않으나, 상해보험은 외부로부터의 돌발적인 사고로 인한 상해만이 보험사고가 되므로 상해의 인정 여부가 중요한 쟁점이 된다.

(1) 상해보험의 성질

1) 인보험

보험의 객체가 사람(인간)이라는 점에서 생명보험과 더불어 인보험에 속하고, 피보험자의 물건이나 재산에 생긴 손해를 보상할 것을 목적으로 하는 손해보험과 구분된다.

2) 손해보험의 이중적 성질(제739조)

"상해보험에 관하여 제732조를 제외하고 생명보험에 관한 규정을 준용한다"라고 규정하고 있다.
따라서 상해보험은 원칙적으로 생명보험과 같이 정액보험 형식을 취한다.

(2) 보험사고 및 보험급여

1) 보험사고

상해보험은 급격하고 우연한 외래의 사고를 보험사고로 하므로 그 사고의 발생 여부 및 발생 시기, 발생원인, 피해 정도 등이 불확정적인 반면, 손해보험은 재산상의 손해가 보험사고이고 생명보험은 사람의 생존과 사망을 보험사고로 하므로 손해와 사망 그 자체는 확정되어 있으나 발생 시기만이 불확정적이다.

한편 손해보험과 생명보험에서 판매하는 상해보험은 상해와 보장 범위가 유사한 재해를 보장하며, 세부 사항은 각 보험의 표준약관에 명시된 재해분류표를 따른다.

2) 보험급여

상해보험은 사망 또는 상해의 정도에 따라 일정한 보험금액을 지급하는 정액보험의 성질과 실제로 소요된 치료비 기타의 비용을 지급하는 실손보험의 성질이 있으므로 정액보험인 생명보험과 달리 손해보험의 성질도 아울러 가지고 있다.

3) 상해와 질병의 관계

약관상 보장대상 사고(상해)로 의료치료와 상해의 결과 사이에 인과관계 여부에 따라 보험회사의 면책 여부가 결정되는데, 상해사고의 결과로 발생된 질병은 보상이 되나, 질병이 원인이 되어 발생한 상해는 보상에서 제외된다.

(3) 담보조건 및 보장방식

1) 담보조건

상해보험은 급격(예측불가, 불가피)하고도 우연(원인/결과)한 외래(외부의 원인)의 사고로 인해 피보험자의 신체에 상해를 입었을 때 그 손해를 보상하는 상품이다.

2) 보장방식

♣ 사망 및 후유장해: 생명은 가치를 환산할 수 없으므로 생명보험과 마찬가지로 정액방식으로 보상한다.

♣ 입원·통원의료비: 치료에 소요되는 비용 및 상해의 결과(사망 등)에 따른 실손보상과 보험금을 지급한다.

① 실종: 법원 실종기간이 끝나는 때에 사망한 것으로 간주한다.

② 재난: 가족관계등록부에 기재된 사망연월일을 기준으로 지급한다.

③ 후유: 장해지급률을 상해발생일로부터 180일 이내에 확정하여 [보험가입금액 × 장해지급률]에 해당하는 값을 지급한다. 치료가 길어져 180일이 초과되면, 180일이 되는 날의 의사 진단에 기초하여 고정한다.

(4) 상해보험 상품의 종류

1) 정액보장 상품

상해사망, 상해후유장해, 상해진단비, 상해입원비, 상해수술비 등

※ 상기 담보를 특화하여 교통상해보험, 단체상해보험 등도 개발

2) 실손보장 상품

실손의료비(상해입원, 상해통원)

(5) 상해보험의 책임과 면책

1) 상해보험의 책임

상해보험계약의 보험자는 신체의 상해에 관한 보험사고가 생길 경우에 보험금액 기타의 급여를 할 책임이 있다.

2) 상해보험의 면책

약관에서 보상하지 않는 경우를 '면책'이라고 하며, 심신상실 상태가 아닌 정상인의 고의 사고, 임신/출산/전쟁/폭동/위험한 직무에 해당되는 경우는 보험금을 지급하지 않는다.

2. 상해보험의 요소 및 상해사고의 요건

(1) 상해보험의 요소

1) 피보험자

자연인이면 연령이나 신분에 관계없이 가능하다.

15세 미만자, 심신상실자 또는 심신박약자도 상해보험의 피보험자가 될 수 있다.

2) 보험사고

상해보험의 보험사고는 피보험자 신체의 상해이다.

상해보험약관에서 일반적으로 급격하고도 우연한 외래의 사고로 표현하고 있다.

보험사고는 급격성, 우연성, 외래성이 있고, 이러한 사고와 신체의 손상과 인과관계가 있어야 한다.

(2) 상해사고의 요건

상해보험의 보험사고는 급격성, 우연성, 외래성의 3요건을 동시에 충족하여야 하며, 이 사고의 발생과 신체의 상해 사이에 인과관계가 존재하여야 한다.

1) 우연성

① 우연성이란 피보험자의 고의에 의한 것이 아니고, 우연히 발생한 사고이다.

② 즉, 보험사고의 핵심적인 요건으로 원인 또는 결과가 예견되지 않는 상태를 말하며, 보험사고

가 피보험자(보험대상자)의 의사에 기인하지 않았음을 의미한다.

2) 외래성

① 외래성이란 상해의 원인이 외부로부터 야기되어야 한다.

② 즉, 신체 상해의 발생 원인이 피보험자 자신의 신체에 내재되어 있는 것이 아니라 원인에서 결과에 이르는 과정이 외부적인 요인에 기인하는 것을 의미한다. 따라서 피보험자(보험대상자) 자신이 의도하거나 예상할 수 있었던 사고, 즉 자해행위, 자살, 폭력 등으로 인한 상해는 상해보험의 보험사고에 해당하지 않는다.

3) 급격성

① 급격성이란 피할 수 없는 긴박성과 예견할 수 없는 순간에 사고가 발생한다.

② 즉, 결과의 발생을 피할 수 없을 정도로 급박한 상태를 의미한다. 상해를 발생시키는 사고가 완만하거나 연속적으로 발생한다면 이를 사전에 예측하여 피할 수 있게 되므로 보험사고가 될 수 없다. 따라서 신체허약, 질병 등은 상해사고에서 배제된다.

4) 인과관계

급격하고 우연한 외래의 사고와 상해라는 결과 사이에는 상당 인과관계가 있는 경우에 보험자의 보험금지급 책임이 발생한다.

※ 입증책임: 보험사고의 요건과 상해 사이의 인과관계에 대한 입증 책임은 보험금 청구권자가 부담한다.

3. 상해보험의 특징

상해보험은 제3보험 분야의 대표적인 보험으로서 제3보험의 전반적인 특징을 함께 가지고 있다.

1) 사람의 생명과 신체를 대상으로 하며, 금전으로 환산이 불가능하다.

따라서 **피보험이익이 존재하지 않는다.**

2) **보험금 지급 방식에서 실손보상방식과 정액급부방식을 모두 채택하여 보상한다.**

이는 상해보험의 담보 위험이 손해보험의 위험에 비해 범위가 넓기 때문이다.

♣ 실손보상방식: 피보험자가 입은 실질적 손해를 한도로 하는 방식

♣ 정액급부방식: 보험계약상의 약정금액 지급

3) 상해보험은 손해보험에서 생기는 초과 · 전부 · 일부 · 중복보험의 문제가 없으나, **정액급부와 실손보험으로 인한 위험을 모두 담보한다.**

4) 상해보험은 **보험자의 대위권이 제한된 범위 내에서 인정된다.**

이는 손해보상적 성격의 담보위험에 관해서는 보험수익자에게 부당이득이 발생하므로 도덕적 차원에서 보험자의 대위권이 인정된다.

상해보험의 경우 당사자 간에 다른 약정이 있는 때에는 피보험자의 권리를 해치지 아니하는 범위 안에서 보험자의 대위권이 인정되어 보험자는 그 권리를 행사할 수 있다(상법 제729조).

5) 상해보험은 인보험에 속하기 때문에 **보험계약자, 피보험자 및 보험수익자의 손해방지의무가 없다.**

6) 상해보험의 사망사고는 우연성, 급격성을 가진 외래의 **사고로서 사고의 발생 여부와 시기, 발생 형태가 불분명하다.**

이와 비교해 생명보험의 사망사고에서는 사망 그 자체는 확정되어 있고 발생 시기만이 불분명하다.

7) 보험가입금액과 보험가액

상해보험은 사람의 신체가 보험의 목적이므로 보험가입금액은 설정할 수 있으나, **보험가액의 개념은 존재하지 않는다.** 따라서 다수보험 가입(중복보험 가입)에 따른 비례보상을 하는 경우, 보험가액을 기준으로 비례보상하지 않고 회사의 보상한도액(즉, 보험가입금액)을 한도로 비례 보상한다.

8) 피보험자의 동의(상법 제731조 ① ,② , 제735조의 3)

타인의 사망을 보험사고의 대상으로 하는 경우는 타인(피보험자)의 동의를 얻어야 한다. 또한, 피보험자가 아닌 자에게 그 보험계약의 권리를 양도하는 경우에도 피보험자의 동의를 받아야 한다.

이는 상해보험에서도 동일하게 적용된다(단체보험은 생략 가능하다).

9) 보험수익자 지정(상법 제733조, 제734조)

보험계약자는 보험수익자를 지정 또는 변경할 권리가 있다. 보험계약자가 보험계약을 체결한 후 피보험자 이외의 자로 보험수익자를 지정 또는 변경하는 경우 피보험자의 동의를 받아야 하며 이를 보험자에게 통지하여야 한다.

10) 중대한 과실의 담보(상법 제732조의 2)

상법상 **사망을 보험사고로 한 계약에서는 중과실을 담보하도록 되어 있다.** 이에 의거하여 보험자는 보험계약자, 피보험자, 보험수익자의 중과실에 의한 사고에 대하여도 보상책임을 부담하여야 한다.

이는 상해보험에서도 동일하게 적용된다.

11) 상해보험의 기간은 원칙적으로 1년이며, **장·단기 계약이 가능하다.**

제2절. 상해보험의 개요

1. 보험료의 산출

상해보험에서의 보험료 산출은 직업 및 직무의 위험도를 감안하여 3개 등급으로 구분하여 보험료를 책정한다.

1) 직업등급: 1급, 2급, 3급
① 상해 1급: 직업이 비위험군(사무직근로자 등)이며 보험사고의 위험도 낮고, 보험료도 적다.
② 상해 2급: 직업이 항공기정비공 등이며 보험사고의 위험도 보통이고, 보험료도 보통이다.
③ 상해 3급: 직업이 위험군(영업용자동차 운전자 등)이며 보험사고의 위험도 높고, 보험료도 많다.

2) **보험료의 크기:** 1급 〈 2급 〈 3급

다만, 단체상해보험은 등급을 나누지 않고 단일률을 산출하여 적용(보험료를 단일하게 산출하여 적용)할 수 있다.

2. 보험금의 지급

1) 보험회사는 보험사고에 따른 보험금 청구 서류를 접수한 때에는 접수증을 교부하고, 서류를 접수한 날로 부터 3영업일 이내에 보험금을 지급한다.

2) 보험금 지급기일 초과가 명백히 예상되는 경우 구체적인 사유 및 보험금 지급 예정일을 피보험자 또는 보험수익자에게 즉시 통지하여야 하며, 보험금지급을 위한 추가 조사가 필요한 경우 피보험자 또는 보험수익자의 청구에 따라 보험회사가 추정하는 보험금의 50% 상당액을 가지급 보험금으로 지급한다.

3) 또한, 보험회사는 보험금지급 기일 내에 보험금을 지급하지 않았을 경우, 지급기일 다음날부터 지급일까지의 기간에 대하여 보험계약대출(약관대출) 이율을 연 단위 복리로 계산한 금액을 보험금에 더하여 지급한다. 그러나 보험계약자, 피보험자 또는 보험수익자의 책임 있는 사유로 지급지연이 된 경우, 그 해당기간에 대한 이자는 더하여 지급하지 않는다.

4) 보험계약자, 피보험자 또는 보험수익자는 계약 전 알릴 의무위반의 효과 및 보험금 지급사유 조사와 관련하여 의료기관 또는 국민건강보험공단, 경찰서 등 관공서에 대한 보험회사의 서면에 의한 조사 요청에 동의하여야 하며, 정당한 사유 없이 이에 동의하지 않을 경우 사실 확인이 끝날 때까지 보험회사는 보험금 지급지연에 따른 이자를 지급하지 않는다.

3. 상해보험계약의 효과

1) 생명보험계약의 준용

15세 미만자, 심신상실자 또는 심신박약자의 사망을 보험사고로 한 보험계약을 무효로 하는 제732조를 제외하고 생명보험에 관한 규정을 준용한다.

상해를 보험사고로 한 보험계약에서 사고가 보험계약자 또는 피보험자, 보험수익자의 중대한 과실로 인하여 생긴 경우에도 보험자는 보험금의 지급 책임을 면할 수 없다.

2) 보험자 대위의 문제

인보험에서는 원칙적으로 보험자 대위가 금지된다. 다만, 상해보험 경우에 보험계약자의 권리를 보험자가 대위하여 행사할 수 있다는 취지의 약정이 있는 경우에 한하여 보험자가 대위권을 행사할 수 있다.

이와 같은 약정이 없는 경우 피보험자가 제3자로부터 손해배상을 받더라도 보험자의 보험금 지급채무가 그대로 발생한다.

3) 보험금 지급의 책임

피보험자의 신체에 상해에 관한 보험사고가 발생하면 보험자는 해당 보험금의 지급 책임이 발생한다.

피보험자의 상해에 피보험자의 질병 또는 기왕증이 공동원인이 되어 상해에 영향을 미친 경우에도 사고로 인한 상해와 그 결과인 사망 또는 후유장해 사이에 인과관계가 인정되면 보험자는 보험금 지급 책임을 부담한다.

4) 면책사유

상해보험에서는 사망뿐만 아니라 단순 상해의 경우에도 보험계약자 등의 중과실로 인한 보험사고에 대하여 보험금 지급 책임을 면하지 못한다(제739조, 제732조의 2). 이를 근거로 상해보험에서 무면허운전 면책약관이나 음주운전 면책약관, 자동차보험 자기신체사고에서 안전벨트 미착용에 따른 감액 규정은 상법 제663조에 위반한다고 하여 무효라고 판시한 바 있다.

(대법원2014. 9. 4. 선고 2012다204808 판결, 대법원2013. 6. 28. 선고 2012다107051 판결의 판례 참고)

① 보통약관상의 면책위험

♣ 절대적(일반적)인 면책위험이다. ☞ 항상 면책

– 보통약관에서 면책으로 분류하는 위험

– 어떤 행위가 고의라 할지라도 그 원인이 피보험자의 입장에서 우연한 것이면 담보가능(긴급피난, 익명구조, 정당방위)

– 면책대상: 자살, 폭력, 뇌 질환, 형 집행, 천재지변, 전쟁위험 등

② 특별약관상의 면책위험

♣ 상대적인 면책위험이다. ☞ 별도 약관(추가보험료 지불)이 없을 시 면책

– 상해보험과 관련해 보통약관에서 면책으로 분류하는 위험을 추가로 담보하는 경우

– 면책대상: 익스트림 스포츠, 자동차 경기, 선박 탑승시의 사고 등

4. 상해보험에서 보상하는 손해

피보험자가 보험기간 중 우연하고도 급격한 외래의 사고로 신체(의수, 의족, 의안, 의치 등 신체보조 장구는 제외)에 입은 손해를 보상한다.

5. 상해보험에서 보상하지 않는 손해(보험회사의 면책사항)

상해보험에서 보상하지 않는 손해는 크게 원인의 직·간접을 불문하고 보상하지 않는(면책하는) 손해와 피보험자의 직업, 직무 또는 동호회 활동목적으로 약관상 열거된 행위로 인하여 발생한 손해로 분류된다. 실손의료보험(상해입원 및 상해통원)의 경우 보상하지 않는 손해가 추가로 존재한다.

1) 원인의 직·간접을 불문하고 보상하지 않는 손해(면책사항)

① 피보험자가 고의로 자신을 해친 경우. 다만, 피보험자가 심신상실 등으로 자유로운 의사결정을 할 수 없는 상태에서 자신을 해친 경우에는 보험금을 지급한다.

② 보험수익자가 고의로 피보험자를 해친 경우. 다만, 그 보험수익자가 보험금의 일부를 받는 자인 경우에는 그 보험수익자에 해당하는 보험금을 제외한 나머지 보험금을 다른 보험수익자에게 지급한다.

③ 계약자가 고의로 피보험자를 해친 경우

④ 피보험자(보험대상자)의 임신, 출산(제왕절개 포함), 산후기. 그러나 회사가 보장하는 보험금 지급 사유로 인한 경우에는 보험금을 지급한다.

⑤ 전쟁, 외국의 무력행사, 혁명, 내란, 사변, 폭동 등의 경우

(※ 천재지변(지진 포함)으로 인한 상해는 보상한다.)

2) 피보험자의 직업, 직무 또는 동호회 활동목적으로 생긴 행위로 인한 손해

① 전문등반(전문적인 등산용구를 사용하여 암벽 또는 빙벽을 오르내리거나 특수한 기술, 경험, 사전훈련을 필요로 하는 등반을 말한다), 글라이더 조종, 스카이다이빙, 스쿠버다이빙, 행글라이딩, 수상보트, 패러글라이딩

② 모터보트, 자동차 또는 오토바이에 의한 경기, 시범, 흥행(이를 위한 연습을 포함) 또는 시운전(다만, 공용도로상에서 시운전을 하는 동안 보험금 지급사유가 발생한 경우에는 보장함)

③ 선박승무원, 어부, 사공, 그 밖에 선박에 탑승하는 것을 직무로 하는 사람이 직무상 선박에 탑승하고 있는 동안은 면책사항이다.

3) 기타 사항: 실손의료비 상해입원 및 상해통원 보장상품

① 치과치료·한방치료에서 발생한 비급여 의료비

② 국민건강보험법, 의료급여법에 의해 사전 또는 사후에 환급이 가능한 의료비 금액

③ 건강검진, 예방접종, 인공유산(※ 회사가 부담하는 상해 치료를 목적으로 인한 경우에는 보상한다.)

④ 영양제, 비타민제, 호르몬투여, 보신용 투약, 친자 확인을 위한 진단, 불임검사, 불임 수술, 불임복원술, 보조생식술, 성장 촉진 등에 소요된 비용

⑤ 의치, 의수족, 의안, 안경, 콘택트렌즈, 보청기, 목발, 팔걸이, 보조기 등 진료 재료의 구입

및 대체 비용

⑥ 외모개선 목적의 치료로 인하여 발생한 의료비

⑦ 진료와 무관한 제비용(TV시청료, 전화료, 각종 증명료 등), 의사의 임상적 소견과 관련이 없는 검사 비용

⑧ 자동차보험(공제 포함) 또는 산재보험에서 보상받는 의료비

⑨ 해외소재 의료기관에서 발생한 의료비

⑩ 피보험자가 정당한 이유 없이 입원 또는 통원기간 중 의사의 지시에 따르지 않아 악화된 경우 악화된 부분

제3절. 위험변경증가의 통지의무와 계약해지(상법 제652조)

(피보험자의 직업·직무 변경 통지의무)

① 보험기간 중에 보험계약자 또는 피보험자가 사고발생의 위험이 현저하게 변경 또는 증가된 사실을 안 때에는 지체 없이 보험자에게 통지하여야 한다. 이를 해태한 때에는 보험자는 그 사실을 안 날로부터 1개월 내에 한하여 계약을 해지할 수 있다.

② 보험자가 제1항의 위험변경증가의 통지를 받은 때에는 1개월 내에 보험료의 증액을 청구하거나 계약을 해지할 수 있다. [신설 1991.12.31]

♣ 직업 · 직무변경 통지의무 위반으로 보험금 지급이 제한될 수 있는 사례
① 회사원 A씨는 사무직에서 공장생산직으로 직무가 전환된 후, 작업 중 기계에 손을 다치는 사고 발생
② B씨는 보험가입 당시 사무직으로 직업을 고지하였으나, 이후 농업종사자로 직업을 변경한 후 농기계 운전 중 사고 발생
③ 무직자였던 C씨는 상해보험에 가입하고 몇 달이 경과한 상태에서 생계를 위하여 택시운전 기사로 일하던 중 교통사고 발생
※ 상기 예시는 직업 · 직무 급수 변경 여부, 가입담보 등에 따라 다를 수 있음.

출처: 생명보험협회 자료

1. 피보험자의 위험변경증가의 통지의무(보험실무)

♣ 보험계약자는 보험기간 중에 피보험자의 직업이나 직무가 변경 시에 보험자에게 통지의무가 있다.

즉, 보장성보험 성격인 상해보험의 계약자나 피보험자가 사고발생의 위험이 현저하게 변경 또는 증가 시에 보험사고 위험에 큰 영향을 미치므로 보험회사에 지체 없이 통지해야 한다는 뜻이다.

1) 직업이 변경되면 보험료와 보장범위가 달라질 수 있다.

상해보험은 직업·직무의 성격에 따라 사고발생 위험이 달라지므로 직업·직무별로 구분하여 보험요율을 산출한다. 위험한 직업·직무로 변경 시에 사고발생 위험도가 증가하므로 보험계약자가 납입해야 할 보험료가 높아지며, 반대로 위험성이 낮은 직업·직무로 변경된 경우 납입할 보험료가 낮아진다.

직업별 위험등급은 총 5등급으로 구분되며 등급에 따라 3단계로 위험률을 차등 적용하고 있다.

2) 위험한 직업·직무로 변경 시 보험회사에 알려야 한다.

보험기간 중 사고발생 위험이 현저하게 변경 또는 증가된 때 보험계약자 또는 피보험자는 그 사실을 보험회사에 통지할 의무를 규정하고 있으므로 피보험자의 직업이 상대적으로 위험한 직종으로 변경된 경우에 보험계약자 또는 피보험자는 이를 보험회사에 통지해야 한다.

3) 통지의무 불이행시 보험금을 받지 못할 수 있다.

보험계약자 또는 피보험자가 직업·직무의 변경사실을 알리지 않은 경우, 보험사고 발생 시 변경된 직업급수에 비례하여 보험금이 삭감될 수 있다. 또한 직업·직무 변경 통지를 게을리한 경우 보험회사는 그 사실을 안 날로부터 1개월 내에 보험료의 증액을 청구하거나 보험계약을 해지할 수 있다(해지 시 해지환급금 지급).

4) 변경사실은 반드시 보험회사에 대하여 통지해야 하며, 보험설계사에게 알린 것만으로는 효력이 없다.

보험계약자 또는 피보험자는 직업·직무 변경 시 지체 없이 그 사실을 보험회사에 통지하여야 하며, 추후 분쟁의 소지를 방지하기 위해서는 서면 등으로 변경 통지하고 보험증권에 확인을 받아 두는 것이 안전하다. 또한 보험설계사는 보험계약의 체결을 중개하는 사람으로 보험회사를 대리하여 통지를 수령할 권한이 없으므로, 직업·직무 변경 사실을 보험설계사에게 알렸다고 하더라도 법적 효력이 없다.

5) 변경된 직업과 관계없이 발생한 사고는 변경사실을 통지하지 않았더라도 보상받을 수 있다.

보험계약자 또는 피보험자가 직업·직무 변경 사실을 알리지 않고 있던 중 보험사고가 발생하였더라도 그 사고가 변경된 직업·직무와 관계가 없는 경우(예: 일상생활 중 사고)에는 보험금이 삭감되지 않고 전액 지급된다.

2. 위험변경증가의 통지의무 관련 상품요약서

▣ 피보험자의 위험변경증가의 통지의무 관련 상품요약서(예시)

1. 계약을 체결한 후 피보험자가 그 직업 또는 직무를 변경(계약을 체결할 당시의 직업 또는 직무의 변경 없이 새로운 직업 또는 직무에 추가로 종사하게 된 경우와 자가용 운전자가 영업용 운전자로 직업 또는 직무를 변경하는 등의 경우를 포함합니다)하거나 이륜자동차 또는 원동기장치자전거를 계속적으로 사용하게 된 경우에는 즉시 서면으로 회사에 알리고 보험증권에 확인을 받아야 합니다.

2. 회사는 피보험자의 직업 또는 직무가 변경되어 피보험자의 위험이 변경된 경우에는 다음과 같이 처리하며 계약자는 변경 후 직업 또는 직무 위험등급에 해당하는 보험료를 납입하여야 합니다.

   ① 위험이 감소된 경우에는 보험료 및 책임준비금 산출방법서(이하 "산출방법서")에 정한 방법에 따라 계산된 금액을 회사가 안 날부터 3영업일 이내에 돌려드립니다(다만, 통지된 내용에 대하여 확인이 필요한 경우에는 서면통지를 받은 날부터 10영업일 이내에 돌려드립니다).

   ② 위험이 증가된 경우에는 서면통지를 받은 날 또는 회사가 안 날부터 1개월 이내에 산출방법서에 정한 방법에 따라 계산된 금액을 추가로 청구합니다.

3. 위험이 증가하였음에도 불구하고 약관에서 정한 금액을 추가로 납입하지 않고 보험사고가 발생한 경우, 회사는 약관에 정한 방법에 따라 보험금을 변경 전·후의 직종위험등급별 위험지수 비율로 삭감하여 지급합니다. 다만, 보험금 지급사유 발생이 직업 또는 직무의 변경과 관계가 있음을 회사가 증명하지 못할 경우에는 보험금을 삭감하여 지급하지 않습니다.

4. 계약을 체결한 후 직업 또는 직무의 변경으로 피보험자의 위험이 현저하게 변경 또는 증가하였음에도 직업 또는 직무의 변경 통지를 하지 않은 경우에는 회사는 보험금 지급사유 발생여부와 상관없이 그 사실을 안 날부터 1개월 이내에 이 계약을 해지할 수 있습니다. 이 경우 회사는 해지환급금을 지급합니다.

   위험이 현저하게 증가한 경우란 변경된 피보험자의 직업 또는 직무 변경이 계약의 인수 및 유지에 영향을 미칠 수 있는 경우를 말합니다.

5. 피보험자가 2가지 이상의 직업 또는 직무에 종사하고 있는 경우에는 그중 높은 위험의 직업 또는 직무를 적용합니다.

출처: 생명보험협회 자료

제4절. 상해보험 상품 및 보험금의 종류

1) 서설(序說)

♣ 상해보험의 상품은 정액보장 상품과 실손보장 상품이 있으며, 보험금의 종류 및 보장/보상 내용은 아래에 기술한다.

손해보험회사와 생명보험회사의 일반적인 상해보험의 종류는 주로 보장/보상하는 내용에 따라 실손의료비보장형(상해입원, 상해통원), 상해사망, 상해후유장해, 상해진단비, 상해입원비, 상해수술비, 일반재해보장형, 교통사고보장형, 각종 레포츠사고보장형 등 다양한 종류가 있으며, 만기환급금의 유무에 따라 순수보장형과 만기환급형으로 구분된다. 또한, 각종 선택 특약부가를 통해 비급여 치료비, 비급여 주사료, 비급여 진단비, 상해로 인한 수술, 입원, 생활보조금의 지급 등의 추가보장이 가능하다.

제3보험에는 상해보험, 질병보험, 간병보험이 있는데, 상해보험도 사람의 신체에 대한 보험이므로 정액보상 특성의 생명보험에 해당되나, 실손보상 특성의 손해보험인 비용손해와 의료비 등 실손보상적 급부를 보상한다는 측면에서는 손해보험으로도 볼 수 있다.

2) 주요 보장내용

제3보험(상해·질병·간병보험)은 손해보험의 실손보상적 특성과 생명보험의 정액보상적 특성을 동시에 갖고 있는 보험을 의미하고, 손해보험이나 생명보험 두 분야 중 어느 한 분야에 속했다고 보기 어려운 보험을 말하는데, 상해보험의 주요 보장내용은 생·손보 각 회사의 상품마다 다르지만 일반적인 주요 보장 내용은 아래의 1, 2와 같다.

아래 1, 2의 사례는 생·손보회사에서 판매하는 상해보험의 주요 보장내용을 다룬 것이며, 생명보험회사의 상해보험에는 감염병 예방법 제2조 제2호에 따른 1급 감염병까지 보장하는 '재해'를 보장하므로 손해보험회사의 상해보험과 비교하여 보장범위가 넓다.

또한, 생·손보회사의 각 상해보험은 계약자의 선택에 따라 주계약에 부가해서 판매하는 특약(특별약관)에 의하여 추가로 보장을 받을 수 있다.

1. 생보 상해보험의 주요 보장내용(정액보장 상품)

1) 상해의 개념

상해보험에서 말하는 신체의 상해란 몸에 상처를 입는 부상보다는 넓은 의미로 쓰이며, 반드시 외관상 분명한 상처자국을 남기는 것에 한정하지 않고 상해로 인한 사망 또는 상해로 인한 신체의 장해 등을 포함한다. 생명보험회사에서 상해보험을 판매하지만, 상해보험 내용은 상해의 개념에 일부 감염병[33]의 보장을 더한 재해를 보장하고 있다.

---

33) 감염병의 예방 및 관리에 관한 법률('감염병 예방법') 제2조 제2호에서 규정한 감염병

2) 주요 보장내용

상해보험의 주요 보장내용(실손의료비보장형, 일반재해보장형, 교통사고보장형, 각종 레포츠사고보장형, 기타 등)은 상품마다 다르지만 일반적인 보장내용은 아래와 같다. 아래의 사례는 생명보험회사에서 판매하는 상해보험의 주요 보장내용을 다룬 것이며, 상해보험에 감염병 예방법 제2조 제2호에 따른 1급 감염병까지 보장하는 '재해'를 보장하므로 손해보험회사의 상해보험과 비교하여 보장범위가 넓다.

▣ 상해보험의 주요 보장내용
① 재해사망보험금
  피보험자가 보험기간 중 발생한 재해·상해를 직접적인 원인으로 사망하였을 경우에 보상
② 재해장해급여금
  피보험자가 보험기간 중 발생한 재해·상해를 원인으로 장해분류표에서 정한 각 장해지급률에 해당하는 장해상태가 되었을 경우에 보상
③ 재해수술급여금
  피보험자가 보험기간 중 재해분류표에서 정하는 재해·상해를 직접적인 원인으로 수술을 받았을 경우에 보상
④ 재해입원급여금
  피보험자가 보험기간 중 재해·상해로 인한 직접치료를 목적으로 입원하였을 경우에 보상.
⑤ 만기환급금(만기환급형인 경우)
  보험기간이 끝날 때까지 피보험자가 살아 있는 경우에 보상
⑥ 특약(특별약관)
  생명보험회사의 각 상해보험은 계약자의 선택에 따라 주계약에 부가하여 추가로 보장/보상 한다
  ※주요 특약 내용: 상해로 인한 수술, 입원, 생활보조금의 지급, 기타 등

---

3) 상해보험 주요 보장내용(예시)

생명보험회사에서 일반적으로 판매하는 상해보험의 주요 보장내용을 다룬 것이며, 각 회사별로 보장/보상은 차이가 있다. 즉, 상해보험의 주요 보장내용은 각 회사의 상품마다 조금씩 다르지만 일반적인 보장내용은 아래와 같다.

구 분	보장내용(지급사유)	보상한도(지급금액)
대중교통 사망보험금	피보험자가 보험기간 중에 '대중교통 이용 중 교통사고'를 직접적인 원인으로 사망하였을 때	3억 원
교통재해 사망보험금	피보험자가 보험기간 중 '대중교통 이용 중 교통사고' 이외의 교통재해로 인하여 사망하였을 때	1억 5천만 원
일반재해 사망보험금	피보험자가 보험기간 중 '교통재해 이외의 재해'로 인하여 사망하였을 때	1억 5천만 원 ×해당 장해지급률

대중교통 장해보험금	피보험자가 보험기간 중 동일한 '대중교통 이용 중 교통사고'로 장해분류표에서 정한 각 장해지급률에 해당하는 장해상태가 되었을 때	1억 5천만 원 ×해당 장해지급률
교통재해 장해보험금	피보험자가 보험기간 중 '대중교통 이용 중 교통사고' 이외의 동일한 교통재해로 장해분류표에서 정한 각 장해지급률에 해당하는 장해상태가 되었을 때	6천만 원 ×해당 장해지급률
일반재해 장해보험금	피보험자가 보험기간 중 '교통재해 이외의 동일한 재해'로 장해분류표에서 정한 각 장해지급률에 해당하는 장해상태가 되었을 때	3천만 원 ×해당 장해지급률
중대한 재해수술비	피보험자가 보험기간 중 재해를 직접적인 원인으로 중대한 재해수술[34]을 받았을 때	300만 원 (수술 1회당)
재해수술비	피보험자가 보험기간 중 재해로 인하여 그 치료를 직접적인 목적으로 수술을 받았을 때	100만 원 (수술 1회당)
재해골절 치료비	피보험자가 보험기간 중 발생한 재해를 직접적인 원인으로 재해골절(치아파절 제외) 상태가 되었을 때	30만 원 (발생 1회당)

출처: 생명보험협회 자료

4) 상해보험의 일반적 가입조건

생·손보회사의 각 상해보험의 보험기간은 일반적으로 1년 이상이며 회사별로 차이가 있지만 가입대상 및 연령은 일부 위험직을 제외하고 65세~75세까지 가입이 가능하다.

상해보험의 경우 주보험에는 질병사망을 부가할 수 없고 특약을 통해서만 질병사망을 보장할 수 있다. 상해보험에서 보장하지 않는 원인에 의한 사망으로 피보험자가 사망한 경우(예: 암으로 사망)에는 책임준비금을 지급하고 보험계약이 소멸하게 된다. 또한, 상해보험은 직업별 위험률이 적용되어 위험직업과 비위험직업 간에 상이한 위험률이 적용되는 직종별 위험등급체계가 적용되고 있다.

5) 상해보험의 상품설계

일반적으로 상해보험은 보험사고가 우발적인 외래의 원인으로 발생하므로 연령별로 위험률을 구분하지 않고 산출할 수 있다. 즉 상해보험계약과 같이 사고발생 위험성의 연령별 차이가 미미할 것으로 일반적으로 인정되는 경우 단일률, 군단율을 이용하여 보험료를 산출할 수 있다.

---

34) 재해에 의한 개두수술, 개흉수술 및 개복수술

2. 손보 상해보험의 주요 보장내용(정액보장 상품)

주요 보장내용은 실손의료비보장형, 상해사망, 상해후유장해, 상해진단비, 상해입원비, 상해수술비, 교통상해보험, 단체상해보험, 기타 등이다.

1) 사망보험금

보험회사는 피보험자가 보험기간 중에 상해의 직접 결과로써 사망한 경우(질병으로 인한 사망은 제외) 보험가입금액을 보험수익자에게 사망보험금으로 지급한다. '사망'은 보험기간에 다음 어느 하나의 사유가 발생한 경우를 포함한다.

① 실종 선고를 받은 경우는 법원에서 인정한 실종 기간이 끝나는 때에 사망한 것으로 본다.

② 관공서에서 수해, 화재나 그 밖의 재난을 조사하고 사망한 것으로 통보하는 경우는 가족관계 등록부에 기재된 사망연월일을 기준으로 한다.

2) 후유장해보험금

'장해'라 함은 상해 또는 질병에 대하여 치유된 후 신체에 남아 있는 영구적인 정신 또는 육체의 훼손 상태 및 기능상실 상태를 말한다. 다만, 질병과 부상의 주증상과 합병증상 및 이에 대한 치료를 받는 과정에서 일시적으로 나타나는 증상은 장해에 포함되지 않는다.

① 피보험자가 보험기간 중 진단 확정된 상해로 장해분류표에서 정한 각 장해지급률에 해당하는 장해 상태가 되었을 때 후유장해보험금(장해분류표에서 정한 지급률을 보험가입금액에 곱하여 산출한 금액)을 지급한다.

② 다만, 영구히 고정된 증상은 아니지만 치료 종결 후 한시적으로 나타나는 장해에 대하여는 그 기간이 5년 이상인 때에는 해당 장해 지급률의 20%를 보험가입금액에 곱하여 산출한 금액을 지급한다.

③ 후유장해보험금 지급을 위한 장해지급률이 상해 발생일로부터 180일 이내에 확정되지 아니한 경우에는 상해 발생일로부터 180일이 되는 날의 의사 진단에 기초하여 고정될 것으로 인정되는 상태를 장해 지급률로 결정한다.

④ 다만, 장해 지급률이 결정된 이후 보장을 받을 수 있는 기간(계약의 효력이 없어진 경우에는 보험기간이 10년 이상인 계약은 상해 발생일 또는 질병의 진단 확정일로부터 2년 이내로 하고, 보험기간이 10년 미만인 계약은 상해 발생일 또는 질병의 진단 확정일부터 1년) 중에 장해상태가 더 악화되는 경우에는 그 악화된 장해상태를 기준으로 장해지급률을 결정하되 장해분류표에 장해판정 시기가 별도로 정해진 경우에는 그에 따른다.

⑤ 장해분류표에 해당하지 않는 후유장해는 피보험자의 직업, 연령, 신분 또는 성별 등에 관계없이 신체의 장해 정도에 따라 장해분류표의 구분에 준하여 지급액을 결정한다. 다만, 장해분류표의 각 장해분류별 최저 지급률 장해 정도에 이르지 않는 후유장해에 대하여는 후유장해보험금을 지급하지 않는다.

■ **손해 보상한 후의 계약**

① 상해보험의 경우, 상해사망 발생 시 사망보험금 지급 후 해당 계약은 소멸된다.

② 동일한 질병 또는 상해로 두 가지 이상의 후유장해가 생긴 경우에는 후유장해지급률을 합산하여 지급한다.

③ 동일한 신체 부위에 장해분류표상의 2가지 이상의 장해가 발생한 경우에는 합산하지 않고 그 중 높은 지급률을 적용한다. 다만, 장해분류표의 각 신체부위별 판정기준에서 별도로 정한 경우에는 그 기준을 따른다.

④ 상해후유장해 담보의 경우, 다른 상해로 인하여 후유장해가 2회 이상 발생하였을 경우에는 그 때마다 이에 해당하는 후유장해지급률을 결정한다. 그러나 그 후유장해가 이미 후유장해보험금을 지급받은 동일한 부위에 가중된 때에는 최종 장해상태에 해당하는 장해지급률에서 이미 지급받은 후유장해보험금에 해당하는 장해 지급률을 차감하여 장해지급률을 결정한다. 다만, 장해분류표의 각 신체부위별 판정기준에서 별도로 정한 경우에는 그 기준에 따른다.

⑤ 상해후유장해 담보의 경우, 상해사망 발생 시 보험료 및 책임준비금산출방법서에서 정한 책임준비금을 지급한 후 해당 담보는 소멸된다.

출처: 손해보험협회 자료

3) 진단보험금, 입원보험금, 수술보험금, 간병보험금 등

보험기간 중 진단 확정된 상해로 입원, 통원, 요양, 수술 또는 수발(간병)이 필요한 상태가 되었을 때 지급한다. 단, 정액보상은 중복계약과 관계없이 보험금을 중복하여 지급한다.

① 상해 진단비

피보험자가 상해보험 보장개시일 이후에 특정 상해상태를 진단받은 경우 진단비를 지급하며 특정 상해에 대해 별도의 약정금액을 지급할 수 있다.

② 입원급여금(또는 요양급여금)

피보험자가 보험기간 중에 상해를 입고 그 직접 결과로써 생활기능(또는 업무능력)에 지장을 가져와 입원하여 치료를 받은 경우 입원 1일당 보험가입금액(상해입원일당)을 보험자에게 지급한다. 다만, 상해 입원일당(1일 이상)의 지급일수는 1회 입원당 180일을 한도로 한다. 이 경우 피보험자가 동일한 상해의 치료를 직접 목적으로 2회 이상 입원한 경우 이를 1회 입원으로 보아 입원일수를 더하고 피보험자가 보장개시일(책임개시일) 이후 입원하여 치료를 받던 중 보험기간이 끝났을 때에도 퇴원하기 전까지의 계속 중인 입원에 대하여는 상해 입원일당(1일 이상)을 계속 보상한다.

피보험자가 정당한 이유 없이 입원기간 중 의사의 지시를 따르지 아니한 때에는 보험회사는 입원급여금의 전부 또는 일부를 지급하지 않는다.

단, 정액보상은 중복계약과 관계없이 보험금을 중복하여 지급한다.

③ 수술급여금

피보험자가 보험기간 중에 상해를 입고 그 직접적인 결과로써 치료를 직접목적으로 수술을 받은 경우 미리 정한 보험가입금액을 수술비(수술급여금)로 보험수익자에게 지급한다. 수술비는 사고 마다 지급하나, 동일한 상해를 직접적인 원인으로 동시에 2가지 이상 또는 2회 이상의 수술을 받은 경우에는 1회에 한하여 보상한다.

3. 생·손보의 실손의료보험(실손보장 상품)

> ※ 제6편의 제5장 실손의료보험에서 실손의료보험 분야의 내용을 상세히 집필 및 수록한다.(p. 478)
> 그 사유는 ① 실손의료보험의 모든 분야를 일목요연(一目瞭然)하게 체계적으로 교재 내용을 편성하기 위한 목적이며, ② 상해보험과 질병보험의 실손의료보험 공통분야를 감안하여 본(本) 교재의 페이지(page) 수를 효율적으로 줄이기 위함이므로 양해 및 참고하기 바란다.

4. 실손형보험과 정액형보험의 차이

실손형은 입원 또는 통원을 통해 치료를 받았을 때, 실제로 본인이 지출한 의료비를 보험가입금액 한도 내에서 지급하는 보험이며, 정액형은 치료비 규모와 상관없이 보험사고가 발생하면 계약당시 보상하기로 약정한 금액을 보험금으로 지급하는 보험이다.

■ 실손형보험과 정액형보험의 차이점

구 분	실손보험	정액보험
보험목적	실제발생 비용손해(금액으로 측정 가능)	질병 또는 재해(금액으로 측정 부적절)
보상금액	일정한도 내에서 실제 부담한 금액	사전에 약정한 금액
보상범위	포괄주의(보상하지 않은 항목 열거)	열거주의(보상하는 항목 열거)
다수계약 가입 시 처리	각 계약의 지급액 합이 실제로 부담한 금액을 초과하지 않도록 비례보상	중복에 관계없이 각 계약의 사전 약정 금액을 보상

제5절. 기타 상해위험 보장관련 상품

(독립상품 또는 특약으로 운영함.)

1. 교통상해

　교통상해(운전자형)는 피보험자가 보험기간 중에 다음의 1) ～ 3) 중 어느 한 가지에 해당되는 사유가 발생한 경우에 보험금을 지급한다.
　1) (자동차 운전 중 교통사고) 자동차를 운전하던 중에 발생한 급격하고도 우연한 자동차 사고
　2) (탑승 중 교통사고) 운행 중인 자동차에 운전을 하고 있지 않는 상태로 탑승 중이거나 운행 중인 기타교통수단에 탑승(운전을 포함)하고 있을 때에 발생한 급격하고도 우연한 외래의 사고
　3) (비탑승 중 교통사고) 운행 중인 자동차 및 기타교통수단에 탑승하지 아니한 때 발생 한 운행 중인 자동차 및 기타 교통수단(적재물을 포함)과의 충돌, 접촉 또는 이들 자동차 및 교통수단의 충돌, 접촉, 화재 또는 폭발 등의 교통사고

　한편, 교통상해(비운전자형)는 피보험자가 보험기간 중에 다음의 (1)～(2) 중 어느 한 가지의 경우에 해당되는 사유가 발생한 경우에 보험금을 지급한다.
　(1) (탑승 중 교통사고) 운행 중인 자동차에 운전을 하고 있지 않는 상태로 탑승 중이거나 운행 중인 기타교통수단에 탑승(운전을 포함함)하고 있을 때에 발생한 급격하고도 우연한 외래의 사고.
　(2) (비탑승 중 교통사고) 운행 중인 자동차 및 기타교통수단에 탑승하지 아니한 때 발생한 운행 중인 자동차 및 기타교통수단(적재물을 포함함)과의 충돌, 접촉 또는 이들 자동차 및 기타교통수단의 충돌, 접촉, 화재 또는 폭발 등의 교통사고.

　교통상해(운전자형 및 비운전자형)에서 시운전, 경기 또는 흥행(연습포함)을 위하여 운행 중의 자동차 및 기타 교통수단에 탑승(운전 포함)하고 있는 동안 발생한 손해, 하역작업을 하는 동안 발생되는 손해, 자동차 및 기타 교통수단의 설치, 수선, 점검, 정비, 청소 작업을 하는 동안 발생되는 손해, 건설기계 및 농업기계가 작업기계로 사용되는 동안 발생되는 손해는 보상하지 않는다.

2. 교통사고 관련 주요 상해담보(주계약 또는 특약)

1) 휴일(주말) 교통상해

　피보험자가 사고발생지의 토요일, 법정공휴일(일요일 포함) 또는 근로자의 날 등 약관에서 정한 날에 교통상해를 입고 그 직접 결과로써 발생한 사망, 후유장해를 보상한다. 보험책임의 시기는 사고발생지의 표준시를 기준으로 보험가입증서(보험증권)에 기재된 보험기간 내의 토요일, 법정공휴

일(일요일 포함), 근로자의 날 등의 0시이며, 보험책임의 종기는 보험책임시기일의 24시까지이다.

※ 상품에 따라 보장대상 일에 금요일이 포함된다(예: 신주말교통상해).

2) 대중교통이용 중 교통상해

피보험자가 운행 중인 대중교통수단에 탑승 중(운전을 제외) 일어난 교통사고, 대중교통수단에 탑승 목적으로 승·하차 하던 중 일어난 교통사고, 대중교통수단의 이용을 위해 승강장 내 대기 중 일어난 교통사고로 인한 상해손해를 보상한다.

3) 뺑소니·무보험차 상해보험

피보험자가 보험기간 중 뺑소니 사고 또는 무보험차에 의한 사고로 신체(의수, 의족, 의안, 의치 등 신체보조 장구는 제외하나, 인공장기나 부분 의치 등 신체에 이식되어 그 기능을 대신할 경우는 포함함)에 입은 상해를 보상한다.

뺑소니 사고는 피보험자가 보유 불명의 자동차에 의한 사고로 상해를 입고 경찰서에 뺑소니 사고로 신고되어 자동차손해배상보장법상의 보유불명 자동차에 의한 사고로 손해배상금을 받을 수 있는 경우를 말하며, 무보험자동차에 의한 사고는 피보험자가 자동차손해 배상보장법상의 자동차보험(공제포함) 대인배상II에 미가입한 자동차에 의해 상해를 입음으로써 손해배상청구권이 발생되는 사고를 말한다.

그러나 피보험자가 자동차를 영업 목적으로 운전하던 중 발생한 사고는 보상하지 않으며, 가해 자동차가 2대 이상인 경우에는 그 전부가 무보험자동차일 때에 한하여 보상한다.

3. 단체상해보험

1) 단체의 종류

구 분	종 류
1종 단체(급여단체)	동일한 회사, 사업장, 관공서, 국영기업체, 조합 등 5인 이상의 근로자를 고용하고 있는 단체
2종 단체(법정단체)	비영리법인단체 또는 변호사회, 의사회 등 동업자 단체로서 5인 이상의 구성원이 있는 단체
3종 단체(규약단체)	단체의 구성원이 명확하여 계약의 일괄적인 관리가 가능한 단체로서 5인 이상의 구성원이 있는 단체

출처: 현대해상보험(주) 자료

2) 피보험자의 변경

단체계약을 맺은 후 피보험자를 증가, 감소, 교체하고자 하는 경우에는 계약자는 피보험자의 동의 및 보험회사의 승낙을 얻어 피보험자를 변경할 수 있다.

3) 단체보험에서의 타인사망 계약

타인의 사망을 보험사고로 하는 보험계약에는 보험계약 시 타인의 서면에 의한 동의를 얻어야 하나(상법 제731조), 단체상해보험의 경우에는 타인의 서면에 의한 동의를 생략할 수 있다(상법 제735조의 3).

제3장
질병보험

제1절. 질병보험의 개념

1. 질병보험의 의의

질병보험은 사람의 질병 또는 질병으로 인한 입원·수술 등의 위험(질병으로 인한 사망을 제외함)에 대해 금전 및 그 밖의 급여를 지급할 것을 약속하고 대가를 수수하는 보험(계약)을 말한다.

또한, 질병보험계약은 보험자가 피보험자의 질병에 관한 보험사고가 발생할 경우 보험금이나 그 밖의 급여를 지급할 것을 목적으로 하는 인보험계약을 말한다(제739조의 2).

즉, 질병보험은 피보험자가 보험기간 중에 질병에 걸리거나 질병으로 인한 입원, 수술 등의 위험을 보장하는 보험으로서, 신체의 기능장해 또는 건강의 손상에 따른 경제적 손실을 보상하는 보험을 말한다. 질병은 신체에 일시적 또는 계속적 장해를 일으켜 정상적인 기능을 할 수 없는 상태를 말하고, 신체 내재적 원인에 의한 신체결함 상태이다. 질병은 원인이 신체에 내재함으로써 피보험자의 조직 장기 또는 체질이 다른 일반인과 비교해서 상대적으로 정상이 아닌 상태가 존재하는 것이며 그중 어느 부분이 원인이 되어 결과적으로 건강이 훼손된 상태를 의미한다. 질병의 경우 상해와 달리 외래성이 인정되지 않는다.

질병보험의 종류는 암보험, CI보험(치명적인 질병보험), 치아보험, 어린이보험, 실손의료보험 등이 있으며, 현재 생명보험회사/손해보험회사들은 질병 관련 상품을 세분화하여 다양한 주계약 및 특약 형태로 판매하고 있다.

1) 질병보험 시장의 변화 요인
① 인구고령화의 진행
평균수명의 연장으로 노인인구가 급증하고 있으며, 노인성 질환의 발생이 증가하고 질병기간이 장기화됨에 따라 질병보험의 종류 및 급부방식이 변화하고 있다.

② 질병형태의 변화

사회경제적 발전과 글로벌 환경 변화에 따른 생활양식의 서구화 등으로 질병형태가 변화하고 있으며, 이러한 변화는 새로운 의료비 발생을 초래하여 의료비 증가의 주요인으로 작용한다.

③ 상품개발 트렌드

1998년 IMF 이후 주력으로 판매했던 종신보험 시장이 포화됨에 따라 점차 다양한 질병 중심의 제3보험 시장으로 전환되고 있으며, 최근에는 납기 동안 기존 일반형 상품 대비 해지환급률을 낮춘 저·무해지 상품이 많이 출시되었다.

2) 질병보험의 성격

① 사람의 신체에 발생하는 질병을 담보하는 보험으로서 인보험적 성격을 가진다.

② 실손의료비와 같이 질병의료비를 담보하는 보험은 손해보험의 특징을 겸하기도 한다.

③ 보험업법 제4조는 질병보험을 제3보험으로 분류하여 생명보험회사, 손해보험회사가 모두 영위할 수 있다(생명보험 및 상해보험에 관한 규정을 준용한다).

즉, 생명보험회사, 손해보험회사 모두 판매하는 영역이며, 사실 질병보험은 인보험의 일종이나 실손보상적 보험을 보장하고자 한 경우는 손해보험사도 판매하고 있다.

3) 보험사고

피보험자가 질병으로 인하여 진단, 입원, 수술 등을 시행한 시점이 된다.

진단은 진단이 확정된 시점, 암 진단은 조직검사 보고일, 입원은 입원한 때, 수술은 수술한 때가 보험사고일이다.

4) 상해보험 vs 질병보험

① 상해보험: 급격, 우연, 외래적 사고에 의한 신체의 손상을 보상.

예) 운동 중 사고, 운전 중 사고, 직업관련 작업 중의 사고

② 질병보험: 신체의 내재적 원인에 의한 신체의 손상을 보상.

예) 암, 뇌질환, 심장질환, 노후의 관련된 신체적 손상

5) 한국표준질병사인분류(KCD)

보험실무에서는 질병의 동일성 여부를 판단하기 위해 한국표준질병사인분류 체계를 인용하고 있다.

즉, 현증이 같더라도 그 원인에 따라 한국표준질병사인분류 코드로 특정질병의 여부를 판단한다.

6) 보험자의 책임

질병보험계약의 보험자는 피보험자의 질병에 관한 보험사고가 발생할 경우 보험금이나 그 밖의 급여를 지급할 책임이 있다(상법 제739조의 2).

2. 질병사망보험의 특수성

1) 상품요건

질병사망보험은 특별약관으로만 운영 가능(기본 계약에서 보통약관으로 운영 불가)하며, 피보험자가 질병으로 인하여 특별약관의 보험기간 중에 사망한 경우 특별약관의 보험가입금액을 보험금으로 보험수익자(수익자가 없을 때는 피보험자의 상속인)에게 지급한다.

2) 질병사망 담보의 특징

손해보험사가 판매하는 질병사망 보장은 특약으로 부가할 수 있으며(주계약 불가), 이 경우에도 다음의 조건을 충족하여야 한다.

① 질병사망의 보험만기는 80세 이하
② 보험금액의 한도는 개인당 2억 원 이내
③ 보장성 보험의 요건(만기 시에 지급하는 환급금이 납입보험료 합계액의 범위 내일 것)

3) 무효사유

질병사망보험에서 아래의 사유는 해당 보험계약을 무효로 한다.

① 질병사망을 담보하는 보험계약에서 만 15세 미만자, 심신상실자, 심신박약자를 피보험자로 한 경우(단, 심신박약자가 계약자이거나 단체보험의 피보험자가 될 때에는 의사능력이 있는 경우 유효)
② 타인의 사망을 보험사고로 하는 계약에서 계약체결 시까지 피보험자의 서면에 의한 동의를 얻지 아니한 경우(단, 단체보험 계약은 제외)
③ 보험계약 체결 이전에 보험사고가 이미 객관적으로 확정된 경우

3. 질병보험의 특징

1) 청약일 이전 질병의 보장 측면(側面)

질병보험의 가장 큰 특징 중 하나는 청약일 이전의 진단에서, 원칙적으로 청약일 이전에 보험사고인 질병이 발생된 경우는 보험금을 지급하지 않는 것은 당연하지만, 청약일 이전의 질병에 대해 고지의무를 성실히 하고, '청약일 이후 5년이 지나는 동안(연체 없이)' 해당 질병으로 추가적인 진단이나 치료가 없는 경우는 청약일로부터 5년이 지난 후에는 보장을 받을 수가 있다.

2) 상해(재해)와 질병의 구분 측면(側面)

'상해'나 '재해'라는 것은 보험약관에서 명확히 정의를 하고 있다. 그러나 질병보험약관에서는 질병에 대해선 명백한 개념의 정의가 없다.

다만, 의학계에서 질병이란 신체의 완전한 건강상태가 약해지거나 평형상태가 깨진 것을 말하므로 상해는 사실상 질병의 한 원인으로 간주되고 있지만, 보험에서의 상해와 질병의 개념은 각각 상반된 이분법적 개념으로서 상해의료비에서는 질병에 대해 보상하지 않고, 또 질병의료비에서는

상해에 대해 보상을 하지 않는다.

3) 면책기간(보험 대기기간)이 있다.

보험회사는 역선택(질병을 앓고 있음에도 불구하고 숨기고〈알릴 의무 위반〉 보험금을 수령할 수도 있음)이 가능한 특정 질병에 대해 1회 보험료 납입일 이후 일정기간 동안 보장하지 않는 대기기간을 설정한다.

① 서설(序說)

보험계약은 이미 성립하였으나 일정기간 보험자의 보상책임을 면제하는 기간을 면책기간 또는 보험 대기기간이라고 한다. 면책기간은 주로 암보험과 같이 고액으로 만성질환을 담보하는 경우에 적용한다. 예) 암 보장개시일 90일 이후 보장 , 1년 이후, 1년 미만 암 발생 시 가입금액 50% 보장 등

② 면책기간의 설정취지

암과 같은 특정질환의 경우에는 장기간의 잠복기를 거쳐 발생하는 경우가 많고, 보통 만성적 경과를 거쳐 발현되는 경우가 대부분이다. 이러한 만성질환을 보험계약의 청약과 함께 초회 보험료 지급 시부터 보험자의 보상책임을 인정하게 되면 도덕적 위험이 발생할 수 있다. 이를 방지하기 위하여 암보험, CI보험 등과 같이 고액으로 진단비을 보장하는 경우에는 면책기간을 설정한다.

③ 면책기간 내의 보험사고

보험자의 책임이 면제되는 기간 중에 피보험자에게 보험사고가 발생하게 되면 보험자는 보상책임을 지지 아니한다. 면책기간 중에 발생한 보험사고(질병의 진단 등)가 면책기간을 경과한 때까지 유지되더라도 보상하지 않는다. 이 때문에 면책기간 중에 보험사고가 발생하는 경우에 암보험의 경우에는 그 계약을 무효로 하고, CI보험 등은 보험계약자에게 취소권을 인정하고 있다.

4) 질문표

질병보험에서는 피보험자의 병력 고지가 중요한 판단요소가 된다. 이를 판단하기 위하여 실무에서는 질문표에서 피보험자가 일정기간 이내에 진단, 입원, 수술, 처치, 치료, 검사 등의 사실을 질문하고 있다. 보험자가 서면으로 질문한 사항은 주요한 사항으로 추정한다(제651조의 2)

이러한 질문 사항에 대하여 불고지하거나 부실하게 고지하는 경우 고지의무 위반으로 추정한다.

5) 보험 실무상 질문표에 주로 묻는 사항

① 청약일로부터 **3개월 이내**에 의사로부터 진찰, 처치, 정밀검사를 통하여 진단, 입원, 수술, 투약을 받은 경우

② 청약일로부터 **5년 이내**에 의사로부터 진찰, 검사를 받고 그 결과 입원, 수술, 정밀검사, 진단, 조직검사를 받았거나, 계속하여 **7일 이상의 치료 또는 30일 이상의 투약**받은 사실이 있는 경우

③ 청약일로부터 **5년 이내에 10대 질환으로 진단받은 사실이 있는 경우**

♣ 10대 질환: 암, 백혈병, 고혈압, 당뇨병, 협심증, 심근경색증, 심장판막증, 뇌졸중(뇌경색, 뇌출혈), 간질환(간경화), 에이즈 또는 HIV 보균

4. 질병보험계약의 효과

1) 보험금 지급의무

질병보험의 보험금 지급은 생명보험 및 상해보험에 관한 규정을 준용한다(제739조의 3).

보험자는 피보험자에게 보험사고가 발생하면 보험수익자에게 약정한 보험금을 지급할 책임이 발생한다.

보험금의 지급 방식과 지급시기 등은 생명보험 및 상해보험의 규정이 준용된다.

2) 면책사유

보험사고가 피보험자의 고의에 의한 경우에 보험자는 보험금의 지급 책임을 부담하지 않는다.

또, 피보험자가 정당한 이유 없이 의사의 지시를 따르지 않은 때에는 보험자는 그로 인하여 악화된 부분에 대하여는 보험금의 지급책임을 지지 않는다.

생명보험 표준약관에서는 청약일 이전에 진단된 질병은 원칙적으로 보험기간 중에 보험사고가 발생하더라도 보험자는 보상책임이 없다고 규정하고 있다. 다만, 청약일 이후 5년이 지나는 동안 그 질병으로 인하여 추가적인 진단 또는 치료 사실이 없을 경우에 보험자는 보상책임을 부담한다.

3) 질병보험의 무효

질병보험의 사망을 담보로 하는 경우에 15세 미만자, 심신상실자 또는 심신박약자를 피보험자로 하는 계약은 무효이다. 또한, 암보험에서는 책임개시일(90일) 이전에 암으로 진단 확정된 경우에 그 계약은 무효로 한다.

제2절. 질병보험의 개요

1. 질병보험의 종류

1) 정액보장 상품

질병사망, 질병후유장해, 질병진단비, 질병입원비, 질병수술비 등을 담보로 특화하여 암보험, CI(Critical Illness)[35] 보험, 치아 보험, 어린이 보험 등을 개발한 상품이다.

2) 실손보장 상품

실손의료비(질병입원, 질병통원) 보험

---

35) CI(critical illness): 치명적인(위독한) 질병

2. 보험연령의 계산

♣ 보험의 나이(보험연령)을 상령일이라고 한다.

(생일 기준으로 6개월 전부터 생일까지 보험상의 나이는 +1살이다. 즉, 생일이 안 지나도 6개월 전이라면 보험연령은 +1살로 계산한다.)

피보험자의 보험연령(나이)은 **계약일 현재 만 연령으로 계산 하는데 6개월 미만은 버리고, 6개월 이상은 1년으로 계산**하며, 이후 매년 계약 해당 일에 나이가 증가하는 것으로 한다. 계산 착오로 피보험자의 실제 연령과 차이가 있는 경우에는 보험료 변경 시의 변경에 따른 소정의 보험료를 정산한다. 보험료산출에 있어서 통상 질병보험은 연령별로 차이가 있으며, 상해보험은 직업, 직무상 차이가 있다.

▣ **보험연령(상령일) 계산 예시표**

1) 예시 1.
보험계약일 : 2018.10.5. 현재, 피보험자 생년월일: 1974.6.5.인 경우
⇒ 만 44년 4개월(6개월 미만) ⇒ **보험 가입연령: 44세**

2) 예시 2.
보험계약일 : 2018.12.5 피보험자 생년월일: 1984.2.5.인 경우
⇒ 만 34년 10개월(6개월 이상) ⇒ **보험 가입연령: 35세**

---

3. 대기기간(waiting period, 면책기간) 설정

보험회사는 역선택이 가능한 특정 질병의 경우 제1회 보험료 납입일 이후 일정기간 동안 보장하지 아니하는 기간(대기기간)을 설정할 수 있다. 암을 담보하는 특별약관에서는 대기기간(90일) 중 암 진단이 확정되는 경우에는 특별약관을 무효로 한다. 계약무효 시에는 이미 납입한 특별약관 보험료를 환급한다. 단, 제자리암, 기타피부암, 갑상선암, 대장점막내암, 경계성종양 등은 대기기간 없이 보험기간 시작일로부터 보상하며, 2006년 1월 1일부터 15세 미만자는 암보험에서 대기기간을 설정하지 않고 있다.

4. 질병보험에서 보상하는 손해

질병보험은 피보험자가 보험기간 중에 진단이 확정된 질병으로 사망하거나 장애분류표의 장애지급률에 해당하는 장애상태가 되었을 때, 입원, 통원, 요양, 수술 또는 수발(간병)이 필요한 상

태가 되었을 때 해당 보험약관에 따라 보상한다. 청약서상 '계약 전 알릴 의무(중요한 사항에 한 (限)한다)'에 해당하는 질병으로 과거에 진단 또는 치료를 받은 경우에는 해당 질병과 관련한 보험금을 지급하지 않는다. 그러나 청약일 이전에 진단 확정된 질병이라 하더라도 청약일 이후 5년(갱신형 계약의 경우에는 최초 계약의 청약일 이후 5년)이 지나는 동안 그 질병으로 추가 진단(단순 건강검진 제외) 또는 치료 사실이 없을 경우, 청약일부터 5년이 지난 이후에는 약관에 따라 보장한다.

5. 질병보험에서 보상하지 않는 손해(보험자의 면책사항)

1) 피보험자가 고의로 자신을 해친 경우(다만, 피보험자가 심신상실 등으로 자유로운 의사결정을 할 수 없는 상태에서 자신을 해친 경우에는 보험금을 지급한다.)

2) 보험수익자가 고의로 피보험자를 해친 경우(다만, 그 보험수익자가 보험금의 일부를 받는 자인 경우에는 그 보험수익자에 해당하는 보험금을 제외한 나머지 보험금을 다른 보험수익자에게 지급한다.)

3) 계약자가 고의로 피보험자를 해친 경우

4) 피보험자가 정당한 이유 없이 의사의 지시를 따르지 아니한 때에 회사는 그로 인하여 악화된 부분에 대하여는 보상하지 않는다.

6. 실손의료비 질병입원 및 질병통원 보장상품에서 보상하지 않는 손해

1) 치과치료·한방치료에서 발생한 비급여 의료비

2) 국민건강보험법, 의료급여법에 의해 사전 또는 사후에 환급이 가능한 의료비 금액

3) 건강검진, 예방접종, 인공유산

※ 회사가 보상하는 질병치료를 목적으로 인한 경우에는 보상함

4) 영양제, 비타민제, 호르몬투여, 보신용 투약, 친자확인을 위한 진단, 불임검사, 불임수술, 불임복원술, 보조생식술, 성장 촉진 등에 소요된 비용

※ 회사가 보상하는 질병치료를 목적으로 인한 경우에는 보상함

5) 단순피로, 권태, 주근깨, 다모, 무모, 백모증, 딸기코(주사비), 점(모반), 사마귀, 여드름, 노화현상으로 인한 탈모 등 피부질환, 발기부전, 불감증, 단순 코골음, 단순 포경, 국민건강보호 요양급여 기준에 관한 규칙 제9조 1항에 의한 업무 또는 일상생활에 지장이 없는 안과질환의 의료비

6) 의치, 의수족, 의안, 안경, 보청기 등 진료재료의 구입 및 대체비용(다만, 인공장기 등 신체에 이식되어 그 기능을 대신하는 경우 제외)

7) 외모개선 목적의 치료로 인하여 발생한 의료비

8) 진료와 무관한 제비용(TV시청료, 전화료, 각종 증명료 등), 의사의 임상적 소견과 관련이 없

는 검사비용

　9) 산재보험에서 보상 받는 의료비

　10) 인간면역결핍바이러스(HIV)감염으로 인한 치료비(다만, 의료법에서 정한 의료인의 진료상 또는 치료 중 혈액에 의한 HIV감염은 해당 진료기록을 통해 객관적으로 확인되는 경우는 제외)

　11) 해외소재 의료기관에서 발생한 의료비 등

　12) 정신과질환 및 행동장애(F04~F99. 다만, F04~F09, F20~F29, F30~F39, F40 ~F48, F51, F90~F98과 관련한 치료에서 발생한 「국민건강보험법」에 따른 요양 급여에 해당하는 의료비는 보상), 습관성 유산, 불임 및 인공수정 관련 합병증(N96~N98), 피보험자의 임신, 출산(제왕절개 포함), 산후기로 입원한 경우(O00~O99), 선천성 뇌질환(Q00~Q04), 비만(E66), 요실금(N39.3,R39.4,R32), 직장 또는 항문질환 중 국민건강보험법 요양급여에 해당하지 않는 부분(I84, K60~K62,K64)

제3절. 질병보험 상품 및 보험금의 종류

1) 서설(序說)

♣ 질병보험의 상품은 정액보장 상품과 실손보장 상품이 있으며, 보험금의 종류 및 보장/보상 내용은 아래에 기술한다.

　손해보험회사와 생명보험회사의 일반적인 질병보험의 종류는 주로 보장/보상하는 내용에 따라 실손의료비보험(질병입원, 질병통원), 질병사망, 질병후유장해, 질병진단비, 질병입원비, 질병수술비, 암보험, CI보험, 치아보험, 어린이보험 등의 다양한 종류가 있으며, 보험계약자의 선택에 따라 주계약에 특약을 부가하여 추가로 보장이 가능하다.

　제3보험에는 상해보험, 질병보험, 간병보험이 있는데, 질병보험도 사람의 신체에 대한 보험이므로 정액보상 특성의 생명보험에 해당되나, 실손보상 특성의 손해보험인 비용손해와 의료비 등 실손보상적 급부를 보상한다는 측면에서는 손해보험으로도 볼 수 있다.

2) 주요 보장내용

　제3보험(상해·질병·간병보험)은 손해보험의 실손보상적 특성과 생명보험의 정액보상적 특성을 동시에 갖고 있는 보험을 의미하고, 손해보험이나 생명보험 두 분야 중 어느 한 분야에 속했다고 보기 어려운 보험을 말하는데, 상해보험의 주요 보장내용은 생·손보 각 회사의 상품마다 다르지만 일반적인 보장 내용은 아래와 같다.

　아래에는 생·손보회사에서 판매하는 질병보험의 주요 보장내용을 다룬 것이며, 각 질병보험은 계약자의 선택에 따라 주계약에 부가해서 판매하는 특약(특별약관)에 의하여 추가로 보장을 받을 수 있다.

1. 생보 질병보험의 주요 보장내용/종류(정액보장 상품)

(1) 질병의 개념

질병이란 심신의 전체 또는 일부가 일차적 또는 계속적으로 장애를 일으켜서 정상적인 기능을 할 수 없는 상태를 말한다. 질병은 원인이 신체에 내재함으로써 피보험자의 조직 장기 또는 체질이 다른 일반인과 비교해서 상대적으로 정상이 아닌 상태가 존재하는 것이며, 그중 어느 부분이 원인이 되어 결과적으로 건강이 훼손된 상태를 말한다. 질병의 경우 상해와 달리 외래성은 인정되지 않는다.

예를 들면 물건을 들다가 허리를 다친 경우와 노화로 인한 요통의 경우 요통이라는 결과는 같으나 외래성이 인정되는 전자는 상해사고에 해당되고, 외래성이 인정되지 않는 후자의 경우 질병이 된다.

(2) 질병보험의 일반적 가입조건

① 질병보험은 각종 암, 과로사 관련 특정질병, 뇌혈관질환, 심장질환, 당뇨병, 여성만성질환, 부인과질환 등의 발생 및 이의 치료를 위해 소요되는 의료자금 등을 보장하는 보험으로 진단확정 시, 수술시, 입원 시, 요양에 따른 비용발생시 필요자금 등을 보장해 준다.

② 일반적으로 질병보험의 종류는 주로 보장하는 내용에 따라 암보험, 치아보험, 3대·5대 등 주요 질병보험 등이 있으며, 만기환급금의 유무에 따라 순수보장형과 만기환급형으로 구분된다.

③ 보험기간은 10년 이상, 가입가능 연령은 만 15세 이상인 상품이 대부분이다. 하지만 이것은 보험업계에서 질병보험으로 구분하여 출시한 상품에 관한 설명이며, 상법에서는 질병보험의 보험기간 및 가입가능 연령에 대한 제한이 없다. 예를 들어 어린이보험으로 판매되는 상품은 만 15세 미만이 가입할 수 있고, 질병과 상해에 대한 보장이 포함되어 있어 상법상 질병보험과 상해보험에 동시에 속한다. 최근에는 어린이보험의 가입대상을 30세까지 늘린 '어른이보험' 상품이 많이 출시되었다.

④ 질병보험은 고연령 또는 건강상태에 따라 위험률이 현저히 높을 경우 가입이 제한될 수 있다. 일반적으로 질병보험은 연령이 증가함에 따라 보험료가 높아진다. 또한 특화된 질병만을 보장하는 상품은 보험료가 저렴한 반면 보장하는 질병이 많지 않을 수 있음을 유의할 필요가 있다.

⑤ 보험금의 지급사유가 발생하기 전에 사망한 경우에는 계약자에게 책임준비금을 지급하고 보험계약은 소멸한다.

(3) 질병보험 종류 및 주요 보장내용

생명보험회사 질병보험의 종류와 주요 보장내용은 실손의료비보험(질병입원, 질병통원), 암보험, CI보험 (치명적인 질병보험), 치아보험, 어린이보험 등의 다양한 종류가 있으며, 보험계약자의 선택에 따라 주계약에 특약을 부가하여 추가로 보장이 가능하다. 질병보험의 대표적인 보험은 암보험이며, 암보험의 종류와 주요 보장내용은 각 회사마다 상이한 점도 있지만 일반적인 예시[p.435, (4))]

로 아래에 기술한다.

(4) 암보험

암보험은 대표적인 질병보험이며 암으로 인한 치료자금을 중점적으로 보장받기 위한 보험으로 암진단 시, 치료 시, 수술시 등의 치료자금 및 암으로 인한 요양자금 등 암과 관련된 비용을 보장하는 상품이다.

1) 암보험의 종류

① 일반적으로 암보험의 종류는 만기환급금의 유무에 따라 순수보장형과 만기환급형으로 구분된다.

② 특정암(예: 간암, 위암, 폐암 등 3대 주요암)을 집중적으로 보장하는 형태의 상품도 있으며, 고액암 및 소액암 등으로 구분하는 경우도 있다.

③ 3대 주요암, 고액암, 소액암 등은 제도적으로 정해진 기준이 아니라 보험회사에서 빈도·비용에 따라 임의로 정한 것이며, 출시 시점에 따라 구성이 변할 수 있으므로 가입 시 약관을 통해 세부 사항에 대한 확인이 필요하다.

④ 또한 암보험은 주계약·특약 형태 모두 판매되고 있다.

2) 암보험의 주요 보장내용

암보험은 암과 관련한 진단, 수술, 입원, 통원급여금 등이 지급되며 만기환급형의 경우 만기환급금이 지급된다. 특히 제자리암(0기암)의 경우 암관련 보험금의 10~20%가 지급된다.

대표적인 질병보험의 암보험금의 종류와 주요 보장내용을 일반적인 예시[3), 5), 6)]로 아래에 기술한다.

3) 암보험금의 종류

① 암진단보험금

일반적으로 피보험자가 암 보장개시일 이후에 암으로 진단 확정되었을 경우 암진단 보험금을 지급하며, 상품에 따라 특정 암에 대해서는 별도 약정금액을 지급한다. 최근 대부분의 암보험은 상품을 단순화하여 암 진단만을 보장하는 경우가 많다.

② 암 직접치료 입원보험금

일반적으로 피보험자가 암의 직접적인 치료를 목적으로 하여 입원 시 지급되며, 피보험자가 동일한 암의 직접적인 치료를 목적으로 2회 이상 입원한 경우에는 1회 입원으로 보아 각 입원일수를 합산하여 계산한다. 피보험자가 암에 대한 책임개시일 이후 입원하여 치료를 받던 중 보험기간이 만료되었을 때에도 그 계속 중인 입원기간에 대하여 회당 최고한도일 기준으로 암입원보험금은 계속 보상된다.

③ 암 직접치료 통원보험금

일반적으로 피보험자가 암 보장개시일 이후에(예: 계약체결일로부터 91일째 되는 날) 암으로 진단이 확정되고, 그 암의 직접적인 치료를 목적으로 하여 통원하였을 때 통원 1회당 약정한 보험금을 지급한다.

④ 암수술보험금

일반적으로 피보험자가 보장개시일 이후에 암의 직접적인 치료를 목적으로 수술을 받은 경우 약정한 암수술보험금이 지급된다.

⑤ 암사망보험금(특약)

일반적으로 피보험자가 보험기간 중 암보장 개시일 이후에 암으로 진단이 확정되고, 그 암으로 인하여 사망할 경우 약정한 보험금을 지급한다.

4) 암보험의 일반적 가입조건

① 보험기간은 대부분의 상품이 10년 이상이다.

② 가입 가능연령은 15세 이상(보통 고연령은 가입 제한)이다.

③ 질병보험의 특성상 연령이 증가함에 따라 보험료도 크게 증가한다. 특히 갱신형 상품을 선택한 경우에는 갱신 시 보험료 변동이 클 수 있으므로 계약자에게 이 사실을 정확하게 안내해야 한다.

④ 또한 암보험의 경우 도덕적 해이 발생가능성이 높아 일반적으로 일정기간(예: 90일) 이후부터 보장이 개시되며, 가입 후 일정시점(예: 1년) 이내 진단되었을 경우 감액지급(예: 50%)된다.

5) 암보험 주요 보장내용(예시)

구 분	보장내용(지급사유)	보상한도(지급금액)		
암진단보험금	피보험자가 보험기간 중 암보장 개시일 이후에 암으로 진단이 확정된 경우(다만, 최초 1회의 암진단 확정에 한함)	일반암	계약일로부터 1년 미만	1천만 원
			계약일로부터 1년 이후	2천만 원
		유방암 전립선암	계약일로부터 1년 미만	250만 원
			계약일로부터 1년 이후	500만 원
			※유방암의 경우 180일 이내에 지급 사유가 발생한 경우 200만 원	
		기타피부암 갑상선암 제자리암 경계성종양 대장점막내암	계약일로부터 1년 미만	100만 원
			계약일로부터 1년 이후	200만 원

암수술보험금	피보험자가 보험기간 중 암 보장개시일 이후에 암으로 진단 확정되고 그 암의 직접적인 치료를 목적으로 수술을 받았거나, 이 특약의 보험기간 중 기타 피부암, 갑상선암, 제자리암, 경계성 종양 또는 대장점막내암으로 진단 확정 되고 그 기타피부암, 갑상선암, 제자리암, 경계성종양 또는 대장점막 내암의 직접적인 치료를 목적으로 수술을 받은 경우(수술 1회당)	일반암 대장점막내암	계약일로부터 1년 미만	100만 원
			계약일로부터 1년 이후	200만 원
		갑상선암 경계성종양	계약일로부터 1년 미만	25만 원
			계약일로부터 1년 이후	50만 원
		기타피부암 제자리암	계약일로부터 1년 미만	15만 원
			계약일로부터 1년 이후	30만 원
암직접치료 입원보험금	피보험자가 보험기간 중 암보장 개시일 이후에 암으로 진단 확정되고 직접적인 치료를 목적으로 4일 이상 계속하여 입원하였을 경우(3일 초과 1일당, 1회 입원당 120일 한도)	일반암 대장점막내암		3만 원
		갑상선암, 경계성종양 기타피부암, 제자리암		1만 원

출처: 생명보험협회 자료

6) 질병보험(암보험 제외) 주요 보장내용(예시)

구 분	보장내용(지급사유)		보상한도(지급금액)	
특정질병 수술보험금	보험기간 중 피보험자가 성인 주요 질환 또는 피보험자가 남성일 경우 남성 주요 질환, 피보험자가 여성일 경우 여성 주요 질환의 치료를 직접목적으로 수술을 받은 경우	성인 주요질환	계약일로부터 1년 미만	100만 원
			계약일로부터 1년 이후	200만 원
		남성 / 여성 주요질환	계약일로부터 1년 미만	50만 원
			계약일로부터 1년 이후	100만 원
중대질병 수술보험금	보험기간 중 피보험자가 5대장기이식수술, 관상동맥(심장동맥) 우회술(CABG), 대동맥류 인조혈관치환수술, 심장판막수술 또는 조혈모 세포 이식을 받은 경우(다만, 각각 최초 1회에 한하여 지급)		계약일로부터 1년 미만	300만 원
			계약일로부터 1년 이후	600만 원

출처: 생명보험협회 자료

2. 손보 질병보험의 주요 보장내용(정액보장 상품)

손해보험회사 질병보험의 주요 보장내용은 실손의료비보험(질병입원, 질병통원), 질병사망, 질병 후유장해, 질병진단비, 질병입원비 , 질병수술비 등의 다양한 종류가 있으며, 보험계약자의 선택에 따라 주계약에 특약을 부가하여 추가로 보장이 가능하다.

1) 질병사망보험금

보험회사는 피보험자가 보험기간 중에 질병의 직접 결과로써 사망한 경우 보험가입금액을 보험 수익자에게 사망보험금으로 지급한다.

2) 후유장해보험금

'장해'라 함은 상해 또는 질병에 대하여 치유된 후 신체에 남아 있는 영구적인 정신 또는 육체의 훼손 상태 및 기능상실 상태를 말한다. 다만, 질병과 부상의 주증상과 합병증상 및 이에 대한 치료 를 받는 과정에서 일시적으로 나타나는 증상은 장해에 포함되지 않는다.

① 피보험자가 보험기간 중에 진단이 확정된 질병으로 장해분류표에서 정한 각 장해지급률에 해 당하는 장해 상태가 되었을 때 후유장해보험금(장해분류표에서 정한 지급률을 보험가입 금액에 곱 하여 산출한 금액)을 지급한다.

② 다만, 영구히 고정된 증상은 아니지만 치료 종결한 후 한시적으로 나타나는 장해에 대하여는 그 기간이 5년 이상인 때에는 해당 장해 지급률의 20%를 장해지급률로 한다. 질병으로 인한 후유 장해는 일부 상품에서 80% 이상 고도의 장해 시에만 질병 사망에 준하는 금액을 후유장해보험금으 로 지급하고, 그 외의 장해는 보장을 하지 않고 있다.

③ 후유장해보험금 지급을 위한 장해지급률이 질병 발생일로부터 180일 이내에 확정되지 아니한 경우에는 질병 발생일로 부터 180일이 되는 날의 의사 진단에 기초하여 고정될 것으로 인정되는 상태를 장해지급률로 결정한다. 다만, 장해분류표에 장해 판정시기를 별도로 정한 경우에는 그에 따른다.

④ 다만, 장해지급률이 결정된 이후 보장을 받을 수 있는 기간(계약의 효력이 없어진 경우에는 보험기간 이 10년 이상인 계약은 질병 발생일 2년 이내로 하고, 보험기간이 10년 미만인 계약은 질병 발생일부터 1년) 중에 장해상태가 더 악화되는 경우에는 그 악화된 장해상태를 기준으로 장해 지급률을 결정하되 장해분류표에 장해판정 시기가 별도로 정해진 경우에는 그에 따른다.

⑤ 장해분류표에 해당하지 않는 후유장해는 피보험자의 직업, 연령, 신분 또는 성별 등에 관계없 이 신체의 장해 정도에 따라 장해분류표의 구분에 준하여 지급액을 결정한다. 다만, 장해분류표의 각 장해분류별 최저 지급률 장해 정도에 이르지 않는 후유장해에 대하여는 후유장해보험금을 지급 하지 않는다.

□ **손해보상 후의 계약**

① 동일한 질병 또는 상해로 두 가지 이상의 후유장해가 생긴 경우에는 후유장해지급률을 합산하여 지급한다.
② 동일한 신체부위에 장해분류표상의 2가지 이상의 장해가 발생한 경우에는 합산하지 않고 그 중 높은 지급률을 적용한다. 다만, 장해분류표의 각 신체부위별 판정기준에서 별도로 정한 경우에는 그 기준을 따른다.
③ 질병후유장해 담보의 경우, 같은 질병으로 두 가지 이상의 후유장해가 생긴 경우에는 후유장해지급률을 합산하여 지급한다. 다만, 장해분류표의 각 신체부위별 판정기준에서 별도로 정한 경우에는 그 기준을 따르며, 동일한 신체부위에 장해분류표상의 2가지 이상의 장해가 발생한 경우에는 합산하지 않고 그중 높은 지급률을 적용한다.
④ 질병후유장해 담보의 경우, 다른 질병으로 인하여 후유장해가 2회 이상 발생하였을 경우에는 그때마다 이에 해당하는 후유장해지급률을 결정한다. 그러나 그 후유장해가 이미 후유장해보험금을 지급받은 동일한 부위에 가중된 때에는 최종 장해상태에 해당하는 장해지급률에서 이미 지급받은 후유장해보험금에 해당하는 장해지급률을 차감하여 장해지급률을 결정한다. 다만, 장해분류표의 각 신체부위별 판정기준에서 별도로 정한 경우에는 그 기준에 따른다.
⑤ 질병후유장해 담보의 경우, 질병사망 발생 시 보험료 및 책임준비금 산출방법서에서 정한 책임준비금을 지급한 후 해당 담보는 소멸된다.

출처: 손해보험협회 자료

3) 진단보험금, 입원보험금, 수술보험금, 간병보험금 등

보험기간 중 진단 확정된 질병으로 입원, 통원, 요양, 수술 또는 수발(간병)이 필요한 상태가 되었을 때 지급한다. 단, 정액보상은 중복계약과 관계없이 보험금을 중복하여 지급한다.

① 질병 진단비

피보험자가 질병보험 보장개시일 이후에 해당 질병을 진단받은 경우 진단비를 지급하며 질병별로 별도 약정금액을 지급할 수 있다(예: 암, 뇌졸중, 급성심근경색, 만기신부전 진단비 등).

② 입원급여금(또는 요양급여금)

피보험자가 보험기간 중에 질병으로 진단 확정되고, 그 질병의 치료를 직접적인 목적으로 입원하여 치료를 받은 경우에는 입원일부터 입원 1일당 보험가입금액(질병입원급여금)을 보험수익자에게 보험금으로 지급한다. 다만, 질병입원급여금의 지급 일수는 1회 입원당 180일을 한도로 한다.

동일한 질병의 치료를 직접 목적으로 보험기간 중에 2회 이상 입원한 경우에는 이를 1회 입원으로 보아 각 입원일수를 더한다.

그러나 동일한 질병에 대한 입원이라도 질병입원급여금이 지급된 최종 입원의 퇴원일부터 180일이 경과하여 개시한 입원은 새로운 입원으로 본다. 다만, 질병입원급여금이 지급된 최종 입원일부터 180일이 경과하도록 퇴원 없이 계속 입원 중인 경우에는 질병입원급여금이 지급된 최종 입원일의 그 다음날을 퇴원일로 본다(아래 표).

□ 보상기간 예시

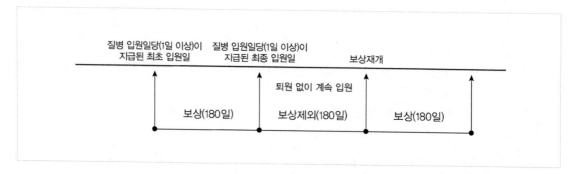

피보험자가 보장개시일 이후 입원하여 치료를 받던 중 보험기간이 만료되었을 때에도 퇴원하기 전까지의 계속 중인 입원기간에 대하여는 질병입원급여금을 계속 지급한다. 피보험자가 정당한 이유 없이 입원기간 중 의사의 지시를 따르지 않은 때에는 질병입원급여금의 전부 또는 일부를 지급하지 않는다.

③ 수술급여금

피보험자가 보험기간 중에 진단 확정된 질병의 치료를 직접적인 목적으로 수술을 받은 경우에는 보험가입금액을 수술급여금으로 지급한다. 질병으로 두 종류 이상의 질병수술을 받은 경우에는 하나의 질병수술보험금만 지급한다.

3. 생·손보의 실손의료보험(실손보장 상품)

> ※ 제6편의 제5장 실손의료보험에서 실손의료보험 분야의 내용을 상세히 집필 및 수록한다(p.478). 그 사유는 ① 실손의료보험의 모든 분야를 일목요연(一目瞭然)하게 체계적으로 교재 내용을 편성하기 위한 목적이며, ② 상해보험과 질병보험의 실손의료보험 공통분야를 감안하여 본(本) 교재의 페이지(page) 수를 효율적으로 줄이기 위함이므로 양해 및 참고하기 바란다.

4. 실손형보험과 정액형보험의 차이

실손형은 입원 또는 통원을 통해 치료를 받았을 때, 실제로 본인이 지출한 의료비를 보험가입금액 한도 내에서 지급하는 보험이며, 정액형은 치료비 규모와 상관없이 보험사고가 발생하면 계약당시 보상하기로 약정한 금액을 보험금으로 지급하는 보험이다.

■ 실손형보험과 정액형보험의 차이점

구 분	실손보험	정액보험
보험목적	실제발생 비용손해(금액으로 측정 가능)	질병 또는 재해(금액으로 측정 부적절)
보상금액	일정한도 내에서 실제 부담한 금액	사전에 약정한 금액
보상범위	포괄주의(보상하지 않은 항목 열거)	열거주의(보상하는 항목 열거)
다수계약 가입 시 처리	각 계약의 지급액 합이 실제로 부담한 금액을 초과하지 않도록 비례보상	중복에 관계없이 각 계약의 사전 약정 금액을 보상

제4절. CI보험(치명적 질병보험)

1. CI(Critical Illness, 치명적 질병)보험의 개념

1) CI보험의 의의

CI보험이란 건강보험과 종신보험의 성격을 동시에 갖고 있는 보험으로 종신보험에 CI보장을 결합한 형태의 보험인데, 피보험자에게 중대한 질병이나 수술이 발생한 경우 치료자금 용도로 사망보험금의 일부분(50% 또는 80%)을 미리 지급함으로써 피보험자나 가족의 정신적·경제적 부담을 줄일 수 있도록 한 보험이다.

즉, '치명적 질병(critical illness)'보험은 암, 뇌(뇌졸중·뇌출혈), 심장(심근경색 등) 등의 관련 질병의 상황이 "중대할" 경우에 한하여 보장하며, 고액의 치료비가 드는 치명적 질병을 집중적으로 보장하는 보험을 말한다. CI보험은 약관에서 보장하는 중대한 질병의 진단을 받거나 중대한 수술을 받은 경우 또는 중대한 화상 및 부식이 발생한 경우에 보상한다.

피보험자가 잔여 수명이 6개월 이하인 치명적인 질병이 발생 시에 사망보험금의 50%를 선지급하며 보험료납입 면제 제도를 통하여 향후 보험료의 납입을 면제해 주고 있다. 또한, 중대한 질병이 생겨 사망보험금을 선지급 받으면 사망보험금은 그 액수만큼 차감하고 지급하게 된다.

CI보험은 장점과 단점이 명확한 상품이다. '무조건 좋다', '무조건 나쁘다'라는 식의 접근은 옳지 않다.

CI보험은 국내에서 2002년 최초로 개발, 판매되었고 연간 100만 건 이상 꾸준히 판매되는 생명보험업계 대표 상품이다. 손해보험사에서도 특약 형태로 판매하는 경우가 있다.

근래에 CI보험 판매량이 급감하고 있는데 2018년 기준 CI보험은 신계약 건수는 36만 8천 건으로 2016년 91만 800건 대비 2년 만에 절반 이하로 급감했다.

2) CI보험 장점

중대한 질병이 발생 시에 보험료 납입이 면제되고, CI보험금을 선지급 받을 수 있어 질병 치료에 전념할 수 있다.

3) CI보험 단점

① 보험료 납입면제, CI보험금 선지급을 받을 수 있는 점 때문에 보험료가 종신보험보다 약 30~40% 높다(상품, 회사마다 인상폭은 다를 수 있다).

② 중대한 질병의 범위가 생각보다 좁다.

* 사망에 어느 정도 준하는 질병, 수술, 화상 등이 발생했을 때 사망보험금을 선지급 받는 것이기 때문에 보장범위가 작은 것이다

* 보험 계약 시에 보장 범위와 금액을 면밀히 비교한 뒤 계약해야 한다.

4) CI보험(중대한 질병) 질병의 정의

① (중대한) 암

악성종양세포가 존재하고 또한 주위 조직으로 악성종양세포의 **침윤파괴적 증식**으로 특징지을 수 있는 악성종양(초기 전립샘암 등 일부 암 제외).

② (중대한) 뇌졸중

거미막밑출혈, 뇌내출혈, 기타 비외상성 머리내 출혈, 뇌경색이 발생하여 뇌혈액순환의 급격한 차단이 생겨서 그 결과 **영구적인 신경학적결손**이 나타나는 질병

③ (중대한) 급성 심근경색증

관상동맥의 폐색으로 말미암아 심근으로의 혈액공급이 급격히 감소되어 전형적인 **흉통의 존재**와 함께 해당 **심근조직**의 비가역적인 **괴사**를 가져오는 질병(발병 당시 아래 2가지 특징이 있다).

　　가) 전형적인 급성심근경색 **심전도 변화**가 새롭게 출현

　　나) CK-MB를 포함한 **심근효소**가 발병당시 새롭게 상승

사망에 이를 수 있는 중대한 질병에 걸린 피보험자에게 보험금을 사전에 제공해 치료에 전념할 수 있게 하도록 나온 상품인 만큼, 보험금을 수령할 수 있는 '중대한 질병'의 조건이 기존 건강보험과는 다른데, 위의 정의에서 확인할 수 있듯이 약관에 정의된 '중대한 질병'에 부합되지 않는 경우 보험금 지급이 거절된다.

중대한 암이 되려면 악성종양세포가 존재해야 하며 주변에 침윤파괴적 증상이 있어야 하고, 악성흑생종 외 피부암, 악성흑생종 중 침범정도가 낮은 경우, 갑상샘암 등은 해당되지 않는 것으로 약관에 있으며, 이렇게 CI보험의 보장 범위는 건강보험 또는 실손보험에 비해 훨씬 제한적이다.

예를 들면, 뇌졸중 때문에 응급실에 실려 갔다고 하면 '중대한 뇌졸중이라 실려 간 것이 아니야? 보험금 받을 수 있겠네'라고 생각할 수 있겠지만, 진단서와 약관을 대조해 면밀히 살펴 '중대한 뇌졸중'에 해당되는 경우만 CI 보험금을 받을 수 있다.

CI보험을 가입하려면 이 점을 꼭 명심해 주어야 하는데, CI보험은 건강보험 또는 실손보험이 아닌 종신보험의 연장선으로 알고 있어야 한다.

2. CI보험의 보험금 지급대상

일반적인 보험상품은 질병의 종류만으로 보장여부를 구분하지만, CI보험은 질병의 종류와 함께 심도(예: 중대한 암 대(對) 치료가 손쉬운 암)에 따라서도 보장여부를 판단*하고 있다.

* (사유) 동일한 질병이라도 중증의 질병은 더 많은 치료비용이 필요함.

〈CI보험의 보험금 지급대상(예시)〉

구 분	보 장 질 병
중대한*) 질병	**중대한** 암, **중대한** 뇌졸중, **중대한** 급성심근경색증, **말기** 신부전증, **말기** 간질환, **말기** 폐질환 등
중대한 수술	관상동맥우회술, 대동맥류인조혈관치환수술, 심장판막수술, 5대장기(간장, 신장, 심장, 췌장, 폐장) 이식수술
중대한 화상 및 부식	신체표면의 최소 20% 이상의 **3도 화상** 또는 부식을 입은 경우

* '중대한'의 정의: 회사별 판매약관에 따라 일부 다르나, 중대한 암의 경우 통상 악성종양세포의 침윤파괴적 증식이 있고 종양의 크기가 일정기준 이상인 암에 한정(단, 피부암, 초기 전립샘암, 갑상샘암 등 제외)
  ☞ 〈 CI보험 약관 〉 참조

3. CI보험금의 지급구조

CI보험은 중대한 질병이나 수술 등 발생 시에 사망보험금의 일부(50~80%)를 사망 전에 미리 지급*하는 구조이다.

* (사유) 사망에 이를 수 있는 중대한 질병에 걸린 보험대상자에게 고액의 보험금을 사전에 제공하여 치료에 전념할 수 있게 하기 위함이다.

〈CI보험의 보험금 설계구조〉

CI 보험금	사망보험금
• CI보험금의 지급사유가 발생하면 **사망보험금의 50~80%를 선지급**	• 사망시 기지급 CI보험금을 제외한 **나머지* 사망보험금을 지급** * 단, CI보험금 지급사유 미발생 시, 사망보험금의 100%를 사망 후 지급

4. CI보험 가입 시 유의사항

1) 암, 뇌졸중 등 진단 시 항상 CI보험금을 지급받는 것은 아니다.

① 기존의 건강보험은 암, 뇌졸중의 통상적 정의를 그대로 사용하지만, CI보험에서는 '중대한 질병/중대한 수술/중대한 화상 및 부식'의 정의를 질병의 심도를 반영하여 약관에 별도로 구체적으로 규정하고 있다.

② 따라서 암, 뇌졸중 등의 진단서를 발급받은 경우에도 CI보험 약관의 정의에 부합하지 않은 경우에는 보험금 지급이 거절될 수 있다(아래의 〈보장대상 질병의 정의 비교(예시)〉를 참조).

③ 보험소비자는 CI보험 가입 시, 보험안내자료 및 약관 등을 통해 보장대상 질병의 종류와 정의를 미리 확인하는 것이 바람직하다.

〈보장대상 질병의 정의 비교(예시)〉

	건강보험*	CI보험(중대한 질병)
(중대한) 암	정상적인 조직 세포가 각종 물리적·화학적·생물학적인 암원성 물질의 작용 또는 요인에 의해 돌연변이를 일으켜서 과다하게 증식하는 증상	**악성종양세포**가 존재하고 또한 주위 조직으로 악성종양세포의 **침윤파괴적 증식**으로 특징지을 수 있는 악성종양(초기 전립샘암 등 일부 암 제외)
(중대한) 뇌졸중	뇌의 혈액순환장애에 의하여 일어나는 급격한 의식장애와 운동마비를 수반하는 증상	거미막밑출혈, 뇌내출혈, 기타 비외상성 머리내 출혈, 뇌경색이 발생하여 뇌혈액순환의 급격한 차단이 생겨서 그 결과 **영구적인 신경학적결손**이 나타나는 질병
(중대한) 급성 심근경색증	3개의 관상동맥 중 어느 하나라도 혈전증이나 혈관의 빠른 수축 등에 의해 급성으로 막혀서 심장의 전체 또는 일부분에 산소와 영양공급이 급격하게 줄어듦에 따라 심장 근육의 조직이나 세포가 괴사하는 증상	관상동맥의 폐색으로 말미암아 심근으로의 혈액공급이 급격히 감소되어 전형적인 **흉통의 존재**와 함께 해당 **심근조직**의 비가역적인 **괴사**를 가져오는 질병(발병 당시 아래 2가지 특징이 있다) 가) 전형적인 급성심근경색 **심전도 변화**가 새롭게 출현 나) CK-MB를 포함한 **심근효소**가 발병 당시 새롭게 상승

* 건강보험은 약관에서 질병의 정의를 별도로 정하지 않고 다른 보험의 정의를 그대로 사용

출처: 금융감독원 자료

2) CI보험 가입 전에 보장범위 및 금액을 건강보험과 비교해야 한다.

① CI보험은 중대한 질병 등에 대해 고액 보장을 미리 받을 수 있는 장점이 있지만, 보장 범위는 건강보험(또는 실손의료보험)에 비해 훨씬 제한적이다.

ㅇ 건강보험은 다양한 질병으로 인한 진단, 입원, 수술 보험금을 지급하는 반면, CI보험은 중대한 질병의 진단과 중대한 수술 및 화상·부식에 대해서만 보장(사망보험금 일부 선지급)함.

〈보험금 지급대상 비교〉

CI보험	건강보험	실손의료보험
• 중대한 질병 • 중대한 수술 • 중대한 화상 및 부식	• 통상 약관상 정한 질병·상해에 따른 입원, 수술, 진단비 등	• 질병 또는 상해로 인해 의료기관에서 치료목적으로 발생한 의료비

출처: 금융감독원 자료

② 따라서 CI보험 가입 전에 CI보험과 건강보험의 보장범위 및 금액을 비교한 후 자신의 보험가입 목적이 어느 보험에 적합한지 여부를 따져보는 것이 바람직하다.

ㅇ 참고로, 생명보험사 또는 생명보험협회 인터넷 홈페이지를 통해 판매 중인 보험상품의 보장내용과 금액 등을 간편하게 확인할 수 있음.

3) CI보험은 동일 가입금액의 종신보험보다 보험료가 비싸다.

① CI보험은 중대한 질병 등이 발생 시 총보험금에서 사전에 약정된 비율만큼을 선(先)지급하는 형태의 종신보험으로, 보험수익자가 보험기간 중에 수령할 수 있는 보험금 총액은 CI보험(선지급보험금 + 사망보험금)이나 종신보험(사망보험금)이 서로 동일하다.

② 그러나 CI보험은 중대한 질병 등이 발생하면 이후 보험료 납입이 면제되고, 일부 CI보험금을 선지급 받을 수 있는 등의 장점이 있어 보험료가 종신보험보다 약 30~40% 높다.

〈종신보험과 CI보험 보험료 수준 비교(예시)〉

종신보험	CI보험	
	50% 선지급형	80% 선지급형
229,000원	303,000원(132.3%*)	337,000원(147.2%**)

* 가입조건: 남자 40세, 총 보험금 1억원
** 종신보험 보험료 대비 CI보험 보험료 수준(= CI보험 보험료 / 종신보험 보험료)

출처: 금융감독원 자료

4) CI보험도 타 보험과 동일한 수준의 병력 사항만 알리면 된다.

① 2010년 6월 이전에는 CI보험 가입 시 '계약 전 알릴 의무 사항'에서 보험대상자(피보험자)의 병력정보를 다른 보험상품보다 더 많이 요구*하였다.

* 병력 질문의 예시 병명이 너무 많고(90개 이상) 세분화되어 이로 인한 민원 발생함.

② 이에 금융감독원은 2010년 6월부터 '계약 전 알릴 의무 사항'의 개정(보험업감독업무시행세칙 별표14 부표1) 및 시행을 통해 보험대상자(피보험자)가 다른 건강보험과 동일한 수준*의 고지사항만 답변할 수 있도록 개선하였다.

* 다만, CI보험이 고액보장임에 따라 장기이식 수술 여부(수여자에 한함) 및 가족력(참고 사항으로만 운영)에 대해서는 고지사항에 추가 가능.

5. CI보험 관련 민원 사례

▫ 중대한 뇌졸중 관련 사례

1. 민원 배경

▣ 민원인은 2005년 11월에 CI보험에 가입하였는데 2007년 2월에 '자발성 거미막밑출혈'로 입원하여 뇌동맥류 경부 결찰술*을 받고 나서 보험사에 중대한 뇌졸중에 대한 CI보험금을 청구하였으나,

  * 고무 밴드나 링 따위로 난관이나 정관, 동맥 따위를 묶는 수술법

○ 보험사가 CI보험 약관에서 정하고 있는 '중대한 뇌졸중'의 정의에는 해당되지 않는다는 이유로 CI보험금 지급을 거절하자 민원을 제기하였음

※ 중대한 뇌졸중: 거미막밑출혈, 뇌내출혈, 기타 비외상성 머리내 출혈, 뇌경색이 발생하여 뇌혈액 순환의 급격한 차단이 생겨서 그 결과 영구적인 신경학적 결손이 나타나는 질병

2. 금융감독원 판단

▣ 치료병원의 진단서에 의하면, 민원인은 자발성 거미막밑출혈로 개두술 및 뇌동맥류 경부 결찰술을 시행받았으나 현재 비교적 명료한 의식수준 보이고 있으며

○ 특이 신경학적 결손*은 보이지 않고 있는 상태로 확인되어 CI보험 약관에서 정하고 있는 '중대한 뇌졸중'의 정의에는 해당되지 않는다고 판단하였음

  * 약관상 중대한 뇌졸중은 영구적인 신경학적 결손이 나타나야 함

출처: 금융감독원 자료

6. 의학용어 정리

구 분	의학 용어	내 용
중대한 암	침윤파괴적 증식	암조직이 처음 발생한 부위의 주변조직을 파고 들어가며 증식하는 현상
	인간면역 바이러스(HIV) 감염과 관련된 악성종양	인체면역바이러스 감염이 되면 면역이 저하되기 때문에 악성종양이 잘 생김. 카포시 육종(C46)이 대표적
	전암병소	방치하면 악성종양 즉 암으로 전환할 가능성이 높은 병소
	거미막밑출혈	뇌 실질을 감싸고 있는 경막, 지주막, 연막 등 3개의 뇌막 중에서 중간에 있는 지주막과 연막 사이에 있는 지주막밑 공간에서 뇌동맥이 터지면서 출혈이 일어난 현상
	뇌내출혈	갑자기 뇌혈관이 터지며 뇌 안에 피가 고이는 현상
중대한 뇌졸중	일과성 허혈발작	뇌순환혈액량의 감소로 인해 일시적으로 마비, 실어 증상 등이 나타나고 24시간 이내에 증상이 완전히 없어지는 것
	가역적 허혈성 신경학적 결손	뇌에 공급되는 혈액량의 부족으로 인하여 언어장해, 운동실조, 각이상, 마비 등의 증상이 일시적(약 24~72시간 이내)으로 나타나는 것
중대한 급성심근경색증	CK-MB, Troponin	대표적인 심근 바이오마커로서 대부분 심근경색 발병 후 수시간 내에 검출되며, 보통은 24시간 내에 최대치를 보임(심근이 파괴되면서 심근세포 내의 효소가 혈중으로 유리되어 혈중 심근효소 수치가 상승) * Troponin은 CI보험에서 인정하는 심근효소는 아님
	비가역적	원인이 제거되어도 본래의 상태로 돌아가지 않는 것
기타	간성뇌병증	간질환으로 인해 뇌의 기능에 이상이 오는 증상
	카테터	체강(늑막강, 복막강) 또는 관상·낭상기관(소화관, 방광 등)·혈관 내용액의 배출 측정 및 검사, 수술 등을 위해 사용되는 시술기구로서 고무 또는 금속제의 가는 관(튜브)
	9의 법칙	화상면적을 판정하는 판정법 중의 하나로서 신체의 면적수치를 9의 배수로 측정하는 방법
	FEV 1 검사	1초 동안의 노력 호기량으로서 최대한 폐를 부풀렸다가 힘껏 뱉는 공기량 중 1초 동안 나오는 공기량으로 3,900cc 정도가 정상

출처: 금융감독원 자료

7. CI보험 약관(예시)

(중대한 질병 · 수술 · 화상의 정의)

Ⅰ. '중대한 질병'의 정의

1. 중대한 암(critical cancer)

① '중대한 암'이라 함은 악성종양세포가 존재하고 또한 주위 조직으로 악성종양세포의 침윤파괴적 증식으로 특징지을 수 있는 악성종양을 말하며, 다음 각 호에 해당하는 경우는 보장에서 제외합니다.

　1. 다음의 가. ~ 바.에 해당하는 악성종양

　　가. 악성흑색종(melanoma) 중에서 침범정도가 낮은(Breslow 분류법상 그 깊이가 1.5mm 이하인 경우를 말합니다) 경우

　　나. 초기전립샘암('초기 전립샘암'이란 modified Jewett 병기분류상 stage B0 이하 또는 1992년 TNM병기상 T1c 이하인 모든 전립샘암을 말합니다)

　　다. 갑상샘의 악성신생물(C73)

　　라. 인간면역바이러스(HIV)감염과 관련된 악성종양(단, 의료법에서 정한 의료인의 진료상 또는 치료 중 혈액에 의한 HIV감염과 관련된 악성종양은 해당 진료기록을 통해 객관적으로 확인되는 경우는 제외)

　　마. 악성흑색종(melanoma) 이외의 모든 피부암(C44)

　　바. '중대한 질병 및 수술 보장개시일' 전일 이전에 발생한 암이 '중대한 질병 및 수술 보장개시일' 이후에 재발되거나 전이된 경우

　2. 병리학적으로 전암병소(premalignant condition or condition with malignant potential), 상피내암(carcinoma in-situ), 경계성성종양 등 '중대한 암'에 해당하지 않는 질병

　3. 신체부위에 관계없이 병리학적으로 현재 양성종양인 경우

② 암의 진단확정은 해부병리 전문의사 또는 임상병리 전문의사 자격증을 가진 자에 의하여 내려져야 하며, 이 진단은 조직(fixed tissue)검사, 미세바늘흡인검사(fine needle aspiration) 또는 혈액(hemic system)검사에 대한 현미경 소견을 기초로 하여야 합니다.

③ 상기의 진단이 가능하지 않을 때에만 보험대상자(피보험자)가 암으로 진단 또는 치료를 받고 있음을 증명할 만한 의사가 작성한 문서화된 기록 또는 증거가 있어야 합니다.

2. 중대한 뇌졸중(critical stroke)

① '중대한 뇌졸중'이라 함은 거미막밑출혈, 뇌내출혈, 기타 비외상성 머리내출혈, 뇌경색(증)이 발생하여 뇌혈액순환의 급격한 차단이 생겨서 그 결과 영구적인 신경학적 결손이 나타나는 질병을 말합니다.

② 제1항의 뇌혈액순환의 급격한 차단은 의사가 작성한 진료기록부상의 전형적인 병력을 기초로 하여야 하며, 영구적인 신경학적 결손이란 주관적인 자각증상(symptom)이 아니라 신경학적 검사를 기초로 한 객관적인 신경학적 증후(sign)로 나타난 장애로서 별표 3 장해분류표에서 정한 '신경계에 장해가 남아 일상생활 기본동작에 제한을 남긴 때'의 지급률이 25% 이상인 장해상태[장해분류별 판정기준 13. 신경계 · 정신행동 장해 가. 장해의 분류 1. 및 나. 장해판정기준 1) 신경계 ①,③에 따라 판정함]를 말합니다.

③ '중대한 뇌졸중'의 진단확정은 뇌전산화단층촬영(Brain CT Scan), 핵자기공명영상(MRI), 뇌혈관조영술, 양전자방출단층술(PET scan), 단일광자전산화단층술(SPECT), 뇌척수액검사를 기초로 영구적인 신경학적 결손에 일치되게 '중대한 뇌졸중'에 특징적인 소견이 발병 당시 새롭게 출현함을 근거로 하여야 합니다.

④ 일과성허혈발작(transcient ischemic attack), 가역적허혈성신경학적결손(reversible is-chemic neurological deficit)은 보장에서 제외합니다. 또한, 다음과 같은 뇌출혈, 뇌경색은 보장에서 제외합니다.

1. 외상에 의한 경우
2. 뇌종양으로 인한 경우
3. 뇌수술 합병증으로 인한 경우
4. 신경학적결손을 가져오는 안동맥(ophthalmic artery)의 경우

3. 중대한 급성심근경색증(critical acute myocardial infarction)

① '중대한 급성심근경색증'이라 함은 관상동맥의 폐색으로 말미암아 심근으로의 혈액공급이 급격히 감소되어 전형적인 흉통의 존재와 함께 해당 심근조직의 비가역적인 괴사를 가져오는 질병으로서 발병 당시 다음의 2가지 특징을 모두 보여야 합니다.

1. 전형적인 급성심근경색 심전도 변화(ST분절, T파, Q파)가 새롭게 출현
2. CK-MB를 포함한 심근효소의 발병당시 새롭게 상승(단, Troponin은 제외)

② 안정협심증, 불안정협심증, 이형협심증을 포함한 모든 종류의 협심증은 보장에서 제외합니다.

③ 혈액 중 심장효소만으로 급성심근경색증 진단을 내린다든지 심전도검사만으로 급성심근경색증 진단을 내리는 경우는 보장에서 제외되며, 또한 심초음파검사나 핵의학검사, 자기공명영상, 양전자방출단층촬영술등을 기초로 급성심근경색증 진단을 내리는 경우도 보장에서 제외하며, 심근의 미세경색이나 작은 손상(myocardial microinfaction or minimal myocardial damage)도 보장에서 제외합니다.

4. 말기신부전증(end stage renal disease)

"말기신부전증"이라 함은 양쪽 신장 모두가 만성적으로 비가역적인 기능부전을 보이는 말기신질환(end stage renal disease)으로서, 보존요법으로는 치료가 불가능하여 현재 혈액투석이나 복막투석을 받고 있거나 받는 경우를 말하며, 일시적으로 투석치료를 필요로 하는 신부전증은 제외합니다.

5. 말기간질환(end stage liver disease)

① '말기간질환'이라 함은 간경변증을 일으키는 말기의 간질환을 말하며, 다음의 3가지 특징을 모두 보여야 합니다.

   1. 영구적인 황달(jaundice)

      ('영구적인 황달'이란 혈청 빌리루빈 검사 수치가 3mg/dl 이상 보여야 합니다.)

   2. 복수(ascites)

   3. 간성뇌병증(hepatic encephalopathy)

② '말기간질환'의 진단확정은 정기적인 이학적 검사, 혈액검사, 영상검사(초음파 등) 등을 포함한 검사결과, 소견서, 진료기록 등으로 확인 가능하여야 합니다.

6. 말기폐질환(end stage lung sisease)

① "말기폐질환"이라 함은 만성호흡부전을 일으키는 폐질환의 악화된 상황으로서 다음의 2가지 특징을 모두 보여야 합니다.

   1. 폐기능 검사에서 1초간 노력성 호기량(Forced Expiratory Volume in 1 second ; FEV1.0)이 정상예측치의 25% 이하

   2. 저산소증으로 인하여 영구적인 산소공급 치료를 요구(동맥혈가스분석 결과 PaO2 수치가 60mmHg 이하)

② '말기폐질환'의 진단확정은 정기적인 폐기능검사, 흉부X선검사, 동맥혈가스분석검사 등의 검사결과, 소견서, 진료기록 등으로 확인 가능하여야 합니다.

II. '중대한 수술'의 정의

1. 관상동맥우회술(Coronary Artery Bypass Graft, CABG)

① '관상동맥우회술'이라 함은 관상동맥질환(coronary artery disease)의 근본적인 치료를 직접목적으로 하여 개흉술을 한 후 대복재정맥(greater saphenous vein), 내유동맥(internal mammary artery) 등의 자가우회도관을 협착이 있는 부위보다 원위부(遠位部)의 관상동맥에 연결하여 주는 수술을 말합니다.

② 그러나 카테터를 이용한 수술이나 개흉술을 동반하지 않는 수술은 모두 보장에서 제외합니다.

   예) 관상동맥성형술(Percutaneous Transluminal Coronary Angioplasty, PTCA), 스텐트삽입술(coronary stent), 회전죽상반절제술(rotational atherectomy)

2. 대동맥류인조혈관치환수술(aorta graft surgery)

① '대동맥류인조혈관치환수술'이라 함은 대동맥류의 근본적인 치료를 직접목적으로 하여 개흉술 또는 개복술을 한 후 반드시 대동맥류 병소를 절제(excision)하고 인조혈관(graft)으로 치환하는 두 가지 수술을 해주는 것을 의미합니다. 여기에서 '대동맥'이라 함은 흉부 또는 복부 대동맥을 말하는 것으로 대동맥의 분지(branch)동맥들은 제외됩니다.

② 단, 하기와 같이 카테터를 이용한 수술들은 보장에서 제외합니다.

　예) 경피적혈관내대동맥류수술(percutaneous endovascular aneurysm repair)

3. 심장판막수술(heart valve surgery)

① '심장판막수술'이라 함은 심장판막질환의 근본적인 치료를 직접목적으로 하여 다음의 두 가지 기준 중 한 가지 이상에 해당하는 경우입니다.

　1. 반드시 개흉술 및 개심술을 한 후 병변이 있는 판막을 완전히 제거한 뒤에 인공심장판막 또는 생체판막으로 치환하여 주는 수술

　2. 반드시 개흉술 및 개심술을 한 후 병변이 있는 판막에 대해 판막성형술(valvuloplasty)을 해주는 수술

② 그러나 하기와 같은 수술들은 보장에서 제외합니다.

　1. 카테터를 이용하여 수술하는 경우

　　예) 경피적 판막성형술(percutaneous balloon valvuloplasty)

　2. 개흉술 또는 개심술을 동반하지 않는 수술

4. 5대장기이식수술(5 major organ transplantation)

① '5대장기이식수술'이라 함은 5대 장기의 만성부전상태로부터 근본적인 회복과 치료를 목적으로 관련법규에 따라 정부에서 인정한 장기이식 의료기관 또는 이와 동등하다고 인정되는 의료기관에서 간장, 신장, 심장, 췌장, 폐장에 대하여 장기이식을 하는 것으로 타인의 내부 장기를 적출하여 장기부전상태에 있는 수혜자에게 이식을 시행한 경우에 대한 수술을 말합니다(단, 랑게르한스 소도세포 이식수술은 보장에서 제외합니다).

III. '중대한 화상 및 부식'의 정의

① '중대한 화상 및 부식'이라 함은 화상 및 부식이 '9의 법칙(Rule of 9's)' 또는 '룬드와 브라우더 신체 표면적 차트(Lund & Browder body surface chart)'에 의해 측정된 신체표면적으로 최소 20% 이상의 3도 화상 또는 부식을 입은 경우를 말하며, 단 '9의 법칙' 또는 '룬드와 브라우더 신체 표면적 차트' 측정법처럼 표준화되고 임상학적으로 받아들여지는 다른 신체표면적 차트를 사용하여 유사한 결과가 나온 것도 인정합니다.

② '중대한 화상 및 부식(화학약품 등에 의한 피부 손상)'의 진단확정은 의료법 제3조 및 제5조의 규정에 의한 국내의 병원 또는 국외의 의료관련법에서 정한 의료기관의 의사(한의사, 치과의사 제외) 자격을 가진 자가 작성한 문서화된 기록 또는 검사결과를 기초로 하여 내려져야 합니다.

제5절. 기타 질병보험(손보) 상품

1. 암보험(癌保險, cancer insurance)(p.435, 제6편 제3장 제3절 1의 (4)암보험 참조)

암보험이란 보험기간 중에 보장개시일 이후 발생한 암, 제자리암, 경계성종양, 기타피부암 또는 갑상샘암 등을 보장하는 보험을 말한다. 즉, 암에 걸렸을 때에 수술비, 입원비, 통원 치료비 따위의 의료비용이나 그로 인한 수입 감소를 보상받는 보험이며, 계약 조건에 따라 암으로 인한 사망까지도 보상받을 수 있다. 암보험은 우리나라 사망률 1위에 해당하는 암에 대해 집중적으로 보장하는 상품이다.

미국에서 개발된 질병보험의 일종인데, 우리나라에서는 1981년부터 교보생명이 첫 도입한 이래 전 생명보험회사들이 암보험을 판매하고 있다. 암보험의 종류로는 암보험, 암치료보험, 만기환급부 암보험, 암수술특약, 암요양특약 등이 있다.

(1) 최근 암보험 상품의 경향

① 보험금 차등화: 암의 진행, 기수에 따라 치료비 등 수준을 달리한다.
② 재진단 암: 재발이 되어도 보장받을 수 있도록 2년을 간격으로 재발 시 진단보험금을 지급한다.
③ 가입대상 확대: 80세 이상이거나 과거 병력이 있어도 가입할 수 있다.
④ 보장기간 확대: 최대 종신가입 가능하다.

(2) 암의 진단확정

암, 제자리암, 경계성종양, 기타피부암 또는 갑상샘암 등의 진단확정은 해부병리 또는 임상병리 전문의에 의하여 내려져야 하며, 이 진단은 조직검사, 미세바늘흡인검사 또는 혈액검사에 대한 현미경 소견을 기초로 한다. 다만, 상기에 의한 진단이 가능하지 않을 경우 피보험자가 암, 제자리암, 경계성종양, 기타피부암 또는 갑상샘암 등으로 진단 또는 치료를 받고 있음을 증명할 만한 문서화된 기록 또는 증거가 있어야 한다.

(3) 암보험금(정액)의 종류

1) 암진단급여금

피보험자가 암 보장개시일 이후에 통상 최초 1회에 한하여(최근 2차암 이후의 진단비도 보상하는 상품 출시)암, 제자리암, 경계성종양, 기타피부암 또는 갑상샘암 등으로 진단된 경우 암진단급여금을 지급하며 상품에 따라 특정암에 대해서는 별도 약정금액을 지급한다.

2) 암입원급여금

피보험자가 암의 치료를 직접 목적으로 하여 병원 또는 의원에 입원 시 지급된다. 다만, 피보험자가 암에 대한 책임개시일 이후 입원하여 치료를 받던 중 보험기간이 만료되었을 때에도 그 계속 중인 입원기간에 대하여 회당 최고한도일 기준으로 암입원급여금은 계속 보상된다.

3) 암수술급여금

피보험자가 보장개시일 이후에 암으로 진단 확정되고, 그 암 등의 치료를 직접적인 목적으로 수술을 받은 경우 수익자에게 약정한 암수술 급여금이 지급된다.

4) 암사망보험금

피보험자가 보험기간 중 암 보장개시일 이후에 암(상품에 따라 제자리암, 갑상샘암 및 경계성 종양 제외)으로 진단 확정되고, 그 암을 직접적인 원인으로 사망하거나 암으로 인하여 80% 이상의 장애상태가 되었을 경우 암사망 보험금을 지급한다. 다만, 보장개시일 이전에 암으로 진단 확정된 경우에는 제외한다.

(4) 암진단금 분류

처음 암보험이 출시되었을 때 암진단금 분류를 별도로 하지 않았다. 그냥 암진단금을 받으면 약정된 암진단금을 지급했었다. 그러나 보험사에서는 큰 문제가 생겼다. 암은 암인데 아주 경미한 암에도 고액의 암진단금을 지급하다 보니 손해율이 크게 발생하였다. 기타피부암이나 제자리암, 갑상선암 등은 다른 암보다는 경미하고 치료비가 적게 들지만 보험금은 고액의 암진단금이 지급되었던 것이다.

이를 보완하기 위하여 암진단금을 위험도에 따라 보험사별로 조금씩 다르게 분류하여 암진단금 지급에 있어서 차이를 두기 시작하였다. 즉, 고위험군의 암진단금은 많이, 저위험군의 암진단금은 적게 지급하는 것으로 바뀌게 되었다. 암진단금의 분류는 다음과 같다.

1) 일반암

일반암은 암진단금의 기준이 되는 암이며, 일반암에서 파생하여 고액암, 소액암, 유사암 등으로 분류가 된다. 일반암은 대부분의 암을 포함하고 있다고 생각하면 된다.

2) 유사암

유사암은 암으로 판단되긴 하지만 그 예후가 다른 암보다 위험하지 않거나 치료비 부담이 적어서 보장을 일반암 대비 적게 해주려고 하는 암이라 할 수 있다. 대표적으로 갑상선암, 기타피부암, 경계성 종양, 제자리암 등이 있다. 현업에서는 가볍게 생각하는 암이며, 유사암은 보통 일반암의 10~20%의 진단금을 지급해 주는 경우가 많다.

보통 유사암이 일반암의 10~20%의 진단금이 지급되는데 일부 보험사에서 일반암의 20% 이상을 주는 경우도 있다.

3) 소액암

보통 유사암을 제외한 나머지 암을 일반암으로 지칭하는데, 간혹 일부 보험사나 상품의 구분에 따라 별도로 소액암을 분리하기도 한다. 소액암에는 유방암, 자궁경부암, 자궁암, 전립선암, 방광암 등 주로 남녀생식기 관련 암을 소액암으로 분류해 놓는다. 소액암은 보통 일반암의 10~50%를 지급한다.

이는 보험사에 따라 일부 소액암을 유사암으로 또는 일부 유사암을 소액암으로 분류해 놓는 보험사도 있기에 잘 판단해야 한다. 다만, 유사암을 제외한 소액암을 별도로 분류해 놓지 않는다면 이는 당연히 일반암으로 편입되어 일반암 진단금을 받을 수 있기 때문에 훨씬 좋은 암보험이라고 할 수 있겠다. 즉, 소액암도 일반암으로 받을 수 있는 암보험을 가입하는 것이 유리할 수 있다.

4) 고액암

고액암에 걸리면 일반암 진단금도 지급이 된다. 다만, 위험성이 높거나 치료비 부담이 커서 추가로 특약을 가입할 수 있는 암인데 일반적으로 골수암, 뇌암, 혈액암 등의 3대 암이 대표적이다. 여기에서 보험사마다 고액암을 더 추가하여 5대암, 10대암, 11대암 등의 특약을 만들어서 고액암 항목을 추가하였다. 여기에는 주요 3대 암 외에 식도암, 췌장암, 간, 폐, 담도, 기관지암, 소장암 등을 추가하여 고액암으로 불려지기도 한다.

고액암에 걸리면 일반암과 함께 추가로 고액암 진단금도 지급이 된다. 고액암 특약은 고액의 진단금 대비 보험료가 저렴하기 때문에 경제적으로 큰 무리가 없으면 함께 가입하는 것이 유리하다.

(5) 암보험 가입 시 고려사항

1) 보험료 오르지 않는 비갱신형 암보험을 먼저 고려한다.

경제활동 시기까지는 똑 같은 보험료를 납부하고 경제활동이 없는 노후 시기에는 보장만 받을 수 있는 비갱신형 암보험을 우선 고려한다. 5년, 10년 이렇게 주기적으로 보험료가 오를 가능성이 높고 평생 보험료를 납부해야 하는 갱신형 암보험은 우선 고려대상은 아니다. 그러면 갱신형이 무조건 나쁜 것인가? 꼭 그렇지는 않다. 갱신형의 가장 큰 장점은 비갱신형 대비 적은 보험료로 고보장을 가져갈 수 있는 나름의 장점이 있다. 다만, 지속적으로 보험료 인상이 되면서 만기까지 계속 납입해야 하는 입장에서 보험료 납입기간이 긴 젊은 세대에서는 좋지 않을 수 있다.

2) 가급적 순수보장형으로 가입한다.

보장성 암보험도 내 건강과 가정을 지키기 위해서 지출하는 비용적인 개념으로 인식한다. 즉 비용이 나간다면 가급적 적게 나가는 순수보장형으로 가입하고 남는 여유자금은 저축 및 투자금으로 활용한다.

3) 암진단 시 보험료 납입면제가 있는지 확인한다.

일반적으로 암진단 시 납입면제를 해주는 보험이라면 훨씬 좋다. 만약, 암보험인데 암뿐만 아니라 뇌졸중 또는 뇌출혈, 급성심근경색 진단을 받아도 암보험 납입면제를 해주는 보험도 있다. 꼭 챙겨야 하는 부분이다.

4) 가입 전 고지의무를 충실히 한다.

가입 전 과거 병력에 대하여 솔직히 알린다. 솔직히 알려야 향후 보험금 지급에 분쟁이 없다. 근래에는 병력이 있어도 가입할 수 있는 보험이 많이 나왔기에 속이고 가입하는 일은 없도록 한다.

5) 가족력 등을 살펴봐야 한다.

암보험 가입 시 가족 중에 자주 걸렸던 암 이력이 있는지 등의 가족력을 살펴본다. 내가 특수직업 군에 속하여서 그 직업군에서 많이 걸리는 암이 있는지도 참고한다. 마지막으로 한국에서 통계적으로 잘 걸리는 암이 무엇인지도 살펴보고 가입한다.

2. 어린이보험

저출산, 만혼 등으로 자녀의 수가 1~2명인 가정이 보편화되고, 경제적인 여유 증가로 자녀 양육에 대한 관심이 높아짐에 따라 어린이보험에 대한 가입 수요가 발생하고 있다. 어린이보험은 자녀의 성장 과정 중 발생할 수 있는 질병·상해로 인한 의료비와 자녀의 일상생활 중 발생하는 배상책임 등을 보장하는 보험상품으로 가입 연령은 0~15세이다. 보험회사는 고령 임산부 증가를 고려하여 장애, 기형 등 선천질환을 가진 신생아가 보험 혜택을 받을 수 있도록 태아(임신 중)도 보험에 가입할 수 있게 운영하고 있다. 태아는 법적으로 인격을 갖지 못하므로 인보험의 보호대상이 될 수 없다. 따라서 태아의 출생을 조건으로 하는 '태아가입 특별약관'을 통해 태아를 대상으로 한 보험계약을 체결하고 있다. 출생 전 태아는 법인격이 없으므로 피보험자가 불가능하나 태아의 출생을 조건으로 임신 사실을 알고 난 이후 태아 시기에 보험계약을 체결한다.

1) 태아가입 특별약관(예시)

특약명	보장내용
출생전후기 질환 보장특약	출생전후기(일반적으로 임신 28주에서 생후 1주까지의 기간) 질병으로 입원한 경우 보장
선천성 질환 수술특약	선천성 기형, 변형 및 염색체 이상(선천이상)으로 수술시 보장
미숙아(또는 저체중아) 육아비용보장특약	태아의 출생 시 몸무게가 2kg(또는 2.5kg) 미만으로서 인큐베이터를 3일 이상 사용했을 경우 1일당 약정금액을 지급

출처: 손해보험협회 자료

따라서 어린이보험에 특약을 더해 출산 시 위험까지 보장하는 상품을 실무적으로 '태아 보험'으로 통칭한다.

2) 태아보험: 어린이 보험 + 태아 관련 특약

① 어린이 보험: 출생 이후에 원인이 야기된 위험
* 질병, 상해, 배상책임 등
② 태아 관련 특약: 태아기(출산 시)에 원인이 야기된 위험
* 출생전후기 질환
* 선천성 질환
* 미숙아 인큐베이터 비용 등

3. 치아보험

치아보험은 충치·잇몸질환 등의 질병(또는 상해)으로 치아에 보철치료나 보존치료 등을 받을 경우 보험금을 지급받을 수 있는 보험상품이다. 질병으로 인한 치료에 대하여는 면책기간 및 감액기간을 운영(보험회사별로 기간이 상이)하고 있다. 이는 보험가입 전에 이미 치아질환을 보유한 사람이 보험금을 받을 목적으로 보험에 가입하는 것을 방지하기 위한 장치이다.

다른 진료과는 실비처리가 가능한 반면, 치과는 실손보상을 적용하지 않는 경우가 많다.
치아보험은 진단형과 무진단형이 있다.

* **진단형**: 치아 관련 검진을 받고 보험사에 자료를 제출하여 위험성이 없는 경우 가입할 수 있다. 위험성이 없기 때문에 가입 즉시 보장되며, 보장한도에 제한이 없다.
* **무진단형**: 고지사항을 듣고 질문서에 체크만 하면 가입이 이루어지지만, 면책/감액기간이 붙는다.

치아보험은 회사별 보험상품 종류에 따라 0세부터 75세까지 가입이 가능(보험회사별로 상이)한 상품으로 '만기형'과 '갱신형'이 있으며, 갱신형은 연령 증가 등에 따라 갱신할 때마다 보험료가 조정된다.

■ 치아보험 상품구조(예시)

구 분		면책기간	50% 감액기간
보존 치료	충전, 크라운	계약일부터 90일 또는 180일 이내	없거나 면책기간 이후 보험계약일부터 1년 이내
보철 치료	틀니, 브리지, 임플란트	계약일부터 180일 또는 1년 이내	면책기간 이후 보험계약일부터 1년 또는 2년 이내

출처: 손해보험협회 자료

제4장
간병보험

제1절. 장기간병보험의 개념 및 개요

1. 장기간병보험(長期看病保險)의 의의

장기간병보험(장기요양보험)이란 피보험자가 상해나 질병으로 인하여 오랜 기간 간병을 필요로 하는 진단을 받게 될 경우에 보험금을 지급하는 보험이다. 즉, 보험회사가 판매하는 간병보험은 보험기간 중 장기요양상태가 되거나 치매 등으로 일상생활이 어려운 경우에 간병자금 및 생활비 등을 지급하는 보험이다. 주로 장기요양상태가 되거나 일상생활장해 및 중증치매 진단 시 보장하며, 파킨슨병이나 루게릭병 등을 보상하는 상품도 있다.

또한, 피보험자가 보험기간 중 상해 또는 질병 등으로 인해 인식불명과 활동불능 상태로 타인의 도움이 필요한 장기간병상태가 되었을 때 본인과 가족의 육체적, 경제적 그리고 정신적 고통을 덜어주기 위해 간병비용을 지급하는 보험이다. 이는 중증 질병 및 상해로 인해 오랫동안 요양이 필요하거나 노인성질환으로 인해 도움받을 인력이 필요할 때 금전적으로 보상받을 수 있는 상품인 것이다.

간병보험은 피보험자가 상해, 질병 등의 사고로 일상생활 장해상태 또는 치매상태로 진단이 확정될 경우 간병 비용을 연금이나 일시금의 형태로 지급하는 장기손해보험의 상품으로 '**장기요양보험**'이라고도 한다.

한편, 간병보험은 「보험업법」상 제3보험으로 분류되어 생명보험회사와 손해보험회사에서 모두 판매중 이며, 현재 간병보험, LTC(Long Term Care, 장기간병)보장특약, 치매보장특약 등 다양한 명칭으로 판매 중이다. 주로 주계약으로 가입하거나 다른 상해 · 질병을 보장하는 보험에 선택특약으로도 가입이 가능하다.

일상생활 장해상태는 보장개시일(90일) 이후에 발생한 재해 또는 질병으로 인해 특별한 보조 기구를 사용해도 생명 유지에 필요한 일상생활 기본 동작들을 스스로 할 수 없는 상태를 말하며, 치매상태는 보장개시일(2년) 이후에 치매상태가 되고 이로 인해 중증의 인지기능 장애가 발생한 상태로서 각각 발생시점으로부터 90일 이상 지속돼야 진단이 확정된다.

2. 간병보험의 용어설명

1) 장기요양상태

만 65세 이상 노인 또는 노인성질병을 가진 만 65세 미만의 자로서 거동이 현저히 불편하여 장기요양이 필요하다고 판단되어 「노인장기요양보험법」에 따라 등급판정위원회에서 장기요양 1등급 또는 장기요양 2등급으로 판정을 받은 경우를 말한다.

2) 일상생활장해상태

재해 또는 질병으로 특별한 보조기구(휠체어, 목발, 의수, 의족 등)를 사용하여도 생명유지에 필요한 기본 동작들을 스스로 할 수 없는 상태로서, 이동하기를 스스로 할 수 없으면서 ①식사하기, ②화장실 사용하기, ③목욕하기, ④옷 입기 중 어느 하나라도 스스로 할 수 없는 상태를 말한다.

3) 중증치매상태

재해 또는 질병으로 중증치매상태가 되고, 이로 인해 인지기능의 장애(CDR척도검사 결과가 3점 이상)가 발생한 상태를 말한다.

4) 활동불능상태

피보험자가 계약일 이후에 발생한 상해 또는 질병으로 인하여 이동을 스스로 할 수가 없고, 식사, 화장실 사용, 옷 입기, 목욕하기 중에 어느 한 가지 항목을 스스로 할 수 없는 상태이다.

5) 치매

한국표준질병 사인분류 중 기질성 치매 분류표에서 정한 치매로 진단이 확정되고, 이로 인하여 '인지기능의 장애'가 발생한 상태이다.

3. 간병보험의 일반적 가입조건

간병보험 상품의 보험기간은 대부분 종신(일부 80세 만기형)이며, 가입가능 연령은 일반적으로 30세 이후이다. 보통 수발필요상태(180일 또는 90일)의 정의에 따라 보험료 차이가 발생하며, 피보험자의 사망이나 간병연금수령 종료 시 계약은 소멸된다.

현재 우리나라에서 판매되고 있는 간병보험은 위험률 산출을 위한 경험데이터가 충분치 않아 위험률 변동제도를 채택하고 있다.

> ♣ 위험률 변동(non-guaranteed) 제도
> 의료기술의 발달 등으로 실제 위험발생률이 보험가입 당시 예측한 위험률과 상이한 경우 보험기간 중도에 회사가 금융위원회의 인가를 얻어 위험률(보험료)을 조정하는 제도이다.

4. 장기간병보험(long term care insurance)의 필요성

1) 우리나라는 평균수명의 연장과 함께 초고령 사회로 급격히 진입하면서 노인질병이 증가하고 있으며, 이에 따른 노인 장기간병의 의료비 부담과 가족을 통한 장기간병에 대한 공백이 발생되는 현실적 문제가 증가하고 있어 간병상태에 대한 대비가 더욱 요구되고 있다. 또한 노인 장기요양보호법의 시행을 통해 장기요양시설이 확대되고 있어 장기간병보험에 대한 수요가 점점 더 증가할 것으로 본다.

2) 장기간병보험의 필요성이 크게 대두되는 것은 노인의 장기 간병에 대한 국가나 사회단체의 지원이 아직은 부족함이 있어 민영 장기간병보험의 수요가 높아지고 있고, 치매, 중풍, 뇌졸중 등으로 인해 장기간병 상태가 되면 매월 간병비를 주는 장기간병보험이 국내에서 판매가 활성화되고 있다.

3) 우리 사회는 고령화가 진전됨에 따라 노인성질환자와 노인의료비가 급증하면서 정부는 2008년 7월부터 '노인장기요양보험제도'를 도입해 시행하고 있다. 하지만 국민건강보험제도처럼 공적보험제도에만 의존할 경우 충분한 노후건강보장을 받을 수 없다. 이에 필요한 것이 바로 보험사들이 판매하고 있는 '장기간병보험'이다.

장기간병보험은 노인성질환과 노인의료비의 증가로 인한 노인장기요양보험을 보완하는 것이며, 자기부담을 덜고 노후건강보장을 받기 위해서 그 필요성은 점차 커지고 있다.

4) 노인성질환으로 장기요양상태가 되거나 일상생활장해 및 치매 등으로 일상생활이 어려운 경우에 급증하고 있는 노인의료비의 부담과 가족을 통한 장기간병의 한계로 반드시 필요한 것이 장기간병의 보험금을 지급하는 장기간병보험의 필요성이 증가되고 있다.

5) 공적 보험인 노인장기요양보험은 거동이 불편한 노인에게 도움을 주고 있지만, 혜택을 받을 수 있는 범위가 상당히 제한적이며 자기부담금이 존재하고 급여 대상이 제한되어 있기 때문에, 부족한 노인의료비의 부담과 장기간병 비용, 기타 등의 현실적인 여건과 경제적인 부담을 해소하기 위한 방편으로 추가 보장을 원하는 사람은 장기간병보험에 가입해야 할 필요성이 있다.

5. 간병보험의 종류

1) 공적 장기간병보험

우리나라는 「노인장기요양보험법」에 따라 2008년 7월 1일부터 노인장기요양보험제도가 시행되었다. 이는 기존에 가족이 전적으로 부담하던 고령 및 노인성 질병 등으로 인한 장기간의 간병·요양 문제를 사회연대원리에 따라 국가와 사회가 분담하는 제도이다.

노인장기요양보험은 만 65세 이상의 노인 및 노인성질병(치매, 뇌혈관성질환, 파킨슨병 등)을 가진 만 65세 미만의 자를 대상으로 하며, 요양급여제공을 위해 심신의 기능 상태에 따라 장기요양인정점수를 산정하고 이를 토대로 등급을 판정한다. 이러한 등급에 따라 신청인은 노인요양시설 등과 계약을 체결하여 요양서비스를 제공받고 그 비용에 대해 지원받을 수 있다.

2) 민영 장기간병보험

민영 장기간병보험은 보험금 지급방식에 따라 정액보상형과 실손보상형으로 구분되며, 현재 우리나라에서 판매되는 장기간병보험은 정액보상형태로 2003년 8월부터 판매되었다.

상품구조에 따라 독립적인 형태의 연금형, 종신보장형, 정기보장형과 특약 형태로 구분할 수 있으며, 갱신형 또는 비갱신형으로 구분이 가능하다.

6. 간병보험의 보험금 지급사유

간병보험은 일상생활장해상태 또는 중증치매상태가 되는 경우에 보험회사의 자체 판정기준을 적용하여 보험금을 지급하는 상품도 있지만, 공적 요양보험의 장기요양등급 판정을 받으면 보험금을 지급하는 상품도 있다.

보험금 지급사유가 공적 기준인 장기요양등급과 관련된 경우에는 65세 이상이거나 노인성 질환자를 보험금 지급대상으로 하지만, 보험회사 자체 판단기준에 따라 일상생활장해상태 또는 중증치매상태를 보장하는 상품의 경우에는 피보험자의 나이와 상관없이 보험가입일 이후 질병 또는 상해로 지급사유가 발생하면 지급대상이 될 수 있다.

> ♣ 간병보험 유형별 보험금 지급사유
> ① 회사기준 적용: 일상생활장해상태 또는 중증치매상태 등으로 진단확정
> ② 공적기준 적용: 장기요양 1등급 또는 2등급의 판정(정부의 노인장기요양보험 판정기준 적용)

7. 간병보험의 면책

1) 면책기간

간병보험도 암보험처럼 면책기간을 정해놓은 경우가 있으며, 이 경우 면책기간은 보장 내용별로 각각 다를 수 있다. 일반적으로 일상생활장해보장의 경우 면책기간을 90일로 설정하고 있으며, 중증치매보장의 경우 면책기간을 2년으로 두고 있다. 다만, 재해로 인하여 일상생활장해상태가 되거나 중증치매상태가 되는 경우에는 면책기간 중에도 보장하고 있다.

2) 면책사항

간병보험은 상해 또는 질병으로 인한 장해, 치매 등을 보장하므로, 스스로 위험률을 현저하게 높일 수 있는 행위를 반복하거나 정신질환으로 인한 인지기능장애가 발생한 경우 등 보장에 대한 면책사항을 아래와 같이 정하고 있다.
① 알코올중독

② 정신분열병이나 우울증과 같은 정신질환으로 인한 인지기능의 장애

③ 의사의 처방에 의하지 않는 약물의 투여로 인한 인지기능의 장애

최근에는 보장내용을 세분화하여 급부를 차등화하거나(예: 경증치매보장 추가) 면책기간을 달리 설정하여 상품성을 강화하는 등 기존 상품과의 차별성을 강조하는 상품의 출시가 증가하고 있어 가입 시 해당 상품의 보장내용과 보장개시일에 대한 꼼꼼한 확인이 필요하다.

8. 장기간병보험(민영보험) vs 노인장기요양보험(사회보험)

1) 장기간병보험은 민영보험으로서, 보험기간 중에 장기요양상태가 되거나 일상생활장해 및 치매 등으로 일상생활이 어려운 경우 보험금을 지급하는 상품이다. 노인장기요양보험의 급여로는 부족하여 추가 보장을 원하는 사람이 가입한다.

2) 노인장기요양보험은 공적인 사회보험으로서, 일상생활장해와 일상생활이 불편한 노인에게 도움을 주고 있지만, 혜택을 받을 수 있는 범위가 상당히 제한적이며 자기부담금이 존재하고 급여대상이 제한되어 있는 사회보험이다.

■ 장기간병보험(민영보험) vs 노인장기요양보험(사회보험)

구 분	장기간병보험(민영보험)	노인장기요양보험(사회보험)
근거법	보험업법	노인장기요양보험법
도입시기	2003. 8	2008. 7
가입여부	임의	의무
급여대상	회사 자체기준 또는 공적 장기요양등급 적용	65세 이상 노인 또는 65세 미만 노인성질환자
지급사유	약관상 지급사유 발생 시	장기요양 1~5등급 판정을 받고 요양서비스 수가 발생 시
급여종류	일시금(진단자금), 정액연금(요양자금)	· 시설급여(요양서비스 수가의 80%, 등급별/시설별 월 한도 내 지급) · 재가급여(요양서비스 수가의 85%, 등급별 월 한도 내 지급), · 가족요양비(월 15만 원)

제2절. 장기간병보험/노인장기요양보험의 개요

1. 장기간병보험의 이해(제6편, 제4장, 제1절 참조)

1) 장기간병보험은 피보험자가 보험기간 중에 상해 또는 질병 등으로 인해 타인의 도움이 필요한 장기간병 상태가 되었을 때 본인과 가족의 육체적, 경제적 그리고 정신적 고통을 덜어 주기 위해 간병비용을 지급하는 보험이다.

2) 장기간병보험은 활동불능 또는 인식불능 등 타인의 간병을 필요로 하는 상태 및 이로 인한 치료 등의 위험을 보장으로 상해, 질별 등의 사고로 일상생활 장애상태 또는 치매상태로 진단이 확정된 경우 간병비용을 연금이나 일시금의 형태로 지급하는 장기손해보험 상품으로 '장기요양보험'이라고도 한다.

미국에서는 'Long Term Care(LTC)', 일본에서는 '개호보험'으로 통칭되었으며, 우리나라에서도 처음에는 개호보험 등으로 칭하다가 장기간병보험 또는 장기요양보험으로 명칭이 통합되었다.

3) 간병·치매보험은 활동불능 또는 인식불명 등 타인의 간병을 필요로 하는 상태 및 이로 인한 손해를 보장하는 보험이다. 즉, 간병, 치매, 요양 등 노후위험을 보장하는 보험이다.

2. 노인장기요양보장제도의 이해

노인장기요양문제, 개인이나 가계의 부담을 떠나 사회적 국가적 책임으로 강조되고 있다.

현대 국가는 그 내용이나 정도에 차이가 있으나 모두 복지국가를 표방하고 있다. 대부분의 국가에서는 **경제발전과 보건의료의 발달로 인한 평균 수명의 연장, 자녀에 대한 가치관의 변화, 보육 및 교육 문제 등으로 출산율이 급격히 저하되어 인구구조의 급속한 고령화 문제에 직면하고 있으며, 이러한 사회변화에 따른 새로운 복지수요를 충족하기 위한 것이 장기요양보장제도이다.**

즉, 노화 등에 따라 거동이 불편한 사람에 대하여 신체활동이나 일상가사활동을 지속적으로 지원해주는 문제가 사회적 이슈로 부각되었기 때문이다.

특히, 고령화의 진전과 함께 핵가족화, 여성의 경제활동 참여가 증가하면서 종래 가족의 부담으로 인식되던 장기요양문제가 이제 더 이상 개인이나 가계의 부담으로 머물지 않고 이에 대한 사회적·국가적 책무가 강조되고 있다. 이와 같은 사회 환경의 변화와 이에 대처하기 위하여 이미 선진 각국에서는 사회보험방식 및 조세방식으로 그 재원을 마련하여 장기요양보장제도를 도입하여 운영하고 있다.

1) 노인장기요양보험제도의 목적

고령이나 노인성 질병 등의 사유로 일상생활을 혼자서 수행하기 어려운 노인 등에게 신체활동 또는 가사활동 지원 등의 장기요양급여를 제공하여 노후의 건강증진 및 생활안정을 도모하고 그 가족의 부담을 덜어 줌으로써 국민의 삶의 질을 향상하도록 함을 목적으로 시행하는 사회보험제도이다.

2) 노인장기요양보험제도의 주요 특징

우리나라 노인장기요양보험제도는 건강보험제도와는 별개의 제도로 도입·운영되고 있는 한편으로, 제도운영의 효율성을 도모하기 위하여 보험자 및 관리운영기관을 국민건강보험공단으로 일원화하고 있다. 또한 국고지원이 가미된 사회보험방식을 채택하고 있고 수급대상자에는 65세 미만의 장애인이 제외되어 노인을 중심으로 운영되고 있다.

3) 노인장기요양보험 적용

① 적용대상

건강보험 가입자는 장기요양보험의 가입자가 된다(법 제7조 제3항). 이는 건강보험의 적용에서와 같이 법률상 가입이 강제되어 있다. 또한 공공부조의 영역에 속하는 의료급여 수급권자의 경우 건강보험과 장기요양보험의 가입자에서는 제외되지만, 국가 및 지방자치단체의 부담으로 장기요양보험의 적용대상으로 하고 있다(법 제12조).

② 장기요양인정

장기요양보험 가입자 및 그 피부양자나 의료급여수급권자 누구나 장기요양급여를 받을 수 있는 것은 아니다. 일정한 절차에 따라 장기요양급여를 받을 수 있는 권리(수급권)가 부여되는데 이를 장기요양인정이라고 한다.

장기요양인정 절차는 먼저 공단에 장기요양인정 신청으로부터 출발하여 공단직원의 방문에 의한 인정조사와 등급판정위원회의 등급판정 그리고 장기요양인정서와 표준장기요양이용계획서의 작성 및 송부로 이루어진다.

③ 장기요양인정 신청자격

우리나라 장기요양보험제도는 장기요양보험 가입자 및 그 피부양자 또는 의료급여수급권자 중 65세 이상의 노인 또는 65세 미만 자로서 치매, 뇌혈관성 질환 등 노인성질병을 가진 자 중에 6개월 이상 혼자서 일상생활을 수행하기 어렵다고 인정되는 자를 그 수급대상자로 하고 있다. 여기에는 65세 미만자의 노인성질병이 없는 일반적인 장애인은 제외되고 있다.

3. 장기요양등급을 확정받기 위한 절차

1) 전문자격을 갖춘 의사의 소견서 제출한다.

장기요양신청서는 대리인이 접수할 수 있다.

환자의 현재 상태, 의사소견서 및 진단서를 제출, 이 자료를 바탕으로 환자의 등급이 결정된다.

장기요양등급은 1~5등급과 그 외의 등급이 있는데, 인지상태와 생활모습에 따라서 등급이 달라진다.

2) 조사 과정

– 해당기관에서 파견한 직원이 환자의 거주지에 직접 와서 상태를 확인한다.

– 신체적으로 상해를 입거나 현재 치매가 어느 정도 진행되었고, 생활에 얼마나 영향을 미치게 되는지 확인한다.

– 조사 항목은 총 52가지와 특기사항을 기준으로 조사한다.

52가지 중에는 **신체, 인지, 행동변화, 간호처치, 재활**에 대한 5가지를 중심으로 조사한다.

① **신체기능**은 의상을 갈아입거나 식사하고 화장실, 씻는 행위 등이 있다. 여기서만 12가지 항목이 있다.

② **인지**는 현재 날짜나 자신에 대한 기본정보, 의사소통 능력, 상황 판단력 등을 살펴본다(7항목).

③ **행동변화**는 환각이나 환청 증세가 있는지 확인하고 정신적인 불안감을 표현하고 있는지 여부를 주로 확인한다. 또한, 길을 잃는 것도 행동변화 중 하나로, 불안 증세가 있는 분들은 물건을 망가트리거나 숨기는 행동 등을 살펴본다(14항목).

④ **간호처치와 재활**

위 내용을 중심으로 나온 결과지는 우편으로 발송되며, 이를 들고 병원에 방문하여 제출하면 된다.

65세 이상인 경우에는 신청서만 제출해도 무방하며, 65세 미만인 경우 신청서는 물론 의사소견서도 같이 제출할 필요가 있다(9항목, 10항목).

4. 치매를 판단하는 척도(CDR 척도)

– 인지와 사회성 정도를 중심으로 치매를 판단하는 척도(기준)이며, CDR 1부터 치매보장이 가능하다.

– CDR 척도의 진단 평가는 신경정신과, 정신의학과, 신경과 전문의가 진단 평가를 한다.

– 치매를 판단하는 기준(CDR 척도)을 정해 놓은 것이 있는데, 이를 판정하는 것은 각 전문의의 진단이 들어가서 합산이 되어야 가능하다. 치매를 판단하는 기준은 아래와 같다.

1) 치매를 판단하는 척도(CDR 척도, 기준)

구분		행동 및 기억장해 증상		발병률
CDR 0	정상	경미한 건망증		
CDR 0.5	최경도	지속적인 건망증	집안생활 및 사회생활에서 장해가 의심됨	17%
CDR 1	경도(경증)	기억장해	일상생활의 지장 있음, 정상활동은 가능함	40.6%
CDR 2	중증도	반복된 과거기억	반복된 과거 정도 기억하고 새로운 기억 잊음. 시간에 대한 인지능력 상실됨. 간단한 집안일 가능하고, 집 밖에 활동이 가능함.	26.6%
CDR 3	중증	심한 기억장해	부분적이고 단편적인 사실만 기억하고, 정상적인 활동 불가함. 대소변 실금이 나타남.	15.8%
CDR 4	중증(심각)	심한 기억장해 상실	부분적인 사실조차 기억하지 못하고 도움 없이 이동 불가함	
CDR 5	중증(말기)	기억력 없음	자신에 대한 인식을 못하고 어떤 활동에도 참여 불가함. 누워 지내는 상태	

출처: 국민건강보험공단 자료

2) 치매보험에서 말하는 CDR 척도란?

CDR(Clinical Dementia Rating) 척도는 정신의학과, 신경과 전문의가 평가하는 치매를 판단하는 점수이다.

기억력, 지남력(指南力)[36], 판단 및 문제해결, 사회활동, 개인관리, 가정 및 취미가 분류기준이며, 이에 따라 CDR 척도 1점 ~ 5점으로 판단한다.

① 아래의 척도 점수에 따라 치매 진단비가 지급된다.
  CDR 0: 경미한 건망증
  CDR 1: 기억장해(일상생활에 지장 있음)
  CDR 2: 반복된 과거 기억(새로운 기억은 잊어버림)
  CDR 3: 심한 기억장해
  CDR 4: 심한 기억장해 마저 상실(하는 말은 해독이 불가함)
  CDR 5: 기억력 없음
② 경도 치매 진단비 지급기준

경 도	중등도	중증
CDR 척도 1	CDR 척도 2	CDR 척도 3 이상

---

36) 지남력(指南力): 시간과 장소, 상황이나 환경 따위를 올바로 인식하는 능력.

당연히 CDR 1(경도)일 때, 진단비를 받을 수 있는 보험이 보장이 더 크므로 가입 전에 보장내용을 잘 살펴야 한다.

5. 노인장기요양보험 신청내용 및 등록절차

1) 장기요양신청 대상

장기요양인정 신청을 할 수 있는 자는 65세 이상 노인과 아래의 노인성질환을 가진 65세 미만의 자로서 건강보험 가입자와 피부양자뿐만 아니라 의료급여 수급자도 포함이 된다.

■ 65세 미만의 노인성 질병의 종류

구분	노인성질병명	질병코드
한국표준질병 및 사인분류	알츠하이머병에서의 치매	F00
	혈관성 치매	F01
	달리 분류된 기타 질환에서의 치매	F02
	상세불명의 치매	F03
	알츠하이머병	G30
	지주막하출혈	I60
	뇌내출혈	I61
	기타 비외상성 두개내 출혈	I62
	뇌경색증	I63
	출혈 또는 경색증으로 명시되지 않은 뇌졸중	I64
	대뇌경색증을 유발하지 않은 뇌전동맥의 폐쇄 및 협착	I65
	뇌경색증을 유발하지 않은 대뇌동맥의 폐쇄 및 협착	I66
	기타 뇌혈관질환	I67
	달리 분류된 질환에서의 뇌혈관장애	I68
	뇌혈관질환의 후유증	I69
	파킨슨병	G20
	이차성 파킨슨증	G21
	달리 분류된 질환에서의 파킨슨증	G22
	기저핵의 기타 퇴행성 질환	G23
	중풍후유증(中風後遺症)	U23.4
	진전(振顫)	U23.6

출처: 국민건강보험공단 자료

2) 장기요양인정 및 이용절차

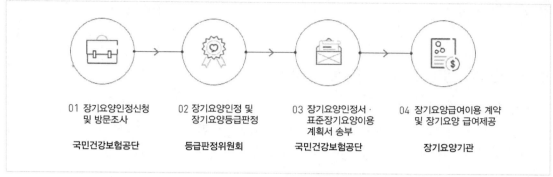

01 장기요양인정신청
및 방문조사

국민건강보험공단

02 장기요양인정 및
장기요양등급판정

등급판정위원회

03 장기요양인정서·
표준장기요양이용
계획서 송부

국민건강보험공단

04 장기요양급여이용 계약
및 장기요양 급여제공

장기요양기관

출처: 국민건강보험공단

3) 등급판정 기준

등급판정은 "건강이 안 좋다", "큰 병에 걸렸다" 등과 같은 주관적인 개념이 아닌 **심신의 기능 상태에 따라 일상생활에서 도움(장기요양)이 얼마나 필요한가?"**를 지표화한 장기요양인정점수를 기준으로 한다. 장기요양인정 점수를 기준으로 아래의 등급표와 같이 6개 등급(그 외 등급 포함)으로 등급판정을 한다.

■ 장기요양등급표(장기요양등급별 인정점수 및 기능상태)

등급	심신의 기능상태	장기요양인정점수
1등급	심신의 기능상태 장해로 일상생활에서 전적으로 다른 사람의 도움이 필요한 상태	95점 이상
2등급	심신의 기능상태 장해로 일상생활에서 상당 부분 다른 사람의 도움이 필요한 상태	75점 이상 95점 미만
3등급	심신의 기능상태 장해로 일상생활에서 부분적으로 다른 사람의 도움이 필요한 상태	60점 이상 75점 미만
4등급	심신의 기능상태 장해로 일상생활에서 일정부분 다른 사람의 도움이 필요한 상태	51점 이상 60점 미만
5등급	치매환자(노인장기요양보험법 시행령 제2조에 따른 노인성질병으로 한정)	45점 이상 51점 미만
그 외의 등급 (장기요양 인지 지원 등급)	치매환자(노인장기요양보험법 시행령 제2조에 따른 노인성 질병으로 한정)	45점 미만

4) 등급판정의 절차

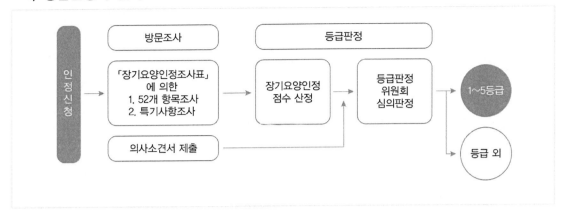

5) 방문조사

① 노인성 질병, 퇴행성 등으로 공단에 인정신청을 접수하면, 간호사, 사회복지사, 물리치료사 등의 공단소속 장기요양 직원이 직접 방문해서 '장기요양인정조사표'에 따라 항목별로 조사를 한다.

② 장기요양 등급을 산정 시에 아래에 있는 장기요양인정조사표의 항목별로 조사해서 인정요양 인정점수를 산정하여 등급을 판정한다.

▣ 장기요양 인정조사표 및 항목

영역	항목(총 52항목)
신체기능 (12항목)	1. 옷벗고 입기 2. 세수하기 3. 양치질하기 4. 식사하기 5. 목욕하기 6. 체위변경하기 7. 일어나 앉기 8. 옮겨 앉기 9. 방 밖으로 나오기 10. 화장실 사용하기 11. 대변 조절하기 12. 소변 조절하기
인지기능 (7항목)	1. 단기기억장해 2. 지시불인지 3. 날짜불인지 4. 상황판단력 감퇴 5. 장소불인지 6. 의사소통/전달장해 7. 나이/생년월일 불인지
행동변화 (14항목)	1. 망상 2. 서성거림.안절부절못함 3. 물건 망가트리기 4. 환각.환청 5. 길을 잃음 6. 돈/물건 감추기 7. 슬픈상태.울기도 함 8. 폭언.위협행동 9. 부적절한 옷입기 10. 불규칙수면.주야혼돈 11. 밖으로 나가려 함 12. 대/소변 불경행위 13. 도움에 저항 14. 의미없거나 부적절한 행동
간호처치 (9항목)	1. 기관지 절개관 간호 2. 경관 영양 3. 배뇨관리 4. 흡인 5. 욕창간호 6. 장루간호 7. 산소요법 8. 암성 통증 간호 9. 투석간호
재활 (10항목)	운동장해(4항목) 1. 우측상지 2. 우측하지 3. 좌측상지 4. 좌측하지 관절자제한(6항목) 1. 어깨관절 2. 팔꿈치관절 3. 손목 및 수지관절 4. 고관절 5. 무릎관절 6. 발목관절

출처: 국민건강보험공단

6) 장기요양인정점수 산정

신청인의 심신 상태를 나타내는 52개 항목의 조사 결과를 입력하여 '장기요양인정점수'를 산정한다.

7) 등급판정위원회의 심의·판정

등급판정위원회는 방문조사 결과, 의사소견서, 특기사항 등을 기초로 신청인의 기능상태 및 장기요양이 필요한 정도 등을 등급판정 기준에 따라 다음과 같이 심의 및 판정한다.

① 요양필요상태에 해당하는지 여부를 심의한다.

② 요양필요상태인 경우 등급판정기준에 따라 등급을 판정한다.

③ 필요에 따라서는 등급판정위원회의 의견을 첨부할 수 있다.

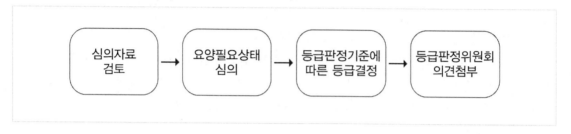

심의판정자료	요양필요상태심의	등급판정기준	등급판정기준
• 인정조사결과 • 의사소견서 • 특기사항	• 일상생활자립도 • 등급별상태 등	• 1등급: 95점 이상 • 2등급: 75점 이상 95점 미만 • 3등급: 60점 이상 75점 미만 • 4등급: 51점 이상 60점 미만 • 5등급: 45점 이상 51점 미만 &치매 • 인지지원등급: 45점 미만&치매	• 인정유효기간 변경 • 급여이용에 대한 의견제시 등

출처: 국민건강보험공단

8) 등급판정 결과

최종 결정된 장기요양인정 점수에 따라 다음과 같이 장기요양등급이 구분된다.

▣ 장기요양등급별 인정점수 및 기능상태

장기요양등급은 1~5등급과 그 외의 등급이 있는데, 인지상태와 생활모습에 따라서 등급이 달라진다.

1) **1등급: 95점 이상**

심신의 기능상태 장해로 일상생활에서 전적으로 다른 사람의 도움이 필요한 상태.
모든 생활에 다른 사람의 도움으로 생활을 유지하고 완전히 정신건강을 잃어버려서 거동조차 할 수 없는 상태이다.

---

2) **2등급: 75점 이상 95점 미만**

   심신의 기능상태 장해로 일상생활에서 상당 부분 다른 사람의 도움이 필요한 상태.
   대부분 생활에 도움을 요청해야 생활을 유지할 수 있다.

3) **3등급: 60점 이상 75점 미만**

   심신의 기능상태 장해로 일상생활에서 부분적으로 다른 사람의 도움이 필요한 상태.

4) **4등급: 51점 이상 60점 미만**

   심신의 기능상태 장해로 일상생활에서 일정부분 다른 사람의 도움이 필요한 상태.
   생활에 큰 불편함은 없지만, 일부분 다른 사람의 도움을 받아야 생활할 수 있다.

5) **5등급: 45점 이상 51점 미만**

   가장 낮은 요양등급의 인지등급.
   And 치매환자(노인장기요양보험법 시행령 제2조에 따른 노인성질병으로 한정)

6) **그 외 등급(장기요양 인지지원 등급): 45점 미만**

   And 치매환자(노인장기요양보험법 시행령 제2조에 따른 노인성 질병으로 한정)

9) 장기요양급여 이용 절차

수급자는 장기요양인정서에 적힌 '장기요양등급', '장기요양인정 유효기간'과 '급여종류 및 내용'
에 따라 적절한 장기요양기관을 선택하여 급여계약 체결 후 장기요양 급여를 이용할 수 있다.

장기요양인정서   장기요양기관과   장기요양
표준장기요양이용계획서 수령   계약체결   급여이용

출처: 국민건강보험공단

제3절. 간병 보험금의 종류 및 지급사유

1. 장기요양급여금 지급

보험회사는 피보험자가 보험기간 중에 국민건강보험공단 등급판정위원회에 의해 1등급, 2등급, 3등급 또는 4등급의 장기요양등급의 판정을 받아 노인장기요양보험 수급대상으로 인정받은 경우 (상품에 따라 1등급, 1~2등급, 1~4등급 등을 보상) 보험수익자에게 약관에서 정한 보험금을 지급 (일시지급형, 매월지급형)한다.

장기요양등급은 노인장기요양보험법상 '심신의 기능상태 장해로 일상생활에서 다른 사람의 도움이 필요한 정도'를 측정하여 장기요양신청인의 '요양필요도'에 따라 1, 2, 3, 4, 5등급 및 인지지원 등급으로 구분되며, 1등급이 가장 정도가 심하다.

2. 치매간병비 지급

회사는 피보험자가 보험기간 중에 '중증치매상태'로 진단 확정되고, 보험기간이 끝난 이후라도 그 날을 포함하여 일정 기간(예: 90일) 이상 '중증치매상태'가 계속 되었을 때에는 보험수익자에게 보험가입금액을 치매간병비로 지급(일시 지급형, 매월 지급형 등이 있음)한다. 일반적으로 '중증치매상태'라 함은 약관에서 정한 치매로 진단 확정되고, 이로 인하여 '인지기능의 장애'가 발생한 상태를 말한다. 경증치매보장의 경우 진단보험금이 '중증치매' 진단보험금보다 낮게 설계된다.

> **▣ '중증치매' 및 '경증치매' 기준(예)**
>
> ♣ 중증치매: 장기요양등급 1~2등급 또는 CDR척도* 3~5점
> ♣ 경증치매: 장기요양등급 3~4등급 또는 CDR척도 1~2

* CDR 척도(Clinical Dementia Rating scale): 치매 관련 전문의가 실시하는 전반적인 인지기능 및 사회 기능 정도를 측정하는 검사이다.

장기간병보험은 청약서상 '계약 전 알릴 의무(중요한 사항)'에 해당하는 질병으로 인하여 과거에 진단 또는 치료를 받은 경우 해당 질병과 관련된 보험금을 지급하지 않는다. 다만, 청약일 이전에 진단 확정된 질병이라 하더라도 청약일 이후 5년(갱신형 계약의 경우에는 최초 계약의 청약일 이후 5년)이 지나는 동안 그 질병으로 추가진단(단순 건강검진 제외) 또는 치료사실이 없을 경우, 청약일 부터 5년이 지난 이후에는 약관에 따라 보장한다.

제4절. 보험금 대리청구인 제도

1. 보험금 대리청구인 제도란?

보험기간 중에 보험계약자가 사전에 지정해 둔 대리인이 보험금 청구가 불가능한 보험계약자를 대신해 보험금을 청구할 수 있게 하는 것이며, 스스로 보험금 청구가 불가능할 때 쉽게 청구 가능한 제도이다.

즉, 예상치 못한 보험사고(예: 치매환자, 식물인간, 중증환자 등)가 발생했을 때 본인 스스로 보험금 청구가 현실적으로 어려운 상황이 될 때 보험금을 대신 청구하는 자(보험금 대리청구인)를 보험가입 초기 또는 유지 중에 미리 지정하는 제도이다.

보험금 청구는 보험수익자가 행사할 수 있다. 그러나 만일 수익자 본인이 치매진단으로 보험에 가입한 사실을 잊었거나 중대한 사고 발생 등으로 보험금 청구가 현실적으로 어려운 경우에 부닥칠 수 있다. 보호자가 대신 보험금을 청구하려고 해도, 청구권 행사는 오직 수익자만 할 수 있어 보험회사는 보험금 지급을 거절할 것이다.

이와 같은 상황을 고려해 계약자의 청구권을 보호하기 위해 '보험금 지정대리 청구인제도'를 운영하고 있다. 이 제도는 보험기간 중 계약자가 사전에 지정해 둔 대리인이 보험금 청구가 불가능한 계약자를 대신해 보험금을 청구할 수 있게 해둔 것이다.

2. 보험금 대리청구인 지정제도의 목적

본인을 위한 본인의 보험상품(보험계약자, 피보험자, 보험수익자가 동일)에 가입한 경우, 본인이 보험금을 청구해야만 보험금이 지급된다. 그러나 질병(치매 등)이나 상해 등의 보험사고가 발생하였는데 계약자가 의식불명상태라면 보험금을 청구할 수 없는 상황이 발생할 수 있다. 이런 경우를 방지하기 위해 보험금 대리청구인을 미리 지정해 두면 대리청구인이 계약자를 대신하여 보험금을 청구할 수 있다.

즉, 보험계약은 질병(치매 등)이나 상해 등의 보험사고가 발생하면 보험가입자가 보험금을 청구해야만 보험금이 지급되는 상품의 특징으로 인해 계약자가 본인을 위한(계약자 = 피보험자 = 보험수익자) 보험상품에 가입한 후 보험사고가 발생할 때 인식불명 등으로 본인이 보험금을 청구할 수 없는 상황이 발생할 수 있다. 이런 경우에 대비하여 보험금 대리청구인을 미리 지정해 두면 대리청구인이 가입자(계약자)를 대신하여 보험금을 청구할 수 있다.

3. 보험금 대리청구인 지정제도 신청 시 요건

1) 계약자, 피보험자, 수익자가 모두 동일해야 한다.

2) 통상 피보험자가 치매나 의식불명 상태에서는 수익자가 대리청구가 가능하다.

3) 수익자의 경우 2가지로 나눈다.

① 사망 시 수익자

사망 시 수익자는 법정 상속인 혹은 본인 외 지정된 수익자로 보험금 청구가 가능하다.

② 사망 외 수익자

사망 외 수익자의 경우 통상 피보험자와 동일인일 경우가 거의 대부분이다 보니 금융감독원에서는 치매보험 등에 있어 보험금 대리청구인 지정제도를 의무화할 것을 권유하고 있다.

4. 보험금 대리청구인 지정 범위

1) 피보험자와 동거하거나 생계를 같이하고 있는 피보험자의 가족관계등록부상 배우자

2) 피보험자와 동거하거나 생계를 같이하는 피보험자의 3촌 이내의 친족

5. 보험금 대리청구인 지정방법

보험을 가입한 계약 중에 본인을 위한 계약의 경우 해당 보험회사에 연락하여 대리청구인 지정제도를 신청할 수 있다.

1) 가입한 계약 중 본인을 위한 계약 '보험계약자 = 피보험자 = 보험수익자'의 경우 해당 보험회사에 연락하여 대리청구인 지정을 신청할 수 있다.

  − 계약자가 실명확인증(신분증)을 지참 후 가까운 금융플라자 또는 지점 방문

  − 계약자기준 가족관계증명서(지정할 대리청구인과의 관계 확인 필요)

  − 지정대리청구인의 개인신용정보활용동의서(보험사 양식)

2) 보험회사는 상품설명서와 해피콜(완전판매 모니터링 제도) 등을 통해 지정대리 청구인제도의 활용을 안내한다.

3) 보험가입자는 보험계약 체결할 때 보험금 대리청구인 지정제도를 신청한다.

4) 이미 가입한 보험계약도 해당 보험회사에 연락해 보험금 대리청구인 지정제도를 신청할 수 있다.

6. 대리청구인 지정제도 활성화를 위한 보험업계의 노력

보험업계는 신계약 체결 시 상품설명서와 해피콜(완전판매 모니터링 제도) 등을 통해 대리청구인 지정제도를 안내하고 있다. 또한 매년 계약자에게 제공하는 보험계약관리내용(종합안내장)을 통해

서 기존 계약자에게 안내를 실시하여 보험소비자의 권익 향상을 위해 노력하고 있다.

7. 치매보험 대리청구인 지정 2021년 상반기 중 의무화

금감원에서 치매보험 대리청구인 지정의 의무화, 대리청구인의 범위 확대와 위반 때 제재사항 등을 면밀하게 검토하고 있다.

이르면 상반기 내 치매보험 대리청구인 지정이 의무화된다. 금융감독당국이 해당 내용에 대해 검토에 들어갔기 때문이다.

치매보험을 계약할 때 보험사는 계약자, 피보험자, 수익자가 동일한 경우 대리청구인 제도를 안내해야 하지만 현재까지는 권고사항이다. 금융감독원이 이 같은 방안을 추진하는 것은 보험사에서 운영 중인 치매보험 지정대리인 청구제도가 활성화되지 않고 있다는 지적이 이어지고 있어서다. 해당 제도는 치매나 혼수상태 등 정상적인 의사소통이 되지 않아 보험금 청구가 어려운 상황을 대비해 만들어졌다. 대리청구인을 지정하지 않을 경우 보험가입자 본인이 직접 보험금 지급을 위한 청구 절차를 거쳐야 하는데 치매 질병 특성상 보험에 가입돼 있는 것 자체를 기억하기 어려워 정작 치매에 걸려 보험금 청구가 불가능하는 등 소비자 피해가 발생할 수 있다는 우려가 나온다는 것이다.

특히, 치매보험 판매가 꾸준히 진행되고 있지만 해당 제도를 알지 못하는 경우가 많은 것으로 나타났다.

실제로 지난해 국정감사에서도 관련해 지적이 있었다. 국회 정무위원회 소속 전재수 의원이 금융감독원으로부터 받은 자료를 통해 지난해 상반기 기준 국내 주요 보험사의 치매보험 대리청구인 지정 비율이 2%가 채 되지 않는다고 꼬집은 것이다.

구체적으로 삼성화재에서 판매한 17만5947건의 치매보험 중 1218건(0.69%), DB손해보험은 7만5126건 중 647건(0.86%)만이 대리청구인을 지정했다. 한화생명은 37만6793건 중 5286건(1.4%), 교보생명은 26만388건 중 4049건(1.55%)의 가입자가 대리청구인 제도를 이용했다.

금감원은 이 같은 상황을 해결하기 위해 대리청구인 지정을 의무화하는 방향으로 방안을 검토하고 있다. 이번 달 중 업계의 의견을 수렴해 초안을 마련한 이후 소비자보호 관련 부처 등과도 논의해 최종안을 내놓을 예정이다.

금감원 보험감독국 특수보험1팀 관계자는 "현재는 피보험자와 동거하거나 생계를 같이하고 있는 자로서 피보험자의 배우자 또는 3촌 이내의 친족을 자격요건으로 하고 있는데 이 범위를 더 넓혀야 하는지, 이를 어겼을 때 제재수위는 어느 정도 수준으로 진행해야 하는지 등 살펴볼 사안이 많다"며 "소비자 측면에서도 의무화가 됐을 때 문제가 되는 부분이 없는지도 면밀히 살펴볼 것"이라고 설명했다.

업계도 금감원의 이 같은 움직임에 대해 환영하는 분위기다. 업계 관계자는 "사실 관련 제도를 안내하다 보면 보험금을 자신이 타고 싶다며 대리지정인을 거부하는 경우가 종종 발생하는데 의무화된다면 해소될 것"이라며 "또 가족 없이 혼자 사는 경우는 제도 활용이 불가능해 지정 범위를 확대해야 한다는 의견도 나오고 있다"고 밝혔다.

출처: 보험신보, 2021년 1월 11일 기사내용(정두영 기자)

제5절. 보상하지 아니하는 손해

간병보험은 상해 또는 질병으로 인한 간병비용을 지급하므로 보상하지 않는 손해가 아래와 같이 상해보험이나 질병보험과 기본적으로 동일하다.

1) 피보험자가 고의로 자신을 해친 경우

다만, 피보험자가 심신상실 등으로 자유로운 의사결정을 할 수 없는 상태에서 자신을 해친 경우에는 보험금을 지급한다.

2) 보험수익자가 고의로 피보험자를 해친 경우

다만, 그 보험수익자가 보험금의 일부를 받는 자인

경우에는 그 보험수익자에 해당하는 보험금을 제외한 나머지 보험금을 다른 보험수익자에게 지급한다.

3) 계약자가 고의로 피보험자를 해친 경우

4) 피보험자의 임신, 출산(제왕절개를 포함한다), 산후기

그러나 회사가 보장하는 보험금 지급사유로 인한 경우에는 보험금을 지급한다.

5) 전쟁, 외국의 무력행사, 혁명, 내란, 사변, 폭동

※ 여기에 알코올중독, 습관성 약품 또는 환각제의 복용 및 사용, 의수, 의족, 의안, 의치 등 신체보조 장구에 입은 손해 등도 보장하지 않는 손해에 포함된다.

제5장
실손의료보험(실손보장 상품)

제1절. 실손의료보험의 개념 및 개요

1. 실손의료보험의 개념(槪念)

1) 실손의료보험의 정의(定義)

실손의료보험이란 보험가입자(피보험자)의 질병이나 상해로 입원 또는 통원 치료 시의 의료비(손해)로 실제 부담한 의료비를 보험회사가 보상하는 상품이며 건강보험을 말한다. 이 보험은 실제 손실을 보장한다.

즉, 국민건강보험법에 의해 발생한 의료비 중에 환자 본인이 지출한 의료비를 보험가입금액 한도 내에서 보장하는 보험이며, 정식 명칭은 의료실비보험이다. **국민건강보험 급여 항목 중의 본인 부담액과 법정 비급여 항목의 합계액에서 자기부담금을 공제한 후 지급한다.**

2018년 4월 부터 **유병력자 실손의료보험을 포함한 실손의료보험 상품은 실손의료 보장으로만 구성된 단독상품으로 분리 · 판매토록 규정하고, 실손의료보험 상품를 단독화(여타 상품에 끼워 팔기 금지)하여 판매하고 있다.**

실손의료보험은 자기부담금의 설계 방식에 따라 상해 · 질병 공통으로 표준형과 선택형 Ⅱ 중에 가입자가 선택할 수 있다. 또한, 표준화된 실손의료보험은 기본형[주계약(급여)] 실손의료보험과 기본형[주계약 (급여)] + 선택형[특약(비급여)] 실손의료보험으로 구성되어 있다. 기본형[주계약(급여)] 실손의료보험에만 가입할 수도 있으며, 각 특약의 가입은 보험계약자의 선택 사항이다.

의료실비보험은 보험기간이 1년인 상품으로 매년 보험료가 변하는 갱신형 보험이 대부분이다. 또한, 5년마다 재가입이 필요하며 갱신과 재가입을 통해 최대 100세까지 보장받는다.

2) 실손의료보험의 보장영역

국민건강보험 급여 항목 중의 본인 부담액과 법정 비급여 항목의 개인부담 합계액이 실손의료보험(실손의료비 보험)의 보장영역이다. 즉, 보험계약자가 개인적으로 부담하는 의료비를 보장/보상하는 부분이다.

■ 실손의료보험 보장영역 도표(圖表)

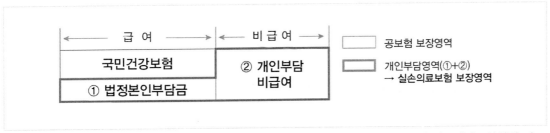

출처: 생명보험협회 자료

3) 실손의료보험의 특징

실손의료보험은 정해진 금액이 아닌, 실제 치료에 들어간 비용을 보상받는다. 국민건강보험 비급여 부분인 입원실 비용의 80%를 보장받거나, 선택형 가입 시 90%를 보장받는 식이다. 이와 달리 보험약관에 따라 정해진 금액을 지급하는 상품은 정액형 보험이라 한다. 국민건강보험공단이 운영하는 국민건강보험과 달리 실손의료보험은 민간 보험사가 운영한다.

4) 실손의료보험의 보장내용

실손의료보험은 입원치료와 통원치료를 구분해 보장한다. 입원보장과 통원보장은 각각 질병과 상해의 두 가지로 구분해 총 4개의 담보로 구성한다. 기본적으로 입원·통원 치료비를 보장하지만, 치료 목적이 아닌 입원이나 예방접종, 건강검진 비용 등은 보상하지 않는다. 단, 의사의 임상적 소견을 받아 치료 목적으로 검사한 비용은 보상이 가능한 경우도 있다. 특약형의 경우 후유장해나 사망 등의 항목을 보장하는 상품도 있다. 2016년부터는 실손의료보험 보장범위가 확대되어, 치매와 우울증, 조울증, 공황장애, 틱장애, 주의력결핍과잉행동장애, 외상 후 스트레스 장애 등 증상이 명확한 정신질환이 보장 대상에 포함되었다.

5) 실손의료보험의 보험료

실손의료보험 상품은 **매년 보험료가 오르는 갱신형 보험이 일반적이다.** 또한, 일부 비갱신 보험과 달리 **질병에 걸릴 위험률과 보험금 지급 실적 등을 반영해 보험료가 매년 혹은 3~5년마다 바뀐다.** 그러나 장기간 납입해야 하기 때문에 빨리 가입할수록 유리하다.

가입 대상과 보장 금액, 지급 기준 등 세부 사항은 보험사에 따라 다르다. 가입 연령은 최대 65~70세 정도로 나이가 많을수록 가입이 제한되거나 보험료가 오른다. 65세 이상 고령층을 대상으로 하는 실손의료보험 상품은 '노후 실손의료보험'이라 한다. 노후 실손의료보험은 일반 실손의료보험보다 가입자가 내는 자기부담금이 크다.

6) 실손의료보험의 종류

① 일반(단독) 실손의료보험

② 노후 실손의료보험

③ 유병력자 실손의료보험

※제도성 특약: 단체 실손의료보험과 개인 실손의료보험 간 연계제도

2. 실손의료보험 상품의 단독화 시행

◈ 2018년 4월부터 실손의료보험 상품의 단독화(여타 상품에 끼워팔기 금지) 판매 시행

실손의료보험은 피보험자가 질병 · 상해로 입원(또는 통원) 치료 시 소비자가 실제 부담한 의료비[37]의 일부를 보험회사가 보상하는 상품이다. 민영의료보험 또는 의료실비보험 등 다양한 명칭으로 불리고 있으며, 과거에는 주로 상해 · 질병보험의 특약으로 부가되어 판매되었으나 2018년 4월 1일부터 단독형 상품으로만 판매되고 있다.

□ 2018년 4월부터 **유병력자 실손의료보험을 포함한 실손의료보험 상품은 실손의료 보장으로만 구성된 단독상품으로 분리 · 판매토록 규정***을 한다. [(* 보험업감독규정 제7-63 ② 1호 ('17.3.22 개정)]

- 소비자는 실손의료보험 상품만 단독으로 가입할 수 있어 끼워 팔기로 인한 타 보험상품의 비자발적 가입 등 소비자 피해를 차단한다.
- 다만, 소비자가 원하는 경우 사망보험 등 다른 보험 상품을 별도의 보험계약으로 동시에 가입하는 것은 가능하다.
   * 여러 보험계약 전체의 보장범위는 현재 실손의료보험이 특약으로 부가된 패키지형 상품과 동일하게 설계할 수 있다.
- 또한, 상품 특성이 상이한 여행자보험과 단체보험은 기존과 동일하게 실손의료보험을 특약으로 포함한 패키지 상품으로 판매 가능하다.

3. 실손의료보험의 비례보상 원칙[중복계약(다수)보험의 처리]

다수보험이란 실손의료보험 계약(우체국보험, 각종 공제, 상해 · 질병 · 간병보험 등 제3보험, 개인연금 · 퇴직보험 등 의료비를 실손으로 보상하는 보험 · 공제계약을 포함)이 동시에 또는 순차적으로 2개 이상 체결되었고, 그 계약이 동일한 보험사고에 대하여 각 계약별로 보상 책임액이 있는

---

37) 국민건강보험 급여항목 중 본인부담액 + 비급여항목의 합계액

다수의 실손의료보험 계약을 말한다.

1) 동일인이 다수의 실손의료보험을 가입하더라도 초과이익 금지를 위해 본인이 부담한 치료비를 상품별로 보상책임액 비율에 따라 비례 보상하므로, 2~3개의 실손의료보험에 가입했다고 하더라도 실제 치료비의 2~3배가 지급되는 것은 아니다.

2) 보험계약자가 제3보험에서 의료비 등 실손을 보장하는 계약을 다수 체결하는 경우에는 「상법」의 실손보상원칙에 따라 보험사고 발생 시 각각의 보험계약에서 지급하는 보험금은 보상 책임액에 비례하게 된다.

3) 즉, 여러 개의 실손의료보험에 가입되어 있다고 하여 본인 부담금보다 많은 보험금을 지급하는 것이 아니므로 가입 시 기존 실손보험 계약유무를 꼼꼼히 확인하여 가입하는 것이 필요하다.

4) 중복계약에 따른 비례보상 대상계약은 모든 제3보험 상품이 아니라 제3보험 상품 중 실손보상 급부가 있는 계약에 한정된다. 따라서 정액보상상품은 비례보상의 대상계약이 아니다.

5) 각 계약의 보상책임액 합계액이 각 계약의 보상대상의료비 중 최고액에서 각 계약의 피보험자부담 공제금액 중의 최소액을 차감한 금액을 초과한 다수보험은 아래의 산출방식에 따라 각 계약의 비례분담액을 계산한다. 이 경우 입원, 외래, 처방조제를 각각 구분하여 계산한다.

▣ **실손의료보험 비례보상 산식(算式)**

$$\text{각 계약별 비례분담액} = \left(\begin{array}{c} \text{각 계약의 보상대상의료비 중 최고액} \\ - \text{각 계약의 피보험자부담 자기부담금 중 최소액} \end{array} \right) \times \frac{\text{각 계약별 보상책임액}}{\text{각 계약별 보상책임액을 합한 금액}}$$

출처: 생명보험협회 자료

▣ **실손의료보험 비례보상 사례(예시)**
● **입원치료비 3천만 원 발생, 자기부담금은 없다고 가정**

구분	가입금액(보상한도)	보상책임액	실제 보상금액
A보험회사 상품	1천만 원 한도	1천만 원	750만 원(=3천만 원×¼)
B보험회사 상품	5천만 원 한도	3천만 원	2,250만 원(=3천만 원×¾)

출처: 생명보험협회 자료

4. 실손의료보험의 연혁(沿革, History)

1) 손해보험회사가 1963년 실손보상상해보험을 국내 처음으로 도입한 이후 1977년 단체건강보험, 1978년 특약형태의 질병보험 등 의료실비를 보상하는 형태의 보험이 판매되었다.

2) 생명보험회사는 단체실손의료보험을 2003년 10월부터, 개인실손의료보험을 2008년 5월부터

판매하였다.

3) 2009년 10월부터 상해형(입/통원), 질병형(입/통원), 종합형(입/통원)으로 상품유형이 표준화되었으며, 2013년 1월부터 표준형 단독실손의료보험 상품이 도입되었다.

4) 2015년 9월 1일부터 표준형(급여/비급여 모두 80% 보장) 및 선택형Ⅱ(급여 90%, 비급여 80% 보장)로 판매되었다.

5) 2017년 4월부터는 상품구조 개선을 통해 과잉진료의 우려가 크거나 보장수준이 미약한 비급여 도수치료, 비급여 주사, 비급여 MRI 등 3개 진료군을 실손의료보험의 특약으로 분리하여 보장하는 새로운 실손의료보험이 도입되었다.

■ 실손의료보험 상품구조 개선

개선 전 (2017년 3월 이전)		개선 후 (2017년 4월 이후)	
통합형태	대다수 질병·상해에 대한 진료행위 (기본형 + 특약①, ②, ③의 보장범위와 동일)	기본형	대다수 질병·상해에 대한 진료행위
		특약①	비급여 도수치료·체외충격파·증식치료
		특약②	비급여 주사료
		특약③	비급여 자기공명영상진단(MRI/MRA)

출처: 생명보험협회 자료

6) 2020년 12월 10일(목), 금융위원회와 금융감독원의 보도자료에 의하면, 건강보험 비급여에 대한 관리 강화 및 실손의료보험의 상품구조를 개편하고 추진하여 2021년 7월 1일자로 실손의료보험을 이용한 만큼 보험료를 내는 할인·할증제도가 새로 도입되는 **제4세대 실손의료보험**을 출시할 예정이라고 하였다. 금융위원회와 금융감독원 보도자료의 주요한 내용은 다음과 같다.

① 비급여 특약 분리 및 보험료 차등제(실손보험료 할인·할증제) 도입으로, 가입자의 보험료 부담이 낮아지고 가입자간의 보험료 부담의 형평성을 제고하고, 자기부담률의 조정 등을 통한 도덕적 해이를 방지한다(건강보험법상 산정특례대상자 등 의료취약 계층은 차등제 적용 제외함).

② 실손의료보험이 국민건강보험과의 연계성 강화 등으로 국민건강보험을 보완하는 '건강한' 사적(私的) 사회 안전망 기능을 지속 수행할 수 있도록 상품구조를 전면 개편한다.

③ 보장범위·한도는 기존과 유사하면서 보험료 수준은 기존 상품 대비 10~70% 대폭 인하한다. 2017년 출시된 신(新)실손 대비 약 10%, 2009년 이후 표준화 실손 대비 약 50%, 표준화 전(前) 실손 대비 약 70% 정도 인하된다.

5. 실손의료보험의 가입절차

실손의료보험은 여러 개를 가입해도 실제 손해액(비용) 이내로 보상하므로 일반적으로 중복가입이 불필요하다. 따라서 보험계약 체결 전 중복가입 여부를 반드시 확인해야 한다.

1) 실손의료보험 중복계약 체결여부 확인(보험업법 제95조의 5, 보험업법 시행령 제42조의 5)

보험회사 또는 보험의 모집에 종사하는 자는 실제 부담한 의료비만 지급하는 제3보험 상품계약(실손의료보험계약)을 모집하기 전에 보험계약자가 되려는 자의 동의를 얻어 모집하고자 하는 보험계약과 동일한 위험을 보장하는 보험계약을 체결하고 있는지를 확인하여야 하며 확인한 내용을 보험계약자가 되려는 자에게 즉시 알려야 한다. 한편, 현재 민간법인 또는 단체가 정관이나 그 밖의 규약에 따라 체결하는 단체계약도 중복계약 체결여부를 확인해야 한다.

2) 생·손보사의 실손의료보험 가입절차

① 보험계약 가입설계 시 설계사가 고객에게 고객정보 활용의 동의서를 요청하고 접수한다.

② 설계사는 지점에서 관리자의 전산 승인을 받아 보험회사의 전산시스템 등을 이용하여 실손의료보험의 중복가입 여부를 확인한다.

③ 조회결과 해당 고객이 기가입자가 아니면 계약체결을 진행하고, 기가입자라면 고객에게 실손의료보험의 추가 가입이 필요 없음을 설명하고 종료한다.

6. 어느 보험회사의 실손의료보험으로 가입해야 하나?

실손의료비를 가입해야 하는 건 알겠는데 판매하는 회사가 많으니 어느 회사의 상품으로 가입해야 하는지 고민스러울 것이다. 결론부터 말하면, 가장 저렴한 실손의료비를 판매하는 회사로 가입하면 된다. 사실 실손의료보험은 2009년 10월 이후로 표준화가 되면서 보장 내용이 어느 회사든 동일하다.

차이점은 회사마다 계약 안에 실손의료비보험 외에 같이 끼워져 있는 특약이나 담보 내용이 다르다.

그러니 진단비나 수술비 등 특약 없이 그냥 '실손의료보험'만 가입한다면 어느 회사든 보장내용은 동일하기 때문에 가격을 비교 해 보고 가장 저렴한 회사로 선택하면 된다.

한 가지 팁은 아무래도 설계사를 통해 가입하는 것보다는 다이렉트로 가입하는 것이 저렴할 것이다.

7. 최근 실손의료보험의 제도개선

1) 2017년 4월 이후, 실손의료보험의 개정

① 실손의료보험 개정의 개요

2016년 12월 금융위원회와 보건복지부, 금융감독원은 실손보험 제도의 개선 방안을 발표했다.

이에 따르면 2017년 4월부터 실손보험은 '기본형'과 '특약형'으로 구분된다. 실손보험료 상승의 주된 요인이었던 도수치료, 체외충격파치료, 증식치료, 비급여 주사제, 비급여 MRI 검사 등 5가지 진료는 원하는 사람에 한하여 보험료를 추가로 납부하고 보장받는 특약으로 분리했다. 특약형 상품은 가입자의 자기부담비율을 기존 20%에서 30%로 높이고 특약 이용 횟수도 제한된다. 기본형 실손보험에 가입하면 5가지 진료행위에 대한 보험금을 받을 수 없으나, 대부분의 질병·상해치료를 보장받을 수 있으며, 보험금은 40세 남성·여성 기준으로 26.4% 저렴해질 것으로 예상되었다. 보험 가입 후 2년 동안 한 번도 보험금을 청구하지 않은 가입자에겐 다음해의 보험료가 10% 할인 적용된다. 보험금의 청구도 보험사의 모바일 애플리케이션을 통해 청구할 수 있다.

② 실손의료보험의 상품구조: **실손의료보험 = 기본형[주계약(급여+비급여)] + 선택형[특약(①,②,③)]**
최근 2017년 4월 이후로 실손의료보험이 개정되면서 '기본형'과 '선택형(특약)'으로 나뉘어 판매되고 있다. '기본형'만 가입한 사람은 '선택형(특약)'에 해당되는 치료를 받았을 경우 보장받을 수 없다. '선택형(특약)'은 3개의 특약으로 이루어져 있으며, 아래와 같다.
특약 ① - 비급여 도수치료, 체외충격파, 증식치료
특약 ② - 비급여 주사료(항암제/항생제/희귀 의약품 제외)
특약 ③ - 비급여 MRI(급여 적용된 MRI는 제외)

③ 기존 실손의료보험에서는 치료를 분리하지 않고 본인 부담금을 제외한 의료비를 보장해 주었는데, 개정된 실손의료보험에서는 분리된 특약 3개에 해당하는 치료에 대해서는 기존보다 높은 본인부담금을 적용하기 때문에 더 적은 금액으로 보장받고 횟수 제한도 생겼으며, 실손의료보험은 지금까지 계속 개정되었다. 그리고 개정될 때마다 본인 부담금은 커지고 보장되는 금액은 줄어들었다.

④ 앞으로도 실손의료보험은 개정될 것이고 높아지는 손해율로 인해 본인부담금은 지금보다 더 커질 것이다. 그러므로 실손의료보험이 가입되어 있지 않은 사람들은 지금보다 본인부담금이 더 커진 상품으로 바뀌기 전에 빨리 가입해야 한다고 추천하는 것이다.

2) 2021년 7월 1일, 실손의료보험의 상품구조 개편을 추진
(2020년 12월 10일, 금융위원회/금융감독원의 보도자료 배포)

가. 추진 배경
① 실손의료보험은 건강보험이 보장하지 않는 의료비를 보장하는 '국민의 사적(私的) 사회 안전망'으로서 역할*을 수행해 왔다. 그러나 1999년 최초 실손의료보험 상품의 출시 당시에 자기부담금이 없는 100% 보장 구조의 문제점을 일부 보완하였고, 2009년 10월 이후로 보험사별로 상품내용의 표준화를 하였으며, 2017년 4월부터 실손보험은 '기본형'과 '특약형'으로 구분하여 특약형 상품

은 가입자의 자기부담비율을 기존 20%에서 30%로 높이고 특약 3개에 대한 이용 횟수의 제한 등의 시행으로 제도를 개선하였으나, 과다 의료서비스의 제공 및 이용을 유발할 수 있는 구조적 한계점을 가지고 있었다.

 * 실손의료보험은 2019년 말 기준으로 약 3,800만 명 가입(단체보험, 공제계약 포함)했다.

 ② 실손의료보험은 그 동안 자기부담률 인상, 일부 비급여 과잉진료 항목의 특약[38] 분리 등 지속적인 제도 개선에도 불구하고, 여전히 극히 일부의 과다한 의료서비스 이용으로 대다수 국민의 보험료 부담이 가중되고, 보험회사의 손해율이 급격히 상승하는 등 많은 문제점이 지적되고 있다.

> ▣ 현행 실손의료보험 제도 문제점
> ① 일부 가입자의 과다 의료이용이 대다수 가입자의 보험료 부담으로 전가되고 있다.
> ② 지급보험금의 급격한 상승에 따른 국민의 보험료 부담이 증가하고 있다.
> ③ 적자 누적으로 인한 보험회사의 실손의료보험 판매 중지 및 가입심사를 강화하고 있다.
> → 이러한 현상이 지속될 경우, 국민 의료비 부담이 가중되고, 실손의료보험의 지속가능성에 대한 심각한 우려도 제기되는 상황이다.

 ③ 실손의료보험이 국민 의료비 부담을 경감하는 '건강한' 사적(私的) 사회 안전망 기능을 지속 수행할 수 있도록 상품 구조에 대한 근본적인 개편을 추진하게 된 배경이 되었다.

나. 상품구조 개편 기본방향(주요 개편내용): p.513 참조

실손의료보험의 구조적 한계점과 문제점을 해소하기 위해 자기부담률의 조정과 실손의료보험을 이용한 만큼 보험료를 내는 할인·할증 제도가 새로 도입된다(제4세대 실손, 2021년 7월 출시).

> ♣실손의료보험의 상품 구조: **실손의료보험 = 기본형[주계약(급여)] + 선택형[특약(비급여)]**

 ① 보장범위·한도는 기존과 유사하면서, 보험료 수준은 대폭 인하
 ② 보험료 상승의 주(主)원인인 비급여에 대해 특약으로 분리하고, 비급여 보험료 차등제를 도입하고, 자기부담률 조정 등으로 가입자간의 보험료 부담의 형평성 제고
 ③ 국민건강보험의 보완형 상품으로서의 연계성 강화(재가입주기 조정)

---

38) 특약: 도수·증식·체외충격파 2)비급여 주사 3)비급여 MRI

제2절. 실손의료보험(상해/질병)의 상품구조와 보장내용/보상한도

표준화가 된 실손의료보험은 보험가입자가 상해·질병으로 입원(또는 통원)치료 시 소비자가 실제 부담한 의료비를 보험회사가 보상하는 상품이다. 국민건강보험의 급여 항목 중에 본인부담액과 법정 비급여 항목의 합계액에서 자기부담금을 공제한 후 지급한다.

실손의료보험의 상품구조는 자기부담금의 설계 방식에 따라 상해·질병 공통으로 표준형과 선택형Ⅱ가 있는데, 이 중에서 가입자가 선택할 수 있다. 또한, 표준화가 된 실손의료보험(표준형과 선택형Ⅱ)의 상품구조는 **기본형[주계약] 실손의료보험과 기본형[주계약] + 선택형[특약] 실손의료보험**으로 구성되어 있다. 각 특약(특별약관)의 가입은 보험계약자의 선택 사항이며, 기본형(주계약) 실손의료보험에만 가입하는 것도 가능하다. 단, '기본형(주계약)'만 가입한 사람은 '선택형(특약)'에 해당되는 치료를 받았을 경우 보장받을 수 없다.

1. 실손의료보험(표준형·선택형Ⅱ)의 보상내용

실손의료보험은 자기부담금 설계 방식에 따라 표준형과 선택형Ⅱ 중에 가입자가 선택할 수 있다. 또한 표준화가 된 실손의료보험은 상해·질병 공통으로 기본형[주계약] 또는 기본형[주계약] + 선택형[특약]으로 구성이 되는데, 이 중에 가입자가 선택하여 보험을 가입한다.

1) 표준형(상해·질병 공통)

구 분			보상 내용
기본형 **(주계약)**	입원		보상대상의료비의 80% 해당액을 보상
	통원	외래	보상대상의료비에서 급여는 1만 원(단, 상급·종합병원 2만 원), 비급여는 3만 원 공제 후 보상
		약제비	보상대상의료비에서 급여는 1만 원(단, 상급·종합병원 2만 원), 비급여는 3만 원 공제 후 보상
특 약	비급여 항목		* 보험회사의 상품별로 상이하며, 약관상의 보상금액. * 추가보장 특약의 자세한 보상내용은 특약별로 특별약관을 　참조하기 바람.

※ 보상대상의료비는 본인이 실제로 부담한 금액(건강보험의 본인부담금 및 비급여 의료비)에서 보상제외 금액을 차감한 금액으로, 보상대상 의료비에 대해 일정률[급여20%, 비급여30%] 또는 일정금액[통원치료 급여 1만 원(단, 상급·종합병원 2만 원), 비급여 3만 원]의 자기부담금이 있다.

2) 선택형 II (상해, 질병 공통)

구 분			보상 내용
기본형 **(주계약)**	입원		보상대상의료비 중 급여 본인부담금의 90% 해당액과 비급여의 80% 해당액 합산보상
	통원	외래	보상대상의료비에서 급여는 1만 원(단, 상급·종합병원 2만 원), 비급여는 3만 원 공제 후 보상
		약제비	보상대상의료비에서 급여는 1만 원(단, 상급·종합병원 2만 원), 비급여는 3만 원 공제 후 보상
특 약	비급여 항목		* 보험회사의 상품별로 상이하며, 약관상의 보상금액. * 추가보장 특약의 자세한 보상내용은 특약별로 특별약관을 참조하기 바람.

※ 보상대상의료비는 본인이 실제로 부담한 금액(건강보험의 본인부담금 및 비급여 의료비)에서 보상제외 금액을 차감한 금액으로, 보상대상 의료비에 대해 일정률[급여 20%, 비급여 30%] 또는 일정금액[통원치료 급여 1만 원(단, 상급·종합병원 2만 원), 비급여 3만 원]의 자기부담금이 있다.

2. 실손의료보험 상품구조와 지급사유/보상한도

> ♣ 실손의료보험의 상품구조 = 기본형[주계약(급여)] + 선택형[특약(비급여)]

1) 실손의료보험(기본형, 상해 · 질병 공통)

– 표준화가 된 실손의료보험으로서, 상해 또는 질병으로 병원에 입원하여 치료를 받거나, 병원에 통원하여 치료 또는 처방 · 조제를 받은 경우의 의료비를 보상한다.

– 단, 선택형[특약]의 보장 항목은 기본형[주계약]에서 보상하지 아니한다.

– 기본형은 상해입원형 및 상해통원형, 질병입원형 및 질병통원형의 총 4개 이내의 담보종목으로 구성되어 있다.

▣ 실손의료보험 기본형의 상품구조 및 지급사유/보상한도(기본형)

구 분			지급사유(보장내용)	보상한도(가입금액)
상해	입원		피보험자가 상해로 인하여 병원에 입원하여 치료를 받은 경우에 보상	♣보상대상의료비 급여: 입·통원 합산 연간 5천만 원 비급여: 입·통원 합산 연간 5천만 원
	통원		**외래:** 피보험자가 상해로 인하여 병원에 통원하여 치료를 받은 경우 **처방·조제비:** 피보험자가 상해로 인하여 병원에 통원하여 처방·조제를 받은 경우	♣통원치료 시 (외래, 처방·조제비 합산) 급여: 통원 회당 20만 원 비급여: 통원 회당 20만 원
질병	입원		피보험자가 질병으로 인하여 병원에 입원하여 치료를 받은 경우에 보상	♣보상대상의료비 급여: 입·통원 합산 연간 5천만 원 비급여: 입·통원 합산 연간 5천만 원
	통원		**외래:** 피보험자가 질병으로 인하여 병원에 통원하여 치료를 받은 경우 **처방·조제비:** 피보험자가 질병으로 인하여 병원에 통원하여 처방·조제를 받은 경우	♣통원치료 시 (외래, 처방·조제비 합산) 급여: 통원 회당 20만 원 비급여: 통원 회당 20만 원

※ 보상대상의료비는 본인이 실제로 부담한 금액(건강보험의 본인부담금 및 비급여 의료비)에서 보상제외 금액을 차감한 금액으로, 보상대상 의료비에 대해 일정률[급여 20%, 비급여 30%] 또는 일정금액[통원치료 급여 1만 원(단, 상급·종합병원 2만 원), 비급여 3만 원]의 자기부담금이 있다.

※ 과다 의료서비스 제공 및 이용 소지가 높은 비급여에 한해 별도의 통원횟수 제한 등 추가 예정(추후 표준약관에서 구체적으로 규정)이다.

2) 실손의료보험(선택형: 기본형 + 특약, 상해·질병 공통)

표준화가 된 실손의료보험으로서 2021년 7월 1일부터 실손의료보험이 개정되면서 기본형[주계약] 또는 기본형[주계약] + 선택형[특약]으로 나뉘어 판매되고 있다. 단, 기본형[주계약]만 가입한 사람은 선택형[특약]에 해당되는 치료를 받았을 경우에 보장받을 수 없다.

선택형의 상품구조 및 기본적인 보장은 기본형과 동일하나 특약(비급여 항목)은 선택형으로 추가로 가입해야 보장을 받을 수가 있다. 특약의 종류는 후유장해, 사망, 비급여 도수치료 등, 비급여 주사료, 비급여 자기공명 영상진단(MRI/MRA), 치매와 우울증, 조울증, 공황장애, 틱장애, 주의력결핍 과잉행동 장애, 외상 후 스트레스 장애 등 증상이 명확한 정신질환특약, 기타 특약 등이 있다.

▣ 실손의료보험 선택형의 상품구조 및 보장내용/보상한도(기본형 + 특약)

구 분		보장내용(지급사유)	보상한도(가입금액)
상해	입원	피보험자가 상해로 인하여 병원에 입원하여 치료를 받은 경우에 보상	♣보상대상의료비 급여: 입·통원 합산 연간 5천만 원 비급여: 입·통원 합산 연간 5천만 원
	통원	**외래:** 피보험자가 상해로 인하여 병원에 통원하여 치료를 받은 경우 **처방·조제비:** 피보험자가 상해로 인하여 병원에 통원하여 처방·조제를 받은 경우	♣통원치료 시 　(외래, 처방·조제비 합산) 급여: 통원 회당 20만 원 비급여: 통원 회당 20만 원
질병	입원	피보험자가 질병으로 인하여 병원에 입원하여 치료를 받은 경우에 보상	♣보상대상의료비 급여: 입·통원 합산 연간 5천만 원 비급여: 입·통원 합산 연간 5천만 원
	통원	**외래:** 피보험자가 질병으로 인하여 병원에 통원하여 치료를 받은 경우 **처방·조제비:** 피보험자가 질병으로 인하여 병원에 통원하여 처방·조제를 받은 경우	♣통원치료 시 　(외래, 처방·조제비 합산) 급여: 통원 회당 20만 원 비급여: 통원 회당 20만 원

※ 보상대상의료비는 본인이 실제로 부담한 금액(건강보험의 본인부담금 및 비급여 의료비)에서 보상제외 금액을 차감한 금액으로, 보상대상 의료비에 대해 일정률[급여 20%, 비급여 30%] 또는 일정금액[통원치료 급여 1만 원(단, 상급·종합병원 2만 원), 비급여 3만 원]의 자기부담금이 있다.

※ 과다 의료서비스 제공 및 이용 소지가 높은 비급여에 한해 별도의 통원횟수 제한 등 추가 예정(추후 표준약관에서 구체적으로 규정)이다.

● 실손의료보험 특약(선택형)

구 분(종류)	지급사유(보장내용) 및 보상한도(가입금액)	
후유장해, 사망, 비급여 도수치료·체외충격파치료·증식치료, 비급여 주사료, 비급여 자기공명영상진단(MRI/MRA), 치매와 우울증, 조울증, 틱장애, 공황장애, 주의력결핍 과잉행동 장애, 외상 후 스트레스 장애 등 증상이 명확한 정신질환특약, 기타 특약	비급여 항목	* 보험회사의 상품별로 상이하며, 약관상의 보상금액. * 추가보장 특약의 자세한 보상내용은 특약별로 특별약관을 참조하기 바람. ※ 단, 비급여 주사료 중 항암제, 항생제, 희귀의약품은 기본형에서 보장되므로 제외함 ※ 단, 급여 적용된 MRI는 제외

3. 실손의료보험 가입자의 자기부담금

실손의료보험은 국민건강보험법에 의해 발생한 의료비 중에 환자 본인이 지출한 의료비를 보험 가입금액 한도 내에서 보장하는 보험이다. 실손의료보험의 가입자는 자기부담금을 부담해야 하는데, 국민건강보험 급여 항목 중의 본인부담액과 법정 비급여 항목의 합계액에서 자기부담금을 공제한 후 지급한다.

▣ 실손의료보험 가입자의 자기부담금

구 분	세 부 내 용
기본형 실손의료보험	♣ 보상대상의료비의 자기부담금은 급여는 20%이며 비급여는 30%이다. ♣ 통원치료의 공제금액(자기부담금)은 급여, 비급여 구분하여 　급여는 1만 원(단, 상급·종합병원 2만 원), 비급여는 3만 원을 공제한다. ＊ 과다 의료서비스 제공 및 이용 소지가 높은 비급여에 한해 별도 통원 　횟수 제한 등 추가 예정(추후 표준약관에서 구체적으로 규정)이다.
특 약	♣ 비급여 항목 ♣ 추가보장 특약의 자세한 보상내용은 특약별로 특별약관을 참조하기 바람.

4. 담보종목별 보상하는 내용/항목별 공제금액

실손의료비보험 보장내용의 담보종목별로 보상하는 내용/항목별 공제금액은 상해·질병 공통으로 표준형과 선택형Ⅱ은 아래의 표와 같다.

(표) ▣ 실손의료보험의 담보종목별 보상내용/항목별 공제금액

1) **표준형** 단독실손의료보험(상해 · 질병 공통)
   - 입원: **보상대상 의료비의 80% 해당액 보상**
     자기부담금(공제액): 급여20%, 비급여30%
   - 통원: ① 외래
     보상대상의료비에서 통원치료의 급여는 1만 원(단, 상급·종합병원 2만 원), 비급여는 3만 원을 공제한 후 보상
     ② 처방 · 조제비
     보상대상의료비에서 통원치료의 급여는 1만 원(단, 상급·종합병원 2만 원), 비급여는 3만 원을 공제한 후 보상
     ※통원치료 시에 외래, 처방 · 조제비 합산함.
   - 특약: ① 비급여 항목
     ② 추가보장 특약의 자세한 보상내용은 특약별로 특별약관을 참조하기 바람.

2) **선택형 II** 단독실손의료보험(상해 · 질병 공통)
   - 입원: **보상대상 의료비 중 급여 본인부담금의 90% 해당액과 비급여의 80% 해당액 합산보상**
     자기부담금(공제액): 급여20%, 비급여30%
   - 통원: ① 외래
     보상대상의료비에서 통원치료의 급여는 1만 원(단, 상급·종합병원 2만 원), 비급여는 3만 원을 공제한 후 보상
     ② 처방 · 조제비
     보상대상의료비에서 통원치료의 급여는 1만 원(단, 상급·종합병원 2만 원), 비급여는 3만 원을 공제한 후 보상
     ※통원치료 시에 외래, 처방 · 조제비 합산함.
   - 특약: 비급여 항목
     * 보험회사의 상품별로 상이하며, 약관상의 보상금액.
     * 추가보장 특약의 자세한 보상내용은 특약별로 특별약관을 참조하기 바람.

* 실손의료보험[표준형(기본형) · 선택형 II]의 보상대상의료비는 본인이 실제로 부담한 금액(건강보험의 본인부담금및 비급여 의료비)에서 보상제외 금액을 차감한 금액으로, 보상대상의료비에 대해 일정률(급여 20%, 비급여 30%) 또는 일정금[급여는 1만 원(단, 상급·종합병원 2만 원), 비급여는 3만 원]의 자기부담금이 있다.
* 표준형(기본형) · 선택형 II의 담보종목별 자세한 보상내용은 약관을 참조하기 바람.
* 추가보장 특약의 자세한 보상내용은 특약별로 특별약관을 참조하기 바람.

5. 실손의료보험(기본형)의 상해입원의료비

상해입원의료비 담보는 피보험자(보험대상자)가 상해로 인하여 병원에 입원하여 치료를 받은 경우 아래와 같이 상해입원의료비를 보상한다.

① 피보험자(보험대상자)가 상해로 인하여 병원에 입원하여 치료를 받은 경우에는 입원 의료비를 다음과 같이 보험가입금액(급여는 입·통원 합산 연간 5천만 원, 비급여는 입·통원 합산 연간 5천만 원 한도)을 한도로 보상한다.

▣ 실손의료보험(기본형) 상해입원의료비의 담보/보상 내용

구 분		보 상 금 액
표준형	입원실료, 입원제비용 입원수술비	'국민건강보험법에서 정한 요양급여 또는 의료급여법에서 정한 의료급여 중 본인부담금'과 '비급여(상급병실료 차액 제외)'의 합계액(본인이 실제로 부담한 금액)의 80% 해당액(다만, 20% 해당액이 계약일 또는 매년 계약 해당일로부터 연간 200만 원을 초과하는 경우 그 초과금액은 보상한다.)
	상급병실료 차액	입원 시 실제 사용병실과 기준병실과의 병실료 차액 중 50%를 공제한 후의 금액(다만, 1일 평균금액 10만 원을 한도로 하며, 1일 평균금액은 입원기간 동안 상급병실료 차액 전체를 총 입원일수로 나누어 산출한다.)
선택형 Ⅱ	입원실료, 입원제비용 입원수술비	'국민건강보험법에서 정한 요양급여 또는 의료급여법에서 정한 의료급여 중 본인부담금'의 90% 해당액과 '비급여(본인이 실제로 부담한 금액)'의 80% 해당액의 합계액(다만, 급여 중 본인부담금의 10% 해당액과 비급여의 20% 해당액을 합산한 금액이 계약일 또는 매년 계약 해당일로부터 연간 200만 원을 초과하는 경우 그 초과 금액은 보상한다.)
	상급병실료 차액	입원 시 실제 사용병실과 기준병실과의 병실료 차액 중 50%를 공제한 후의 금액(다만, 1일 평균금액 10만 원을 한도로 하며, 1일 평균 금액은 입원기간 동안 상급병실료 차액 전체를 총 입원일수로 나누어 산출한다.)

출처: 손해보험협회 자료

※ 비급여: 국민건강보험 또는 의료급여법에 따라 보건복지부 장관이 정한 비급여 대상

② 피보험자(보험대상자)가 국민건강보험법 또는 의료급여법을 적용받지 못하는 경우에는 입원의료비('국민건강보험 요양급여의 기준에 관한 규칙'에 따라 보건복지부장관이 정한 급여 및 비급여 의료비 항목에 한한다) 중 본인이 실제로 부담한 금액의 40% 해당액 보험가입금액(급여는 입·통원 합산 연간 5천만 원, 비급여는 입·통원 합산 5천만 원 한도)을 한도로 보상한다.

③ 제1항에도 불구하고 회사는 하나의 상해(동일 상해로 2회 이상 치료를 받은 경우에도 이를 하나의 상해로 본다)로 인한 입원의료비를 보험가입금액까지 보상한 경우에는 보상한도 종료일로부터 90일이 경과한 날부터 최초 입원한 것과 동일한 기준으로 다시 보상한다(계속 입원을 포함한다). 다만, 최초 입원일로부터 275일(365일-90일) 이내에 보상한도 종료일이 있는 경우에는 최초

입원일로부터 365일이 경과되는 날부터 최초 입원한 것과 동일한 기준으로 다시 보상한다.

④ 피보험자(보험대상자)가 입원하여 치료를 받던 중 보험기간이 만료되더라도 그 계속 중인 입원에 대하여는 보험기간 종료일부터 180일까지(보험기간 종료일은 제외한다) 보상하며, 이 경우 제3항은 적용하지 않는다. 다만, 종전 계약을 자동 갱신하거나 같은 회사의 보험상품에 재가입하는 경우에는 종전 계약의 보험기간을 연장하는 것으로 보아 제3항을 적용한다.

⑤ 피보험자가 직원 복리후생제도에 의해 의료비를 감면받고 그 감면받은 의료비가 근로소득에 포함되는 경우에는 그 감면 전 의료비를 기준으로 입원의료비를 계산한다.

6. 실손의료보험(기본형)의 상해통원의료비

상해통원의료비 담보는 피보험자(보험대상자)가 상해로 인하여 병원에 통원하여 치료를 받거나 처방조제를 받은 경우 아래와 같이 상해통원의료비를 보상한다.

① 피보험자(보험대상자)가 상해로 인하여 병원에 통원하여 치료를 받거나 처방조제를 받은 경우에는 통원의료비로서 매년 계약해당일로부터 1년을 단위로 하여 다음과 같이 외래(외래제비용, 외래수술비) 및 처방조제비를 각각 보상한다.

■ 실손의료보험(기본형) 상해통원의료비의 담보/보상 내용

구 분	보 상 한 도
외래	방문 1회당 '국민건강보험법에서 정한 요양급여 또는 의료급여법에서 정한 의료급여 중 본인부담금'과 '비급여'의 합계액(본인이 실제로 부담한 금액)에서 <p.491 4의 (표): 항목별 공제금액>을 차감하고 외래의 보험가입금액을 한도로 보상
처방 조제비	처방전 1건당 '국민건강보험법에서 정한 요양급여 또는 의료급여법에서 정한 의료급여 중 본인 부담금'과 '비급여'의 합계액(본인이 실제로 부담한 금액)에서 <p.491 4의 (표): 항목별 공제금액>을 차감하고 처방조제비의 보험가입금액을 한도로 보상

출처: 손해보험협회 자료

※비급여: 국민건강보험 또는 의료급여법에 따라 보건복지부 장관이 정한 비급여 대상
※보험가입금액: 외래 및 처방조제비는 급여: 통원 회당 20만 원, 비급여: 통원 회당 20만 원을 최고한도로 계약자가 정하는 금액으로 한다.

② 피보험자(보험대상자)가 통원하여 치료를 받던 중 보험기간이 만료되더라도 그 계속 중인 통원 치료에 대하여는 보험기간 만료일로 부터 180일 이내에 보험가입금액을 한도로 보상한다. 다만, 동일회사 계약의 자동갱신 또는 재가입의 경우 종전계약의 보험기간 연장으로 간주하여 제1항을 적용한다.

■ **보상기간 예시**(출처: 손해보험협회 자료)

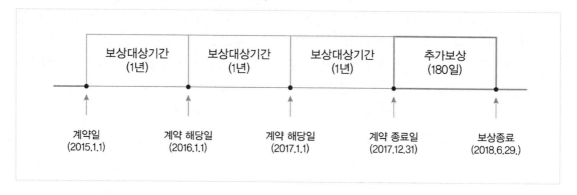

③ 하나의 상해로 인해 하루에 같은 치료를 목적으로 의료기관에 2회 이상 통원치료 시(하나의 상해로 약국을 통한 2회 이상의 처방조제를 포함한다) 1회의 외래 및 1건의 처방으로 간주한다. 이때 공제금액은 2회 이상의 중복방문 의료기관 중 가장 높은 공제금액을 적용한다.

④ 피보험자(보험대상자)가 국민건강보험법 또는 의료급여법을 적용받지 못하는 경우에는 통원의료비('국민건강보험 요양급여의 기준에 관한 규칙'에 따라 보건복지부장관이 정한 급여 및 비급여 의료비 항목에 한한다.) 중 본인이 실제로 부담한 금액에서 <p. 491 4의 (표) 항목별 공제금액>을 뺀 금액의 40%를 외래 및 처방조제비로 보험가입금액(외래 및 처방조제비는 급여: 통원 회당 20만 원, 비급여: 통원 회당 20만 원)의 한도 내에서 보상한다.

⑤ 피보험자가 병원 또는 약국의 직원복리후생제도에 의해 의료비를 감면받고 그 감면받은 의료비가 근로소득에 포함되는 경우에는 그 감면 전 의료비를 기준으로 통원의료비를 계산한다.

7. 실손의료보험(기본형)의 질병입원의료비

질병입원의료비 담보는 피보험자(보험대상자)가 질병으로 인하여 병원에 입원하여 치료를 받은 경우 아래와 같이 질병입원의료비를 보상한다.

① 피보험자(보험대상자)가 질병으로 인하여 병원에 입원하여 치료를 받은 경우에는 입원의료비를 다음과 같이 보험가입금액(급여는 입·통원 합산 연간 5천만 원, 비급여는 입·통원 합산 연간 5천만 원 한도)을 한도로 보상한다.

▣ 실손의료보험(기본형) 질병입원의료비의 담보/보상 내용

구 분		보 상 금 액
표준형	입원실료, 입원제비용 입원수술비	'국민건강보험법에서 정한 요양급여 또는 의료급여법에서 정한 의료급여 중 본인부담금'과 '비급여(상급병실료 차액 제외)'의 합계액(본인이 실제로 부담한 금액)의 80% 해당액(다만, 20% 해당액이 계약일 또는 매년 계약 해당일로부터 연간 200만 원을 초과하는 경우 그 초과금액은 보상한다.)
	상급병실료 차액	입원 시 실제 사용병실과 기준병실과의 병실료 차액 중 50%를 공제한 후의 금액(다만, 1일 평균금액 10만 원을 한도로 하며, 1일 평균금액은 입원기간 동안 상급병실료 차액 전체를 총 입원일수로 나누어 산출한다.)
선택형 Ⅱ	입원실료, 입원제비용 입원수술비	'국민건강보험법에서 정한 요양급여 또는 의료급여법에서 정한 의료급여 중 본인부담금'의 90% 해당액과 '비급여(본인이 실제로 부담한 금액)'의 80% 해당액의 합계액(다만, 급여 중 본인부담금의 10% 해당액과 비급여의 20% 해당액을 합산한 금액이 계약일 또는 매년 계약 해당일로부터 연간 200만 원을 초과하는 경우 그 초과 금액은 보상한다.)
	상급병실료 차액	입원 시 실제 사용병실과 기준병실과의 병실료 차액 중 50%를 공제한 후의 금액(다만, 1일 평균금액 10만 원을 한도로 하며, 1일 평균 금액은 입원기간 동안 상급병실료 차액 전체를 총 입원일수로 나누어 산출한다.)

출처: 손해보험협회 자료

※비급여: 국민건강보험 또는 의료급여법에 따라 보건복지부 장관이 정한 비급여 대상.

② 피보험자(보험대상자)가 국민건강보험법 또는 의료급여법을 적용받지 못하는 경우에는 입원의료비('국민건강보험 요양급여의 기준에 관한 규칙'에 따라 보건복지부장관이 정한 급여 및 비급여 의료비 항목에 한한다) 중 본인이 실제로 부담한 금액 40% 해당액의 보험가입금액(급여는 입·통원 합산 연간 5천만 원, 비급여는 입·통원 합산 연간 5천만 원 한도)을 한도로 보상한다.

③ 제1항에도 불구하고 회사는 하나의 질병으로 인한 입원의료비를 보험가입금액까지 보상한 경우에는 보상한도 종료일로부터 90일이 경과한 날로부터 최초 입원한 것과 동일한 기준으로 다시 보상한다(계속 입원을 포함한다). 다만 최초, 입원일로부터 275일(365일-90일) 이내에 보상한도 종료일이 있는 경우에는 최초 입원일로부터 365일이 경과되는 날로부터 최초 입원한 것과 동일한 기준으로 다시 보상한다.

④ 피보험자(보험대상자)가 입원하여 치료를 받던 중 보험기간이 만료되더라도 그 계속 중인 입원에 대하여는 보험기간 종료일로부터 180일까지(보험기간 종료일은 제외한다) 보상하며 이 경우 제3항은 적용하지 않는다. 다만, 동일회사 계약의 자동갱신 또는 재가입의 경우 종전계약의 보험기간 연장으로 간주하여 제4항을 적용한다.

⑤ 피보험자가 직원 복리후생제도에 의해 의료비를 감면 받고 그 감면받은 의료비가 근로소득에 포함되는 경우에는 그 감면 전 의료비를 기준으로 입원의료비를 계산한다.

8. 실손의료보험(기본형)의 질병통원의료비

질병통원의료비 담보는 피보험자(보험대상자)가 질병으로 인하여 병원에 통원하여 치료를 받거나 처방조제를 받은 경우 아래와 같이 통원의료비를 보상한다.

① 피보험자(보험대상자)가 질병으로 인하여 병원에 통원하여 치료를 받거나 처방조제를 받은 경우에는 통원의료비로서 매년 계약해당일로부터 1년을 단위로 하여 다음과 같이 외래(외래제비용, 외래수술비) 및 처방조제비를 각각 보상한다.

■ 실손의료보험(기본형) 질병통원의료비의 담보/보상 내용

구 분	보 상 한 도
외래	방문 1회당 '국민건강보험법에서 정한 요양급여 또는 의료급여법에서 정한 의료급여 중 본인부담금'과 '비급여'의 합계액(본인이 실제로 부담한 금액)에서 <p.491 4의 (표): 항목별 공제금액>을 차감하고 외래의 보험가입금액을 한도로 보상
처방 조제비	처방전 1건당 '국민건강보험법에서 정한 요양급여 또는 의료급여법에서 정한 의료급여 중 본인 부담금'과 '비급여'의 합계액(본인이 실제로 부담한 금액)에서 <p.491 4의 (표): 항목별 공제금액>을 차감하고 처방조제비의 보험가입금액을 한도로 보상

출처: 손해보험협회 자료

※비급여: 국민건강보험 또는 의료급여법에 따라 보건복지부 장관이 정한 비급여 대상
※보험가입금액: 외래 및 처방조제비는 급여: 통원 회당 20만 원, 비급여: 통원 회당 20만 원을 최고한도로 계약자가 정하는 금액으로 한다.

② 피보험자(보험대상자)가 통원하여 치료를 받던 중 보험기간이 끝나더라도 그 계속 중인 통원치료에 대해서는 다음 예시와 같이 보험기간 종료일부터 180일 이내에 보험가입금액의 한도 내에서 보상한다. 다만, 종전 계약을 자동갱신하거나 같은 회사의 보험상품에 재가입하는 경우에는 종전 계약의 보험기간을 연장하는 것으로 보아 제1항을 적용한다.

■ **보상기간 예시**(출처: 손해보험협회 자료)

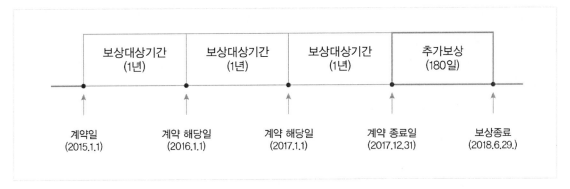

③ 하나의 질병으로 인해 하루에 같은 치료를 목적으로 의료기관에 2회 이상 통원치료 시(하나의 질병으로 약국을 통한 2회 이상의 처방조제를 포함한다) 1회의 외래 및 1건의 처방으로 간주한다.

④ 피보험자(보험대상자)가 국민건강보험법 또는 의료급여법을 적용받지 못하는 경우에는 통원의료비('국민건강보험 요양급여의 기준에 관한 규칙'에 따라 보건복지부장관이 정한 급여 및 비급여 의료비 항목에 한한다) 중 본인이 실제로 부담한 금액에서 <p.491 4의 (표) 항목별 공제금액>을 차감한 금액의 40% 해당액을 외래 및 처방조제비로 보험가입금액(외래 및 처방조제비는 급여: 통원 회당 20만 원, 비급여: 통원 회당 20만 원)을 한도로 보상한다.

⑤ 피보험자가 직원복리후생제도에 의해 의료비를 감면받고 그 감면받은 의료비가 근로소득에 포함되는 경우에는 그 감면 전 의료비를 기준으로 통원의료비를 계산한다.

제3절. 노후 실손의료보험 및 유병력자 실손의료보험

실손의료보험은 일반(기존) 실손의료보험 이외에도 노후 실손의료보험과 유병력자 실손의료보험 등이 있다. 즉, 노후 및 유병력자 실손의료보험은 손해율이 높아서 가입자의 자기부담금(공제 금액)을 높게 설정하고, 보장한도가 낮게 일부의 보장내용을 변경하여 65세 이상에서도 실손의료보험 가입이 가능한 노후 실손의료보험과 계약 전 알릴의무 사항 등 가입심사 요건을 축소하여 요건만 충족한다면 일부 유병력자도 가입이 가능하도록 설계한 유병력자 실손의료보험이 있다.

1. 노후 실손의료보험

1) 노후 실손의료보험 의의

노후 실손의료보험은 50세부터 최대 80세 또는 100세까지 고령층을 대상으로 하는 실손의료보험으로 질병·상해로 입원(또는 통원)치료 시에 소비자가 실제 부담한 의료비를 보험회사가 보상하는 상품이다. 즉, 가입자의 자기부담금(공제금액)을 높게 설정하고, 일부 보장내용을 변경하여 65세 이상에서도 보험가입이 가능한 보험이 노후 실손의료보험이다. 고연령이나 과거의 질병 때문에 일반 실손의료보험에 가입할 수가 없었는데, 고령층이나 치료이력이 있는 유병력자도 노후 실손의료보험에 가입이 가능한 보험이다.

또한, 노후실손의료보험은 단독으로 가입할 수 있다. 실손의료보험 담보[노후상해, 노후질병, 요양병원실손의료비(선택가입), 상급병실료차액보장(선택가입)]만으로 구성되어 사망담보 등 다른 담보 없이 단독으로만 가입이 가능하다.

노년기 때 경제활동기에 비해 소득이 줄어들고, 질병으로 인한 의료비, 간병비 지출이 늘어나는데, 생활비 외에 노후의료비에 대한 별도의 준비가 필요하다.

현재의 실손의료보험은 치료 이력이 없고 건강한 사람만 가입이 가능해 실질적으로 의료비 보장이 가장 필요한 고령층과 유병력자들은 가입하기 힘들었다.

고령층도, 유병력자도 가입이 가능한 노후 실손의료보험이 출시되었기 때문에 노후실손의료보험을 늦기 전에 가입함이 좋을 것이다.

2) 가입대상 및 보장/보상 내용
- 고 연령층
- 과거의 질병이나 치료이력이 있는 유병력자

가입이 가능한 연령은 50세에서 최대 75세까지 가입이 가능하고, 1년 갱신 3년 만기 재가입, 최대 100세 만기까지이다.

이 상품은 일반심사를 통해 가입하는 실손의료보험에 가입하기 어려운 사람들을 대상으로 한다.

국민건강보험 급여 항목 중 본인 부담액과 법정 비급여 항목의 합계액에서 입원(30만 원), 통원(3만 원)을 제외하고, 급여부분 80%, 비급여 부분 70%를 보험금으로 지급한다.

단, 요양병원 의료비 특약의 경우 보상대상 의료비의 80%(비급여는 50% 한도), 상급병실료 차액보장 특약의 경우는 상급병실료 차액의 50%를 보험금으로 지급한다.

3) 노후실손의료보험의 자기부담금
① 입원은 30만 원, 통원 3만 원(비급여부분에서 먼저 공제한다.).
② '①'을 제외한 급여부분 20%, 비급여부분 30%(특약은 50%).
③ 연간 1억 원(통원 1회 100만 원) 초과한 병원비.

단, 요양병원의료비 특약의 경우 보상대상의료비의 80%(비급여는 50% 한도), 상급병실료 차액보장 특약의 경우는 상급병실료 차액의 50%를 보험금으로 지급한다.

4) 보장내용/보상한도 및 담보종목별/보상내용

▣ 노후 실손의료보험의 보장내용/보상한도

구 분	보장내용(지급사유)	보상한도(가입금액)
상해	피보험자가 상해로 인하여 병원에서 입원 또는 통원하여 치료를 받거나 처방조제를 받은 경우	연간 1억 원 한도 (통원은 건당 100만 원 한도)
질병	피보험자가 질병으로 인하여 병원에서 입원 또는 통원하여 치료를 받거나 처방조제를 받은 경우	연간 1억 원 한도 (통원은 건당 100만 원 한도)

▣ 노후 실손의료보험의 담보종목별/보상 내용

구 분		기 본 계 약
상해	보상금액	연간 1억 원 한도(통원은 건당 100만 원 한도)
	보상비율	보상대상 의료비의 80% 해당액(비급여는 70% 한도)
	공제금액(건당)	입원 30만 원 / 통원 3만 원
	자기부담한도	입원은 연간 500만 원
질병	보상금액	연간 1억 원 한도(통원은 건당 100만 원 한도)
	보상비율	보상대상 의료비의 80% 해당액 (비급여는 70% 한도)
	공제금액(건당)	입원 30만 원 / 통원 3만 원
	자기부담한도	입원은 연간 500만 원

구 분	선 택 계 약	
	요양병원 의료비	상급병실료 차액보장
보상금액	연간 5천만 원 한도 (통원은 건당 100만 원 한도)	연간 2천만 원 한도 (1일당 평균 10만 원 한도)
보상비율	보상대상 의료비의 80% 해당액(비급여는 50% 한도)	상급병실료 차액의 50%
공제금액(건당)	입원 30만 원 / 통원 3만 원	———
자기부담한도	입원은 연간 500만 원	———

* 보상대상의료비는 본인이 실제로 부담한 금액(건강보험의 본인부담금 및 비급여 의료비)에서 보상제외 금액을 차감한 금액으로 보상대상의료비에 대해 입원의료비 건당 30만 원(통원은 건당 3만 원)을 차감하고 차감 후 금액의 20%(기본계약 비급여는 30%, 요양병원의료비 비급여는 50% 한도)를 추가 공제한 금액을 실제 보상하게 된다. 단, 상급병실료 차액보장 담보의 경우에는 상급병실료 차액의 50%를 공제한 금액을 보상하게 된다.
* 담보종목별 자세한 보상내용은 약관을 참조하기 바람.

5) 노후실손의료보험의 상품구조 및 내용

구분			내용
노 후 실 손 의료비	상 해 질 병 (갱신형)	상해 또는 질병으로 병원(요양병원 제외)에 입/통원하여 치료를 받거나 처방조제를 받은 경우	입원, 통원 구분없이 **연간 1억 원 한도** (단, 통원은 횟수 제한 없이 **회당 100만 원 한도**) ▶ **공제금액**: 입원당 30만 원, 통원당 3만 원 ▶ **보상비율**: 본인부담액에서 위 공제금액 차감 후 　　　　　급여 80%, 비급여 70% * 입원: 피보험자가 부담하는 금액의 합계액이 연간 500만 원을 초과하는 경우에는 그 초과금액은 보상 * 보상기간: 계약일 또는 매년 계약 해당일로부터 1년
요양병원실손의료비 (갱신형)		상해 또는 질병으로 요양병원에 입/통원하여 치료를 받거나 처방조제를 받은 경우	입원, 통원 구분 없이 **연간 5천만 원 한도** (단, 통원은 횟수 제한 없이 **회당 100만 원 한도**) ▶ **공제금액**: 입원당 30만 원, 통원당 3만 원 ▶ **보상비율**: 본인부담액에서 위 공제금액 차감 후 　　　　　급여 80%, 비급여 50% * 입원: 피보험자가 부담하는 금액의 합계액이 연간 500만 원을 초과하는 경우에는 그 초과금액은 보상 * 보상기간: 계약일 또는 매년 계약 해당일로부터 1년
상급병실료차액 (갱신형)		상해 또는 질병으로 상급병원에 입원하여 치료를 받은 경우	**2천만 원 한도** 실제 사용병실료와 기준병실료와 차액 중 50%를 공제한 후의 금액(단 1일 평균금액 10만 원 한도) * 보상기간: 계약일 또는 매년 계약 해당일로부터 1년

※ 국민건강보험법 또는 의료법을 적용받지 못하는 경우 본인부담금에서 공제금액 차감 후 40% 해당액을 지급한다.

2. 유병력자 실손의료보험

1) 유병력자 실손의료보험의 의의

투약으로 관리 중인 경증 만성질환이나 과거에 **질병 치료를 받은 경험이 있어도 실손의료보험에 가입이 가능한 것**이 '유병력자 실손의료보험'이다. 즉, 유병력자 실손의료보험은 만성질환으로 아프거나, 기존의 병력 때문에 일반(기존) 실손의료보험에 가입이 어려웠지만, 만성질환이 있거나 병력이 있어도 유병력자 실손의료보험에 가입할 수 있는 보험이며, 2018년 4월 2일부터 보험회사에서 판매를 시작했다.

실손의료보험 보장의 사각지대를 해소하기 위함이고, 계약 전 알릴의무 사항 등 가입심사 요건을 축소하여 일부 유병력자도 가입이 가능하도록 설계한 보험이 유병력자 실손의료보험이다.

또한, 유병력자 실손의료보험은 단독으로 가입할 수 있다. 실손의료보험담보[상해입원, 상해통원

(외래), 질병입원, 질병통원(외래)]만으로 구성되어 사망담보 등 다른 담보 없이 단독으로만 가입이 가능하다.

2) 가입대상 및 보장/보상 내용
- 투약만으로 관리 중인 만성질환자
- 완치된 유병력자

실손의료보험은 제2의 국민건강보험이라고 불릴 정도인데, 실손의료보험의 가입자가 3천만 명이 넘는다.

우리나라의 65세 이상 노인 중에 89%가 만성질환 유병자라고 한다. 또한, 대체로 젊은 층인 30대부터의 만성질환 유병자의 통계 자료는 30세 이상 남자 약 2.5명 중에 1명, 30세 이상 여자 약 3명 중에 1명이 유병력자라고 한다.

보통 만성질환이 있는 사람들은 대부분 병력 등의 이유로 인해 보험 가입을 원해도 가입하지 못했는데, 하지만 이제는 병력이 있는 병력자도 실손보험에 가입할 수 있는 유병력자 실손의료보험 상품이 생겼다.

일반 실손의료보험은 질병 때문에 실손의료보험에 가입할 수가 없었는데, 이제는 고혈압/당뇨병 등 만성질환을 가지고 있는 유병력자이더라도 보험가입 요건만 충족하면 실손의료보험에 가입이 가능하다.

유병력자 실손의료보험은 치료이력이 있거나 경증 만성질환을 가진 유병력자를 대상으로 하는 실손의료보험으로 상해입원, 상해통원(외래), 질병입원, 질병통원(외래) 치료 시 소비자가 실제 부담한 의료비를 보험회사가 보상하는 상품이다.

실손의료보험의 담보는 상해입원, 상해통원(외래), 질병입원, 질병통원(외래)으로 구성한다. 단, 비급여 추가보장특약은 보장되지 않는다.

3) 유병력자 실손의료보험의 자기부담금
입원 10만 원(통원 2만 원)과 보상대상 의료비의 30% 중 큰 금액을 공제한다.

4) 유병력자 실손의료보험 가입요건
아래의 요건만 충족하면, 병력이 있는 유병력자도 실손의료보험에 가입이 가능하다.
① **최근 3개월 이내**에 의사로부터 진찰 또는 검사(건강검진 포함)를 통해 입원, 수술, 치료, 추가검사 (재검사) 등의 의료 행위를 받은 사실이 없어야 한다.
② **최근 2년 이내**에 의사로부터 진찰 또는 검사를 통해 입원, 수술(제왕절개 포함), 계속하여 7일 이상 치료 등의 의료 행위를 받은 사실이 없어야 한다.
③ **최근 5년 이내**에 암으로 진단받거나 의사로부터 입원, 수술, 치료를 받은 사실이 없어야 한다.

5) 유병력자 실손의료보험의 주요 특징

① 병력 가입심사의 요건 완화(緩和)

> ♣ 가입심사 완화: 심사항목 18개 → 6개, 치료이력 5년 → 2년
> 　　　　　　　　5년 이내 중대질병 10개 → 1개(암)

- 심사항목: 18개 항목 → 6개 항목 축소

  병력 관련 3개, 현재 **직업**, 현재 **운전 여부**, **월 소득**에 대해서 심사한다.
- 치료이력: 5년 → 2년 단축

  최근 2년간의 치료* 이력만 심사하며, 투약 여부는 제외한다.

  * 만성질환자 등이 단순 처방을 위하여 병원에서 진료를 받는 것은 유병력자 실손
  의료보험에 가입 시 보험회사에 알려야 하는 '치료'에 해당하지 않는다.
- 5년 이내 중대질병: 10개 → 1개(암) 항목 축소

  　　　　　　　　최근 5년간의 발병·치료이력을 심사하는 중대질병도 기존 10개에서
  　　　　　　　　'암'(백혈병 제외) 1개만 심사하는 것으로 축소한다(※10개 질병: 암, 백
  　　　　　　　　혈병, 고혈압, 협심증, 심근경색, 뇌출혈·뇌경색, 당뇨병 등).

> → 치료가 완료되었거나 투약만으로 질환을 관리하고 있는 경증 만성질환자 등의 소비자도 유병
> 력자 실손의료보험 가입이 가능하다.

■ 일반·노후·유병력자 실손의료보험의 병력 가입심사 요건 비교

일반 · 노후 실손의료보험		유병력자 실손의료보험	
3개월	질병 확정진단, 질병 의심소견, 치료, 입원, 수술, **투약 여부**	3개월	입원 필요소견, 수술 필요소견, 치료, 추가검사 필요소견 여부
3개월	약물(수면제 · 진통제 등) 상시복용 여부		가입심사 요건 아님
1년	추가검사를 받았는지 여부		가입심사 요건 아님
5년	입원, 수술, 7일 이상 치료, **30일 이상 투약 여부**	**2년**	입원, 수술, 7일 이상 치료 여부
5년	암, 백혈병, 고혈압, 당뇨병, 심근경색 등 10대 질병(진단, 치료, 입원, 수술, **투약 여부**)	5년	**암** (진단, 입원, 수술, 치료 여부)

출처: 금융위원회 보도자료 / 2018. 3. 30(금)

② 보장범위/보장한도

> ♣ **보장범위:** 일반 실손의료보험의 기본형과 동일(자기부담률 30%), 처방조제 보장에서 제외함.
> ♣ **보장한도:** 입원 연간 5천만 원, 통원(외래) 회당 20만 원(연 180회 한도)

□ (보장범위) 대다수 질병 · 상해에 대한 진료행위를 보장하는 '일반 실손의료보험'의 기본형 상품과 동일하다(차이점: 투약 제외).

- 일부 병력이 있는 가입자가 과도한 의료비 부담에 대비할 수 있도록 입원 및 통원 외래진료를 보장한다.
- 다만, 병원에 통원하여 의사한테 처방을 받는 약제(처방조제) 비용은 보장하지 않는다(통원은 외래 진료만 보장).

□ (보장한도) 큰 규모의 의료비 발생에 취약할 수 있는 유병력자 실손의료보험 가입자를 위해 보장한도는 '일반 실손의료보험' 기본형 상품의 최대 보험가입금액*으로 설정한다(*'일반 실손의료보험'은 소비자가 보장한도(보험가입금액)을 선택하여 가입한다).

- 입원 의료비는 하나의 질병·상해당 5천만 원 한도로, 통원 외래 의료비는 1회당 20만 원 한도로 연간 180회를 보장한다.

▣ 일반 · 유병력자 실손의료보험의 통원보장 비교

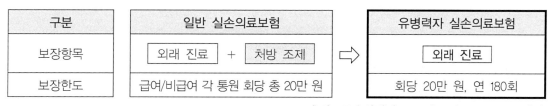

구분	일반 실손의료보험	유병력자 실손의료보험
보장항목	외래 진료 + 처방 조제 ⇨	외래 진료
보장한도	급여/비급여 각 통원 회당 총 20만 원	회당 20만 원, 연 180회

출처: 금융위원회 보도자료 / 2018. 3. 30(금)

③ 보험가입 연령

> ♣ 가입 연령: 보험나이 5세 ~ 최대 75세, 회사별 상이

□ (가입 연령) 질병 · 상해 보장 모두 노후 실손의료보험과 동일한 수준인 보험나이 75세까지 가입 가능하며, 회사별로 상이하다.

- 일반 실손의료보험 대비 질병 보장의 가입가능 연령을 상향(65세 → 75세)하여, 만성질환이나 질병으로 치료받은 이력이 있는 고령층의 실손의료보험 보장의 사각지대를 해소하기 위함이다.

④ 자기부담금이 높다.

- □ (자기부담금) 과도한 보험료 상승을 방지하기 위하여 보장대상 의료비 중에 가입자 본인이 부담하는 금액의 비율은 30%로 설정한다.
- • 또한, 가입자가 최소한 입원 1회당 10만 원, 통원 외래진료 1회당 2만 원을 부담하도록 최소 자기부담금을 설정한다.

■ 일반·노후·유병력자 실손의료보험의 자기부담금 비교

구분	일반 실손의료보험	노후 실손의료보험	유병력자 실손의료보험
입원	급여 20%, 비급여 30%	30만 원 우선공제 후 급여 20%, 비급여 30%	최대(30%, 10만 원)
통원	급여 1만 원 (단 상급·종합병원 2만 원), 비급여 3만 원	3만 원 우선공제 후 급여 20%, 비급여 30%	최대(30%, 2만 원)

출처: 금융위원회 보도자료 / 2018. 3. 30(금)

⑤ 보험료

- □ 유병력자 실손의 월 보험료는 50세 남자 35,812원, 여자 54,573원 수준
  (* 2018년 4월 유병력자 실손의료보험 출시 회사(8개사)의 보험료 평균치)
- • 유병력자 실손은 가입심사가 완화되어 고위험군을 대상으로 하는 상품인 만큼 일반 실손에 비해 보험료가 높은 것은 불가피한 측면이 있다.
- • 다만, 자기부담률을 30%로 높이고, 최소 자기부담금을 설정하여 보험료가 지나치게 높지 않도록 상품 설계한다.

■ 유병력자 실손의료보험 월보험료 예시

구분	20세	30세	40세	50세	60세
남자	18,509	23,438	28,440	35,812	55,010
여자	17,256	27,518	35,143	54,573	70,306

* 2018년 4월 유병력자 실손의료보험 출시회사(8개 손해보험사)별 보험료의 평균치로, 실제 상품에 가입할 경우 납부하게 되는 보험료는 상이할 수 있음

출처: 금융위원회 보도자료 / 2018. 3. 30(금)

⑥ 변경주기

♣ 변경주기: 보험료 갱신은 1년마다, 상품구조 변경은 3년마다 조정

□ 보험료는 매년 갱신, 상품구조는 3년마다 변경
• 보험료는 다른 실손의료보험 상품과 마찬가지로 기초 통계에 따라 매년 조정한다.
• 상품구조는* 국민건강보험제도 및 의료환경 변화 등을 고려하여 3년마다 보장범위·한도,
  자기부담금 등을 변경한다.
 * 상품구조 변경 시 보험계약은 유지(재가입)되나 보장내용 등이 달라질 수 있다.

6) 유병력자 실손의료보험의 상품구조 및 보장내용/보상한도

■ 유병력자 실손의료보험의 보장내용/보상한도

구 분	보장내용(지급사유)	보상한도(가입금액)
상해	피보험자가 상해로 인하여 병원에서 입원 또는 통원하여 치료를 받은 경우(단, 처방조제 제외)	연간 5천만 원 한도, 통원은 건당 20만 원 한도 (연간 180회)
질병	피보험자가 질병으로 인하여 병원에서 입원 또는 통원하여 치료를 받은 경우(단, 처방조제 제외)	연간 5천만 원 한도, 통원은 건당 20만 원 한도 (연간 180회)

■ 유병력자 실손의료보험의 담보종목별/보상 내용

구 분		보상하는 내용(보장범위)
상해	입원	보상대상의료비에서 10만 원과 보상대상의료비의 30% 중 큰 금액을 차감한 금액
	통원	보상대상의료비에서 2만 원과 보상대상의료비의 30% 중 큰 금액을 차감한 금액
질병	입원	보상대상의료비에서 10만 원과 보상대상의료비의 30% 중 큰 금액을 차감한 금액
	통원	보상대상의료비에서 2만 원과 보상대상의료비의 30% 중 큰 금액을 차감한 금액

 * 보상대상의료비는 본인이 실제로 부담한 금액(건강보험의 본인부담금 및 비급여 의료비)에서
보상제외 금액을 차감한 금액으로, 보상대상 의료비에 대해 일정율(30%) 또는 일정금액 (입원 10
만 원, 통원 2만 원)의 자기부담금이 있다.
 * 담보종목별 자세한 보상내용은 약관을 참조하기 바람.

3. 일반·노후·유병력자 실손의료보험의 상품구조 비교

구 분			일반 실손의료보험	노후 실손의료보험	유병력자 실손의료보험
상품 구조			**기본형[주계약(급여)]** **+** **선택형[특약(비급여)]** · 기본형: 　상해 입원·통원 　질병 입원·통원 · 특약: 비급여 항목	**의료비**(질병의료비, 상해의료비) + **2개** **특약**(요양병원의료비 특약, 상급병실보장 특약)	**기본형**(상해입원의료 비, 상해통원의료비, 질병입원의료비, 질병통원의료비)
입원	자기 부담률	급여	20%	20%	30%
		비급여	30%	30%	30%
	최소 자기부담금		없음	없음	10만 원**
	우선공제		없음	30만 원*	없음
	보장한도		급여: 입·통원 합산 　연간 5천만 원 비급여: 입·통원 합산 　연간 5천 만원	통원과 합산하여 연간 1억 원	동일질병·상해당 5천만 원
	자기부담금 연간 한도		200만 원	500만 원	200만 원
통원	보장범위		외래 + 처방조제	외래 + 처방조제	외래[처방조제미보장]
	자기 부담률	급여	20%	20%	30%
		비급여	30%	30%	
	최소 자기부담금		급여: 최소 1만 원 / 　최소 2만 원 　(상급·종합병원) 비급여: 최소 3만 원	없음	2만 원
	우선공제		없음	3만원	없음
	보장한도		급여: 회당 20만 원 비급여: 회당 20만 원	회당 100만 원	회당 20만 원 (연간 180회)
변경 주기	보험료		1년마다 갱신	1년마다 갱신	1년마다 갱신
	상품구조		5년 후 재가입	3년 후 재가입	3년 후 재가입

출처: 금융위원회 보도자료 / 2018. 3. 30(금)

* 우선공제: 30만 원을 우선 공제한 후에 잔여 의료비에 대하여 급여 20%, 비급여 30%를 공제한다.
** 최소 자기부담금: 의료비에서 자기부담률 30% 적용한 금액이 10만 원보다 작은 경우 10만 원을
　자기부담금으로 공제하고, 자기부담률 30% 적용한 금액이 10만 원보다 큰 경우 큰 금액을
　자기부담금으로 공제.

4. 기존 실손과 유병력자 실손 가입심사 요건 비교

일반·노후 실손의료보험(18개)	유병력자용 실손의료보험(6개)	비고
1. 최근 3개월 이내에 1)질병확정진단, 2)질병의심소견, 3)치료, 4)입원, 5)수술(제왕절개 포함), 6)투약 여부	1. 최근 **3개월 이내**에 1)입원 필요 소견, 2)수술 필요 소견, 3)치료, 4)추가검사 (재검사) 필요소견을 받았는지 여부	완화
2. 최근 3개월 이내에 마약을 사용하거나 혈압강하제, 신경안정제, 수면제, 각성제(흥분제), 진통제 등 약물을 상시 복용한 사실이 있는지 여부		삭제
3. 최근 1년 이내에 의사로부터 진찰 또는 검사를 통하여 추가검사(재검사)를 받은 사실이 있는지 여부		삭제
4. 최근 5년 이내에 의사로부터 진찰 또는 검사를 통하여 1)입원, 2)수술 (제왕절개포함), 3)계속하여 7일 이상 치료, 4)계속하여 30일 이상 투약 받은 사실이 있는지 여부	2. 최근 **2년 이내**에 1)입원, 2)수술 (제왕절개포함), 3)계속하여 7일 이상 치료 여부	완화
5. 최근 5년 이내에 아래 10대 질병으로 진단확정, 치료, 입원, 수술, 투약 여부 ①암 ②백혈병 ③고혈압 ④협심증 ⑤심근경색 ⑥심장판막증 ⑦간경화증 ⑧뇌졸중증(뇌출혈, 뇌경색) ⑨당뇨병 ⑩에이즈(AIDS) 및 HIV 보균	3. 최근 **5년 이내**에 암(백혈병 제외)으로 진단받거나 입원, 수술, 치료를 받은 적이 있는지 여부	완화
6. (여성의 경우) 현재 임신 여부		삭제
7. 눈, 코, 귀, 언어, 씹는 기능, 정신 또는 신경기능 장애 여부		삭제
8. 팔, 다리, 손(손가락 포함), 발(발가락 포함), 척추에 손실 또는 변형으로 인한 외관상 신체의 장애 여부		삭제
9. 현재 직업	4. **현재 직업**	동일
10. 현재 운전 여부	5. **현재 운전 여부**	동일
11. 최근 1년 이내에 스쿠버다이빙, 스카이다이빙, 행글라이딩 등의 취미를 자주 반복적으로 하는지 여부 또는 관련 자격증 소지 여부		삭제
12. 부업, 겸업 여부		삭제
13. 향후 3개월 이내에 전쟁지역, 미개척지, 등반산악지대 같은 해외위험지역으로		삭제

	출국 예정 여부		
14. 월소득	6. **월소득**		동일
15. 음주 횟수 및 음주량			삭제
16. 현재 흡연 여부			삭제
17. 체격(키, 몸무게 등)			삭제
18. 다른 보험사의 생명보험, 손해보험 상품에 가입하고 있는지 여부			삭제

출처: 금융위원회 보도자료 / 2018. 3. 30(금)

제4절. 단체실손의료보험과 개인실손의료보험 간 연계제도

실손의료보험 가입자의 직장 재직 중에 실손의료보험 중복가입을 해소하고, 퇴직한 후 실손의료보험 보장이 가능하도록 2018년 12월 1일부터 단체실손의료보험과 개인실손의료보험 간 연계제도를 시행한다.

즉, 2018년 12월부터 퇴직자의 단체실손보험 해지에 따른 보장공백 해소와 단체·개인실손보험의 중복가입자에 대한 보험료 이중부담 해소를 위해 단체-개인실손보험 간 연계제도가 시행되었다.

■ 개인실손의료보험 중지·재개 개요

구 분	재직 중	퇴직 등 단체실손의료보험 종료 시
개인실손의료보험 중지·재개	단체실손의료보험 가입 후 개인실손의료보험 중지	개인실손의료보험 재개
단체실손의료보험의 개인실손의료보험 전환	단체실손의료보험 가입	단체실손의료보험을 개인실손의료보험으로 전환

출처: 손해보험협회 자료

※ 실손의료보험 연계제도는 단체실손의료보험에 가입한 임·직원을 대상으로 시행한다.

1. 개인실손의료보험 중지/재개

개인실손의료보험 가입자가 단체실손의료보험 가입 시 기존에 가입한 개인실손의료보험의 보험료 납입 및 보장을 중지하고, 향후 단체실손의료보험 종료 시에 중지했던 개인실손의료보험을 재개한다.

회사에 입사하거나 특정단체에 입회 시 단체실손보험을 가입하는 경우가 있다. 특히 회사에서 가입하는 단체실손보험은 사업주의 부담으로 복지차원에서 제공하는 것이 일반적이어서 개인실손보험을 이미 가입한 사람이 입사한 경우 단체와 개인, 2개의 실손보험에 중복가입하게 된다.

이 경우 실손보험은 중복 보상이 되지 않으므로 만약 보험사고가 발생해도 비례보상을 받게 되어 개인실손보험의 효용이 감소한다. 이러한 문제점을 해소하기 위해 개인실손보험에 1년 이상 가입한 사람이 회사 등 단체실손보험에 가입 시, 기존에 가입한 개인실손보험의 보험료 납입 및 보장을 중지한 후 퇴직 후 1개월 이내 중지했던 개인실손보험을 재개할 수 있다.

1) 개인실손 중지/재개 도표

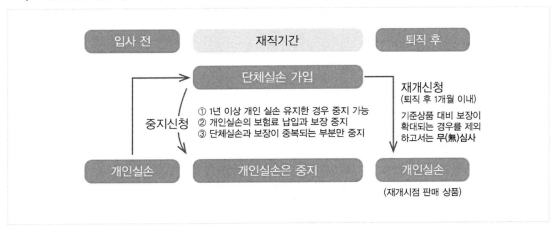

출처: 생명보험협회 자료

2) 개인실손의료보험 중지/재개 기준

구 분		세부 기준
중지	신청 방법	• 본인이 개인실손의료보험에 가입된 보험회사에 직접 신청
	신청 기준	• 개인실손의료보험 가입 후 1년 이상 유지한 계약에 한하며, 단체실손의료보험과 중복되는 개인실손의료보험의 보장 종목만 중지 가능
재개	신청 방법	• 퇴직 등 단체실손의료보험 종료한 후, 1개월 이내에 본인이 기존에 중지했던 개인실손의료보험의 재개를 해당 보험회사에 직접 신청
	재개 심사	• 단체실손의료보험 종료한 후, 1개월 이내 신청 시에는 무심사 재개 ① 이직으로 인한 여러 차례 단체실손 가입·종료가 발생하는 경우는 횟수 제한 없이 개인실손의료보험의 중지와 재개가 가능 ② 다만, 단체실손의료보험 및 개인실손의료보험에 모두 미가입 기간이 1회당 1개월, 누적 3개월을 초과하거나 1개월 초과하여 신청 시에는 회사의 인수 지침에 따라 재개가 거절될 수 있음
	재개 상품	• 기존 중지된 상품이 아닌 재개 시점에 보험회사가 판매 또는 보유 중인 개인실손의료보험 상품으로 보장 재개 * 개인실손의료보험 재개 시 재개상품이 중지 전 가입한 상품과 자기부담률 및 보장내용 등이 다를 수 있음

| | 재개
불가 | • 주계약이 아닌 특약으로 가입한 개인실손의료보험 중지한 후 주계약을 해지하면
중지된 개인실손의료보험도 동시에 해지되므로 재개 불가 |

출처: 손해보험협회 자료

2. 단체실손의 개인실손의료보험 전환

단체실손의료보험에 가입되어 있는 소비자가 퇴직 등으로 단체실손의료보험 종료 시에 개인실손의료보험으로 전환한다.

회사에 입사하여 단체실손보험에 가입한 경우 근속기간 동안 실손보장을 받게 된다. 기존 회사를 퇴직한 후 다른 회사로 이직할 경우에도 이직한 회사의 단체실손보험에 가입하여 보장을 이어갈 수 있지만, 정년퇴직 등 퇴직 후 재취업이 힘든 경우 개별적으로 개인실손보험에 가입할 필요가 있다. 하지만 질병경력이 있거나 건강상태가 좋지 않은 경우 개인실손보험 가입이 거절되어 보장공백이 발생할 수 있다. 이러한 문제점을 해소하기 위해 단체실손보험에 5년 이상 가입한 사람이 퇴직할 경우 퇴직일로부터 1개월 이내 개인실손으로 전환하여 가입할 수 있다. 특히, 직전 5년간 단체실손보험에서 보험금을 200만 원 이하로 수령하고 10대 질병[39] 치료이력이 없는 경우 별도의 심사 없이 가입할 수 있다.

■ 단체실손의 개인실손의료보험 전환 기준

구 분	세부 기준
전환 대상	• 전환신청 직전 5년간(계속*) 단체실손의료보험 가입자 중 개인실손의료보험에 가입 가능한 자(65세 이하) 　* 단체실손의료보험 미가입 기간이 1회당 1개월, 누적 3개월 이내인 경우에는 　　단체실손의료보험에 가입한 것으로 인정.
신청 방법	• 단체실손의료보험 종료(퇴직 등) 후 1개월 이내 신청하고, 직전 단체보험이 가입된 보험회사에 신청.
전환 심사	• 직전 5년간 단체실손의료보험 보험금을 200만 원 이하로 수령하고 10대 중대질환* 치료이력이 없는 경우 무심사** 전환 　*　암, 백혈병, 고혈압, 협심증, 심근경색, 심장판막증, 간경화증, 당뇨병 　　뇌졸중증(뇌출혈, 뇌경색), 에이즈(HIV 보균) 　** 직전 5년간 단체실손의료보험 보험금을 200만 원 초과하여 수령하였거나 10대 　　중대질병 발병이력(5년)이 있는 경우에는 심사대상에 해당
전환 상품	• 전환시점에 해당 보험회사가 판매 중인 개인실손의료보험으로 전환되고, 보장종목, 보장금액, 자기부담금 등의 세부 조건은 전환 직전 단체실손의료보험과 동일 또는 유사하게 적용.

---

39) 암, 백혈병, 고혈압, 협심증, 심근경색, 심장판막증, 간경화증, 뇌졸중증(뇌출혈, 뇌경색), 당뇨병, 에이즈 · HIV보균

	* 보험회사가 단체실손의료보험과 동일한 조건의 개인실손을 판매하고 있지 않은 경우에 별도 인수심사 없이 가장 유사한 조건으로 전환 ** 전환 시 소비자가 보장종목 추가, 보장금액 증액 등을 요청하면 보험회사의 인수심사를 거쳐 보장확대 여부 결정

출처: 손해보험협회 자료

〈실손의료보험 관련 용어해설〉

1) 입원보장(질병입원, 상해입원)

병원 또는 의원 등에 입원하여 치료를 받은 경우 발생하는 검사료, 수술료, 입원실비용 등에 대해 국민건강보험공단이 부담하는 비용을 제외한 금액에 대한 보장.

① 입원실료: 기준 병실 사용료, 환자 관리료, 식대 등

② 입원제비용: 검사료, 방사선료, 투약 및 처방료, 주사료, 처치료 등

③ 입원수술비: 수술료, 마취료, 수술재료비 등

④ 상급병실료 차액

2) 통원보장(질병통원, 상해통원)

병원 또는 의원 등에 입원하지 않고 통원치료를 받은 경우 발생하는 검사료, 수술료, 처방조제비 등에 대해 국민건강보험 공단이 부담하는 비용을 제외한 금액에 대해 보장

① 외래제비용: 검사료, 방사선료, 투약 및 처방료, 주사료, 처치료 등

② 외래수술비: 수술료, 마취료, 수술재료비 등

③ 처방조제비: 약국의 처방조제비, 약사의 직접조제비

3) 상해: 가입자가 우연한 외부의 사고(예: 화상,낙상,교통사고 등)로 인해 사망하거나 신체상의 손상을 입는 것.

4) 자기부담금: 보상대상 의료비 중 보험계약자가 직접 부담하는 금액

5) 손해율: 발생 손해액(보험금지급액 등)을 위험보장을 위한 보험료(위험보험료)로 나눈 비율

6) 갱신보험료: 연령 증가, 의료수가 상승 및 손해율 증가 등을 반영하기 위해 갱신 시 가입자에게 새로 적용되는 보험료

7) 급여부분: 국민건강보험에서 보장하는 부분으로, 국민건강보험공단과 환자 본인이 함께 부담

8) 비급여부분: 국민건강보험법상 법정 비급여 항목으로 공단부담금 없이 환자 본인이 전액부담

9) 외래: 병원에 입원하지 않고 방문하여 치료하는 것

10) 처방조제: 의사의 처방에 따라 약국의 약사가 약을 짓는 것

11) 도수치료: 치료자가 손 등을 이용해서 환자의 근골격계통(관절, 근육, 연부조직, 림프절 등)의 기능 개선 등을 위하여 실시하는 치료행위

12) 체외충격파치료: 체외에서 충격파를 병변에 가해 혈관 재형성을 돕고 건(힘줄) 및 뼈의 치유과정을 자극하거나 재활성화시키는 치료행위

13) 증식치료: 근골격계 통증이 있는 부위의 인대나 건(힘줄), 관절, 연골 등에 증식 물질을 주사하는 치료행위

14) **주사료:** 주사 치료 시 사용된 행위, 약제 및 치료 재료대

15) **자기공명영상진단:** 자기공명영상 장치를 이용하여 고주파 등을 통한 신호의 차이를 영상화하여 조직의 구조를 분석하는 검사(MRI/MRA)

(『보건복지부』에서 고시하는 "건강보험 행위 급여·비급여 목록 및 급여 상대가치점수"상의 MRI 범주에 따름)

16) **상급병실:** 국민건강보험의 급여대상이 되는 병원의 기준 병실보다 상위 등급의 병실

　예) ○○ 병원의 기준 병실이 6인실이라면 상급병실은 1~5인실

　* 병원마다 기준 병실 인원기준은 서로 다를 수 있음

17) **상급병실료 차액:** 입원 시 실제 사용병실과 기준병실과의 병실료 차액

제5절. 실손의료보험 상품구조의 개편 (2021년 7월 1일)

(출처: 2020년 12월 10일, 금융위원회/금융감독원 보도자료)

1. 추진 배경

1) 실손의료보험은 건강보험이 보장하지 않는 의료비를 보장하는 '국민의 사적(私的) 사회 안전망'으로서 역할[40]을 수행해 왔다. 그러나 1999년 최초 실손의료보험 상품의 출시 당시에 자기부담금이 없는 100% 보장 구조의 문제점을 일부 보완하였고, 2009년 10월 이후에 보험사별로 상품내용을 표준화하였으며, 2017년 4월부터 실손보험은 '기본형'과 '특약형'으로 구분하여 특약형 상품은 가입자의 자기부담비율을 기존 20%에서 30%로 높이고 특약 3개에 대한 이용 횟수의 제한 등의 시행으로 제도를 개선하였으나, 과다 의료서비스의 제공 및 이용을 유발할 수 있는 구조적 한계점을 가지고 있었다.

2) 실손의료보험은 그동안 자기부담률 인상, 일부 비급여 과잉진료 항목의 특약[41] 분리 등 지속적인 제도 개선에도 불구하고, 여전히 극히 일부의 과다한 의료서비스 이용으로 대다수 국민의 보험료 부담이 가중되고, 보험회사의 손해율이 급격히 상승하는 등 많은 문제점이 지적되고 있다.

---

40) 실손의료보험은 2019년 말 기준으로 약 3,800만 명 가입(단체보험, 공제계약 포함)했다.

41) 특약: 1)도수·증식·체외충격파 2)비급여 주사 3)비급여 MRI

■ 현행 실손의료보험 제도 문제점
① 일부 가입자의 과다 의료이용이 대다수 가입자의 보험료 부담으로 전가되고 있다.
② 지급보험금의 급격한 상승에 따른 국민의 보험료 부담이 증가하고 있다.
③ 적자 누적*으로 인한 보험회사의 실손의료보험 판매 중지 및 가입심사를 강화하고 있다.
➜ 이러한 현상이 지속될 경우, 국민 의료비 부담이 가중되고, 실손의료보험의 지속가능성에 대한 심각한 우려도 제기되는 상황이다.

3) 실손의료보험이 국민 의료비 부담을 경감하는 '건강한' 사적(私的) 사회 안전망 기능을 지속 수행할 수 있도록 상품 구조에 대한 근본적인 개편을 추진하게 된 배경이 되었다.

2. 상품구조 개편 기본방향(제4세대 실손의료보험의 주요 개편내용)

실손의료보험의 구조적 한계점과 문제점을 해소하기 위해 자기부담률의 조정과 실손의료보험을 이용한 만큼 보험료를 내는 할인·할증 제도가 새로 도입된다(**제4세대 실손의료보험**, 2021년 7월 1일 출시).

■ 상품구조의 주요 개편내용
① 보장범위·한도는 기존과 유사하면서, 보험료 수준은 대폭 인하
② 보험료 상승의 주(主)원인인 비급여에 대해 특약으로 분리하고, 비급여 보험료 차등제를 도입하고, 자기부담률 조정 등으로 가입자간의 보험료 부담의 형평성 제고
③ 국민건강보험의 보완형 상품으로서의 연계성 강화 (재가입주기 조정)

(1) 보장범위·한도는 기존과 유사하면서 보험료 수준은 대폭 인하

1) [보장범위 및 한도]

□ 새로운 상품의 주계약(급여)과 특약(비급여)을 모두 가입할 경우, 보장 범위는 종전과 동일하게 대다수의 질병·상해 치료비를 보장받을 수 있다.

① 질병·상해로 인한 **입원과 통원의 연간 보장한도**를 기존과 유사하게 **1억 원 수준(급여 5천만 원, 비급여 5천만 원)**으로 책정*하였다.

* 2019년 기준 5천만 원 이상 보험금을 지급받은 사람은 전체 가입자의 0.005%이다.

구분		현행	보장한도 (단위: 만원)	
			급여	비급여
질병	입원	5천만 원	입·통원 합산 연간 5천만 원 (통원 회당 20만 원)	입·통원 합산 연간 5천만 원 (통원 회당 20만 원*)
	통원	5,400만 원 (30만 원×180회)		
상해	입원	5천만 원	입·통원 합산 연간 5천만 원 (통원 회당 20만 원)	입·통원 합산 연간 5천만 원 (통원 회당 20만 원*)
	통원	5,400만 원 (30만 원×180회)		

출처: 2020년 12월 10일, 금융위원회/금융감독원 보도자료

 * 과다 의료서비스 제공 및 이용 소지가 높은 비급여에 한해 별도 통원 횟수 제한 등 추가 예정 (추후 표준약관에서 구체적으로 규정) 이다.

 ② 다만, 적정한 의료서비스 제공 및 이용 등을 위해 **자기부담금*** 수준 및 **통원 공제금액****이 종전에 비해 높아진다.

  * (현행) 급여 10/20%, 비급여 20% ➔ (변경) **급여 20%, 비급여 30%**

 ** (현행) [급여, 비급여 통합] 외래 1~2만 원, 처방 0.8만 원

 ➔ (변경) **[급여, 비급여 구분] 급여 1만 원(단, 상급·종합병원 2만 원) / 비급여 3만 원**

2) [보험료 수준]

 ▫ 새로운 상품은 자기부담금 수준과 통원 공제금액 인상의 효과로 보험료가 기존 상품보다 대폭 낮아진다.

 ① 2017년 출시된 신(新)실손 대비 약 10%, 2009년 이후 출시된 표준화 실손 대비 약 50%, 표준화 전(前) 실손 대비 약 70% 정도 인하된다.

▣ 새로운 실손과 기존 실손과의 40세(남자) 기준 보험료 비교(예시)

상품종류	2020 보험료 기준	새로운 실손과 비교	
		월 보험료 차이	연 보험료 차이
표준화 전(前)	36,679	+25,750	+309,000
표준화 후(後)	20,710	+9,781	+117,372
신(新)실손	12,184	+1,255	+15,060
새로운 실손 (예상)	10,929	–	–

출처: 2020년 12월 10일, 금융위원회/금융감독원 보도자료

* 손해보험 4개사 보험료 평균

② 기존 상품의 높은 손해율을 감안할 때, 기존 상품과의 보험료 격차는 향후 더 커질 것으로 예상된다.

■ 기존 실손의료보험 상품의 위험손해율 비교

구 분	2016년	2017년	2018년	2019년
표준화 전 (2009년 이전)	138%	131%	132%	**144%**
표준화 후 (2009년 이후)	127%	116%	119%	**135%**
신(新)실손 (2017년 4월~)		59%	78%	**100%**

출처: 2020년 12월 10일, 금융위원회/금융감독원 보도자료

(2) 보험료 상승의 주(主)원인인 비급여를 특약으로 분리하고, 비급여 보험료 차등제를 도입하여 가입자간 보험료 부담의 형평성 제고

1) [비급여 특약 분리]

▢ 현재의 포괄적 보장구조(급여+비급여)를 **급여 및 비급여**로 분리하여 비급여 보장영역 관리를 위한 체계를 마련한다.

현행 (신(新) 실손)	개편(안)
▶ 주계약(급여+비급여)	▶ 주계약(**급여**)
▶ 특약(특정* 비급여) * 1)도수·증식·체외충격파 2)비급여 주사 3)비급여 MRI	▶ 특약(**비급여**)

① 이를 통해, 과다 의료서비스 제공 및 이용 소지가 큰 비급여 부분에 보험료 차등제를 적용할 수 있는 기반이 마련된다.

② 급여, 비급여 각각의 손해율에 따라 보험료가 조정되어, 본인의 의료이용 행태 및 보험료 수준에 대한 이해도가 높아질 것*으로 기대된다.

  * 보험료 인상 요인이 '급여' 또는 '비급여' 때문인지 명확하게 인식한다.

2) [비급여 보험료 차등제 도입]

▢ 도수치료 등 비급여는 급여 대비 의료관리체계가 미흡하여, 일부 가입자의 비급여 의료이용량이 전체 가입자의 보험료 부담으로 이어지는 형평성 문제*가 심각하다.

  * 실손의료보험의 전체 지급보험금 중 비급여 비중은 65%(급여 35%) → 비급여 의료이용량의 변화가 전체(급여+비급여) 보험료에 미치는 영향이 큰 것을 의미한다.

□ 비급여 의료이용량과 연계한 **보험료 차등제를 도입**하여, 가입자간 보험료 부담의 형평성 문제를 해소한다.

① 할인·할증에 대한 가입자의 이해도를 높이기 위해 적용 단계는 5등급으로 단순화하였다.

구분	1등급 (할인)	2등급 (유지)	3등급 (할증)	4등급 (할증)	5등급 (할증)
할인/할증률	−5%[1]		+100%	+200%	+300%
비급여 지급보험금 (평균 지급보험금[2] 대비)	지급보험금 무(無)	100만 원 미만 **(300% 미만)**	150만 원 미만 **(500% 미만)**	300만 원 미만 **(1,000% 미만)**	300만 원 이상 **(1,000% 이상)**
가입자 비중[3]	72.9%	25.3%	0.8%	0.7%	0.3%

할증금액을 할인재원으로 사용

1) 할인율은 상품 출시 후, 회사별 계약/사고 통계량에 따라 5% 내외로 변동 가능
2) 비급여 의료이용자의 평균 지급보험금은 약 30만 원
3) 신(新)실손 기준 시뮬레이션 결과, 할증구간(3~5등급) 대상자는 전체 가입자의 1.8%

출처: 2020년 12월 10일, 금융위원회/금융감독원 보도자료

② 할증 등급이 적용되는 가입자는 전체 가입자의 극소수(1.8%)인 반면에, 대다수의 가입자는 보험료 할인 혜택을 볼 수 있을 것으로 기대된다.

③ 충분한 통계확보 등을 위해 할인·할증은 새로운 상품 출시 후, 3년이 경과한 시점부터 적용할 예정*이다.

* 가입자 수, 청구건수가 충분히 확보되어야 통계적으로 안정된 할인·할증율 제공이 가능하며, 기존 신(新)실손의 가입 추이 등을 고려할 때 최소 3년의 준비기간이 필요하다.

□ 비급여 보험료 차등제는 의료취약계층의 의료 접근성을 제한하지 않도록 하기 위해, 지속적이고 충분한 치료가 필요한 '불가피한 의료 이용자'*에 대해서는 적용을 제외하였다.

* 국민건강보험법상 산정특례 대상자 (암질환, 심장질환, 희귀난치성질환자 등)
   → 2018년 기준 전체 인구 수 대비 약 4%
* 노인장기요양보험법상 장기요양대상자 중 1~2등급 판정자(치매·뇌혈관성 질환 등)
   → 2019년 기준 65세 이상 인구 수 대비 약 1.5%

(3) 국민건강보험의 보완형 상품으로서의 연계성 강화

□ 실손의료보험은 건강보험의 보완형 상품으로서 건강보험 정책 방향에 부합되게 운영될 필요가 있으며, 의료기술 발전, 진료행태 변화 등 의료환경 변화에도 시의 적절하게 대응할 필요가 있다.

□ 실손의료보험의 **재가입주기*를 15년에서 5년으로 단축**하여, 건강보험정책과의 연계성을 강화** 하고, 의료환경 변화에 적절히 대응***할 수 있도록 하겠다.

* 실질적으로 '보장내용 변경주기'를 의미하며, 동일 보험사의 실손의료보험에 재(再)가입 시, 과거 사고 이력 등을 이유로 계약 인수를 거절하지 못한다.

** [건강보험과 연계성 강화] 건강보험에서 비(非)응급환자의 상급종합병원 응급실 이용 시 응급 의료관리료(6만원 내외)를 환자가 전액 부담토록 할 때, 실손의료보험에서도 이를 보장하지 않기 위해 보장내용(표준약관)을 변경하려면 15년이나 소요된다.

*** [의료환경 변화에 대응] 재가입 주기 단축으로 특정 질환을 신속하게 보장 가능하다.
[예: 2014년 출시된 노후실손의 경우, 재가입 주기(3년) 도래 시 보장내용이 확대 (정신질환 보장 추가)]

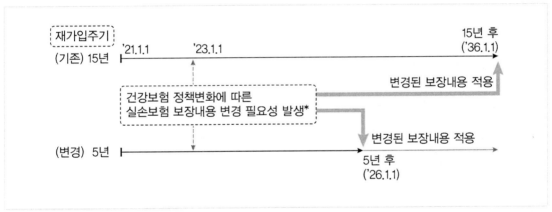

출처: 2020년 12월 10일, 금융위원회/금융감독원 보도자료

3. 상품구조 개편방안(종합)

◈ 비급여 특약 분리 및 보험료 차등제 도입, 자기부담률 조정 등으로 가입자의 보험료 부담이 낮아지고, 가입자간 보험료 부담의 형평성 제고로 상품구조를 개편한다.

◈ 국민건강보험과의 연계성 강화 등으로 국민건강보험을 보완하는 '건강한' 사적(私的) 사회 안전망 기능을 지속 수행할 수 있도록 상품구조를 개편한다.

구분		현행(신(新)실손)	개편(안)		
상품구조		급여·비급여 통합 + 비급여 3개 특약	급여(주계약)·비급여(특약) 분리		
보험료 차등제	급여	미적용	미적용		
	비급여		적용 (할인·할증 방식)		
자기 부담률	급여	10% / 20%	20%		
	비급여	20% (특약: 30%)	30%		
공제 금액 (통원)	급여	최소 1~2만 원 (처방 0.8만 원)	최소 1만 원(병·의원급) / 최소 2만 원(상급·종합병원)		
	비급여		최소 3만 원		
보장 한도	입원	상해·질병당 연간 5천만 원	구 분	급여	비급여
			상해 입·통원	합산 연간 5천만 원 (통원 회당 20만 원)	합산 연간 5천만 원 (통원 회당 20만 원)*
	통원	상해·질병당 회당 30만 원 (연 180회)	질병 입·통원	합산 연간 5천만 원 (통원 회당 20만 원)	합산 연간 5천만 원 (통원 회당 20만 원)*
			* 비급여에 한해 별도 통원횟수 추가 예정		
재가입주기		15년	5년		

출처: 2020년 12월 10일, 금융위원회/금융감독원 보도자료

▢ 금융위는 실손 가입자 간 보험료 부담의 형평성을 제고하고 합리적 의료이용을 유도하기 위해 실손의료 보험의 상품구조 개편을 추진하기로 하였다.

• 비급여 특약 분리, 비급여 의료이용에 따른 실손보험료 할인·할증제(보험료 차등제)를 도입하고, 자기부담률 조정 등을 통해 가입자의 보험료 부담이 낮아지고, 가입자간 보험료 부담의 형평성이 제고될 것으로 기대된다.

- 보장범위·한도는 기존과 유사하면서 보험료 수준은 기존 상품 대비 10~70% 대폭 인하한다. 2017년 출시된 신(新)실손 대비 약 10%, 2009년 이후 표준화 실손 대비 약 50%, 표준화 전(前) 실손 대비 약 70% 정도 인하된다.
- 금번 개편안이 반영된 **제4세대 실손의료보험**은 관련 감독규정 및 표준약관 개정을 거쳐 2021년 7월 1일 새롭게 출시될 예정이다.
- □ 국민건강보험과의 연계성 강화 등으로 국민건강보험을 보완하는 '건강한' 사적(私的) 사회 안전망 기능을 지속 수행할 수 있을 것으로 기대된다.

4. 향후 계획

□ 기존 실손 가입자가 원하는 경우*, 새로운 상품으로 간편하게 전환할 수 있는 절차을 마련**(신(新)상품 출시 전(前)까지) 한다.

  * 기존 상품에 비해 보험료가 저렴하지만, 보장내용, 자기부담금 등에 차이가 있으므로 본인의 건강상태, 의료이용 성향 등을 고려하여 전환여부를 판단할 필요가 있다.

  ** 계약 전환을 위해 별도 심사가 필요한 경우만 제한적으로 열거(negative 방식)하고, 그 외의 경우는 모두 무심사로 전환 가능한 방안 검토한다.

□ 보험업감독규정 및 보험업감독업무시행세칙 개정
① (2021년 1월) 보험업감독규정 개정안 규정변경 예고
② (2021년 1~4월) 규제개혁위원회 규제심사 및 금융위원회 의결
③ (2021년 4월) 보험업감독업무시행세칙* 개정안 변경예고
  * 표준약관 및 표준사업방법서상 세부내용 개정
④ (2021년 7월 1일) 제4세대 실손의료보험 상품 출시

제7편 손해보험 경영 및 보험관련 법규

제1장
손해보험 경영

제1절. 손해보험 경영의 특성

1. 보험경영의 목표 및 특성

1) 보험경영의 기본적 목표

보험경영의 기본적 목표는 이윤의 추구, 성장 혹은 시장에서의 영향력 증대, 소비자만족, 법규와 규정의 준수, 사회공헌 등을 들 수 있다. 이들 목표들 간에 우선순위가 있는 것은 아니며, 이들 목표들은 동시에 추구하기에는 서로 상충되고 겹치는 바가 있을 수 있다. 이런고로, 상충되고 겹치는 부분을 최소화하여 효과적인 경영에 반영하고, 올바른 방향으로 조정해 나가는 것이 경영자의 책무가 될 것이다. 기업의 경영성과를 위해서 경영자들은 상품개발, 보험마케팅, 대고객서비스를 통한 소비자만족도를 높이며, 보험산업의 이미지를 제고하고, 보험산업의 공공성과 사회성에 기여하는 기업으로 이끄는 데 매진하여 기업의 이윤 극대화로 보험경영의 기본적인 목표를 달성해야 한다.

여기서 기업의 이윤 추구는 기업이 존재하기 위해 필요한 가장 근본적인 목표이며 기업이 존재하는 최대의 목적이다. 또한, 자본시장에서 투자한 자본과 투자자에게 가장 높은 이윤을 배당하기 위해서는 기업의 이윤이 반드시 필요하다. 그러므로 기업이 추구하는 목적은 이윤 추구가 궁극적인 목표가 된다.

기업이 시장에서 평가 받고 기업의 이윤을 계속 추구하기 위해서 경영자들의 부단한 노력이 필요하다.

2) 손해보험사업의 특성

손해보험사업은 다수의 경제주체(보험계약자)로부터 보험료라는 형태로 갹출된 자금을 일정한 조건에 따라 보험금이라는 형태로 재차 경제주체(피보험자)에 배분하는 기능을 가진 산업이다. 단순히 자금을 모으고 이것을 재배분하는 것이라면 일반금융업도 같은 기능을 지닌 것으로 볼 수 있으나 금융기관은 예금이라는 형태로 자금을 모아, 이것을 필요로 하는 경제주체에 대출을 하거나 투자를 하는 기능만 있다는 점에서 다르다. 즉 보험료는 소비지출의 성격이 있기 때문에 은행에 예금을 하는 저축과는 근본적으로 다르다. 그러나 손해보험사업에서 영위하고 있는 장기저축성손해보험이나 개인연금보험은 보험의 보장성기능에 은행의 저축성기능을 가미한 것이라는 특징이 있다.

2. 보험료의 특성과 구성

1) 보험료와 상품가격의 차이

자유경쟁하에서는 상품가격이 수요와 공급의 관계에서 결정된다. 그러나 손해보험상품은 유형재가 아니기 때문에 자원적 요인에 의한 상품공급에 제약을 받지 않으므로 수요의 다소는 가격에 큰 영향을 미치지 않는다.

① 원가의 사후 확정성

보험료는 과거 경험통계를 바탕으로 산출됨으로 실제 원가는 결산시점이나 보험기간이 지난 후에 확정된다.

② 요율 상방 경직성

보험은 무형상품이며 구매즉시 효용가치를 느끼지 못하므로 일반적으로 가격이 높다고 생각하며, 또한 엄격한 감독체계로 인해 요율인상이 상대적으로 어렵다.

2) 보험료의 구성

일반적으로 보험료라고 불리는 것은 영업보험료로서 그 구성과 내용은 다음과 같다.

영 업 보 험 료	순보험료	보험금(사망 · 만기보험금, 장해급여금, 중도급부금)	
	부가보험료	사업비 (경비)	신계약비(모집수당, 진단비, 증권발행비 등)
			유지비(인건비, 임차비, 계약유지 등)
			수금비(보험료 자동이체 수수료 등)
		이윤	

3) 보험료의 적용방식

일반적으로 재물보험의 경우에는 보험가입금액에 해당 보험요율을 곱하여 '적용보험료'를 계산한다. 그러나 배상책임보험 등과 같이 기준보상한도액에 대한 기본요율에 보상한도액 인상계수를 곱하여 산출하거나 인수조건별로 보험료를 정하여 사용하는 경우 등 다양하다.

3. 손해보험회사의 주요업무

1) 언더라이팅 업무

언더라이팅(underwriting)이란 보험회사가 '위험의 선택'을 하는 업무를 말한다. 이와 같이 보험회사가 위험을 선택하는 것은 손해발생 위험이 높은 보험종목일수록 보험가입을 원하고, 또 위험이 높은 사람일수록 부보하고자 하기 때문에 이러한 행위를 역선택이라고 한다. 이 역선택을 방지하기 위한 업무가 언더라이팅인 것이다.

즉, 언더라이팅이란 보험회사의 수익성 확보와 안정적인 성장을 위해 필수불가결한 고유 업무이다. 언더라이팅은 보험회사의 각 업무부서에서 담당하지만 대리점영업에서부터 이 점에 유념하는 것이 바람직하다고 하겠다.

2) 재보험 업무

손해보험사업은 대규모 산업시설이나 거대한 유조선, 항공기 등 손해액의 규모가 엄청나게 큰 위험을 인수하기 때문에 재보험제도를 통해 위험분산을 하는 것이 주요 업무의 하나이다. 따라서 대리점영업에서도 고액위험을 인수하고자 할 때에는 재보험 업무에 대해서도 사전에 유념할 필요가 있는 것이다.

3) 보험금지급 업무

보험상품의 효능은 보험사고가 발생하고 보험금지급이 이루어질 때 비로소 발휘된다. 따라서 이 분야에 대한 공정하고도 신속한 보험회사의 업무처리야말로 그 보험회사의 경쟁력이라 할 수 있다. 따라서 대리점의 경우에도 이재를 당한 보험가입자의 권익보호를 위해 올바른 조언을 아끼지 말아야 한다.

※ **소손해 면책제도**

보험자가 보험사고로 보험금을 지급할 경우 일정한 한도 이하의 적은 손해에 대해서는 보험자가 부담치 않고 피보험자로 하여금 이를 부담케 하는 제도이다.

그 이유는 첫째, 소손해 처리에 따른 비용과 시간을 절감하고 둘째, 소손해까지 보상하는 데 따른 보험료 추가 부담을 경감시키고 셋째, 사고 발생에 대한 보험계약자의 주의력을 집중시키는 데 있다.

---

① 직접공제

손해액이 미리 정해진 공제 금액을 미달한 경우 피보험자가 전액 부담하고 이를 초과하는 경우에는 공제액을 차감한 나머지 금액만을 지급하는 방법

② 프랜차이즈 공제

손해액이 미리 정한 공제액까지는 보상하지 않으나 그 금액을 초과할 경우 손해액 전액을 지급하는 방법

③ 대기기간 공제면책

사고 후 약정 기간 내의 손해는 보상하지 않고, 그 기간 이후의 손해를 보상하는 방법

4) 자산운용 업무

손해보험회사의 또 하나의 기능은 운용자산을 통한 수익의 증대이다. 따라서 보험회사는 보유자산을 안정성, 수익성, 유동성 그리고 공익성을 해치지 않는 범위 내에서 적극적으로 운용하고 있는 것이다.

4. 손해보험회사의 손익

손해보험회사의 손익을 크게 나누면 영수한 보험료에서 보험금과 사업비를 지급하고 여기에 미지급보험금과 준비금증가액을 공제한 잔액(영업손익)과 자산운용수익금액에서 운용에 소요된 경비와 감가상각비, 각종 준비금 등을 차감한 잔액(영업외 손익)으로 성립된다.

제2절. 손해보험 경영의 원칙

경영의 일반원칙은 보험기업에도 적용되므로 보험경영의 특수성에 대해서 몇 가지 원칙만 열거하면 다음과 같다.

1. 위험대량의 원칙

손해보험의 성립은 대수의 법칙에 기초를 두고 있으므로 될수록 많은 계약을 모집하여야만 기업의 안정은 물론 수입의 증대도 도모할 수 있다. 즉, 보험경영이 정상적으로 이루어지기 위해서는 많은 수의 보험계약(위험인수)이 성사되어야 한다. 여기서 많은 수의 계약고는 보험회사의 입장에서 사고발생률이 예정사고율에 근접하여 보험경영에 안정을 주고, 보험수익을 창출하는 기본적인 조건이다.

2. 위험 동질성의 원칙

보험산업에서 위험의 동질성이란 위험의 종류, 위험의 정도, 손해의 금액 등이 같거나 비슷한 것을 말한다. 보험경영이 정상적으로 운영되기 위해서는 대량의 위험이 있어야 함과 동시에 동질적인 위험이어야 한다.

즉, 많은 위험을 인수했더라도 그 종류와 정도가 평균의 법칙에 의해 동질적이고 평균화되어야 하며 보험경영의 합리화를 위해서는 불리한 위험의 선택, 즉 역선택을 방지하여야 한다.

3. 보험료 적정의 원칙

적정한 보험료의 산정은 보험경영의 중심 과제이다. 적절한 보험료란 보험료의 수입과 보험금 그리고 사업비의 지출이 균형 잡히고 보험기업에게 타당한 이윤이 확보될 수 있는 수준을 말한다.

※ 요율산정의 기본 3원칙: 적정성, 공정성, 비과도성(非過度性)

> ▣ **보험요율 산출의 원칙**
> 1) 보험요율이 보험금과 그 밖의 급부에 비하여 지나치게 높지 아니할 것(비과도성)
> 2) 보험요율이 보험회사의 재무건전성을 크게 해칠 정도로 낮지 아니할 것(적정성)
> 3) 보험요율이 보험계약자 간에 부당하게 차별적이지 아니할 것(공정성)

4. 위험분산의 원칙

많은 동질의 위험을 인수하더라도 하나의 위험으로부터 발생할 수 있는 손해가 대규모이거나, 위험의 종류(대규모 공장, 선박, 항공기)나 지역적인 분포가 편중될 경우에는 보험기업도 막대한 손실을 입을 수 있다. 따라서 위험의 선택을 신중하게 할 것은 물론, 위험을 합리적으로 보유하고 나머지는 재보험으로 다른 보험자에게 위험을 전가·분산하고 있다.

※ 위험분산을 위한 보험이나 제도: 재보험, 공동보험(공동인수), 지역적 인수제한

5. 보험급여 적정의 원칙

보험계약은 보험사고의 발생으로 인한 경제적 손실을 복구하기 위해 존재하는 것이다. 따라서 보험회사는 손해사정과 보험금의 지급에 있어 신속하고도 합리적인 절차를 통하여 보험가입자의 보호에 힘써야 한다.

6. 투자 다양화의 원칙

손해보험사업의 또 하나의 기능인 투융자사업에는 안정성·유동성·수익성·공익성 등 4가지 요소가 구비되어야 하는데(보험업법 제104조) 동일 종목에 투자할 경우에는 이러한 조건이 충족될 수 없으므로 운용방식은 물론 대상 선정에 있어서도 투자다양화의 원칙이 지켜져야 한다.

보험회사도 금융기관으로서 투자활동의 중요성이 강조되고 있으며, 여러 요소 중에서 가장 중요한 원칙이 안전성이다. 보험계약이 미래에 손해가 발생할 때 보상해 주는 신용계약의 성질이므로 이를 실현하기 위해서 투자에 있어서 안전성이 강조되는 것이다.

제3절. 손해보험의 마케팅

1. 마케팅(marketing)의 개념

　마케팅(marketing)이란 모든 일련의 판매 행위를 말하며, 생산자와 소비자가 원하는 것을 원활하게 공급하기 위한 활동으로 시장 조사, 상품 선전, 판매 촉진 등이 이에 속한다. 또한 상대방의 잠재욕구를 자극하여 상품과 용역을 생산자로부터 소비자에게 원활히 이전하기 위한 비즈니스 활동을 포함한다.

　마케팅이란 생산자로부터 소비자 내지 사용자에게 상품 및 용역을 유통시키는 제 기업활동의 수행이다. 이 정의는 마케팅이란 유형의 상품뿐만 아니라 보험회사가 제공하는 보험, 금융권의 여신 등의 무형의 서비스도 마케팅의 대상으로 한다.

　현대적인 마케팅이라면, 소비자에게 상품이나 서비스를 효율적으로 제공하기 위한 체계적인 경영 활동이다.[42] 시장 조사, 상품화 계획, 선전, 판매 등이 이에 속하며, 소비자 및 사용자에게 최대한 만족과 감동을 주고, 생산자 및 판매자의 목적을 가장 효율적으로 달성하는 방법에 의하여 재화와 용역을 생산자로부터 사용자나 소비자에게 유통시키는 것이다.

　생산자로부터 소비자에게로 상품과 용역이 이동되는 모든 과정과 활동, 경제의 특정 유형을 초월하는 거대한 개념으로, 이익을 전제로 한 사업에만 해당되는 것이 아니다. 예전에는 판매량의 극대화 정도의 개념으로 이해되었으나, 최근에는 소비자와 관련된 모든 활동으로 의미가 확대되었다. 상품 가격에서 차지하는 마케팅 비용은 매년 증가하고 있을 정도로 그 영향력이 크다. 기업의 마케팅 담당자는 가격책정·상품선정·유통·판매촉진·시장리서치를 모두 고려하여 마케팅 전략을 세운다.

> ▣.마케팅의 4P's 전략
> - **제품(product) 전략:** 장비의 차별화를 통한 고객 만족
> - **가격(price) 전략:** 고소득층을 위한 별도의 고가 정책 전략
> - **유통(place) 전략:** 최신 유통 장비의 도입을 통한 고객의 신뢰성 확보
> - **촉진(promotion) 전략:** 애프터 서비스(after service) 전략을 넘어선 비포서비스(before service) 전략의 판촉활동

2. 마케팅 관리(marketing management)

(1) 마케팅 관리의 의의

　개인과 조직의 목표를 달성하기 위하여 아이디어, 제품, 서비스에 관하여 개념 규정, 계획 수립, 가격 설정, 판매 촉진, 유통을 관리하는 과정이다.

　마케팅 관리란, 마케팅 조사 활동과 마케팅 전략 활동을 관리·통제하는 이론과 기법의 총체라 할 수 있다.

---

42) 미국마케팅협회 정의위원회의 정의임.

마케팅은 소비자의 필요와 욕구를 충족시키기 위하여 시장에서 교환이 일어나도록 하는 일련의 활동이다. 따라서 마케팅 활동이란 제품 및 서비스를 설계하고 가격을 결정하며, 유통 등을 계획하고 실행하는 과정이라 할 수 있다. 마케팅은 기업 경영뿐 아니라 사회적 기능에 있어서도 중요한 의미가 있다.

마케팅 관리는 기업의 마케팅 활동을 종합적, 체계적, 합리적으로 실시하기 위해 계획, 조직, 실시 및 통제의 각 단계를 관리하는 것이다. 마케팅 관리의 주요 대상은 제품계획, 가격설정, 광고, 판매촉진, 판매경로의 설정, 물적 유통 등이다. 마케팅 관리는 전체로서의 마케팅 활동을 계획하고, 이를 실시하기 위한 조직을 설정하며, 그에 의하여 실시되는 활동을 관리, 통제하는 것이다.

마케팅 관리는 개인이나 단체의 필요를 충족시키기 위한 교환이 이루어지도록, 제품이나 서비스의 개념 설정, 가격결정, 판촉정책, 유통정책 등을 계획·집행 및 통제하는 활동이다. 여기서 계획이란 적절한 마케팅 전략을 수립하는 과정이며, 집행이란 그 계획을 실행하는 것이며, 통제란 집행 결과를 분석하여 계획에 반영시키는 것을 말한다. 이 활동은 마케팅 관리 과정을 통해 구체적으로 실행된다. 마케팅 관리 과정은 시장을 분석하여 마케팅 기회를 포착하고(마케팅 기회 분석), 마케팅 조사를 통해 목표시장을 선정하며(마케팅 조사와 목표시장 선정), 목표시장에서의 마케팅 전략을 수립하고(마케팅 전략 수립), 마케팅 전략을 집행하기 위한 구체적인 마케팅 프로그램을 작성하며(마케팅 프로그램 작성), 프로그램된 마케팅 활동을 조직하고 실시하며 그 결과를 통제하는(조직, 집행, 통제) 일련의 활동을 말한다.

(2) 마케팅의 중요성

1) 기업 경영상의 중요성

오늘날 소비자의 욕구는 급변하고 있고 이를 충족하기 위해서는 소비자가 원하는 제품 및 서비스 제공을 위한 마케팅 활동이 반드시 필요하다. 또한 시시각각 변하는 무한 경쟁 속에서 기업의 지속적인 성장을 위하여 마케팅 활동은 반드시 수반되어야 한다.

2) 사회적 기능상의 중요성

마케팅은 '수요에 부합하는 자원의 배분'이라는 사회적 기능을 수행하고 있다. 이는 마케팅을 통하여 수요와 공급이 조정되며 사회 경제가 균형적으로 발전할 수 있다는 의미이다. 마케팅 활동은 수요 증진에도 기여하여 고용 창출의 효과도 기대할 수 있다.

3. 보험마케팅(insurance marketing)

(1) 보험마케팅의 의의

보험이라는 무형의 서비스상품을 대상으로 개인과 기업의 위험에 대한 보장 및 저축 욕구 등의 여러 욕구를 충족시키고자 인적·물적인 자원을 통하여 보험서비스를 고안하고 가격을 설정하고 촉진 및 유통을 효율적으로 하기 위해 계획·실행·통제하는 제반 활동이다.

> ■ 보험판매 5단계:
> 준비 – 접근 – 상담 – 판매 – 사후봉사(보험 계약보전 업무 및 유지관리, 대고객 서비스)

(2) 보험마케팅 시스템의 의의

보험마케팅 시스템은 보험기업의 보험판매 과정에 관련된 참여자, 시장 및 보험 환경을 형성하는데 미치는 모든 영향의 요인에 일조 내지 중요한 역할을 말한다.

보험마케팅 시스템은 마케팅의 모든 기능을 유기적이고 효과적으로 조정하고 통합함으로써 보험가입을 극대화하여 보험시장의 일반화 및 보편화를 실현하고, 보험상품의 질을 개선하여 보험소비자의 만족을 극대화하며, 보험상품 선택의 폭을 제고하고, 경제적인 안정화 및 생활의 질을 향상시키는데 목적을 두고 있다.

또한, 보험마케팅 시스템은 일반적인 마케팅 시스템과 같이 환경과의 사이에 정보를 교환하여 이에 적응함으로써 목표를 달성하는 적응적 개방시스템이면서 동시에 정보피드백 시스템이다.

(3) 보험마케팅(서비스)의 특징

1) 보험상품상의 특성

① 보험상품은 무형상품이며 관념적 상품으로서 추상적인 상품이다. 일반 상품에 비해 구체적으로 어떠한 성질과 기능을 갖고 있는지 이해하기 어렵다. 또한, 미래에 대한 위험담보 성격으로 효용은 미래지향적이고 우연적이다. 일반적인 상품은 유형상품이며 구체적인 상품이다.

② 일반 상품과 서비스는 동가교환(同價交換)원칙이 적용되지만 보험상품은 이 원칙이 적용되기 어렵다. 즉, 급부와 반대급부가 동시성 없다(예를 들어 적은 보험료 납입한 후에 사고발생 시 많은 보험금을 받는다).

③ 일반 상품과 서비스는 계약관계가 대체적으로 교환과 동시에 종료되지만, 보험상품은 보험계약기간 동안 계속되며, 지속적 서비스로 개인적인 보살핌, 고객에 대한 조언, 사고발생 시 사고처리, 보험계약 변경 등 다양한 서비스가 추가로 존재한다.

④ 보험상품은 고도의 기술적 전문적 내용을 내포하기 때문에 소비자가 그 내용을 구체적으로 인식하고 다른 보험상품과 구분하기 어렵다. 또한, 법률적 계약방식으로 구성하고, 가격은 고도의 기술적인 방식에 의해 결정하며, 의학, 수학, 공학, 기타 분야의 전문적이고 복잡하다

⑤ 요구(수요)측면에서 보험상품은 존재하고 있으나, 기능과 종류에 대한 인식수준이 매우 낮아서 주로 인식되지 못하며, 보험상품에 대해 대부분은 고객의 자발성은 존재하지 않는다.

2) 보험시장과 보험가격 결정상의 특성

보험가격은 일반상품과 달리 수요와 공급의 원리에 의해 결정되기보다는 보험자에 의해 일방적

으로 결정되지만, 감독기관의 통제와 통계적, 과학적인 자료가 가격산정의 기초가 된다.

즉, 보험자에 의해 일방적인 가격결정(부합계약성)을 하는데, 가격결정에 수요자의 의사나 희망이 전혀 고려되지 않는다. 타 상품은 수요와 공급에 의해 가격이 결정되지만, 보험시장은 보험 수요를 환기 시키고 자극하는 모집조직에 의하여 인위적으로 형성된다.

3) 보험수요 및 판매상의 특성

① 보험은 필수품이 아니라 미래의 불확실성에 대비하는 간접적이고 2차적인 욕구와 관련된 장기상품으로 욕망의 강도가 낮고 상품의 수요가 잠재적이므로 공급자에 의해 일방적으로 판매되는 일종의 푸시(push) 상품의 성격이 강하다.

또한, 의식주처럼 1차적 욕구가 아니고 장래 우발적 사고에 대한 안전을 추구하는 2차적이거나 간접적인 욕구이므로 자발적 수요를 기대하기 어렵다.

② 보험상품은 보험의 기본원리인 대수의 법칙에 의해 대량판매를 전제로 하며 생산원가가 판매 후에 결정되는 사후적 성질을 가지므로 양질의 소비자를 많이 확보해야 한다.

즉, 보험은 다량생산을 전제로 하고 판매에 종속되어지며, 상업적 위험(경기의 변동, 유행의 변화, 판매조직의 실패, 경쟁자의 압력 등) 외에 보험가격이 판매 후에 결정된다는 기술적 위험을 가진다.

③ 고도의 기술적, 전문적 내용을 내포하므로 판매 시 소비자에게 충분한 설명과 계약 후 계속적으로 서비스를 해야 하는 거래의 정직성과 서비스 정신이 강조된다.

이는 전문적 지식과 경험이 요구되는 판매활동 과정에서 일반 고객을 상대로 계약을 체결하고 계속 서비스를 제공하므로 다른 상품의 서비스 거래관계에서 요구되는 기준보다 높은 수준의 논리성이 강조된다.

④ 사망, 질병, 장애 등 장래 위험의 존재를 전제로 하고, 불유쾌한 사건의 대상은 거부감을 준다.
⑤ 가입 위한 서류절차 까다롭다(많은 질문에 답변, 청약서 작성 등).
⑥ 타인을 위한 상품으로 당장의 지출을 꺼린다(생명보험의 수익자는 타인).

4) 그 이외 보험상품의 특성

개관적이 아니고, 잡아 볼 수 없으며, 볼 수 없으며, 순차적으로 급부가 실현될 수 없고, 구체적인 등가관계가 없으며, 대부분 장기간의 계약구속이 이루어지고 있고, 상품공급은 임의로 무한정 증대 시킬 수 있고, 미래의 수요 파악이 곤란하다.[43]

보험상품은 생산에서 판매에 이르는 전 과정이 주로 인적 요소에 의해 처리되는 특징이 있다.

상품의 성질은 사회성과 공익성이 강조되고, 보험상품의 수요는 국민소득, 인구 등의 경제 사회적 요소에 많은 영향을 받는 특성이 있다.

(4) 보험마케팅의 목표

무한한 경쟁에 효율적으로 대처하는 최선의 방법으로 기업이 임의로 생산한 제품 및 상품이나

---

43) 신수식, 보험경영론, 박영사, 2002. p.388

서비스를 판매하려는 것보다 그 기업이 대상으로 하는 목표시장의 욕구를 파악하여 그 욕구를 충족시키는 것이 필요한데 이를 마케팅 개념이라 한다.

보험마케팅이 추구하는 목표는 바로 고객 욕구충족 내지, 고객 만족 경영이라고 한다.

기업중심 관리의 철학은 기업이 기존 제품을 판매적인 수단으로 판매량 증대에 의한 이익실현의 목표를 추구하여 판매하지만, **고객 지향적 관리의 철학은 고객 요구에 고객 니즈(needs)를 위한 노력으로 고객만족을 통한 이익실현에 목표와 초점을 두는 것이 보험마케팅의 목표이다.**

4. 보험마케팅 믹스(insurance marketing mix)

(1) 보험마케팅 믹스의 개요

마케팅 믹스는 기업이 마케팅 목표를 달성하기 위하여 사용하는 실질적인 마케팅 요소이다. 제품(product), 가격(price), 유통(place), 촉진(promotion)으로 구성되며 보통 4P라고 부른다.

보험마케팅 믹스란 보험마케팅의 효율성을 극대화하기 위해 여러 가지 마케팅 변수들 중에 통제가능요소(4Ps: 상품, 경로, 촉진, 가격)를 최적의 상태로 결합, 운영하는 것이다.

기업이 판매 목표를 이루기 위해 제품 계획, 가격 설정, 광고, 입지, 공급 경로, 서비스 따위의 요소를 합리적으로 짜맞추는 일이다.

기업이 표적시장에서 마케팅 목표의 달성을 위해 사용하는 보다 실질적인 마케팅 도구들이다.

기업의 마케팅 관리자가 특정의 마케팅 목표를 달성하기 위해 이용 가능한 여러 가지 마케팅 수단들을 최적 조합한 상태를 의미한다.

일반적으로 제품(product), 가격(price), 촉진(promotion), 유통(place)이라는 요소로 구성된 이 4P 요소는 기업의 마케팅 시스템의 핵심을 구성하는 투입 변수의 결합을 기술하는 데 사용되는 용어이며, 이를 효과적으로 조합하는 것이 가장 중요한 과제이다.

최근에는 4P가 너무 공급자 지향적인 해석이란 비판이 있어 소비자 관점으로 해석하고자 하는 경향이 있어, 4C 개념(product → customer value , price → cost, promotion → communication, place → convenience)으로 바꾸어 부르기도 한다.

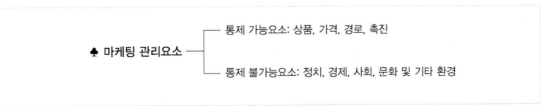

♣ 마케팅 관리요소 ── 통제 가능요소: 상품, 가격, 경로, 촉진
                    └─ 통제 불가능요소: 정치, 경제, 사회, 문화 및 기타 환경

1) 보험상품
♣ 경제적 환경의 영향: 국민소득, 경제성장률, 산업구조

마케팅 믹스의 한 요소인 상품은 재화, 신상품 개발 및 기존상품의 개량에 대한 아이디어 및 상품과 관련된 서비스를 모두 포함하는 광의의 개념이다.

상품과 관련된 요인으로는 취급하고자 하는 보험종목의 결정, 새로운 보험상품의 개발 및 기존상품의 개량, 보험계약의 담보조건과 내용에 관한 결정, 보험금지급, 고객상담 등 보험관련 서비스에 관한 결정 등이 있다. 상품수명의 주기는 짧아지고 있고, 창의적 상품개발을 유도하기 위해 개발이익제도을 도입 및 사용한다.

2) 보험가격

♣ 정치적 · 법률적 환경의 영향: 정치상황, 보험규제, 법률 등

보험가격은 마케팅 믹스의 한 요인으로서의 가격은 교환과정에서 상품을 소유하는 대신 지불하는 대가를 말하며, 이는 생산 및 판매업자에게 적정한 이익을 보장하는 수준에서 결정되어야 한다.

즉, 보험가격이란 보험료, 보험료율이라고 하며 보험자가 보험이라는 무형상품을 통해서 제공하는 보험보호 서비스의 대가로 보험계약자가 납입하는 것이다.

보험가격은 시장의 수급에 의해 결정되기 보다는 감독당국의 통제하에 보험자가 결정하는 경우가 일반적이지만, 향후 보험가격의 자율화가 확대된다면 가격경쟁력의 중요성은 더욱 증가할 것이다.

가격요인으로는 보험요율을 구성하는 순보험료, 부가보험료, 영업마진, 대리점 수수료 등이 있다.

일반상품의 가격은 수요공급에 의해 이루어진 교환비율, 교환가치가 화폐적으로 표현된 것으로 가격결정이 이루어지나, 보험은 수요탄력성이 크지 않아 가격결정이 수요중심이나 가격중심으로 이루어지지 않는다.

- 보험 계약자가 보험 가입 시 가장 중요하게 고려하는 요소는 ① 가격, ② 담보내용, ③ 계약자서비스 등 이다.

- 모집종사자들이 중요하게 생각하는 요소는 ① 가격, ② 담보내용, ③ 수수료, ④ 계약자서비스, ⑤ 시장 환경 등이다.

3) 보험경로

♣ 기업 환경의 영향: 경쟁상태, 기업조직, 보험시장 등

마케팅 믹스의 한 요인으로서의 경로는 소비자가 상품을 구매할 수 있도록 시간적 · 공간적 간격을 좁히는 활동을 의미한다. 또한, 마케팅 경로는 가치 있는 재화를 생산자로부터 소비자에게 이전시키는 과정에 참여하는 기관이나 개인으로 구성된 상호조직적 시스템이다.

1) 일반적 마케팅 경로: 생산자-도매상-소매상-소비자
2) 보험기업의 마케팅 경로
   가) 직접경로(지사제도, 전속대리점)와 간접경로(모집대리점, 제휴기업)
   나) 통신판매(직접반응판매), 중개인제도, 독립대리점방식 등

마케팅 믹스의 경로는 거래기능과 유통기능 및 촉진기능이 있는데, 보험의 경우 이 중에 거래

기능과 촉진기능이 중요시되며, 그중 판매기능(보험 모집조직)이 매우 중요하다.

　　가) 거래기능: 판매기능, 구매기능, 위험부담기능.

　　나) 물적 유통기능: 구색기능, 보관기능, 운송기능.

　　다) 촉진기능: 재무기능, 등급분류기능, 시장정보수집기능.

　　라) 판매기능: 영업지점, 대리점(법인 또는 개인), 방카슈랑스(금융기관대리점), 통신판매 등

4) 보험촉진

♣ **사회 · 문화적 환경의 영향: 인구, 평균수명, 보험 및 위험관리 의식**

촉진은 소비자로 하여금 특정상품을 구입하도록 하기 위한 의사소통과 관련된 제반 활동을 말하며, 광고, 홍보, 인적 판매 및 판매촉진으로 크게 구분된다.

보험판매촉진은 주로 보험모집과 대리점을 통해 이루어지는데 관련 요인으로는 보험광고, 정확하고 신속한 손해사정과 보험금지급, 손실방지를 위한 각종 서비스, 고객과 기업과의 호의적 관계 유지 등이 있다.

　가) 잠재적 소비자에 대한 커뮤니케이션을 주요 역할로 하는 마케팅믹스의 모든 수단을 포괄하는 활동 이다.

　나) 광고: 상품광고(상품표준화로 중요성 낮다)와 기업광고(기업의 이미지와 평판증대 역할을 한다)

　다) 홍보: 진실성과 경계 의식을 해제한다. 보험인식이 높지 않은 보험후진국에서는 매우 중요하다.

　라) 판매촉진: ① 판매를 자극시킬 목적으로 하는 제반 활동이다.

　　　　　　　　② 소비자, 거래처, 판매원을 대상으로 수행한다.

　　　　　　　　③ 주로 보험모집인 및 보험대리점을 중심으로 이루어진다.

(2) 마케팅 믹스의 구성 요소(4P)

제품(product), 가격(price), 유통(place), 촉진(promotion)

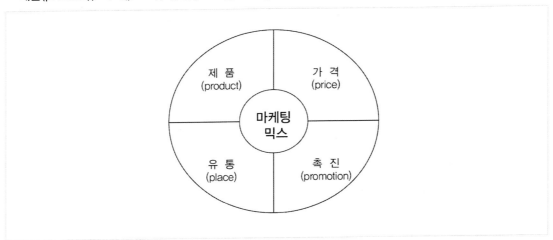

1) 제품(product)

제품은 경제적 시장에서 사용·소비·구입·관심 등의 형태로 고객의 필요와 욕구를 충족시켜 줄 수 있도록 제시된 모든 형태의 재화와 용역을 말한다.

제품이란 기업이 취급하고 있는 모든 제품 계열과 품목 등이다.

> **※ 제품의 수명 주기를 파악하기**
>
> 제품의 수명 주기는 제품이 새로 개발되어 시장에 도입된 후 성장 과정을 거쳐 사라지기까지의 과정을 말한다.
> ① 도입기: 제품이 시장에 도입된 단계로, 비용이 과다하게 발생되는 반면 판매량이 낮으며, 유통이 제한적이다. 이 시기에는 신제품에 생소한 소비자들에게 제품의 사용을 증대시킨다.
> ② 성장기: 제품이 시장에서 급격히 수용되는 단계로, 매출액과 비용이 급격하게 상승한다. 성장기에는 시장 점유율을 유지·확대하기 위하여 시장을 세분화한다.
> ③ 성숙기: 제품의 충분한 구매·수용으로 매출액의 성장이 둔화되는 단계로, 이익이 극대화되다가 감소한다. 이 시기가 지나면 곧 쇠퇴기가 되므로 신제품을 개발해야 한다.
> ④ 쇠퇴기: 매출액이 급격히 감소하는 단계로, 비용 통제, 광고 활동의 축소, 제품 폐기 등이 이루어진다.

2) 가격(price)

가격은 소비자가 제품 구매 또는 서비스 사용 시 지불하는 화폐의 양을 말한다. 따라서 제품 및 서비스의 가치를 나타내는 기준이 된다.

> **※ 합리적인 기준에 따라 가격을 결정하기**
>
> 가격은 원가, 수요, 경쟁 업체의 가격, 고객의 심리 상태 등을 고려하여 결정한다.
> ① 원가 기준: 제품의 원가를 중심으로 가격을 결정한다.
> ② 수요 기준: 수요와 가격과의 탄력성을 고려하여 가격을 결정한다.
> ③ 경쟁 기준: 경쟁 기업이 설정한 가격을 기준으로 제품의 가격을 결정한다.
> ④ 고객의 심리 상태 기준: 구매자의 심리 상태를 고려하여 가격을 결정한다.

3) 유통(place)

유통은 제품 및 서비스가 생산자에서 소비자로 옮겨 가는 과정을 말한다. 유통 과정에 참여하는 개인 및 기업들 사이에 효율적인 물자의 흐름을 만들어 주는 것이 물류 활동이다. 물류 활동의 목적은 물류 합리화를 통하여 고객 서비스의 수준을 높이면서 물류비용을 최소화하는 데 있다.

유통 경로는 제품 및 서비스를 생산자로부터 소비자에게 이전시키는 과정에서 시간 효용, 공간 효용, 소유 효용, 형태 효용 등의 네 가지 효용을 제공한다.
① 시간 효용: 소비자가 원하는 시간에 제품 및 서비스를 구매할 수 있을 때 발생하는 효용을 말한다.
② 장소 효용: 소비자가 원하는 장소에서 제품 및 서비스를 구매할 수 있을 때 발생하는 효용을 말한다.
③ 소유 효용: 소비자가 제품 및 서비스를 빨리 소유할 수 있도록 유통 경로를 줄여 줌으로써 발생하는 효용을 말한다.
④ 형태 효용: 소비자가 원하는 포장 상태를 갖춤으로써 발생하는 효용을 말한다.

4) 촉진(promotion)

촉진은 기업이 소비자에게 제품 및 서비스를 인지시켜서 소비자의 구매 욕구를 증대시키는 활동을 말한다. 주요 촉진 수단으로는 광고, 인적 판매, 홍보, 판매 촉진 등이 있다.

※ 적절한 촉진 수단을 선택하기

제품 및 서비스의 특성, 기업의 상황에 맞는 효과적인 촉진 수단을 선택해야 한다.
① 광고: 텔레비전, 신문, 잡지 등의 매체를 통하여 기업의 특정 상품이나 메시지를 소비자에게 제시하는 활동을 말한다.
② 인적 판매: 판매원이 직접 고객과 대면하여 기업의 제품이나 서비스를 구매하도록 권유하는 활동을 말한다.
③ 홍보: 후원자의 대금 지불 없이 제품 및 서비스 내용을 대중매체에 기사화하여 수요를 자극하거나 호응을 얻고자 하는 비인적 촉진 행위를 말한다.
④ 판매 촉진: 단기적으로 매출을 증대시키기 위하여 사용하는 모든 활동을 말하며, 광고·홍보와 같은 장기적 효과를 노리는 다른 촉진 수단과 구별된다.

(3) 보험마케팅 믹스의 마케팅 인력

보험 산업은 설비중심이 아니고 인력중심이기 때문에 인력의 중요성이 다른 산업보다 매우 높다. 또한, 보험기업에서는 보험모집인과 모집인을 관리하는 점포장의 역할이 다소 비슷한 것도 있지만 엄밀하게 다르며, 점포장의 역할이 중요하고 크다고 할 수 있다.
1) 마케팅인력은 보험모집인, 대리점, 영업지점장 등 관계 경영자를 포함하는 개념이다
2) 관리자의 업무기능: 고객관리, 판매조직관리, 계약보전업무 총괄, 서비스관리, 기타 등
3) 판매 인력의 업무기능: 가망고객 개척 및 판매, 정보전달, 판매서비스 기능제공, 정보수집 등

제4절. 손해보험의 위험인수(언더라이팅)

1. 언더라이팅(underwriting)의 개념, 목표, 유래

(1) 언더라이팅(보험계약 심사, underwriting)의 개념

언더라이팅(underwriting)이란 **보험계약 시에 계약자가 작성한 청약서상의 고지의무 내용이나 건강진단 결과 등을 토대로 보험계약의 인수 여부를 판단하고, 보험계약의 적합성을 판단하는 최종 심사 과정**을 말한다. 또한, 보험자가 보험목적물(재물)의 위험이나 피보험 목적, 조건, 보험료율 등을 종합적으로 판단하여 계약의 인수를 결정하는 일이며, 보험자가 피보험자의 손실을 담보하는 의미로 요약할 수 있다.

"언더라이팅은 보험의 일부가 아니고, 그 자체가 보험이다"라는 말이 있다.

보험은 언더라이팅 없이는 불가능하다는 뜻이며, 언더라이팅은 보험에만 있는 특수한 분야이다.

1) 일반적으로 **보험회사에서는 고객이 보험을 가입할 때 심사를 하여 계약의 승낙여부를 결정하게 된다.** 이러한 절차를 '언더라이팅(underwriting)'이라고 하는데, 보험계약 시에 계약자가 작성한 청약서의 '계약 전 알릴 의무' 내용이나 방문진단 등의 결과자료 등을 기반으로 계약의 최종 인수 여부를 판단하고 보험계약의 적합성을 판단하는 등의 최종심사 과정을 의미한다.

> **※계약 전 알릴 의무(고지의무)**
> 실제로 통상 보험사는 보험가입 전에 피보험자에게 청약서의 질문지를 통해 과거병력이나 현재의 건강 상태, 직업, 운전 여부 등 보험계약 체결에 중요한 사항을 확인한다. 이때 피보험자는 자신의 위험 정도를 보험사에 사실대로 알려야 할 의무가 있는데, 이를 고지의무라고 한다.

2) 즉, **회사가 청약을 받게 되면 해당 계약의 보험목적물(재산)이나 피보험자가 계약에 적합한지 아닌지를 판단한다. 이 과정을 계약심사, 계약 선택 혹은 언더라이팅이라고 한다.**

같은 계약인데 누구는 보험사고(신체적 및 재산상의 손실)가 발생할 확률이 더 높고, 위험도가 높고, 질병에 걸린 병력이 있어 보험금을 탈 확률이 높다면 불공평한 계약이 되는 것이다.

회사는 자체적으로 이런 상황을 방지하고 손해를 막기 위해 전문적인 언더라이터를 배치한다.

3) 보험 회사엔 많은 직군이 있지만, 그중에서도 '언더라이터(underwriter)'는 상당한 전문성을 요하는 직업이다. '언더라이팅(underwriting)'이라는 용어는 오래 전 영국에서 보험회사들이 '이 보험 계약을 맺겠다'는 의미로 계약서 하단에 서명을 했던 관행에 따라 붙여진 이름이다.

'언더라이터(underwriter)'는 '서명을 하는 사람' 곧 '계약 성립 여부를 결정하는 사람'을 의미한다. 이들은 피보험자의 과거 병력 기록이나 건강 검진 결과 등을 토대로 보험 계약을 최종적으로 맺을지 심사하는 업무를 수행한다. 또 계약을 맺더라도 피보험자의 위험도에 따라 보험료를 차등화하는 일도 맡고 있다. 보험사고인 미래에 병에 걸릴 확률이 높은 사람에게는 높은 보험료를 책정하고, 반대의 경우에는 낮은 보험료를 매기는 것이다.

> ▣ 언더라이터(underwriter) · 보험심사역:
> **생명보험의 언더라이터**는 보험계약을 체결함에 있어 보험대상자의 위험을 선택하고, 적절한 위험집단을 분류하여 보험료 및 보험가입 조건을 결정하는 '**계약심사업무**'를 하는 사람이다.
> 또한, **손해보험의 보험심사역**은 보험회사의 언더라이팅 부서에서 **보험계약의 적합성을 판단하는 업무**를 수행하는 사람이다.
> 언더라이터(underwriter)란 생명보험을 가입하고자 하는 사람의 건강상태, 직업, 취미 등의 고지내용과 청약 내용을 바탕으로 일정 기준에 따라 보험계약의 성립 여부를 결정하는 업무와 손해보험에서 보험계약의 적합성을 판단하는 업무를 수행(담당)하는 보험회사의 직원을 말하고 있으며, 이런 과정을 언더라이팅(계약심사)이라 한다.

4) 언더라이터가 제 역할을 하지 못하면 보험회사는 위험도가 높은 사람들이 몰려 보험료가 천정부지 솟게 된다. 건강한 사람들은 높은 보험료가 부담돼 보험 가입을 안 하게 되고, 결국 보험회사의 고객은 위험도가 높은 사람들만 이뤄져 회사의 존폐 자체가 위협받을 수 있다. 이 때문에 보험회사들은 언더라이터들의 일부를 의사나 간호사 경력이 있는 사람들로 구성한다. 의학적 지식이 어느 정도 있어야 피보험자의 위험도를 보다 정확하게 판단할 수 있기 때문이다.

(2) 언더라이팅의 궁극적인 목표

> ▣ 언더라이팅의 목적(주요 내용)
> 가) 피보험자의 환경(직업, 건강)에 따른 위험도를 통계에 근거하여 비슷한 수준의 위험도끼리 분류한다(**위험 등급의 분류**).
> 나) 신체위험과 관련한 보험은 건강이 양호한 사람보다 건강에 이상이 있는 사람이 보험가입을 선호하는 경향이 강하다. 즉, 보험계약을 통하여 이익을 얻기 위한 목적으로 자신의 건강상의 결함을 은닉하고 계약을 체결하는 **역선택을 방지한다.**
> 다) 궁극적으로 양질의 위험을 최대한 확보하여 **보험사의 이윤을 창출하여 지불능력을 유지**하는 것이 목표이다.

1) 고객 측면의 궁극적인 목표
① 다양한 환경과 조건을 가진 보험목적물(재물)이나 피보험자의 위험의 정도를 평가하고,
② 동일한 위험집단에 대해서는 동일한 보험료를 부가하여 계약자 간 형평성 제고가 가능하며,
③ 역선택으로 인한 사망보험금 등의 지급이 증가하여 보험료 인상, 배당금 감소 등 선의의 계약자들이 손해보는 것을 방지하는 것이다.

2) 보험사 측면의 궁극적인 목표
① 언더라이팅은 보험목적물이나 피보험자가 지는 위험의 정도를 평가하고 분류하여 가입 여부 및 인수조건을 결정하는 과정으로,

② 보험사는 언더라이팅을 실시함으로써 과다 위험에 노출된 보험목적물이나 피보험자 및 부당한 보험금 지급을 목적으로 한 청약에 대해서 거절을 할 수 있고, 표준체보다 큰 위험을 지닌 피보험자에 대해서는 할증, 삭감, 부담보 등 조건부 인수를 함으로써,

③ 과다한 위험에 보험사가 노출되는 것을 막을 수 있다.

※ 역선택이란?

보험사고의 발생 가능성이 높은 위험의 계약자가 스스로 보험에 가입하려고 하는 경향을 역선택이라고 한다. 즉, 위험발생률이 높은 사람이 자신의 위험발생 정보를 보험자에게 알리지 않고 자신에게 유리한 보험을 선택함으로써 보험 회사에게 불리한 선택을 하도록 하는 경우가 '역선택'에 해당된다.

① 역선택의 증가는 보험회사의 경영수지를 악화시켜 보험료를 인상하게 함으로써 보험에 대한 신뢰도를 떨어뜨려 보험회사의 이미지를 손상시킨다.

② 예정사망보험금 등의 지급을 초과시켜 선의의 계약자들이 소수의 보험 가입자들 때문에 경제적 피해를 입게 된다.

③ 비합리적인 보험계약, 즉 역선택은 사회적으로 보험금 사취를 정당화하여 사회의 가치관과 윤리관을 파괴할 우려가 있다.

---

(3) 언더라이팅(보험계약 심사, underwriting) 유래

1) 지금으로부터 400여 년 전 영국 런던의 로이드 찻집(현 Lloyd's of London의 전신)에서는 무역업자 또는 선주들이 해상보험 거래를 주로 했었다.

2) 본래는 차 또는 다과를 판매하는 곳이었으나 해상업자들이 주로 모이면서 자연스레 보험업이 성행했던 곳이었는데, 해상보험 거래에서 금융업자가 항해에 따른 난파 위험을 담보해 주는 조건으로 선주로부터 보험료를 받고 위험 관련 정보가 기재된 계약서(청약서)의 하단(under)에 자신의 이름을 작성(writing)하는 관습이 있었는데 여기서 유래되었다고 한다.

3) 대한민국의 경우 1990년대 초에 대형 보험회사를 중심으로 언더라이팅이 시작되었으며, 1999년도에는 우량체가 도입되었으며, 부담보제도 개발, 보험료 할증제도 등으로 활성화되었다.

4) 유가증권 따위의 인수·판매를 업무로 하는 금융업자 또는 보험 계약의 인수 여부를 판단하는 보험업자를 칭하는 단어로, 대개는 후자를 뜻하는 경우가 많다.

증권회사가 간접 발행방식의 유가증권의 인수 후 발행증권의 전액 또는 판매 후 잔액을 인수하는 발행 위험을 떠맡는 것과, 사고의 불확실성을 전제로 한 보험사고의 발생 시 수입보험료보다 훨씬 많은 보험금을 지급하는 위험을 보험회사가 부담한다는 데서 증권업계에서의 언더라이터와 보험업계에서의 언더라이터는 그 역할이 비슷하다고 할 수 있다.

2. 언더라이팅(보험계약 심사, underwriting) 개요

(1) 생명 · 손해보험 언더라이팅의 의의

① **위험의 선택:**
청약자로부터 제시된 특정의 위험을 심사 · 분석하여 인수 여부를 결정하는 것으로 위험을 선택할 때 보험회사는 언더라이팅 정책 및 언더라이팅 원칙을 전제로 다양한 분석 방법을 이용한다.
② **위험의 분류:**
위험선택 과정을 통하여 인수가 결정된 위험의 보험요율을 결정하기 위해 성격에 따라 분류하는 것으로 해당 위험에 상응하는 보험요율을 적용하는 것이 중요하다.

생명 · 손해보험은 상부상조의 정신 및 공평한 위험부담을 바탕으로 사망 등 불의의 사고로 인한 손실을 보전하기 위한 제도이며 재산상(보험목적물)의 손해를 보상받기 위한 보험제도로서, 보험가입자 간의 공평성이 유지되도록 운영되어야 한다. 즉, 동질성이 있는 피보험자 및 보험목적물의 위험을 분류하고 동일한 위험군에 대해서는 동일한 보험요율이 적용될 수 있어야 한다는 것이다. 이와 같이 피보험자 및 보험목적물의 위험을 선택하여 적절한 위험집단으로 분류하고 이를 통해 보험료 및 가입조건 등을 결정하는 과정을 **언더라이팅**이라고 하며 **계약심사** 또는 **계약 선택**이라고 표현한다. 언더라이팅 결과를 바탕으로 보험회사는 보험계약의 청약을 승낙할 것인지를 결정하고 피보험자 및 보험목적물의 위험도를 분류하여 위험의 정도에 따라 보험료나 보험금의 한도를 조정할 수 있다.

이처럼 언더라이팅은 보험료와 보험금 한도의 결정, 우량 피보험자의 선택, 보험사기와 같은 역선택 가능성의 차단 등 보험사업의 핵심 업무에 해당되기 때문에 언더라이터(계약심사업무 담당자)에 의해서만 업무가 처리되는 것이 아니라 보험설계사 등 모집조직, 보험상품 개발 및 보험계리 담당자, 보험금 지급조사 담당자, 최고 경영진에 이르는 모든 관계자들이 유기적으로 연계된 종합적인 업무라고 할 수 있다.

※ **생명보험의 언더라이터(underwriter)**
언더라이터란 위험을 평가하고 선택하며 위험인수기준과 처리절차를 결정하는 사람이다.
즉 피보험자의 보험계약 청약에 대한 인수 여부 및 피보험자의 위험도를 분류하여 위험의 정도에 맞는 보험료를 부과하고 보험금액 등을 결정하여 보험가입자 간의 공평성을 제고하는 역할을 수행한다. 아울러 언더라이터는 보험회사와 보험가입자 모두에게 득이 될 수 있도록 비용에 있어서는 효율적이고, 가입심사는 공정하도록 업무를 처리해야 하는 책임도 따른다.

(2) 언더라이팅의 필요성

1) 계약자 간 공평성 유지 및 선의의 계약자 보호

♣ **보험을 가입하고자 하는 자의 가입 가능 여부와 부담할 보험료 결정**

피보험자 및 보험계약자나 보험목적물의 위험도를 일정 수준으로 유지함으로써 보험제도의 정상적인 운영을 도모하고 보험가입자 간의 부담을 공평하게 유지하기 위해 언더라이팅은 반드시 필요하다.

보험은 손실의 분담 또는 상부상조를 근간으로 하는 제도이지만 위험의 정도가 큰 경우까지 동일한 보험료를 적용할 수는 없다. 일반가입자보다 보험목적물의 위험도가 높거나, 피보험자의 건강상태가 나쁘거나 위험한 직업에 종사하는 피보험자까지 무분별하게 받아들일 경우 예상보다 보험금지급액이 많아질 수밖에 없고, 이로 인해 보험제도의 정상적인 운영과 보험가입자 간의 공평성을 유지할 수 없게 된다. 반대로 적절한 위험의 선택 없이 지나치게 엄격한 기준을 적용한다면 그 보험회사는 경쟁력을 잃게 될 수도 있다.

2) 역선택 방지와 적정요율 적용

♣ **보험고유의 특성을 저해하는 위험요소 파악 및 배제**

역선택 방지: 위험도가 높은 사람이 보험금 등을 수령할 목적으로 위험사실을 감추거나 속이고 보험에 가입하는 행위를 방지하는 것이다.

보험거래에 있어서 역선택이란, 평균손실 가능성보다 높은 손실 가능성을 갖고 있는 보험가입대상이 평균보험요율을 보험에 가입하고자 하는 경향을 말한다.

역선택의 방지가 언더라이팅의 중요한 목표이며, 보험제도 운용의 건전성을 유지하기 위하여서는 적정보험요율의 합리적인 적용이 필요하다.

보험요율의 합리적인 적용이 이루어지지 않으면 보험회사 재무건전성, 보험계약자에 대한 공공성, 그리고 보험계약자 상호간의 형평성 등에 문제가 발생한다.

3) 보험 범죄의 방지

♣ **보험사기 및 범죄의 방지**

재정 상황에 비해 고액·다수의 보장성 보험에 집중 가입 등 보험 사기가 의심되는 계약의 인수를 방지한다.

보험제도는 본질적으로 우연적 사고에 따른 손실을 보상하는 것이 중요 목적인데, 보험을 이용하여 악의적으로 이익을 보려고 하는 사람들이 있음에 방지해야 할 당위성이 있다.

보험 범죄는 보험제도의 후진성과 사회적 불안, 경기침체와도 상관관계가 있다. 경기가 침체하여 사업이 저조하거나 소득이 감소하고 실업이 증가하면 방화, 살인, 자살, 자해 등의 보험 범죄 사건이 증가하는 경향이 있다.

4) 수익성 확보

♣ 위험률차익 관리를 통한 보험회사 경영의 안정성 및 경쟁력 확보

보험영업이익의 여부는 언더라이팅의 질적 수준에 크게 좌우되기 때문에 언더라이팅 기능의 중요 목적 가운데 하나가 보험산업의 수익성 확보이다. 언더라이팅의 정책 및 기준이 엄격하면 이익 발생의 가능성 커지게 되고, 그렇지 않을 때는 손해발생이 예상된다.

보험회사는 언더라이팅 기능에 질적 수준을 적절히 유지하므로 보험산업의 수익성을 확보하는데 기여해야 한다.

최근 저금리 추세, 자산운용 환경악화 등으로 인해 이자율차익이 축소되고, 사업비 절감노력으로 사업비차익도 한계에 달하게 됨에 따라 위험률차익의 확보가 보험회사의 중요한 과제가 되었으며, 위험률차익은 바로 언더라이팅에 그 바탕을 두고 있으므로 언더라이팅의 중요성이 더욱 부각되고 있다.

(3) 언더라이팅 의사결정 원칙

언더라이팅의 기능을 제대로 발휘하고 목적을 달성하기 위해서는 다음과 같이 언더라이팅의 기본 원칙을 지켜야 한다.

1) 언더라이팅에 종사하는 사람은 신계약 또는 새로운 리스크를 선택할 때 반드시 **회사의 언더라이팅의 기준**을 따라야 한다.

2) 등급별 요율산정 방식을 이용하는 경우 각 등급 내에서 **피보험자의 분포가 적정한 균형**을 이룩하도록 언더라이팅을 해야 한다는 것이다.

3) 보험계약자 사이에 **공평성을 유지**해야 한다.

(4) 언더라이팅의 기본기능

1) 위험의 선택

이것은 언더라이팅의 시발점이다. 그것은 사실의 정보를 확보하고, 정보를 평가하고, 행동 과정을 결정하는 것을 포함한다. 선택 과정을 위험의 적격과 부적격의 목록 사용이 도와준다.

2) 분류와 요율산정

일정 위험을 받아들이기로 결정한 후에 언더라이터는 적절한 분류와 요율을 결정해야 한다. 많은 종목들이 복잡한 분류 체계와 다수의 요율플랜을 사용한다.

3) 보험증권 폼

분류 및 요율산정 업무를 취급하는 것인 그 과정의 필요 부분은 사용되는 보험증권 폼을 결정하는 것이다.

4) 보유와 재보험

언더라이터는 재보험처리에 비용이 많이 소요되고, 다른 재보험자에 배분한 보험에 이익을 실현할 수 없거나 거의 불가능하기 때문에 합리적으로 가능한 정도로 많은 위험을 보유하여야 한다.

(5) 위험선택의 기본요소

1) 도덕적 위험

모든 위험 중에 도덕적 위험이 가장 발견하기가 어려우며, 가장 피해가 클 수 있다.

피보험자가 고의적으로 재산을 파괴하고자 한다면 재산의 전체 가치보다 적은 보험료는 부족한 것이다.

도덕적 위험의 예로는 자기 물건과 자동차에 방화, 도둑, 거짓장부기록 등이다.

2) 방관적 위험

재산의 소유자가 실제로 자신의 재산을 파괴하기 위한 행동을 하였다면, 그것은 도덕적 위험인 것이며, 손해를 방지하기 위한 행동을 취하지 않았다면 그것은 방관적 위험인 것이다.

3) 물질적 위험

물질적 위험이란 객관적으로 물질적인 요소에 의해서 나타나는 불확실성의 증가를 의미하는 것이다.

어떤 형태의 물질적 위험이든 간에 그것은 요율로써 보장되는 이상으로 손해의 가능성과 심도를 증가시키게 된다.

4) 법률적 위험

법률적 위험은 법률의 적용 시 발생하는 불확실성의 증가를 의미하는 것이다.

책임보험은 보험계약자가 책임져야 할 상황에서 발생하는 손해에 대하여 계약자를 보호해 주기 위해 판매한다. 법률적 위험은 상황이 변화할 때, 즉 손해의 가능성이나 손해 의심도 또는 두 가지가 다 같이 증가할 때 존재한다.

(6) 언더라이팅 시 위험의 종류란?

일반적으로 언더라이팅 단계에서 위험은 **신체적 위험, 환경적 위험, 도덕적 위험**으로 총 3가지로 분류하게 된다.

그러다 보니 실제로 언더라이팅 시 감안하게 되는 심사영역은 의적 언더라이팅, 재정적 언더라이팅, 직업 언더라이팅 3가지의 단계를 거치게 된다.

1) 의적 언더라이팅이란 피보험자가 과거 진단 및 치료력과 같은 이력이 가입 후에 미칠 영향 등을 판단하여 앞으로 발생할 위험을 미리 예측하는 것을 말한다.

예를 들면 척추질환으로 진단 및 치료받은 피보험자의 경우 임상의학에서는 반드시 치료할 필요가 없다고 해도 보험의학에서는 재발 및 보험금 지급 발생 여부를 판단, 일정기간 부담보 또는 심사

거절, 할증 등의 여부를 판단하게 된다.

　2) **재정적 언더라이팅**이란 해당 피보험자의 소득수준에 따른 보험가입금액의 적정성 여부를 판단하는 것으로 연령별 소득에 대비하여 적정보험료를 설정하고 추가적인 언더라이팅을 진행하기도 한다.

　그리고 타사 가입 내역(최근 타사 가입 여부, 해지 또는 실효, 거절 이력) 조회를 하여 연령에 비해서 고액 계약의 경우 재정 상태를 증명할 수 있는 서류를 의무적으로 제출하여야 한다.

　3) **직업 언더라이팅**이란 직업을 위험직과 비위험직으로 구분하고 상해등급을 적용하여 상해보험에 적용하게 된다(생명보험사와 손해보험사가 서로 다름).

　또한, 운전자냐, 비운전자냐 운전자라면 운전형태(자가용, 화물차, 택시, 승합차, 건설기계, 농기계, 오토바이) 등에 따라서 심사가 달라진다.

　예를 들면 직업적으로 사고위험이 매우 낮은 사무직 종사자가 보장성 보험에 가입한다면, 질병 및 재해 위험정도가 낮기 때문에 가입금액에 대해서는 제한을 두지 않는다.

　그러나 반대로 사고위험이 매우 높은 건설일용직, 선원, 배달대행업자 등은 가입금액의 제한, 거절, 할증인수 등이 발생할 수 있게 된다.

　또한, 추가로 위험도가 높은 취미활동 여부를 확인하여(예: 스카이다이빙, 암벽등반, 패러글라이딩, 수상스키, 제트스키, 번지점프 등) 본업과 겸업을 하는지, 부업을 하고 있는지를 검토하게 된다. 모든 직업의 위험도가 서로 다르기 때문에 반드시 직업 언더라이팅이 필요하다.

3. 언더라이팅의 절차 및 고려 대상

(1) 언더라이팅의 절차(단계)

1) 모집종사자에 의한 1차 선택

　계약자로부터 모집종사자는 과거의 병력부터 생활방식, 직업, 등 언더라이팅에 필요한 정보들을 청약 과정에서 수집하게 된다. 동시에 가입을 위해 추가적인 조사가 있을 수 있다는 사실을 알린다.

　보험설계사는 가장 먼저 보험계약자 등과 만나는 당사자이므로 1차 위험선택의 기능을 수행하는 언더라이터로서의 역할을 수행하게 된다. 보험설계사는 피보험자나 계약자가 청약서상에 피보험자의 건강상태나 직업 등 각종 언더라이팅 판단자료를 사실대로 성실하게 알리도록 해야 하며, 계약자와 피보험자가 자필서명을 하도록 안내해야 한다.

　보험설계사가 상품 및 계약에 관한 중요사항을 설명하지 않거나 계약자 등의 허위 또는 부실고지를 묵인하는 것은 역선택을 유발하거나 보험 분쟁의 주된 요인이 된다. 따라서 1차 언더라이터로서의 보험설계사의 역할은 매우 중요하다고 할 수 있다. 보험설계사는 상품 및 약관 등 기초서류에 대한 정확한 지식을 갖추어야 하며, 특히 언더라이팅을 위한 기초정보를 수집하는 과정에서 피보험자의 불만을 야기하지 않고 올바른 정보를 취득하는 기법을 습득해야 할 것이다. 또한 보험설계사는 계약체결 시 회사의 언더라이팅 과정을 소개하면서 계약적부 확인 등 추가조사가 있을 수 있음을 계약자에게 안내하여 피보험자가 이에 대해 충분히 인지할 수 있도록 해야 한다

2) 외적 진단에 의한 2차 선택

계약자가 제시한 자료와 더불어 병원에서 진단을 통해 나온 결과들을 토대로 언더라이팅하는 과정이다.

보험회사는 계약인수 과정상 건강진단을 필요로 하는 계약의 경우, 병원진단이나 서류진단, 방문진단으로 건강진단을 실시한다. 병원진단은 피보험자가 병원을 방문하여 진단을 받는 것으로, 일반진단(신장, 체중, 소변, 혈압, 맥박검사 등)과 필요에 따라 선별적으로 실시되는 특별진단(흉부 X선 촬영, 심전도 및 종양검사 등)의 형태로 이루어진다. 서류진단은 직장(또는 병원)에서 진단받은 근로자 건강검진 결과를 토대로 가입여부를 심사하는 방법이다. 또한, 건강진단 비용 및 시간절약을 위해 방문 진단을 실시하기도 한다.

3) 언더라이터의 의한 3차 선택

언더라이터가 1차, 2차에서 수집한 피보험자의 정보들을 바탕으로 보험계약의 보험금, 보험료 등을 결정하고 최종 승인 또는 거절하는 단계이다.

언더라이터는 1차 및 2차 선택 과정에서 취득한 정보를 활용하여 피보험자의 위험을 종합적으로 평가하고 보험계약내용 및 조건, 보험료, 보험금액 등을 최종 결정한다.

언더라이터는 이 과정에서 계약 전 알릴 사항이 부실하거나 잠재적인 위험이 있다고 판단되는 경우 계약적부 확인(4차 선택) 후 그 결과를 바탕으로 계약인수 여부를 결정한다.

4) 계약적부 확인에 의한 선택 4차 선택

3차 선택에서 언더라이터가 최종적으로 선택하기 전, 혹은 계약 후에 문제발생이 높아 보이는 계약에 대하여 보험사가 직접 나서서 계약자의 정보(위험정도)를 확인하고 수집하는 방법이다.

계약적부 확인은 언더라이터가 3차 선택을 하는 과정에서 보험가입금액 등이 미리 정해진 한도를 넘는 경우나 위험 가능성이 높은 것으로 의심되는 경우 또는 계약 성립 이후라도 역선택의 소지가 높거나 사후 분쟁 가능성이 높은 계약에 대해 보험회사 소속 직원이나 계약적부 확인 전담회사의 직원을 통하여 피보험자의 신체적, 환경적, 도덕적 위험에 대해 직접 조사하는 것을 말한다. 계약적부 확인은 양질의 계약을 확보하고 보험사고 발생 시 분쟁을 최소화하며 보험금을 신속하게 지급하는 데 그 목적이 있다.

■ 언더라이팅의 절차

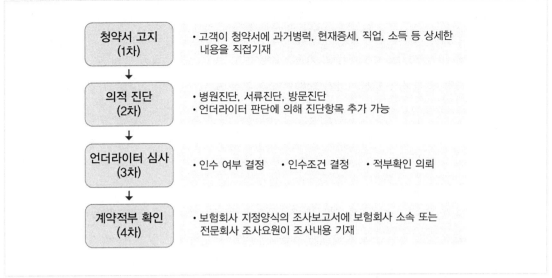

출처: 생명보험협회 자료

(2) 언더라이팅 정보의 원천

언더라이팅 기능이 원래의 목적대로 수행되기 위해서는 보험계약자, 피보험자, 보험목적, 그리고 보험계약에 영향을 미칠 수 있는 모든 사항에 대하여 정확하고 풍부한 정보가 필요하다.

언더라이팅의 질적 수준은 정보의 양과 질이며 이를 분석하는 능력에 좌우된다.

언더라이팅의 질적 수준을 높이기 위해 정보를 수집하는 원천과 방법은 매우 다양하다.

1) 보험계약 청약서상의 '계약 전 알릴의무 고지' 등

언더라이팅의 의사결정에 필요한 기본적인 정보는 보험의 종류에 따라 마련된 청약서에서 요구하는 정보의 종류와 내용을 통해 얻을 수 있다. 예를 들어 보험계약자의 연령, 성별, 직업, 개인 및 가족의 건강사항, 위험한 취미, 거주지 등 기타 보험회사가 필요한 기본적 정보 등을 제공하도록 되어 있다.

2) 보험모집인 등 판매채널의 모집보고서

보험계약자를 1차 접촉하고 많은 대화를 나눌 수 있는 사람이 보험설계사 등 판매채널 조직이다.

이때 보험가입자의 안색이나 신체상황 등을 관찰하고 필요한 사항에 대해 질문하고 보고서에 기재하며 보험가입자의 수입, 지위, 연령 등에 비해 보험료나 보험금이 과다하지 않은지 또는 청약경로나 보험금 수령인이 제3자로 되는 등 부자연스러운 점이 없는지 등 판매활동 과정에서 획득되고 제공되는 정보는 언더라이팅을 위한 정보로 활용될 수 있다.

3) 의적 진단보고서(병원진단 및 각종 서류)

보험계약 인수 과정상 건강검진을 필요로 하는 계약의 경우, 병원진단이나 서류진단, 방문 진단으로 건강검진을 실시하고 진단받은 결과에 대해 언더라이팅 시 활용하게 된다.

4) 계약적부 확인에 의한 직접조사 및 검사활동

언더라이팅 과정에서 보다 심층적인 정보와 자료를 얻기 위하여 언더라이팅 부서의 전문가에 의한 직접 현장조사 또는 검사활동이 이루어진다. 예를 들어 재산·배상책임 보험 분야의 언더라이팅에서는 현장을 직접 답사하고 보험계약자와의 면담을 통해 얻은 정보를 보고하는 것이 중요한 절차이다.

또한 생명보험에서는 보험계약자의 건강을 검사하기 위해 전문의에 의한 진단을 요구하기도 하고, 보험계약자의 생활환경 및 생활습관 등에 관한 정보를 얻기 위한 직접적인 활동도 이루어진다.

5) 외부기관에 의한 정보

한국신용정보원을 통해 사망 등을 담보로 하는 고액의 보장성보험을 집중가입 여부 정보 등도 활용하여 의심되는 계약을 사전에 인수 거부하는 등 보험사기 의심 계약을 사전 차단하기도 한다.

(3) 언더라이팅의 고려 대상

언더라이팅은 고객의 위험을 체계적으로 평가하기 위한 과학적인 기법으로 각 위험을 평가, 선택, 분류하여 해당 위험을 인수하거나 거절하고, 인수할 경우에는 인수조건을 결정하며 보험가입금액을 설정하고 적정한 보험요율을 부과하는 일이다. 언더라이팅을 할 때에는 다음의 4가지 요소를 고려한다.

그렇다면 언더라이팅 과정에서 계약자들에게 확인하는 정보들은 어떠한 것들이 있는지 알아본다.

1) 환경적 언더라이팅(環境的 underwriting)

환경적 언더라이팅은 **피보험자의 직업, 생활방식들과 같은 피보험자가 현재 처한 주변의 환경적 위험을 언더라이팅한다.**

보험자가 피보험자 개인의 환경적 위험을 종합적으로 판단하여 해당 위험을 인수할 것인지를 결정하고, 인수할 경우에 인수 조건과 보험 가입 금액, 적정한 보험 요금의 정도나 비율을 결정하는 일이다. 환경적 요인에는 직업, 운전, 흡연, 음주, 취미, 거주지 위험 따위가 있다.

직업에 대해서는 업계 표준직업분류 및 등급표에 따라 위험등급을 비위험직 및 위험직 1~5등급으로 구분[단, 실손상해는 1~3등급(비·중·고위험)으로 구분]하고 각 생명보험회사가 각사 실정에 맞게 세분화하여 위험등급별로 보험가입금액 한도를 제한하는 방식이 일반적으로 통용되고 있다.

2) 신체적 언더라이팅(身體的 underwriting)

신체적 언더라이팅은 주로 **개인의 신체상 위험을 고려대상으로 하는 분야로, 언더라이팅에 있어서 매우 중요하다.** 주요 평가대상에는 피보험자의 성별, 연령, 체격 등 현재 신체 상태와 현재의 병증, 과거병력 등이 있으며 병력 의료기관의 피보험자에 대한 전문의의 진단 결과나 기타 자료를 근거 및 바탕으로 한다.

보험에서 개인의 신체상 위험을 평가 · 분류하여 해당 위험을 인수하거나 거절하고, 인수할 경우에는 인수 조건을 결정하며 보험가입 금액을 설정하고 적정한 보험요율을 부과하는 일이다.

3) 도덕적 언더라이팅(道德的 underwriting)

피보험자가 위험에 대하여 적극적으로 대비를 하고 방치하지 않는가에 대한 도덕적인 영역을 의미한다. 보험 청약자가 일부러 위험을 일으키거나 부실 고지 등을 통해 보험회사를 속이는 행위를 예방하기 위하여 보험자가 피보험자 개인의 도덕적 위험을 종합적으로 판단하여 해당 위험을 인수할 것인지를 결정하고, 인수할 경우에 인수 조건과 보험 가입 금액, 적정한 보험 요금의 정도나 비율을 결정하는 일이다.

도덕적 위험은 피보험자가 타인인지 자기 자신인지에 따라 타인을 이용한 위험과 자신을 이용한 위험으로 구분된다. 또한 보험에 가입하였다는 사실 때문에 의식적 또는 무의식적으로 태만, 부주의하여 보험사고의 발생가능성을 높이는 도덕적 해이도 포함된다.

4) 재정적 언더라이팅(財政的 underwriting)

보험을 가입하는 목적이 위험대비인지 금전적인지에 대한 판단을 내리는 영역이다.

보험자가 피보험자 개인의 재정적 위험을 종합적으로 판단하여 해당 위험을 인수할 것인지를 결정하고, 인수할 경우에 인수 조건과 보험 가입 금액, 적정한 보험 요금의 정도나 비율을 결정하는 일이다.

피보험자가 청약한 상품의 보장 내용이 피보험자의 생활환경 및 소득 수준과 일치하는지 확인하고, 보험금이 신체를 담보로 한 투기의 대상이 되는 것을 예방하면서 피보험자가 적정한 수준의 보장을 받도록 하는 것이 목적이다.

이러한 재정적 언더라이팅을 통해 기본적으로 역선택의 예방과 함께 계약의 실효를 방지하는 효과를 얻을 수 있다.

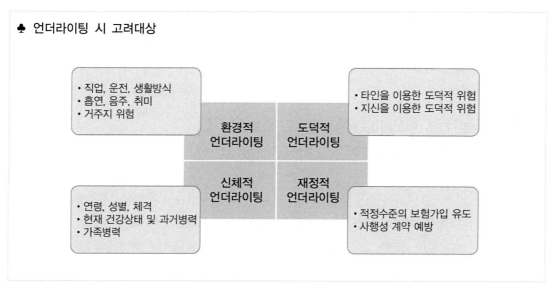

♣ 언더라이팅 시 고려대상

- 직업, 운전, 생활방식
- 흡연, 음주, 취미
- 거주지 위험

환경적 언더라이팅

도덕적 언더라이팅

- 타인을 이용한 도덕적 위험
- 자신을 이용한 도덕적 위험

신체적 언더라이팅

재정적 언더라이팅

- 연령, 성별, 체격
- 현재 건강상태 및 과거병력
- 가족병력

- 적정수준의 보험가입 유도
- 사행성 계약 예방

출처: 생명보험협회 자료

4. 전문 언더라이터 자격제도: KLU(Korea Life Underwriter)

(1) 언더라이터/보험심사역

생명보험협회가 주관하는 자격제도인 **생명보험의 언더라이터**는 보험계약을 체결함에 있어 **보험대상자의 위험을 선택하고, 적절한 위험집단을 분류하여 보험료 및 가입조건을 결정하는 '계약심사업무'를 하는 사람**이다. 즉, 보험가입자의 신체적, 재정적 위험 등을 종합적으로 평가해 보험가입 여부를 판단한다.

보험연수원에서 시행·주관하는 자격제도인 **손해보험의 보험심사역**은 보험회사의 언더라이팅 부서에서 **보험계약의 적합성을 판단하는 업무를 수행하는 사람**이다.

또한 보험사의 구성원 중 생명보험회사, 손해보험회사에 있어 언더라이터(보험심사역)는 필수 요원이다.

(2) 전문 언더라이터 개요

보험회사 임직원을 제외하고는 들어본 적이 없을 만큼 매우 생소한 단어로, 보험계약의 인수 여부와 보험계약의 적합성 여부를 판단하는 전문적인 업무를 말한다.

우리나라 생명보험업계의 경우 1990년대까지만 해도 외자계 보험회사를 제외하고는 언더라이팅 보다는 주로 계약사정, 신계약심사라는 용어를 사용하였다. 2000년대에 들어오면서 수행 업무의 본질 자체의 변화(구체적으로는 건강진단계약의 인수기준 평가)와 함께 본격적으로 언더라이팅 이란 용어를 사용하면서 대형보험회사를 중심으로 부서 명칭에도 사용하게 되었으며, 2002년에는 우리나라 언더라이팅 관련 자격제도인 KLU(Korea Life Underwriter)에도 사용되는 등 서서히 일반화되고 있다.

손해보험의 보험심사역(underwriter)은 손해보험을 개인보험과 기업보험으로 구분하여 분야별 전문 언더라이터 자격을 인증하고 부여하는 제도인데, 2010년에 최초 도입한 이래 보험연수원에서 자격시험을 주관하고 있다. 손해보험에서는 주로 자동차, 선박, 건물 등의 사고발생 위험발생을 평가하는 반면, 생명보험에서는 주로 사람의 신체적, 환경적, 도덕적 위험을 평가하는 차이점이 있다.

(3) 단계별로 전문 언더라이터/보험심사역 자격제도

생명보험협회는 이러한 언더라이팅의 중요성을 인식해 단계별로 전문 언더라이터 자격제도를 두고 있다.

언더라이터 자격시험제도는 생명보험 산업에서 그 중요성이 크게 부각되고 있는 언더라이팅 업무에 대한 인식제고와 관련업무 담당자의 전문성 향상을 위해 생명보험협회 주관으로 2002년부터 시행되고 있는 제도이다. 또한, 손해보험의 보험심사역(underwriter)은 2010년에 최초 도입한 이래 보험연수원에서 현재까지 매년 2회씩 자격시험을 실시하고 있다.

1) 생명보험의 언더라이터

♣ 생명보험협회에서 실시하는 생명보험 언더라이터는 **기본지식함양을 목표로 하는 CKLU 과정과 전문지식 + 기본 의학지식 함양을 목표로 하는 AKLU 과정, 전문지식 + 의사결정력 함양을 목표로 하는 FKLU 과정**으로 나뉜다.

가. 언더라이터 자격증

언더라이터 자격을 취득하기 위해서는 언더라이팅 이론, 실무기업, 생명보험 의학, 보험계리 및 리스크평가 등 보험 전 분야의 총 10개 과목 시험에 합격해야 한다. 언더라이터 자격시험은 총 3단계로 나누어지는데, 1단계인 CKLU는 기본지식을 함양, 2단계 AKLU는 전문지식 + 기본 의학지식을 함양, 3단계 FKLU은 전문지식 + 의사결정력의 함양으로 구성되어 있다.

나. 시험 응시자격

- CKLU: 자격 제한 없음
- AKLU: 전년도까지 CKLU 자격시험에 합격한 자
- FKLU: 전년도까지 AKLU 자격시험에 합격한 자

다. 합격 기준

- CKLU: 전체 100점 기준으로 70점 이상, 과목별 50% 이상 득점
- AKLU: 각 과목별 100점 기준으로 60점 이상 득점
- FKLU: 각 과목별 100점 기준으로 60점 이상 득점, 최근 5년 이내 언더라이팅 실무경력 3년 이상

라. 시험실시 지역

- CKLU: 서울, 대전, 대구, 부산, 광주
- AKLU: 서울, 대전
- FKLU: 서울
- ※ 단, 신청인원에 따라 변경될 수 있음.

마. 언더라이터 자격증 단계별의 응시자격/시험과목/합격기준

① **1단계의 CKLU**(Certificate of Korea Life Underwriter): 언더라이팅의 **기본지식 함양단계**
- 응시자격 제한이 없다(4과목).
- 1단계 CKLU 시험 과목은 보험기초이론, 언더라이팅 개론, 계약법규, 클레임 실무 4과목
- 합격기준은 객관식, 전체 100점 기준으로 70점 이상, 과목별 50% 이상 득점하면 합격이다

② **2단계의 AKLU**(Associate of Korea Life Underwriter): **전문지식 및 기본 의학지식 함양단계**
- CKLU 합격한 사람이 응시자격이 있다(4과목).
- 2단계 AKLU시험 과목은 의학개론, 보험리스평가, 보험계리 및 재보험기초, 보험세제 및 재무이론

- 합격기준은 개관식, 100점 만점 기준으로 60점 이상
③ **3단계의 FKLU**(Fellow of Korea Life underwriter): **전문지식과 의사결정력 함양단계.**
- AKLU 합격한 사람이 응시자격이 있다. 주관식 시험(2과목)
- 3단계 FKLU시험 과목은 생명보험 의학개론, 언더라이팅 관리
- 합격기준은 주관식, 100점 만점 기준으로 60점 이상
- 시험을 통과한 후, 최근 5년 이내 언더라이팅 실무경력 3년 이상을 인정받아야 한다.

CKLU와 보험심사역(AIU) 응시 자격에는 제한이 없으나, AKLU는 전년도까지 CKLU 자격시험에 합격한 자, FKLU는 전년도까지 AKLU 자격시험에 합격한 자로 제한된다. 단 FKLU 합격기준으로 언더라이팅 실무경력 3년 이상을 요구하므로 실무경력요건을 충족하지 못하면 FKLU 자격시험을 합격할 수 없다.

2) 손해보험의 보험심사역(AIU)

♣ 보험연수원에서 실시하는 보험심사역(AIU) 자격시험은 손해보험분야 위주의 문제가 출제된다.

보험심사역은 손해보험을 개인보험과 기업보험으로 구분하여 분야별 전문 언더라이터 자격을 인증하고 부여하는 제도이다. 손해보험 이론과 실무지식 측정을 통해 보험업계의 실무전문가 양성에 기여하고 있다. 2010년에 최초 도입한 이래 현재(2020년 11월)까지 매년 2회씩 총 21회의 시험을 실시하고 6,816명의 최종합격자를 배출했다.

가. 보험심사역(AIU) 자격증 및 종류

① 개인보험심사역(APIU, Associate Personal Insurance Underwriter) : 보험분야 중 개인보험에 관한 전문이론 및 실무지식을 갖춘 자
② 기업보험심사역(ACIU, Associate Commercial Insurance Underwriter) : 보험분야 중 기업보험에 관한 전문이론 및 실무지식을 갖춘 자

자격시험은 손해보험을 개인보험과 기업보험으로 구분하여 분야별 전문 심사역 자격을 부여하며, 개인보험심사역(APIU, 국가공인 2015-6)과 기업보험심사역(ACIU, 국가공인 2015-7) 시험으로 나누어진다.

개인보험심사역(APIU, Associate Personal Insurance Underwriter)과 기업보험심사역(ACIU, Associate Commercial Insurance Underwriter)으로 나눠지는 이 자격은 언더라이팅 외에도 보험법, 상품, 손해사정, 리스크관리, 회계, 재무설계 등 손해보험의 전 분야에 걸친 이론 및 실무지식의 측정이 가능해 핵심 인재를 필요로 하는 보험업계의 높은 관심과 호응을 받고 있다.

나. 보험심사역(underwriter) 자격시험

① 응시자격

응시자격에는 특별한 제한을 두지 않음

※ 관련 업무 분야: 보험회사, 유관기관, 공제기관, 재보험사, 보험중개회사, 손해사정법인 등 손해보험 업무 및 영업관련 종사자, 기타 응시 희망자

② 시행 주기: 시험 상반기 및 하반기/연 2회 시행

③ 시험시행 지역: 서울, 부산, 대구, 대전, 광주(전국 5개 지역)

④ 시험 방법: 필기시험, 선택형(4지 선다형)

⑤ 시험 과목:

♣ 개인보험심사역(APIU)

공통과목(5과목): 1. 손해보험 이론 및 약관해설, 2. 보험법, 3. 손해보험 언더라이팅, 4. 손해보험 손해사정, 5. 손해보험 회계 및 자산운용

전문과목(4과목): 1. 장기·연금보험, 2. 제3보험, 3. 자동차보험, 4. 개인재무설계

♣ 기업보험심사역(ACIU)

공통과목(5과목): 1. 손해보험 이론 및 약관해설, 2. 보험법, 3. 손해보험 언더라이팅, 4. 손해보험 손해사정, 5. 손해보험 회계 및 자산운용

전문과목(4과목): 1. 재산보험, 2. 특종보험, 3. 배상책임보험, 4. 해상보험

⑥ 합격자 결정 방법: 시험은 부문별로 구분하여 채점

- 부분합격: 공통부문 합격, 전문부문 합격
- 최종합격: 공통부문과 전문부문을 모두 합격

각 부문(공통/전문)합격자는 시험과목별 과락(40점 미만)과목 없이 각 부문별 평균 60점 이상 부분합격의 유효기간은 부분 합격 후 연속되는 1회의 시험 응시까지이다.

각 자격(개인/기업보험심사역)별 최종합격자가 다른 자격시험에 응시할 경우 공통과목은 면제

⑦ 합격자 등록

최종 합격자는 보험연수원의 등록 공고 기간 내에 자격등록을 해야 자격취득의 효력이 발생하고, 보험연수원이 실시하는 소정의 등록자격 심사를 통과한 자에 한해 자격증을 교부한다.

등록을 위해서는 보험연수원에 등록수수료(3만 원)를 납부해야 한다.

5. 표준체 및 우량체 인수

> ▣ **표준체 · 우량체 · 표준미달체**
> 1) 대한민국의 언더라이팅은 **표준체 중심**이다.
> 2) 표준체보다 위험도가 낮은 군을 **우량체**라고 하고, 계약자 본인이 우량체임을 입증하면 **보험료를 할인**받을 수 있다.
> 3) 표준체보다 위험도가 높은 군을 **표준미달체**라고 하고, 위험정도에 따라서 보험료를 제외한 **특별보험료를 할증**하여 부가한다. 혹은 일부 담보를 제외하여 계약을 진행하는 **부담보** 형식으로 한다. 혹은 일정 시간에만 위험도가 존재하고, 계약 후 점점 줄어드는 체감성 위험의 경우 일정 기간 내의 사고에 한하여 **보험금을 삭감**한다.

1) 우리나라 보험회사의 언더라이팅은 표준체 중심으로 되어 있다. 앞에서 언급한 4가지 언더라이팅 대상에 대한 평가에 의해 표준체보다 위험이 높은 경우에는 표준미달체, 위험이 낮은 경우에는 우량체 라고 한다. 표준미달체의 경우에는 보험료 할증이나 부담보, 보험금 삭감 등의 형태로 계약을 인수한다.

2) 보험료 할증은 표준미달체 위험의 크기 및 정도가 기간경과에 따라 점차 증가하는 체증성 또는 기간의 경과에 상관없이 일정한 상태를 유지하는 항상성인 경우에 주로 적용되는 방법이다. 위험정도에 따라 주계약 보험료 이외에 특별보험료를 할증하여 부가한다.

3) 부담보는 특정질병 또는 특정 신체부위를 보장에서 제외시키는 것으로, 특정질병부담보와 특정부위부담보가 있다. 특정질병부담보는 질병이 발생하는 부위에 관계없이 질병 자체를 부담보하여 해당 질병의 생존보험금(진단, 입원, 수술급부금 등)을 지급하지 않는 방법이며, 특정부위부담보는 부담보로 지정한 부위에 발생한 질병에 대해 생존보험금을 지급하지 않는 것이다.

4) 보험금 삭감은 보험가입 후 기간이 경과함에 따라 위험의 크기 및 정도가 차츰 감소하는 체감성 위험에 대해 적용한다. 이는 보험가입 후 일정기간 내에 보험사고가 발생할 경우 미리 정해진 비율로 보험금을 감액하여 지급하는 방법이다.

5) 또한 피보험자가 건강진단 과정을 거쳐 표준체보다 우량한 건강상태를 입증하는 경우 보험료 할인 혜택을 부여하는데, 건강진단은 체격과 혈압 등 신체이상 여부와 흡연 등에 대한 평가로 이루어진다.

6. 클레임(claim)

(1) 클레임 업무란?
보험금의 청구 단계부터 지급까지의 일련의 모든 업무 과정을 말한다.
보험금 청구 접수, 보험사고 조사, 조사건 심사, 수익자 확정, 보험금 지급업무 등이 해당된다.

이 과정에서 지급 청구건이 약관 규정상 지급사유에 해당되지 않는 경우 이에 대한 부지급 처리 업무, 클레임 업무 과정에서 발생하는 민원업무, 법원소송업무 및 보험 가입자의 채권자가 보험금액 등을 압류하는 경우에 발생하는 채권 가압류건 처리 등의 부수업무가 수행되기도 한다.

(2) 클레임 업무 담당자의 3가지 요건

1) 상당한 수준의 조사기법과 조사경험이 요구된다(충분한 실무경험을 갖추어야 한다).

클레임 전문가가 되기 위해서는 현장 조사를 통한 다양한 조사업무를 경험하고 조사기법 및 심사 기준을 터득해야 한다. 예를 들면 암보험금 청구건의 경우 청구된 암은 어떤 과정이나 검사를 통해 진단되고, 허위장해 의심건의 경우 어떤 방법을 통해 진실을 규명할 것인지 등에 대해 많은 조사기법 등을 터득하여 현실적으로 응용할 수 있어야 한다.

2) 약관 및 보험관련 법규정의 올바른 이해와 해석 능력을 구비해야 한다.

해당 보험사고에 대한 약관 및 관련 법규정을 조사 내용에 적용할 수 있는 보험관련 법률지식을 숙지하고 있어야 올바른 클레임 심사가 가능하며 법원 소송이나 민원발생 시에도 효과적으로 대응할 수 있다. 클레임 전문가라면 고객이 논리적으로 수긍할 수 있도록 명쾌한 이론적 논리와 제반 근거로 제시할 수 있어야 한다.

3) 상당한 수준의 의학지식을 숙지해야 한다.

클레임 업무는 의학적 정보를 활용하여 그 의문점을 해소해 나가는 과정이 주된 업무로 의료기록 정보를 자유롭게 해석하고 전문의와 쟁점 사항에 대하여 소통할 수 있어야 한다.

또한 계약 전 알릴 의무 위반 시 인과관계 여부 판단 및 각종 검사 결과를 통해 환자의 건강 이상 여부를 파악할 수 있어야 한다.

회사가 클레임 과정이 없이 무분별한 보험금 지급을 하게 된다면, 1차적으로는 회사의 재정적인 문제가 발생할 수 있고, 2차적으로는 회사와 계약한 다른 계약자들 추가적으로 가입하게 될 계약자에게 피해가 발생하며, 최종적으로는 보험산업 자체에 큰 영향을 줄 수 있기 때문에 최종적으로 가입자에게 보험금을 얼마나 지급할지? 지급을 할지 말지의 여부에 관한 결정을 하는 클레임 업무 담당자에게는 위와 같이 3가지 요건이 필요하다.

클레임 과정에는 많은 갈등과 다툼이 일어나게 된다. 모집종사자에게도 언더라이팅의 의무가 있고 클레임 과정에서는 자신의 고객이 가입한 계약에 대하여 정당한 보험료를 수령할 수 있게 반드시 도와야 하는 것이 보험설계사의 역할이자 의무이다.

그리고 보험금 지급 여부를 결정하는 클레임 업무가 잘못 처리되었을 경우 적게는 수십만 원에서 수십억원에 이르는 상당한 금액의 보험금이 지출되기 때문에 회사의 경영 수지에 큰 영향을 미칠 수 있다. 또한 부정한 보험금을 수령할 목적으로 보험사고의 원인이나 내용 등을 허위로 조작하거나, 피해 정도를 과장한 경우 또는 고의로 보험사고를 발생시킨 경우 등을 클레임 업무 시 찾아

내지 못한다면 정당치 못한 보험금이 지급되어 다수의 선의의 가입자들에게 막대한 피해를 야기하게 될 것이다. 따라서 선의의 가입자를 보호하고 보험경영의 건전성을 도모하기 위해서는 보험계약 체결단계의 언더라이팅 업무와 함께 보험금지급 단계의 클레임 업무의 중요성이 크며, 업무의 전문성이 요구된다. 이를 위해 클레임 업무 담당자에게는 위와 같이 3가지 중요한 요건들이 요구된다.

(3) 클레임 업무의 분류

1) 보험금액의 형태

보험사고가 발생하였을 때 지급할 금액이 미리 계약 시에 정해져 있는 정액 클레임 업무와 보험금액의 범위 내에서 실손 보장되는 실손 클레임 업무가 있으나 각각 독립적으로 수행되는 것이 아니라 상호 보완적으로 수행되고 있다.

2) 보험사고의 급부

보험회사가 보험금을 지급해야 되는 보험사고에 따라 생존, 사망, 상해, 진단, 수술, 입원 등으로 구분할 수 있다.

3) 보험사고의 원인

보험사고의 원인이 질병으로 인한 것인지, 사고로 인한 것인지에 따라 재해와 질병으로 구분할 수 있다.

(4) 클레임 업무의 기본절차

1) 검토 및 준비단계

① 계약정보 확인

제척기간 경과 여부, 실효·부활, 진사 여부, 상품조립구조 및 보장분석, 기지급 사항, 부담보·삭감·할증계약 여부 등을 기본적으로 확인한다.

② 사전준비사항
- 청구종류 및 금액, 청구진단명 및 발생기전, 인과관계 있는 질병, 후유증상 등 확인
- 관련 약관 및 유사판례 확인
- 조사건의 쟁점분석, 조사기관 정보 및 적정 조사양식 작성
- 방문기관 등 세부적인 조사활동 계획 수립

2) 진행단계

① 과거병력 및 직업·직무 확인
- 계약 전 알릴 의무 위반 및 청구 진단명과의 인과관계 여부 확인
- 구체적인 직업 및 운전 사항을 확인하고 보험사고와의 관련성 조사

② 도덕적 위험 개연성 확인
- 경제력과 납입보험료, 자진청약 여부, 설계사와의 관계, 타사 가입사항
- 피보험자 및 가족 사고력, 제3자 개입여부, 치료 및 진단 과정의 적절성을 종합적으로 판단
③ 진단의 적정성 확인
- 진단병원 및 의사의 성향 파악
- 검사내용 및 진단결과의 객관성, 치료과정의 타당성 및 적정성 검토
④ 사고의 우연성 및 객관성 확인
- 진료기록상 사고경위 및 피보험자(유족) 진술
- 경찰서 또는 검찰청, 철도청, 소방서, 근로복지공단 등 확인
- 사고현장 분석 또는 역학조사 실시
- 사고 상대방 및 목격자, 친구 및 직장동료 등 면담

3) 종결단계
① 규정 및 유사판례 최종 점검
- 관련약관 및 법규, 유사 조정례·판례 및 사례 등 최종 점토
- 예상되는 제반 법적위험(legal risk) 점검
② 고객안내단계
- 객관적인 근거자료, 관련약관 규정 및 유사 조정례·판례 활용
- 불만내용 청취 및 소송·민원발생 소지 파악
- 필요시 결재라인 및 최종 결정권자에게 안내사항 보고
③ 보고서 작성
- 의문점을 해소하는 보고서 작성
- 금액 및 오탈자 확인
- 하자 없는 안내문 작성(계약 전 알릴 의무 위반사실, 처리결과 및 그 사유, 관련 약관규정 및 법규 등)

6. "언더라이팅도 이젠 AI로"(K생명, 자연어처리 · 머신러닝 '바로' 개발)[44]

K생명은 자연어처리 · 머신러닝 기술이 적용된 인공지능(AI) 언더라이팅 시스템 '바로(BARO)'를 개발하고 현업에 활용하고 있다고 2019년 10월 30일 전자신문에 밝혔다(K생명: 교보생명)

시스템 명칭인 바로는 'Best Analysis and Rapid Outcome(최고의 분석을 통해 빠른 결과물을 도출한다)'의 머리글자를 따서 만들었다. '바로'라는 단어가 가진 '즉시' '제대로' 의미도 함축하고 있다.

바로는 인간처럼 합리적으로 사고하며 언더라이터를 대신해 보험계약 승낙이나 거절에 대한 의사결정을 처리한다. 고객이 정해진 기준에 부합하면 자동으로 계약을 승낙하고 기준에 미달하면 계약을 거절한다. 조건부 승낙으로 판단이 필요한 경우 언더라이터가 참고할 수 있도록 다양한 키워드 중 가장 유사한 5개 결과를 추려 제공한다.

과거 경험 데이터 등을 토대로 재무설계사(FP)와 실시간 질의 · 응답도 가능하다. 문의 내용이 복잡해 스스로 결과를 도출하기 어려우면 언더라이터에게 참고자료를 제공한다.

바로를 통해 임직원 업무 효율성과 고객 만족도도 동시에 높였다고 K생명은 설명했다. 보험심사와 질의 · 응답에 걸리던 대기시간이 크게 줄어 서비스 효율성이 제고됐다. 또 언더라이터는 고위험 계약 등 중요한 업무에 집중할 수 있게 되면서 업무 부담도 경감됐다.

K생명은 바로의 기능을 지속적으로 진화해 향후 보험금 청구 등 다양한 보험서비스에 단계적으로 적용해 나간다는 계획이다.

K생명 관계자는 "바로를 통해 임직원 업무 효율성은 물론 고객 만족도를 높일 수 있을 것으로 기대한다"면서 "디지털 변혁에 있어 글로벌 보험업계에 새로운 가능성을 제시할 수 있는 생명보험사로 거듭나겠다"고 말했다.

---

44) 출처: 전자신문, 2019년 10월 30일(박윤호 기자)

제5절. 손해보험의 사고조사 및 손해사정

1. 보험사고 및 사고접수

(1) 보험사고의 의의

1) 정의

① '보험사고'란 **보험계약에서 보험회사의 보험금 지급 책임을 구체화하는 불확정한 사고를 의미한다** (대법원, 2006. 4. 28. 선고 2004다16976 판결).

② 보험사고가 구체적으로 무엇인지는 당사자 사이의 약정으로 계약내용에 편입된 보험약관과 보험약관이 인용하고 있는 보험증권 및 주계약의 구체적인 내용 등을 종합하여 결정해야 한다.

2) 보험사고의 내용

① 약정된 위험의 실현

－ 보험사고는 약정된 위험의 실현이므로 보험금 지급 사유에 대한 정의는 약관에 기재되는 것이 일반적이다[금융감독원, 금융생활안내서(보험편), 2007].

－ 보험사고가 발생하면 보험계약관계는 추상적인 위험보장 관계에서 구체적인 보험금 지급 관계로 바뀌게 되고, 보험수익자의 추상적 보험청구권은 구체적인 권리로 확정된다.

② 보험사고의 범위

보험에서 담보하는 사고는 보험증권에 기재되어 있으며, 담보종목별 보상 내용에 관한 자세한 사항은 보험가입 시 전달받은 약관에서 찾아볼 수 있다.

(2) 보험사고 접수

1) 인보험 사고 접수 시 제출서류

보험수익자(보험금을 받는 사람) 또는 계약자는 다음의 서류를 제출하고 보험금을 청구해야 한다. [「보험업감독업무시행세칙」(금융감독원세칙 2019. 12. 20. 발령, 2020. 1. 1. 시행) 별표 15. 생명보험 표준약관 제7조 제1항].

① 청구서(각 보험회사의 양식)

② 사고증명서(사망진단서, 장해진단서, 입원치료확인서 등)

사고증명서는 국내의 병원이나 의원 또는 이와 동등하다고 인정되는 국외의 의료관련법에서 정한 의료기관에서 발급한 것이어야 한다(「보험업감독업무시행세칙」 별표 15. 생명보험 표준약관 제7조 제2항).

③ 신분증(주민등록증 또는 운전면허증 등 사진이 부착된 정부기관발행 신분증, 본인이 아닌 경우에는 본인의 인감증명서 포함)

④ 그 밖에 보험수익자가 보험금 등의 수령에 필요하여 제출하는 서류

2) 손해보험사고 접수 시 구비서류

① 질병 · 상해보험의 표준약관상 보험사고 접수 시 제출서류는 인보험 사고 접수 시 제출 서류와 동일하다(「보험업감독업무시행세칙」 별표 15. 질병 · 상해보험 표준약관 제7조 제1항).

② 손해보험 중 화재보험 보험사고 접수 시 제출서류(「보험업감독업무시행세칙」 별표 15. 화재보험 표준약관 제6조 제1항)

- 청구서(각 보험회사의 양식)
- 신분증(주민등록증 또는 운전면허증 등 사진이 부착된 정부기관발행 신분증, 본인이 아닌 경우에는 본인의 인감증명서 포함)
- 회사가 요구하는 그 밖의 서류

③ 자동차보험 대인, 대물배상 보험사고 접수 시 제출서류(「보험업감독업무시행세칙」 별표 15. 자동차보험 표준약관 제27조)

- 청구서(각 보험회사의 양식)
- 손해액을 증명하는 서류(진단서 등)
- 손해배상의 이행사실을 증명하는 서류
- 그 밖에 보험회사가 꼭 필요하여 요청하는 서류 또는 증거(수리개시 전 자동차점검 · 정비견적서, 사진 등. 이 경우 수리 개시 전 자동차점검 · 정비견적서의 발급 등에 관한 사항은 보험회사에 구두 또는 서면으로 위임할 수 있으며, 보험회사는 수리 개시 전 자동차점검 · 정비견적서를 발급한 자동차정비업자에게 이에 대한 검토의견서를 수리 개시 전에 회신하게 된다)

④ 자동차보험 자기차량손해배상 보험사고 접수 시 제출서류(「보험업감독업무시행세칙」 별표 15. 자동차보험 표준약관 제27조)

- 청구서(각 보험회사의 양식)
- 손해액을 증명하는 서류(진단서 등)
- 사고발생의 때와 장소 및 사고사실이 신고 된 관할 경찰서
- 도난 및 전손사고 시 폐차증명서 또는 말소사실 증명서
- 그 밖에 보험회사가 꼭 필요하여 요청하는 서류 또는 증거(수리개시 전 자동차점검 · 정비견적서, 사진 등. 이 경우 수리 개시 전 자동차점검 · 정비견적서의 발급 등에 관한 사항은 보험회사에 구두 또는 서면으로 위임할 수 있으며, 보험회사는 수리 개시 전 자동차점검 · 정비견적서를 발급한 자동차정비업자에게 이에 대한 검토의견서를 수리 개시 전에 회신)

⑤ 자동차보험 자기신체사고배상 보험사고 접수 시 제출서류(「보험업감독업무시행세칙」 별표 15. 자동차보험 표준약관 제27조)

- 청구서(각 보험회사의 양식)
- 손해액을 증명하는 서류(진단서 등)
- 그 밖에 보험회사가 꼭 필요하여 요청하는 서류 또는 증거(수리개시 전 자동차점검 · 정비견

적서, 사진 등. 이 경우 수리 개시 전 자동차점검·정비견적서의 발급 등에 관한 사항은 보험
회사에 구두 또는 서면으로 위임할 수 있으며, 보험회사는 수리 개시 전 자동차점검·정비견
적서를 발급한 자동차정비업자에게 이에 대한 검토의견서를 수리 개시 전에 회신)

⑥ 자동차보험 무보험 자동차에 의한 상해배상 보험사고 접수 시 제출서류(「보험업감독업무시행
세칙」 별표 15. 자동차보험 표준약관 제27조)

- 청구서(각 보험회사의 양식)
- 손해액을 증명하는 서류(진단서 등)
- 사고발생의 때와 장소 및 사고사실이 신고된 관할 경찰서
- 배상의무자의 주소, 성명 또는 명칭, 차량번호
- 배상의무자의 손해를 보상할 대인배상Ⅱ 또는 공제계약의 유무 및 내용
- 피보험자가 입은 손해를 보상할 대인배상Ⅱ 또는 공제계약, 배상의무자 또는 제3자로부터
  이미 지급받은 손해배상금이 있을 때에는 그 금액
- 그 밖에 보험회사가 꼭 필요하여 요청하는 서류 또는 증거(수리개시 전 자동차점검·정비견
  적서, 사진 등. 이 경우 수리 개시 전 자동차점검·정비견적서의 발급 등에 관한 사항은 보험
  회사에 구두 또는 서면으로 위임할 수 있으며, 보험회사는 수리 개시 전 자동차점검·정비견
  적서를 발급한 자동차정비업자에게 이에 대한 검토의견서를 수리 개시 전에 회신)

⑦ 배상책임보험 보험사고 접수 시 제출서류(「보험업감독업무시행세칙」 별표 15. 배상책임보험
표준약관 제6조 제1항)

- 청구서(각 보험회사의 양식)
- 신분증(주민등록증 또는 운전면허증 등 사진이 부착된 정부기관발행 신분증, 본인이 아닌 경
  우에는 본인의 인감증명서 포함)
- 손해배상금 및 그 밖의 비용을 지급하였음을 증명하는 서류
- 회사가 요구하는 그 밖의 서류

※ 보험의 종류에 따라 보험사고 접수 시 추가로 필요한 서류가 있는 경우가 있다. 이에 관한
자세한 사항은 보험가입 시 전달받은 약관이나 보험증권에 구체적으로 기재되어 있다.

2. 보험사고의 조사 및 손해의 사정

보험사고를 접수한 후에 보험회사에서 직접 심사할 것인지, 손해사정사에게 위탁을 하여 조사하
도록 할 것인지는 해당 보험회사의 재량 사항이나 사고접수 서류, 보험금액, 보험가입시기, 보험계
약유지기간 등을 종합하여 볼 때 자세한 조사가 필요하다고 판단되는 경우 보험회사는 손해사정사
또는 손해사정법인에 위탁하여 조사하도록 하고 있다.

(1) 보험회사에 의한 보험사고 조사

1) 생명보험 및 질병·상해보험

① 보험사고 접수를 받은 보험회사는 알릴 의무 위반의 효과 및 보험금 지급사유의 조사나 확인이 필요한 경우 의료기관 또는 국민건강보험공단, 경찰서 등 관공서에 서면에 의한 조사요청을 할 수 있는데 보험계약자, 피보험자 및 보험수익자(이하 '보험계약자 등'이라 함)는 이에 대해 동의를 해야 한다「보험업감독업무시행세칙」(금융감독원세칙 2019. 12. 20. 발령, 2020. 1. 1. 시행) 별표 15. 생명보험 표준약관 제8조 제1항, 제6항 본문 및 질병·상해보험 표준약관 제8조 제6항 본문].

② 보험계약자 등이 정당한 사유 없이 이에 동의하지 않을 경우 사실 확인이 끝날 때까지 보험회사는 보험금 지급지연에 따른 이자를 지급하지 않을 수 있다(「보험업감독업무시행세칙」 별표 15. 생명보험 표준약관 제8조 제6항 단서 및 질병·상해보험 표준약관 제8조 제6항 단서).

2) 화재보험

① 보험회사는 보험사고가 생긴 건물 또는 그 구내와 거기에 들어있는 피보험자의 소유물을 조사할 수 있다(「보험업감독업무시행세칙」 별표 15. 화재보험 표준약관 제5조 제4항).

② 보험회사는 보험계약자 또는 피보험자가 보험금 청구에 관한 서류에 고의로 사실과 다른 것을 기재하였거나 그 서류 또는 증거를 위조 또는 변조한 경우에 그 사실을 안 날부터 1개월 이내에 계약을 해지할 수 있다(「보험업감독업무시행세칙」 별표 15. 화재보험 표준약관 제31조 제1항 제2호).

3) 자동차보험

① 보험사고 접수를 받은 보험회사는 사고를 증명하는 서류 등 꼭 필요하다고 인정하는 자료를 요구할 수 있고, 요구를 받은 보험계약자 등은 즉시 이를 제출해야 하며, 보험회사가 사고에 관해 조사하는 데 협력해야 한다(「보험업감독업무시행세칙」 별표 15. 자동차보험 표준약관 제46조 제1항 제6호).

② 보험계약자 등이 정당한 이유 없이 보험회사의 손해 조사에 협조하지 않는 경우 그로 인해 늘어난 손해액이나 회복할 수 있었을 금액은 손해보상액에서 공제되거나 지급되지 않게 된다(「보험업감독업무시행세칙」 별표 15. 자동차보험 표준약관 제46조 제2항).

4) 배상책임보험

보험회사는 보험계약자 또는 피보험자가 보험금 청구에 관한 서류에 고의로 사실과 다른 것을 기재하였거나 그 서류 또는 증거를 위조 또는 변조한 경우에 그 사실을 안 날부터 1개월 이내에 계약을 해지할 수 있다(「보험업감독업무시행세칙」 별표 15. 배상책임보험 표준약관 제31조 제1항 제2호).

(2) 손해사정사에 의한 보험사고 조사 및 손해사정

1) 손해사정사(損害査定士, loss adjuster, claims adjuster)

가. 손해사정사란?

'손해사정사'란 **보험사고로 발생한 손해에 대해 그 손해액의 결정과 보험금의 지급을 담당하는 사람을 말한다**(법제처·한국법제연구원, 법령용어사례집). 즉, 각종 보험사고 시 보험사고의 손해액 및 보험금을 사정·보상하는 직무를 수행하며, 보험금심사원이 조사한 보상청구에 대해 심사하고, 사고 원인을 조사한 후 공정하게 평가하여 적정한 보험금을 산출하며 지급을 허가한다.

또한, 손해사정사를 보험산정인, 보험사정인, 손해사정인으로 부르고 있다.

손해사정사는 보험 가입자가 사고를 당해 손해가 발생했을 시 손해액을 결정하고 그에 따라 객관적이고 공정하게 보험금을 산정하는 업무를 수행하는 직업으로, 사고 발생 시 사고 현장을 조사하고 손해 사실을 확인하며 관련 증거를 수집해 실제 손해액을 판단한다. 사고에 의한 상해뿐 아니라 질병 관련 보험금 사정의 적절성 평가, 면책이나 해지 등 약관상 해석, 상위 법령과 판례 조사 등 유효성에 대한 부분을 종합적으로 평가하여 보험 가입자의 권리를 보호하는 역할을 하게 된다.

나. 손해사정사의 업무범위

① 2013년 이전의 손해사정사는 1종 화재보험과 특종보험, 2종 해상보험(선박보험, 적하보험, 항공보험 , 운송보험 포함), 3종 자동차보험(대인·대물), 4종(생명보험, 간병보험, 제3보험)의 손해액 및 보험금 사정으로 나뉜다. 3종의 경우는 대인과 대물 손해사정인으로 구분된다.

② 2014년 이후, 손해사정사 자격제도가 변경되어 현재는 **신체손해사정사, 재물손해사정사, 종합손해사정사**로 구분된다. 기존 1, 2, 3, 4종 손해사정사 자격은 유지하되, 기존 종별 손해사정사가 신체손해사정사 등의 변경된 손해사정사로 전환하기 위해서는 추가적인 시험을 통해 가능하다.

③ 사고통보를 접수하면 손해발생 사실을 확인하고, 보험약관 및 관계법규 적용을 적정 여부를 판단하며, 사고특성에 따른 조사자를 선임하여 사고원인이나 손해정도, 손해액을 조사자에게 위임하거나 함께 조사한다.

④ 조사내용을 분석·정리하여 손해액이나 보험금의 적정 가격을 결정한다. 손해사정서를 작성하여 보험회사 등에 제출한다. 의견을 진술하거나 손해사정서 내용을 보험회사와 보험계약자 등에게 설명한다.

다. 손해사정사의 구분(2014년 이후)

각 종별 수행할 수 있는 기준이 너무 복잡하게 분리되어 있어서 업계에서는 해당 업무를 통합하여 줄 것을 지속적으로 건의하였고 이에 따라 신체, 재물, 차량으로 통합해서 유지 중이다.

기존 1, 2, 3, 4종 손해사정사 자격은 유지하되, 기존 종별 손해사정사가 신체손해사정사 등의 변경된 손해사정사로 전환하기 위해서는 추가적인 시험을 통해 가능하며, 기존 자격자는 기존 자격의 해당 업무를 그대로 수행할 수 있다.

① **신체손해사정사**(1종 대인+3종 대인+4종)

1종 영역 중 일반배상의 대인배상과 자동차보험의 자기신체 및 대인, 그 외 4종 영역이던 생명보험, 간병보험, 제3보험의 손해사정 업무 등 신체와 관련한 모든 보험사고의 손해사정을 수행할 수 있다.

② **재물손해사정사**(1종 재물+1종 대물+2종)

화재, 특종, 일반배상(대물) 및 해난, 항공사고의 손해사정 업무를 수행한다.

③ **차량손해사정사**(3종 대물)

자동차보험의 차량, 대물관련 손해사정 업무를 수행한다. 3종 대물을 그대로 가져왔다.

④ **종합손해사정사**

위 모든 자격을 취득 시에는 종합손해사정사로 등록할 수 있다.

라. 손해사정사의 수행직무

- 사고통보를 접수하면 손해발생 사실을 확인하고, 보험약관 및 관계법규 적용을 적정 여부를 판단한다.
- 사고특성에 따라 분야별 보험금심사원을 선정한다.
- 사고원인, 손해정도, 손해액 산정 업무를 보험금심사원에게 위임하거나 함께 조사한다.
- 조사내용을 분석·정리하여 손해액이나 보험금의 적정 가격을 결정한다.
- 보상범위를 결정하기 위하여 보상금심사원의 보고서를 조사하고 유사한 보험클레임이나 판례, 사례들을 검토한다.
- 보상청구의 타당성 여부와 협상이 관례 및 절차에 따라 이루어졌는지 확인한다.
- 보험금 청구의 적정성을 심사하기 위해 변호사, 의사 등 전문가에게 자문을 구하기도 한다.
- 손해사정서를 작성하여 보험회사 등에 제출한다.
- 의견을 진술하거나 손해사정서 내용을 보험회사와 보험계약자 등에게 설명한다.
- 전문분야에 따라 1종 화재보험과 특종보험, 2종 해상보험(선박보험, 적하보험, 항공보험, 운송보험 포함), 3종 자동차보험의 손해액 및 보험금 사정 업무를 수행한다.
- 3종의 경우 3종 대인손해사정업무, 3종 대물손해사정 업무를 수행한다.

마. 손해사정사의 의무 등(보험업법 제189조)

① 보험회사로부터 손해사정업무를 위탁받은 손해사정사 또는 손해사정업자는 손해사정업무를 수행한 후 손해사정서를 작성한 경우에 지체 없이 대통령령으로 정하는 방법에 따라 보험회사, 보험계약자, 피보험자 및 보험금청구권자에게 손해사정서를 내어 주고, 그 중요한 내용을 알려주어야 한다(개정 2018.2.21).

② 보험계약자 등이 선임한 손해사정사 또는 손해사정업자는 손해사정업무를 수행한 후, 지체 없이 보험회사 및 보험계약자 등에 대하여 손해사정서를 내어 주고, 그 중요한 내용을 알려주어야 한다.

③ 손해사정사 또는 손해사정업자는 손해사정업무를 수행할 때 보험계약자, 그 밖의 이해관계자들의 이익을 부당하게 침해하여서는 아니 되며, 다음 각 호의 행위를 하여서는 아니 된다(개정 2018.2.21.).

1. 고의로 진실을 숨기거나 거짓으로 손해사정을 하는 행위
2. 업무상 알게 된 보험계약자 등에 관한 개인정보를 누설하는 행위
3. 타인으로 하여금 자기의 명의로 손해사정업무를 하게 하는 행위
4. 정당한 사유 없이 손해사정업무를 지연하거나 충분한 조사를 하지 아니하고 손해액 또는 보험금을 산정하는 행위
5. 보험회사 및 보험계약자 등에 대하여 이미 제출받은 서류와 중복되는 서류나 손해사정과 관련이 없는 서류 또는 정보를 요청함으로써 손해사정을 지연하는 행위
6. 보험금 지급을 요건으로 합의서를 작성하거나 합의를 요구하는 행위
7. 그 밖에 공정한 손해사정업무의 수행을 해치는 행위로서 대통령령으로 정하는 행위(전문개정 2010.7.23)

2) 보험회사의 손해사정업무의 지정·위탁

♣ 손해사정업무의 위탁

보험사고의 접수를 받은 보험회사는 해당 손해사정업무를 담당하거나 보험금을 심사할 손해사정사 또는 손해사정업자를 지정하고(「보험업감독규정」 제9-18조 제1항에 따라 손해사정서를 작성하지 않는 경우는 제외), 보험계약자 등에게 이 사실을 통보해야 한다[「보험업감독규정」(금융위원회고시 제2020-9호, 2020. 3. 18. 발령·시행) 제9-20조 제3항].

3) 보험계약자 등의 손해사정사 선임

① 보험계약자 등은 회사에만 그 보험금의 사정을 맡기지 않고 스스로 손해사정사 또는 손해사정법인을 따로 선임할 수 있다(「보험업법」 제185조 단서).

② 보험계약자 등은 다음의 경우 손해사정사를 선임할 수 있다(「보험업감독규정」 제9-16조 제2항).

– 보험회사의 손해사정이 착수하기 이전 보험계약자 등이 보험회사에 손해사정사의 선임의사를 통보하여 동의를 얻은 경우
– 정당한 사유 없이 보험회사가 보험사고 통보를 받은 날(제3보험 상품의 경우 접수가 완료된 날)부터 7일이 지나도록 손해사정에 착수하지 않은 경우
– 보험회사가 고용 또는 선임한 손해사정사가 사정한 결과에 보험계약자 등이 승복하지 않은 경우
– 보험계약자 등이 보험회사와는 별도로 손해사정사를 선임하고자 하는 경우

4) 손해사정업무 절차

① 손해사정서의 접수

보험회사는 손해사정사가 제출하는 손해사정서의 접수를 거절하지 못한다(「보험업감독규정」 제

9-21조 제1항 전단).

다음에 해당되는 경우를 제외하고 보험회사는 손해사정서가 제출되지 않은 상태에서 보험계약자 등에게 보험금을 지급해서는 안 된다(「보험업감독규정」제9-21조 제1항 후단 및 제9-18조 제1항 단서).

- 소송이 제기된 경우
- 보험계약자 등이 제출한 서류 심사만으로 지급심사가 완료되어 서류접수 완료일로부터 제3영업일 이내에 보험금이 지급되는 경우

② 손해사정서의 심사

보험회사는 손해사정사가 제출한 손해사정서를 접수한 경우 즉시 보험금을 심사 · 지급해야 한다(「보험업감독규정」 제9-21조 제2항 본문).

다만, 다음에 해당되어 보험금지급이 지연될 경우에는 손해사정서 접수일부터 10일 내에 그 사유를 보험계약자 등에게 통보해야 한다(「보험업감독규정」 제9-21조 제2항 단서).

- 손해사정서의 내용이 사실과 다르거나 자체적으로 조사 · 확인한 내용과 다른 것으로 판명된 경우
- 손해사정서의 내용이 관련법규, 약관에 위반된 경우
- 보험계약자 등이 손해사정서의 내용에 이의를 제기한 경우
- 민원 또는 소송이 제기되거나 수사기관에서 수사가 진행 중인 경우

③ 보험회사의 손해사정서 보정요청

보험회사는 손해사정사가 제출한 손해사정서가 자체적으로 조사 · 확인한 내용과 다르거나 관련법규, 약관에 위반된다고 판단되어 정정 · 보완(이하 '보정'이라 함)이 필요한 경우 손해사정서의 접수일부터 10일 내에 구체적인 사유와 근거를 명시하여 손해사정사 또는 보험계약자 등에게 서면으로 요청해야 한다(「보험업감독규정」 제9-21조 제3항 및 제2항 제1호 · 제2호).

④ 보정서 또는 의견서 제출

손해사정사 또는 보험계약자 등은 보험회사로부터 보정을 요청받은 경우 즉시 손해사정서를 보정하거나 이미 제출한 손해사정서의 정당성에 대한 의견과 근거를 작성하여 보험회사에 서면으로 제출해야 한다(「보험업감독규정」 제9-21조 제4항).

⑤ 보험회사의 보정서 또는 의견서 심사

보험회사는 보정서 또는 의견서를 접수하면 즉시 보험금을 심사 · 지급해야 하며, 다음의 경우를 제외하고는 다시 보정을 요청할 수 없다(「보험업감독규정」 제9-21조 제5항 및 제2항 제1호 · 제2호).

- 보정서 또는 의견서의 내용이 부당하다는 객관적이고 명백한 반증이 있는 경우
- 손해사정서의 내용이 사실과 다르거나 자체적으로 조사 · 확인한 내용과 다른 것으로 판명된 경우(기존의 보정요청에 대해 보정이 완료된 경우 제외)
- 손해사정서의 내용이 관련 법규, 약관에 위반된 경우(기존의 보정요청에 대해 보정이 완료된 경우 제외)

⑥ 보험금의 지급

보험회사는 「보험업감독규정」 제9-18조 제1항 단서에 해당하는 경우를 제외하고 일정한 절차에 따라 확정된 손해사정서에 따른 보험금을 지급해야 한다(「보험업감독규정」 제9-21조 제6항 본문).

다만, 다음의 경우에는 손해사정서에 따른 보험금을 정정하여 지급할 수 있다(「보험업감독규정」 제9-21조 제6항 단서).

- 민원 또는 소송이 제기되어 보험회사가 지급해야 하는 보험금이 손해사정서와 다르게 결정된 경우
- 보험금청구권자가 손해사정서 내용의 부당함에 대한 근거 및 자료를 서면으로 제출하고 보험회사가 이를 수용하여 보험회사가 지급해야 하는 보험금이 손해사정서와 다르게 된 경우
- 보험회사가 결정한 보험금을 보험금청구권자가 수용한 경우

(3) 손해사정사의 의무

1) 손해사정서의 발급 및 중요사항의 고지

① 보험회사로부터 손해사정업무를 위탁받은 손해사정사 또는 손해사정업자는 손해사정업무를 수행한 후 손해사정서를 작성한 경우에 지체 없이 서면, 문자메시지, 전자우편, 팩스 또는 그 밖에 이와 유사한 방법으로 보험회사, 보험계약자, 피보험자 및 보험금청구권자에게 손해사정서를 내어 주고, 그 중요한 내용을 알려 주어야 한다(규제「보험업법」 제189조 제1항 및 규제「보험업법 시행령」 제99조 제1항).

② 보험계약자 등이 선임한 손해사정사 또는 손해사정법인은 손해사정업무를 행한 후 즉시 손해사정서를 보험회사 및 보험계약자에 발급하고, 그 중요한 내용을 알려야 한다(규제「보험업법」 제189조 제2항).

2) 손해사정사의 금지행위

손해사정사 또는 손해사정업자는 손해사정 업무를 수행할 때 보험계약자, 그 밖의 이해관계자들의 이익을 부당하게 침해해서는 안 되며, 다음에 해당하는 행위를 해서는 안 된다(규제「보험업법」 제189조 제3항, 규제「보험업법 시행령」 제99조 제3항 및 「보험업법 시행규칙」 제57조).

- 고의로 진실을 숨기거나 거짓으로 손해사정을 하는 행위
- 업무상 알게 된 보험계약자 등의 개인정보를 누설하는 행위
- 타인으로 하여금 자기의 명의로 손해사정업무를 하게 하는 행위
- 정당한 사유 없이 손해사정업무를 지연하거나 충분한 조사를 하지 않고 손해액 또는 보험금을 산정하는 행위
- 보험회사 및 보험계약자 등에게 이미 제출받은 서류와 중복되는 서류 또는 손해사정과 관련이 없는 서류 또는 정보를 요청함으로써 손해사정을 지연하는 행위
- 등록된 업무영역 외의 손해사정을 하는 행위

– 본인 또는 다음에 해당하는 이해관계를 가진 자의 보험사고에 대해 손해사정을 하거나 이해관계를 가진 자가 모집한 보험계약에 관한 보험사고에 대해 손해사정을 하는 행위

- 본인의 배우자 및 본인과 생계를 같이하는 친족
- 본인을 고용하고 있는 개인 또는 본인이 상근임원으로 있는 법인 또는 단체
- 본인이 고용하고 있는 개인 또는 본인이 대표자로 있는 법인 또는 단체
- 본인과 생계를 같이하는 2촌 이내의 친족, 본인의 배우자 또는 배우자의 2촌 이내의 친족이 상근임원으로 있는 법인 또는 단체
- 손해사정법인의 경우 법인의 임직원을 고용하고 있는 개인 또는 법인
- 손해사정법인의 경우 법인에 대한 출자금액이 전체 출자금액의 100분의 30을 초과하는 자

– 보험금 지급을 요건으로 합의서를 작성하거나 합의를 요구하는 행위

제2장
보험범죄/교통사고 예방을 위한 법규

제1절. 보험범죄 근절을 위한 법령

1. 보험사기방지특별법

보험이해관계자의 권익을 옹호하고 보험업의 건전한 육성을 위해 보험사기방지특별법이 2016년 9월 30일부터 시행되었다. 보험사기방지특별법은 보험사기보고 및 수사의뢰, 보험회사의 의무 등으로 구성되어 있다.

1) 보험사기행위의 정의와 처벌규정

보험사기방지특별법에서는 보험사고의 발생, 원인 또는 내용에 관하여 보험자를 기망하여 보험금을 청구하는 행위를 '보험사기행위'로 규정하면서, 이러한 보험사기행위로 보험금을 취득하거나 제3자에게 보험금을 취득하게 한 자는 10년 이하의 징역 또는 5천만 원 이하의 벌금에 처하도록 규정하고 있다. 미수범 또한 처벌하며, 보험사기이득액이 고액인 경우 가중 처벌하는 조항 역시 규정하고 있다.

2) 보험사기의 보고 및 수사의뢰 등

보험사기방지특별법은 보험회사는 보험계약자 등 보험금지급에 관하여 이해관계가 있는 자의 행위가 보험사기행위로 의심할 만한 합당한 근거가 있는 경우에는 금융위원회에 보고할 수 있도록 규정하고 있으며(법 제4조), 이러한 보고의 접수 업무를 동법 시행령에 따라 금융감독원에 위탁하였다. 그리고 동법은 "금융위원회, 금융감독원, 보험회사는 보험계약자 등의 행위가 보험사기행위로 의심할 만한 합당한 근거가 있는 경우에는 관할 수사기관에 고발 또는 수사의뢰하거나 그 밖에 필요한 조치를 취하여야 한다"라고 규정하고 있다(법 제6조).

3) 보험회사의 의무 등

보험사기방지특별법은 보험사기조사로 인한 보험계약자 등의 피해를 방지할 수 있는 규정도 마련하였는데, 주요 내용으로는 보험회사의 보험계약자 등 개인정보 침해 금지(법 제5조 제1항) 및 대통령령으로 정하는 사유 없이 보험회사가 보험금의 지급을 지체 또는 거절하거나 삭감하여 지급하는 행위 금지(법 제5조 2항) 등이 있다. 만일 보험회사가 법령에서 정한 사유 없이 보험금의 지급을 지체 또는 거절하거나 삭감하여 지급할 경우 1천만 원 이하의 과태료가 부과된다(법 제15조).

2. 나이롱환자 근절을 위한 자동차손해배상보장법

자동차손해배상보장법 내용 중 자동차보험 손해율 증가로 일반시민들에게도 금전적 피해를 줄 수 있는 보험사기와 일명 '나이롱환자'라고 불리는 교통사고 가짜환자들을 근절하기 위하여 의료기관에 대한 자동차보험 입원환자의 관리가 대폭 강화되었다.

나이롱환자 근절을 위해 외출·외박 기록 및 관리의무(3년 보관), 외출·외박 시 의료기관 허락(의료인 또는 종사자가 서명), 위반 시 300만 원 이하 과태료를 부과한다. 보험사는 환자의 동의 없이 외출·외박기록 열람가능, 입원 불필요 시에 의료기관의 퇴원 또는 전원의 지시권을 신설하였다.

1) 의료기관의 자동차보험 입원환자 관리의무 부과

의료기관은 교통사고 입원환자의 외출·외박사항에 대한 기록 및 관리를 의무화하고, 위반 시 300만 원 이하의 과태료가 부과된다. 또한 보험회사에 외출·외박기록 열람청구권을 인정하고 있다. 또한 교통사고 입원환자의 경우엔 외출·외박 시 의료기관의 허락이 필요하다.

※ 외출, 외박에 대한 기록 및 관리사항
① 이름, 생년월일, 주소, 외출·외박 사유, 외출·외박기간, 귀원 일시를 기재하는 등 기록을 구체화
② 외출 또는 외박을 하는 자(또는 보호자) 또는 허락하는 자(의료인, 의료기관 종사자)는 서명 또는 날인하는 등 기록사항 확인을 의무화
③ 외출 또는 외박에 관한 기록은 3년간 마이크로필름 또는 광디스크 등에 원본대로 수록 및 보존하여야 하며, 기록필름표지에 촬영책임자가 촬영일시 및 그 이름을 기재하고 서명 또는 날인하는 등 기록 관리를 의무화

출처: 손해보험협회 자료

2) 의료기관 과태료 부과

보험회사의 외출·외박기록 열람청구에 대해 거부할 경우 300만 원 이하의 과태료를 부과하며, 의료기관 검사 권한이 부여된 국토교통부 소속 공무원의 검사에도 응해야 한다. 만약 이에 대해 거부하거나 불응 시에는 300만 원 이하의 과태료를 부과한다.

3) 입원환자 퇴원 지시권 신설

입원 중인 교통사고환자의 상태가 호전되어 더 이상 입원치료가 불필요한 경우 퇴원지시나 다른 의료기관으로 전원을 지시할 수 있다.

3. 정비업체 보험사기 방지를 위한 자동차관리법

정비업체의 재생품 무단사용 및 과잉 수리로 인한 수리비 허위청구 등으로 보험금의 누수를 방지하기 위하여 자동차관리법이 개정된 바 있다. 개정된 주요 내용으로 정비의뢰자의 동의 없는 정비업체의 임의수리를 금지하였고, 정비 전 사전견적서 교부와 정비 후 내역서 교부를 의무화하였다. 또한 재생품 사용 시에는 정비의뢰자에게 사전에 알려야 하며, 위반 시 100만 원 이하의 과태료를 부과할 수 있도록 하였다.

♣ 자동차관리법 – 사전견적서, 사후 내역서 교부 의무, 재생품 사용 시 고지한다.
  (위반 시 100만 원 이하 과태료)

제2절. 교통사고 예방

1. 손해보험업계의 예방활동

손해보험업계는 자동차사고로 인한 국민의 생명과 재산손실을 방지하고 자동차사고율 감소를 위해 지속적으로 각종 교통사고 예방활동을 하고 있으며, 민·관·언론 등과 유기적인 협조관계를 구축하면서 대국민 안전의식 계몽홍보 등 효율적인 교통안전사업을 추진하고 있다.

2. 안전운전을 통한 교통사고 예방

교통사고 감소를 위해서는 무엇보다 운전자가 먼저 자발적인 교통법규의 준수를 통해 운행 중인 차량에 의해 사람을 사망·부상케 하거나 다른 차량과 충돌하는 등의 교통상의 모든 사고를 미연에 예방하여야 한다.

1) 운전자의 의무와 책임

운전자는 무면허, 음주 및 약물, 과로 등의 상태에서 운전을 금지하고, 자동차 손해배상 의무보험을 가입하고, 교통신호등, 안전표지, 노면표시 및 경찰공무원의 지시를 준수해야 한다. 또한 운전자 자신과 승객, 보행자 등 다른 도로 사용자의 안전을 지킬 수 있도록 안전띠 착용, 보호 장구 착용, 차내 소란을 피우는 행동은 금지해야 하며, 긴급 상황 발생 시 응급조치와 구조를 요청해야 할 의무가 있다.

운전자의 의무와 책임을 소홀히 할 경우, 법적인 책임을 묻게 되며 특히 음주운전은 사회적 폐해가 매우 심각하여 사고가 발생하지 않았더라도 도로교통법 위반으로 처벌을 받게 된다.

■ 음주운전 위험운전치사상죄(특정범죄가중처벌법 제5조의 11)

구 분	처 벌
음주운전 사망사고 시	무기 또는 3년 이상의 징역
음주운전 상해사고 시	1년 이상 15년 이하의 징역 또는 1천만 원 이상 3천만 원 이하 벌금

출처: 손해보험협회 자료

■ 음주운전 처벌 벌칙(도로교통법 제148조의 2)

위반횟수		처벌기준
1회 위반	0.2% 이상	2년이상 5년 이하 징역/1천만 원 이상 2천만 원 이하 벌금
	0.08~0.2% 미만	1년이상 2년 이하 징역/500만 원 이상 1천만 원 이하 벌금
	0.03~0.08% 미만	1개월 이하 징역 / 500만 원 이하 벌금
2회 위반		2년 이상 5년 이하 징역 / 1천만 원 이상 2천만 원 이하 벌금
측정거부		1년 이상 5년 이하 징역 / 500만 원 이상 2천만 원 이하 벌금

출처: 손해보험협회 자료

■ 음주운전관련 면허 행정처벌(도로교통법 제82조, 시행규칙 별표28)

구 분	처 벌	
0.03%~0.08% 미만	벌점 100점(면허정지 100일), 사고가 난 경우 면허취소(2년간 면허취득 불가) 사람을 사망하게 한 경우 면허취소(5년간 재취득 불가)	
0.08% 이상 또는 음주측정 불응 시	면허취소	1년간 면허취득 불가
음주운전 2회 이상	면허취소	2년간 면허취득 불가
음주운전으로 2회 이상 교통사고를 야기한 경우	면허취소	3년간 면허취득 불가
음주운전으로 사람을 사상하게 한 후 필요한 조치 및 신고를 아니한 경우(도주한 경우)	면허취소	5년간 면허취득 불가

출처: 손해보험협회 자료

2) 속도제한 및 안전거리 확보

자동차 등의 운전자는 최고 속도를 초과하여 운전해서는 안 된다. 최고 속도는 도로의 상태, 폭, 굴곡 등을 고려하여 안전범위 내에서 정해지는 것으로 교통안전과 사고예방을 위해 반드시 준수해야 한다. 특히, 보행자 통행이 많은 어린이, 노인 보호구역, 생활도로 구역 및 이면도로 등에서의 지정속도 준수 및 보행자를 배려하는 운전습관이 중요하다. 아울러 자동차 등의 운전자는 기후나 노면 상태에 따라 도로의 규정 속도에서 일정 비율[45] 감속해서 운전해야 한다. 비·안개·눈 등으로 인한 악천후에는 시야가 좋지 않거나 노면 상태가 고르지 못해서 차량을 정지하는 데 걸리는 시간이 평소보다 많이 소요되기 때문이다.

■ **주요 운전면허 취소 위반사항**(도로교통법 제93조)

위반사항	내 용
교통사고를 일으키고 구호조치를 하지 아니한 때 (뺑소니)	• 교통사고로 사람을 죽게 하거나 다치게 하고 구호조치를 취하지 아니한 때
술에 취한 상태에서 운전한 때	• 혈중알코올농도 0.03% 이상 운전을 하다가 교통사고로 사람을 죽게 하거나 다치게 한 때 • 혈중알코올농도 0.08% 이상 운전한 때 • 2회 이상 음주운전 또는 술에 취한 상태의 측정에 불응한 사람이 다시 술에 취한 상태(혈중알코올농도 0.03% 이상)에서 운전한 때
술에 취한 상태의 측정에 불응한 경우	• 술에 취한 상태에서 운전하거나 술에 취한 상태에서 운전하였다고 인정할 만한 상당한 이유가 있음에도 불구하고 경찰공무원의 측정요구에 불응한 때
다른 사람에게 운전면허증 대여	• 운전면허증을 다른 사람에게 빌려 주어 운전하게 하거나 다른 사람의 운전면허증을 빌려서 사용한 경우
난폭운전	• 법 제46조의 3을 위반하여 난폭운전을 한 때
자동차 등을 이용하여 범죄행위를 한 때	• 국가보안법을 위반한 범죄에 이용된 때 • 형법을 위반하여 범죄에 이용된 때
다른 사람의 자동차 등을 훔치거나 빼앗은 때	• 운전면허를 가진 사람이 자동차 등을 훔치거나 빼앗아 이를 운전한 때
운전자가 단속 경찰 공무원 등에 대한 폭행	• 단속하는 경찰공무원 등 및 시·군·구 공무원을 폭행하여 형사 입건된 때

출처: 손해보험협회 자료

---

45) 일정 비율: 최고속도의 20% 감속 − 비가 내려 노면이 젖어 있는 경우, 눈이 20mm 미만 쌓인 경우. 최고속도의 30% 감속 − 폭우·폭설·안개 등으로 가시거리가 100m 이내인 경우, 노면이 얼어붙은 경우, 눈이 20mm 이상 쌓인 경우.

3. 교통사고 및 법규 위반별 벌점 및 범칙금

교통사고 발생 및 교통법규 위반사항에 따라 벌점과 범칙금이 부과되며, 벌점은 누적점수에 따라 40점 초과 시에는 면허가 정지되며, 1년간 벌점이 121점, 2년간 201점, 3년간 271점이 초과되면 면허가 취소된다. 인적피해 결과에 따른 벌점 기준은 다음과 같다.

◨ 주요 교통사고유형별 벌점(승용차 기준)

구 분		벌점	위반사항
인적 피해 교통 사고	사망 1명마다	90점	사고 발생 시부터 72시간 내 사망한 때
	중상 1명마다	15점	3주 이상 치료를 요하는 진단이 있는 부상
	경상 1명마다	5점	3주 미만 5일 이상의 치료를 요하는 진단이 있는 부상
	부상신고 1명마다	2점	5일 미만의 치료를 요하는 진단이 있는 부상
조치 불이행	자진신고 지연(인사사고)	60점	시한이 지난 후 48시간 이내
	시한 내 자진신고(인사사고)	30점	경찰관서 있는 리, 동은 3시간, 그 밖의 지역은 12시간
	물적 피해 야기 후 도주	15점	물적 피해가 발생한 교통사고를 일으킨 후 도주한 때

출처: 손해보험협회 자료

또한 교통법규 위반 시에는 벌점과 함께 범칙금이 부과되며, 특히 어린이, 노인, 장애인 등 보호구역내 규정 속도위반 및 법규위반 등에 대해선 벌점과 범칙금이 2배로 높다. 교통법규 위반 기준 및 범칙금 사항은 아래와 같다.

◨ 주요 법규위반별 범칙금(승용차 기준)

위 반 행 위		일반도로	보호구역
통행금지·제한 위반		4만 원	8만 원
주·정차 위반		4만 원	8만 원
속도위반	60km/h 초과	12만 원	15만 원
	40~60km/h	9만 원	12만 원
	20~40km/h	6만 원	9만 원
	20km/h 이하	3만 원	6만 원
신호·지시위반		6만 원	12만 원
보행자보호의무불이행	횡단보도	6만 원	12만 원
	일반도로	4만 원	8만 원

출처: 손해보험협회 자료

■ 주요 법규 위반별 과태료(승용차 기준)

위 반 행 위		일반도로	보호구역
속도위반	60km/h 초과	13만 원	16만 원
	40~60km/h	10만 원	13만 원
	20~40km/h	7만 원	10만 원
	20km/h 이하	4만 원	7만 원
신호·지시위반		7만 원	13만 원
주정차 위반(괄호 안은 2시간 이상)		4만 원(5만 원)	8만 원(9만 원)

출처: 손해보험협회 자료

■ 주요 법규의 위반별 벌점(승용차 기준)

위 반 행 위		일반도로	보호구역
속도위반	60km/h 초과	60점	120점
	40~60km/h	30점	60점
	20~40km/h	15점	30점
	20km/h 이하	없음	15점
신호·지시위반		15점	30점
보행자보호의무불이행	횡단보도	10점	20점
	일반도로		

출처: 손해보험협회 자료

제3절. 교통사고 예방을 위해 강화된 법령

1. 교통사고처리특례법

「교통사고처리 특례법」은 **업무상과실(業務上過失)** 또는 중대한 과실로 교통사고를 일으킨 운전자에 대해서는 5년 이하의 금고 또는 2천만 원 이하의 벌금형에 처해야 하나, 치사에 이르지 않은 치상죄나 타인의 건조물 또는 재물을 손괴한 경우 등에 한해 피해자의 명시한 의사에 반하여 공소를 제기할 수 없도록 하는 등 위반 행위의 결과에 따른 처벌의 특례를 두고 있다.

한편, 업무상과실치상·중과실치상죄를 범하고도 피해자를 구호(救護)하는 등 「도로교통법」 제54조 제1항에 따른 조치를 하지 아니하고 도주하거나 피해자를 사고 장소로부터 옮겨 유기(遺棄)하고 도주한 경우, 같은 죄를 범하고 「도로교통법」 제44조 제2항을 위반하여 음주측정 요구에 따르지 아니한 경우 및 동법 제3조 제2항 각 호의 중과실(신호위반 및 지시위반, 중앙선 침범, 제한속도 20km/h 초과, 앞지르기 규정 위반, 철길건널목 통과방법 위반, 횡단보도 보행자보호의무 위반,

무면허운전, 음주운전, 보도침범, 승객추락 방지의무 위반, 어린이보호구역 안전운전의무 위반, 화물 고정조치 위반)에 해당하는 경우에는 특례의 예외로서 공소를 제기할 수 있도록 하고 있다.

2. 도로교통법

도로교통법에서는 도로상 중대한 위험을 야기하는 범죄 행위임에도 운전자들 사이에 만연되어 있는 난폭운전에 대한 처벌을 강화하기 위해 도로교통법에서는 신호위반 등 사고 위험성이 높은 위반행위 9가지를 선정, 이 중 둘 이상을 연달아 하거나 하나의 행위를 지속 또는 반복하여 다른 사람을 위협하는 경우를 난폭운전으로 규정하고, 이에 대해 1년 이하의 징역 또는 500만 원 이하의 벌금에 처할 수 있도록 하였다. 아울러 난폭운전으로 구속된 경우는 면허를 취소하고, 불구속 입건된 경우에는 40일간 면허를 정지토록 하였으며, 정지처분을 받을 경우 특별교통안전교육을 의무적으로 6시간 받도록 하였다 (2016.2.12.).

최근 고속도로 및 자동차운전도로뿐만 아니라 지방도, 시·군·구도 등 일반도로에서도 뒷좌석 안전띠 착용을 의무화하도록 하는 법안과 함께 훈시규정이었던 자전거 음주운전 단속 시 처벌 규정 신설, 경사로 주정차 시 미끄럼방지 의무가 도입·시행(2018.9.28.)되었다. 또한, 75세 이상 고령자의 면허 갱신 시 적성검사 주기를 기존의 5년에서 3년으로 단축하고, 교통안전 교육을 의무화하는 법안도 같은 시기에 국회를 통과하여 2019년도부터 시행되었다.

한편, 주·야 및 기상상태와 무관하게 도로상 교통안전시설(노면표시등) 시인성(視認性)을 확보토록 도로관리자의 교통안전시설 설치·관리기준 준수의무와 함께 교통안전시설 설치·관리 시 시인성(視認性) 확보 의무도 국회를 통과(2018.5.28.)하여 시행(2019.6.13.)되었다.

3. 특정범죄가중처벌법

특정범죄가중처벌법에서는 음주운전에 대한 일반 국민의 경각심 제고와 사회적 비용 절감 그리고 음주 교통사고의 감소를 위하여 음주운전을 위험운전치사상죄로 규정하고 있다. 이에 따라 음주 또는 약물의 영향으로 정상적인 운전이 곤란한 상태에서 운전하여 사람을 다치게 한 사람은 1년 이상 15년 이하의 징역 또는 1천만 원 이상 3천만 원 이하의 벌금에 처해지고, 사망에 이르게 한 사람은 무기 또는 3년 이상의 징역에 처해진다(「특정범죄 가중처벌 등에 관한 법률」 제5조의11). 음주운전은 처벌을 떠나서 본인뿐만 아니라 타인의 생명과 재산을 빼앗는 심각한 범법 행위이므로 반드시 지양해야 한다.

■ **교통사고 시 강화된 법령의 처벌 내용**

① **교통사고처리특례법 중상해 처벌:**
'업무상 과실 또는 중과실로 인한 교통사고로 말미암아 피해자로 하여금 중상해에 이르게 한 경우 공소를 제기하지 못하도록 규정한 부분'에 대한 위헌 결정으로 종합보험에 가입돼 있더라도 형사처벌의 대상이 된다.

② **난폭운전 처벌:** 1년 이하의 징역 500만 원 이하 벌금

③ 음주운전으로 타인을 사상케 한 경우 **위험운전치사상죄**
상해: 1년 이상 15년 이하의 징역 또는 1천만 원 이상 3천만 원 이하 벌금
사망: 무기 또는 3년 이상의 징역

출처: 손해보험협회 자료

■ **스쿨존 사고(어린이 보호구역)**

1) 교통사고처리특례법 처벌 특례 제외(12대 중과실에 포함)
   *피해자와 합의 또는 종합보험 가입했더라도 형법상 업무상 과실치사죄로 처벌받음.

2) 어린이를 사망에 이르게 한 경우 무기징역 또는 3년 이상 징역

3) 어린이를 상해에 이르게 한 경우 1년 이상 15년이하 징역 또는 500만 원 이상 3천만 원 이하 벌금

출처: 손해보험협회 자료

제3장
보험사기·분쟁해결 및 기관

제1절. 보험사기

1. 보험사기의 의의

♣ 의의

① 보험사기는 법률상의 용어가 아니라 보험과 관련된 사기라는 의미로 사용되는 용어이며, 보험금을 편취하기 위하여 고의적으로 행하는 위법행위를 의미한다[금융감독원, 불법 금융거래의 유형 및 특성 (보험편)].

② 보험사기가 「형법」 제347조 사기죄를 구성하기 위해서는 보험회사를 기망하여 자기 또는 제3자가 보험금을 편취 또는 재산상 불법한 이익을 취득하였음이 입증되어야 한다.

③ 보험계약자, 피보험자, 보험금을 취득할 자, 그 밖에 보험계약에 관하여 이해관계가 있는 자는 보험사기 행위를 해서는 안 된다(규제「보험업법」 제102조의 2).

④ 보험회사의 임직원, 보험설계사, 보험대리점, 보험중개사, 손해사정사, 그 밖에 보험 관계 업무에

- 종사하는 자는 다음에 해당하는 행위를 해서는 안 된다(규제「보험업법」 제102조의 3). 보험계약자, 피보험자, 보험금을 취득할 사람, 그 밖에 보험계약에 관해 이해가 있는 자로 하여금 고의로 보험사고를 발생시키거나 발생하지 않은 보험사고를 발생한 것처럼 조작하여 보험금을 수령하도록 하는 행위

- 보험계약자, 피보험자, 보험금을 취득할 사람, 그 밖에 보험계약에 관해 이해가 있는 자로 하여금 이미 발생한 보험사고의 원인, 시기 또는 내용 등을 조작하거나 피해의 정도를 과장하여 보험금을 수령하도록 하는 행위

2. 보험사기의 조사

1) 금융위원회는 다음의 경우 보험회사, 보험계약자, 피보험자, 보험수익자, 그 밖의 보험계약에 이해관계가 있는 자를 조사할 수 있다(규제「보험업법」 제162조 제1항).

① 「보험업법」 및 「보험업법」에 따른 명령 또는 조치에 위반된 사실이 있는 경우

② 공익 또는 건전한 보험거래질서의 확립을 위하여 필요하다고 인정되는 경우

2) 금융위원회는 조사를 위해 필요하다고 인정하면 관계자에게 다음의 사항을 요구할 수 있다(규제「보험업법」 제162조 제2항).

① 조사사항에 대한 사실과 상황에 대한 진술서의 제출

② 조사에 필요한 장부·서류, 그 밖의 물건의 제출

◙ 보험사기의 조사

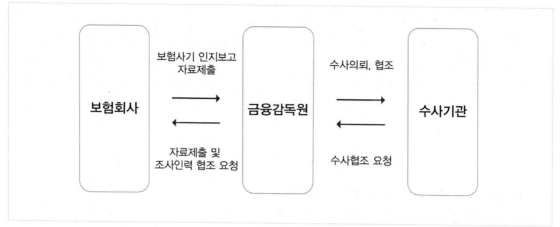

출처: 금융감독원, 불법 금융거래의 유형 및 특성(보험편), 2003

3. 보험사기에 대한 제재

1) 형사처벌

① 사람을 기망하여 재물의 교부를 받거나 재산상의 이익을 취득한 자는 10년 이하의 징역 또는 2천만 원 이하의 벌금에 처해진다(「형법」 제347조 제1항).

② 사람을 기망하여 제3자로 하여금 재물의 교부를 받게 하거나 재산상의 이익을 취득하게 한 경우에도 10년 이하의 징역 또는 2천만 원 이하의 벌금에 처해진다(「형법」 제347조 제2항).

③ 상습으로 사기죄를 범한 자는 10년 이하의 징역형의 2분의 1까지 가중할 수 있다(「형법」 제351조).

2) 보험회사의 책임면책과 무효·해지

① 보험계약자 또는 피보험자나 보험수익자의 고의에 의한 보험 사기임이 밝혀지면 보험회사는 보험금을 지급할 책임이 없다(「상법」 제659조).

> ※ 대법원 2000. 2. 11. 선고 99다49064 판결
> 피보험자를 살해하여 보험금을 편취할 목적으로 체결한 생명보험계약은 사회질서에 위배되는 행위로서 무효이고, 따라서 피보험자를 살해하여 보험금을 편취할 목적으로 피보험자의 공동상속인 중 1인이 상속인을 보험수익자로 하여 생명보험계약을 체결한 후 피보험자를 살해한 경우, 다른 공동상속인은 자신이 고의로 보험사고를 일으키지 않았다고 하더라도 보험자(보험회사)에 대하여 보험금을 청구할 수 없다.

② 사기로 체결된 초과보험계약과 중복보험계약의 무효

손해보험에서 초과보험(보험금액이 보험가액을 현저하게 초과하는 보험)계약이 보험계약자의 사기로 체결된 경우 그 계약은 무효가 된다(「상법」 제669조 제4항).

－ 손해보험에서 중복보험(동일한 보험목적을 가지고 사고에 대비하기 위해 여러 개의 보험계약을 동시에 또는 차례대로 체결하는 보험)계약이 보험계약자의 사기로 체결되었다면 그 계약은 무효가 된다(「상법」 제672조 제3항).

－ 보험계약자가 고의로 피보험자를 해치거나, 고의로 방화를 행하는 등 보험사기를 행한 경우 보험회사는 보험금을 지급하지 않을 뿐만 아니라 보험계약을 해지할 수 있다. [「보험업감독업무시행세칙」(금융감독원세칙 2019. 12. 20. 발령, 2020. 1. 1. 시행) 별표 15. 생명보험 표준약관 제5조 제3호 및 화재보험 표준약관 제30조 제2항].

③ 보험계약자가 고의로 피보험자를 해치거나, 고의로 방화를 행하는 등 보험사기를 행한 경우 보험회사는 보험금을 지급하지 않을 뿐만 아니라 보험계약을 해지할 수 있다[「보험업감독업무시행세칙」(금융감독원세칙 2019. 12. 20. 발령, 2020. 1. 1. 시행) 별표 15. 생명보험 표준약관 제5조 제3호 및 화재보험 표준약관 제30조 제2항].

제2절. 보험관련 분쟁해결

1. 분쟁조정을 통한 해결

(1) 금융위원회를 통한 분쟁조정

1) 분쟁조정 담당기관: 금융감독원(분쟁조정 권한)

① 금융감독원은 금융기관(보험회사 포함)과 이해관계인 사이에 발생하는 분쟁의 조정을 심의, 의결하기 위해 금융분쟁조정위원회를 두고 있다(「금융위원회의 설치 등에 관한 법률」 제51조).

② 보험회사와 분쟁이 있는 이해관계인은 금융감독원의 원장에게 분쟁의 조정을 신청할 수 있다(「금융위원회의 설치 등에 관한 법률」 제53조 제1항).

2) 분쟁조정 처리절차

① 민원제기

－ 보험회사와 분쟁이 발생한 경우 금융감독원의 금융민원센터에 민원 제기를 한다.

－ 민원제기는 인터넷, 우편, FAX를 이용하여 접수할 수도 있고, 직접 방문하여 민원 상담 후 상담요원의 안내를 받아 제기할 수도 있다.

－ 민원제기를 할 때에는 다음의 내용이 기재된 신청서를 제출해야 한다.

신청인의 성명, 주민등록번호, 주소, 연락처, 상대 보험회사명, 6하 원칙에 따라 구체적으로 기술한 신청요지

② 민원접수 후 통보

민원이 접수되면 접수완료 후 핸드폰 문자통보를 해주며, 담당자가 지정되면 다시 문자통보를 해 준다.

③ 접수된 민원에 대한 조사

금융감독원의 원장은 보험사업자에 대해 업무 수행상 필요하다고 인정하는 때에는 그 기관에 대해 업무 또는 재산에 관한 보고, 자료의 제출, 관계자의 출석 및 진술을 요구할 수 있다(규제「금융위원회의 설치 등에 관한 법률」 제40조 제1항).

④ 합의권고

- 금융감독원의 원장은 분쟁조정의 신청을 받은 경우 그 내용을 알리고 합의를 권고할 수 있다. (「금융위원회의 설치 등에 관한 법률」 제53조 제2항 본문).
- 금융감독원의 원장은 분쟁조정의 신청을 받은 날부터 30일 내에 합의가 이루어지지 않으면 지체 없이 이를 조정위원회에 회부한다(「금융위원회의 설치 등에 관한 법률」 제53조 제3항).

⑤ 분쟁조정위원회의 심의

- 조정위원회는 조정의 회부를 받은 경우 60일 내에 이를 심의하여 조정안을 작성해야 한다. (「금융위원회의 설치 등에 관한 법률」 제53조 제4항).
- 조정위원회는 당사자 또는 이해관계인의 의견을 들을 필요가 있다고 인정되면 이들에게 회의에 출석하여 의견을 진술할 것을 요청할 수 있다(「금융위원회의 설치 등에 관한 법률 시행령」 제20조 제1항).
- 의견을 듣고자 하는 경우 긴급을 요하지 않는 한 시기 및 장소를 정하여 의견청취 3일 전까지 당사자 또는 이해관계인에게 알려야 한다(「금융위원회의 설치 등에 관한 법률 시행령」 제20조 제2항).
- 당사자 또는 이해관계인은 조정위원회의 허가를 받아 조정위원회에 출석해 의견을 진술할 수 있다(「금융위원회의 설치 등에 관한 법률 시행령」 제20조 제3항).

⑥ 심의 후 조정결정통지 및 수락권고

- 금융감독원의 원장은 조정안을 신청인과 관계당사자에게 제시하고 수락을 권고할 수 있다(「금융위원회의 설치 등에 관한 법률」 제53조 제5항).
- 수락을 권고할 때 당사자가 수락한 조정안은 재판상의 화해와 동일한 효력을 갖는다는 사실을 통보해야 한다(「금융위원회의 설치 등에 관한 법률」 제55조).
- 당사자가 조정안을 받은 날부터 20일 내에 조정안을 수락하지 않는 경우 조정안을 수락하지 않는 것으로 본다는 사실도 함께 통보해야 한다(「금융위원회의 설치 등에 관한 법률 시행령」 제21조 제2항).

⑦ 조정안의 수락 또는 불(不)수락
- 금융감독원의 원장은 당사자가 조정안을 수락하면 조정서를 작성하여 발급해야 한다(「금융위원회의 설치 등에 관한 법률 시행령」 제21조 제3항).
- 분쟁조정위원회의 조정안을 불수락하는 금융기관은 조정안을 수락하지 않는 사유를 기재한 서면을 금융감독원의 원장에게 제출해야 한다(「금융위원회의 설치 등에 관한 법률 시행령」 제21조 제4항).

⑧ 소 제기 시의 통지
- 당사자는 분쟁조정 신청 후 해당 사건에 소를 제기한 경우 바로 이 사실을 금융감독원의 원장에게 알려야 한다(「금융위원회의 설치 등에 관한 법률 시행령」 제22조).
- 금융감독원장은 조정신청사건의 처리절차의 진행 중 한쪽 당사자가 소송을 제기한 경우 그 조정의 처리를 중지하고 그 사실을 양쪽 당사자 모두에게 통보해야 한다(「금융위원회의 설치 등에 관한 법률」 제56조).

(2) 한국소비자원 등을 통한 분쟁조정

1) 한국소비자원의 분쟁조정 담당기관: 소비자분쟁조정위원회(분쟁조정 권한)

소비자와 사업자 사이에 발생한 분쟁을 조정하기 위해 한국소비자원에 소비자분쟁조정위원회를 두고 있다(「소비자기본법」 제60조 제1항).

2) 한국소비자원의 분쟁조정 절차

① 민원제기

② 합의권고

한국소비자원의 원장은 피해구제 신청의 당사자에 대해 피해보상에 관한 합의를 권고할 수 있다(「소비자기본법」 제57조).

③ 소비자분쟁조정위원회의 조정 신청
- 한국소비자원의 원장은 피해구제의 신청을 받은 날부터 30일 내에 합의가 이루어지지 않으면 바로 이를 소비자분쟁조정위원회에 분쟁조정을 신청해야 한다(「소비자기본법」 제58조 본문).
- 다만, 피해의 원인규명 등에 상당한 시일이 요구되는 피해구제 신청사건으로서 다음에 해당하는 사건은 60일 내의 범위에서 처리기간을 연장할 수 있다(「소비자기본법」 제58조 단서 및 「소비자기본법 시행령」 제44조).

의료 관련사건, 보험 관련사건, 농업 및 어업 관련사건, 그 밖에 피해의 원인규명에 시험·검사 또는 조사가 필요한 사건

④ 소비자분쟁조정위원회의 조정 기간
- 소비자분쟁조정위원회는 분쟁조정의 신청을 받은 날부터 30일 내에 그 분쟁조정을 마쳐야 한다(「소비자기본법」 제66조 제1항).
- 소비자분쟁조정위원회는 부득이한 사정으로 30일 내에 그 분쟁조정을 마칠 수 없는 경우 기

간을 연장할 수 있다(「소비자기본법」 제66조 제2항 전단). 이 경우 그 사유와 기한을 명시하여 당사자 및 그 대리인에게 알려야 한다(「소비자기본법」 제66조 제2항 후단).

⑤ 분쟁조정의 효력
- 소비자분쟁조정위원회의 위원장은 분쟁조정을 마친 경우 즉시 당사자에게 그 분쟁조정의 내용을 알려야 한다(「소비자기본법」 제67조 제1항).
- 통지를 받은 당사자는 그 통지를 받은 날부터 15일 내에 분쟁조정의 내용에 대한 수락 여부를 조정위원회에 통보해야 한다(「소비자기본법」 제67조 제2항 전단).
- 당사자가 15일 내에 의사표시를 하지 않는 경우에는 수락한 것으로 본다(「소비자기본법」 제67조 제2항 후단).
- 당사자가 분쟁조정의 내용을 수락하거나 수락한 것으로 보는 경우 그 분쟁 조정의 내용은 재판상 화해와 동일한 효력을 갖는다(「소비자기본법」 제67조 제4항).

2. 소송을 통한 해결(소송에 의한 권리구제)

■ 법원의 민사소송

1) 민사소송절차
금융감독원이나 한국소비자원 등을 통한 조정절차에서 해결이 되지 않은 경우 법원의 민사소송을 통하여 권리를 구제받을 수 있다.

2) 화해권고결정
법원은 판결 선고 전까지 언제라도 별도의 조정기일 회부 없이 변론준비절차 또는 변론절차에서 바로 화해권고결정을 할 수 있다(「민사소송법」 제225조 제1항).

3) 민사조정절차
① 민사조정은 법관이나 법원에 설치된 조정위원회가 분쟁 당사자의 주장을 듣고 관련 자료 등 여러 사항을 검토해서 당사자의 자주적·자율적 분쟁 해결 노력을 존중하면서 적정·공정·신속하고 효율적으로 해결할 수 있다(「민사조정법」 제1조).
② 민사조정은 분쟁 당사자 일방이 법원에 조정을 신청하거나 해당 소송사건을 심리하고 있는 판사가 직권으로 조정에 회부하면 민사조정이 시작된다(「민사조정법」 제2조 및 제6조).
③ 당사자 사이에 합의가 이루어져 조정조서가 작성되면 조정이 성립된다(「민사조정법」 제28조).
④ 다음의 사건에 관해서 법원은 직권으로 조정에 갈음하는 결정을 한다(「민사조정법」 제30조 및 제32조).
    - 합의가 이루어지지 않은 경우
    - 사자 사이의 합의 내용이 적절하지 않다고 인정한 경우
    - 피신청인이 조정기일에 출석하지 않은 경우

제3절. 보험관련 기관

1. 손해보험협회

손해보험협회는 보험업법 제175조에 설립근거를 두고 있으며, 보험회사 상호간의 업무 질서를 유지하고 보험업의 건전한 발전에 기여하기 위하여 1946년 8월 1일 조선손해보험협회로 시작하였다. 1948년 9월 1일 사단법인 대한손해보험협회로 명칭을 바꾸고, 1975년 1월 1일 한국손해보험요율산정회를 통합하였으며, 1981년 5월 20일 서울지역에 손해보험상담소를 설치하고, 1987년 5월 25일 지방 5개 지역에 손해보험상담소를 설치하였다. 그 주요업무는 다음과 같다.

1) 손해보험에 관한 제도개선, 연구 및 건의
2) 손해보험에 관한 조사, 통계 및 전산화
3) 손해보험의 모집에 관한 연구 및 연수
4) 손해보험 약관, 인수조건의 조사연구 및 상품개발
5) 손해보험에 관한 홍보와 상담
6) 보험범죄방지대책 추진업무
7) 보험모집질서 유지관련 자율규제업무

2. 생명보험협회

생명보험협회는 보험업법 제175조에 설립근거를 두고 있으며, 보험사업자는 상호간 업무질서 유지 및 보험사업 발전에 기여하기 위하여 설립했으며, 민법상으로 비영리사업을 목적으로 하는 사단 또는 재단은 주무관청의 허가를 얻어 법인설립(제32조)을 했다.

생명보험협회의 설립목적은 회원사의 공동이익 증진과 회원 상호간의 업무협조 유지, 생명보험 문화의 확산 등 생명보험사업의 건전한 발전에 기여하기 위함이며, 1950년 2월 20일 비영리 사단법인으로 설립했다.

생명보험협회의 주요업무(주요기능)는 다음과 같다.

1) 생명보험 및 금융산업 전반에 대한 정보수집·교환 및 조사 연구
2) 상호협정체결 등 회원 상호간의 업무협조 유지
3) 생명보험에 관한 통계의 작성 및 연구자료, 기관지, 도서의 발간
4) 생명보험에 대한 홍보활동
5) 회원에 대한 세미나, 연수교육, 순회교육 등 공동교육
6) 생명보험에 관한 제법령의 제정, 개폐 및 제도개선에 대한 연구와 관계기관에의 건의
7) 보험설계사에 대한 연수 및 등록관리
8) 생명보험 소비자보호 및 상담활동

9) 장학금 · 연구비의 보조나 지급, 학술 · 자선의 지원 등 사회일반의 이익에 공여하기 위한 사업

10) 회원 상호간의 긴밀한 연락과 친목

11) 기타 협회 설립목적을 달성하기 위하여 필요한 사업

3. 보험개발원

보험개발원은 보험업법 제176조, 즉 보험회사 보험금의 지급에 충당되는 순보험료를 결정하기 위한 요율(순보험요율)의 공정하고 합리적인 산출과 보험과 관련된 정보의 효율적인 관리·이용을 위하여 금융위원회의 인가를 받아 보험요율 산출 기관을 설립할 수 있다는 근거에 의거 1983년 11월 29일 설립되었으며, 그 주요업무는 다음과 같다.

1) 순보험요율의 산출·검증 및 제공

2) 보험과 관련된 정보의 수집·제공 및 통계의 작성

3) 보험에 대한 조사 연구

4) 설립목적의 범위 안에서 정부기관·보험회사 그 밖의 보험관계단체로부터 위탁받은 업무 등

4. 보험연수원

보험연수원은 보험업법 제178조 제2항에 의거 1965년 7월 1일 회원에 대한 연수, 교육 업무를 하기 위해 설립되었다. 주요업무로는 각종 전문자격(손해사정사, 보험계리사, 보험대리점, 보험중개사, 종합자산관리사 등)의 교육/시험 및 교재개발을 하고 있다.

1) 보험대리점 연수/자격시험

2) 보험중개사 연수

3) 손해사정사 연수

4) 종합자산관리사(IFP) 교육 및 교재개발

5. 금융감독원

금융감독원은 「금융감독기구의 설치 등에 관한 법률」(1997.12.31 제정)에 의거 전 은행감독원, 증권감독원, 보험감독원, 신용관리기금 등 4개 감독기관이 통합되어 1999년 1월 2일 설립되었는데 금융기관에 대한 검사·감독업무 등의 수행을 통하여 건전한 신용 질서와 공정한 금융거래관행을 확립하고 예금자 및 투자자 등 금융수요자를 보호함으로써 국민경제의 발전에 기여하는 것을 목적으로 하고 있다. 금융감독원은 금융위원회 또는 증권선물위원회의 지도·감독을 받아 금융기관에 대한 검사·감독 업무 등을 수행하고 있다. 주요한 업무로는 다음과 같은 것들이 있다.

1) 금융기관의 업무·재산상황에 대한 검사 및 검사결과에 따른 조치
2) 금융위원회 및 증권선물위원회의 업무보좌
3) 금융분쟁조정위원회 설치 운영

금융분쟁조정위원회는 금융기관 이용자와 금융기관 간의 금융거래 등 금융업무와 관련하여 발생된 분쟁(보험, 은행, 증권 등)의 조정에 관한 사항을 심의·의결하기 위하여 금융감독원에 설치되어 있다. 보험업에 있어서, 보험계약의 내용 또는 보험금의 지급 등에 관하여 보험회사와 보험계약자, 피보험자, 손해배상청구권자, 기타 이해관계인과의 사이에 분쟁이 있는 경우에는 금융감독원에 설치된 금융분쟁조정위원회의 조정을 받을 수 있다. 조정대상이 되는 분쟁은 보험계약 전반에 관한 것이지만, 판정에 구속력이 없기 때문에 그 판정 결과를 따를 의무는 없으며, 조정 결과에 불복하는 경우에는 소송을 제기하여 법원의 판단을 구할 수 있다

6. 금융위원회

2008년 3월 3일 총리령 제875호에 의해 「금융위원회와 그 소속기관 직제」에 대한 시행규칙이 발표되면서 정식 출범하였으며, 금융정책, 외국환업무취급기관의 건전성 감독 및 금융감독에 관한 업무를 수행하게 하기 위하여 국무총리소속하에 금융위원회가 있다. 그 주요업무는 다음과 같다.

1) 금융감독관련 주요사항의 심의·의결
① 금융기관에 대한 감독 규정의 제정 및 개정
② 금융기관의 경영과 관련된 인·허가
③ 금융기관에 대한 검사·제재와 관련된 주요사항
④ 증권·선물시장의 관리·감독 및 감시 등과 관련된 주요사항

2) 금융감독원에 대한 관리·감독
① 금융감독원의 정관변경·예산·결산 및 급여
② 기타 금융감독원을 관리·감독하기 위하여 필요한 사항

3) 금융산업 및 기업의 구조조정 추진
건전 경영의 유도를 통한 산업 발전 및 기업의 투명성 제고

제4장
2021년 달라지는 보험제도

[출처: 생명보험협회 · 손해보험협회의 보도자료, 2020.12.28.(월)]

제1절. 2021년 변경된 주요 보험제도의 개요(槪要)

2021년부터 보험 제도가 소비자 보호 강화와 편익 제고 등으로 제도가 개선되어 시행된다.

생보협회와 손보협회에 따르면 2021년부터 달라지는 보험 제도는 ▲소비자 보호 강화 및 편익 제고 등 제도 마련 ▲보험 상품 변경 및 시장 활성화 ▲보험 모집 질서 강화 등으로 요약된다.

◉ 2021년 달라지는 주요(핵심) 요점

1. 소비자보호 강화 및 편익 제고 등의 제도 마련
1. 보험상품 핵심 설명서 제공: 모든 보험상품으로 확대
2. 보험 광고 심의 대상 확대
3. 단체 실손의료보험 중복가입 여부 사전 조회 강화
4. 통신판매 맞춤형 약관 제공
5. 보험상품 위법 계약 해지권 도입 · 시행

2. 보험상품 변경 및 시장 활성화
1. 일반인 대상 건강관리 서비스 제공
2. 무(저)해지환급금 보험상품 제도 개선 시행
3. 새로운 실손의료보험 상품(4세대 실손의료보험) 출시
4. 맹견 소유자 배상책임보험 신규 도입
5. 소방 사업자 배상책임보험 신규 도입
6. 옥외광고 사업자 배상책임보험 가입 의무화
7. 자본금 요건이 완화된 소액 단기 전문 보험회사 도입

---

588 제7편. 손해보험 경영 및 보험관련 법규

3. 보험모집 질서 강화 등의 제도 개선
① 모집 수수료 지급 체계 개편
② 중복 계약 체결 확인 의무 위반 시 과태료 부과

제2절. 2021년 달라지는 보험제도의 내용

1. 소비자 보호 강화 및 편익 제고 등 제도 마련

주요 내용	관련 근거	시행(예정) 시기
□ 보험상품 핵심 설명서 제공, 모든 보험상품으로 확대 O 현재 저축성보험 및 변액보험 가입 시 제공하는 '핵심 상품 설명서'를 전 금융권 동일 '핵심 설명서'로 명칭을 통일하고, 보장성보험을 포함한 전 보험상품에 대해 제공	금소법 시행령	2021년 3월

□ 보험광고 심의 대상 확대
  O 현재 보험상품 광고에 대해 시행하고 있는 사전 광고 심의의 적용 범위를 보험회사 및 보험대리점 등의 업무 광고*까지 확대하여 시행
  * 보험회사에서 부수적으로 시행하는 건강관리 서비스 업무 광고, 보험대리점 등의 재무컨설팅 광고 등
	금소법 시행령	2021년 3월

□ 단체 실손의료보험 중복 가입 여부 사전 조회 강화 O 단체 실손의료보험 가입자의 중복 가입 사전 확인 관련 필요 절차 및 중복 가입에 대한 안내 강화를 위한 업무 처리 기준 마련	단체 실손 의료보험 중복 가입 여부 사전 조회 관련 업무 처리 기준	2021년 1월
□ 통신판매 맞춤형 약관 제공 O 통신판매 계약의 경우 보험회사는 계약자가 가입한 특약만을 포함한 약관을 제공하도록 개정	보험업 감독업무 시행세칙	2021년 4월

주요 내용	관련 근거	시행(예정) 시기
□ 보험상품 위법 계약 해지권 도입 · 시행 ㅇ 해당 보험계약이 금소법상 판매 규제에 위반되는 경우 금융소비자는 위법 사실을 안 날로부터 1년, 계약일로부터 5년 이내에 위법 계약 해지 요구 가능	금소법 시행령	2021년 3월

2. 보험 상품 변경 및 시장 활성화

주요 내용	관련 근거	시행(예정) 시기
□ 일반인 대상 건강관리 서비스 제공 ㅇ 보험가입자뿐만 아니라 국민 누구나* 보험회사가 제공하는 건강관리 서비스 이용이 가능하도록 개선 * (기존) 보험가입자만 이용 → (개선) 국민 누구나 이용 가능	금융위원회 보도자료	2020년 12월
□ 무(저)해지환급금 보험상품 제도 개선 시행 ㅇ 무(저)해지환급금 보험상품 설계 시 환급률(기납입보험료 대비)을 일반 보험상품*의 환급률 이내로 설계하도록 의무화** * 해지환급금을 지급하는 동일 보장의 보험상품 ** 보험 기간 동안의 환급률이 100% 이내인 일부 상품(특약)은 예외 ※ 현행 무(저)해지환급금 보험상품과 대비하여 환급률이 낮아지고, 보다 저렴한 보험료로 보장 목적을 충실하게 수행 가능	보험업 감독규정	2021년 1월
□ 새로운 실손의료보험 상품(4세대) 출시 ① 상품 구조를 급여 · 비급여 보장으로 분리 및 자기부담금 · 보장 한도 적정화 → 보험료 인하 * 자기부담금: 약 10% 상향/보장 한도: 기존과 유사한 수준 ② 비급여 특약에 한해 지급보험금 실적에 따른 보험료 차등제(할인 · 할증) 적용 * 건강보험 산정 특례자(중증 질환자 등) 및 장기요양 1~2등급자 적용 제외 ③ 재가입 주기(보장 내용 변경 주기)를 5년으로 조정(기존 15년) ※ 가입자 간 보험료 부담 형평성 제고 및 과잉 의료 행위 제어 등을 통한 실손의료보험의 과도한 보험료 인상 억제(지속가능성 제고)	보험업 감독규정	2021년 7월

주요 내용	관련 근거	시행(예정) 시기
□ 맹견 소유자 배상책임보험 신규 도입 ○ 맹견으로 인한 타인의 생명·신체 또는 재산 손해 발생 시 이를 원활하게 배상하기 위한 맹견 소유자 대상 배상책임 의무보험 도입·시행 * 동물보호법상 맹견 5종: 도사견, 아메리칸 핏불테리어, 아메리칸 스태퍼드셔 테리어, 스태퍼드셔 불테리어, 로트와일러와 그 잡종의 개	동물보호법	2021년 2월
□ 소방 사업자 배상책임보험 신규 도입 ○ 소방 시설 부(오)작동으로 인한 타인의 생명·신체 또는 재산 손해 발생 시 이를 원활하게 배상하기 위한 소방 사업자 대상 배상책임 의무보험 도입·시행 * 소방 시설의 공사, 설계·감리, 관리 사업 등의 적용 예정	소방산업법	2021년 2월
□ 옥외광고 사업자 배상책임보험 가입 의무화 ○ 옥외광고물 등의 추락 및 파손 사고로 인한 타인의 생명·신체 또는 재산 손해 발생 시 이를 원활하게 배상하기 위한 옥외광고 사업자의 배상책임 의무보험 도입·시행 * 옥외광고물의 제작·표시·설치 등의 적용	옥외 광고물법	2021년 6월
□ 자본금 요건이 완화된 소액 단기 전문 보험회사 도입 ○ 소규모·단기 보험*만을 판매하는 소액 단기 전문 보험회사를 도입하고, 자본금 요건을 완화** * 모집하는 보험 상품의 종류, 보험 기간 등은 대통령령에 위임 ** 보험업 허가 시 자본금은 300억 원 이상(보험 종목 일부만 취급하는 회사는 50억 원 이상) 필요하나, 소액 단기 전문 보험회사의 자본금 요건은 10억 원 이상으로 대통령령으로 정하는 금액으로 정함	보험업법	2021년 6월

3. 보험 모집 질서 강화 등 제도 개선

주요 내용	관련 근거	시행(예정) 시기
□ 모집 수수료 지급 체계 개편 ○ 금융위원회, 과도한 수수료 지급으로 인한 사업비 초과 집행을 억제하고 불완전판매로 인한 소비자 피해를 예방하고자 모집 수수료 체계 개편 시행 〈주요 내용〉 1. 초년도 모집 수수료 상한제(1,200%) 도입 2. 수수료 지급 기준 명확화 및 상품별 기초서류 반영 3. 선택적 분급 제도 도입 등 ※ TM 및 홈쇼핑 채널: 2022년 1월 시행 예정	보험업법 감독규정	2021년 1월
□ 중복 계약 체결 확인 의무 위반 시 과태료 부과 ○ 실제 부담한 의료비·손해액을 지급하는 실손의료보험 등에 대한 중복 계약 체결 확인 의무 위반 시 과태료 부과 근거 신설 　* 보험회사: 5천만 원, 임직원: 2천만 원, 모집종사자: 1천만 원	보험업법	2021년 6월

제8편

부록

이 책의 부록 내용은 QR코드를 스캔하시면 확인하실 수 있습니다.
▪ PC 이용 시에는 박영사 홈페이지(https://www.pybook.co.kr)에
  접속하여 회원가입 후 [도서자료실] 게시판에서 확인하실 수 있습니다.

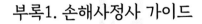

부록1. 손해사정사 가이드

부록2. 보험전문인자격시험 기출문제

부록3. 관계 법령[상법 제4편 보험(보험계약법)]

색인

참고 문헌

최상언, 보험학개론, 박영사, 2020

보험설계사 자격시험 교육교재, 현대해상화재보험(주), 2020

정형익 · 김광준, 보험업법, 고시아카데미, 2019

이용욱, 보험계약법, 고시아카데미, 2019

이용석, 피보험이익론, 학현사, 2019

보험대리점 등록교육교재, 보험연수원, 2019

이경재, 포인트 보험계약법, 보험연수원, 2016

김희길 · 김도현, 보험론, 탑북스, 2015

김창기, 보험학원론, 문우사, 2015

손순형 · 홍미경, 위험관리와 보험, 세학사, 2012

김동훈, 보험론, 학현사, 2011

삼성생명보험(주) 자료 및 생명보험협회 자료

삼성화재보험(주) 자료 및 손해보험협회 자료

현대해상화재보험(주) 자료

금융감독원 자료

보험개발원 자료 및 보험연수원 자료

저자 약력

최상언

계명대학교 경영대학원 졸업(금융보험학 전공)

전(前) 삼성그룹 삼성생명보험(주) 융자과장, 교육소장, 지점장 역임
전(前) 삼성생명보험 대구금아(주) 지점장 및 임원 역임
현(現) 그린스펙(주) 이사
현(現) 리치매니지먼트 대표
현(現) 계명문화대학교 경영학부
      (담당과목: 보험학 및 보험계약론실무, 회계원리, 원가관리회계, 기타)

저서
보험학개론, 박영사, 2020

손해보험론 (손해보험 & 제3보험론)

초판발행	2021년 7월 26일
지은이	최상언
펴낸이	안종만·안상준
편 집	배규호
기획/마케팅	장규식
표지디자인	BEN STORY
제 작	고철민·조영환
펴낸곳	(주) **박영사**
	서울특별시 금천구 가산디지털2로 53, 210호(가산동, 한라시그마밸리)
	등록 1959. 3. 11. 제300-1959-1호(倫)
전 화	02)733-6771
f a x	02)736-4818
e-mail	pys@pybook.co.kr
homepage	www.pybook.co.kr
ISBN	979-11-303-1284-2 93320

copyright©최상언, 2021, Printed in Korea

정 가   32,000원